中国智能制造绿皮书（2017）

《中国智能制造绿皮书》编委会　编著

电子工业出版社

Publishing House of Electronics Industry

北京·BEIJING

内 容 简 介

近年来，我国智能制造发展十分迅速，全社会兴起了智能制造的热潮。为全面梳理和总结我国智能制造发展状况，给社会各界推进智能制造工作提供借鉴和参考，在工业和信息化部、中国工程院、中国科学技术协会的指导下，中国企业联合会和中国科协智能制造学会联合体组织相关专家编著了本书。全书从综合、行业、区域、企业四个层面，系统地梳理了 2015 年以来我国智能制造总体发展状况、重点行业智能制造推广应用状况、重点区域推进智能制造的主要举措和成效，以及企业推进智能制造的基本经验，并对离散型制造领域的智能制造模式、流程型制造领域的智能制造模式、网络协同制造模式、大规模个性化定制模式、远程运维服务模式进行了总结，展示了部分企业的典型案例。同时，本书分析了我国智能制造发展面临的主要问题，提出了下一步重点工作和措施建议。

本书数据翔实，提供的许多数据、政策和经验做法可为相关政府部门制定智能制造发展政策提供参考依据，为各地区、各行业和广大企业推进智能制造提供参考借鉴。

未经许可，不得以任何方式复制或抄袭本书之部分或全部内容。

版权所有，侵权必究。

图书在版编目（CIP）数据

中国智能制造绿皮书.2017 /《中国智能制造绿皮书》编委会编著. —北京：电子工业出版社，2017.12
ISBN 978-7-121-33013-1

Ⅰ. ①中… Ⅱ. ①中… Ⅲ. ①智能制造系统—制造工业—研究报告—中国—2017 Ⅳ. ①F426.4

中国版本图书馆 CIP 数据核字（2017）第 277075 号

策划编辑：徐　静　郭穗娟
责任编辑：郭穗娟
印　　刷：北京画中画印刷有限公司
装　　订：北京画中画印刷有限公司
出版发行：电子工业出版社
　　　　　北京市海淀区万寿路 173 信箱　邮编　100036
开　　本：787×1092　1/16　印张：33.75　字数：804 千字
版　　次：2017 年 12 月第 1 版
印　　次：2017 年 12 月第 1 次印刷
定　　价：168.00 元

凡所购买电子工业出版社图书有缺损问题，请向购买书店调换。若书店售缺，请与本社发行部联系，联系及邮购电话：(010) 88254888，88258888。
质量投诉请发邮件至 zlts@phei.com.cn，盗版侵权举报请发邮件至 dbqq@phei.com.cn。
本书咨询联系方式：(010) 88254502，guosj@phei.com.cn。

序

以智能制造为代表的新一轮科技和产业革命正在全球范围内孕育兴起。随着新一代信息通信技术在制造业领域的普及应用，制造业生产方式加快向数字化、网络化、智能化方向发展；伴随着产业链、价值链、创新链的分化、融合、重组，涌现出共享经济、数字经济、产业协作等新业态和新模式。智能制造成为世界制造业转换发展理念、调整失衡结构、重构竞争优势的关键节点，也成为各国抢占未来竞争制高点的新赛场。在这个新赛场上，美国提出工业互联网、德国倡导工业 4.0、英国聚焦高价值制造、日本强调工业价值链……各国都力图成为新赛场竞争规则的重要制定者和主导者。

在这一轮如火如荼的科技和产业革命中，中国凭借完善的产业体系、强大的制造能力、广覆盖的宽带网络和日益普及的信息应用，和发达国家几乎站在了同一条起跑线上。《中国制造 2025》明确提出"以加快新一代信息技术与制造业深度融合为主线，以推进智能制造为主攻方向"，促进产业转型升级，实现制造业由大变强的历史跨越。在《中国制造 2025》的引领下，《智能制造发展规划（2016—2020 年）》《智能制造工程实施指南（2016-2020）》《智能制造标准体系建设指南》等重要文件相继发布，智能制造试点示范专项行动、智能制造标准体系建设有序推进。经过两年多的努力，智能制造为支撑制造业企稳回升、促进工业转型升级、实现经济新旧动能转换发挥了积极作用，发展智能制造已成为全社会的共识！

党的十九大报告提出"加快建设制造强国，加快发展先进制造业，推动互联网、大数据、人工智能和实体经济深度融合"。我们要认真贯彻落实十九大精神，牢牢把握智能制造这一主攻方向，以智能制造工程为抓手，在研发和应用两端共同发力，努力突破一批关键技术装备，推广智能制造新模式，加快重点领域智能转型；要充分发挥我国互联网规模和应用优势，开展工业云、大数据、物联网应用试点，大力发展基于工业互联网的众包设计、云制造等新型制造模式；要积极培育智能制造生态体系，以市场应用带动关键技术装备、智能制造标准、核心工业软件、工业互联网平台和系统解决方案供给能力的有效提升，形成发展智能制造的"中国方案"。

《中国智能制造绿皮书（2017）》全面梳理了近年来我国智能制造的进展，从综合、行业、区域和企业四个维度系统地总结推进智能制造取得的成效和积累的经验，并分析了存在的问题，提出了措施建议。书中包含的重要数据、政策和经验做法，能够为广大读者全方位地了解我国智能制造发展提供翔实的资料，也可为相关政府部门制定智能制造发展政策提供参考依据。希望该书的编写和出版能够进一步让社会各界了解中国智能制造发展状况，增强社会共识，凝聚各方力量，共同推动我国智能制造发展。

辛国斌

2017 年 11 月

总论

　　智能制造是基于新一代信息通信技术与先进制造技术深度融合，贯穿设计、生产、管理、服务等制造活动的各个环节，具有自感知、自学习、自决策、自执行、自适应等功能的新型生产方式。加快发展智能制造，是顺应新工业革命发展的必然选择，是贯彻落实党的十九大提出的"加快建设制造强国，加快发展先进制造业，推动互联网、大数据、人工智能和实体经济深度融合"的重大举措，是推进我国供给侧结构性改革、提高经济发展质量和效益的重要途径。

一、深刻认识我国发展智能制造的战略意义

（一）智能制造成为世界制造业发展的重要趋势

　　进入 21 世纪以来，云计算、大数据、移动互联网、物联网、人工智能等新一代信息通信技术正在加速与制造业深度融合，引发新一轮工业革命。数字化、网络化、智能化成为新一轮工业革命的核心内容，成为全球制造业重要发展趋势。智能制造快速发展，推动形成新的生产方式、产业形态、商业模式。越来越多的制造企业通过应用嵌入式软件、微电子、互联网、物联网等信息技术，提升产品智能化程度和研发设计、生产制造、经营管理的智能化水平，打造高端产品和装备，占据产业制高点。同时，制造装备控制技术的快速发展，使得制造装备的自诊断、自维护、自恢复成为现实，并推动制造装备向智能化阶段迈进。此外，工业大数据平台的快速发展正在成为制造企业高附加值增值服务的重要来源，有效支撑企业制造全过程优化和经营管理决策，促进企业对市场、用户的精准供给和企业间资源的分享利用，并为消费者、用户及企业自身创造显著的增量价值。

（二）智能制造成为各国制造业竞争的战略制高点

　　当前，世界制造业产业竞争格局正在发生重大调整，智能制造已成为全球制造业竞争的战略制高点。工业发达国家纷纷实施"再工业化"战略，不断推出发展智能制造的新举措。德国发布了《保障德国制造业的未来：关于实施工业 4.0 战略的建议》，提出工业 4.0 战略，即"传统制造＋互联网"，侧重于从硬件打通到软件，核心内容是

发展基于信息物理系统的智能制造。美国联盟政府、行业组织和企业联手推动智能制造发展，提出了工业互联网和先进制造业 2.0，即"互联网＋传统制造"，侧重于从软件出发打通硬件，其主攻方向是以互联网激活传统制造，发挥科技创新优势，占据世界制造业价值链高端。法国政府通过多种手段，大力支持以智能制造为核心的"新工业法国"计划。日本在发布机器人新战略的基础上，提出工业价值链参考架构，标志着日本智能制造策略正式落地。中国以 2015 年发布的《中国制造 2025》和《关于积极推进"互联网+"行动的指导意见》为标志，提出了中国的战略部署和发展路径，明确加快建设制造强国要"以信息化与工业化深度融合为主线，以推进智能制造为主攻方向"。国家"十三五"规划从核心技术突破、新兴产业发展和生产方式转变三个方面给予了战略定位和明确部署。

（三）智能制造是我国加快制造强国建设、建设现代化经济体系的重要抓手

党的十九大指出，我国经济已由高速增长阶段转向高质量发展阶段，正处在转变发展方式、优化经济结构、转换增长动力的关键期，建设现代化经济体系是跨越关口的迫切要求和我国发展的战略目标。建设现代化经济体系，必须把发展经济的着力点放在实体经济上，把提高供给体系质量作为主攻方向，显著增强我国经济质量优势。制造业是实体经济的主体，是现代化经济体系的重要组成部分。虽然经过改革开放近 40 年的快速发展，我国制造业总体规模大幅提升，综合实力显著增强，是全世界唯一拥有产业分类中全部工业门类的国家，已连续 7 年保持世界制造业第一大国地位，但是与主要工业发达国家水平和制造强国建设目标相比，在竞争优势、技术能力、质量品牌、环境友好等方面还存在不小差距，结构性供需失衡问题突出。推动制造业加快实现质量效益提高、产业结构优化、发展方式转变、增长动力转换，加快发展智能制造是不二选择。一方面，通过智能制造的发展，带动智能装备、智能传感器、工业软件及相关的服务产生大量的市场需求，催生出一大批新应用、新业态和新模式，驱动数字经济、网络经济、服务经济的快速成长，为经济增长注入强有力的新动能。另一方面，通过发展智能制造改造和提升传统产业，帮助传统产业实现生产制造和市场多样化的需求之间的动态匹配，增加产出，减少消耗，提高品质，抵消劳动力、原材料等成本上升的影响，大幅度提高效率和效益，塑造新的竞争优势。

二、全面推进我国智能制造发展

2015 年 5 月 8 日，国务院印发《中国制造 2025》，标志着我国正式开启从制造大国向制造强国迈进的新征程。为贯彻落实《中国制造 2025》，工信部会同科技部、发改委、财政部在前期开展智能制造装备科技专项和智能装备产业发展专项的基础上，联合发布了《智能制造工程实施指南（2016—2020）》，开始全面推动我国智能制造发展。

（一）完善顶层设计，明确智能制造发展方向和重点任务

近年来，国务院及其相关部门陆续出台了《智能制造发展规划（2016—2020年）》《智能制造工程实施指南（2016—2020）》《国家智能制造标准体系建设指南（2015年版）》《智能硬件产业创新发展专项行动（2016—2018年）》《机器人产业发展规划（2016—2020年）》《新一代人工智能发展规划》《国家增材制造产业发展推进计划（2015—2016年）》等多个政策文件，提出了到2025年我国智能制造发展的"两步走"战略，明确了攻克五类关键技术装备、夯实三大基础、培育推广五种新模式、推进十大领域成套装备集成创新应用等重点任务，并对智能硬件、机器人、新一代人工智能发展、增材制造等相关产业发展进行了专项规划，初步形成了以《中国制造2025》为统领、智能制造相关产业政策为指引、智能制造工程为抓手的智能制造顶层设计。

（二）多部门密切配合，协同推进智能制造发展

在国家制造强国建设领导小组的统筹领导下，在国家制造强国建设战略咨询委员会指导下，工信部与相关成员单位密切配合，扎实推进智能制造各项重点任务。工信部和财政部自2015年起组织实施了智能制造试点示范专项行动。目前已实施了三年，突破了一批智能制造关键技术装备，培育了一批可复制的智能制造新模式。工信部和发改委联合组织实施了智能化改造重大工程，专项支持智能制造项目。工信部联合国家标准化管理委员会（以下简称"国家标准委"）积极推进智能制造标准体系建设。科技部出台了《"十三五"先进制造技术领域科技创新专项规划》，重点支持了25项智能制造领域的科技攻关项目。国防科工局在增材制造、机器人制造、柔性自动装配等方面持续推进国产装备应用和条件能力建设。《中国制造2025》的多个工程瞄准智能制造这一主攻方向，积极支持智能制造发展。国家制造业创新中心建设重点支持智能制造关键共性技术装备创新。其中，国家增材制造创新中心建设方案、国家机器人创新中心建设方案先后通过专家论证，开始筹建。工业强基工程积极支持制约智能制造发展的关键基础零部件（元器件）、工艺技术和产业技术基础创新项目。先后支持工业机器人轴承、传感器等领域零部件项目，超大型构件成形、增材制造、精密铸造等先进基础工艺项目，航空轴承检测、工业大数据、智能硬件底层软硬件、智能汽车与智慧交通应用等产业技术基础项目。

（三）着力提升基础支撑能力，夯实智能制造发展基础

一是加快建设智能制造标准体系。2015年，国家标准委、工信部等单位组织成立了国家智能制造标准化协调推进组、总体组和专家咨询组，抓紧推进智能制造国家标准体系建设。目前共开展了188项智能制造相关国家标准研制工作，其中22项已正式发布，32项获得国家标准立项。制定/修订的标准已基本覆盖了智能制造标准体系中的基础共性和关键技术。此外，石化、民爆、家电、船舶等行业加快推进本行业智能制造标准研制。在标准国际化方面，中德两国在系统架构互认、信息安全、无线通信等领域达成9项共识，合作不断深入。二是加快发展工业软件。长期以来，工业软件领域我国企业在技术能力和品牌影响力方面与发达国家差距较大。但近几年，我国工业软件特别是生产管理类和研发设计类软件进步明显，涌现出了用友、金蝶、宝信、和利时、浙江中控、数码大方等一批本土软件商，围绕设计仿真、工业控制、数据管理、测试验证平台等方面开发了 500 多套工业软件。**三是加快发展工业互联网。**在工业互联网开源基础设施建立新产品、新服务和新生态等方面，我国与发达国家发展大体同步，已经具备完整的支撑工业互联网生态体系发展的产业环节，尤其在云计算应用领域，本土工业互联网产品及衍生产品不断创新，涌现出了阿里云、用友云、华为企业云、航天云网等一批优秀工业互联网平台。

（四）组织实施智能制造专项，突破关键技术装备

从 2015 年开始，工信部、财政部联合组织实施了智能制造专项。专项聚焦《中国制造2025》十大领域，切入制造业核心环节，重点支持企业开展基于智能制造标准、核心支撑软件、工业互联网与信息安全系统的关键装备和先进制造工艺的集成应用。截止目前，专项已经持续开展了三年，共支持了 428 个智能制造综合标准化和新模式应用项目，实现了境内 31 个省、直辖市、自治区全覆盖，有效地带动了智能制造所需的关键技术装备突破。据初步统计，所支持的智能制造项目突破和应用关键技术装备共 316 台/套，申请专利 723 项，其中已授权 277 项，形成国家、行业、企业等各类标准 589 项。通过系统解决方案供应商、装备制造商与用户的联合攻关，成功开发 215 台/套重点领域急需的智能制造成套装备，支撑了重点领域的智能制造发展。例如，大族激光突破了三维五轴联动光纤激光切割机床，秦川机床集团和苏州绿的公司突破了高精密 RV 减速器、谐波减速器等机器人关键零部件，中国航空发动机集团突破了发动机低压涡轮智能装配成套设备。航空工业 618 所突破了航空伺服作动器核心阀组件智能装配成套设备。青岛四方突破了高铁转向架智能化焊接及检测组装成套装备，华中数控、广州数控、大连光洋、沈阳高精和航天数控 5 家企业攻克了一批高档数控系统关键技术，研制出全数字总线式高档数控系统产品。沈阳机床集团与上海同济大学合作研发成功 i5 智能机床。安徽埃夫特智能装备有限公司与哈尔滨工业大学等联合研制的"基于工业机器人的汽车焊接自动化生产线"项目在奇瑞汽车焊接生产线上示范应用，成为我国首条具有完全自主知识产权的智能化工业机器人焊接自动化生产线，打破了国外机器人品牌在此领域长达 30 年的垄断局面。清华大学和三一重工集团成功开发复杂装备跨生命周期数据管理平台，解决了三一集团千亿级工况数据分析、世界最大功率重载机车研制等一批重大工程难题，在发电设备、工程机械、轨道装备等行业的百余家规模企业成功应用。武汉理工大学形成了船舶动力装置磨损状态在线监测与远程故障诊断成套技术，已在交通运输部长江航道局、救助局及国防领域得到实际应用。北京机械工业自动化研究所和江苏盛虹科技股份有限公司共同研制的首套化纤生产智能物流系统，使生产人员由 500 人减少到 200 人，产品优等率提高 2%。济南二机床集团和奇瑞汽车合作的"冲压制造数字化车间"项目，生产效率

较传统冲压线提高 50% 以上，节能 30% 以上，生产节拍达到世界最高水平，整线换模时间 2.8 分钟，领先德日同类设备水平，并获得了美国福特本土工厂 6 条生产线的订单，使中国的高端冲压装备成功出口到汽车发达国家。

（五）组织实施试点示范，培育推广智能制造新模式

智能制造试点示范旨在基础条件好、需求迫切的重点地区、行业和企业中选择试点示范项目，分类开展流程制造、离散制造、智能装备和产品、智能制造新业态新模式、智能化管理、智能服务 6 个方面的试点示范。从 2015 年启动以来，遴选了 3 批共 206 个国家智能制造试点示范项目，分布在除西藏之外的 30 个省（直辖市、自治区），培育形成了一批智能制造新模式。在航空领域，形成了网络协同制造模式.在纺织、服装、家居、家电等消费品领域，形成了大规模个性化定制模式。在风电、工程机械等领域，形成了智能化远程运维服务模式。据不完全统计，有 19 家试点示范企业基于自身新模式建设经验，实现了对 105 家相关企业的复制推广，如四川雅化集团智能制造工新模式推广应用到四川凯达化工、内蒙古柯达化工等 6 家公司。在试点示范项目的"两提升三降低"成效方面，据初步统计，企业生产效率平均提高 32.9%，能源利用率提高 11.3%，运营成本降低超过 20%，产品研制周期缩短 30.8%，产品不良品率降低 26.3%。与此同时，通过试点示范和持续实践，一批了解行业需求、具有智能制造系统解决方案服务能力的智能制造系统供应商成长起来，成为产业转型升级和行业智能制造的重要推动者。目前已培育 10 余家主营业务收入达 10 亿元以上的系统解决方案供应商。例如沈阳新松、上海宝信等企业在电力、汽车、钢铁、石化等行业提供智能制造解决方案服务。东莞劲胜等智能制造试点示范企业在总结自身经验的基础上，加快向专业化的智能制造系统解决方案供应商转型，青岛红领目前承担了服装鞋帽、机械、电子等 20 多个行业的 70 多个智能化改造项目。

（六）强化行业推广应用，加快重点领域智能制造发展

一是以智能制造联盟为依托推动行业智能转型。 近年来，多个行业组建了智能制造发展联盟组织，如家电业智能制造创新战略联盟、中国智能制造产业技术创新联盟、中国服装智能制造技术创新战略联盟、中国智能网联汽车产业创新联盟等。由 13 个行业学会发起成立了中国科协智能制造学会联合体，协同推进智能制造技术发展。**二是积极推动系统解决方案供应商与相关行业有效对接。** 工信部指导成立了智能制造系统解决方案供应商联盟，汇集了装备制造企业、系统集成企业、工业软件企业、科研院所和高校等各方力量，一年来成员单位从 54 家发展到 186 家。联盟先后与纺织、服装、家电等行业企业，东莞、沈阳、郑州等地区进行对接，提供产需、产融合作服务，支撑行业、区域智能转型。**三是重点行业积极推进智能制造发展。** 高档数控机床与工业机器人、航天装备、海洋工程装备及高技术船舶、汽车、输变电装备、农业装备、纺织、食品、石油化工、钢铁等重点领域，加快智能化、数字化技术在企业研发设计、生产制造、物流仓储、经营管理、售后服务等关键环节的深度应用，不断提高生产装

备和生产过程的智能化水平。例如，华为公司利用其自身的物联网、大数据、云计算、人工智能等数字化工厂相关领域的技术优势，结合自身特点建设数字化车间。华中数控与东莞劲胜合作建立国内首个"移动终端金属加工智能制造示范"项目。云南 CY 集团的高档数控车床制造数字化车间关键设备数控化率达到 100%，生产效率由月产 100 台提高到 300 台，生产线人员减少 57.5%，能耗降低 38.4%，零件关键工序交验合格率由 64% 提高到 96%。沪东中华造船自主研发了船舶产品数字化设计系统 SPD 系统、NAPA 船舶性能计算及分析软件、NAPA STEEL 结构建模软件等软件，大连重工船舶建成国内首家船舶行业的数字化车间，福建百宏聚纤公司建成涤纶长丝熔体直纺智能制造数字化车间，宁夏如意科技公司建成年产 3 万吨纱线染色智能化工厂，内蒙古天奇生物科技公司建成特色营养食品智能制造数字化车间，中国石化智能工厂（1.0 版）基本框架在九江石化等四家试点单位上线，初步形成数字化、网络化、智能化生产运营新模式，劳动生产率提高 10% 以上。宝钢、首钢、鞍钢、河钢、沙钢、南钢等国内大型钢铁企业积极开展智能车间、数字矿山、智能工厂建设，取得初步成效。

（七）地方主动对接，积极推动地区智能制造发展

智能制造工作启动以来，各地方主动对接国家战略，积极作为，大力推进省、市、区智能制造发展。**一是积极出台推动智能制造发展的各项政策措施。**据不完全统计，2015—2017 年全国各省市共出台智能制造相关政策 149 项，包括发布智能制造规划、制定实施方案、组织专项行动、设立专项资金等。例如，浙江省连续三年制订并公布了具体的智能制造工作方案。2016 年还制订了省级智能制造标准化建设三年行动计划，这是全国第一个关于智能制造标准的省级政策。此外，广东省、湖南省、安徽省、辽宁省、吉林省的智能制造政策都延伸到地级市层面，推动智能制造向纵深发展。目前，广东省共有 15 个地级市已制定智能制造政策，形成了省市联合推动智能制造发展的良好态势。**二是开展省级智能制造试点示范。**各地在积极组织申报国家智能制造试点示范和专项项目的基础上，也根据本地区产业和区域特点，组织开展省级智能制造试点示范。三年来，各省（含计划单列市）共支持省级智能制造项目 2 709 项，如江苏省三年共安排省级智能制造项目 388 项，安徽省三年共安排省级智能制造项目 253 项。**三是地区智能制造产业集聚效应显现。**例如，广东的机器人制造企业主要集中在珠三角地区，其中东莞、广州、深圳、佛山四地的机器人生产企业占广东省的比例超过 75%。在智能化改造方面，珠三角机器人应用数量超过广东省数量的 85%。**四是积极开展金融服务创新，助力智能制造发展。**上海市提出要建立智能制造应用新机制，包括智能制造融资租赁应用机制、智能制造效益分享应用机制、智能制造生产能力共享应用机制等。浙江省经信委与浙商银行签署了《推进智能制造战略合作协议》，开启了"融资、融物、融服务"一体化的智能制造金融服务试点工作，从推进智能制造的供需两端入手，建立政府、银行、融资租赁（担保）、保险等机构共同参与的机制，为企业提供个性化的智能制造服务。

（八）秉承开放合作，开展多层次智能制造国际交流合作

一是在国家层面，建立了中德、中美、中韩、中法等双边对话机制，积极推进在智能物流、智能服务、能源和资源利用效率、信息物理系统、安全保障、系统集成和互联互通、标准化等方面的交流合作。中德两国政府首脑签署发布《中德合作行动纲要：共塑创新》。工信部与德国经济和能源部签署《推动企业开展智能制造和生产过程网络化合作的谅解备忘录》、科技部与德国联邦教育和研究部签署《关于在智能制造（工业4.0）和智能服务领域通过双边科技合作开发和推广创新方案的联合意向声明》，形成了"副部长会议、司局级会议、对话工作组"三线并进沟通机制。中法确立了由工信部与法国经济和财政部企业总署组成的合作机制联委会，交流探讨各自国家工业发展情况和相关政策。**二是在地方层面，**青岛、沈阳、上海、天津等地与德国相关企业、机构开展了产业园区、培训基地等方面的合作，搭建起中德智能制造联盟、中德工业城市联盟等合作服务平台，建设青岛中德生态园、中德合作（沈阳）高端装备制造产业园。2015年以来，政府有关部门、行业组织、科研机构和有关媒体举办了30多个智能制造相关国际会议、论坛和展览活动。**三是在企业层面，**2016年，9项中德企业之间的产业合作试点示范项目启动，5项中法企业之间的工业合作示范性项目启动。华为、宝钢、海尔等企业与美国GE公司和德国SAP公司、西门子公司、弗劳恩霍夫研究院开展了众多产业、标准合作项目。此外，中国部分领先企业围绕智能制造积极寻求海外并购和投资机会。

值得注意的是，虽然近年来我国智能制造发展速度很快，取得了许多成效，但是我们应该清醒的看到，我国制造业总体上还处于大而不强的阶段，距离发达工业化国家水平还有较大差距。智能制造发展还处于早期探索阶段，存在许多制约因素和薄弱环节。**一是智能制造发展所需的关键技术装备仍然受制于人。**智能感知与控制、数字化设计与制造等技术仍然薄弱。不少关键装备和核心部件、工业设计、工艺仿真、生产管理、工业APP等工业软件依赖国外。国内高端工业机器人及高档数控系统、高性能传感器和可编程逻辑控制器（PLC）等核心技术与零部件主要依赖进口。**二是支撑智能制造发展的基础薄弱。**智能制造标准建设滞后，工程设计软件、嵌入式软件与信息咨询服务等基本被国外垄断，工业互联网基础设施薄弱，缺少工业互联网平台和行业解决方案，工控系统仍由国外企业控制。**三是不少企业认识模糊，智能制造发展路径不清晰。**由于国内不同行业企业的制造水平参差不齐，许多企业对智能制造内涵的认识和理解差异较大。有的企业认为智能制造就是生产过程的智能化，有的认为是产品的智能化，也有的认为是生产自动化+管理信息化，还有企业将智能制造片面地理解为引进工业机器人、自动化设备进行"机器换人"。此外，也有企业忽视自身发展阶段和行业特征，盲目追求技术装备的先进性，导致智能制造发展没有达到预期效果。**四是智能制造产业生态体系发展滞后。**智能装备、工业软件等领域尚未出现具有足够竞争力的平台型集成创新产品和企业。我国自主智能制造系统解决方案和行业标准滞后于国内智能制造发展需求。为企业智能制造提供规划咨询、关键装备的试验检测、网络化平台化资源共享等公共服务能力严重不足。**五是保障智能制造发展的人才匮乏。**智能制造发展所需的高层次领军人才、高端复合型技术人才及熟练操作智能化装备的高素质技能人才严重短缺。为此，我们必须保持清醒头脑，充分认识智能制造发展的长期性和复杂性，发扬"钉钉子的精神"，持之以恒地扎实推进，务求实效。

三、构建群策群力的智能制造发展机制

推进智能制造是一项系统工程，涉及方方面面，需要国家、地方、企业、科研院所、大专院校、金融机构等力量广泛参与、共同努力。只有这样才能把智能制造规划转化为各方实际行动，转化为建设制造强国实实在在的成效。

（一）要充分发挥企业主体作用，扎实推进智能制造发展

企业是市场经济的主体，也是智能制造的实施主体，在智能制造发展中肩负着重要使命。我国智能制造发展成效如何，最根本的就是要看广大企业的数字化、网络化和智能化水平能否得到根本提高，企业的经济效益和发展质量是否得到切实改变，能否在智能制造领域培育成长起来一批创新能力强、市场竞争力强、在国际上具有重要影响的自主企业品牌。广大企业要坚持市场导向，瞄准市场需求推进智能制造，这是智能制造的出发点和落脚点。要着力推进信息技术与制造技术深度融合，努力实现"数字化、网络化和智能化"制造。要加快制造与服务深度融合，发展基于信息技术的服务型制造，拓展新的发展空间。要树立全面创新和系统变革的理念，在推进智能制造中进行技术创新和管理变革"双轮"驱动。要坚持理性思维，不急功近利，立足自身实际探索多种技术路线、多种实现形式的智能制造发展路径。广大中小企业要做智能制造的积极参与者，充分利用各类公共服务平台提升企业智能化水平。

（二）政府要发挥组织、引导作用，营造良好的发展环境

从世界各国发展经验来看，推进智能制造离不开政府的组织、引导、推动和政策支持。政府在推进智能制造中既不能"越位"——越俎代庖，代替企业决策实施，也不能"缺位"；要不断完善智能制造的政策措施，创造良好的发展环境，有效激发企业推进智能制造的积极性和创造性；要充分发挥制度优势，集中力量突破制约智能制造发展的关键共性技术装备和标准体系；要研究如何将我国巨大的智能制造发展市场需求转化为我国自主高端技术装备和软件发展的战略推动力。要推动政府、金融机构、社会力量多方联合，鼓励各类金融机构依法开展金融业务创新，拓宽融资渠道，共同解决企业智能制造的资金缺口。

（三）各地要因地制宜发展智能制造，避免一哄而上、重复建设

地方政府是推进智能制造发展的重要力量。近年来，许多地方都将智能制造作为新的经济增长点，出台了许多政策措施，取得了较好效果，但同时也暴露出了一些突出问题：部分地区没有结合自身产业特色和发展阶段，盲目追求高大上的产业布局；产业规划和政策措施缺少针对性和实用性，与企业实际结合不够。例如，全国有20多个省市把机器人作为重点产业进行培育；全国已建成和在建的机器人产业园区超过了40

个，短短几年时间，机器人制造企业数量超过了 800 个，面临高端产业低端化和低端产品产能过剩的风险。为此，一方面，国家层面要全国一盘棋和分类指导相结合，根据区域发展战略，统筹规划，合理布局，推动制定分省市的差别化智能制造实施指南和产业布局，形成有梯度的智能制造产业集群，有效引导智能制造在各地区间的有序转移和协同发展，避免智能制造发展过程中形成重复建设和产能过剩。另一方面，各地区要根据自身制造业发展阶段、产业特点、资源优势、人才结构和区位特征，科学地制定智能制造发展规划，不跟风、不盲从，找准重点方向和优势产业推进智能制造。

（四）要充分发挥科研院所、高等院校的优势，为智能制造发展贡献科技和人才

科研院所和高等院校是科技创新和人才培养的重要基地。一方面，要积极引导科研院所、高等院校主动参与以企业为主体的"产、学、研、用"协同创新，合力突破智能制造发展急需的关键核心技术装备。另一方面，要以智能制造发展所需的紧缺专业技术人才为重点，鼓励有条件的高校及院所设立相关专业、实验室和培训基地，培养高素质技能人才；鼓励院校与企业建成开放共享、生产教学相融合的智能制造实训基地，共同培养复合型人才。同时，要积极吸引科研院、高等院校的各类专家学者加入智能制造大潮，在重大政策制定、科技攻关、咨询服务、教育培训等方面充分发挥专家学者的聪明才智。

（五）要充分发挥行业协会等社会组织作用，搭建行业智能制造发展平台

行业协会、学会、联盟等社会组织是政府与企业的桥梁和纽带。要充分发挥相关社会组织熟悉行业的优势，积极培育发展多种形式的智能制造联盟等平台，在行业指导和服务、市场供需对接、典型经验宣传推广、调查研究、交流沟通等方面发挥独特作用，有效对接政、产、学、研、用、金融各方，积极推动行业智能制造发展。

为全面总结我国智能制造发展状况，促进智能制造发展，工信部在 2017 年年初组织中国企业联合会、中国科协智能制造联合体等单位，在中国工程院、中国科协的支持和有关专家指导下，开展了《中国智能制造绿皮书（2017）》的编制工作。经过大半年的努力，目前已编制完成。本书分综合、行业、区域和企业四篇，系统梳理了 2015 年以来行业、区域和企业智能制造发展状况，包括取得的主要成效、推动的成功经验、存在的主要问题及其发展建议。希望本书的出版，能够为社会各界全面了解我国智能制造发展状况提供翔实资料，为全国各地区、各行业和广大企业推进智能制造提供有益参考。

感谢王忠禹会长、周济院长、辛国斌副部长、项昌乐书记担任本书的顾问，并给予了大力支持。感谢辛国斌副部长亲自为本书做序。感谢李培根、柳百成、朱森第、屈贤明四位主审专家提出的宝贵意见和建议。

朱宏任

2017 年 11 月

编写机构

指导单位：
工业和信息化部
中国工程院
中国科学技术协会

组织单位：
中国企业联合会
中国科协智能制造学会联合体

参与单位：
中国机械工程学会
全国工业和信息化科技成果转化联盟
中国企业管理科学基金会
中国汽车工程学会
中国电工技术学会
中国电子学会
中国农业机械学会
中国纺织工程学会
中国纺织机械协会
中国宇航学会
中国造船工程学会

中国机床工具工业协会

中国机器人产业联盟

中国石油和化学工业联合会

中国食品工业协会

中国金属学会

中国电子技术标准化研究院

中国信息通信研究院

华信研究院智能制造研究所

中国科学院电工研究所

上海交通大学

东华大学

北汽集团经济研究所

北京中电国桥科技有限公司

首都航天机械公司

中国船舶工业集团公司第十一研究所

南通中远川崎船舶工程有限公司

西安西电电气研究院有限责任公司

上海电器科学研究所（集团）有限公司

西安西电变压器有限责任公司

首瑞（北京）投资管理集团有限公司

上海电气集团股份有限公司中央研究院

许昌开普电气研究院

常熟开关制作有限公司

北京世纪隆博科技有限责任公司

中国石油天然气股份有限公司大庆石化股份公司

中国寰球工程有限公司

中冶赛迪工程技术有限公司

中冶京诚工程技术有限公司

编 委 会

编 写 组

组　　长：张文彬　田利芳

成　　员（按姓氏笔画排序）:

丁志强	马　勇	马贺贺	尹天文	王云波	王文军
王文新	王伟忠	王翊民	韦　莎	伏广伟	关　伟
刘　蕾	刘　默	刘凤坤	刘丽辉	刘贺贺	刘晓彤
刘艳秋	吕黄珍	孙　莹	孙志宏	朱　敏	朱连勋
许华磊	许迎春	邢宏岩	闫长坡	吴　锋	吴文昊
宋正河	宋晓刚	张　旭	张　洁	张　婵	张来勇
张国强	李　娟	李　毅	李翊辉	杨　丽	杨　润
杨秀丽	杨建军	肖震东	邵钦作	陈　丹	陈　禹
陈　革	陈广锋	陈振中	周其洪	尚晓明	金　涛
侯　曦	南　寅	娄晓钟	柳存根	胡迁林	胡志强
胡晓静	赵军平	赵玫佳	钟永刚	夏　鹏	秦　岚
耿　力	袁　林	郭　楠	高　怀	高　媛	常　杉
曹亚君	黄咏文	程雨航	落海伟	董　挺	谢　新
谢庆峰	管瑞良	裴泽光			

目 录
Contents

行业篇

区域篇

综合篇

智能制造整体布局基本形成

智能制造基础条件建设起步

智能制造试点示范专项行动取得进展

智能制造发展所需技术及装备开发取得突破

重点领域智能制造推广应用成效显现

区域智能制造工作全面展开

智能制造国际合作与交流活跃

我国智能制造发展建议

第一章 智能制造整体布局基本形成

2011 年，发展改革委、财政部、工信部便开始组织实施智能制造装备发展专项。2012 年，工信部又印发了《智能制造装备产业"十二五"发展规划》，科技部印发了《智能制造科技发展"十二五"专项规划》。这些专项规划的实施对于我国智能制造装备科技与产业发展起到了重要推动作用。2015 年 5 月 8 日，国家正式印发《中国制造2025》，开启从制造大国向制造强国迈进的新征程。为贯彻落实《中国制造 2025》，牢牢把握智能制造这一主攻方向，工信部联合相关部门组织实施了智能制造工程，着力完善智能制造顶层设计，注重部门协同和上下联动，发挥企业主体作用。经过两年多的艰苦努力，各项工作取得积极进展，智能制造理念深入人心，全社会兴起智能制造热潮，重点领域加快发展，试点示范专项行动取得初步成效，促进了我国供给侧结构性改革和制造业转型升级。

第一节 智能制造顶层设计完成

为有效引导中国智能制造发展，国务院及其相关部门陆续出台了《智能制造发展规划（2016—2020 年）》《智能制造工程实施指南（2016—2020）》《国家智能制造标准体系建设指南（2015 年版）》《智能硬件产业创新发展专项行动（2016—2018 年）》《机器人产业发展规划（2016—2020 年）》《新一代人工智能发展规划》《国家增材制造产业发展推进计划（2015—2016 年）》等重要文件，形成了以《中国制造 2025》为统领、智能制造发展规划及其相关产业规划为方向、智能制造工程为抓手的智能制造顶层设计。

一、编制和发布智能制造"十三五"规划

2016 年 12 月，工信部正式发布《智能制造发展规划（2016—2020 年）》，为我国"十三五"智能制造发展指明了方向，明确了重点任务和具体目标。

1．总体部署

2025 年前，我国智能制造发展实施"两步走"战略：第一步，到 2020 年，智能制造发展基础和支撑能力明显增强，传统制造业重点领域基本实现数字化制造，有条件、有基础的重点产业智能转型取得明显进展；第二步，到 2025 年，智能制造支撑体系基本建立，重点产业初步实现智能转型。

2．发展目标

到 2020 年智能制造发展的具体目标：

（1）**智能制造技术与装备实现突破。**研制 60 种以上智能制造关键技术装备，达到国际同类产品水平，国内市场满足率超过 50%。

（2）**发展基础明显增强。**国家智能制造标准体系基本建立，制定/修订智能制造国家标准 200 项以上，建设试验验证平台 100 个以上，公共服务平台 50 个以上。面向制造业的工业互联网及信息安全保障系统初步建立，一批关键共性技术实现突破，部分技术达到国际先进水平，核心支撑软件市场满足率超过 30%。

（3）**智能制造生态体系初步形成。**培育 40 个以上主营业务收入超过 10 亿元、具有较强竞争力的系统解决方案供应商，智能制造人才队伍基本建立。

（4）**重点领域发展成效显著。**制造业重点领域企业数字化研发设计工具普及率超过 70%，关键工序数控化率超过 50%，数字化车间/智能工厂普及率超过 20%。建成 300 个以上智能制造试点示范项目，数字化车间/智能工厂试点示范项目实施后运营成本降低 20%，产品研制周期缩短 20%，生产效率提高 20%，产品不良品率降低 10%，能源利用率提高 10%。遴选确定 150 个以上智能制造标杆企业。

3．重点任务

（1）**加快智能制造装备发展。**推进智能制造关键技术装备、核心支撑软件、工业互联网等系统集成应用，集成开发一批重大成套装备，推进工程应用和产业化。

（2）**加强关键共性技术创新。**突破先进感知与测量、高精度运动控制、高可靠智能控制、建模与仿真、工业互联网安全等一批关键共性技术，研发智能制造相关的核心支撑软件，布局和积累一批核心知识产权。

（3）**建设智能制造标准体系。**围绕互联互通和多维度协同等瓶颈，开展基础共性标准、关键技术标准、行业应用标准研究，搭建标准试验验证平台（系统），开展全过程试验验证。

（4）**构筑工业互联网基础。**研发新型工业网络设备与系统，构建工业互联网试验验证平台和标识解析系统。在重点领域制造企业建设新技术实验网络并开展应用创新。

（5）**加大智能制造试点示范推广力度。**第一阶段，聚焦制造过程关键环节，在基础条件较好、需求迫切的地区和行业，遴选一批智能制造试点示范项目，总结形成有效经验和模式。第二阶段，在实施智能制造成效突出的企业中遴选并确定一批标杆企业，在相关行业大规模移植、推广所形成的经验和模式。

（6）推动重点领域智能转型。围绕《中国制造2025》十大重点领域，试点建设数字化车间/智能工厂，加快智能制造关键技术装备的集成应用，促进制造工艺仿真优化、数字化控制、状态信息实时监测和自适应控制。

（7）促进中小企业智能化改造。引导有基础、有条件的中小企业推进生产线自动化改造，开展管理信息化和数字化升级试点应用。建立龙头企业引领带动中小企业推进自动化、信息化的发展机制。整合和利用现有制造资源，建设云制造平台和服务平台。

（8）培育智能制造生态体系。逐步形成以智能制造系统集成商为核心、各领域领先企业联合推进、一大批定位于细分领域的"专精特"企业深度参与的智能制造发展生态体系。

（9）推进区域智能制造协同发展。打造智能制造装备产业集聚区，促进区域智能制造差异化发展，加强区域智能制造资源协同。

（10）打造智能制造人才队伍。培养适应智能制造发展的高层次领军人才、复合型人才、专业技术人才和高技能人才。鼓励有条件的高校、院所、企业建设智能制造实训基地。支持高校开展智能制造学科体系和人才培养体系建设。建立智能制造人才需求预测和信息服务平台。

二、组织实施智能制造工程

《中国制造2025》明确将智能制造工程作为政府引导推动的五个工程之一，目的是更好地整合全社会资源，统筹兼顾智能制造各个关键环节，突破发展瓶颈，系统推进技术与装备开发、标准制定、新模式培育和集成应用。为全面贯彻落实《中国制造2025》的总体部署，工信部会同科技部、发改委、财政部联合发布了《智能制造工程实施指南（2016—2020）》（以下简称"工程"）。工程以构建新型制造体系为目标，以推动制造业数字化、网络化、智能化发展为主线，坚持"需求导向、统筹规划、企业主体、分类施策、远近结合、重点突破"的原则，将制造业智能转型作为必须长期坚持的战略任务，分步骤持续推进。工程明确了"五三五十"重点任务，即攻克五类关键技术装备，夯实智能制造三大基础，培育推广五种智能制造新模式，推进十大重点领域智能制造成套装备集成应用，为构建我国制造业竞争新优势、建设制造强国奠定扎实的基础。

按照工程部署，工信部联合财政部等部门，组织开展了智能制造试点示范专项行动。2015 年 3 月 9 日，工信部印发了《关于开展 2015 年智能制造试点示范专项行动的通知》，决定自 2015 年起启动实施智能制造试点示范专项行动。实施方案聚焦制造关键环节，在基础条件好、需求迫切的重点地区、行业和企业中，选择试点示范项目，分类开展流程制造、离散制造、智能装备和产品、智能制造新业态新模式、智能化管理、智能服务 6 个方面试点示范。试点示范的主要目标包括关键智能部件、装备和系统能力大幅提升，产品、生产过程、管理、服务等智能化水平显著提高，智能制造标准化体系初步建立，智能制造体系和公共服务平台初步成形。截至目前，专项行动已经持续开展了三年，实现了境内 31 个省/直辖市/自治区全覆盖。2015—2017 年共遴选 206 个国家智能制造试点示范项目，共支持 428 个智能制造综合标准化和新模式应用项目。从实施效果来看，这些项目起到了试点示范和专项攻关作用，带动了地区和行业的智能制造发展。

（1）有效带动智能制造所需的关键技术装备突破。据初步统计，2015—2017 年支持的智能制造项目共突破和应用关键技术装备 316 台/套，申请专利 723 项，其中已授权 277 项，形成国家、行业、企业等各类标准 589 项。

（2）通过建立联合体机制，有效推动了智能制造成套装备的集成创新。2015—2017 年支持的智能制造项目中，系统解决方案供应商、装备制造商与用户通过联合攻关，成功开发 215 台/套重点领域急需的智能制造成套装备，支撑了重点领域的智能制造发展。

（3）智能制造标准建设加快推进。通过专项支持，制定和修订的标准已基本覆盖了智能制造标准体系中的基础共性和关键技术，石化、民爆、家电、船舶等行业加快推进本行业智能制造标准研制。三年来共开展 188 项智能制造相关国家标准研制工作，其中 22 项已正式发布、32 项获得国家标准立项。由我国提出的智能制造系统架构标准已纳入 IEC/SMB/SEG7 发布的《智能制造架构和模型研究报告》中。中德两国在系统架构互认、信息安全、无线通信等领域达成 9 项共识，合作不断推进。

（4）核心工业软件支撑能力有效提升。围绕设计仿真、工业控制、业务管理、数据管理、系统解决方案、测试验证平台等方面共开发了 505 项工业软件，有效支撑了制造企业的智能化转型升级。

（5）工业互联网基础和信息安全系统建设迈上新台阶。支持建设了工业互联网体系架构综合创新平台、IPv6 地址资源综合管理平台、工业物联网安全测试平台与工业互联网网络安全监测平台。建立了工业互联网安全技术试验与测评、工业控制系统网络安全应急技术等工信部重点实验室。培育了包括航天云网、树根互联、海尔等 20 余家商业化工业互联网服务平台。围绕网络改造、标识解析、数据应用、协同制造等方面，支持了 54 个工业互联网试点示范项目，形成了一批工业互联网应用的典型模式和路径。

（6）智能制造集成服务能力有效提升。通过探索实践，一批了解行业需求、具有智能制造系统解决方案服务能力、行业推广经验丰富的智能制造系统供应商成为产业转型升级的重要推动者，已培育 8 家主营业务收入达 10 亿元以上的系统解决方案供应商。

（7）初步形成一批典型的智能制造新模式。在纺织、服装、家居、家电等消费品领域，形成了大规模个性化定制模式，在风电、工程机械等领域，形成了智能化远程运维服务模式。在航空领域，形成了网络协同制造模式。据不完全统计，有 19 家试点示范企业基于自身新模式建设经验，实现了对 105 家相关企业的复制推广。

根据智能化改造前后企业数据的初步对比分析，生产效率平均提高 32.9%，能源利用率提高 11.3%，运营成本降低 19.3%，产品研制周期缩短 30.8%，产品不良品率降低 26.3%。

三、制定发布智能制造相关产业规划

为加快培育智能制造相关的新兴产业，提升智能制造发展所需的技术、装备、软件等供给能力，促进经济社会智能化转型，国务院及其相关部门在组织实施智能制造工程基础上，陆续出台了《新一代人工智能发展规划》《机器人产业发展规划（2016—2020 年）》《智能硬件产业创新发展专项行动（2016—2018 年）》《国家增材制造产业发展推进计划（2015—2016 年）》等多个产业发展规划，推动智能制造向纵深发展。

1. 《新一代人工智能发展规划》

2017 年 7 月 8 日，国务院印发《新一代人工智能发展规划》，提出以加快人工智能与经济、社会、国防深度融合为主线，以提升新一代人工智能科技创新能力为主攻方向，发展智能经济，建设智能社会。规划确立了"三步走"的战略目标和"构建一个体系、把握双重属性、坚持三位一体、强化四大支撑"的战略路径，提出了五大重点任务：一是构建开放协同的人工智能科技创新体系。二是培育高端高效的智能经济。三是建设安全便捷的智能社会。四是加强人工智能领域军民融合。五是构建泛在安全高效的智能化基础设施体系。六是前瞻布局新一代人工智能重大科技项目。其中在"培育高端高效的智能经济"重点任务中，提出了"大力发展人工智能新兴产业、加快推进产业智能化升级、大力发展智能企业和打造人工智能创新高地"四项具体任务。

2. 《机器人产业发展规划（2016—2020 年）》

2016 年 3 月，工信部、发改委和财政部三部委联合印发了《机器人产业发展规划（2016—2020 年）》，为"十三五"期间我国机器人产业发展描绘了清晰的蓝图。规划提出了我国机器人产业发展的具体目标：到 2020 年，品牌工业机器人年产量达到 10

万台，六轴及以上工业机器人年产量达到 5 万台以上。服务机器人年销售收入超过 300 亿元。培育 3 家以上具有国际竞争力的龙头企业，打造 5 个以上机器人配套产业集群。规划明确指出，机器人产业发展要推进重大标志性产品率先突破。在工业机器人领域，重点发展 6 种标志性工业机器人产品，引导我国工业机器人向中高端发展。在服务机器人领域，重点发展 4 种标志性产品，推进专业服务机器人实现系列化，个人/家庭服务机器人实现商品化。

3. 《智能硬件产业创新发展专项行动（2016—2018 年）》

2016 年 9 月，工信部和发改委发布《智能硬件产业创新发展专项行动（2016—2018 年）》。专项行动以推动终端产品及应用系统智能化为主线，着力强化技术攻关，突破基础软硬件、核心算法与分析预测模型、先进工业设计及关键应用，提高智能硬件创新能力，着力解决关键技术和高端产品供给不足、创新支撑体系不健全、产用互动不紧密、生态碎片化等问题，推动我国智能硬件产业高端化、创新化、生态化、服务化发展。专项行动分别针对高端产品供给、核心技术创新和重点领域应用示范三方面部署了重点任务。

4. 《国家增材制造产业发展推进计划（2015—2016 年）》

为落实国务院关于发展战略性新兴产业的决策部署，抢抓新一轮科技革命和产业变革的重大机遇，加快推进我国增材制造产业健康有序发展，工信部、发改委、财政部制定了《国家增材制造产业发展推进计划（2015—2016 年）》，提出了到 2016 年的发展目标，即初步建立较为完善的增材制造产业体系，整体技术水平保持与国际同步，在航空航天等直接制造领域达到国际先进水平，在国际市场上占有较大的市场份额。并明确了四项重点任务：一是着力突破增材制造专用材料，二是加快提升增材制造工艺技术水平，三是加速发展增材制造装备及核心器件，四是建立和完善产业标准体系，五是大力推进应用示范。推进计划发布以来，推动了我国增材制造产业快速发展，关键技术不断突破，装备性能显著提升，应用领域日益拓展，涌现出一批具有一定竞争力的骨干企业，形成了若干产业集聚区。全国增材制造标准化技术委员会、中国增材制造产业联盟、国家增材制造创新中心、国家增材制造产品质量监督检验中心等行业组织相继成立，增材制造服务支撑体系逐步完善。[1]为进一步推动我国增材制造产业发展，工信部目前正在组织编制《增材制造产业发展行动计划（2017—2020 年）》。

---

[1]《中国增材制造产业发展报告（2017 年）》

第二节　智能制造多层次协同推进体系建立

　　《中国制造 2025》实施以来，在国家制造强国建设领导小组的统筹领导下，在国家制造强国建设战略家咨询委员会指导下，工信部与相关成员单位、地方政府加强沟通协调，扎实推进智能制造各项重点任务。经过两年多的实践，探索形成了国家统筹引导、地方和行业主动对接、多方联动的协同推进体系。

一、国家统筹引导，部门密切协作

1. 多部门协同推进智能制造

　　《智能制造工程实施指南（2016—2020）》发布以来，工信部、财政部、发改委、国家标准化管理委员会（以下简称国标委）、科技部等多个政府部门加强沟通协调，密切配合，协同推进智能制造工作。工信部和财政部自 2015 年起组织实施了智能制造试点示范专项行动。目前已实施了三年，突破了一批智能制造关键技术和装备，培育了一批可复制的智能制造新模式。工信部和发改委联合组织实施了智能化改造重大工程，安排专项资金支持智能制造项目。科技部出台了《"十三五"先进制造技术领域科技创新专项规划》，重点支持 25 项智能制造领域的科技攻关项目。国防科工局在增材制造、机器人制造、柔性自动装配等方面持续推进国产装备应用和条件能力建设。

2. 《中国制造 2025》多个工程重点支持智能制造

　　在《中国制造 2025》实施过程中，多个工程以信息化与工业化深度融合为主线，以智能制造为主攻方向，重点支持智能制造发展急需的关键共性技术装备研发和产业化。一是国家制造业创新中心建设重点支持智能制造关键共性技术装备创新。2016 年 8 月，工信部印发的《关于完善制造业创新体系，推进制造业创新中心建设的指导意见》中明确提出：围绕《中国制造 2025》所提出的十大重点领域，每个领域布局一家国家制造业创新中心，构成新型国家制造业创新体系的核心布局节点。面向战略必争的重点领域，开展前沿技术研发及转化扩散，突破产业链关键技术屏障，支撑产业发展。面向优势产业发展需求，开展共性关键技术和跨行业融合性技术研发，突破产业发展的共性技术供给瓶颈，带动产业转型升级。2016 年 12 月，国家增材制造创新中心建设方案顺利通过专家论证，批准筹建。2017 年 10 月，信息光电子、印刷及柔性显示和机器人三个国家制造业创新中心建设方案顺利通过专家论证。增材制造、机器人是《中国制造2025》重点建设的领域，也是智能制造发展的重要领域和关键技术装备，两个创新中心的建设必将增强我国智能制造发展所需技术装备供给能力，加快我国智能制造技术装备产业发展。二是工业强基工程建设。在《中国制造2025》的五大工程中，工业强基是基础，是支撑。在工业强基工程实施过程中，重点支持制约我国智能制造发展的关键基础零部件（元器件）、工艺技术和产业技术基础等，包括重点支持工业机器人轴承、传感器等领域零部件项目，超大型构件成形、增材制造、精密铸造等先进基础工艺项目，以及航空轴承检测、工业大数据、智能硬件底层软硬件、智能汽车与智慧交通应用等产业技术基础项目等。

3. 建立智能制造标准化建设协同推进机制

为加快推进智能制造综合标准化工作，加强顶层设计，工信部成立了由工信部装备工业司牵头，国内智能制造相关标委会、科研机构、企业以及行业专家共同参加的智能制造综合标准化工作组。在此基础上，国标委、工信部等单位组织成立了国家智能制造标准化协调推进组、总体组和专家咨询组，抓紧推进智能制造国家标准体系建设。

4. 组建智能制造专家咨询委员会

为深入推进智能制造，提高智能制造发展重大问题决策咨询水平，2017年5月，工信部组织成立了智能制造专家咨询委员会。专家咨询委员会的主要职责是以探寻智能制造发展规律和尊重我国发展实际为基础，坚持科学、客观、公平的原则，围绕智能制造推进相关重大问题，开展相关咨询、论证活动。

二、地方主动对接，部省上下联动

智能制造工作启动以来，各地方主动对接国家要求，积极作为，大力推进省、市、区智能制造发展。据不完全统计，2015—2017年全国各省市共出台智能制造相关政策149项，包括发布智能制造规划、制订实施方案、组织专项行动、设立专项资金等。三年来，各省（含计划单列市）共支持省级智能制造项目2 709项。目前，我国已逐步形成四大智能制造装备产业集聚区。珠三角、长三角在推动智能制造方面走在全国前列，涌现出了大批先行先试的智能制造新模式、新业态。环渤海地区的机器人研发与产业成果显著，带动培育智能制造装备产业加快集聚。中西部集聚区依托外部科技资源，在智能制造领域涌现出一批行业龙头企业。

三、行业强化协同，促进推广应用

各行业将推动产业智能化转型升级作为"十三五"期间发展的重点任务，整合产业链上下游协同推进。

（1）以智能制造联盟为依托推动行业智能转型。目前已组建了多个行业智能制造发展联盟组织，如家电业智能制造创新战略联盟、中国智能制造产业技术创新联盟、中国服装智能制造技术创新战略联盟、中国智能网联汽车产业创新联盟等。13 个行业学会发起成立了中国科协智能制造学会联合体，协同推进智能制造技术发展。

（2）积极推动系统解决方案供应商与行业企业需求有效对接。工信部指导成立了智能制造系统解决方案供应商联盟，汇集了装备制造企业、系统集成企业、工业软件企业、科研院所和高校等各方力量，一年来成员单位从 54 家发展到 186 家。联盟先后与纺织、服装、家电等行业企业，东莞、沈阳、郑州等地区进行对接，提供产需、产融合作服务，支撑行业、区域智能转型。已培育 8 家主营业务收入达 10 亿元以上的系统解决方案供应商。

（3）重点行业积极加强智能制造的推广应用。装备、原材料、消费品、电子信息、民爆等领域积极开展智能化改造升级，推广应用智能制造新模式，组织召开了数十场现场经验交流会。

四、企业意愿强烈，积极探索实践

当前，企业实施智能化改造意愿强烈，内生动力不断增强。无论是制造业企业还是服务业企业，对智能化改造的潜在需求都很大，企业在总体上对智能化表现出积极欢迎和热切期待，在课题组调研的几乎所有企业都将智能制造纳入了企业战略或规划中。大多数企业聚焦在机器换人、智能化生产及仓储物流、在线检测及智能化装配等局部环节，旨在降低成本、提升质量和效率。部分行业领先企业一方面主动制定智能制造发展规划，实施系统性的智能化改造，以引领行业转型升级和发展方向；另一方面充分利用自身在信息化、自动化、数字化改造等方面积累的成功经验和优势资源，纷纷将智能制造作为企业新的业务增长点，整合优势资源为行业提供智能化改造服务，抢占行业发展领先地位。

第二章　智能制造基础条件建设起步

要实现智能制造的"人、机、物、环境、信息"高度融合与互动，赋予制造全系统、全产业链"智能"，除了企业自身的装备、设施和制造过程实现智能化，还需要具备诸多外部条件。其中，智能制造标准体系、工业软件、工业互联网被视为发展智能制造的三大基础条件。

第一节　智能制造标准体系建设全面开启

标准作为国家治理现代化的基础性制度和经济社会发展的技术支撑，对国民经济运行的质量效益起着重要的指引和保障作用。"智能制造、标准先行"。为充分发挥标准在推进智能制造发展中的基础性和引导性作用，解决现有智能制造相关标准缺失、滞后以及交叉重复等问题，指导当前和未来较长时间内我国智能制造的标准化工作，根据《中国制造 2025》的战略部署，国标委、工信部共同组织制定了《国家智能制造标准体系建设指南（2015 年版）》（以下简称《建设指南》），并持续在组织建设、标准研究、宣贯培训、国际标准化等方面推进国家智能制造标准体系建设。

一、组建完成国家智能制造标准化工作组织体系

（一）成立智能制造标准化工作组

为加快推进智能制造综合标准化工作，加强顶层设计，构建智能制造综合标准体系，发挥智能制造标准的规范和引领作用，2014 年 12 月 15 日，工信部印发了《工业和信息化部办公厅关于成立智能制造综合标准化工作组的函》，成立了由工信部装备工业司牵头，国内智能制造相关标委会、科研机构、企业以及行业专家共同参加的智能制造综合标准化工作组，明确了智能制造综合标准化工作组的主要职责：

（1）组织开展智能制造综合标准化体系建设及规划工作。

（2）组织开展智能制造基础、通用标准的制定工作，统筹协调基础标准与行业应用标准有效衔接。

（3）组织研究国内外智能制造标准化进展情况，加强与国际标准化组织的交流活动。

（4）建立智能制造综合标准化体系示范平台，促进智能制造标准与产业的协调发展，满足科研、产业和行业管理的需要，成为发展智能制造的重要支撑。

（二）成立国家智能制造标准化协调推进组、总体组和专家咨询组

2016 年 8 月，国标委和工信部在北京成立了国家智能制造标准化协调推进组、总体组和专家咨询组。

（1）国家智能制造标准化协调推进组负责统筹规划和协调指导国家智能制造领域标准化工作，制定我国智能制造标准化规划、体系和政策措施，协调处理标准制修订和应用实施过程中的重大问题，督促检查智能制造标准化工作的落实。协调推进组设组长 2 名（司局级），副组长 6 名（司局级或处级），成员 6 名（处级）。

（2）国家智能制造标准化总体组在协调推进组的指导下开展智能制造标准化工作，负责拟定我国智能制造标准化规划、体系和政策措施，协调智能制造国家标准的技术内容和技术归口，开展智能制造国家标准试点示范、应用实施、宣贯培训等工作。组织参与智能制造标准化工作并开展国际标准化交流与合作。总体组设组长单位 1 名，即中国电子技术标准化研究院，副组长单位 4 名。

（3）国家智能制造标准化专家咨询组负责提供我国智能制造标准化规划、体系和政策措施等方面的咨询，对智能制造领域标准研制、试点、应用实施等提出意见建议，对国家智能制造标准化协调推进组和总体组的工作提供技术支撑和咨询。专家咨询组设组长 1 名，副组长 2 名，成员 25 名。

为规范智能制造标准化工作，完善总体组工作机制，总体组起草并发布了《国家智能制造标准化总体组章程》，为总体组工作提供了制度保障。2017 年 7 月 13 日，国家智能制造标准化总体组、专家咨询组第二次全体会议在北京成功召开。会上，国家智能制造标准化总体组和专家咨询组对 2016 年标准化工作进行了总结，对 2017 年工作进行了部署。与会专家对《国家智能制造标准体系建设指南》的修订、智能制造综合标准化项目的支持方向，以及智能制造国家标准立项等工作进行了研讨。总体组又新增 5 家成员单位，专家咨询组新增 8 位专家，进一步增强了国家智能制造标准化力量，为开展智能制造标准体系建设及规划提供了组织保障。

二、编制和发布《国家智能制造标准体系建设指南（2015 年版）》

（一）梳理相关领域已制定和制定中的标准

2015 年，智能制造标准化工作组秘书处组织智能制造相关的全国信息技术标准化技术委员会（TC 28）、全国工业过程测量控制和自动化标准化技术委员会（TC 124）、全国自动化系统与集成标准化技术委员会（TC 159）、全国信息安全标准化技术委员会（TC 260）、全国通信标准化技术委员会（TC 485）、全国增材制造标准化技术委员会（TC 562）6 个标准化技术委员会对现有相关标准进行了梳理，识别出基础共性、智能装备、智能工厂、工业互联网、工业软件和大数据 5 大标准领域的现行标准 446 项，制定中的标准 169 项。《国家智能制造标准体系建设指南（2015 年版）》共整理出 220 项已发布、制定中的智能制造标准，如图 2-1 所示。其中，基础共性标准 55 项、关键技术标准 165 项。

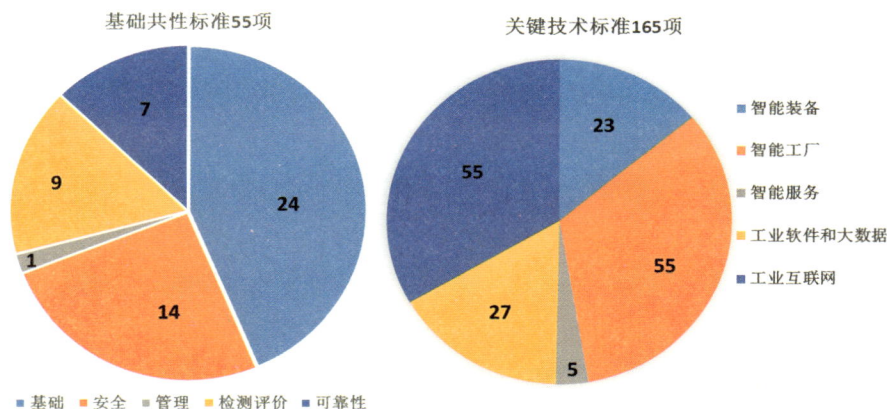

图 2-1　220 项已发布及制定中的智能制造标准类别

（二）调研企业智能制造标准化需求

在工业和信息化部装备工业司领导下，智能制造标准化工作组秘书处单位组织工作组内相关研究机构，对智能制造各领域开展标准化需求调研。从 2015 年 3 月至今，工作组先后调研了海尔集团、上海外高桥造船厂、宝钢集团、上海明匠智能系统有限公司、中国航天科工二院、北京数码大方科技有限公司、和利时集团、北京东土科技股份、北京北大众志微系统科技有限责任公司、青岛红领集团、沈阳机床厂、华晨宝马沈阳铁西工厂、新松机器人自动化股份有限公司、九江石化、华三通信技术有限公司、浙江中控技术股份有限公司、浙江力太科技有限公司、研祥集团、创维集团、广州数控设备有限公司、阿里巴巴集团、华为公司等近百家企业，通过调研，全面了解各产业智能制造发展水平，深入分析智能制造关键技术、主要产品和亟待解决的问题，梳理智能制造不同领域、智能制造不同环节的标准化需求，进一步明确智能制造标准体系的边界和内在逻辑关系，确定智能制造标准体系建设的思路和原则，寻找标准体系建设的主攻方向和突破口。

（三）组织召开相关研讨会，广泛征求社会各界意见

2015 年 2 月 6 日，工作组召开了第一次工作会。此次会议分析了国内外产业、技术发展趋势和德国工业 4.0 标准化工作情况，提出了工作组总体工作思路。2015 年 3 月 15 日，工作组召开了第二次工作会。此次会议部署智能制造相关的 6 个标准化技术委员会对现有相关标准进行系统梳理，对潜在标准化需求进行深入调研，全面启动智能制造综合标准化工作。2015 年 6 月 30 日，在各标委会分工完成各自领域标准梳理，共同开展大量调研，收集产业标准化需求，分析国内外智能制造标准化工作经验的基础上，工作组秘书处组织相关标委会和研究单位召开《指南》编制会。会上，各标委会对秘书处单位提出的文稿进行了讨论、修改和完善，形成了《智能制造综合标准化体系建设指南》（草案）。2015 年 7 月 8 日，工作组召开了第三次工作会。集体学习了美国工业互联网标准化工作情况，对前期工作成果暨标准化工作组秘书处起草的《智能制造综合标准化体系建设指南》（草案）进行了讨论。会后，工作组秘书处对专家意见进行了整理和采纳，形成了《智能制造综合标准化体系建设指南》（征求意见稿）。2015 年 8 月，为完善《建设指南》（征求意见稿），工信部装备司在部内征求各司局意见，共收集到通信管理局等 6 个司局关于征求意见的复函，共 14 条意见。2015 年 9 月，为完善《建设指南》（征求意见稿），国标委工业二部听取了关于《指南》编制情况的汇报，肯定了前期成果，并提出了修改建议。2015 年 10 月 10 日至 30 日，工信部和国标委就《建设指南》（征求意见稿）在官方网站联合向全社会征集意见，并于 11 月 10 日、11 日和 12 日分别在北京、上海和杭州召开了航天行业、上海部分单位、食品与包装机械行业的意见征集会，共收到了 96 条意见。2015 年 11 月 20 日，工作组召开了第四次工作会议。对《智能制造综合标准化体系建设指南》（征求意见稿）进行了讨论。会后，根据专家意见修改完善形成送审稿。

（四）发布《国家智能制造标准体系建设指南（2015 年版）》

构建智能制造标准体系框架分为三个步骤。第一步，通过研究各类智能制造应用系统，提取其共性抽象特征，构建由生命周期、系统层级和智能功能组成的三维智能制造系统架构，从而界定智能制造标准化的内涵和外延，识别智能制造现有和缺失的标准，认知现有标准间的交叉重叠关系；第二步，在深入分析标准化需求的基础上，综合智能制造系统架构各维度逻辑关系，将智能制造系统架构的生命周期维度和系统层级维度组成的平面自上而下依次映射到智能功能维度的五个层级，形成智能装备、智能工厂、智能服务、工业软件和大数据、工业互联网五类关键技术标准，与基础共性标准和重点行业标准共同构成智能制造标准体系结构；第三步，对智能制造标准体系结构分解细化，进而建立智能制造标准体系框架，指导智能制造标准体系建设及相关标准立项工作。2015 年 12 月，工信部和国标委联合发布《国家智能制造标准体系建设指南（2015 年版）》，并制定了滚动修订制度，每 2～3 年修订并发布。

1. 智能制造系统架构

智能制造系统架构从生命周期、系统层级和智能功能三个维度构建，如图 2-2 所示。

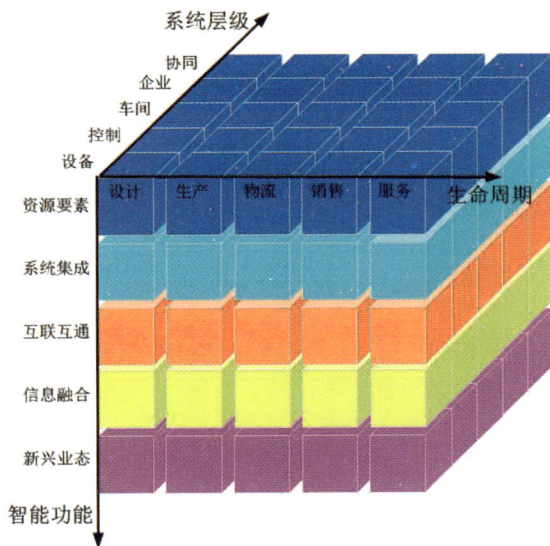

图 2-2　智能制造系统架构

1）生命周期

生命周期是由设计、生产、物流、销售、服务等一系列相互联系的价值创造活动组成的链式集合。生命周期中各项活动相互关联、相互影响。不同行业的生命周期构成不尽相同。

2）系统层级

系统层级自下而上共五层，分别为设备层、控制层、车间层、企业层和协同层。智能制造的系统层级体现了装备的智能化和互联网协议（IP）化，以及网络的扁平化趋势。具体包括以下几项：

（1）设备层级包括传感器、仪器仪表、条码、射频识别、机器、机械和装置等，是企业进行生产活动的物质技术基础。

（2）控制层级包括可编程逻辑控制器(PLC)、数据采集与监视控制系统(SCADA)、分布式控制系统（DCS）和现场总线控制系统（FCS）等。

（3）车间层级实现面向工厂/车间的生产管理，包括制造执行系统（MES）等。

（4）企业层级实现面向企业的经营管理，包括企业资源计划系统（ERP）、产品生命周期管理（PLM）、供应链管理系统（SCM）和客户关系管理系统（CRM）等。

（5）协同层级由产业链上不同企业通过互联网络共享信息实现协同研发、智能生产、精准物流和智能服务等。

3）智能功能

智能功能包括资源要素、系统集成、互联互通、信息融合和新兴业态五个层次。

（1）资源要素包括设计施工图样、产品工艺文件、原材料、制造设备、生产车间和工厂等物理实体，也包括电力、燃气等能源。此外，人员也可视为资源的一个组成部分。

（2）系统集成指通过二维码、射频识别、软件等信息技术集成原材料、零部件、能源、设备等各种制造资源。由小到大实现从智能装备到智能生产单元、智能生产线、数字化车间、智能工厂，乃至智能制造系统的集成。

（3）互联互通是指通过有线、无线等通信技术,实现机器之间、机器与控制系统之间、企业之间的互联互通。

（4）信息融合是指在系统集成和通信的基础上，利用云计算、大数据等新一代信息技术，在保障信息安全的前提下，实现信息协同共享。

（5）新兴业态包括个性化定制、远程运维和工业云等服务型制造模式。

智能制造系统架构通过三个维度展示了智能制造的全貌。

2. 智能制造标准体系结构

智能制造标准体系结构图包括"A 基础共性"、"B 关键技术"、"C 重点行业"三个部分。其中，"B 关键技术"部分包括"BA 智能装备"、"BB 智能工厂"、"BC 智能服务"、"BD 工业软件和大数据"和"BE 工业互联网"。智能制造标准体系结构如图 2-3 所示。

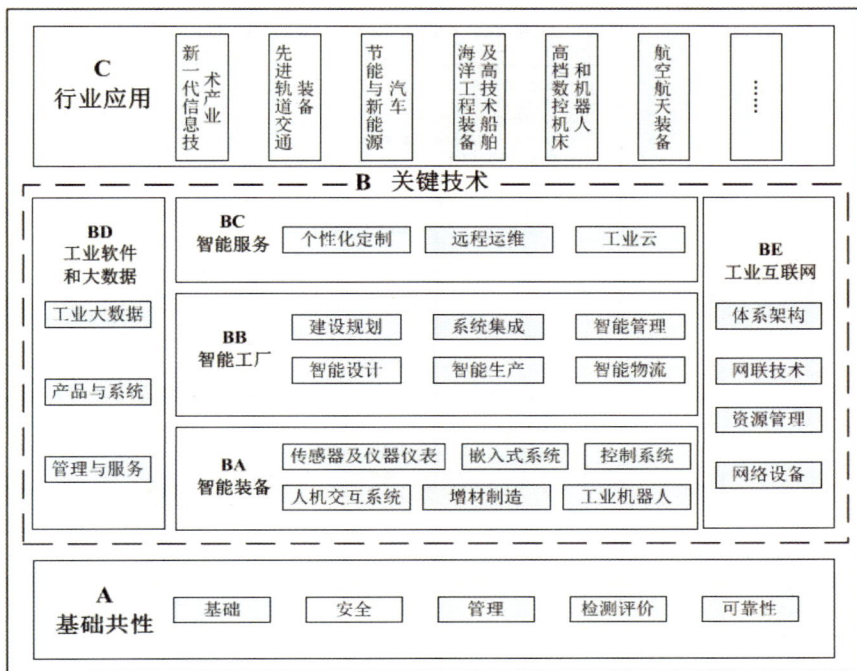

图 2-3　智能制造标准体系结构

具体而言，A 基础共性标准包括基础、安全、管理、检测评价和可靠性五大类，位于智能制造标准体系结构图的最底层，其研制的基础共性标准支撑着标准体系结构图上层虚线框内 B 关键技术标准和 C 重点行业标准；BA 智能装备标准位于智能制造标准体系结构图的 B 关键技术标准的最底层，与智能制造实际生产联系最为紧密；在 BA 智能装备标准之上是 BB 智能工厂标准，是对智能制造装备、软件、数据的综合集成，该标准领域在智能制造标准体系结构图中起着承上启下的作用；BC 智能服务标准位于 B 关键技术标准的顶层，涉及对智能制造新模式和新业态的标准研究；BD 工业软件和大数据标准与 BE 工业互联网标准分别位于智能制造标准体系结构图的 B 关键技术标准的最左侧和最右侧，贯穿 B 关键技术标准的其他 3 个领域（BA、BB、BC），打通物理世界和信息世界，推动生产型制造向服务型制造转型；C 重点行业标准位于智能制造标准体系结构图的最顶层，面向行业具体需求，对 A 基础共性标准和 B 关键技术标准进行细化和落地，指导各行业推进智能制造。

3．智能制造标准体系框架

根据智能制造标准体系结构图，智能制造标准体系框架包括"A 基础共性"、"B 关键技术"、"C 重点行业"三个部分。智能制造标准体系框架如图 2-4 所示。

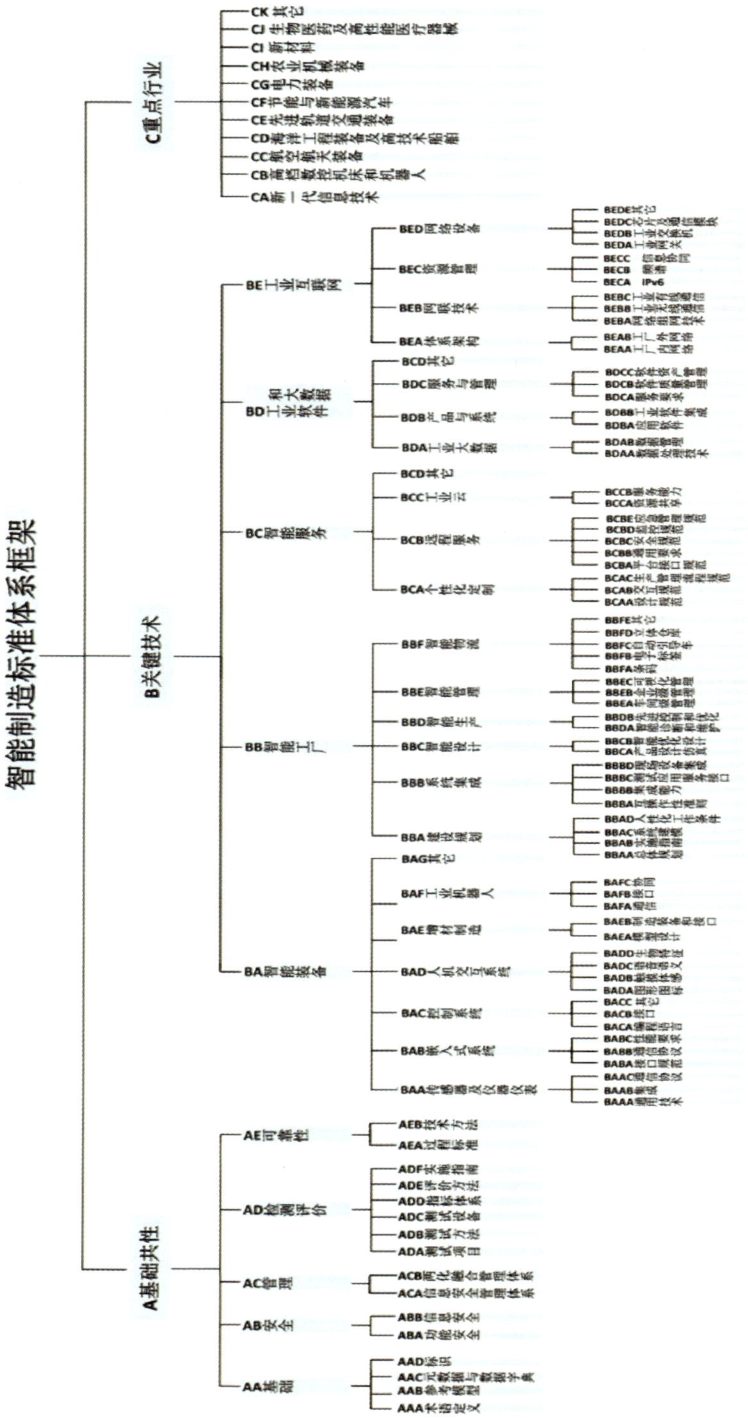

图 2-4 智能制造标准体系框架

智能制造标准体系框架

C 重点行业
- CK 其它
- CJ 生物医药及高性能医疗器械
- CI 新材料
- CH 农业机械装备
- CG 电力装备
- CF 节能与新能源汽车
- CE 先进轨道交通装备
- CD 海洋工程装备及高技术船舶
- CC 航空航天装备
- CB 高档数控机床和机器人
- CA 新一代信息技术

B 关键技术

BE 工业互联网
- BED 网络设备
  - BEDE 其它
  - BEDC 网关及隔离设备
  - BEDB 工业交换机
  - BEDA 工业路由器
- BEC 资源管理
  - BECC 频谱管理
  - BECB 标识
  - BECA IPv6
- BEB 网络技术
  - BEBC 工业无线技术
  - BEBB 工业网络融合技术
  - BEBA 工业现场总线技术
- BEA 体系架构
  - BEAB 工厂外网络
  - BEAA 工厂内网络

BD 工业软件和大数据
- BDC 其它
- BDC 服务与管理
  - BDCC 软件定价及管理
  - BDCB 软件服务与管理
  - BDCA 工业应用软件
- BDB 产品与系统
  - BDBB 集成开发环境
  - BDBA 嵌入式组态软件
- BDA 工业大数据
  - BDAB 数据管理
  - BDAA 数据处理技术

BC 智能服务
- BCD 其它
- BCC 工业云
  - BCCB 云服务接口
  - BCCA 基础设施能力
- BCB 远程服务
  - BCBE 远程监控与诊断
  - BCBD 故障预测与健康管理
  - BCBC 运维安全管理规程
  - BCBB 远程运维接口
  - BCBA 评估与管理规范
- BCA 个性化定制
  - BCAC 工厂管理规范
  - BCAB 产品设计规范
  - BCAA 语言描述规范

BB 智能工厂
- BBF 智能物流
  - BBFE 其它
  - BBFD 环境与安全
  - BBFC 自动化仓库
  - BBFB 工业物流机器人
  - BBFA 物流标识及认证
- BBE 智能管理
  - BBEC 可持续优化管理
  - BBEB 企业集成管理规范
  - BBEA 车间管理规范
- BBD 智能生产
  - BBDB 环境与安全管理
  - BBDA 生产过程控制规范
- BBC 智能设计
  - BBCB 制造执行过程规范
  - BBCA 研发设计数字化规范
- BBB 系统集成
  - BBBD 智能装备及软件接口
  - BBBC 智能制造应用系统接口
  - BBBB 系统集成网络接口
- BBA 建设规划
  - BBAD 人性化与绿色制造
  - BBAC 现场总线集成要求
  - BBAB 工厂系统集成要求
  - BBAA 总体规划设计要求

BA 智能装备
- BAG 其它
- BAF 工业机器人
  - BAFC 应用
  - BAFB 接口
  - BAFA 通用
- BAE 增材制造
  - BAEB 通信接口及集成系统接口
  - BAEA 智能制造过程设计
- BAD 人机交互系统
  - BADD 外骨骼装备
  - BADC 环境识别与交互
  - BADB 新型交互定义
  - BADA 图形图像识别与处理
- BAC 控制系统
  - BACC 接口
  - BACB 通信协议及标识
  - BACA 硬件接口要求
- BAB 嵌入式系统
  - BABB 硬件要求
  - BABA 通信协议及接口要求
- BAA 传感器及仪器仪表
  - BAAC 协议与接口
  - BAAB 性能
  - BAAA 技术

A 基础共性

AE 可靠性
- AEB 技术方法
- AEA 过程与理论

AD 检测评价
- ADF 实施指南
- ADE 评价方法论
- ADD 测试标准体系
- ADC 测试设备平台
- ADB 测试方法论
- ADA 测试项目

AC 管理
- ACB 能效优化及管理体系
- ACA 信息安全管理体系

AB 安全
- ABB 信息安全
- ABA 功能安全

AA 基础
- AAD 标识
- AAC 元数据与数据字典
- AAB 参考模型
- AAA 术语定义

三、深入开展标准研制工作

2015 年 12 月，工信部和国标委联合发布的《建设指南》提出了到 2017 年初步建立智能制造标准体系，制定 60 项以上智能制造重点标准的建设目标。在工信部、国标委、国家智能制造标准化协调推进组、总体组、专家咨询组以及相关标委会和机构的共同推动下，已发布的智能制造标准新增 22 项，已立项的智能制造相关标准已达 32 项，拟立项的标准预计达到 300 多项，已经基本完成初步建立智能制造标准体系的阶段性目标，并将在年内完成 60 项以上的标准制定工作。

（一）已发布、制定中的智能制造标准

在工信部和国标委联合发布的《建设指南》附件 2 中给出了截至 2015 年 12 月总计 220 项已发布和制定中的智能制造基础共性标准和关键技术标准。其中，已发布的标准为 120 项，制定中的标准为 100 项。截至 2017 年 8 月，100 项制定中的智能制造标准中，有 22 项标准状态变更为已发布，见表 2-1。

表 2-1　22 项标准状态变更为已发布的智能制造标准

序号	标准号	标准名称
1	GB/T 33007－2016	工业通信网络 网络和系统安全 建立工业自动化和控制系统安全程序
2	GB/T 33009.1－2016	工业自动化和控制系统网络安全 集散控制系统（DCS） 第 1 部分：防护要求
3	GB/T 33009.2－2016	工业自动化和控制系统网络安全 集散控制系统（DCS） 第 2 部分：管理要求
4	GB/T 33009.3－2016	工业自动化和控制系统网络安全 集散控制系统（DCS） 第 3 部分：评估指南
5	GB/T 33009.4－2016	工业自动化和控制系统网络安全 集散控制系统（DCS） 第 4 部分：风险与脆弱性检测要求
6	GB/T 33008.1－2016	工业自动化和控制系统网络安全 可编程序控制器（PLC） 第 1 部分：系统要求
7	GB/T 33267－2016	机器人仿真开发环境接口
8	GB/T 33264－2016	面向多核处理器的机器人实时操作系统应用框架
9	GB/T 33266－2016	模块化机器人高速通用通信总线性能
10	GB/T 32197－2015	机器人控制器开放式通信接口规范
11	GB/T 32855.1－2016	先进自动化技术及其应用 制造业企业过程互操作要求 第 1 部分:企业互操作框架
12	GB/T 32827－2016	物流装备管理监控系统功能体系

续表

序号	标准号	标准名称
13	GB/T 32400－2015	信息技术 云计算 概览与词汇
14	GB/T 32399－2015	信息技术 云计算 参考架构
15	GB/T 30269.901-2016	信息技术 传感器网络 第901部分：网关：通用技术要求
16	GB/T 30269.1－2015	信息技术 传感器网络 第1部分：参考体系结构和通用技术要求
17	GB/T 30269.401－2015	信息技术 传感器网络 第401部分：协同信息处理：支撑协同信息处理的服务及接口
18	GB/T 30269.601－2016	信息技术 传感器网络 第601部分：信息安全：通用技术规范
19	GB/T 30269.702－2016	信息技术 传感器网络 第702部分：传感器接口：数据接口
20	GB/T 30269.802－2017	信息技术 传感器网络 第802部分：测试：低速无线传感器网络媒体访问控制和物理层
21	GB/T 30269.1001－2017	信息技术 传感器网络 第1001部分：中间件：传感器网络节点接口
22	GB/T 33474－2016	物联网 参考体系结构

（二）已立项的智能制造标准

1. 通过国家智能制造标准化总体组立项的智能制造国家标准

2017年3月23日，国家标准委发布《关于颁发〈智能制造 对象标识要求〉等国家标准制定计划的通知》。至此，《智能制造 对象标识要求》《工业互联网 总体网络架构》《智能制造 标识解析体系要求》《数字化车间 通用技术要求》《数字化车间 机床制造 信息模型》《信息技术 工业云服务 能力总体要求》《信息技术 工业云服务 模型》7项智能制造国家标准正式立项，该批标准是通过国家智能制造标准化总体组立项的第一批智能制造国家标准，包含2项基础共性标准、4项关键技术标准及1项重点行业标准。

2. 通过国标委2017年立项的智能制造相关标准

到目前为止，国标委2017年颁发了11项智能制造相关标准（见表2-2），包括3项基础共性标准，8项关键技术标准。

表2-2 国标委2017年颁发的11项智能制造相关标准立项计划清单

序号	计划号	标准名称
1	20170995-T-604	数控装备互联互通及互操作 通用技术要求
2	20170994-T-604	数控装备互联互通及互操作 设备描述模型
3	20170993-T-604	数控装备互联互通及互操作 面向实现的模型映射
4	20170998-T-604	数控装备互联互通及互操作 数控机床对象字典
5	20170996-T-604	机械电气安全 机械电气设备 第7部分：工业机器人技术条件

序号	计划号	标准名称
6	20170987-T-604	工业机器人 生命周期对环境影响评价方法
7	20170989-T-604	工业机器人机器视觉集成技术条件
8	20170988-T-604	工业机器人柔性控制通用技术要求
9	20171073-T-469	物联网 感知控制设备接入 第1部分：总体要求
10	20170373-T-604	工业通信网络 网络和系统安全 术语、概述和模型
11	20170374-T-604	工业通信网络 网络和系统安全 工业自动化和控制系统信息安全技术

（三）拟立项的智能制造标准

1. 工信部智能制造专项标准化项目

从 2015 年开始，工信部启动了智能制造综合标准化与新模式项目，总计支持了 120 个标准化项目。其中，2015 年支持了 43 个，2016 年支持了 34 个，2017 年支持了 43 个，如图 2-5 所示。从三年来项目支持的标准类型来看，立项标准项目符合"共性先立、急用先行"的立项原则，并逐步从支持基础共性标准转向支持关键技术标准及行业应用标准。

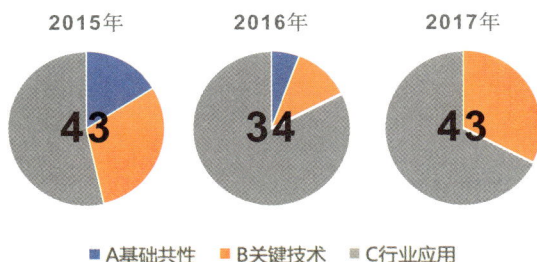

图 2-5　工信部智能制造专项标准化项目

表 2-3 将标准项目依照《建设指南》进行了分类。三年来，支持力度最大的为 A 基础共性标准中 AA 基础，B 关键技术中 BA 智能装备和 BE 工业互联网，以及 C 重点行业中 CB 高档数控机床和机器人。其中 C 重点行业中 CK 其他的主要支持类型包括纺织、石化和家电行业。此外，国家尚未支持的标准领域有 A 基础共性中的 AC 管理和 AE 可靠性，以及 C 重点行业中的 CI 新材料和 CJ 生物医药及高性能医疗器械。

表 2-3　工信部智能制造专项标准化项目支持类型

	类别	2015	2016	2017	小计
A基础共性 （9项）	AA基础	3	1	0	4
	AB安全	2	0	0	2
	AC管理	0	0	0	0
	AD检测评价	2	1	0	3
	AE可靠性	0	0	0	0
B关键技术 （31项）	BA智能装备	2	0	6	8
	BB智能工厂	4	2	1	7
	BC智能服务	1	0	3	4
	BD工业软件和大数据	2	1	1	4
	BE工业互联网	4	1	3	8
C重点行业 （80项）	CA新一代信息技术	3	3	1	7
	CB高档数控机床和机器人	3	5	3	11
	CC航空航天装备	2	2	3	7
	CD海洋工程装备及高技术船舶	3	1	2	6
	CE先进轨道交通装备	2	2	1	5
	CF节能与新能源汽车	1	2	0	3
	CG电力装备	3	3	2	8
	CH农业机械装备	0	1	2	3
	CI新材料	0	0	0	0
	CJ生物医药及高性能医疗器械	0	0	0	0
	CK其他	6	9	15	30
总计		43	34	43	120

2．2016 年国家质量基础（NQI）项目支持的拟立项标准

2016 年 NQI 项目标准拟/制定 94 项国家标准，包括 21 项智能制造基础国家标准，37 项智能制造共性技术国家标准，5 项增材制造技术国家标准和 31 项机器人技术国家标准。

四、国际标准化工作取得突破

（一）积极推动我国智能制造系统架构成为世界主流智能制造顶层设计

2017 年 4 月，我国智能制造系统架构与德国、美国、日本、法国等制造业大国提出的参考架构一同作为目前世界上主流的智能制造顶层设计被纳入国际电工委员会标准管理局智能制造系统评估组（IEC/SMB/SEG7）发布的《智能制造架构和模型研究报告》中。这是智能制造概念被提出以来，国际标准化组织第一次确定了智能制造的系统架构，实现了我国在智能制造国际标准化顶层设计上的突破，得到国际认可。同时，我国也在国际标准化组织/国际电工委员会第一联合技术委员会（ISO/IEC JTC1）、国际电工委员会/工业过程测量和控制技术委员会（IEC/TC65）、国际标准化组织/国际电工委员会第 21 联合工作组——智能制造参考模型（ISO／IEC JWG21）等其他国际标

准化组织中全面推广我国智能制造系统架构。

（二）积极推动中德等双边和多边标准化合作

依托中德智能制造/工业 4.0 标准化工作组，中德两国专家目前已召开了四次工作组会议，达成了系统架构互认、信息安全、无线通信等领域的 9 项合作共识，2017 年还将共同发布《中德智能制造系统架构与工业 4.0 参考架构模型互认报告》等多项成果物。我国还在中美、中法、中日韩等双边和多边关系中广泛开展了智能制造系统架构、无线通信、信息安全与功能安全、预防性维护、应用案例、智能制造机器人和工业软件等领域的交流与合作，多渠道输出我国智能制造标准化研究成果。同时，我国继续深化国际交流与合作，积极向 ISO、IEC、ITU 等国际标准化组织输出我国智能制造标准化研究成果，稳步推进与中德、中美、中法和中日韩等双边和多边合作机制，提升我国在智能制造领域的国际话语权。

五、全面开展智能制造标准宣贯培训

为促进行业、企业对《建设指南》的理解，强化方法论、标准库和标准案例集等实施手段，总体组在全国范围内开展了《建设指南》培训工作。在工信部与国标委的指导和支持下，总体组组织编制了《国家智能制造标准体系建设指南（2015 版）解读》和《智能制造标准案例集》。2016 年 10 月，来自全国省级工信主管部门和质量监督主管部门的主管领导和相关部门负责人、总体组相关单位的 150 余名代表参加了培训。中国电子技术标准化研究院、机械工业仪器仪表综合技术经济研究所等总体组单位，先后在江苏、河南等地针对智能制造系统架构、成熟度、智能工厂、数字化车间等智能制造重点标准进行宣贯培训，来自地方政府、企业共计 300 余人参加了培训会。2017年 8 月 23—24 日，总体组针对珠三角地区企业在深圳举办了《建设指南》培训宣贯会。同时，借助国家智能制造标准化总体组信息化平台，开展智能制造标准全生命周期管理，服务产业、支撑政府，逐步建立起标准立项、标准研制、信息查询、成果发布、标准服务于一体的工作和标准化服务平台。平台分为信息发布、工作成果、技术组织、标准查询等部分。登录智能制造标准管理系统后，申报单位可以填写立项申报书，相关单位可以进行形式审查、函审、技术审查、立项公示、技术归口协调、立项评审、立项评估、颁发立项计划等。

第二节　工业软件的支撑作用愈加凸显

工业软件是实现工业数字化、网络化、智能化的核心要素。在当今全球主要发达国家寻求工业升级的大背景下，工业软件在各国发展的战略中占据着重要位置。《中国制造2025》将工业软件视为其战略任务中"新一代信息技术产业"的重点领域之一，提出突破高端工业软件核心技术，开发可控的高端工业平台软件和重点领域应用软件，推进工业软件体系化发展和产业化应用。国务院在《关于深化制造业与互联网融合发展的指导意见》中提出，要强化软件支撑和定义制造业的基础性作用，工业软件在智能制造发展中的定位进一步提高。

一、促进工业软件发展的政策不断完善

软件定义智能制造，已成为业界的广泛共识。按照《中国制造2025》的要求，把"智能制造"作为制造业转型升级的重要突破口和抓手，软件是其中的核心。要着力发挥软件的核心驱动作用，大力推进软件技术和工业技术的发展，推进智能制造，同时加快核心技术的发展，通过软件，特别是工业软件实现企业由大变强。2016年5月，国务院发布《关于深化制造业与互联网融合发展的指导意见》，标志着国家从全局高度确立了新时期工业软件的战略地位，即强化软件支撑和定义制造业的基础性作用，从而将工业软件的发展提升到一个前所未有的高度。在《智能制造发展规划（2016—2020年）》中订立的2020年要实现目标中提出，核心支撑软件国内市场满足率超过30%。在工信部发布的《软件和信息技术服务业发展规划（2016—2020年）》中提出，到2020年，"工业软件和系统解决方案的成熟度、可靠性、安全性全面提高，基本满足智能制造关键环节的系统集成应用、协同运行和综合服务需求。"为有效实现2020年发展目标，《软件和信息技术服务业发展规划（2016—2020年）》提到"工业软件及解决方案研发应用——面向智能制造关键环节应用需求，支持研发计算机辅助设计与仿真、制造执行系统、企业管理系统、产品全生命周期管理等一批应用效果好、技术创新强、市场认可度高的工业软件产品及应用解决方案，进一步突破高端分布式控制系统、数据采集与监控系统、可编程逻辑控制器等工业控制系统核心技术和产品，强化安全可靠程度和综合集成应用能力，推动在重点行业的深入应用。"2017年下半年，工信部《工业技术软件化行动计划（2017—2019年）》的研究制定及在工业4.0技术

上的不断突破，工业软件企业将加快向制造企业尤其是高端制造业工业软件平台的渗透，我国工业软件正迎来一个崭新的发展阶段。

二、我国工业软件发展迅速，但在世界市场中的影响力有限

工业软件指在工业领域里应用的软件，包括基础软件和应用软件两大类。基础软件涉及操作系统、数据库、中间件等，为计算机使用提供最基本的功能，但并不针对某一特定应用领域。鉴于此，本文所提及的工业软件均特指应用软件部分。根据细分领域不同，工业软件可分为四大类：以 ERP（Enterprise resource planning，企业资源计划）、SCM（Supply Chain Management，供应链管理）为代表的经营管理类软件；以 MES（Manufacturing Execution System，制造执行系统）为代表的生产管理类软件；以 CAE（Computer Aided Engineering，计算机辅助工程）、PLM（Product Lifecycle Management,产品生命周期管理）为代表的研发设计类软件；以及针对特定应用场景、特定行业的大数据分析与应用类软件。

从产业规模来看，2016 年，我国工业应用软件市场规模超过 50 亿美元，其中生产管理类工业软件市场达到 5 亿美元，研发设计类软件约为 18 亿美元。在我国市场成熟度最高的经营管理类软件，市场规模已接近 30 亿美元，而 2010 年前这一数字尚不及 20 亿美元。近几年，我国工业软件市场增速基本维持在 10%以上，特别是生产管理类和研发设计类软件，都处在快速增长期，市场规模不断扩大。在工业软件市场高速成长下，涌现出了一批批本土软件商，用友、金蝶、宝信、和利时、浙江中控、数码大方等不同规模企业在市场中摸索前进，为我国工业软件技术发展"添砖加瓦"。

从技术趋势看，我国工业软件正在不断朝着国际水平努力。一是针对于特定行业的系统解决方案不断完善。部分软件商帮助工业企业打通底层设备，将各类工业软件进行集成，使企业信息不再局限在某一部门、某一环节、某一特定软件。二是工业软件的云化部署趋势渐明，在"百万企业上云"、工业互联网平台、工业云平台建设等支持政策引导下，由地方政府、龙头企业等主导的工业云平台纷纷发布，其中重要的功能就是将各类工业软件汇聚在云端，方便相关企业进行云化部署和调用。三是大数据等技术的发展，赋予了传统工业软件更加丰富的功能，也为市场格局带来变数。工业大数据分析与工业软件的结合使专家知识、经验软件化，能够不断被萃取、学习，缩短了技术间的鸿沟。

虽然我国工业软件近几年发展快速，但是与发达国家相比，仍存在着不小的差距。从市场规模来看，我国只占据全球约 3%的份额，市场话语权有限。2016 年，全球工

业应用软件市场规模超过 1 700 亿美元。其中，北美以约 53% 的占比把控着市场的半壁江山；西欧紧随其后，占比约为 25%；亚太（除中国、日本）、日本和中国则位居其后。从竞争格局来看，欧美企业或主导、或垄断各类细分市场，仅 SAP、Oracle、西门子、PTC、达索等少数领先企业就占据 50% 以上的市场份额。

三、工业软件应用不断深入和拓展

（一）经营管理类工业软件日趋成熟

1．市场规模最大，成熟度较高

经营管理类工业软件广泛应用于制造业企业，是实现企业管理信息化的重要工具。其本质是对采购、生产、成本、库存、销售、运输、财务、人力资源等各环节进行信息化管理和优化，从而获取更高利润，其中最具代表性的是 ERP 与 SCM。该类工业软件应用广泛、市场规模大，2016 年，ERP 市场规模达到 286 亿美元、SCM 达到 112 亿美元，在四类工业软件中市场份额位居第一。

从全球范围看，经营管理类是成熟度最高的一类工业软件，普及率高，市场格局较为稳固。在中国，ERP 发展已有 20 多年，也是成熟度最高的工业软件。但 SCM 在我国仍处于起步阶段，产业持续成长中。

2．本土管理软件市场，国内外厂商分庭抗礼

对于 ERP 领域，全球市场被国外龙头企业把控，其中 SAP、甲骨文、infor、sage、微软为主要厂商，占据 55% 以上的市场份额。对于国内市场，我国 ERP 工业软件厂商与国外厂商可谓 "二分天下"。一方面 SAP、甲骨文、infor 等国外公司具有产品成熟、能够提供完整解决方案、实施商众多、可维护性强等优势，另一方面本土企业如用友、金蝶等，在易于实施、符合本地化需求、费用低廉等特点上更胜一筹。但到了 SCM 市场，国内软件商仍有很长的路要走。国际市场上 SAP、甲骨文 "双雄争霸"，占据 40% 左右的市场份额，而剩余市场则由众多其他企业所瓜分。放眼国内，外商控制 60% 以上的市场容量，而本土软件商则较为分散，缺少领军型企业。

3. 与国外先进水平仍存在一定差距

我国在经营管理类工业软件方面发展最为成熟，但与国外仍存在一定差距。在产品功能上，ERP 软件普遍遵循 SAP R/3 标准，国内厂商虽然是标准跟随，但领先企业如用友、金蝶等功能已经比较全面。SCM 软件目前在国际上仍无一定标准，产品功能不断增加。目前，国际综合型 ERP 厂商凭借在经营管理类工业软件领域的积累，能够提供 SCM 最为全面的功能，而国内 SCM 软件商在供应链计划与优化、绩效与决策方面仍需完善软件功能。

在全方位集成方面，国内软件差距明显。以 ERP 为例，国外软件从前端销售、电商等业务到后端的财务模块，能够做到完全集成，基本上实现了一键式自动化操作，很少出现人工做账的情形，而本土厂商目前还没有完全做到。产品集成性不够好，业务流程无法走通，也是本土软件不能应用于大型企业集团的重要原因之一。对于 ERP 领域，全方位集成可谓大势所趋。ERP 软件正逐步向 SCM、电子商务、MES 等开展全方位集成，如 SAP 为制造业提供 ERP 和 MES 系统集成架构，实现管理层面与生产层面的信息打通。本土企业若不在这方面尽早布局，则会被国外领先企业越拉越远。

4. 应用场景丰富

经营管理类工业软件被广泛应用于众多行业，在如电子信息、机械、交通设备等离散行业中，该类工业软件普及率在 25%～30%；在以石化、纺织、医药为代表的流程行业中，普及率也在 15% 以上。其中 ERP 在电子、机械、汽车、化工等行业份额较大，已有成熟应用。例如石化相关企业以 ERP 为核心来整合提升供销管理、仓储物流管理、财务管理等信息化管理能力。从 ERP 应用思路上看，存在着大企业与中小企业的差异：大型集团企业希望 ERP 系统能与智能制造、智能企业、互联网、产业生态链等结合起来，并利用移动化、云计算、大数据等技术，搭建企业智能云平台。中小企业则更倾向于灵活可扩展、按需使用、快速更新的 ERP 单体服务。

对于 SCM，流程行业中的快消品、离散行业中的汽车制造等都是其重点应用领域。前者看重 SCM 解决方案涵盖从供应链设计、计划、一直到供应链执行层的全方位打通，多使用 SAP、甲骨文、用友等提供的 SCM 服务。而后者离散行业由于有着更复杂的物流网络及供应链网络，更多地会去选择独立 SCM 软件商。

（二）生产管理类工业软件加速发展

1. 市场发展最快的一类工业软件

生产管理类工业软件是面向制造企业车间执行层的生产信息化管理工具，可以为企业提供包括制造数据管理、计划排程管理、生产调度管理、库存管理、质量管理、工作中心/设备管理、工具工装管理、生产过程控制等服务，旨在整合制造资源及管理生产进度、质量、设备等生产要素。以 MES 为代表的生产管理类工业软件目前市场体量并不大，全球 MES 市场规模约为 70 亿美元，我国为 5 亿美元，均远低于经营管理、研发设计两类工业软件市场规模。但 MES 却凭借着超过 10% 的增速成为发展势头最为迅猛的一类工业软件。这表明，以 MES 为代表的生产管理类软件市场正处在高速爆发期，市场需求旺盛，格局存在较多变数。

2. 形成自动化巨头把持、群雄并起的竞争格局

由于面向的对象是车间执行层，其中更多地涉及生产执行层面，传统的自动化企业在生产管理类软件方面反而比单纯的软件公司更具优势。全球市场上，西门子、罗克韦尔自动化、ABB、施耐德电气四大巨头垄断了 53% 的市场份额，第二梯队竞争者也不乏霍尼韦尔、GE 这样的行业巨头。

令人欣喜的是，对于我国市场，国外厂商并没有形成绝对优势，单个厂商份额占比基本没有超过 10%。国内该类软件商众多，诸如宝信、和利时、石化盈科、中控等，均占据一定的市场份额，与国外厂商共同构成了"群雄并起"的竞争格局。

3. 跨行业解决方案能力亟待提升

国内生产管理类工业软件市场格局尚未稳定，国内厂商仍有机会通过补全解决方案能力不足等短板，实现对国外厂商的超越。目前，本土 MES 的差距主要表现在对工业流程的理解和行业知识库的欠缺上，基本只能为一两个行业提供解决方案。与之对比，国际领先的 MES 企业长期致力于业务组件开发和行业知识库积累，能够提供更多领域的解决方案，如西门子 MES 提供一个生产建模环境和 5 大组件（产品、材料、信息、人力及报告），及多个行业工艺流程库（电子、家电、航空、高铁、造船、半导体、医疗器械等），应用领域丰富。在集成方面，国际巨头也纷纷布局，如霍尼韦尔提供从 MES 到 DCS（Distributed Control System，分布式控制系统）环节集成软硬件的方案，罗克韦尔、施耐德、三菱、ABB 等大部分自动化巨头在 MES、控制装备层等细分领域都积累了成熟的集成方案。

4. 精益制造、产品质量全程可追溯需求推动 MES 快速应用

MES 需求的迅猛增长与企业对精益化制造的需求有着紧密关系。对于生产制造全过程的数字化、信息化管控是实现产品质量全程可追溯、进而实现精益化生产的必要途径。对于产品品控、精益制造有较高要求的电子、汽车及零部件、半导体、航空航天等行业，也自然而然地成为了该类软件的主要应用领域。MES 等生产管理类软件在上述行业普及率已达到 60%。

分行业看，在冶金、机械、烟草等行业，我国厂商占主导地位，有着较为丰富、

符合本地化需求的解决方案。在石化行业中，本土厂商和国际企业二分天下。在汽车制造、电子、航空航天等离散行业，国外企业凭借丰富的行业经验与知识库积累，占据一定优势。

（三）研发设计类工业软件需求广阔

1. 市场体量大，国内市场需求持续增长

PLM 软件是工业领域的核心软件，可以让企业高效地管理一个产品的生命周期，从产品研发设计、制造，一直到产品出厂、售后服务等。其可由三个层面进行理解：

（1）用于产品模型设计的计算机辅助设计软件(CAD)、用于建模分析的计算机辅助工程（CAE）软件、利用计算机辅助完成从生产准备到产品制造过程的计算机辅助制造软件（CAM）。

（2）存储和检索产品信息的产品数据管理系统(PDM)。

（3）PLM 与 SCM、ERP 等其他类工业软件进行集成对接，实现数字化制造。

以占据研发设计类软件主导地位的 PLM 软件为例，其 2016 年全球市场规模达到 407 亿美元。而增速为 5%，表明该类软件在国际市场中的成熟度较高，已得到较好普及。与之相比较，我国 PLM 市场约为 18 亿美元，全球占比不足 5%，但增速达到了 12%，表明我国的研发设计类软件市场仍处在高速发展期。

2. 国际厂商全面垄断的竞争格局

以 CAE、PLM 为代表的研发设计类是市场集中度最高的一类工业软件，其与行业联系紧密，技术壁垒高，国际厂商垄断地位凸显。从全球市场来看，达索、PTC、西门子等六家领先企业占据了全球一半以上的 PLM 市场。CAE 软件市场集中度更高，ANSYS、西门子等五家企业瓜分了全球 76% 的市场份额。

放眼国内市场，国际厂商垄断的局面并未改变。西门子、达索、PTC 三家企业占据国内 50% 的 PLM 市场，而 80% 的 CAE 市场更是被国外厂商所把持。国产厂商在研发设计类软件的发展上还存在着不小的挑战。

3. 产品空白、技术缺失，国产研发设计类软件仍有长路要走

目前，研发设计类软件并无通用标准，产品与技术仍是国际厂商所引领，我国厂商在这方面还处于起步期。PLM 领域，国内几乎没有企业能够提供完整的解决方案。而对于 CAE 领域，企业的核心竞争力则多体现在跨学科跨场景的算法能力与仿真能力上，国内具备优势的成熟产品少之又少。

在核心算法方面，我国厂商与国际水平差距较大，如特定领域的 CAD 几何内核算法、CAE 有限次元算法等，我们还未完全掌握。我们的差距同时还体现在模型和工

程数据库的不足上，如达索推出的仿真软件 Dymola，能够实现多领域模型联合求解仿真；ANSYS 工程数据库系统不断丰富与完善，越来越多的部件模型、行业材料、设计方案和标准规范信息被纳入其仿真软件数据库。

从集成角度看，PLM 软件是实现数字化工厂的关键一环，西门子等企业打通了 PLM 与装备层、PLM 与 ERP 的集成对接，为工业企业提供了完整的智能制造解决方案。

4. 作用于协同设计研发、数字化虚拟仿真等应用场景

从行业角度看，研发设计类工业软件在高端制造领域意义重大。在军工行业，该类软件为科研院所与制造企业间搭建了协同设计研发的平台，是设计制造一体化与数字化制造不可或缺的一部分。在汽车及零部件行业，CAD 与 CAE 被大量应用，使整车厂与核心零部件供应商能够精确对接设计需求。在航空航天领域，零部件更为繁杂、精度要求更高，对于协同设计研发的需求更甚。同时，该类软件的数字化虚拟仿真技术极大降低了飞机的研发成本。例如波音对于 B787 的研制基于 PLM 系统，实现了高度集成和协同应用，高效地管理了全世界 135 个地点的 300 多家供应商与 200 个部件制造厂。该类软件数字化虚拟仿真技术还有许多应用场景，如壳牌公司利用流程模拟软件搭建仿真平台，对全球的勘探与生产站点进行设计和测试，为公司节省了大量的运营时间和生产成本。

（四）工业大数据分析与应用类工业软件紧密融合

1. 呈现两大融合趋势，但相关市场尚未成型

工业软件与工业大数据体系的融合趋势愈发明晰。一方面，大数据相关技术提升了工业软件在数据分析处理等方面的能力，完善了以工业软件为基础的解决方案。另一方面，以 ERP、SCM、PLM、MES 为代表的工业软件构成了传统的企业信息系统，是工业大数据的来源之一，通过对这些数据的分析，可以满足更多应用场景的需求。同时，工业大数据分析与应用类工业软件融合也能促进与支撑工业知识、专家经验的固化和模型化。

工业软件与工业大数据体系的结合方式逐步明确，但相关市场尚未成型，竞争格局仍存在较大变数。其中，工业软件商在自身业务的基础上纷纷布局大数据领域，或是将相关技术植入到已有软件中，或是推出大数据平台。互联网企业在大数据通用技术方面具备优势，对联合制造企业涉足工业大数据领域有较强意愿，如阿里、腾讯等。制造企业依托丰富的行业经验，积极探索工业大数据应用场景，一些优势企业开始发布、推广自家平台和工业 APP，如三一重工、航天科工等。

2. 通过大数据技术运用完善工业软件功能、优化解决方案

大数据技术可以提升工业软件的计算、分析能力，工业软件厂商在原有的产品中融入数据分析技术，使软件功能更为丰富、解决方案更具竞争力。例如，达索开发的适用于 PLM 的分析工具 EXALEAD PLM Analytics，在分析能力上对 PLM 进行了优化，能够呈现、测量和分析 PLM 数据，使管理人员更易了解、利用 PLM 数据；SAP 推出的高性能数据平台，使原先报表超过 250 个，财务月结需要 3 ~ 4 天的解决方案得到优化，财务实际成本下降 3 倍，增强了传统模型、解决方案的竞争力。

3. 工业软件汇聚的企业信息是工业大数据的重要来源

工业软件提供的企业信息，涵盖产品研发数据、生产制造数据、物流供应数据、客户关系数据等，是工业大数据的三个来源之一。如何更好地将工业软件融入工业大数据体系，是实现数据价值、丰富应用场景的关键一环。首先，越来越多实践证明，数据质量对于工业大数据分析至关重要。从工业软件中获取的企业信息，相对于设备端获取到的信息，很多都是质量较好的结构化数据，但如 ERP 系统中"一物多码"等问题依然存在，影响着数据质量。同时 CAD 文件等带来的非结构化数据、多源数据关联等，也是利用工业软件获取数据时需要注意的问题。其次，工业大数据体系的内在逻辑要求推动着工业软件的集成发展，厂商不断加强自身软件的集成能力，扩充和完善原有集成方案，如西门子在打通从 PLM 到装备层的各环节、集成 PLM 与 MES 的基础上，又推出了 Omneo，将来自 PLM、ERP、CRM、MES 及其他企业级数据源的数据组合到一个数据层中加以分析，并能基于事件进行搜索调取。此外，领先厂商推出的工业互联网平台也致力于接入、打通、集成各个工业软件，为进一步的数据分析提供基础。

4. 应用场景逐步丰富，新型工业 APP 渐成趋势

较为完善的数据采集、集成与管理，使工业软件更好地融入到工业大数据体系中，同时也提升了企业分析处理数据、进行价值创造的效率，工业大数据应用场景得以丰富。

在精益化生产、提高良品率方面，半导体厂商集成了 MES 等企业信息及传感器等设备信息，进而利用针对于半导体领域的分析算法，短时间内找到 Root Cause，并及时反馈给 FAB，提升良品率。同时，工程师也可在数据平台上实时了解设备、生产信息，提供相应的技术诊断。

在提升能效、降低能耗方面，冶金企业采集了 MES、ERP、DCS 等企业内部数据及 PLC、传感器等设备数据，利用融合了冶炼机理的专用算法对数据进行分析处理，能够预判和预防高炉异常炉况的发生，提高冶炼过程热能和化学能利用效率，实现了

提升产能、减轻污染的目标。

在服务型升级方面，车企通过整合、分析企业内部 CRM、SCM、ERP 等数据，以及 OEM、制造公司的数据，及时发现客户诉求，实现以市场驱动的质量管理，提升了售后服务、舆情洞察的能力。

在供应链优化方面，装备企业以工业软件数据与外部市场数据为基础，利用分析算法对备件需求进行预测，精度可达 80%以上，从而有效调控生产、管理库存。

除提供大量的企业数据外，工业软件也支撑着行业知识、技术、经验的数据化、模型化、软件化。企业过往的设计文件、仿真实验、生产工艺、物料配比、设备情况等，在工业软件中得到了记录存储。以此为基础，发展专用领域的算法、模型，进而将工业知识、场景解决方案软件化，形成一个个可推广的新型工业 APP，已成为一种趋势。

第三节　工业互联网加快发展

工业互联网是互联网和新一代信息技术与工业系统全方位深度融合所形成的产业和应用生态，是工业智能化发展的关键综合信息基础设施。工业互联网驱动的制造业变革将是一个长期过程，构建新的工业生产模式、资源组织方式并非一蹴而就，将由浅入深、由局部到整体，最终实现信息通信技术在工业全要素、全领域、全产业链、全价值链的深度融合与集成应用。

一、新一代信息技术驱动工业互联网发展

工业互联网的本质是以机器、原材料、控制系统、信息系统、产品以及人之间的网络互联为基础，通过对工业数据的全面深度感知、实时传输交换、快速计算处理和高级建模分析，实现智能控制、运营优化和生产组织方式变革。工业互联网是一个综合的技术和产业体系，涉及智能感知、工业网络、边缘计算、平台、工业软件和大数据、人工智能等各个方面。

（一）智能传感技术

感知功能是构建整个物联网系统的基础，主要关键技术包括传感器技术和信息处理技术。其中，传感器技术涉及数据信息的收集，信息处理技术涉及数据信息的加工

和处理。工业级传感器相对于一般传感器来说，由于许多工业级传感器需要在更恶劣环境下运转，所以对稳定性和灵敏度有着更高的要求，如一架波音飞机上就装有几千个传感器，飞机可基于对航程中海量数据的收集分析，判断第二天航线中会出现什么问题，并在起飞前检查和替换零件，降低风险。

（二）工业网络技术

随着信息产业的进步，网络技术发展日新月异。工业互联网的网络技术分为工厂内网络和工厂外网络。其中，工厂内网络主要由控制类业务、采集类业务、交互类业务组成。这三类业务正逐渐摆脱传统网络的连接形式，向扁平化、IP 化、无线化和灵活组网的方向发展。工厂外业务主要由控制类业务、采集类业务、交互类业务、单向传送类业务组成。这四类业务随着工业与外部网络的进一步融合，对外部网络的速率、质量、时延、安全等因素提出了更高的要求，需通过 5G、软件定义网络（SDN）、网络功能虚拟化（NFV）等一系列的新兴网络技术来实现。

（三）边缘计算技术

随着云端产业的发展和大数据采集和处理需求的上升，边缘计算更加便捷地实现了靠近数据源头，提供边缘智能服务。传统工业数据越来越多的通过感知与控制层，经由互联网上传到云计算平台汇总，进而完成对工业生产的控制与信息反馈。这种技术采用数据融合边缘计算节点的方式消减了冗余数据，提升了应用经济性，降低了测量与控制系统的成本。例如 GE 的 Predix 就支持实现工业互联网环境下的边缘计算（Edge Application），对工业数据完成实时处理。

（四）平台化技术

随着制造业数字化、网络化进一步普及，大型高端复杂产品的智能化水平不断提高，新的商业模式也在向前发展。全球各大制造业公司都在致力于以软件带动硬件，打造各自专属领域的工业互联网。2012 年 GE 公司开始推进工业互联网并于 2013 年推出了 Predix 平台。2016 年，GE 已经开发整合了多款工业互联网应用程序来优化 Predix 工业互联网平台。自 2006 年以来西门子先后收购了 UGS 等 17 家软件企业，成为欧洲第二大软件厂商（仅次于 SAP）。2016 年西门子推出了 Mindsphere 工业云平台，旨在打造集软硬件为一体的行业解决方案平台，构筑新的竞争优势。

（五）工业软件和大数据技术

工业互联网体系中的应用、数据、网络、安全、物理系统五部分都需要软件支撑，随着软件技术的不断创新，工业互联网软件也逐渐向云化、集成化、多样化、多维化和智能化发展。其中，云化主要表现为分布式管理、远程协作等需求下，CRM、ERP、SCM 等传统管理软件将不断转化为云应用软件；集成化主要表现为物联网技术应用正催生更多异构数据和系统集成软件；多样化主要表现为基于工业大数据分析的新型工业应用日益多样化；多维化主要表现为仿真软件将与 VR 和 AR 结合应用于虚拟装配、虚拟制造、虚拟培训等更多工业场景中；智能化主要表现为人工智能芯片嵌入机器人和设备作用于生产、控制和运维。

二、我国工业互联网发展成效初显

"中国制造 2025"与"互联网+"行动计划均把工业互联网作为实现智能制造的关键支撑。促进工业互联网、云计算、大数据在企业研发设计、生产制造、经营管理、销售服务等全流程和全产业链的综合集成应用，是实现智能制造的关键。"互联网+"行动计划则提出，加快推动云计算、物联网、智能工业机器人、增材制造等技术在生产过程中的应用，推进生产装备智能化升级、工艺流程改造和基础数据共享，支撑制造业智能化转型，构建开放、共享、协作的智能制造产业生态。

（一）我国工业互联网产业格局初步建立

第一，在工业互联网开源基础设施建立新产品、新服务和新生态等方面，我国与发达国家发展大体同步。开源的模式消除了供应商的限制和壁垒，降低了开发成本，我国工业互联网供应企业与国外领先企业类似，多利用 Hadoop、R、Spark 和 NoSQL 等热门开源技术搭建平台产品，技术方向和技术水平逐步趋同。第二，我国已经具备完整的支撑工业互联网生态体系发展的产业环节，涵盖了数据采集、数据存储、数据分析应用等多个环节，而在这些环节中，我国已形成完整且具备相当实力的产业链。第三，我国产业基础较好的网络、云计算等若干领域已经进入全球先进行列，尤其在云计算应用领域，我国云计算产业已经走过培育阶段，现已进入成长期，全球市场份额达 5%、增速高达 31.7%，阿里、百度、腾讯等企业已经成长为具有世界影响力的龙头企业。

（二）我国工业互联网应用需求旺盛，呈现个性化、多元化特征

随着近年来物联网、云计算、大数据与制造业融合创新广泛开展，我国企业对于工业互联网的应用需求呈现出由水平化到垂直化、由分散化到集成化、由复杂化到便捷化的转变趋势。工业互联网的三个特性正符合这三种转变趋势，其一是能够把客户所在行业的一些行业特点如产业链闭环、数据安全性、上下游统筹等融入平台产品当

中；其二是避免平台在企业内部成为信息孤岛，促进信息有效集成；其三是为需求企业能够提供即插即用、快速响应的便捷服务。

鉴于国外工业互联网产品多面向高价值制造领域，忽略了我国市场中丰富的产品阶梯体系，同时国内制造企业管理模式和水平不适合直接套用国外平台产品，这刺激了本土工业互联网产品的发展。面对旺盛的应用需求和个性化的应用场景，本土工业互联网产品及衍生产品不断更新，出现了一批如阿里云、用友云、华为企业云等优秀产品，已初步具备了贴近用户、反应迅速和成本优势。此外，产品在易用性、适应性方面也取得了长足的发展。这种现状为我国本土企业发展提供了培育创新的土壤和实现赶超的良机。

（三）我国工业互联网发展机遇与挑战并存

从当前产业基础和应用需求来看，我国工业互联网发展存在较大发展空间，但与国外领先水平相比，我国在工业互联网前沿技术领域布局有待深化、政府统筹协调能力尚待增强、"产、学、研"协同水平亟待提升。未来发展主要应解决三个问题。

1. 产业深层次差距依然显著

在感知与自动控制领域如和利时、浙大中控、北京机械自动化研究所等国内工控企业规模小、业务分散，主要基础硬件受国外厂商把控，工控软件在可靠性、稳定性方面也与国外产品有所差距。在工业软件尤其是工程软件领域，国内产业基础较为薄弱，基本为国外企业所垄断。在系统集成领域，我国同时具备工业行业和ICT领域经验的技术人才非常有限，不能较好地将工业与ICT信息技术融合应用。

2. 尚未形成支撑开放、共赢的安全机制和商业模式

形成安全机制和商业模式的过程同时也是产业洗牌和价值重塑的过程。现阶段我国制造业存在门类众多、发展水平参差不齐的特征，对平台系统或资源的统一管理，平台化运营等仍处于探索阶段，针对开放数据的治理规则不健全，监管制度相对滞后，尚未建立成熟的安全机制和解决方案，共赢的商业模式尚未真正确立。

3. 生态构建能力尚未形成

国内缺乏类似GE、西门子等制造和信息化双重龙头企业，基于工业互联网平台构建生态的产业号召力还有所不足。华为、三一重工、和利时、海尔等企业虽也开始探索，但在跨行业拓展、构建开放生态方面仍然面临较大困难。一是受国内既懂工业又懂信息技术的人力资源限制，平台企业难以打造开放的开发者社区，通过社会技术资源补充自身能力的短板。二是行业性平台如三一重工、海尔等现有平台主要应用范围为自有工厂、自有产品，很难拓展和应用到同行业的其他制造企业中。如因循目前

零散、孤立的创新和竞争模式，难以优化整合竞争要素打造可持续的发展优势。

三、我国工业互联网的发展模式和典型应用场景

近年来，国家层面大力提倡构建面向企业提供工业软件、知识库、标准库、制造装备等资源的集成共享服务，实现市场需求的实时响应和制造能力的合作协同，有效降低企业两化融合、工业互联网、智能制造等方面的建设成本。同时，企业层面也不断借助工业大数据平台、工业互联网平台等汇聚自有数据资源，通过数据分析和挖掘实现生产过程优化、产品质量提升、制造型服务延伸等。

从目前来看，我国工业互联网主要表现为以下三类发展模式：

1. 内部提升

内部提升就是通过打通设备、产线、生产和运营系统，获取数据，实现提质增效，决策优化。内部提升的具体方式有两种：

（1）生产现场智能化网络化改造（装备和生产线）。例如 TCL 公司，彩电智能化生产车间通过建设覆盖全厂的工业 PON 网络，实现车间 PLC、工控机等设备层面的互联互通，形成完整的生产设备数据汇聚和分析平台。又如海信公司在生产过程中将产品所需物料、部件与整机条码关联，实现从产品到原材料的质量信息双向追溯。通过自动化与信息化的深度融合，借助网络化覆盖，实现生产中的物料信息自动采集，打造高效、防呆、自动送料至线体工位的闭环管理。

（2）企业内部信息全面互联互通（数据和系统）。例如和利时全互联 PLC 工厂，针对销售、制造、物流、管理、排产、质量等各环节，运用采集、识别、控制、计算、存储、通信等工业互联网技术，构建全互联的数字化虚拟工厂。西奥集团在数据层面实现了所有车间的网络全覆盖，实现了生产管理的可视化，将产品设计、研发、制造、销售、安装维保过程数据化分析，实现高效运转。在系统层面引入的 SAP 系统，打造"一键通"的智慧管理。

2. 外部延伸

外部延伸就是通过打通企业内外部价值链，实现产品、生产和服务方式创新。外部延伸的具体方式有三种：

（1）从以产品为核心转向以用户需求为核心。例如青岛酷特智能股份有限公司，采用互联网+大规模个性化定制的运营方式，对工业应用中的成功经验进行编码化、程序化积累了超过 200 万的平台客户数据，建成了款式数据库、工艺数据库、版型数据库、BOM 数据库，为企业用户提供数据解决方案。又如梦洁家纺股份有限公司采用全

流程协同智慧门店的管控方式为用户提供智能定制服务，为此公司重点打造了全自动生产流水线、全信息化处理的协同智慧门店和个性化需求从门店商业系统直通生产系统，实现了数据流和信息流的全面贯通。

（2）从生产型企业转向生产服务型企业。例如济南九阳股份有限公司提供的健康饮食电器远程运维服务，通过统一的服务平台汇聚智能产品/终端数据（传感器+WIFI模块）、承载用户APP开发。建设了海量大数据分析系统、用户/设备管理系统、远程运维服务系统。实现了产品智能化控制、消费和使用信息数据实时采集、远程可视化运维、健康顾问等一体化的智能服务。又如北京大豪科技有限公司提供的缝制设备智能远程运维服务，通过在新型智能缝制设备电控系统上即成工业互联网接口，使设备具备了实施数据采集、通信和远程控制功能，能够采集并上传设备运转状态、下传缝制工序和工艺、还能根据远程指令灵活调整工作模式。此外，云服务平台还为大豪公司提供了百余家工厂的近万台缝制设备联网管理和远程运维服务。

（3）从企业内部资源占有转向内外资源整合。例如泉州海天材料科技有限公司，采用网络化制造资源协同（纺织服装）的生产方式，通过建立网络化制造资源协同平台，实现企业与社会间设计研发系统、生产管理系统、服务支持系统的协同与集成，信息资源的交互共享。又如波音公司的787客机制造工厂在全球协同网络环境（GCE）中使用DOORS IGE-XAO、ENOVIA 和 Teamcenter等不同软件作为产品建模和数据管理的工具，用来构建逻辑相关的单一产品数据源LSSPD。LSSPD使波音787飞机不仅具有完整的几何数字样机，而且具有性能样机、制造样机和维护样机，便于波音公司与分布在全球的合作者通过网络能顺利地进行产品各项功能的协同研制工作。

3. 生态运营

生态运营就是通过汇聚协作企业、产品、用户等供应链和产业链资源，实现向平台运营者的转变。生态运营的具体方式有三种：

（1）运营优化平台。例如航天科工发布的工业互联网云平台（INDICS），是国内目前唯一提供智能制造、协同制造、云制造公共服务的云平台。INDICS 是基于航天云网平台应用积累打造的工业互联网云平台核心系统。截至2017年6月，在 INDICS工业物联大数据平台上监测的设备总数已达到21 410台，监测的数据点总数达到207亿个，数据点遍布全国各个省市。又如三一集团研制的树根互联云平台，不仅在"终端+云端"的基础上极大地拓展了数字化、信息化的应用管理范畴，还融入了大数据、移动互联、云计算、人工智能等新技术，将机器、数据、流程、人等因素融合创新，形成工业领域各行业的端到端解决方案，让客户即插即用，便利地使用到工业互联网大数据的增值服务。

（2）资源协调平台。例如海尔郑州空调互联工厂将供应商变身模块商，通过模块化设计、制造等，使定制订单相应速度加快。目前海尔郑州工厂已拥有200 多种用户柔性定制方案，可以满足用户多样化的个性化定制需求。又如智能云科有限公司建立的工业互联网云平台 iSESOL，它基于沈阳机床的独特硬件和软件，实现商流、资金流和物流的交互，平台运行机制让供给双方无法进行 OTT，实现了将用户的需求信息和生产力的供给信息，通过算法匹配和在线撮合，实现供需对冲，为沈阳机床构建了智能制造生态。

（3）通用使能平台。例如华为的 OceanConnect 平台，支持任意设备的接入和任意的网络接入。支持无线、有线等多种网络连接方式接入，可以同时接入固定，移动（2G/3G/4G/NB IoT）网。平台帮助客户实现了应用与终端的解耦合，帮助客户不再受限于私有协议对接，获得灵活的分批建设系统的自由。又如微软公司开发的通用使能平台 Azure，它可以被用来创建云中运行的应用或者通过基于云的特性来加强现有应用。它开放式的架构给开发者提供了 Web 应用、互联设备的应用、个人电脑、服务器、或者提供最优在线复杂解决方案的选择。Azure 能够将处于云端的开发者个人能力，同微软全球数据中心网络托管的服务紧密结合起来。

四、成立工业互联网发展联盟组织

为在更大范围内形成工业与信息通信技术企业的深层次融合，充分发挥网络互联和数据智能对工业转型升级的促进作用，推动工业互联网向更高水平发展，2016 年 2 月 1 日，由中国信息通信研究院、航天科工集团、中国电信集团公司、中国第一汽车集团公司、海尔家电产业集团、华为技术有限公司、阿里巴巴集团等 40 多家单位联合发起，首批一百多家企事业单位、科研院所共同参与的"工业互联网产业联盟"正式成立，并在北京召开了工业互联网产业联盟成立大会和工业互联网实践及推进研讨会。"工业互联网产业联盟"的宗旨是促进相关主体之间的交流和深度合作，促进供需对接和知识共享，推动优势互补，有效推进工业互联网产业发展，切实解决企业现实问题，形成产业合力，为制造强国和网络强国建设提供创新动力。主要工作内容包括以下几方面：一是开展工业互联网总体、需求、网络、平台、数据、安全、产业等架构及技术研究；二是开展标准规范前期研究及标准化推进；三是开展工业互联网相关测试验证，推动技术和应用创新；四是遴选工业互联网优秀应用案例和解决方案，推动供需深度对接，推广先进应用；五是开展工业互联网国际国内交流与合作。

工业互联网产业联盟自成立以来，经过短短一年多时间，联盟会员已经快速发展到 380 多家，为《中国制造 2025》战略的推进发展构建了一个有影响力的生态，并从技术、产业和应用发展方面提供了有力地支撑。联盟理事单位于 2016 年 5 月承办第十五届"工业自动化与标准化"研讨会，围绕"智能制造基础共性技术与产品"主题展开研讨。工业互联网安全论坛于 2016 年 9 月在 ISC2016 大会成功举办，该论坛重申了大数据的深度挖掘和智能分析要在保证互联网安全的前提下进行这一理念。2017 年 2 月，联盟举办了首届工业互联网峰会，吸引了来自中央和地方政府、制造企业、信息通信和自动化企业、科研机构、协会组织等在内的 1 000 多人前来参会，会上对国内工业互联网测试床、优秀应用案例、标识解析、工业互联网平台和安全等重要成果进行了全面展示。

工业互联网联盟按照功能职责，划分为总体组会议、需求组会议、技术标准组会议、验证平台组会议、实验平台组会议、安全组会议、国际合作对外交流组会议和频谱组会议八个部分，围绕产业标准、安全、知识产权、边缘计算、验证平台等前沿核心内容开展研究，不断推动我国工业互联网向前发展和落地扎根，每年不定期召开 3 次左右全会和工作组会议，保证联盟工作的有序有效开展。一年多来，联盟先后发布了一系列重大成果。在应用推广方面，工业互联网联盟根据区域的产业特色和典型企业的制造能力绘制了布局全球和全国的产业地图。针对全国具有特色的工业互联网应用案例，联盟还开展了典型案例征集和验证示范平台征集等活动。在技术和产业研究方面，联盟发布了《工业互联网体系架构（1.0 版）》《工业互联网标识解析—产品追溯白皮书（2017）》《工业云安全防护参考方案》《中国工业互联网安全态势报告（2016）》《中国工业大数据技术与应用白皮书》《工业互联网成熟度评估白皮书 (1.0 版)》等文献资料，为促进和加快工业互联网产业、技术和应用整体发展进程提供了强有力的理论依据。

第三章　智能制造试点示范专项行动取得进展

按照《智能制造工程实施指南（2016—2020）》部署，工信部从 2015 年开始连续组织开展中国智能制造试点示范专项行动。从对 2015 年和 2016 年中国智能制造试点示范专项行动企业的调研和分析来看，企业自身对于智能制造的迫切需求已经成为推动智能制造发展的最重要驱动因素。经过两年多的积极实践，企业智能制造试点示范及专项项目范围逐渐扩大，在关键技术装备创新、智能制造标准制定、工业软件开发、成套装备集成创新等方面成效显著，取得阶段性进展。

第一节　国家试点示范和专项行动稳步推进

一、项目数量持续增长

2015—2017 年，共计收到全国智能制造专项项目申请 1 328 个，批准国家智能制造专项项目 428 个；收到全国智能制造试点示范项目申请 860 个，批准国家试点示范项目 206 个。2016 年和 2017 年试点示范项目数量同比增长分别为 37% 和 54%。2017 年项目总数较 2015 年增长 1.2 倍。从智能制造专项项目来看，标准专项项目规模相对稳定，而新模式专项项目数量 2016 年和 2017 年同比增速分别达到 98% 和 61%。三年间，标准专项项目累计达到 120 个，新模式专项项目累计达到 308 个。2015—2017 年国家试点示范及专项项目数量如图 3-1 所示。

图 3-1　2015—2017 年国家试点示范及专项项目数量

二、覆盖区域范围逐渐扩大

自 2015 年以来，智能制造试点示范项目及专项项目的区域覆盖范围逐年扩大，如图 3-2 所示。2015 年，除山东、广东、北京等少数重点省市外，绝大多数地区实施的试点示范项目数量在 2 个以下。2016 年，覆盖省份范围明显扩大，尤其是对于东部省市地区。2017 年，东、中部省市地区的试点示范项目数量进一步增长，山东、江苏、安徽、浙江及广东的试点示范项目数量超过 8 个。

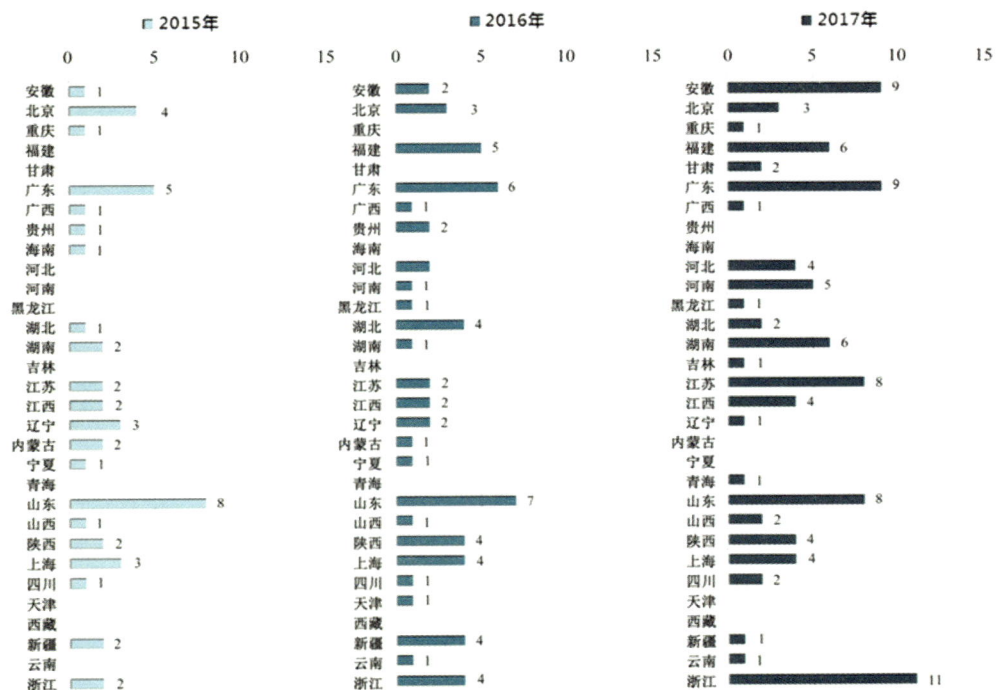

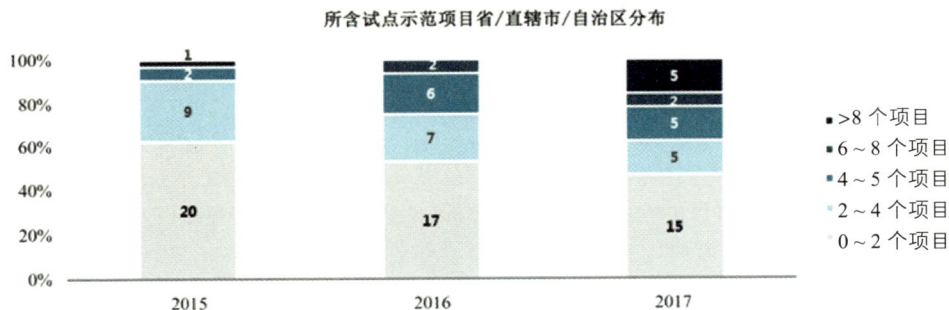

图 3-2　2015—2017 年智能制造试点示范项目省/直辖市/自治区分布

信息来源：工信部

　　与试点示范项目类似，从 2015 年起，新模式专项项目的覆盖区域范围也是逐年扩大，2015 年，只含有 0~2 个新模式专项项目的省份数目为 20 个，而 2017 年则减少为 7 个，表明了试点示范新模式专项项目在区域推广方面的显著进展；同时，含有 8 个以上新模式专项项目的省/直辖市/自治区的数量从 2015 年的 1 个增加到 2017 年的 9 个，体现了新模式专项项目在重点地区的深化发展。

三、行业范围逐渐扩大

　　智能制造试点示范和新模式项目除主要围绕新一代信息技术、节能与新能源汽车、高档数控机床和机器人、新材料、电力装备、航空航天装备、生物医药及高性能医疗器械、先进轨道交通装备、农业装备、海洋工程装备及高技术船舶十大领域外，还涉及家电、食品饮料、防治等轻工行业，以及化工、石化、矿业、冶金、建材等工业行业，如图 3-3 所示。

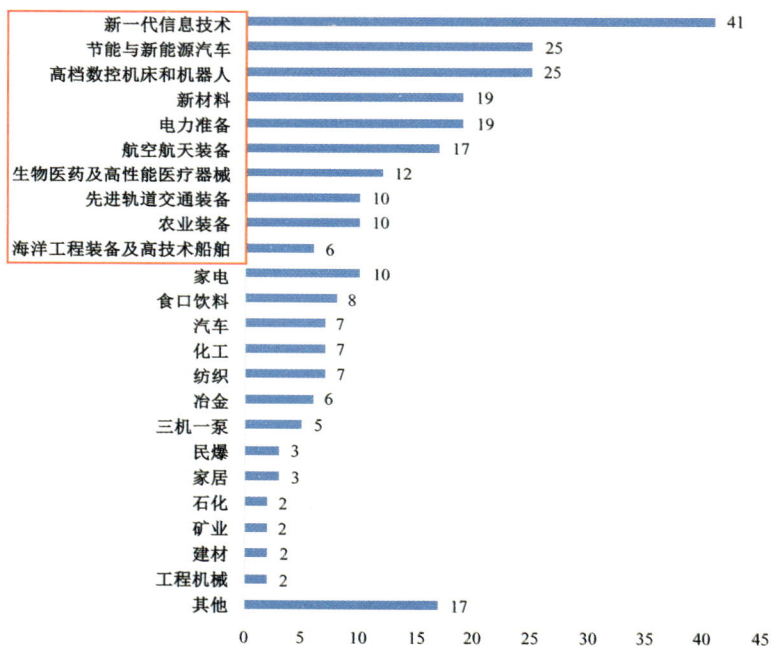

备注：

1）统计结果来源 2015—2017 年智能制造试点示范项目和新模式项目中的 257 个抽样统计；

2）三机一泵是指鼓风机、空压机、电机和泵；

3）图中红色框是十大重点领域；

图 3-3　2015—2017 年智能制造试点示范和专项（新模式）的领域行业分布

信息来源：公开资料

四、覆盖民营、国企、合资等多种所有制企业

通过对 168 个试点示范项目和新模式专项项目承担企业进行的抽样，统计结果显示，实施国家智能制造试点示范项目和新模式专项项目的企业包括民企、国企、合资企业等多种类型。民企在承担智能制造试点示范及专项工作方面发挥着积极作用，如图 3-4 所示。

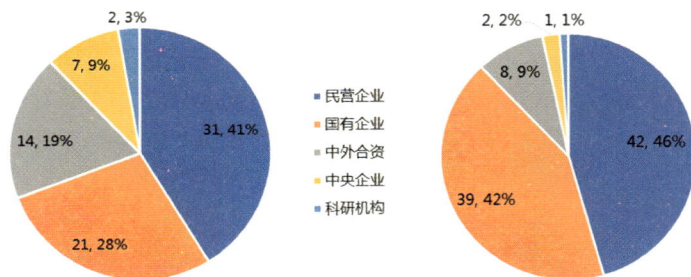

备注：

1）对 2015—2016 年 109 个试点示范项目中的 75 个进行抽样分析结果；

2）对 2015—2016 年 148 个新模式项目中的 93 个进行抽样分析结果；

图 3-4 2015—2016 年试点示范项目（左）和新模式专项（右）企业性质划分

五、项目承担单位以大企业为主

从对 113 个智能制造试点示范项目和新模式项目的抽样统计来看，89%企业年营业收入超过 10 亿元，66%的企业年营业收入超过 50 亿元。承担智能制造试点示范及新模式专项的企业以龙头企业为主，如图 3-5 所示。

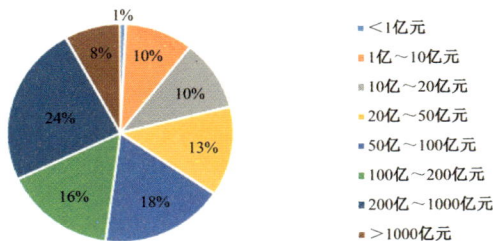

备注：

1）统计结果来源 2015—2016 年智能制造试点示范项目和新模式项目中的 113 个的抽样统计；

2）1～10 亿元是指年营业收入大于等于 1 亿元，不足 10 亿元，以此类推；

图 3-5 2015—2016 年部分试点示范项目及新模式项目企业年营业收入规模分布

六、项目投资和进展顺利

根据对 121 个智能制造试点示范和新模式项目的投资统计分析，81% 的项目投资规模不低于 5 000 万元，绝大多数项目投资在 1 亿元以上，如图 3-6 所示。

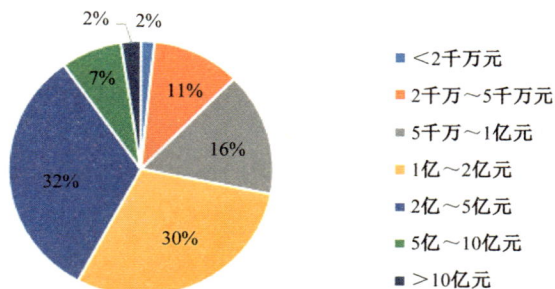

图例：
- ■ <2千万元
- ■ 2千万~5千万元
- ■ 5千万~1亿元
- ■ 1亿~2亿元
- ■ 2亿~5亿元
- ■ 5亿~10亿元
- ■ >10亿元

备注：
1）统计结果来源 2015—2016 年 121 个智能制造试点示范项目和新模式项目；
2）2 千万~5 千万元是指项目投资大于等于 2 千万元，不足 5 千万元，以此类推；

图 3-6 2015—2016 年部分试点示范项目及新模式专项投资规模分布

根据对 2015—2016 年 159 个智能制造试点示范和新模式项目的抽样分析，项目周期多数在 2~5 年，处于该区间的项目数量占比达到 91%，如图 3-7 所示。

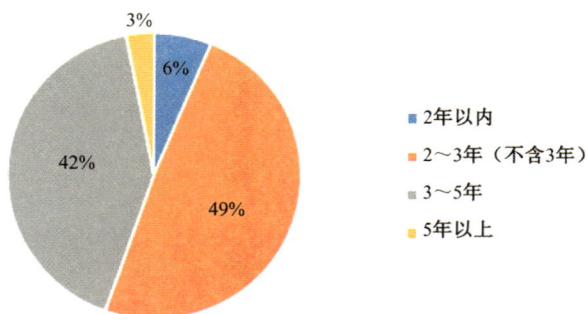

图例：
- ■ 2年以内
- ■ 2~3年（不含3年）
- ■ 3~5年
- ■ 5年以上

备注：统计结果来源 2015—2016 年智能制造试点示范项目和新模式项目中的 159 个抽样统计。

图 3-7 2015—2016 年部分试点示范项目及新模式项目建设周期分布

从项目完成情况来看,根据对 2015—2016 年 166 个智能制造试点示范和新模式项目的抽样分析,目前 80%的项目还处于建设阶段,项目进展顺利。预计到 2017 年年底共有 30%项目完成, 如图 3-8 所示。

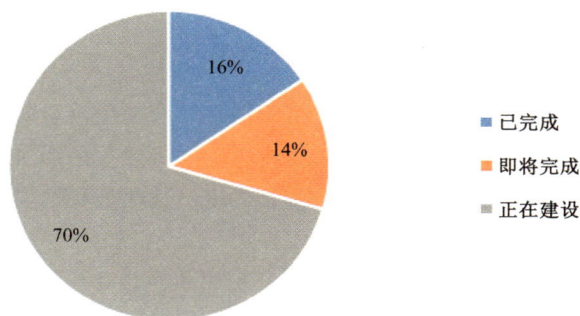

图 3-8 2015—2016 年部分试点示范项目及新模式项目完成情况

从项目投入资金的完成情况来看,根据对 2015—2016 年 177 个智能制造试点示范和新模式项目中的抽样分析,目前超过 2/3 的项目已投入资金比例达到 50%或以上,有 19%的项目完成了 80%以上的投资,有 17%的项目已完成投资,如图 3-9 所示。

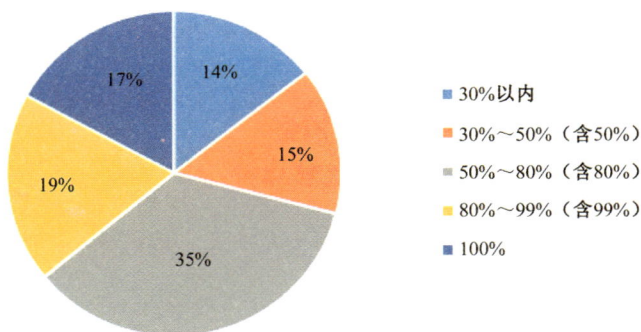

备注:
1)统计结果来源 2015—2016 年智能制造试点示范项目和新模式项目中的 177 个抽样统计;
2)资金完成情况=已投入资金/项目预计总投入;
3)30%以是指已投入资金在整个项目预计总投入中占比不到 30%,其他占比依此类推;

图 3-9 2015—2016 年部分试点示范项目及新模式项目资金投入情况

第二节 试点示范和专项项目的关键技术、装备、软件创新突破初见成效

一、关键技术装备取得突破

根据对 2015—2016 年 76 个试点示范项目和 127 个专项项目的抽样分析结果，当前基础条件较好、发展速度较快、匹配程度较高的一批企业已经形成了对智能制造关键技术装备的"点状"突破，为未来智能制造的进一步移植和推广积累了必要的技术和装备基础。如图 3-10 所示，26 家试点示范项目承担企业共计完成 67 项关键技术装备创新，平均创新突破水平为 2.58 个/企业；76 家新模式专项项目承担企业共计完成 240 项关键技术装备创新，平均创新突破水平达到 3.15 个/企业。

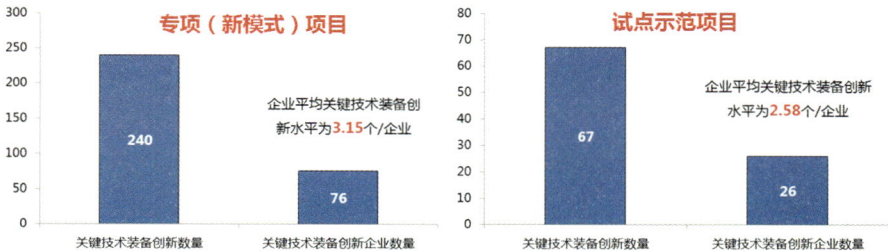

图 3-10　2015—2016 年部分试点示范项目（右）及新模式专项（左）关键技术装备创新情况

信息来源：工信部

其中，试点示范项目中，4/5 的企业完成的关键技术装备创新数量为 2 个以上；新模式专项中这一比例达到 2/3，甚至有 5% 的企业实现了 10 项以上的关键技术装备突破。2015—2016 年试点示范项目（右）及新模式专项（左）关键技术装备创新企业数量分布如图 3-11 所示。

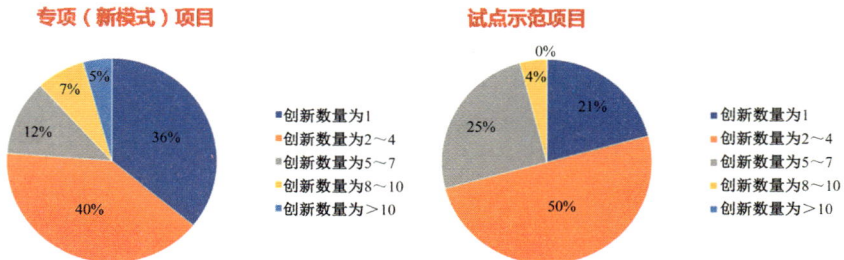

备注：创新数量为 1，是指实现 1 项关键技术装备创新的企业数量，以此类推；

图 3-11　2015—2016 年部分试点示范项目（右）及新模式专项（左）关键技术装备创新企业数量分布

信息来源：工信部

从关键技术装备创新的地区分布来看，如图 3-12 所示，山东省、浙江省、江苏省等智能制造推广发展已经初具规模的区域完成了较多的关键技术装备创新；尤其是在十大重点领域，如高档数控机床和机器人、海洋工程装备及高技术船舶、节能与新能源汽车、先进轨道交通装备等，完成的关键技术装备创新数量达到 10 个左右，如图 3-13 所示。同时，陕西省、山西省、新疆维吾尔自治区等地依托各自的龙头企业，也在个别行业实现了一定规模的关键技术装备突破。

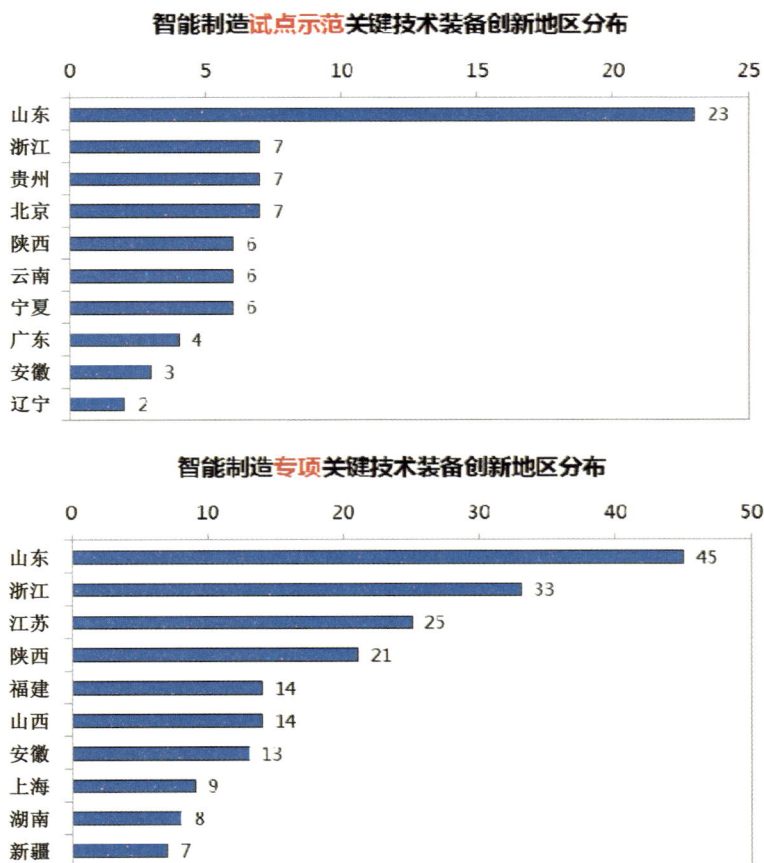

智能制造试点示范关键技术装备创新地区分布

智能制造专项关键技术装备创新地区分布

图 3-12　2015—2016 年部分试点示范项目（上）及新模式专项（下）关键技术装备创新地区分布

信息来源：工信部

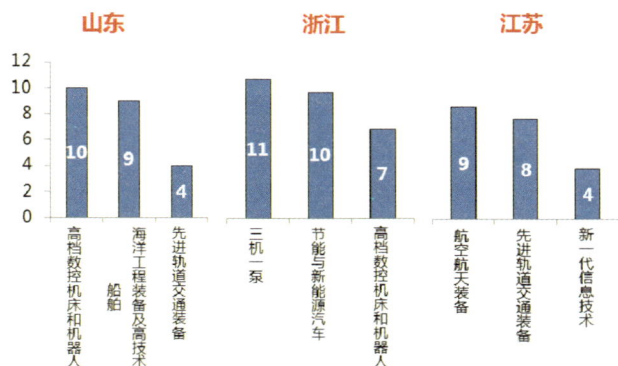

图 3-13　2015—2016 年部分新模式专项项目关键技术装备创新行业分布（区域举例）

从行业分布来看，新模式专项项目中关键技术装备创新集中在十大重点领域，尤其是节能与新能源汽车、航空航天装备、高档数控机床和机器人等。对于试点示范项目，关键技术装备创新较为分散，纺织、家电、食品饮料等行业的进展都较为明显，如图 3-14 所示。

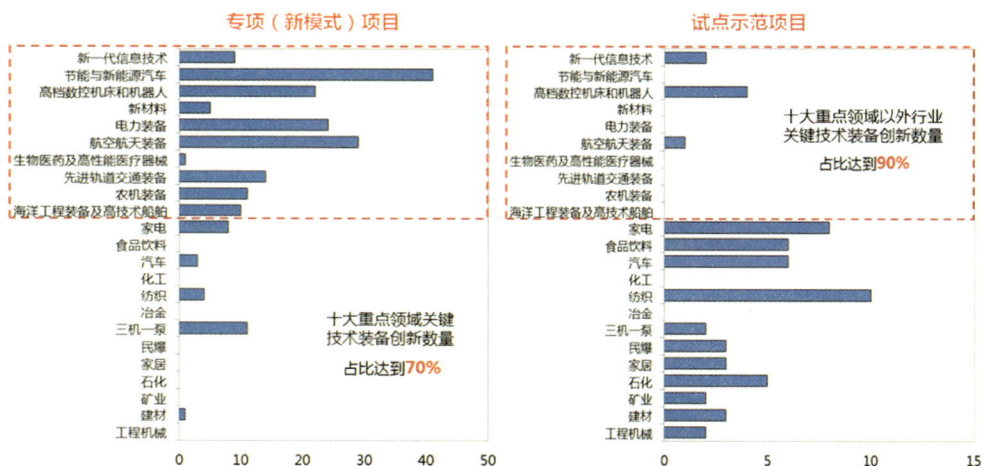

图 3-14　2015—2016 年部分试点示范项目（右）及新模式专项（左）关键技术装备创新行业分布

信息来源：工信部

具体到行业关键技术装备创新的地区分布来看，一方面，部分发展较快的行业已经体现出一定的区域性创新规模，为将来产业的区域集聚和联动发展建立了基础，如节能与新能源汽车在沿海地区和中部地区的发展；另一方面，更多行业的关键技术装备创新依托于部分地区的龙头企业，如家电、纺织行业等。2015—2016 年部分试点示范项目及新模式专项部分行业关键技术装备创新地区分布如图 3-15 所示，2015—2016年部分试点示范项目及新模式专项关键技术装备创新部分列举见表 3-1。

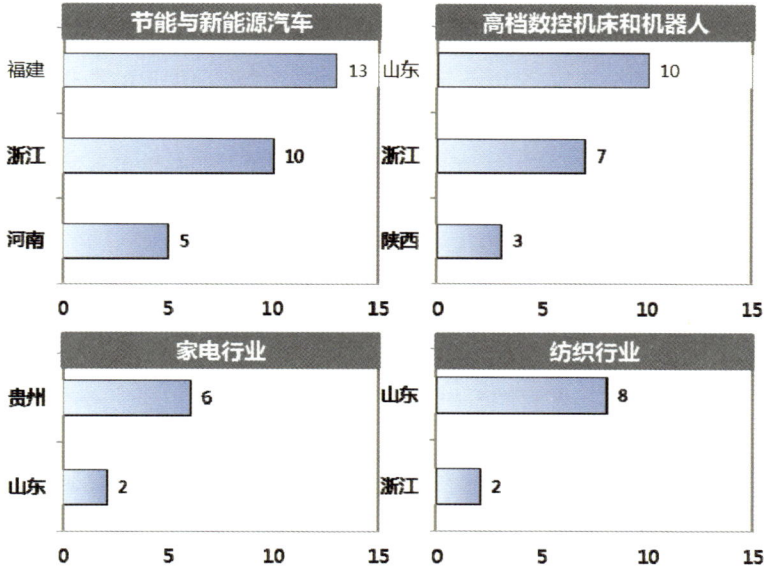

图 3-15　2015—2016 年部分试点示范项目及新模式专项部分行业关键技术装备创新地区分布

表 3-1　2015—2016 年试点示范项目及新模式专项关键技术装备创新部分列举

单位名称	关键技术装备创新
济南二机床集团有限公司	门架式大型机器人自动焊接系统、门架式中型机器人自动焊接系统、落地机器人自动焊接系统、角架摇杆机器人焊接系统、管子自动焊接设备、齿轮自动焊自动焊接专机、单柱回转自动焊接系统、火焰坡口切割机器人、焊接群控管理系统、全自动校直机
青岛红领集团有限公司	自动调距扎孔系统、智能存取物系统、线号识别系统、智能吊挂匹配系统、智能吊挂系统、智能标定裁剪系统、带服装定制界面的手机、带量体师操作界面的手机
郑州宇通客车股份有限公司	全自动数控型材直切锯系统、型材三维激光切割系统、平板数控激光切割机自动上下料系统、空调固定件机器人工作站、玻璃自动涂胶机器人
特变电工股份有限公司	配电变压器油箱悬挂涂装线、配电变压器干燥处理智能监控系统、变压器油箱有轨悬臂式机器人工作站、配电变压器生产流水线、悬臂钻铣加工中心、变压器铁芯自动翻片机器人、变压器油计量系统
宁德时代新能源科技股份有限公司	高速双面挤压式涂布机、高速卷绕一体机、高速模切机、模组终检测试机

二、工业软件开发初见成效

根据对 2015—2016 年 76 个试点示范项目和 127 个专项项目的抽样分析结果，试点示范项目和标准专项承担企业在工业软件开发方面取得初步进展，企业开发工业软件总计 483 项，如图 3-16 所示。其中，承担专项项目的企业开发工业软件平均数量为 4.80 个/企业，承担试点示范项目的企业开发工业软件平均数量为 4.73 个/企业。

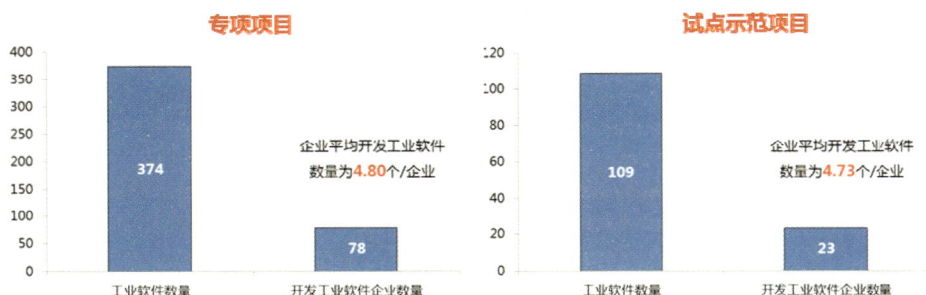

图 3-16　2015—2016 年部分试点示范项目（右）及新模式专项（左）工业软件开发概况

信息来源：工信部

从工业软件数量规模分布来看，如图 3-17 所示，在试点示范项目和专项项目中分别有 9% 和 11% 的企业开发工业软件数量超过 10；开发工业软件的企业集中度不明显，绝大多数企业工业开发数量在 5 以下。

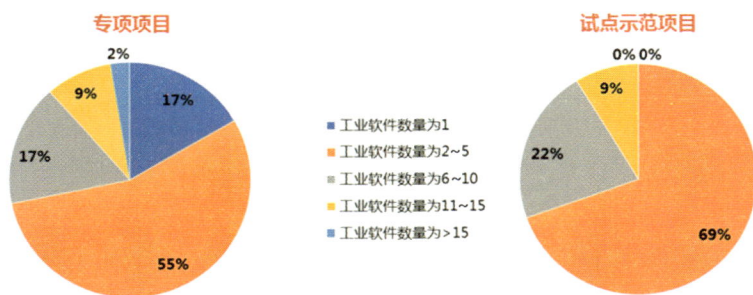

备注：工业软件数量为 1，是指已开发 1 项工业软件的企业数量，以此类推；

图 3-17　2015—2016 年部分试点示范项目（右）及新模式专项（左）工业软件企业数量分布

信息来源：工信部

从开发工业软件的地区分布来看，如图 3-18 所示，长三角地区、中部地区等区域实现了较多数量规模的工业软件开发及应用，为下一步实现智能制造的区域产业集聚和区域间资源互补创造了有利条件。

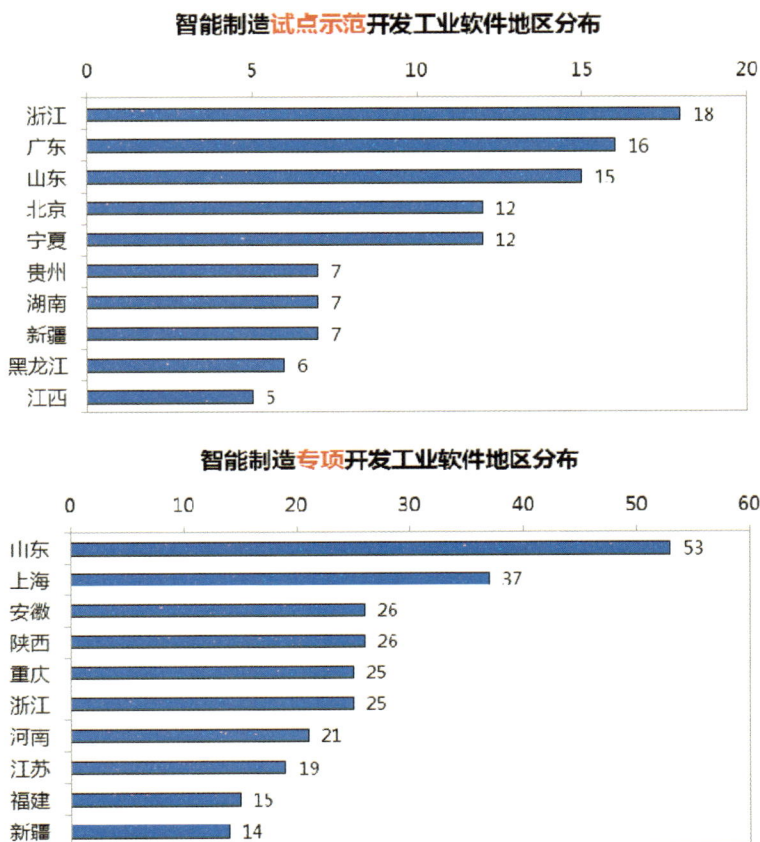

智能制造试点示范开发工业软件地区分布

智能制造专项开发工业软件地区分布

图 3-18 2015—2016 年部分试点示范项目（上）及新模式专项（下）开发工业软件地区分布

从所开发工业软件的行业分布来看，专项项目中工业软件集中在十大重点领域，如图 3-19 所示，尤其是电力装备、节能与新能源汽车，开发的工业软件总数分别达到 68 和 58 项；同时，家电行业的工业软件开发数量也较大。对于试点示范项目，各行业工业软件开发情况较为分散，石化、工程机械等行业的进展都有不同程度的积累。

例如电力装备行业，如图 3-20 所示，宁夏力成电气集团有限公司开发了配网成套开关设备远程运维服务软件等 9 项工业软件，陕西西电宝鸡电气有限公司开发了西电宝鸡电气主数据管理系统等 7 项工业软件，新疆特变电工股份有限公司开发了箱变智能采集终端软件 V1.0 等 14 项工业软件，这些为电力装备行业在西北地区进一步实现智能制造的快速发展打下了扎实的软件基础。

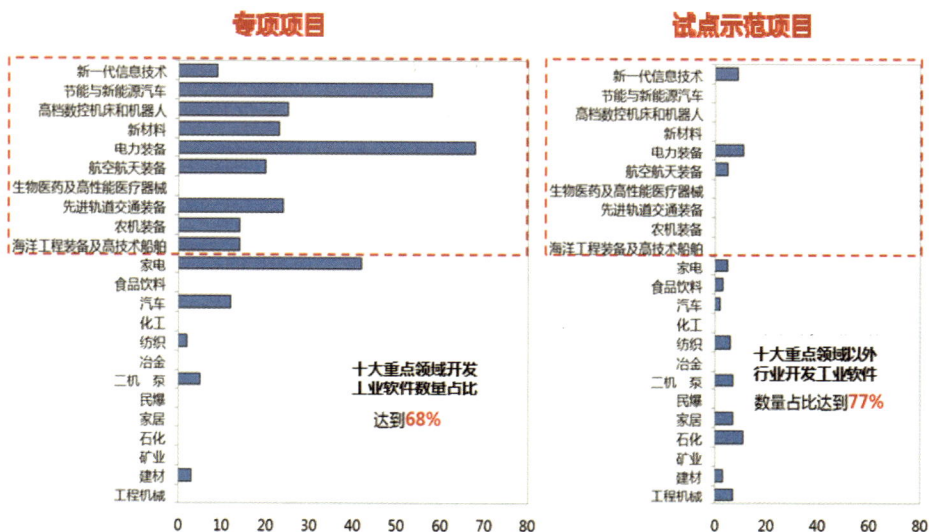

图 3-19　2015—2016 年部分试点示范项目（右）及专项项目（左）工业软件行业分布

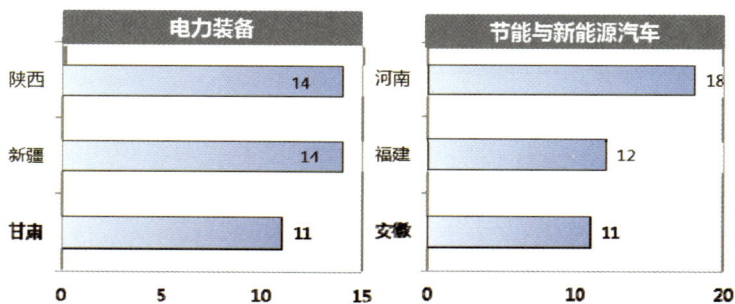

图 3-20　2015—2016 年部分试点示范项目及新模式专项部分行业工业软件地区分布

三、成套装备集成创新起步

根据对 2015—2016 年的 76 个试点示范项目和 127 个专项项目的抽样分析结果，试点示范项目和标准专项承担企业在成套装备集成创新方面开展了积极探索，所抽样的项目企业总计实现 233 项创新突破。总体而言，成套装备集成创新尚处于起步阶段。如图 3-21 所示，其中，专项项目企业成套装备集成创新平均数量为 2.64 个/企业，试点示范项目企业成套装备集成创新平均数量为 3.56 个/企业。

从成套装备集成创新数量规模分布来看，如图 3-22 所示，大多数企业的创新突破数量为 1 项，反映出智能制造成套装备集成创新尚且处于初始阶段，具有行业特色的智能制造系统集成供应商仍处于培育发展阶段。

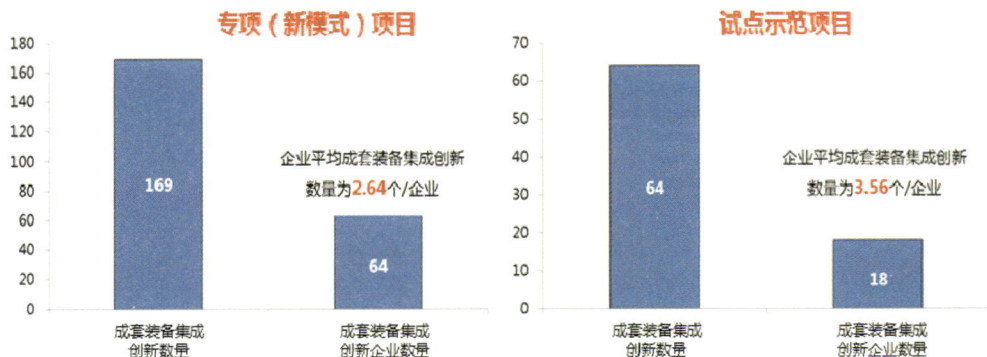

图 3-21　2015—2016 年部分试点示范项目（右）及新模式专项（左）成套装备集成创新概况

信息来源：工信部

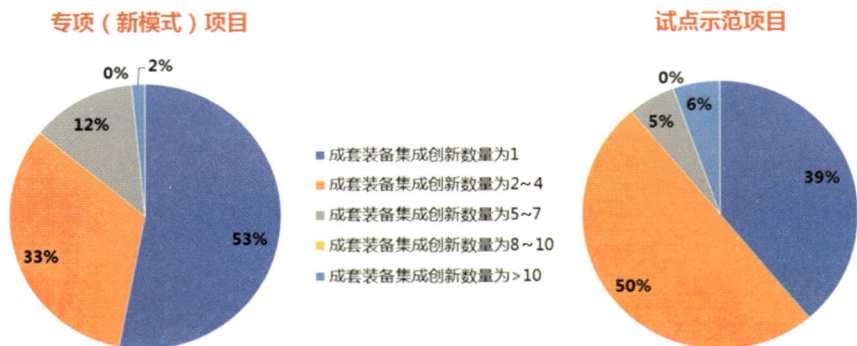

备注：成套装备集成创新数量为 1，是指完成 1 项成套装备集成创新的企业数量，以此类推；

图 3-22　2015—2016 年部分试点示范项目（右）及新模式专项（左）成套装备集成创新企业数量分布

信息来源：工信部

从成套装备集成创新的地区分布来看，如图 3-23 所示，除江苏省、山东省等少数省份的个别行业以外，全国绝大多数地区仍处于起步阶段。

从成套装备集成创新的行业分布来看，如图 3-24 所示，十大重点领域中的先进轨道交通装备、电力装备、节能与新能源汽车、电力装备发展较快，家电、石化等行业也有一定进展。

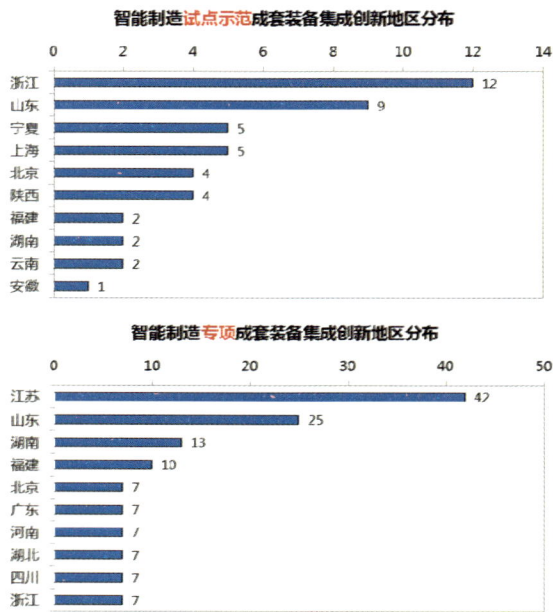

智能制造试点示范成套装备集成创新地区分布

地区	数值
浙江	12
山东	9
宁夏	5
上海	5
北京	4
陕西	4
福建	2
湖南	2
云南	2
安徽	1

智能制造专项成套装备集成创新地区分布

地区	数值
江苏	42
山东	25
湖南	13
福建	10
北京	7
广东	7
河南	7
湖北	7
四川	7
浙江	7

图 3-23　2015—2016 年部分试点示范项目（上）及专项（下）成套装备集成创新地区分布

信息来源：工信部

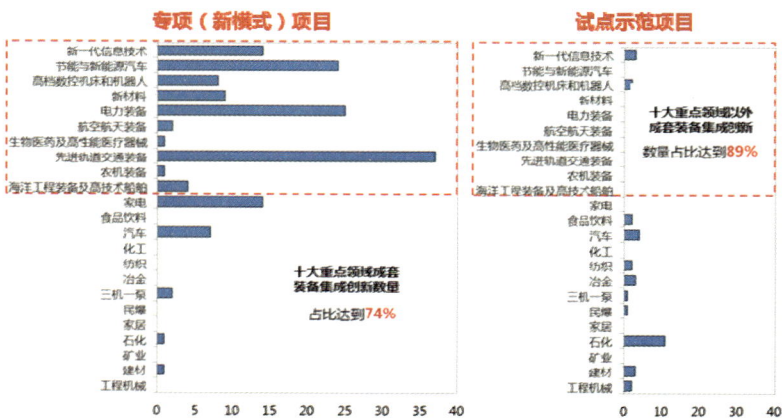

图 3-24　2015—2016 年部分试点示范项目（右）及专项项目（左）成套装备集成创新行业分布

信息来源：工信部

第三节 试点示范和专项专利申请、标准制定初具规模

一、专利申请数量初具规模

根据对 2015—2016 年 76 个试点示范项目和 127 个专项项目的抽样分析结果，智能制造相关专利数量已经初具规模，充分体现了企业层面在实施和推广智能制造方面的扎实进展和明显突破。如图 3-25 所示，25 家试点示范项目承担企业共计申请 277 项相关专利，平均专利申请数量为 11.08 个/企业；56 家新模式专项项目承担企业共计申请 446 项相关专利，平均专利申请数量为 7.96 个/企业。

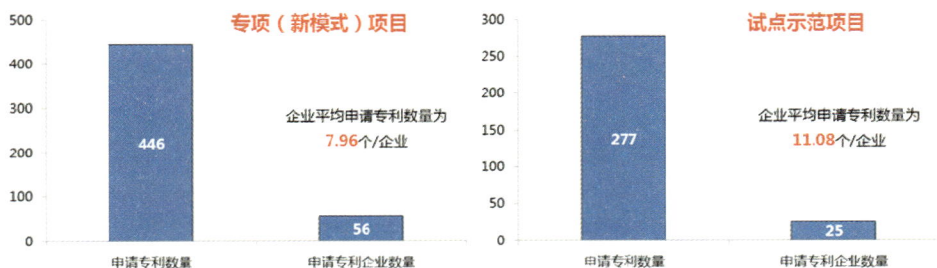

备注：不包括拟申请和在审专利；

图 3-25 2015—2016 年部分试点示范项目（右）及新模式专项（左）申请专利

信息来源：工信部

按照申请专利数量规模分布来看，专利申请数量超过 10 的新模式专项承担企业占比超过 1/4，更有 11% 的企业申请专利数量超过 20 个。对于试点示范项目，超过 10 和 20 的企业占比达到 40% 和 16%。2015—2016 年试点示范项目（右）及新模式专项（左）申请专利企业数量分布如图 3-26 所示。

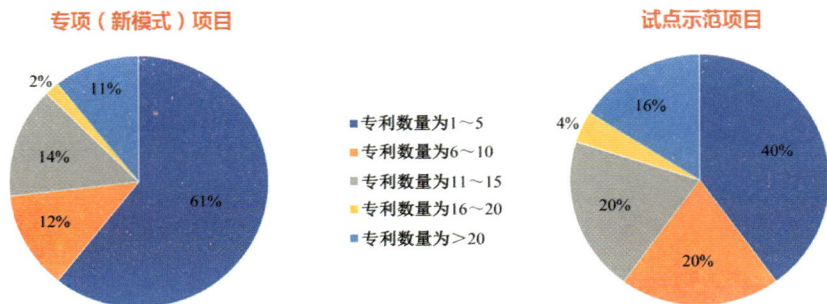

备注：专利数量为 1～5，是指已申请 1～5 项专利的企业数量，以此类推；

图 3-26 2015—2016 年部分试点示范项目（右）及新模式专项（左）申请专利企业数量分布

从专利申请的地区分布来看，东部省市依托于在智能制造领域实现的一批关键技术装备创新突破，已经申请完成一定规模数量的智能制造相关专利。如图 3-27 所示，2015—2016 年专项项目抽样中，山东省、江苏省 、安徽省等省份申请的专利总数分别达到 85、77 和 56 个。2015—2016 年新模式专项专利申请行业分布（区域举例）如图 3-28 所示。

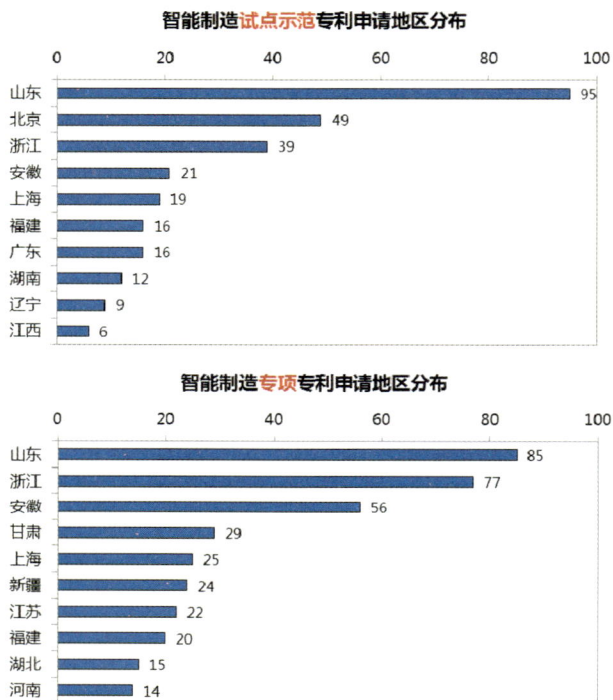

智能制造试点示范专利申请地区分布

地区	数量
山东	95
北京	49
浙江	39
安徽	21
上海	19
福建	16
广东	16
湖南	12
辽宁	9
江西	6

智能制造专项专利申请地区分布

地区	数量
山东	85
浙江	77
安徽	56
甘肃	29
上海	25
新疆	24
江苏	22
福建	20
湖北	15
河南	14

图 3-27　2015—2016 年部分试点示范项目（上）及新模式专项（下）专利申请地区分布

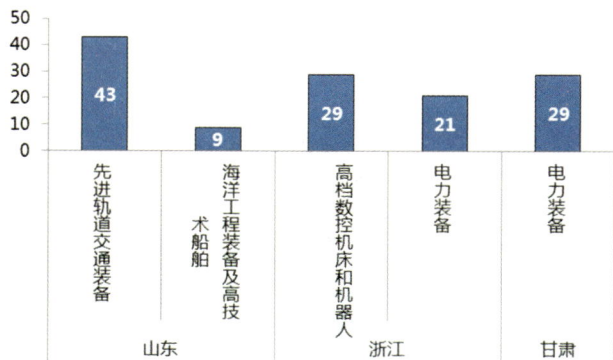

行业	数量
先进轨道交通装备（山东）	43
海洋工程装备及高技术船舶	9
高档数控机床和机器人（浙江）	29
电力装备	21
电力装备（甘肃）	29

图 3-28　2015—2016 年部分新模式专项专利申请行业分布（区域举例）

从行业分布来看，新模式专项项目中专利申请集中在十大重点领域，尤其是电力装备、节能与新能源汽车、先进轨道交通装备等，如中车青岛四方机车车辆股份有限公司申请 43 项。对于试点示范项目，专利申请较为分散，纺织、石化、新一代信息技术、民爆等行业都有不同程度的积累。2015—2016 年试点示范项目（右）及新模式专项（左）专利申请行业分布如图 3-29 所示。

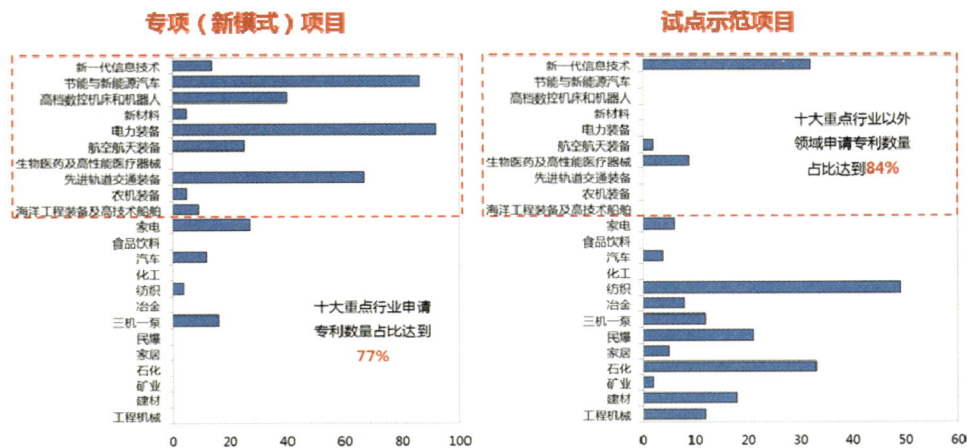

图 3-29　2015—2016 年部分试点示范项目（右）及新模式专项（左）专利申请行业分布

信息来源：工信部

具体到行业专利申请的地区分布来看，各区域基于自身产业发展特点涌现出一批示范典型企业，如节能与新能源汽车行业中，安徽省的江淮汽车集团股份有限公司和合肥国轩高科动力能源有限公司分别申请专利 29 项和 21 项；新疆的特变电工股份有限公司在电力装备方面完成了 24 项专利申请。2015—2016 年试点示范项目及新模式专项部分行业专利申请地区分布如图 3-30 所示。

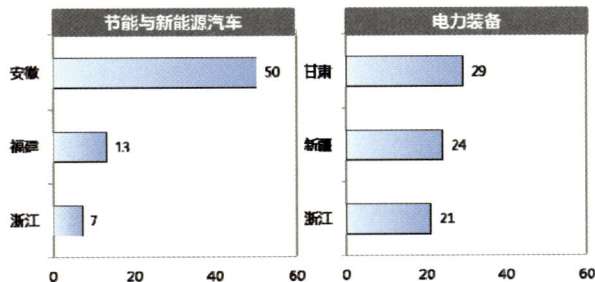

图 3-30　2015—2016 年试点示范项目及新模式专项部分行业专利申请地区分布

信息来源：工信部

二、标准制定取得进展

经过 2015 年以来智能制造试点示范项目及专项的积极推广和全面实施，围绕基础共性标准、关键技术标准、行业应用标准等重点，相关项目承担企业在企业标准、行业标准、国家标准制定等方面取得进展，为下一步完善试验验证平台及公共服务平台，建立国家智能制造标准体系奠定了坚实的基础。

根据对 2015—2016 年 76 个试点示范项目和 127 个专项项目的抽样分析结果，试点示范项目和标准专项承担企业围绕智能制造标准制定开展了扎实有效的工作，所抽样的项目承担企业中共计制定 589 项标准。如图 3-31 所示，其中，企业标准制定进展显著，试点示范项目和专项项目的企业标准数量分别达到 58 项和 297 项；部分企业围绕行业标准和国家标准制定发挥了主动引领作用，共完成 94 项行业标准和 140 项国家标准的制定工作。

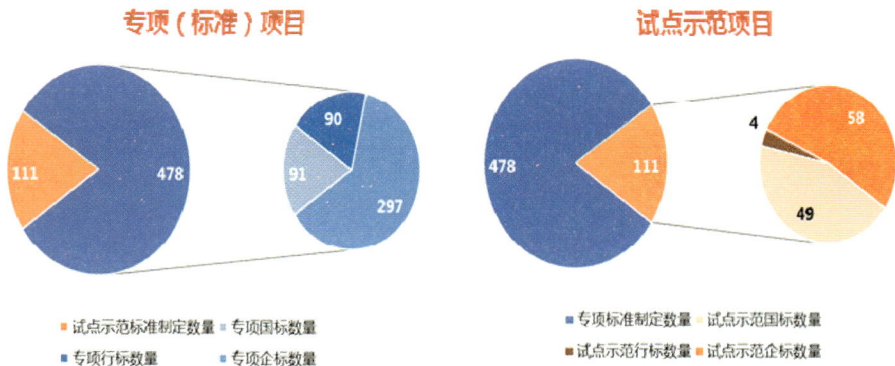

图 3-31　2015—2016 年部分试点示范项目（右）及新模式专项（左）标准制定

信息来源：工信部

从标准制定数量规模分布来看，如图 3-32 所示，以标准专项项目（上）为例：绝大多数企业制定的企业标准数量在 1 项以上，7%的企业甚至制定了 10 项以上的企业标准；行业标准和国家标准制定的进展相对缓慢，尤其是行业标准，这一方面反映了企业在"自下而上"引领行业智能制造发展方面的主动性和能力有待提升，另一方面也对下一步国家构建智能制造标准体系提出了更高的"自上而下"的统筹协调要求，即要强化对重点行业领域标准制定的协同推进工作。

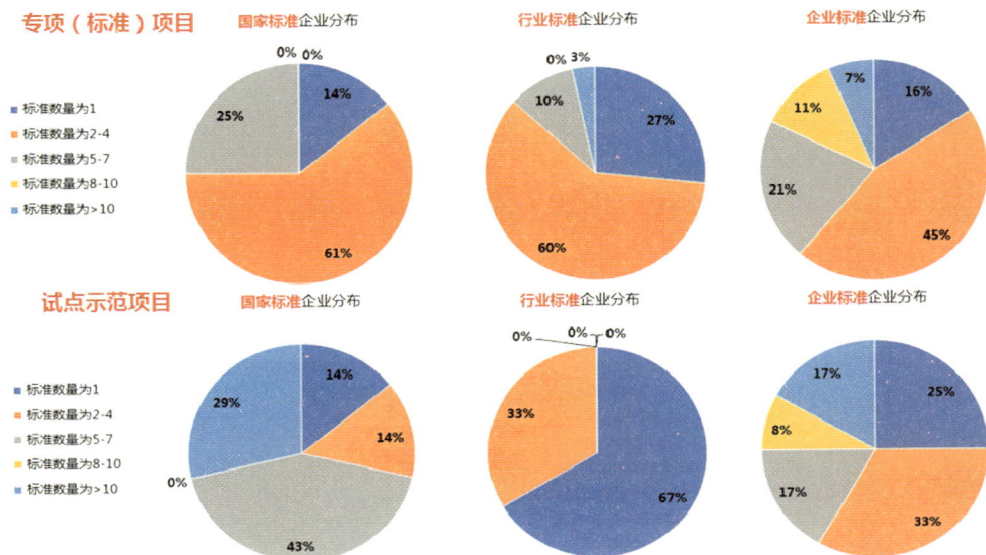

专项（标准）项目

国家标准企业分布
- 标准数量为1
- 标准数量为2-4
- 标准数量为5-7
- 标准数量为8-10
- 标准数量为>10

0% 0%
14%
25%
61%

行业标准企业分布
0% 3%
10%
27%
60%

企业标准企业分布
7%
11%
16%
21%
45%

试点示范项目

国家标准企业分布
- 标准数量为1
- 标准数量为2-4
- 标准数量为5-7
- 标准数量为8-10
- 标准数量为>10

29%
14%
14%
0%
43%

行业标准企业分布
0% 0% 0%
33%
67%

企业标准企业分布
17%
8%
25%
17%
33%

备注：专利数量为1，是指已制定1项标准的企业数量，以此类推；

图 3-32　2015—2016 年部分试点示范项目（下）及新模式专项（上）标准制定企业数量分布

信息来源：工信部

　　从标准制定的地区分布来看，试点示范项目和标准专项有效推动了各地区智能制造标准体系的基础建设工作。尤其是北京市、上海市等科研院所较为集中的省市，以及山东省、浙江省等智能制造推广较快的省市，在标准制定方面的进展更为显著。2015—2016 年试点示范项目（上）及新模式专项（下）标准制定地区分布如图 3-33 所示。

　　从行业分布来看，如图 3-34 所示，各主要行业的智能制造标准制定进程加快。尤其是十大重点领域中的电力装备、航空航天装备、节能与新能源汽车、先进轨道交通装备等行业，不仅制定完成了一大批企业标准，切实满足了企业自身发展需求，更在行业标准、国家标准制定方面积极探索，引领行业解决互联互通、多维度协同等瓶颈问题。

智能制造试点示范标准制定地区分布

智能制造专项标准制定地区分布

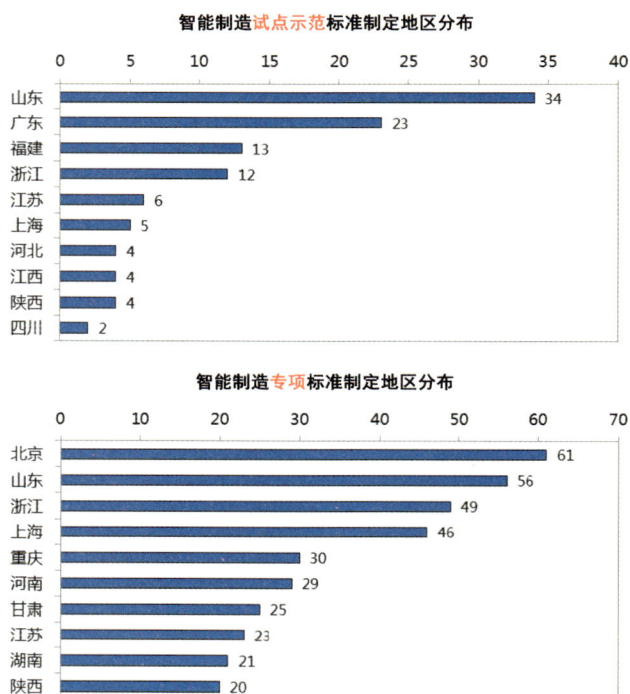

备注：包括企业标准、行业标准及国家标准；

图 3-33　2015—2016 年部分试点示范项目（上）及新模式专项（下）标准制定地区分布

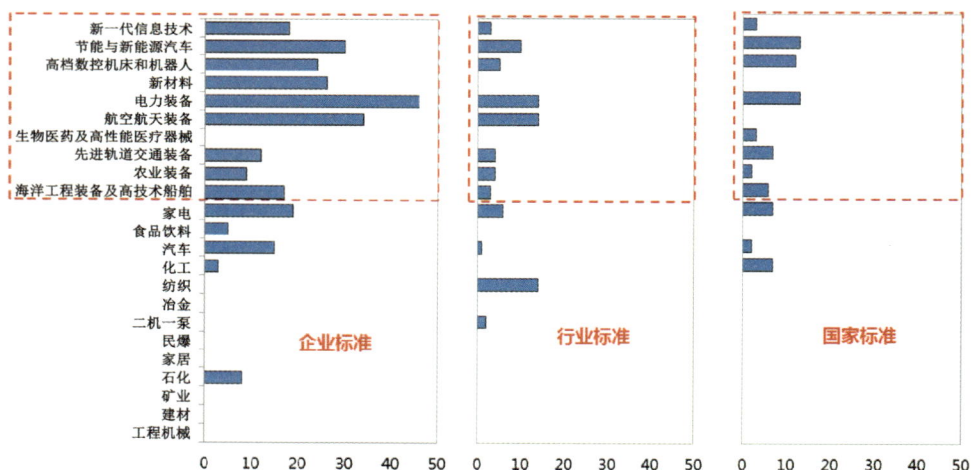

图 3-34　2015—2016 年部分新模式专项标准制定行业分布

信息来源：工信部

第四章　智能制造发展所需技术及装备开发取得初步突破

近年来，伴随着国家层面关于智能制造发展相关政策文件、规划的出台，发改委、财政部、工信部、科技部等各部委联合制定智能制造推广实施政策，重点推进制造业领域智能制造技术及装备的开发和应用，并取得初步进展。聚焦高档数控机床与工业机器人、增材制造装备、智能传感与控制装备、智能检测与装配装备、智能物流与仓储装备五类关键技术装备方面不断取得新突破。

一、高档数控机床与工业机器人

（一）高档数控机床

1. 高档数控机床数控系统的智能化功能研发取得进展

高档数控系统实现了从模拟式、脉冲式到全数字总线的跨越，市场占有率由专项实施前的不足 1%提高到目前的 5%左右。华中数控、广州数控、大连光洋、沈阳高精和航天数控等 5 家数控系统企业研发了高档数控系统关键技术。经过多年努力，5 家企业均攻克了数控系统软硬件平台、高速高精、多轴联动、总线技术、纳米插补等一批高档数控系统关键技术，研制出全数字总线式高档数控系统产品，实现从模拟接口、脉冲接口到全数字总线控制、高速高精的技术跨越。

由华中数控研发的"高性能数控系统"，攻克了高速、高精度运动控制技术，实现了纳米级插补技术和高速、高刚度、高误差伺服驱动控制；突破了现场总线、五轴联动和多轴协同控制技术，研制了硬件可置换、软件跨平台的全数字数控系统软硬件平台，构建了数控系统云服务平台，实现了全数字化的系统内部通讯和外部互联；提出了指令域大数据分析方法，实现了工艺参数优化、机床健康评估、热误差补偿等工程应用，达到国际先进水平。

沈阳机床集团通过与上海同济大学合作，研发形成了基于 i5 智能机床的"i 平台、云制造"智能系统推向全世界，将设计制造、服务、供应链、用户集成到云端，形成

"智能制造+工业互联网+在线服务+金融+大数据+再制造+伙伴"的发展构架。

2. 数控机床主机的智能化进程加快

一批数控机床主机制造企业通过科技攻关，在主机上集成应用智能化技术，提高了数控机床的使用性能。龙门式加工中心、五轴联动加工中心等制造技术趋于成熟，车削中心等量大面广的数控机床形成了批量保障能力，精密卧式加工中心等高精度加工装备取得重要进展，初步解决了机床用关键零件的加工需要。

沈机集团昆明机床股份公司开发的TGK46100高精度坐标镗床采用温度传感器、温度模块等，通过数控系统实时监控主轴系统的发热变形和热补偿，其五轴联动机型具有反向间隙补偿、螺距补偿和体积补偿功能。秦川机床工具集团最新开发的数控蜗杆砂轮磨齿机采用高精度同步控制技术和电子齿轮箱等，整机操作可实现自动装卡、自动对刀、自动磨削及修正砂轮自动控制。

3. 功能部件配套体系逐步完善

高档数控系统、功能部件与主机产品配套研发，初步实现与高档数控机床的批量配套，高速、精密、重载滚珠丝杠和直线导轨产品性能有了明显的提升，市场占有率也由专项实施前的5%提高到了目前的20%。滚动功能部件检测装备从无到有，静刚度等关键技术指标和测试设备水平已跻身国际先进行列。

（二）工业机器人

机器人本体研发应用取得一定进展。沈阳新松机器人自动化公司、广州数控设备有限公司、安徽埃夫特智能装备有限公司等企业在工业机器人生产制造方面不断壮大，开发出弧焊、点焊、码垛、装配、搬运、注塑、冲压、喷涂等工业机器人。并成功应用到制造业生产线上。由安徽埃夫特智能装备有限公司、哈尔滨工业大学等联合研制的"基于工业机器人的汽车焊接自动化生产线"项目在奇瑞汽车焊接生产线上示范应用，是我国首条具有完全自主知识产权的智能化工业机器人焊接自动化生产线，打破了国外机器人品牌在此领域长达30年的垄断局面，标志着我国工业机器人具备在汽车焊接自动化生产线运行的能力。由天津大学机械工程学院承担的"高速并联机器人关键技术与工程应用"提出高速并联机器人尺度-结构-驱动器参数一体化设计方法，在精度设计、误差补偿、控制器参数整定、机器视觉等方面形成专有技术。

近两年我国机器人所需高精密减速器、高精度伺服电机及驱动器、控制器、传感器等关键零部件技术研发取得突破性进展，关键零部件的性能及可靠性显著提升。

（1）精密减速器是目前我国工业机器人关键零部件中最薄弱的环节，面临制造技术难度大，致使其产品质量稳定性较差、精度较低和使用寿命较短的技术壁垒。南通振康、苏州绿的、秦川机床、武汉精华等减速器企业从材料、热处理工艺、加工设备、试验检测设备多方面入手加大研发力度，突破了多项关键核心技术，实现了批量生产。

（2）新时达、广数、汇川、埃斯顿、清能德创等伺服系统生产商突破了伺服驱动器和伺服电机设计、生产中的相关核心技术，自动化生产能力及整体制造水平明显提升。固高、广数、新松等企业的机器人控制器产品已经较为成熟。伺服驱动器在动态性能、单位体积扭矩和运动精度上和国外知名品牌的产品虽尚存在一定的差距，但是已经具有一定的研发和生产能力。较大规模的伺服品牌有 20 余家。国产产品功率范围多在 22kW 以内，技术路线上与日系产品接近。

控制器和伺服系统关联紧密，用户选择的排序分别是可靠稳定性、价格、服务，从服务和性价比入手是国内企业突破的方向。经过多年的沉淀，国内机器人控制器所采用的硬件平台和国外产品相比并没有太大差距，差距主要体现在控制算法和二次开发平台的易用性方面。随着技术和应用经验的积累，国内企业机器人控制器产品已经较为成熟，是机器人产品中与国外产品差距最小的关键零部件。国内上市公司如新松、新时达、汇川技术、广州数控、埃斯顿、佳士科技、亚威股伴等具备开发控制系统的条件。

二、增材制造装备

2015 年，为加快推进我国增材制造产业健康有序发展，工信部、发改委、财政部联合发布了《国家增材制造产业发展推进计划（2015—2016 年）》。在相关规划政策的引导和支持下，我国增材制造产业快速发展。

上海电气集团股份有限公司依托 "3D 打印燃气轮机轴向旋流器工业化应用探索" 项目，成功制备出符合性能要求的部件，可协助完成重型燃气轮机关键零部件的原型设计与优化。

在核工业领域，中广核集团 "金属 3D 打印应用于核电领域的关键技术研究" 取得重大成果，利用激光选区熔化（SLM）技术制造核电站复杂流道仪表阀阀体，该阀体的材料化学成分满足国际核电标准 RCC-M 的要求，相比传统工艺可缩短制造周期，可满足小批量快速生产、降低成本等方面的要求。

北京航空航天大学研究团队突破了飞机钛合金大型复杂整体构件激光成形技术，在国际上首次全面突破飞机钛合金、超高强度钢等难加工大型复杂整体主承力构件激光成形关键技术，并建立完整标准体系。研究出三大系列激光熔覆特种耐磨涂层新体系，该项技术已应用于航空发动机的多个产品的研制与生产。

西安铂力特激光成形技术有限公司针对航空航天极端复杂的精密构件加工制造问题，利用 SLM 技术解决了随形内流道、复杂薄壁、镂空减重、复杂内腔、多部件集成等复杂结构问题，每年可提供复杂精密结构件 8 000 余件。

华中科技大学研究团队突破选择性激光烧结成形装备与工艺，用激光烧结粉末薄层区域，逐层堆积成三维实体，加工过程无需任何模具，可以实现任何复杂机构的铸件制造，在同类技术中处于世界领先水平。该技术目前已在玉柴股份公司等企业中得到充分应用。

三、智能传感与控制装备

近年来我国在高性能光纤传感技术、视觉传感器、智能测量仪表、微机电系统传感器等智能传感与控制装备及其在工程的应用方面取得进展。如混合式光纤传感技术及其在工程安全监测领域中的应用、直流配电系统大容量断路器快速分断技术及应用、人机交互遥操作机器人的力觉感知与反馈技术等。

（一）混合式光纤传感技术及其在工程安全监测领域中的应用

传感器技术作为基础设施安全监测必不可少的核心技术之一，是国内外发展的战略性新兴产业。由于缺乏高效的传感器技术，很多工程事故未能做到"防患未然"，因而发明一种高效、稳定、适应性强的新型传感技术成为国家产业发展的迫切需要。天津大学自主研发的"混合式光纤传感技术及其在工程安全监测领域中的应用"，解决了当下光纤传感领域的诸多难题，为保障重大工程项目安全提供了可靠的监测保障。不同的工业产业对传感器有着不同的需求。在电力应用中，传感器需要抗强电磁干扰、电绝缘；在石油化工应用中，传感器需要本身不带电；在航空航天、土木工程应用中，传感器则需要在恶劣环境下长期工作。与常规电测传感器技术相比，光纤传感技术能够从根本上适应上述各类应用环境和工程需求。天津大学研发的混合式光纤传感技术实现一系列光纤传感领域的技术突破，引领了光纤传感安全监测领域技术探索的前沿。近 10 年来已应用到 28 项国家航空航天试验及重大关键基础设施工程的安全监测。其在全国电力和石化行业分立式光纤传感市场占有率超过 30%，近 3 年共取得直接经济效益 2.4 亿元。成功地对多起过热异常进行了预警。目前，该项目已获得授权发明专利 56 项，其中美国专利 3 项。制定国家军用标准 1 项。获光纤传感产品测试认证 38 项。

（二）直流配电系统大容量断路器快速分断技术及应用

针对海军舰船电力系统更新换代和城市轨道交通供电的大容量直流断路器的快速分断技术一直难以突破的技术瓶颈，在国防"973"、国家自然科学基金等项目的支持下，西安交通大学发明了大电流直流电弧调控、机构快速分闸和系统短路电磁能量快速耗散的新方法和新结构，实现了直流配电系统的故障快速切除，满足了国家重大亟需。利用关键技术发明，开发的17种直流断路器及技术延伸开发的3种其他直流开关产品，直流配电系统大容量断路器快速分断技术广泛应用于海军舰船及潜艇、城市轨道交通、光伏新能源、机车牵引四大领域。特别是所开发的 4kV/70kA 直流断路器解决了我国大型舰船综合电力系统跨越式发展的一大瓶颈问题，为奠定我国在舰船综合电力技术领域的国际领先地位做出了贡献；所开发的城市轨道交通直流断路器，打破了国外产品的垄断；所开发的直流断路器数字化设计系统，实现了我国直流断路器开发模式从经验设计到数字化设计的变革。其关键技术发明已推广应用到中船重工、韩国 LS 产电等 15 家单位，经济效益显著。

（三）人机交互遥操作机器人的力觉感知与反馈技术

随着人机交互遥操作机器人在远程作业、远程监控、远程制造、远程医疗等领域的应用，迫切需要解决多个技术难题与技术瓶颈。东南大学、扬州大学共同研究的"人机交互遥操作机器人的力觉感知与反馈技术"，针对力感知、力反馈、大时延控制和人机交互界面设计等关键技术，突破核心技术，填补国内空白。多维力传感器的测量精度可达 1%F.S.；实现了大量程安全柔性的力触觉人机交互；六维运动位置测量精度达 1%F.S.，力反馈精度达 2%F.S.；解决了大时延情况下力反馈遥操作机器人稳定性和操作性问题；实现了多感知通道人机交互方式下具有力觉临场感的遥操作。研究成果不仅在我国载人航天与探月工程中得到应用，而且在国内首次应用于核反应堆和核电站的安全巡检与紧急处置。还在工业机器人、特种机器人、智能工程机械等重要领域得到应用或产业化，取得了重大的社会效益和经济效益。

四、智能检测与装配装备

近年来我国在智能化高效率强度及疲劳寿命测试与分析、设备全生命周期健康检测诊断、基于大数据的在线故障诊断与分析等智能检测与装配装备方面取得进展。如：复杂装备跨生命周期数据管理平台关键技术及应用、船舶动力装置磨损状态在线监测与远程故障诊断技术及应用等。

（一）复杂装备跨生命周期数据管理平台关键技术

清华大学和三一重工集团针对复杂装备生命周期的状态监测和运维服务核心业务，开展复杂装备跨生命周期数据管理技术研究，成功开发复杂装备跨生命周期数据管理平台，构建了基于 NoSQL 的通用状态监测平台和运维服务数据分析工具，升级完善了三一工程机械装备跨生命周期状态监测与运维服务支持系统。研究成果解决了三一集团千亿级工况数据分析、世界最大功率重载机车研制等一批重大工程难题，在发电设备、工程机械、轨道装备等行业的百余家规模企业成功应用。

（二）船舶动力装置磨损状态在线监测与远程故障诊断技术及应用

船舶在我国水路运输、海洋开发和海权捍卫中具有重要作用。船舶航行环境变化频繁，处于离岸、流动作业状态，船舶动力装置持续运行时间长，工作条件恶劣，其故障具有不可预见性，一旦发生故障轻则影响船舶正常航行，重则引发船舶灾难事故。传统的船舶动力系统仅有性能参数的报警与显示，缺少磨损状态故障信息的实时、在线检测方法与装置，不具备故障类型和程度的定量描述功能，没有远程获取船舶动力装置故障信息的技术手段。针对存在问题，武汉理工大学经过 10 余年的研究，以船舶动力装置的故障预防和可靠运行为目标，提出了开发船舶动力装置磨损状态监测系统的技术路线，从理论方法、关键技术、工程应用等层次上开展了系统深入研究，发明了磨损状态信息检测方法，解决了磨损状态信息识别等关键问题，构建了船舶动力装置一体化综合诊断手段，形成了船舶动力装置磨损状态在线监测与远程故障诊断成套技术。自主开发的船舶动力机械远程诊断系统，已在交通运输部长江航道局、救助局及国防领域得到实际应用。

五、智能物流系统与仓储装备

近年来我国智能物流系统在部分领域应用取得成效，如：首套化纤生产智能物流系统、钢铁生产与物流调度关键技术应用和企业智慧物流系统等方面。

（一）首套化纤生产智能物流系统

2014 年 12 月 5 日，由北京机械工业自动化研究所和江苏盛虹科技股份有限公司共同研制的我国首套化纤生产智能物流系统通过验收。该系统包含 33 台机器人和数百段输送辊道，年处理丝卷 25 万吨，能够处理 100 个品种批号和 5 个等级的丝卷，并且每个丝卷的信息都可追溯，可 24 小时连续生产。

通过近两年时间的系统研制，攻克了丝卷信息绑定与校验、堆垛机高速运行和高精度定位、机器人手爪柔；性化、丝卷和纸箱智能分道、智能跟踪调度软件、物流系统综合集成等关键技术，实现了产品流向智能控制、产品自动识别、智能设备调度、库存智能优化管理等智能功能，可实现从丝车上线、落筒、输送、储存、检验分类、包装到码垛的全程自动化与智能化。

与传统物流生产线相比，该系统可使生产人员由 500 人减少到 200 人，产品优等率提高 2%，每年可为用户单位增加效益 3 000 万元。

（二）钢铁生产与物流调度关键技术应用

2016 年，由东北大学隶属于控制理论与控制工程国家一级重点学科的全新研究团队，致力于解决钢铁企业生产与物流调度的问题。项目从工业的实际需求出发，面对我国钢铁生产流程长、产品种类多、物流呈复杂网状结构，难以采用已有的调度技术致使我国钢铁企业采用手工排产方式导致物耗、能耗高等难题。经过多年研发，针对复杂流程工业中的生产计划和物流调度问题进行了理论、优化、技术、应用研究，发明了炼钢、热轧、冷轧及物流调度技术，研制了多个优化系统，解决了如何在现有设备基础上通过精细化调度降低物耗、能耗的难题。"钢铁生产与物流调度关键技术应用"这项技术的突破，克服了复杂工艺过程对优化技术在实际工业应用中的制约，引领了生产与物流调度研究领域的新方向，建立并完善了采用先进优化技术解决实际工业问题的技术支撑体系。

（三）企业智慧物流系统

我国在智慧企业供应链方面已经做出有益的尝试。某企业通过智慧物流系统，实现了物流中心机器人码垛、AGV 搬运物料、自动分拣，计算机控制堆垛机自动完成出入库，整个物流作业与生产制造实现了自动化、智能化与网络化系统。成功将全国分销配送中心的数量从 100 个降至 40 个，分销成本削减 23%，节约了 25% 的燃料，并减少了 10%~15% 的碳排放。另如某地粮食物流中心探索将各种感知技术与粮食仓储配送相结合，实时了解粮食的温度、湿度、库存、配送等信息，打造粮食配送与质量检测管理的智慧物流体系等。

六、数字化生产线和车间

数字化生产线和车间的研发和应用取得进展，在汽车、航空航天、食品、纺织等行业得到很好的应用。

（一）汽车冲压制造数字化车间

由济南二机床集团有限公司和奇瑞汽车股份有限公司大连分公司合作的"冲压制造数字化车间"项目用于汽车大型覆盖件的加工，集成了两条全封闭高速全自动冲压生产线、零件智能检测系统、物流传输系统和生产信息化管理系统，整个系统具有柔性、高效、智能的特点。该项目的实施第一次成功突破了双臂高速送料系统、压机连续模式、整线同步等核心技术，自主研发智能控制系统缩短了生产辅助时间，生产效率较传统冲压线提高 50%以上，节能 30%以上，生产节拍达到世界最高水平，整线换模时间 2.8 分钟，领先德日同类设备水平。在该项目的基础上，济南二机床高速全自动冲压线与德日企业同台竞争，共获得了美国福特本土工厂 6 条生产线的订单，使中国的高端冲压装备实现了从无到有、从占领中国市场到出口汽车发达国家的双跨越。

（二）汽车发动机柔性自动化装配生产线

2014 年 12 月 29 日，由北京机械工业自动化研究所和潍柴动力股份有限公司联合承担的智能制造装备发展专项项目"WP5/7 系列发动机柔性自动化装配生产线"通过验收。该生产线主要承担潍柴 WP5 和 WP7 系列发动机混线装配、试验等生产任务，年产量为 10 万台，集成了生产任务管理、智能故障诊断及报警、机型及姿态自动识别、自动转运、流向自动控制、在线检测以及装配信息自动跟踪等功能，实现了信息高度集成、生产连续、节拍稳定、少人或无人操作。生产线以产品数据管理系统(PDM)为核心，集成了 CAPP、ERP、MES 以及精益生产拉动系统等，实现了智能支持管理，能够自动根据订单安排生产计划并指导生产，并与自动化控制系统结合。该生产线自 2012 年年底正式投入生产以来，运行平稳、安全可靠，已生产 WP5/7 系列发动机产品 3.5 万余台，提升全员劳动生产率 20%以上，降低产品售后故障率 20%以上。

（三）飞机数字化装配若干关键技术及装备

飞机装配技术和水平充分体现了一个国家航空制造业核心竞争力的高低，由浙江大学研制的"飞机数字化装配若干关键技术及装备"项目结合国家重大战略需求，在飞机数字化装配技术领域，攻克了一系列科学和技术难题，取得了多项技术发明和创新性成果：

（1）原创性解决了飞机装配中多点支撑柔性定位、大型壁板装配变形控制、大尺度空间测量场建立及优化、机器人准确制孔等一系列复杂数学、力学和工艺问题，揭示了飞机多点支撑柔性定位和调姿系统的运动学、动力学特性和控制规律，建立了一套先进的飞机数字化装配理论和方法。

（2）提出了数控定位器的适度刚度设计理论，发明了 3 个系列、15 个品种的数控定位器及其核心功能部件，建立了定位器成组控制系统，成功研制了精确、高效、可靠的数字化调姿和定位平台，为发展我国飞机数字化装配技术提供了重要的技术装备保障。

（3）发明了一种开放式、网络化、组件化飞机数字化装配系统集成技术，开发了包括数字化测量、数字化定位控制、离线编程、制孔过程控制、装配过程集成管理以及数据库等装配功能软件，并建立了一套高效的复用、重组与扩展规则，为推广应用飞机数字化装配技术提供了系统支撑。该项成果的成功应用，标志着我国成为具有独立研制飞机数字化装配技术装备和系统的国家，打破了西方发达国家在飞机装配领域的技术封锁和市场垄断。

（四）船舶制造智能车间

南通中远川崎船舶工程有限公司面对持续低迷的船舶市场，积极寻求突破，将两化融合、智能制造作为转型升级、提质增效的主攻方向和制造方式转型的重要途径。以数字化精益设计为源头、集成化系统为支撑、自动化/智能化设备为手段，形成智能化生产线的研发和定制能力。通过不懈的努力和不断投入，已构建了一套智能高效的制造执行系统，在自动化/智能化生产线、流水线的基础上，持续推进智能车间、智能工厂建设。先后投产了型钢自动生产线、条材机器人生产线、先行小组立机器人焊接线、小组材机器人焊接线等智能化和自动化生产线，建成了的船舶制造示范智能车间。

通过中一径和中二径智能化管加工生产线等智能化改造项目的投产，建成了船舶管路加工智能车间。船舶智能制造的不断推进，让相应工序的生产效率提高了七成左右，大幅度提高了生产效率、降低了产品不良品率、改善了作业环境、减轻了劳动强度、减少了人工成本、节约了场地资源，在国内开辟了具有中国特色的"智能船厂"建设之路。

（五）中低压输配电装备智能制造新模式

西电宝鸡电气有限公司以数字化工厂建设为抓手，实施设备升级改造，深化两化融合，研究制定智能制造标准体系，建立精益生产仿真模拟系统，依托信息化管理平台，推进安全生产标准化体系构建和实施，建立完善的应急管理体系，研究适合西电的质量标准，将数字化质量管理系统和精益管理贯穿整个生产过程。最终建设以"集成化、精益化、数字化、互联化、智能化"为特征的西电宝鸡电气智能化工厂，提升其制造过程的数字化、网络化、智能化水平，缩短新产品研制周期、提高生产效率、产品质量与能源利用率，降低运营成本，并培育制造商关键智能制造装备的研制水平。通过项目实施，总结和形成"产品技术领先、制造技术领先和试验检测技术领先"的中低压输配电装备智能制造新模式，推动我国中低压配电装备制造行业的创新发展，提升行业整体国际竞争力。

西电宝鸡电气有限公司总体负责中低压输配电装备智能制造新模式的实施工作，搭建数字化研发平台，实现和西高院的新产品联合研制，构建由智能化柔性生产线、设备运行状态监测系统、制造执行系统等构成的数字化制造平台，实现开关产品的高效、高质量、低成本制造，建设智慧能源管理系统，实现工厂节能优化，同时，建设智慧园区、信息安全等智能制造支撑环境。

西安高压电气研究院有限责任公司负责中低压输配电装备智能制造关键技术的研究和开发工作，包括设备运行状态监测系统架构、关键业务系统研发、虚拟制造模型、智能制造标准等，同时，完成数字化试验平台的建设。

中低压输配电装备智能制造新模式目前取得的阶段性成果，包括以下几项：

（1）数字化智能柔性生产线建设，主要包括德国自动化钣金线、北自所开关柜总装线、立体库及物料配送系统、互感器产线、简易充气柜装配线、圆弧母线加工机的建设。

（2）信息系统项目建设，包括 ERP 系统项目建设、信息安全及智慧化园区网络基础建设等。

（六）数字化铸造工厂

宁夏共享集团股份有限公司数字化铸造工厂运用先进制造理念，实现铸造数字化样板工程。引进先进铸造技术，实现柔性制造；借助虚拟设计平台及虚拟制造技术，实现虚拟制造（VM）；通过在车间各工序使用智能制造装备并集成，实现智能制造（IM）；应用绿色设计、烟尘综合治理、余热综合利用、"零排放"等措施，实现绿色制造。

数字化铸造工厂项目结合了共享集团在铸造行业内领先的技术和合作双方的管理经验，全面融合先进信息化系统，如虚拟设计平台（TC）、商业智能（BI）、产品全生命周期管理（PLM）、企业资源计划管理（ERP）、制造执行系统（MES）、客户关系管理（CRM）、供应商协同管理（SRM）及企业研发的全面数字化管理子系统（TDM）等，建设数字化的柔性铸造生产线、智能化熔炼控制系统、智能体联合控制的铸件精整线、数字化在线检测等综合集成的数字化铸造工厂。

项目建成后，将实现"智能设计、智能制造、智能管理"、"绿色制造"，极大改变铸造行业面貌，在"多品种、小批量、快捷、个性化"铸造生产方面达到同行业最高水平，建成一座引领铸造行业转型升级的"数字化、柔性化、绿色、高效"铸造工厂，实现关键工艺流程数字化控制率 90%以上，劳动强度大幅降低、劳动环境明显改善、生产效率显著提高，集成并创造数字化铸造新模式，为铸造业转型升级作出示范。

（七）数字化自动染色技术与装备

2015 年 1 月 9 日，由山东康平纳集团有限公司与机械科学研究总院、山东鲁泰股份有限公司联合研制完成的"筒子纱数字化自动染色成套技术与装备"项目针对传统筒子纱染色工艺质量稳定性差、生产效率低、废水排放量大这三大难题，研制出适合筒子纱数字化自动染色的工艺技术、数字化自动染色成套装备及染色生产全流程的中央自动化控制系统，实现了筒子纱染色从手工机械化、单机自动化到全流程数字化、系统自动化的跨越。该项目应用于棉纱、毛纱、棉麻纱等各种筒子纱染色，也可扩展到坯布染色、印花等领域，可以对 100 多台（套）设备、2 000 多个参数进行在线检测、实时全流程闭环控制，全部实现了自动化，可节约用工 70% 以上，色差由原来的 4 级提高到 4.5 级以上，染色一次合格率达到 95% 以上（比国际先进水平高 5 个百分点），工艺稳定及生产运行可靠性由原来的 57% 提高到 95%，实现吨纱节水 27%、节约蒸汽 19.4%、节电 12.5%、减少污水排放 26.7%。

第五章　重点领域智能制造推广应用成效显现

2011—2017 年，围绕新一代信息技术、高档数控机床与工业机器人、航天装备、高技术船舶、汽车、输变电装备、农业装备、纺织、食品、石油化工、钢铁等重点领域，在推进智能化、数字化技术在企业研发设计、生产制造、物流仓储、经营管理、售后服务等关键环节的深度应用；支持智能制造关键技术装备和核心支撑软件的推广应用，不断提高生产装备和生产过程的智能化水平；发展智能制造新模式等方面取得成效。

第一节　重点领域智能化转型取得成效

一、新一代信息技术

2016 年我国新一代信息技术企业创新能力继续提高，在国家知识产权局公布的 2016 年国内企业发明专利授权量排名前十强中，华为、中兴、京东方、腾讯、联想、华虹宏力 6 家电子信息类企业入围。新一代信息技术工程领域中"墨子号"首次实现了星地量子通信，构建了天地一体化的量子保密通信与科学实验体系；"神威·太湖之光"以每秒 9.3 亿亿次的浮点运算速度摘得世界超算桂冠。标准体系方面，2016 年我国主导制定的 12 项电子信息领域国际标准正式颁布；我国颁布的超高清标准 AVS2 编码效率超越国际标准；我国主推的极化码（Polar 码）被国际标准组织采纳为 5G 新的控制信道标准方案，有望成为 5G 时代的"领军者"。

新一代信息技术行业在产品生产制造中不断采用云计算、物联网、大数据和人工智能等技术，工艺、效能与产品质量得到了全面提升，核心重大装备也不断突破，与国际先进水平相比差距正在不断减小。重大专项"极大规模集成电路制造装备及成套工艺"成果发布，专项成果包括 14 纳米刻蚀机、薄膜沉积等 30 多种高端装备和靶材、抛光液等上百种材料产品，性能达到国际先进水平，通过了大生产线的严格考核，开始批量应用并出口到海外，从而实现了从无到有的突破，填补了产业链空白，使我国集成电路制造技术体系和产业生态得以建立和完善。目前，集成电路专项已申请了 2.3 万余项国内发明专利和 2 000 多项国际发明专利。上海微松工业自动化有限公司研制的高端半导体晶圆级芯片封装（WLCSP）装备——WMB 型晶圆级微球植球机，经过两年的试用和检验，获得多家半导体封测厂商认可并开始量产。该装备的成功研制和量产解决了国内半导体封测企业对国外晶圆级微球植球机的长期依赖问题，标志着我国在高端半导体晶圆级芯片封装装备领域取得重大突破，填补了国内空白。

目前，我国平板显示、集成电路、终端与通讯设备、计算机及周边设备等制造企业的自动化、数字化、智能化水平提升显著，形成一批数字化车间/工厂的典范。如京东方自主掌握显示产业完整技术能力，通过制造业与信息技术和互联网技术相结合，在生产工艺、生产管理、供应链体系、营销体系等多个方面实现全产业链的互联互通，全面推进；OPPO 数字化车间拥有满足生产高品质手机的 SMT 生产设备、世界先进的 SMT 高速双轨主板生产线、FPC 生产线，以及配套的校准综测生产线、大型自动化检测仪，能够进行手机的射频测试和校准；华为利用其自身的物联网、大数据、云计算、人工智能等数字化工厂相关领域的技术优势，结合自身特点实现数字化车间等。

二、高档数控机床

（一）高档数控机床水平持续提升

机床主机平均无故障时间从专项实施前的 400～500 h 已普遍提升至 1 200 h，部分产品达到 2 000 h 以上。高档数控系统打破国外技术垄断，关键功能部件实现批量配套，国内市场占有率由不足 1% 提高到 5% 左右。龙门式加工中心、五轴联动加工中心等制造技术趋于成熟，重型锻压装备性能接近国际先进水平，精密卧式加工中心形成具有自主知识产权的柔性制造系统核心技术。以五轴加工中心为代表的高档数控机床，在飞机典型结构件、航天复杂与精密结构件、飞航导弹发动机零部件等领域实现批量示范应用。

（二）移动终端智能加工示范应用

2015 年，华中数控与东莞劲胜合作建立国内首个"移动终端金属加工智能制造示范"项目，利用自主知识产权的国产数控系统配套国产高速钻攻中心机床装备，与国产工业机器人配套，同时采用先进的智能化制造执行系统等技术手段，应用于智能手机等 3C 产品的生产制造，实现"国产装备中国 3C 制造业"的格局。同时，武汉华中数控股份有限公司在武汉建立了"数控加工大数据中心"，可通过无线网络对用户车间生产线相关数据实现远程监控、加工优化、健康诊断等智能化功能，提升了为用户服务的水平。由云南 CY 集团有限公司承担"高档数控车床制造数字化车间的研制与示范应用"于 2016 年 8 月通过验收，该项目关键设备数控化率 100%，生产效率由月产 100 台提高到 300 台，生产线人员减少 57.5%，能耗降低 38.4%，零件关键工序交验合格率由 64%提高到 96%，取得明显经济效益。

（三）数控机床互联通讯协议标准与试验工作起步

2016 年 9 月 19 日，"数控机床互联通讯协议标准与试验验证"项目启动。项目的总体目标是针对国家对智能制造的迫切需求，以国际先进水平的数控机床互联互通协议为标靶，突破互联协议的参考模型、数据规范、接口规范、安全性和评价标准等关键技术，制定数控机床互联互通协议标准 MT-LINK（Machine Tool Links），并在数控机床、生产线、工厂等不同层次对 MT-LINK 协议标准进行示范应用验证。为"中国制造 2025"的顺利实施提供技术支撑，促进中国制造业的智能化转型升级。

三、工业机器人

（一）工业机器人行业智能化建设不断推进

企业投入力度逐年加大。2014—2016 年，机器人行业重点调查企业近三年智能化建设总投入平均为 1 974 万元，占同期主营业务收入的比例平均为 3.5%。机器人行业信息化工业设施建设力度较大，企业纷纷加大生产设备的升级改造，自动化、智能化生产设备占生产设备总数的比例达到 61%，生产设备联网率约为 27%，能够与制造执行系统实现数据自动交换的生产设备约占生产设备总数的 21%。

（二）工业机器人企业抓紧能力建设

沈阳新松机器人自动化股份有限公司（以下简称新松）已建成机器人数字化工厂，主要仓储、物流、装配、检测、喷涂等生产工艺环节由机器人代替人工实现。搭建新松开发的智能制造执行系统（MES）、企业资源计划系统（ERP）及 PLM、K3 Cloud、一采通等信息化平台，建成后达到年产工业机器人 5 000 台套的生产能力。广数在车间原有的基础上，逐步开展智能化改造工作。整体信息化建设层面，完成了 ERP（企业资源计划）、OA（办公自动化管理系统）、HR（人力资源管理系统）等信息系统的实施与集成，正进行 RDM（研发项目管理系统）的试运行，开展 MES（生产过程执行系统）详细的实施方案设计。安徽埃夫特着力推动智能工厂建设，目前已完成产品设计、管理信息化、互联网搭建等环节。在产品设计和生命周期管理过程中导入了先进的 CAD 数字化设计系统和 PDM 产品数据管理系统；在产品制造信息管理过程导入 ERP 系统；在物流智能化管理方面，项目导入物流系统（WMS）；在产品检测方面开发机器人状态在线监测系统。

四、航天装备

航天装备行业在智能制造方面进行了大量的探索与实践活动，取得了显著成绩，在科研生产管理、数字化制造、核心技术研究与应用、及服务保障方面，具备了深度实施智能制造的基础。

基于航天数字化工厂建设规划，立足航天智能制造发展需求，开展了以航天壳段加工制造为代表的示范生产线建设，完成了工艺布局设计与调整、机床/刀具/物料信息数字化采集与管控系统、智能物流系统、集成管控系统等软硬件建设，实现了生产全过程的数字化管控，单件产品加工效率提升 50% 以上、生产线物料实现自动运输且运送周期精确控制在 15min 以内，产品混线生产管理能力和制造执行能力效率提升 50% 左右。大幅产品研制批产混线状态下的制造执行能力，并实现了示范推广应用，如载人飞行器集成制造、箭体总装等产品生产线。

在科研生产信息化管理方面，围绕产品研制主线，基于统一的产品数据管理、企业资源计划、车间制造执行、业务流程管理软件平台，开展了生产派工系统、工艺路线材料定额系统、车间生产管理系统、工艺设计系统、质量信息管理系统、制造资源管理系统、TeamCenter 系统、总装 MES 系统、移动管理平台、数字档案管理系统、业务流程管理系统、测试状态控制系统、实验室系统、涉密信息管理系统的建设、集成和实施工作，实现一厂多地的产品制造过程协同和数据交互，支撑型号产品的设计工艺协同、工艺设计、生产计划管理、制造执行、数据归档管理等产品研制过程，实现面向生产主线的过程信息透明、共享。

在制造技术、三维数字化建设等方面取得一定成绩。建成了具有相当规模、专业齐全的航天制造技术体系；在新一代运载火箭等型号研制过程中，全面推行 IPT 协同工作模式，开展了基于三维的数字化制造模式研究和实际应用工作，打通全三维设计制造链路，形成了相对完善的数字化制造方式和制造流程。

结合技术改造、信息化建设等项目实施，逐步建立了基于三维模型的设计工艺协同平台和集各专业仿真、数字化模拟检测等于一体的数字化虚拟制造平台，为数字化制造的全面实施奠定了坚实基础。

五、高技术船舶

我国船舶工业产业规模迅速扩大，造船完工量、新承接订单量、手持订单量占世界市场比重显著提高；结构调整步伐加快，主流船型形成品牌，高技术船舶、海洋工程装备研发制造取得新进展，船用配套能力不断增强；产业布局得到优化，城市船厂搬迁有序推进，三大造船基地形成规模，发展质量明显改善。目前已经建成了一批高水平的造船基础设施，上下游产业齐全，劳动力资源充裕，国内市场潜力巨大，比较优势依然突出。

在生产设计方面，沪东中华造船集团有限公司（以下简称沪东中华）自主研发的船舶产品数字化设计系统 SPD 系统、NAPA 船舶性能计算及分析软件、NAPA STEEL 结构建模软件等软件，有力支撑船舶建造过程的生产设计。

在生产线集成方面，国内造船企业纷纷致力于生产线集成技术的研究，其中南通中远川崎起步较快，已经构建了型材切割、条材切割、小组立、中径管加工等生产线，并投入应用，显著提升船舶制造效率与质量。此外，大船重工、沪东中华也完成小组立生产线的建设。

在数字化车间建设方面，国内骨干船厂开展了数字化车间的建设。其中大连重工船舶分段数字化车间试点示范项目通过国家验收，标志着国内首家船舶行业的数字化车间的建设完成，对整个行业推广智能制造起到良好的示范引领作用。

在智能船厂建设方面，金海重工拟投资 30 亿元打造智能船厂制定了智能船厂升级改造的发展规划，大力引入智能机器人、数控自动化装备，开发 ERP、MES 等专业系统，应用物联网、模拟仿真等前沿科技，全方位改造升级现有厂区、车间，争取在 5～10 年内成为行业领先的智能船厂。

六、汽车

（1）汽车整车生产有完整的标准化生产体系，自动化生产水平非常高，在制造业中智能化水平处于领先。经过 20 多年的发展，国内汽车企业大部分都已经有一套完整的信息化管理系统，包括企业资源计划系统（ERP）、生产制造执行系统（MES）、供应链管理系统（SCM）、底层生产控制系统等，为实施智能制造提供了良好的基础条件。在中国整车及零部件生产企业中，有一些企业已经开始实施智能制造，并取得了很不错的效果。

（2）智能化工厂的建设基础良好。利用国内外企业提供的软、硬件装备进行系统集成，完成从自动化生产线到数字化车间、甚至数字化工厂的升级或者新建工作。截至 2016 年年底，国内有多家汽车及零部件企业获得了工信部智能制造试点示范项目和专项资金支持。根据 2015 年年底西门子公司对国内合资及自主品牌乘用车的调查，我国乘用车制造企业自动化达到了工业 3.46 水平，具有非常好的智能制造实施基础。

（3）国内整车企业已经 100% 实现了核心工艺全自动化。应用的自动化装备包括以下几项：在发动机车间，金属加工设备的数控化率达到 90% 以上；工业机器人广泛应用在整车制造的冲压、焊装、涂装、总装"四大工艺"中；AGV、程控葫芦、自动化输送线、自动化滚床和自动检测装备等广泛应用在物流输送系统中。在汽车制造环节，汽车企业已经使用数字化工厂软件对制造设备、生产线、工艺、物流等进行建模仿真，减少制造调试时间和制造成本。

（4）开启自动驾驶汽车的研发时代。2016 年，上汽集团与阿里集团联合发布的"全球首款量产互联网汽车"荣威 RX5 赢得了广泛关注，"自动驾驶"成为汽车发展的关键词。同年，一汽集团、上汽集团、北汽集团等车企展示了其配备初级自动驾驶技术的试验车型。2011 年 7 月 14 日，一汽集团的红旗 HQ3 无人车历时 3 小时 22 分，完成了从长沙到武汉 286 km 的高速全程无人驾驶实验；2015 年 4 月，一汽集团正式发布了其"挚途"技术战略，预计到 2018 年前实现可以通过自主研发的智能互联驾驶系统中能够实现手机叫车、自动泊车和编队跟车功能。2016 年 6 月，国家首个智能网联汽车测试示范基地落户上海，这也意味着未来上汽集团将依托地域优势大力发展自动驾驶乃至无人驾驶领域。2013 年，上汽集团在自动驾驶领域则"结盟"中航科工，并且在 2015 年的上海车展上展示了自主研发的智能驾驶汽车 iGS。iGS 可以初步实现远程遥控泊车、自动巡航、自动跟车、车道保持、换道行驶、自主超车等功能。2016 年 4 月，北汽集团展示了其基于 EU260 打造的无人驾驶汽车。通过加装毫米波雷达、高清摄像头、激光雷达和 GPS 天线等元器件用于道路识别，同时配合高清地图进行路线规划，从而实现无人驾驶。

七、输变电装备

输变电装备领域围绕信息化与技术融合、信息化与制造融合、信息化与产品融合、信息化与管理融合等四个方面积极推进，一批跨地区乃至跨国的、面向多主体协同的数字化设计、数字化制造、信息化管理、可视化运维的智能制造平台正在建设，企业运营成本、产品研制周期有所降低，产品一次试验合格率稳步上升，自主创新、高端制造、智能制造、绿色制造能力稳步提升。取得了较好效果和示范性经验做法。

以特高压输变电设备为例，一些行业龙头企业以推进产品全生命周期（设计、制造、管理、服务）的"数字化、网络化、智能化"为建设方向，以生产/试验设备数字化改造、虚拟制造与物理制造融合、产品智能化升级为建设重点，通过全面应用工业自动化技术、IT 技术、物联网技术、数据驱动的智能决策技术构建了智能制造数字化车间，为特高压输变电设备的产品研制、生产和服务提供了先进的技术支撑和管理保障体系。

在用户端电器产品方面，出现了全自动光伏汇流箱焊接产线、全自动光伏汇流箱焊接产线、CW 系列万能式断路器检测校核生产线等重大智能制造装备。在输变电装备数字化工厂建设方面，创新性地提出了输变电装备制造的数字化解决方案，并着手在关键生产车间及关键工序进行数字化生产线改造，快速推进企业数字化制造进程。在电气智能化工厂方面，围绕电气设计、工艺、制造和试验等产品全生命周期的主要过程，一些试点企业建设了以"集成化、精益化、数字化、互联化、智能化"为特征的电气智能化工厂。

电力系统继电保护领域制订了电工装备制造行业智能制造框架模型。该模型以两大核心技术为支撑，以智能工厂建设为中心，是一个由智能设计、智能生产、智能物流、产品全生命周期质量追溯与控制、智能管理、智能化装备构成的智能制造框架体系。

八、农业装备

农业装备行业通过实施创新驱动，推进智能转型，强化产业基础。开发粮食、肉蛋奶、果蔬生产和棉、油、糖、橡胶等作物关键生产环节农业装备集成全程机械化解决方案和成套设备。研制掌握技术密集型高端农机产品及其制造技术。重点包括无级变速大型拖拉机、精准变量复式作业机具、高效能联合收获机械、精量低污染大型自走式施药机械、种子繁育与精细选别加工设备、健康养殖智能化装备。突破重型柴油机、无级变速、电控技术、液压驱动和动植物对象识别与监控系统等为代表的关键零部件效能提升和可靠性技术。推动移动互联网、云计算、大数据、物联网等与现代农业装备制造业结合，推进基于农业生产的作业、服务、信息等多方位支持的全程解决方案，创制具有信息获取、智能决策和精准作业能力的新一代农业装备。加强行业技术标准体系、行业信息化数据服务系统、行业试验检测能力、产品数字化设计平台建设。推动数字化、智能化、清洁生产、虚拟制造、网络制造、并行制造、模块化、快速资源重组技术的应用。

突破应用基础及关键共性技术 150～200 项，创制重大装备产品 100～150 种，研制标准 150～200 项，申请专利 400～500 项。构建形成关键共性技术、核心功能部件与整体试验检测开发和协同配套能力，大型节能环保拖拉机与高效收获等高端产品市场占有率达 30% 以上，国产装备市场占有率稳定 90% 以上，支撑主要作物综合机械化水平达到 70% 以上。

九、纺织

纺织领域关键技术持续攻关。2011—2017 年，纺织产业在高品质纤维新材料、先进纺织加工、数字化与智能化清洁印染、新型产业用纺织品、数字化纺织装备等领域 20 项成果获国家科学技术奖。碳纤维、间位芳纶等高性能纤维及海洋生物基纤维等实现技术突破。信息化集成应用及智能制造形成若干试点示范。

（一）大量节能降耗、减量减排新技术应用

纺织品低温前处理、筒子纱数字化自动染色等新技术的应用促使纺织行业百米印染布新鲜水取水量由 2.5 t 下降到 1.8 t 以下，水回用率由 15% 提高到 30% 以上，全面完成单位增加值能耗降低、取水下降及污染物总量减排等约束性指标。再利用纤维占纤维加工总量比重由 2010 年的 9.6% 提高到 2015 年的 11.3%。废旧纺织品回收、分拣和综合利用产业链建设启动，"旧衣零抛弃"活动推动了旧服装家纺规范回收和再利用进程。

（二）数字化智能化纺织装备和工艺逐步缩小了与国际先进水平的差距

"筒子纱数字化自动染色成套技术与装备"项目创新研发了筒子纱数字化自动染色成套装备和染色生产全过程的中央自动化控制系统，实现了筒子纱染色从原纱到成品的全过程数字化自动生产。"高效能棉纺精梳关键技术及其产业化应用"项目建立了多目标综合优化模型，实现多系统高速运行及精准配合等，打破了高端精梳机依赖进口的局面。全自动粗纱机及粗细联输送系统的全自动集体落纱及自动生头技术、管纱识别技术等关键技术取得突破，达到国际先进水平。化纤装备的智能化、全流程自动化和信息化技术正开始在化纤企业中推广。化纤长丝生产自动落卷和物流系统已实现产业化。

（三）数字化车间建设成果显著

我国化纤、纺纱、织造、印染、服装制造的自动化、数字化、智能化水平都有相当程度提升。国内已经有了化纤全流程自动化、智能化长丝车间，智能化纺纱工厂、针织内衣工厂、筒子纱车间，筒子纱数字化自动染色生产线等。福建百宏聚纤科技实业有限公司的涤纶长丝熔体直纺智能制造数字化车间、宁波慈星股份有限公司的针织品智能柔性定制平台、山东康平纳集团有限公司的筒子纱染色智能工厂、宁夏如意科技时尚产业有限公司的年产 3 万吨纱线染色智能化工厂、青岛红领集团有限公司的服装个性化定制、浙江报喜鸟服饰股份有限公司的服装大规模个性化定制、泉州海天材料科技股份有限公司的纺织服装网络协同制造、浙江理工大学的针织装备间互联互通及互操作标准研究与实验验证等被列为试点示范。

十、食品

食品工业不断向规模化、智能化、集约化、绿色化方向发展，新技术、新产品、新模式、新业态不断出现，在乳品生产、饮料制造、肉制品加工、调味品生产、发酵及生物工程等智能制造领域取得积极成效。

内蒙古通过实施数字化"智慧"工厂项目，使企业生产效率提升 20%，运营成本降低 20%，不良品率降低 20%，能源利用率提高 10%，新产品研制周期缩短 30%，完美诠释了"智慧"工厂的发展理念和发展前景。

内蒙古天奇生物科技有限公司通过实施"特色营养食品智能制造数字化车间"，通过有效提升数控系统、生产线、物流、物料、远程监控、在线检测等数字化水平，使生产效率提升 32.4%，运营成本降低 20.5%，产品不良品率降低 80%，单位产值能耗12.73%，新产品研制周期缩短 35%。

我国传统白酒行业信息化、智能化转型初见成效。劲牌、今世缘、河套、老白干、迎驾贡酒等白酒企业，先后开展以智能化升级、改造为目标的技术改造活动，使白酒质量安全保障能力、酿酒工艺技术创新能力和白酒的品质均得到了大幅提高。统计显示，上述企业综合效益大幅提升，出酒率提高约 2%，每年全行业可节粮 100 万吨；每吨酒成本降低 400 元，每年全行业可直接增加效益 20 亿元；减少用工 70% 以上，节约蒸汽 30%；节约用水 40%，每年全行业可节水约 7000 万吨；减少废水排放 30%；综合能耗降低 25%，每年全行业可节约标煤 81.25 万吨。

国内食品工业在牛奶、饮料、啤酒、白酒、保健酒、调味品等生产环节、质量环节等先后建立自动发酵、罐装车间、在线检测，智能化、数字化工厂建设模型逐渐成形。如蒙牛，在 OTM 质量管理-数据采集/分析、TQM 质量管理-自动化控制、TQM 质量管理-质量追溯、安全环保、资产管理、资产管理-设备维护、资产管理-设备效率、PCM 成本管理、PCM 成本管理-精准化报表、计划响应、计划响应-防错/过程与分析、计划响应-生产执行、采购供应、物流、IPO 人力资源绩效管理等环节，打造乳制品行业智慧数字工厂，引领行业发展。

十一、石油化工

2015 年以来，工信部连续 3 年实施智能制造试点示范专项行动，石化化工行业多家企业参与试点，并取得良好的示范效应，一批行业智能制造关键技术得到推广应用。

2016 年 11 月初步形成中国石化智能工厂（1.0）基本框架，在燕山石化、茂名石化、镇海炼化和九江石化 4 家试点单位上线以来，运行平稳、效果良好，初步形成数字化、网络化、智能化生产运营新模式，劳动生产率提高 10%以上，有效促进了企业转型升级与提质增效。实施成效体现在：

（1）面向生产管控，实现了在线优化，提升了资源优化和调度指挥水平。建成了一体化的全流程优化平台，实现了计划、调度、装置运行的在线优化、协同联动。其中，九江石化班组数量减少 13%、外操数量削减 35%、员工总数减少 12%，2014 年综合增效 2.2 亿元。

（2）面向现场操作，实现自动化、移动化协同操作管理。九江石化搭建内外协同联动系统，实现数据连续性精准传输。该联动系统借助了移动终端设备、数字监控系统等数字化设备，实现了中控室与生产现场操作及时互通。内外联动系统使操作平稳率提高 5.3%，操作合格率从 90.7%提升至 100%。

（3）向能源管理，实现能流可视化、能效最大化与在线可优化。建成了能源管理和优化系统，建立了企业能源管控中心，对工厂运行中涉及的能源，包括耗水、耗电、蒸汽动力，以及能源的输送管网、设备等，都进行了全流程的在线管理，实现了对能源的产、输、转、耗全过程的跟踪、核算、分析和评价。

（4）面向 HSE 管理，建立风险管控体系，实现施工作业现场闭环管理。结合物联网、移动终端和网络信息技术，初步建立了现场作业、人员、环境三位一体的闭环监控模式，为现场安全和管控提供了支撑和保障。

（5）面向设备管理，实现了设备状态监测和预防性维修，支撑装置稳定可靠运行。建立三维数字化平台，集成设备、工艺、HSE 数据及视频资料，虚拟与现实相结合，从三维数字化模型上可以快速准确地进行设备故障定位、设备运行模拟，提高了资产管理效率。

（6）面向仓储，实现自动化管理和无人装车发货，提高仓储作业、配送货物效率。镇海炼化应用物联网、红外线和机器人技术，建成了国内石化行业首个超大型的全封闭、全自动、无人操作的聚丙烯智能立体仓库，大幅提高了产品包装、装车发货效率，并且与宁波化工园区物流、"智慧城市"进行了信息集成。

（7）面向决策指挥，实现综合信息可视化，提升了动态分析与辅助决策能力。建设了运营实时监控及经营综合分析系统，实现了实时监控、预测、动态分析、移动访问等功能。集成企业对标、市场行情、气象信息等各种外部数据，为管理者掌握全局、分析决策提供了有力支持。

（8）建设了统一的融合通信平台，为企业智能化应用奠定基础。中国石化和华为公司合作共同研发出满足炼化生产现场安全要求的 4G 工业无线网、防爆智能终端设备等，并在九江石化生产现场成功应用，实现 4G 无线对讲、生产调度电话、"119"接警系统、行政电话、扩音对讲之间语音互联互通，实现了内外操交接班点对点视频交接，提高了调度管理效率和信息资源利用率。

（9）高安全性控制系统取得突破。在国际上首次提出信息和物理空间的同构和互验思想，为建立工业系统的脆弱性、外部攻击和功能故障的评价奠定了理论基础，所研发的安全控制系统的关键指标达到国际先进水平，打破了国外技术封锁，研究成果获 2012 年国家科技进步奖二等奖。

十二、钢铁

钢铁工业以系统学、控制理论和信息技术为手段，以设备数字化、过程智能化、管理信息化为发展方向，研究冶金过程优化控制、钢铁生产实时动态管控、企业信息化管理等新方法、新技术，并实现工程集成应用，逐步形成了包括过程控制系统、生产管控系统和企业管理信息化系统等多层次整体解决方案，取得了丰硕成果，钢铁工业关键工艺流程数控化率超过 65%，企业资源计划（ERP）装备率超过 70%，特别是重点钢铁企业的两化融合水平有了显著提升，在更好地满足客户需求、缩短交货期、精细控制生产成本等方面发挥了作用。

（1）过程控制系统。采用 PLC、DCS、工业 PC 实现了数字控制，现场总线、工业以太网相结合的网络应用已经普及，无线通信开始应用；常规检测仪表的配备比较齐全，特殊检测方面取得了突破，研发出了具有自主知识产权的装备及技术。基于数学模型的计算机过程控制覆盖采选、炼铁、炼钢、轧钢等主要工艺过程，取得了具有国际先进水平的科技成果。

（2）生产管控系统。MES（制造执行系统）在重点钢铁企业已基本普及，实现了冶、铸、轧一体化计划编制及动态调整、事件驱动的全过程合同动态控制与实时跟踪技术、全流程物流跟踪、质量监控、库存动态管理等功能。

EMS（能源管理系统）开始推广应用，近百家钢铁企业建立能源中心，实现了能源远程监控、集中调配，以及能源计划、能源质量、能源设备、成本综合管理等功能。

（3）企业经营信息化。随着企业管理水平的不断提高，钢铁企业信息化取得显著进展。基于互联网和工业以太网的 ERP（企业资源计划）、CRM（客户关系管理）和SCM（供应链管理）等取得成功应用，在更好地满足客户需求、精细控制生产成本等方面发挥了作用。

宝钢、首钢、鞍钢、河钢、沙钢、南钢等国内大型钢铁企业先后开展了以"智能制造"为主题的技术发展。"宝钢钢铁热轧智能车间试点示范"、河钢唐钢"钢铁企业智能工厂试点示范"、"鞍钢冶金数字矿山试点示范"等项目入选工信部 2015—2016 年的智能制造试点示范项目，"北京首钢股份有限公司硅钢-冷轧智能工厂"项目入选工信部 2016 年智能制造综合标准化与新模式应用项目，涌现出了南钢船板分段定制准时配送（JIT）为代表的个性化、柔性化产品定制新模式。钢铁交易新业态不断涌现，形成了一批钢铁电商交易平台。智能制造试点示范项目的实施，促进了钢铁工业的智能制造发展，为钢铁工业转型升级奠定了良好的基础。

第二节　智能制造新模式不断涌现

随着互联网企业与制造企业合作的增多，为制造业智能制造发展带来很多新产业新业态新模式。以多领域技术群体突破、交叉集成为特征的涌现性创新正在取代单一技术突破的离散式创新；以多元主体参与互动协作为基础的网络化协同创新逐渐取代单个企业完成的独立的链式创新。典型的如汽车营销服务的数字化；企业工业互联研发和生产平台；以个性定制为主的消费模式等。

汽车营销服务数字化初具规模。越来越多的汽车品牌围绕"售前、售中、售后"，进行数字渠道布局，品牌的触媒方式越来越丰富，市场以"官网+电商/网络销售旗舰+社交平台+移动客户端+车联网"为核心标配，品牌触媒提供的服务内容有资讯多媒体、综合信息与服务、汽车金融服务、娱乐生活体验、汽车生活服务、智能车联网、二手车服务、用户用车指南、保障服务等。包括新车电商、二手车电商，以及售后市场维修保养电商等在内的汽车电商模式已初具规模。传统汽车企业和经销商纷纷向互联网转型，以上汽集团、长安汽车等为代表的车企和经销商集团开始自建电商平台。与互联网企业合作搭建平台，2013 年，易车、汽车之家和搜狐汽车正式从概念上引爆了新车电商市场。众多初创型企业涉足并争相探索适合中国二手车在线交易的新模式。从 2013 年开始，以优信、车易拍为代表的企业陆续获得多轮投资。金融行业公司如平安集团、整车厂如上汽集团分别推出平安好车、车享拍等切入二手车电商市场。随着"互联网+"的发展，汽车售后市场维修保养问题将在线上解决，越来越多车主选择线上购买车品配件、线下预约安装保养服务的新型保养模式。

潍柴建设智能化协同研发平台，集合上游近 500 家供应商，下游 4 000 多家维修服务站及 300 多万的客户群体，通过搭建供应商门户平台以及售后服务平台，将传统的线下交易模式实现了线上化，提升了工作效率，降低了供应链总体成本，推动行业的转型升级。目前，潍柴正在将更多的供应商加入"全球协同研发平台"，为未来打造行业性的众创、众包平台提供技术基础和模式探索。

海尔互联工厂智能化平台 COSMOPlat 通过用户与制造互联、用户与网器互联、用户与全流程互联的高精度"三联"，打造了定制生产的生态圈，用户全流程参与产品设计研发、生产制造、物流配送、迭代升级等环节，企业能根据用户需求提供商品生产定制，进而大幅提升企业经营效率，实现了柔性化、数字化和智能化生产，并将整个生产流程透明化，用户可以实现从定制的订单到工厂的生产再到物流的任何一个环节的实时查询，保障了最佳的用户全流程体验。海尔集团作为全国首批智能制造试点示范企业，从 2012 年开始建设互联工厂，从大规模制造转型大规模定制，变产销分离为产消合一，形成了落实供给侧改革和转型智能制造模式的实践路径。目前通过 COSMOPlat，海尔已经连接 3 亿用户，380 多万资源，服务全球企业 3 万多家，平台成交额超过 2 000 亿元人民币,终端用户超过 3 亿。构建了全球领先的八大互联工厂，实现了大规模定制的转型，对外已开始社会化服务，为制造业转型升级提供解决方案和增值服务，目前推广到电子、船舶、纺织等 12 大行业。

三一重工从 2008 年开始构建"终端＋云端"工业大数据平台，积极探索大数据在提升工业效率上的应用：对所有出厂设备都安装了工业智能网关，利用智能传感器实现泵车、挖机、路面机械的信息状态采集，并为售后服务车辆和服务工程师配备智能终端或智能手机，将设备和服务资源"连接"起来。目前，该平台不仅在"终端+云端"的基础上极大的拓展了数字化、信息化的应用管理范畴，而且还融入了大数据、移动互联、云计算、人工智能及 VR/AR 技术，将机器、数据、流程、人等因素融合创新，形成工业领域各行业的端到端解决方案，让客户即插即用，便利地使用工业物联网的增值服务。据统计，树根互联已接入超过 23 万台设备，实时采集 5 000 多个运行参数，基于自主研发形成的大数据分析及预测模型、端到端全流程运营管理体系，为客户提供精准的大数据分析、预测、运营支持及商业模式创新服务。

　　食品工业+互联网催生新的消费模式。以消费互联网和工业互联网融合为条件，消费群体和产品进一步分化，以订单式生产和中央厨房为典型生产模式，使年轻群体购买一切可以从网上购买的食品，以云计算、大数据等技术为支撑的柔性生产、定制生产、智能产线，正在深刻改变食品工业的传统生产模式，良品铺子、江小白、三只松鼠等一大批互联网化的食品企业迅猛发展。

　　青岛红领服饰有限责任公司实施的量身定制 MTM（Made-to-Measure）业务，建成了服装版型数据库系统，具有了自主知识产权；建立了面向 MTM 的服装数字化设计制造一体化系统，具备了服装工业化 MTM 的能力；建成了客户快速响应的电子商务平台，实现了信息化、工业化融为一体的服装 MTM 的设计方法、生产模式、经营模式的创新发展。实现了从单纯的服装批量工业化生产向服装个性化生产的产业转型升级，使服装生产具有了文化创意与服务的内涵。

第六章　区域智能制造工作全面展开

按照《智能制造发展规划（2016—2020 年）》、《智能制造工程实施指南（2016—2020）》等部署，全国各地陆续出台智能制造相关的政策与措施，推进智能制造工作，不断加大对智能制造的支持力度，推动本地区工业转型升级，并取得了明显成效。

第一节　各地纷纷出台推进智能制造政策措施

一、省级智能制造政策措施基本实现全覆盖

早在《中国制造 2025》发布之前，广东、山东、江苏、浙江就已将智能制造方案整合进高端装备制造业、技术改造方案或工业转型方案。2015 年《中国制造 2025》发布后，广东、上海、湖北、浙江发布了有关智能制造的发展规划或者实施方案，福建省出台了支持智能制造发展的财政措施，其他省份也相继制定了贯彻落实《中国制造 2025》的行动计划或行动纲要，其中均涉及到智能制造相关措施。2016 年四部委联合发布《智能制造工程实施指南（2016—2020）》后，各地又陆续围绕智能制造出台专门的发展规划或实施方案。截至 2017 年 9 月初，除西藏外，全国其他省/直辖市/自治区均出台促进智能制造的相关政策措施，基本实现了省级政策措施的全覆盖，如图 6-1 所示。其中，浙江省的智能制造政策十分翔实具体，其连续三年都制订并公布了具体的智能制造工作方案：2015 年发布了《浙江省加快推进智能制造发展行动方案（2015—2017）》;2016 年发布了《2016 年浙江省推进智能制造工作方案》;2017 年发布了《2017年浙江省推进智能制造工作要点》。

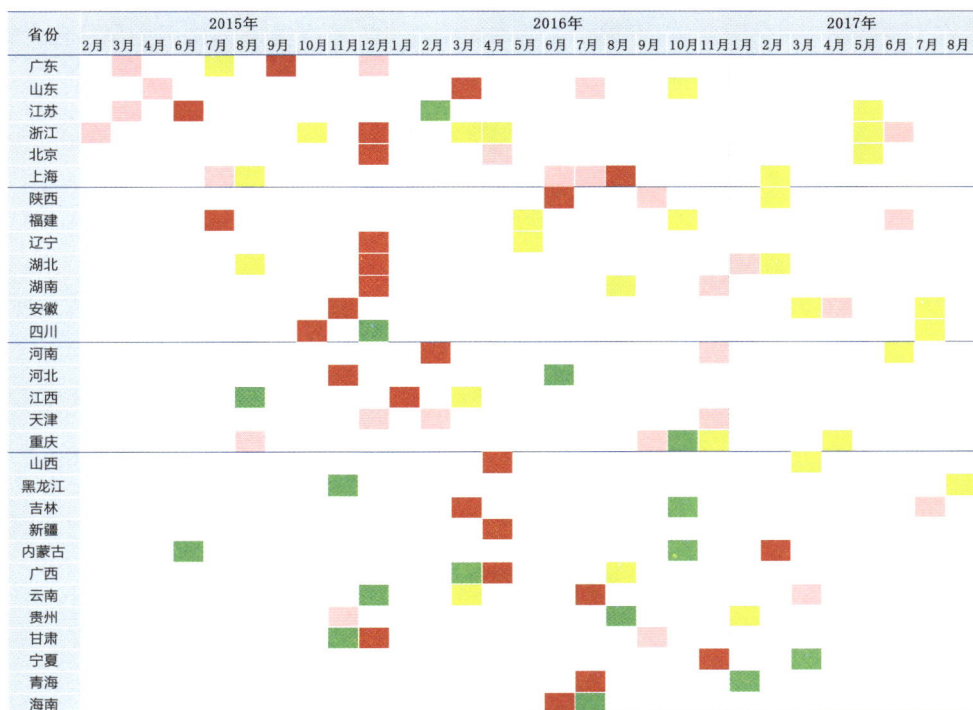

注：

 表示有关中国制造 2025 方面的行动纲要、实施意见等政策

 表示有关智能制造方面的规划、实施方案、实施意见、行动计划等政策

 表示有关互联网+、两化融合方面的规划、实施方案、实施意见等政策

 表示其他智能制造相关政策，具体包括工业转型升级、高端装备、资金支持政策等方面的规划、实施方案等政策

说明：政策收集截止时间为 2017 年 9 月初，下同。

图 6-1　各省市自治区智能制造相关政策发布时间表

数据来源：公开资料

二、政策措施种类丰富，针对性强

　　各省市自治区的智能制造政策体系基本如图 6-2 所示，首先有省级"中国制造2025"的顶层设计，其下通常有智能制造的直接政策，包括智能制造规划、智能制造实施方案、智能制造行动计划、智能工厂与数字化车间认定、智能制造标准等具体政策。部分省份虽然没有制定专门的智能制造政策，但是将智能制造的相关措施内容整合在工业转型、两化融合、"互联网+"等政策中。一些省/直辖市/自治区则是从资金支持、装备升级等角度发力推进高端装备和智能制造发展。

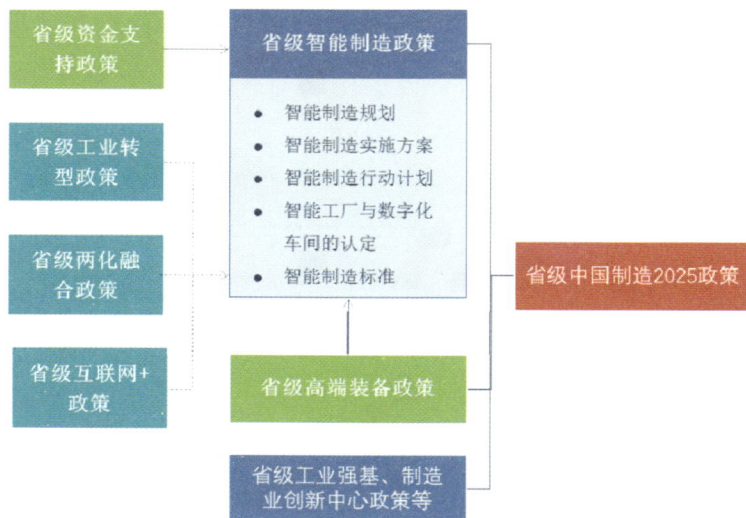

图 6-2　通常情况下的省级智能制造政策体系

目前，各省/直辖市/自治区已发布与《中国制造 2025》相关的实施意见、行动纲要和行动计划，由此形成了各省/直辖市/自治区智能制造的顶层规划。其中，19 个省/直辖市/自治区发布了智能制造相关的规划、实施意见、实施方案、行动计划。西部省份中，部分省/直辖市虽未发布专门的智能制造政策，但是将智能制造规划、实施方案融入互联网+、两化融合、工业转型升级等方面的规划和实施方案中。

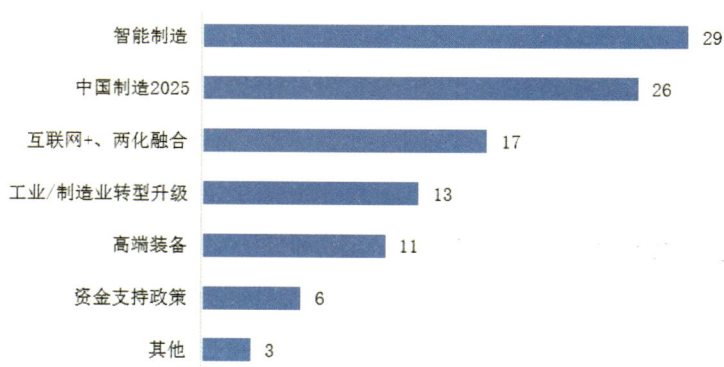

图 6-3　各省/直辖市/自治区智能制造政策按内容分类
数据来源：公开资料，课题组整理

三、部分地区智能制造政策内容丰富

从各地目前对外公开的智能制造政策措施分析，浙江、上海、重庆、江苏、福建、云南、山东、湖北、安徽、广东十个省市发布的政策措施较为完善，基本覆盖"中国制造2025"的省级规划、省级智能制造政策、省级高端装备政策、资金支持政策等，同时在工业转型升级、两化融合过程中，将智能制造放在一个重要位置，如图5-4所示。尤其是东部的浙江、上海、江苏、广东等省/直辖市先进制造业基础较好，辅以系统性的智能制造政策，摸索出一些智能制造的发展经验，涌现出较多的智能制造示范案例，引领中国智能制造的发展方向。

西部地区表现得最为突出的是重庆市和云南省，虽然云南省整体制造业基础并不突出，但在工业转型升级及加快推进"互联网+"行动的过程中，都将智能制造放在一个重要位置，并组织实施了一批省级智能制造项目，对于西部地区的智能制造推进工作具有很好的借鉴意义。

中部地区的湖北省和安徽省发布的智能制造政策相对较为完善，在推动智能制造示范项目建设的同时，也重点培育出一批优秀的智能制造装备企业。湖北省的智能制造政策不仅包括智能制造试点示范工程实施方案、智能制造项目实施方案，还针对智能装备制定了"十三五"规划；安徽省的智能制造政策则在具体落地上独具创新，将省级智能工厂和数字化车间的认定落实为一个暂行办法。

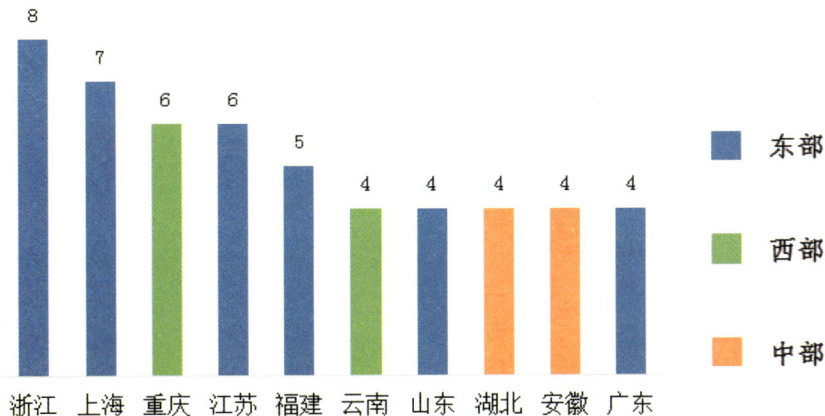

图6-4　发布智能制造政策最多的十个省/直辖市

数据来源：公开资料，课题组整理

从政策内容分析，除重庆市将有关"中国制造2025"的市级规划纳入制造业基地外，其他九个省市都发布了独立的"中国制造2025"地方规划。这10个省市不仅发布了与智能制造直接相关的政策，而且大多省市发布了多条智能制造政策。浙江一共发布了四条有关智能制造的政策，其在2015年、2016年、2017年连续三年制订年度智能制造行动方案，并公开发布出来，体现了其推进智能制造的坚定决心。2016年浙江省还制定了省级智能制造标准化建设三年行动计划，这是目前全国第一个关于智能制造标准的省级政策。正是企业内生需求与系统性政策措施的结合，使得浙江省成为中国智能制造氛围最为浓厚、创新精神最为突出的先进制造业基地之一。此外，上海、重庆、福建、山东、安徽都发布了专门的资金支持政策，明确给智能制造项目提供资金支持，如图6-5所示。

省份	中国制造2025	智能制造	制造业基地	高端装备	工业/制造业转型升级	互联网+、两化融合	资金支持政策	总计
浙江	●	●●●●			●●			8
上海	●	●●		●●	●		●	7
重庆	●	●●	●		●	●		6
江苏	●	●	●		●	●		6
福建	●	●●					●●	5
云南	●	●			●			4
山东	●	●					●	4
湖北	●	●●		●				4
安徽	●	●●					●	4
广东	●	●		●	●			4

图6-5 发布较多智能制造政策省份的政策内容分布

数据来源：公开资料

四、部分地区的智能制造政策延伸到地市级

据不完全统计，广东省、湖南省、安徽省、辽宁省、吉林省的智能制造政策都已经落实到地级市层面，如图6-6所示。广东省共有15个地级市已制定智能制造政策，多个地市制定了多条政策措施，这说明广东省的智能制造工作已在地市级层面全面开展，形成了一种省市联动、全员推动智能制造的形势，值得全国其他省市自治区借鉴学习。湖南省长株潭地区的三个城市也都发布了智能制造直接政策。其中，长沙市的智能制造政策体系较为完善，既有智能制造三年行动计划，也有机器人产业发展三年行动计划和智能制造试点示范项目管理办法，还有四条智能制造资金扶持政策，力度

大、惠及广，促成了一批智能化企业及智能装备供应商的快速成长。目前长沙市已培
育出 9 个国家智能制造试点示范项目和 11 个国家智能制造综合标准化与新模式应用项
目。此外，安徽省合肥市、芜湖市、安庆市，辽宁省沈阳市、朝阳市和吉林省长春市也
都制定了市级智能制造政策，标志着这些省份的政策落实工作深入到地级市层面。

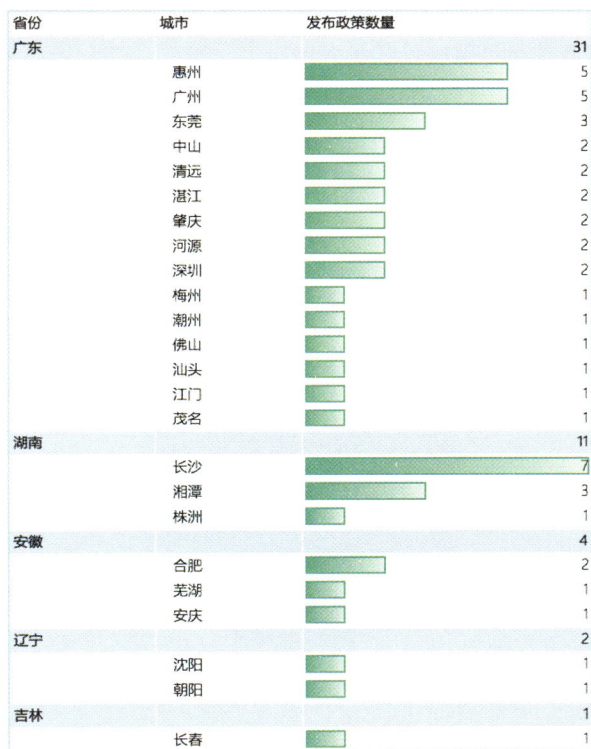

省份	城市	发布政策数量
广东		31
	惠州	5
	广州	5
	东莞	3
	中山	2
	清远	2
	湛江	2
	肇庆	2
	河源	2
	深圳	2
	梅州	1
	潮州	1
	佛山	1
	汕头	1
	江门	1
	茂名	1
湖南		11
	长沙	7
	湘潭	3
	株洲	1
安徽		4
	合肥	2
	芜湖	1
	安庆	1
辽宁		2
	沈阳	1
	朝阳	1
吉林		1
	长春	1

图 6-6　部分省份的市级智能制造政策数量

数据来源：广东省经信委、湖南省经信委、安徽省经信委、辽宁省工信委、吉林省工信厅

第二节　扎实推进智能制造试点示范专项行动

一、积极做好国家智能制造试点示范和专项项目的申报与组织实施

《智能制造工程实施指南（2016—2020）》发布以来，各省市积极贯彻落实，组织
本地区企业申报智能制造试点示范项目和智能制造综合标准化与新模式应用项目（简

称"智能制造专项项目"）。2015—2017 年，工业和信息化部共评选出 208 个国家智能制造试点示范项目，428 个国家智能制造专项项目，基本覆盖了所有省、直辖市、自治区。

从智能制造试点示范项目来看，东部地区的国家智能制造示范项目接近 60%，远高于中部、西部地区，这与东部地区拥有较好的智能制造基础是密切相合的。中部、西部地区的智能制造试点示范项目数量大体相当，2017 年中部地区的试点示范项目数量实现了 163% 的增长，导致其试点示范项目占比首次超过西部地区。虽然中部、西部地区的智能制造推进基础不如东部地区优越，但是它们仍然积极推进，中部、西部的智能制造试点示范项目占比呈上升趋势。2015—2017 年三年累计各地国家智能制造试点示范项目数量占比如图 6-7 所示，2015—2017 年各地国家智能制造试点示范项目占比变化如图 6-8 所示。

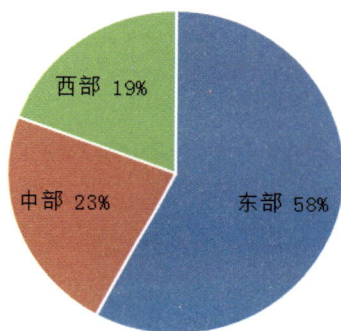

图 6-7　2015—2017 年三年累计各地国家智能制造试点示范项目数量占比

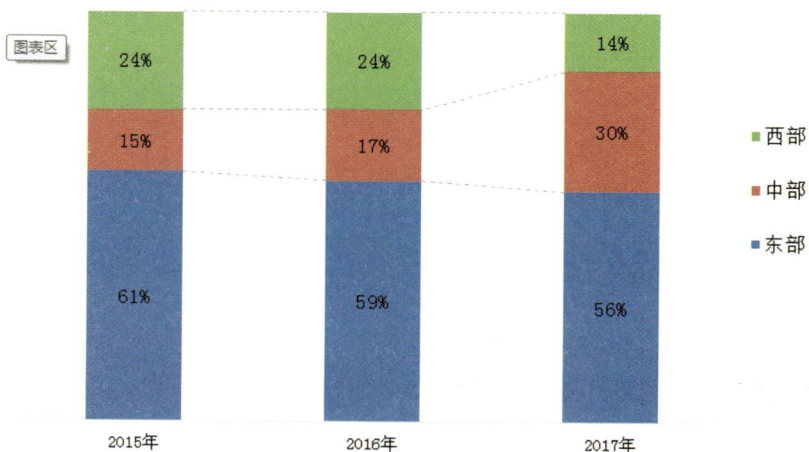

图 6-8　2015—2017 年各地国家智能制造试点示范项目占比变化

从智能制造专项项目来看，东部地区的智能制造专项项目最多，接近 60%，其中北京市、上海市、山东省、广东省、浙江省、江苏省表现最为突出，约占全国智能制造专项项目的 45% 以上。西部地区的重庆市、陕西省、四川省承担的智能制造专项项目较多。中部地区的安徽省和湖南省在近两年也有较大的突破。北京市和上海市作为中国制造业的创新引领中心，承担了 50% 以上的智能制造专项项目中的综合标准化项目。而浙江省、山东省、广东省、江苏省作为中国制造业基础最好的四大省份，承担了近 30% 的智能制造专项项目中的新模式项目。2015—2017 年三年累计各地国家智能制造专项项目数量占比如图 6-9 所示，2015—2017 年各地国家智能制造专项项目占比变化如图 6-10 所示。

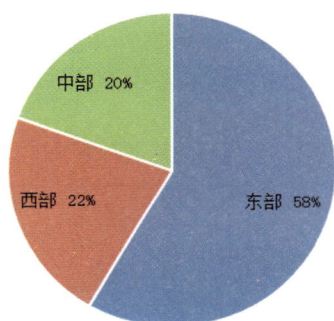

图 6-9　2015—2017 年三年累计各地国家智能制造专项项目数量占比

数据来源：工业和信息化部

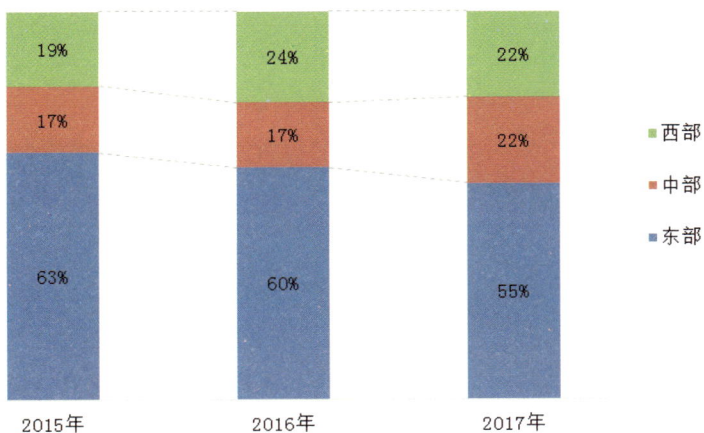

图 6-10　2015—2017 年各地国家智能制造专项项目占比变化

数据来源：工业和信息化部

二、组织开展省级智能制造试点示范

　　各地在积极申报组织国家智能制造试点示范和专项项目的基础上，也根据本地区产业和区域特点，组织开展省级智能制造试点示范。据各省市公开资料统计，目前共有 18 省市已开展省级智能制造试点示范，共支持省级智能制造项目 1 095 个。其中，江苏省、福建省、辽宁省、河南省在 2015 年就已开展省级智能制造试点示范。目前，省级智能制造试点示范项目仍以数字化车间为主，智能化工厂的数量相对较少，基本集中在规模以上的工业企业，其中汽车及汽车零部件、机械装备制造行业所占的比例较大。各省省级智能制造项目汇总见表 6-1。

表 6-1　各省省级智能制造项目汇总

地区	省份/直辖市	2015 年	2016 年	2017 年	累计
东部	广东	0	36	51	87
东部	山东	0	0	60	60
东部	江苏	150	139	—	289
东部	浙江	0	16	—	16
东部	上海	0	20	—	20
西部	陕西	0	0	20	20
东部	福建	20	23	—	43
东部	辽宁	50	62	—	112
中部	湖北	0	14	36	50
中部	湖南	10	35	—	45
中部	安徽	0	0	120	120
西部	四川	0	28	21	49
中部	河南	31	23	—	54
东部	河北	0	72	—	72
中部	江西	0	40	—	40
中部	吉林	0	21	—	21
西部	云南	0	24	—	24
西部	贵州	9	7	—	16

　　备注：数据截至 2017 年 9 月初统计，表中"—"代表不确定。

第三节　推进区域智能制造发展的经验

一、结合产业实际分层推进智能制造

各省市制造业层次、发展基础不一样，内部也存在发展的不均衡性，所以在推进智能制造过程中应做好充分的调研工作，根据本地区产业实际，因地制宜推进智能制造。

（一）制定政策前，做好充分调研；项目结束后，及时总结经验

湖南省的工作经验表明，在制定政策前，做好充分调研工作，有利于精准发力智能制造；实施试点示范后，及时总结经验，将成功模式复制，有利于充分发挥智能制造试点示范的作用。湖南省在推进智能制造工作中，成立"湖南省智能制造专家委员会"，吸纳行业协会、高校、科研院所、企业等各不同层面的专家，综合收集多方面的意见，为政府决策和制定智能制造发展规划做好充分准备。后期在智能制造工作的推进过程中，及时提炼成功案例经验，总结了一批具体的、易于复制的智能工厂/智能车间项目，包括：推进工程机械远程运维、中厚板智能焊接生产线/单元、无人化柔性焊装车间、民爆物品智能生产线、无人化铸造车间、高端医药制造自动化生产线、花炮制造自动化生产线、智能化物流车间等，在湖南省各行业、各市州，分步骤、分层次推广应用。

（二）优先考虑从优势产业和重点发展产业推进智能制造

山东省在纺织印染、食品包装、化工、汽车、轮胎制造等重点行业开展智能制造，在劳动强度大、危险系数高、工作环境差的重点行业，加快实施智能化升级，开展了机器换人和数字化车间示范建设。安徽省则在条件较为成熟的行业如汽车及其零部件、3C（计算机、通信和消费性电子）及部分医药、食品等行业推进智能工厂、数字化车间改造。湖南省圈定实施智能制造项目的重点领域包括工程机械、电工电器、汽车制造、轨道交通、新材料、电子信息、生物医药、食品工业、国防军工与民爆烟花等。

（三）采用分层次的原则推进智能制造

由于具备一步到位实施智能工厂要素条件的企业极少，大量的企业尚处于实施自动化、信息化的进程中。因此，各地区推进智能制造不仅考虑龙头标杆企业，也将处于自动化、信息化阶段的企业纳入试点范畴；不仅考虑大企业，也将数量众多的中小企业纳入进来；不仅关注智能工厂、数字化车间的建设，也结合自身实际情况，将中小企业的技术改造、机器换人、设备自动化、生产线自动化等推进措施纳入智能制造推进规划中来。

安徽省实施智能制造工程的思路是以推动制造业数字化、网络化、智能化为主线，从"点、线、面"三个维度发力布局，分步骤、分层次地持续推进，"点"就是深入开展机器换人"十百千"工程，"线"就是生产线和车间的数字化、智能化改造，"面"就是打造智能工厂。

河南省是重要的制造业大省，但是其制造业的数字化、自动化程度较低，还面临着加强能源行业供给侧改革的艰巨任务。因此，河南省以技术改造作为智能制造工作的切入点，对不同的行业实施不同的改造策略。对于高成长性制造业和战略性新兴产业，以集群引进为主，鼓励企业建设智能工厂；对于量大面广的传统支柱产业，把技术改造与智能制造有机结合，推动企业建设智能化车间。

江西省针对不同行业的发展阶段及层级，实施分类施策。对机械加工、食品加工、纺织服装、铸造等传统产业，引导企业实施关键制造环节的机器代人；对光伏、电子、汽车、生物医药等战略新兴产业，引导企业采用物联网技术，通过设备的信息集成，实现设计、生产、仓储数字化，提升智能化水平。

二、省、市、县合力推进智能制造措施落地

智能制造工作的推进，应注重上下联动，发动地级市与县级政府及时跟进省级层面的智能制造政策，制定市级、县级层面智能制造政策、推进计划，开展市级、县级层面试点示范项目。地级市、县可以根据自身的产业特点及发展需求，制定出更为适合当地情况的政策措施，快速帮助当地企业的智能制造实施落地。

江苏省省市县三级合力推进智能制造，省级层面每年制定《推进智能制造工作要点》，组织实施企业智能化改造升级三年滚动计划；市县各级政府部门结合实际，出台相关政策措施，加大支持力度，全省形成了协同联动的工作局面。

湖南省各市州特别是长沙、株洲、湘潭、常德等在推进智能制造的过程中，无论是机构组建，还是政策发布、资金保障、示范项目的推进上，都积极响应并紧跟省级

行动方案。长沙市于 2015 年 7 月底率先发布了《长沙智能制造三年（2015—2018 年）行动计划》，成立以市长为组长，分管工业的副市长为副组长，市直相关部门、区县（市）政府以及工业园区管委会参与的长沙市智能制造工作推进小组。同时与中国电子信息产业集团共建长沙智能制造研究总院，作为长沙市推动智能制造产业发展的顶层机构；成立了包括 2 名院士、14 名高校教授、8 名科研机构高工、20 多名企业高管等在内的智能制造专家委员会，为政府、企业提供智力支持。长沙市于 2015 年就启动了智能制造试点示范项目，边试点示范、边推广应用，通过对已有的试点示范企业发展现状调研，遴选出具有行业代表性、试点示范初显成效的项目，梳理、总结这些项目实施方法和经验模式。

广东省各地市也紧跟国家和广东省政策，大力发展智能制造。早在 2015 年，东莞市率先以"东莞制造 2025"为主题，发布市政府一号文件《关于实施"东莞制造 2025"战略的意见》，提出实施智能制造、服务型制造、创新制造、优质制造、集群制造、绿色制造"六大工程"。2016 年继续以市政府一号文出台了《关于大力发展机器人智能装备产业打造有全球影响力的先进制造基地的意见》，更加突出地聚焦机器人和智能装备产业。广州、佛山、汕头、惠州、中山、梅州、潮州、清远、茂名、肇庆等市也均出台了有关智能制造的专项政策或措施。与此同时，东莞、佛山、中山建立了一批市级智能制造示范工厂及车间，引领市级更多规模以上制造业企业开展智能化技术改造。

三、注重培育智能制造集成供应商，提高智能制造供给能力

智能制造是一项既涉及信息技术又涉及制造行业自动化技术的系统工程。目前市场上多数供应商只是精通信息技术或者自动化技术的某一方面，且各行业的生产流程、各企业的管理方式千差万别。因此，市场上现有的成熟智能制造系统集成供应商较匮乏。而在智能制造装备和软件方面，本土供应商所占据的市场份额相对较少，其产品质量和市场信誉度都有较大提升空间。所以发展智能制造，不仅要推动制造行业实施智能制造，同时也要培育智能制造装备、软件、系统集成供应商。

安徽省一方面在条件较为成熟的行业如汽车及其零部件行业、3C 及部分医药、食品等行业推进智能工厂、数字化车间改造；另一方面鼓励智能制造装备产业的发展，形成了埃夫特、欣奕华、巨一自动化等智能装备龙头企业，取得了较好的效果。

广东省东莞市提出"一大主体、三大层次、三大供给、五大支撑、形成闭环"的智能制造全生态链理念，将智能制造集成供应商视为推进智能制造中的重要一环，既

发力支持现有供应商的发展，也鼓励成功实施智能制造示范企业升级为新的智能制造供应商。例如东莞的劲胜精密组件股份有限公司是一家典型的电子行业智能制造试点示范企业，其所用的智能装备、数控系统、工业软件均实现了本土化，成为了电子行业可供复制的智能化改造的典型案例。随后，其成立了一家子公司中创智能制造系统有限公司，专注提供智能制造集成服务，旨在利用其成功实施智能制造的经验，帮助更多的电子企业推进智能制造。

　　江苏省在推进智能制造的过程中，高度重视高端装备制造业和软件业创新能力的提升，着力提高智能制造装备、系统、软件和解决方案供给能力。已拥有中天科技、南瑞继保、华云数据、天奇自动化、徐工信息技术、艾博机器人等一批为智能制造提供系统解决方案的软件服务、系统集成服务企业。例如中天科技集团专门成立由中天软件（集成方案）、中天华宇（物流系统）和中天智能装备（生产装备）三家子公司组成的"中天智能制造联盟"，为智能制造的推进在组织上提供机制保障。目前，该联盟不仅为集团内部提供服务，也为外部企业提供包含设计、生产、管理和服务各个环节的智能制造整体解决方案。

四、重视金融创新，化解企业推进智能制造的资金缺口

　　智能制造投资较大，许多企业资金缺口大。为此，一些省市开展多种类的金融创新，助力智能制造发展。

　　上海市提出了要建立智能制造应用新机制，包括以下几方面：

　　（1）智能制造融资租赁应用机制。鼓励系统解决方案供应商、用户、融资租赁公司创新融资服务机制，支持系统解决方案供应商联合融资租赁公司为用户企业提供智能制造系统解决方案、项目融资、工程建设等一揽子服务，支持用户通过融资租赁的方式缓解智能制造应用的资金瓶颈。

　　（2）智能制造效益分享应用机制。支持系统解决方案供应商与用户企业以契约形式约定，以生产效率提升、能源效率提高、运营成本下降、用工成本减少等为目标，系统解决方案供应商联合银行等金融企业提供智能制造应用的技术和资金，用户企业以应用收益来支付系统解决方案供应商的资金投入及其合理收益。

　　（3）智能制造生产能力共享应用机制。在数控机床、服装生产装备、增材制造装备等领域，支持系统解决方案供应商或装备制造商搭建生产能力共享平台，以租赁方式向用户企业提供生产设备，并根据设备的使用时间、设备损耗收取设备使用费，帮助中小用户企业加快智能制造应用步伐，实现设备产能和生产订单的供需对接。

浙江省经信委与浙商银行签署了《推进智能制造战略合作协议》，开启了"融资、融物、融服务"一体化的智能制造金融服务试点工作，从推进智能制造的供需两端入手，建立政府、银行、融资租赁（担保）、保险等机构共同参与的机制，为企业提供个性化的智能制造服务。计划每年引入不低于 100 亿元的金融创新资金，并通过提供一系列金融服务，帮助企业购置高端设备、开展智能化改造，降低融资成本、提高融资效率。

第七章 智能制造国际合作与交流活跃

第一节 政府间合作与交流机制日臻成熟

一、高级别合作机制初步确立

为推动实施《中国制造2025》，加快建设制造强国步伐，中国政府始终以开放合作的姿态，携手制造强国，推动智能制造国际合作。政府间高级别合作机制既为国际合作与交流作出了顶层设计，又发挥了重要的引导作用，为智能制造国际合作与交流奠定了坚实的基础。

（一）中德政府合作机制

中德在智能制造领域的合作以2014年10月中德两国政府首脑签署发布的《中德合作行动纲要：共塑创新》（简称《行动纲要》）为标志。文件重点阐述了双方合作推进智能制造的战略部署。双方明确，工业生产的数字化（"工业4.0"）对于未来中德经济发展具有重大意义。双方认为，该进程应由企业自行推进，两国政府应为企业参与该进程提供政策支持。双方明确由中国工业和信息化部、科技部和德国联邦经济和能源部、联邦教研部建立"工业4.0"对话，双方欢迎两国企业在该领域开展自愿、平等的互利合作，并加强两国企业集团及行业协会之间专业交流。两国政府将为双方合作提供更为有利的框架条件和政策支持。自此，中德政府在智能制造领域的合作不断取得新进展。

2015年7月，中国工业和信息化部与德国经济和能源部在北京共同签署了《推动企业开展智能制造和生产过程网络化合作的谅解备忘录》（以下简称《合作备忘录》），明确了合作主体，确定了合作框架，确立了副部长级协调机制，每年在中德两国交替召开副部长级会议，并与科技部、国家标准化委员会等负责的相关合作机制衔接。2016年1月，中国科技部与德国联邦教育和研究部签署了《关于在智能制造（工业4.0）和智能服务领域通过双边科技合作开发和推广创新方案的联合意向声明》（以下简称《联合意向声明》），合作内容聚焦智能制造（工业 4.0）领域的智能物流、智能服务、能源和资源利用效率、信息物理系统（CPS）、安全保障、系统集成和互联互通、标准化等。上述文件的签署标志着中德在智能制造领域的合作从概念研讨、分散交流，上升到战略布局和务实合作的新高度，中德智能制造联合工作机制正式建立。根据上述文件要求，工信部、科技部成立了中德智能制造合作工作组（中德智能制造（工业 4.0）工作组），工作组由双方的政府部门、企业、研究机构、行业协会等组成。2015 年 10 月，中德智能制造合作工作组召开第一次会议，标志着《谅解备忘录》进入实施阶段。2016 年 7 月，中德智能制造（工业 4.0）工作组会议在北京举行，旨在落实《联合意向声明》，加强中德两国在智能制造和智能服务领域的创新对话。两国推动智能制造合作的经常性工作机制正式建立。

2016 年 6 月，在北京进行的第四轮中德政府磋商中，中德双方均表示将继续落实在"工业 4.0"领域签署的协议，其中尤其包括《谅解备忘录》和《联合意向声明》。双方将加强参与合作的部委间的高级别协调，以汇聚所有合作相关方，就"工业 4.0"进行跨议题的交流，推动合作产生协同效应。2016 年 11 月中德智能制造第一次副部长大会在德国柏林召开。会上中德双方进一步明确了副部长级会议、司局级会议的沟通机制，成立了中德智能制造合作企业对话工作组，形成了"副部长会议、司局级会议、对话工作组"的三线并进沟通机制。

（二）中国政府与其他国家政府合作机制

中国政府与其他国家政府在智能制造领域的合作机制远逊于中德合作机制。已经确立系统性合作机制的以中法、中韩合作为主。中韩产业合作部级对话机制始于 2014 年 7 月，工业和信息化部与韩国产业通商资源部签署了部间产业合作谅解备忘录，建立形成合作机制。根据该机制，双方将不定期举办产业部级对话和司局级工作会议，促进在工业领域的交流与合作。2014 年 10 月，首次中韩产业合作部级对话在首尔举行。2016 年 3 月，在北京召开了第二次对话。在智能制造领域，中韩合作的标志性文件是 2015 年 10 月底，李克强总理访问韩国期间，两国签署了《中韩推进"中国制造2025"与"制造业革新 3.0 战略"交流合作的谅解备忘录》。中韩双方承诺将在先进制造业、智能制造、机器人开发等领域共同展开战略研究，推动智能工厂、绿色工厂、绿色园区等领域的合作开发、示范推广及经验交流。中国工信部与韩国产业通商资源部签署了《中国工业和信息化部与韩国产业通商资源部推进"中国制造 2025"与"制造业革新 3.0 战略"交流合作谅解备忘录》等文件，共同推动中韩智能制造领域的合作。中国与英国在工业 4.0 上也积极开展合作。中国工程院和英国皇家工程院共同主办中英先进制造业研讨会，推动两国在战略性新兴产业领域的深层次合作，协同面对新一轮产业变革的到来。中美在 2016 年 10 月举行的第六次中美商贸联委会产业和竞争力对话中，开展了"中美工业互联网"专题研讨，交流促进工业互联网发展的政策和做法，并就推进"工业互联网合作"进行探讨。

二、智能制造联合工作机制不断完善

（一）中德联合工作机制

在中德政府间高级别合作机制安排下，双方联合工作机制日渐完善。2015 年 10 月，中德智能制造合作工作组第一次会议，在搭建交流机制、智能制造标准化、中小企业合作、开展智能制造试点示范、人才培养、前瞻性研究等方面形成了诸多共识。2016 年 11 月，在中德智能制造第一次副部长大会上，中德双方进一步明确了副部长级会议、司局级会议的沟通机制，成立了中德智能制造合作企业对话工作组。中德推动智能制造合作的经常性工作机制初步建立。

目前，中德两国已经建立了三个层次的联合工作机制：副部长级对话机制是第一层次；第二层次是司局级对话机制，确立了中德智能制造合作对外工作由工业和信息化部国际司牵头，对内工作由工业和信息化部信软司牵头的工作框架；第三层次是执行平台对接机制，两国政府各自指定执行平台，负责企业间技术性问题的沟通。[2] 中方在中国电子信息产业发展研究院成立了中德智能制造及生产过程网络化合作执行平台办公室，德方委托德国国际合作机构（GIZ）作为执行平台。在近两年的发展中，中德双方共同努力，确立了合作框架，形成了政府搭台、企业主体、产学研共同参与的合作机制，以智能制造为切入点，多领域合作齐头并进，为进一步推动务实合作奠定了坚实基础。工信部根据《行动纲要》和《谅解备忘录》部署，围绕立机制、推并购、建园区、选试点、促交流等方面做了大量工作，推动中德合作取得丰硕成果。

（二）与其他国家间联合工作机制

中法与智能制造合作相关的机制为中法合作机制联委会。联委会由中国工业和信息化部与法国经济和财政部企业总署组成，交流探讨各自国家工业发展情况和相关政策。截至 2017 年 3 月，已经召开了五次会议（见表 7-1）。

---

[2] 李方正：中德智能制造合作如何向纵深发展？《中国计算机报》2016 年 2016-07-11 期

表7-1 中法合作机制联委会会议

名称	时间	地点	参会部门	讨论内容
中法合作机制联委会第三次会议	2015年4月1日	北京	中国工业和信息化部国际合作司、中小企业司、节能与综合利用司、装备工业司、消费品工业司的有关负责人，法国经济、工业和数字事务部企业总署工业司、企业创新和发展司、欧洲和国际行动计划司、法国驻华使馆经商处的代表	回顾评议第二次会议以来的合作情况，就工业发展、最新工业政策、下一步合作计划等深入交换意见。双方认为，中法在高科技、节能环保、电动汽车、中小企业、高端消费品等领域已经开展了良好合作，有较多未来合作意向，中法在相关领域的合作潜力巨大。双方应充分发挥各自比较优势，进一步拓展合作领域、创新合作方式、扩大参与范围，务实推动中法各相关领域合作不断取得新成果
中法合作机制联委会第四次会议	2016年5月27日	巴黎	法国经济、工业和数字事务部企业总署工业司、欧洲和国际行动计划司、双边合作局、工业政策和未来工业总署、法国驻华使馆代表，中国工业和信息化部国际合作司、节能与综合利用司、装备工业司、国际经济技术合作中心有关负责同志	就各自国家工业发展情况、最新工业政策，特别是《中国制造2025》和法国"未来工业"计划、二十国集团峰会"新工业革命"议题，以及汽车、工业能效与节能减排、中小企业、高端消费品等领域的合作深入交换意见。双方认为，应继续加强对话交流，支持双方企业积极寻求《中国制造2025》和法国"未来工业"计划之间的利益契合点，进一步拓展合作空间
中法合作机制联委会第五次会议	2017年3月23日	北京	中国工业和信息化部国际合作司、节能与综合利用司、装备工业司、国际经济技术合作中心，法国经济和财政部企业总署化学、材料和环保工业司，交通设备、机械和能源司，国际合作司，法国驻华大使馆、法国未来工业联盟等有关负责人	交流各自国家工业发展情况和相关政策，特别是《中国制造2025》和法国"未来工业"计划的实施进展，并对汽车、绿色制造工作组的工作进行了评议和总结，希望继续推动新能源汽车、智能网联汽车以及标准法规方面的务实合作。双方认为，通过实施《中国制造2025》和法国"未来工业"计划，中法两国都在推进工业的数字化和智能化发展，两部门可以分享经验，实现互惠合作。欢迎两国工业界、学术界深化各种合作，鼓励双方企业、大学和科研院所等在企业数字化转型、标准化、教育培训、学术科研等方面开展交流合作。两部门将支持中国工业和信息化部国际经济技术合作中心和法国未来工业联盟分别代表中法双方建立对话平台，推动企业界务实合作

信息来源：公开资料 中法工业合作圆桌会是工业和信息化部与法国经济和财政部企业总署副部级对话机制联委会的配套活动，由工业和信息化部国际经济技术合作中心与法国未来工业联盟轮流在中法两国举办。主要目的是推动中法两国企业就"中国制造2025"与法国"未来工业"计划进行对接合作，宣传中法开展的务实合作项目及经验，探讨积极创造条件，支持两国企业发挥各自优势，开展更多实质性合作。同时，工业和信息化部国际合作司和法国驻华大使馆还共同举办中法工业合作研讨会，共同探讨发挥好政府、协会、企业的作用，推动两国工业政策交流、战略对接、机制建设和务实合作。

三、智能制造标准合作持续推进

（一）中德标准化合作

中德标准化合作委员会是中德两国最高级别标准化合作机制，由中德经济合作联委会下设的标准化工作组升格而来。2011 年 6 月，中德双方签署了《关于成立中德标准化合作委员会的联合声明》，决定将之前的标准化工作组升级为中德标准化合作委员会，并每年在两国轮流举办委员会会议。联合声明提升了两国标准化合作的高度，为两国主管部门和专家交流合作搭建了平台。2012 年 5 月，中德标准化合作委员会在德国召开了首次会议，此后在两国间轮流召开（见表 7-2），成效显著。

表 7-2　中德标准化合作委员会历次会议

名称	时间	地点	参会部门	讨论内容	主要成果
2012 年中德标准化合作委员会会议	5 月 14—15 日	德国德累斯顿	国家标准化管理委员会、商务部、国家认监委、工信部电子工业标准化研究院、德国联邦经济和技术部、德国标准化研究院（DIN）、德国汽车工业协会、德国电子、电气及信息技术委员会等机构代表 30 余人	深化智能电网、电动汽车、医疗设备、节能、信息技术安全、服务业、铁路设备等领域的标准化合作	会议决议
2013 年中德标准化合作委员会会议	5 月 14—15 日	中国西安	两国政府、国家标准化机构、协会及科研机构的 60 多名代表	回顾上次会议议题的进展情况，听取电动汽车工作组报告，讨论标准与技术法规、标准制定程序、标准化教育与培训、智慧城市、生物技术、ISO/IEC 技术合作等议题	会议决议
2014 年中德标准化合作委员会会议	5 月 8—9 日	德国柏林	两国政府、国家标准化机构、协会、科研机构及企业	回顾上次会议议题的进展情况，讨论船舶、煤炭、智能城市/智能家居和楼宇、微电网、医疗器械、生物技术、汽车用薄钢板、工业 4.0 等议题	签署《关于采纳<中德电动汽车标准化工作计划（版本 1.0）>的联合声明》

续表

名称	时间	地点	参会部门	讨论内容	主要成果
2015年中德标准化合作委员会会议	5月27—28日	中国成都	中国商务部、工信部、科技部、质检总局、德国联邦经济与能源部、德国国家标准化机构，以及两国相关行业协会、科研机构和企业的110余名代表	回顾上次会议议题，听取电动汽车工作组报告，讨论中国标准化改革、工业4.0、民用航空、能效、机械等议题	签署《关于成立中德智能制造/工业4.0标准化工作组的工作方案》，成立中德智能制造（工业4.0）标准化工作组
2016年中德标准化合作委员会会议	5月25—26日	德国莱比锡	中国工信部、中国驻德国大使馆、德国联邦经济与能源部、德国国家标准化机构以及两国相关行业协会、科研机构和企业的50余名代表	回顾上次会议议题的进展情况，听取智能制造/工业4.0标准化工作组和电动汽车标准化工作组报告，讨论中国标准化改革、德国标准化2030研究、外科器械、智能家居和S形试件等议题	会议决议
2017年中德标准化合作委员会会议	6月29—30日	中国青岛	中国商务部、工信部、科技部、质检总局、德国驻华使馆、联邦经济与能源部、国家标准化机构以及两国相关行业协会、科研机构和企业的150余名代表	回顾上次会议议题的进展情况，听取中德智能制造/工业4.0工作组、中德电动汽车工作组报告，讨论中国标准化改革进展、标准化战略及未来、医疗器械、民用航空、智能家居、再制造、生物技术、基于泛能网的标准化合作、铁路、两化融合、智能网联汽车等议题	中德双方决定，在智能制造（工业4.0）、电动汽车、医疗器械、能源、生物、电子商务、银发经济等重点领域共同推动制定国际标准，同意中德双方共同担任国际标准化组织生物技术专业委员会联合主席，并成立中德标准化战略工作组

信息来源：公开资料 2015年5月，在成都召开的中德标准化合作委员会会议上，中德双方签署《关于成立中德智能制造/工业4.0标准化工作组的工作方案》，确定成立中德智能制造/工业4.0标准化工作组。中德智能制造/工业4.0标准化工作组是在中德标准化合作委员会框架下成立的第二个专业工作组，是落实《中德合作行动纲要》关于开展工业4.0合作的一项重要举措。中德双方将共同探讨智能制造/工业4.0领域未来标准化需求，重点推进中国的《国家智能制造标准体系建设指南》和德方的《工业4.0标准化路线图》的交流合作，推动智能制造/工业4.0领域相关标准的研制，为促进两国制造业的升级改造提供支撑。工作组的职责主要包括以下几项：制定智能制造（工业4.0）领域战略合作大纲；建立定期交流机制，不定期联合召开技术和标准化研讨会；共同开展智能制造（工业4.0）标准化工作试点示范工作；在智能制造（工业4.0）相关国际标准化组织内展开合作。中方工作组长由国标委工业二部戴红担任，副组长由工信部装备司李东和国标委工业一部肖寒担任，德方工作组长由DKE的Reinhold Pichler担任，副组长由DIN的Volker Jacumeit担任。中国电子技术标准化研究院（CESI）、机械工业仪器仪表综合技术经济研究所（ITEI）及北京机床研究所（JCS）共同担任工作组秘书处。自2015年12月起，中德智能制造/工业4.0标准化工作组会议在中德两国轮流举办（见表7-3）。

表7-3　中德智能制造/工业4.0标准化工作组历次会议

名称	时间	地点	参会部门	讨论内容	主要成果
中德智能制造/工业4.0标准化工作组启动会	2015年12月16—17日	中国上海	80多位中德智能制造/工业4.0标准化工作组成员	智能制造标准化范围、国际标准化组织中的合作、机器人领域标准化合作、智能制造中的信息安全和功能安全、工业无线通信技术等议题	达成5项共识，包括以下几项：中德双方基本明确了智能制造/工业4.0的标准化范围；探讨在国际标准化组织，如ISO、IEC、ISO/IEC JTC1等共同提出国际标准提案等合作内容；确定了双方在机器人、智能制造功能安全和信息安全、预防性维护、无线工业应用等领域的合作意向；加强中德两国企业在工作组内的交流与合作，如成立参考模型子工作组等
中德智能制造/工业4.0标准化工作组第二次会议	2016年5月23—24日	德国莱比锡	中德两国企业、研究机构的50余位代表	回顾上次会议取得的共识，就预测性维护（状态监控）、工业软件、机器人、云制造、参考模型、用例，以及航空、自动化、石化等相关领域智能制造标准化情况做交流和沟通	达成9项共识：继续在国际标准化组织中保持密切合作（如IEC/SMB/SG8、IEC/TC65等）；继续开展RAMI4.0参考架构模型和智能制造系统架构方面的协作；开展机器人国际标准制定和测试方面的合作；交换和讨论功能安全与信息安全一体化设计标准草案，讨论建立特别工作组的可能性；开展无线通信技术国际标准化合作；讨论预防性维护国际标准（IEC/TC65"状态监控"新项目提案）合作；共同制定通用用例模板；讨论基于开源系统的工业软件互操作、接口和集成技术合作等
中德智能制造/工业4.0标准化工作组第三次会议	2016年11月29—30日	德国柏林	工信部等中方代表和德国联邦经济和能源部等德方代表60余人	就参考模型互认、信息安全与功能安全、无线通信、预测性维护以及案例等五个议题展开交流	会议共达成6项共识，包括以下几项：开展智能制造系统架构和工业4.0参考架构模型的互认并提交参考模型国际标准提案；开展信息安全和功能安全、无线通信、预测性维护领域以及案例的合作与交流；双方继续在国际标准化组织中保持密切合作。会议计划进一步开展工业软件、智能制造机器人和智能网联汽车等领域的标准化合作与交流
中德智能制造/工业4.0标准化工作组第四次会议	2017年6月26—27日	中国青岛	中德政府、企业、科研院所、高校等90多位专家	探讨了参考模型互认、信息安全、功能安全、网络通信与边缘计算、预测性维护、应用案例6个议题	达成7项共识，包括以下几项：继续开展智能制造系统架构与工业4.0参考架构模型互认工作并形成中德参考架构互认报告草案；开展信息安全与功能安全的合作与交流，并共同形成中德信息安全标准化白皮书草案（第三版）和中德功能安全与信息安全文件草案；在工业通信的频谱需求与共存管理、标准化路线图、边缘计算等方面开展合作；双方一致同意联合制定《智能制造/工业4.0预测性维护标准化路线图》白皮书；双方共同审议中德联合共用案例模板，并起草完成应用案例报告初稿；双方继续在国际标准化组织的各技术委员会和工作组中保持密切合作

信息来源：公开资料

为务实推动中德智能制造/工业 4.0 领域的标准化合作，中德共同主办智能制造/工业 4.0 发展与标准化交流会，每年一次轮流在中德两国召开。2015 年 12 月 16 至 17 日，第一届中德智能制造/工业 4.0 发展与标准化交流会在上海召开。交流会由中国电子技术标准化研究院、上海工业自动化仪表研究院、机械工业仪器仪表综合技术经济研究所、德国电气电子与信息技术标准化委员会（DKE）、德国标准化协会（DIN）等机构共同主办。迄今，交流会已成功举办四次。与交流会同期举办中德智能制造/工业 4.0 标准化工作组会议。

在中德智能制造合作试点示范项目中，标准化合作也是一项重要内容。2016 年项目中，中国信息通信研究院、清华大学、中国移动通信集团公司、北京航空航天大学、中国汽车技术研究中心与德国弗劳恩霍夫协会、戴姆勒、德国电信、莱茵、宝马在智能网联汽车、车联网标准及测试验证方面开展试点示范；2017 年，中国电子技术标准化研究院拟与英飞凌科技（无锡）有限公司开展智能在线检测技术标准化研究与测试床搭建合作，上海宝钢工业技术服务有限公司拟与西门子集团开展基于云技术的虚拟远程运维平台及标准研究。

（二）中国与国际组织标准化合作

国家标准委在指导《建设指南》的编制过程中，大力支持国内对口标委会开展智能制造相关的技术研究和标准制定工作，委派中国专家重点参加国际标准化组织（ISO）/国际电工委员会（IEC）JTC1 SWG3 规划工作组工作，同时组织国内专家参与国际电工委员会（IEC）数字工厂国际标准制定工作组 IEC/TC65/WG16、智能设备管理工作组 IEC/SC65E/WG10 、工业 4.0 战略工作组 IEC/SMB/SG8、"未来工厂白皮书" IEC/MSB、ISO/TMB/SAG 工业 4.0/智能制造战略咨询组等智能制造相关国际标准化组织工作。同时，中、德、美三国还共同开展智能制造系统架构、工业 4.0 参考架构模型和工业互联网参考架构的互认，并在 IEC、ISO 或 ISO/IEC JTC1 中提交参考模型国际标准提案。

四、地方政府积极开展国际交流与合作

地方政府部门，尤其是工信主管部门和科教部门，在积极参与经常性智能制造国际合作与交流活动的同时，也主动探索开展符合自身需求的对外合作交流活动。广东省在《广东智能制造 2015—2025》中提出积极参与国际合作。深入推进全省智

能制造企业对内对外开放，加快融入区域乃至全球产业链分工体系，积极参与新生产模式下的全球协同制造体系。鼓励引进一批龙头性、总成式、整机型高端智能制造装备项目，引导世界 500 强企业、中央企业在广东设立总部或区域总部、研发中心、营销中心等功能性机构。加快实施走出去战略，支持企业通过并购、重组、战略合作等多种形式，获取欧美发达市场知名品牌、营销渠道、高端人才等资源，充分利用两种资源、两个市场，加快发展成为具有国际竞争力的跨国公司。山东省积极开展智能制造国际合作。推动德国西门子本土外首家智能制造创新中心落户青岛中德生态园，深化合作交流，引进技术和智力支持。搭建企业与德国西门子等智能制造技术巨头接洽合作平台，带动相关行业加快智能制造发展。目前，西门子在省内洽谈项目有 40 多个，并与济南二机床等多家企业开展了深入合作。江苏省政府与德国工业 4.0 主管机构以及西门子等公司开展高层磋商和战略合作，省经信委与德国研究机构签署合作备忘录。

大连市积极推动"中国制造 2025"与"德国工业 4.0"的对接，开展中德智能制造合作，推动重工起重、冰山集团、光洋科技与西门子、格劳博、SAP 等德方企业围绕工业软件、智能工厂建设等方面开展中德智能制造国际交流合作，并吸纳德方企业加入大连市智能制造产业联盟，鼓励外资参与《中国制造 2025》战略。青岛市非常注重与欧洲开展智能制造合作与交流，已经连续两年举办了世界互联网工业大会，一批来自欧洲的智能制造的合作项目也相继开始在青岛落户。深圳市立足深圳产业发展基础和优势资源，通过市区联动，抢抓机遇，积极引入德国领先的技术、资源，搭建双方合作平台。推进共建微制造产业创新中心。通过引进德国弗劳恩霍夫研究所的管理模式，组建公共技术平台。加强中德产业、技术对接合作，引入德国等欧洲地区的高端创新资源，推动技术转移和产业化。做好中德合作服务，加强与德国汉诺威展览公司的会展合作，为会展业发展提供专业咨询、人才培训等服务。厦门市积极推进两岸和国际产业合作与发展，加强"海丝"核心区合作，瞄准新一轮台湾地区产业向大陆转移趋势，对接台湾地区的集成电路、数控机床等优势产业，加强智能制造全链合作，创新两岸智能制造合作参与国际竞争的新模式。每年定期举办中国（厦门）智能制造国际论坛及成果展览会，扩大厦门市智能制造的国际知名度和区域性品牌。鼓励跨国公司、国外机构等在厦门市建设智能制造示范工厂、系统集成机构，或者设立智能制造研发机构、人才培训中心等。贵州、山东、江苏、安徽、湖南等省和宁波市等经信委，组织由经信部门干部、企业代表参加的赴国外或境内跨国公司的考察学习、专题培训。

第二节　合作与交流配套措施不断完善

一、合作平台建设快速跟进

（一）服务平台建设

工信部多措并举推进中德智能制造合作平台建设。在中德智能制造合作机制中，电子信息产业发展研究院成立了中德智能智造及生产过程网络化合作执行平台办公室，同时担任中德智能制造联盟秘书处单位。2016年4月9日，中德智能制造联盟在深圳成立。联盟由中国电子信息产业发展研究院、中国电子学会共同发起成立，首批会员单位包括海尔、西门子、华为、SAP、沈阳机床、博世、三一重工、菲尼克斯、恩智浦、中移物联、铂力特、徐工信息等六十余家中德两国知名企业，以及中国信息通信研究院、中国电子工业标准化研究院、北京航空航天大学、机械研究总院、中德青岛生态园、中国工业设计协会等科研机构、大学、行业组织和产业园区。联盟将以"汇聚智造力量，开展广泛合作，推进创新应用，实现共赢发展"为宗旨，按照《中德合作行动纲要》和两国政府部门相关合作备忘录的精神，推进"中国制造2025"与德国"工业4.0"对接，支撑建立中德智能制造企业、行业间对话机制，搭建产业与技术合作交流平台，促进中德两国在智能制造领域的务实合作与共赢发展。联盟将成为中德两国在"十三五"期间重要的合作平台，也将形成一系列重要合作机制。

中德工业城市联盟是推动中德合作的又一重要平台。2016年4月25日，中德工业城市联盟成立大会在德国汉诺威举行，中国的佛山、台州等11座代表性工业城市，和德国的亚琛、乌珀塔尔等7座优质工业城市正式缔结盟约，开启了"中国制造2025"对接"德国工业4.0"的新格局。中德工业城市联盟是由中德两国主要代表性工业城市自发组建的城市联盟组织，旨在打通信息渠道，整合双边资源，完善服务体系，建立合作平台，促进德国技术理念与中国市场、资本的有效对接，为中德新时期务实合作开拓新的增长点。

工信部还推动搭建"三台一网"，即面向中德中小企业的第三方服务平台、第三方物联网开发平台、众创平台和中德智能制造合作官方门户网站，为政府、行业主管部门、协会机构、企业、科研单位等提供交流、对接渠道和智力支持。[3]建立中德合作项

---

[3]励漪：中德合作开启新一轮智能制造革命，人民网，2016年09月01日

目库，形成了中德智能制造合作重点项目清单。项目地图对外发布，开发了德国工业4.0地图中文版和中国智能制造产业地图，集中展示中德智能制造合作试点示范项目、中德合作重大项目、中德合作示范园区。

（二）产业园区建设

产业园区作为制造业发展的主要载体，发挥着重要的产业集聚作用。各地以产业园区为平台，积极吸引先进智能制造企业投资落户。目前国内中德合作园区有 10 余家之多（见表 7-4），部分中德合作园区是中德双方政府高层直接推动下建立的，如青岛中德生态园是德国总理默克尔 2010 年访华时，中国商务部与德国经济和技术部直接签署备忘录确定的；在 2016 年公布的首批中德智能制造合作试点示范项目中，上海中德合作智能制造临港综合示范区、中德合作（沈阳）高端装备制造产业园作为示范园区被列入。在工信部公示的 2017 年中德智能制造试点示范项目名单中，新列入的示范园区有中德（太仓）智能制造合作创新园、中德福州产业园。

青岛中德生态园是中德两国政府的第一个合作项目，围绕探索可持续、可复制、可推广的生态发展模式，着眼"田园环境、绿色发展、美好生活"的发展愿景，着力建设生态型、智能型、开放型园区，打造中德两国利益共同体。自 2013 年 7 月破土动工，已引进企业 102 家，德资企业、德国机构 30 多家，仅 2016 年上半年就与 4 家世界 500 强德国企业签约。中德生态园把实践推进"中国制造 2025"与德国工业 4.0 融合发展作为重点方向之一，与西门子、博世等德国智能制造领军企业建立了战略合作关系，率先推动成立了中国首个智能制造主题联盟"青岛中德工业 4.0 推动联盟"，正在建设海尔工业 4.0 示范基地、智慧冷链物流装备等智能工厂，引进建设了西门子（青岛）创新中心、海尔工业智能研究院、中德智能制造创新公共服务平台等研发载体，以及中德双元工程大学等人才培养基地，合作推动智能制造整体解决方案、标准制定、人才交流储备等综合交流工作。

中德沈阳装备制造产业园位于沈阳市铁西区，规划面积 48 平方公里，核心区面积 20 平方公里。园区发展定位为拉动沈阳市转型发展的新引擎；"中国制造 2025"与德国工业 4.0 合作试验区；开放型经济新体制探索区；国际先进装备制造业发展示范区；创新驱动和绿色集约发展引领区。园区重点发展智能制造、高端装备、汽车制造、工业服务四大产业。其中，智能制造重点发展机器人及智能装备、增材制造、智能硬件产业、智能信息技术、智能工厂技术等。高端装备重点发展数控机床、轨道交通装备、新能源及节能环保装备、特种用途机械、关键基础零部件、基础电子元器件及器材等。到目前为止，园区已落户德国、欧美等企业 35 家。在机器人及智能装备、先进装备、汽车及零部件制造、工业服务等领域，聚集了一大批企业。到 2025 年，园区将建成集研发、设计、生产、服务于一体的国际级制造业集聚区，引进一批知名装备制造企业、德国及欧洲中小企业特别是行业领军企业，力争德国及欧盟企业达到 50%以上，在创新驱动、绿色发展、人才培养、园区管理等方面达到国际一流水平。与智能制造合作的相关产业园区分布见表 7-4。

表 7-4　与智能制造合作的相关产业园区分布

园区名称	面积	产业定位	发展目标	发展现状
青岛中德生态园	11.6 平方公里	节能环保、绿色能源、环保建材等绿色产业；高端装备制造、新能源应用、数字科技、智慧系统等新兴产业；科技研发、规划设计、教育培训、金融医疗、文化体育等现代服务业	彰显中德合作的国际园区；倡导低碳环保的生态园区；促进产业转型的示范园区；推动研发创新的智慧园区；引领绿色生活的宜居园区；实现持续发展的活力园区	截至 2017 年 7 月，在青岛国际经济合作区（中德生态园）范围内，已有来自德国、韩国、日本、芬兰、新西兰、印度等十余个国家和地区的百余个项目落户园区，其中包括辛北尔康普压力机械、欧博迈亚、阿普利特实验室等 16 家隐形冠军企业，以及西门子、大陆、塔塔等 7 家世界 500 强企业
中德沈阳装备制造产业园	48 平方公里	智能制造、高端装备、汽车制造、工业服务	到 2025 年，中德装备园建成集研发、设计、生产、服务于一体的国际级制造业集聚区，引进一批知名装备制造企业、德国及欧洲中小企业特别是行业领军企业，力争德国及欧盟企业达到 50% 以上	截至 2017 年 9 月，园区正在推进项目共计 273 个，总投资 1181 亿元，包括已落地 149 个，投资额 472.1 亿元；签约 7 个，投资额 52 亿元；在谈 117 个，投资额 656.9 亿元
揭阳中德金属生态城	规划总用地面积 2341.66 公顷	节能环保、先进装备制造、金属制品三大产业	到 2020 年，园区将全面引进 300 家中德（欧）合作企业落户建设	现有近 50 个中德（欧）合作项目落户建设，其中 10 个项目建成投产
佛山中德工业服务区		高端服务业，研发设计、生物医药等高新技术产业，兼顾发展高端装备制造等高端制造业	广东城市升级引领产业转型的龙头标杆、粤港澳经济圈和 21 世纪海上丝绸之路重要门户、国家中欧工业服务载体及中欧城镇化合作示范区	发起中德工业城市联盟，建设广东潭洲国际会展中心，发展以工业展览为核心的现代会展业。打造机器人全产业链
昆山德国工业园	15 平方公里	精密机械、高端食品、总部贸易三大主导产业	成为昆山引进欧美企业的主要载体，长三角地区欧美企业投资的重要平台	目前，园区内已集聚了 128 家欧美企业，年销售额约 180 亿元，其中德国企业 58 家、世界 500 强投资企业 7 家

续表

园区名称	面积	产业定位	发展目标	发展现状
太仓中德企业合作基地		在做大精密机械、汽车配件等主导产业基础上，引导企业向先进装备制造等高端产业延伸	—	截至 2016 年上半年，太仓拥有德资企业 230 多家，项目总投资近 20 亿美元，年产值近 300 亿元，形成了"精密机械制造"和"汽车零配件制造"两大特色产业基地
扬州中德梅太尔工业园	600 亩	以液压项目为突破口，引进德国机械制造、液压产业、医疗器械等高端制造业	客商可以采用自建、租赁、购买、委托代建等多种方式取得生产及办公用房，力争再利用 2 年时间吸引 50 家欧洲企业，打造国内领先的高端产业集群	建园以来，已有 20 多个国家和地区的三百多家企业落户
浙江中德（嘉兴）产业合作园	4.04平方公里	高端（精密）机械设备制造、汽车关键零部件制造、电子信息产品制造等	打造成为德国企业在华发展、中德企业交流合作的重要平台和载体。到 2025 年，入驻企业达到 50 家以上	截至 2015 年底，嘉兴累计审批 90 多个德国投资项目，合同利用外资 4.43 亿美元，实际利用外资 2.54 亿美元，涉及汽车零部件、专用机械设备等领域
中意（宁波）生态园	40平方公里	以生产制造、商贸服务、教育培训、生态休闲为四大核心功能	打造世界一流、国内领先的生态示范区，以及生态友好、创新持续、开放人文、产城融合的产业新城区	2017 年，中意宁波生态园将实施重大项目 56 个，总投资 301.94 亿元，其中新开工项目 50 个，总投资 289 亿元。新开工项目中，政府项目 18 个，产业项目 32 个，总投资分别为 54 亿元和 235 亿元
金华中欧生态工业园	3.52平方公里	致力于引进德国精密机械设备、工业机器人、汽车及关键零部件等高端装备制造业，科创研发，以及跨境电子商务等重点产业	—	捷孚传动作为园区首个入驻项目，2015 年 10 月正式完成土地摘牌后，基础施工进展顺利
南京智能制造产业园（在南京江北新区）	首期规划面积 8平方公里	—	产业园将依托国际合作组织或平台机构，在与德国开展智能制造产业合作的同时，加强与美国、日本等制造业强国合作，打造中国一流的应用研究中心和智能制造创新平台，成为南京率先、全国领先的智能制造产业基地	现有智能制造企业关联企业 120 余家，南京首批智能工厂 40%落户园区内

信息来源：公开资料　2016 年 10 月，中法产业合作示范区项目落户南京市江北新区，根据框架协议，合作各方将以政府为引导、以企业为主体、以市场化运作为模式，建设和运营江北新区中法产业合作示范区，重点引进和培育装备制造、通用航空、生物制药、现代农业、文化教育、生命科技和健康养老等产业，共同建设"中法创新发展与产业合作研究院"、组建"中法产业合作发展基金"、定期举办"中法产业合作高端峰会"等。此外，安徽合肥国家中德智能制造国际创新园、固安国家智能制造国际创新园等也开始建设。

二、研究、教育合作扎实推进

（一）共建研究机构

2014 年 10 月 28 日，同济大学中德工程学院联合德国 PHOENIX CONTACT 公司建立的"工业 4.0-智能工厂实验室"在同济大学落成。实验室成立以来，依托学院中德合作平台，由中德专家、教师和学生共同设计和开发了实验室虚拟仿真系统，应用于实验室的教学和科研活动。实验室以教学和科研并重，为培养符合未来工业发展需要的卓越工程师提供师资和实验场地；同时将广泛开展应用研究，为企业提供生产流程可视化、自动化、集成化、快速响应的系统解决方案。一些跨国公司正在与实验室接洽合作。菲尼克斯电气中国公司已与实验室开始了智能物流仓储管理系统的研发；德国卡尔蔡司公司已经与"工业 4.0-智能工厂实验室"签署了协议建立"智能检测教育科研基地"，参与实验室智能工业检测的教学和科研；德国 SAP 公司将与实验室联手开展企业资源计划等系列软件的应用性研究；西门子（中国）有限公司也将与实验室合作开发智能工厂产品生命周期管理系统。

2016 年 6 月，南京市江北新区与德国弗劳恩霍夫应用研究促进会签署《合作谅解备忘录》，共建中德智能制造研究院，在江北新区打造应用研究中心和智能制造创新平台。中德智能制造研究院将建设应用研究中心、展示中心、培训中心和标准化中心。其中，应用研究中心侧重于为江苏企业智能制造提供智能制造技术和生产系统定制化服务；展示中心展示一流的中德智能制造，如智能化样板生产线和车间；培训中心提供中德双元制培训方案，培养智能制造产业人才；标准化中心致力于中德两国智能制造领域的标准研究基础工作，承接工信部中国智能制造 2025 战略标准化部分项目。

2016 年 9 月，上海交通大学与德国斯图加特大学、弗劳恩霍夫 IPA 研究所等在上海成立中德智能制造联合研究中心。联合研究中心隶属上海智能制造研究院，与研究院现有的 9 个研究所开展紧密的项目和研发合作，合作方向将包括工业机器人，智能制造工艺与装备，智能设计与材料制备，智能制造质量管控技术，远程智能监控和维护，智能生产系统规划，智慧能源管理等。

广东顺德中山大学-卡内基梅隆大学国际联合研究院是顺德区政府、中山大学、美国卡内基梅隆大学三方共建的产学研协同创新平台。研究院的目标是实现人才培养、科学研究和成果产业化模式的三个创新，紧贴顺德区政府"南方智谷"国有平台的建设思路，为后续的产业化工作提供支撑。人才培养方面，国际联合研究院从事研究生学位教育；科学研究方面，国际联合研究院与国内外顶级科研人才组建创新团队开展科研工作；成果产业化方面，国际联合研究院面向珠三角地区，把研究方向与顺德优势产业紧密结合，积极开展产学研合作，为顺德企业的产业转型、产业升级与产业培育提供技术支撑与技术服务。

此外，部分国内企业与国外先进企业、科研机构合作，联合建立研发机构，开展前瞻性、系统性智能制造应用技术研究的案例也在增多。海尔集团联合清华大学、弗劳恩霍夫研究院等机构，成立"立足家电业、面向消费品、辐射制造业"的工业智能研究院，规范家电业智造标准。青岛宝佳自动化设备有限公司与日本那智合资成立的机器人应用研究院，定位机器人的高端化、集成化应用，有望形成行业引领。2017年5月，浙江大学-菲尼克斯电气智能制造实验室正式揭幕。实验室的建成将在浙江大学工程类实验室中形成一个制高点，可为智能制造、自动化、过程控制、工业工程、工程管理等专业实践教学提供最前沿的实践平台。借助菲尼克斯电气集团在全球工业智能电气方面的技术优势及浙江大学一流的科研能力，双方将合作开展人才培养、科学研究和产业服务，共同打造良好的创新创业环境，推动我国智能制造工程教学的发展。

2017年3月，在工业和信息化部与法国经济和财政部在京举办的中法工业合作圆桌会上，中国航空工业集团公司与法国达索系统签署中法工业联合创新中心合作意向书。创新中心将对接中法两国的未来工业计划，以航空工业复杂系统生命周期和完备产业链为背景，以双方优势资源为核心，形成"产、学、研、用"创新体系，全方位导入全新的数字技术，颠覆传统的设计—制造—试验的模式转型到设计—虚拟综合—数字制造—物理制造的工业新范式，构建沉浸体验（VR+AR）、动态仿真、增材制造和多机器人先进制造等环境，致力成为中国未来制造业创新技术的孵化平台，引领和驱动中国工业转型升级。

（二）教育培训合作

同济大学中德学院是由中德两国政府共同倡导成立的国际合作办学机构，是中德政府文化交流合作协定确定的合作项目，汇集了两国教育、经济和企业界密切合作的优质资源，是我国与德国以及欧洲交流的重要窗口。合作伙伴包括26所德国应用科技大学组成的高校联合会。办学宗旨是为工业、经济界培养应用型人才，并从事应用技术研究开发以及促进中德教育、文化和经济的交流。学院的特点是，借鉴德国应用技术大学面向市场、强调实际应用的教学方法，不仅培养学生掌握专业理论，而且还使他们具备较强的动手能力。同济大学结合自身工科特点，以及"工业4.0-智能工厂实验室"的优势资源，在中德工程学院开设了全国首个以工业 4.0 为主题的课程——《工业 4.0 导论》。

华东理工大学中德工学院是华东理工大学的一个面向国际学科前沿、体现学科渗透与交叉、引进国外先进的、成功的高等教育培养方式、采用中外合作办学模式的多科性工科学院，同时也是华东理工大学与德语国家合作交流平台。学院与德国柏林工业大学、亚琛工业大学、奥地利维也纳工业大学等近 20 所德语国家大学建立校际关系并面向全校开展各类交流，学院成立有"中德先进材料联合研究中心"。迄今为止，中德工学院已建立起了一个从本科生、硕士生、到博士生的中德合作（联合）培养体系及中德合作开展科学研究的平台。

为落实 2016 年 11 月举行的第四次中法高级别经济财经对话会议成果，工业和信息化部国际经济技术合作中心、法国未来工业联盟在中国工业和信息化部、法国经济部企业总署的指导下，推荐一批中法工业合作示范性项目，围绕新工业革命发展趋势开展合作。其中的教育培训项目包括浙江省海宁市中法职业培训项目和面向"中国制造 2025"和法国的"未来工业"计划的双学位课程和硕士课程项目（见表 7-5）。

表 7-5　中法工业合作示范性项目（教育培训合作项目）

项目名称	中方合作伙伴	法方合作伙伴	合作领域	项目简介
浙江省海宁市中法职业培训项目	浙江省海宁市政府、上海漕河泾新兴技术开发区海宁分区、海宁技师学院	法国能源七号公司、法国冶金行业工业联盟-工业技术发展培训合作组织、巴黎第十大学	职业培训	该项目由中法双方合作开办实验班，共同制定人才培养方案和教学计划，共同实施课程教学、教学管理与考核等，联合培养具有国际视野的、高质量的智能制造高级专业技能人才
面向"中国制造 2025"和法国的"未来工业"计划的双学位课程和硕士课程	北京航空航天大学、哈尔滨工业大学	法国工艺美术学院	基础教育	中法高校合作办学项目

信息来源：公开资料

2016 年 10 月，黑龙江工程学院与菲尼克斯电气共建的"工业 4.0 智能制造教育实训中心"项目启用。教育实训中心将提供教学、科研、社会培训、创新技术研发等功能平台。将采取开放式、团队式、项目式管理模式，面向学校各专业、其他高校、社会开放。通过不同学科、不同层次的校企专业人员组建团队，依托社会和企业需求开展人才培养和社会服务。

工信部人才交流中心与恩智浦半导体签订战略合作框架协议，双方将就中国集成电路领域和智能制造领域的人才培养与国际合作等事宜开展长期战略合作。按照协议，合作双方将共同推动中德两国行业间人才培育和技术交流与合作。恩智浦将为中国集成电路产业链和智能制造相关领域的高级管理人员和技术工程师提供培训，还将配合工业和信息化部人才交流中心，推动两国工业 4.0 创新示范中心的建立。目前双方已经在深圳联合举办了高级技术培训，相关后续课程及 2017 年培训计划等其他合作项目也已陆续启动。

三、会议、展览活动丰富多彩

智能制造的快速发展引起了全社会的广泛关注。政府有关部门、行业组织、科研机构和有关媒体组织召开了众多以智能制造为主要内容的会议、论坛和展览活动，已连续举办多年的活动也在近年更加突出智能制造特色。这些会议、展览活动中，相当一部分采用了"国际"名称，体现特色，提升层次和质量。

在 2015 年以来国内举办的具有广泛影响力的 30 多个智能制造相关国际会议、论坛和展览活动中，工信部、科技部、商务部、国标委等有关部委参与主办的有近 10 个，大部分是由行业协会商会与地方政府部门共同举办，单独由地方政府部门或行业协会商会举办的较少（见图 7-1）。

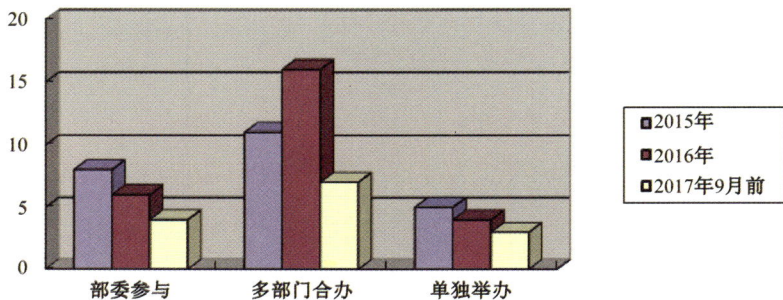

图 7-1　按主办部门划分的会议展览活动

数据来源：公开资料

从举办地看，除个别活动在中西部城市举办外，绝大部分举办城市来自东部地区，尤其是以科技创新和制造业为发展方向的地区。而在东部地区中，北京市、上海市、天津市及以深圳为代表的珠三角城市成为其中的主力军（见图 7-2）。尽管制造业不是北京的发展方向，作为全国的科技创新和国际交往中心，其具有其他城市不可比拟的优势。在智能制造科技引领、标准制定等方面发挥不可替代的作用。长三角和珠三角地区的传统制造业亟待转型升级，对智能制造的发展高度关注，并积极参与。相关的会议展览活动集中在上述地区，反映出这一区域制造业发展的未来趋势。

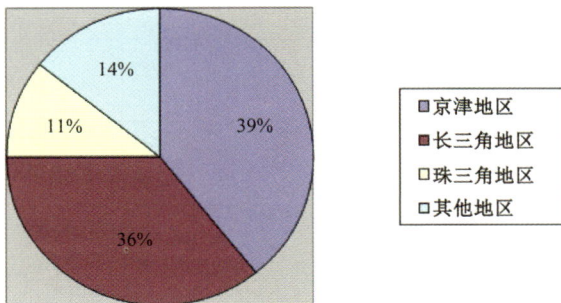

图 7-2 会议展览活动举办城市地区分布

数据来源：公开资料

第三节　企业间投资与合作蓬勃开展

一、企业间项目合作务实开展

（一）智能制造合作试点示范项目

为推动中德在智能制造领域务实合作，工信部面向全国开展中德智能制造合作试点示范项目。在 2016 年 9 月公布的首批 14 个试点示范项目中，中德企业间的产业合作项目有 9 项（见表 7-6），包括华为与思爱普（SAP）智能制造联合解决方案、宝钢与西门子联合探索钢铁行业工业 4.0 项目、中德合作（天津）海尔洗衣机互联工厂项目等。这些项目不仅提升了制造业竞争力，也为中德智能制造提供了合作样板。宝钢与西门子联合探索的钢铁行业工业 4.0 试点则以钢铁制造业为对象，在装备自动化、节能环保、生产管理、工业大数据分析处理、营销、物流、工业信息化基础与安全等领域，共同开展智慧制造（工业 4.0）技术与业务模式创新，对于处于困境的钢铁行业转型升级起到示范效应，为钢铁行业以及其他流程行业提供智慧制造（工业 4.0）实施路径和经验参考。济南二机床集团公司与德国博世集团联合打造智能生产排产系统，借鉴德国先进的工业自动化技术，对提升国内机床行业乃至离散型制造行业的智能制造水平具有到示范带动作用。

表 7-6 2016 年中德智能制造合作试点示范企业间产业合作项目

项目名称	中方合作单位	德方合作单位
华为 SAP 智能制造联合解决方案试点示范	华为技术有限公司	思爱普公司(SAP)
宝钢与西门子联合探索钢铁行业工业 4.0 试点示范	宝钢集团有限公司	西门子股份有限公司（Siemens）
中德合作基于云平台的工厂智能化改造试点示范	北京航天智造科技发展有限公司	思爱普、西门子、达姆施塔特工业大学等（SAP，Siemens，Darmstadt University of Technology，etc.）
博世济二智能生产排程系统试点示范	济南二机床集团有限公司	博世（中国）投资有限公司（Bosch（China）Investment）
中德合作（天津）海尔洗衣机互联工厂试点示范	海尔集团公司	弗劳恩霍夫物流研究院（Fraunhofer）
中德合作高端液压件智能工厂试点示范	潍柴动力股份有限公司、中国信息通信研究院、工信部电科情报所、中科院自动化所、北京邮电大学、华为、中国电信、北京航空航天大学	凯傲集团、林德液压有限责任及两合公司、西门子、博世（KION GROUP GmbH，Linde Hydraulics GmbH & Co.KG, Siemens, Bosch）
中德合作基于个人化定制的家电智能制造数字化虚拟工厂样板建设试点示范	同济大学、四川长虹电器股份有限公司	西门子、菲尼克斯电气、汉莎科技等（Siemens，Phoenix Contact，Lufthansa Technik, etc.）
南钢巴登冶金机器人系统集成试点示范	南京钢铁股份有限公司	德国巴登钢铁工程有限公司（BSE）
中德合作光伏组件智能工厂试点示范	浙江正泰太阳能科技有限公司	正泰德国光伏组件工厂（Astronergy Solar Module GmbH）

信息来源：工信部

在首批中法工业合作示范性项目中，企业间合作项目有 5 项（见表 7-7）。

表 7-7　中法工业合作示范性项目（产业合作项目）

项目名称	中方合作伙伴	法方合作伙伴	合作领域	项目简介
中国船舶数字化生产系统项目	中国船舶工业集团公司	达索系统公司	数字化生产	该项目应用达索 3D 体验平台设计建造船舶产品
京东集团北京和昆山智能管理仓库项目	京东集团	法孚集团		"亚洲一号"自动分拣系统项目由法孚集团设计，采用全球最先进的分拣设备及数控技术，全面提升了作业效率并降低了运营成本
施耐德中低压电器有限公司智能生产系统项目	北京经济技术投资开发总公司	施耐德电气		该项目将智能生产与智能维护相结合，同时大量使用由施耐德电气开发的"透明工厂"技术
司米橱柜整体厨房智能处理系统	索菲亚集团	司米集团		该项目采用了基于"扩展企业"概念的订单处理系统
欧莱雅宜昌"零碳工厂"	宜昌市西陵区	欧莱雅集团	绿色制造	该项目利用清洁能源和可再生能源，以提高其能源足迹和减少碳足迹，使工厂达到零碳目标

信息来源：工信部

（二）其他企业间项目合作

　　合作示范项目仅是目前中外企业智能制造合作案例中的一部分，相当多的其他企业和科研机构也在开展相关合作。如中科院沈阳自动化所与 SAP 发布智能制造联合解决方案。2016 年 1 月 27 日，中国科学院沈阳自动化研究所与 SAP 公司在智能制造解决方案战略合作签约仪式暨成果发布会上对外正式发布了面向工业 4.0 的智能工厂解决方案，同时基于该解决方案搭建的工业 4.0 示范生产线也正式启用，全方位展示了未来智能工厂定制化生产场景。它的诞生也将为中国制造产业提供更优秀专业人才，帮助行业探索适应于中国现状的工业 4.0 技术标准体系，为中国制造行业提供最佳工业 4.0 解决方案，推动企业数字化转型。

　　中航工业智能制造创新中心开展与国外先进供应商 PTC（美国参数技术公司）和 GE（美国通用电气公司）的技术合作，就智能互联和监测方面的技术体系和技术平台进行深入研究，基于中航工业制造所某生产车间建立智能互联和监测的技术验证工作，降低了异构异类设备互联的技术难度，为构建赛博物理生产系统环境做出了成功的探索，并为后期形成智能制造的体验验证环境提供了基础。

北京矿冶研究总院与澳大利亚 AMIRA 组织签订了技术合作协议，在矿冶建模仿真智能制造技术研发与应用方面，培养团队优秀人才，跟踪领域内国际前沿动态。成都中电锦江信息产业有限公司与西门子公司展开全面合作，为智能制造项目提供顶层规划设计。西安中兴通讯在智能制造工作中，请日本、德国的智能制造专家做讲座培训，提升工作团队的业务能力，保障智能制造建设各阶段工作保质保量高效率的完成和整体任务的顺利推进。随着中国企业对智能制造发展关注度增强，其与国外企业的相关合作会愈加频繁和深入。

二、企业跨国投资合作频繁进行

为加快《中国制造 2025》落地，我国 2016 年出台的《机器人产业发展规划（2016—2020 年）》进一步确定把机器人作为实现国家智能制造的重要途径，跨国并购、"机器换人"成为 2016 年工业领域两大热门话题。虽然我国是工业机器人销量第一大国，然而国内品牌的市场占有率却很低，核心零部件也依赖进口。为改善这一现状，2016 年开启了一场并购大潮。在中国企业跨境并购中，制造业占据主流位置，是并购的第一大标的，如果把制造业分为偏信息制造和偏高端制造，那么对于传统来讲，信息背景的制造业，或者是智能制造，在海外并购标的居第一位。根据银杏树咨询公司的分析报告，中国 2016 年对德投资约为 130 亿美元，是 2015 年的 13 倍以上。2016 年，中方收购德企 56 家，2015 年为 37 家，2014 年为 30 家。2016 年，中方一半以上的投资流入了德国传统强项工业装备业和机械制造业。

在 2016 年全球 48 宗收购案中中国参与的一共有 5 家，且身份均是收购方，这些案例就包括美的集团收购全球第 4 大机器人公司库卡（KUKA），北京建广资产收购位居全球半导体行业前十大的恩智浦（NXP）旗下标准产品部门，万丰锦源控股集团收购美国的焊接机器人公司 Paslin，银亿集团收购比利时变速箱企业邦奇（Punch Powertrain）。其中，备受瞩目的莫过于美的收购德国库卡。尽管整个收购过程一波三折，但在 2016 年 12 月底获得了美国外资投资委员会及国防贸易管制理事批准，收购障碍全部通过。2017 年 1 月 6 日，美的宣布完成要约收购库卡集团股份的交割工作。收购库卡契合美的公司"智能制造"战略，将使美的深入全面布局机器人产业，与库卡联合开拓广阔的中国机器人市场；库卡将帮助美的进一步升级生产制造与系统自动化，成为中国制造业先进生产的典范。与库卡合作将促进行业一流的自动化制造解决方案向全国工业企业推广，并拓展 B2B 的产业空间；与库卡集团将共同发掘服务机器人的巨大市场，提供更加丰富多样化专业化的服务机器人产品。[4]

　　中企在并购国外优质装备制造企业的同时，中企也以自身科技优势布局全球市场。青岛软控的轮胎智能制造技术被多家国际知名企业选用，发展前景广阔。北京大豪科技股份有限公司开发的 DH-NET 网络智能工厂管理系统在印度新德里、苏拉特、巴基斯坦拉合尔和越南胡志明等地区实现大豪智能缝制设备的接入，海外共接入设备超过500 台。随着中印巴等地区对设备需求的不断增加和对智能服务需求的提升，预计后续接入系统的节点数将出现爆炸式的增长。云南德宏后谷咖啡有限公司已与越南 HCM COFFEE CO.,LTD 咖啡企业签订了速溶咖啡粉生产车间工程承包合同。未来两年，公司将在重庆、缅甸、老挝新建速溶咖啡粉生产加工工厂，真正走上从咖啡产品制造到咖啡生产设备制造及相关技术服务的工业转型之路。

[4]吴　影：美的收购库卡：家电巨头的"第二春"，中国工业新闻网，2016 年 6 月 24 日

第八章　我国智能制造发展建议

经过几年的探索和实践，我国智能制造取得积极进展，形成了许多行之有效的政策措施和成功经验，探索积累了一批可学习、可借鉴、可复制、可推广的智能制造新模式，有效推动了我国工业转型升级和创新发展。但我们也应该清醒地认识到，我国正由制造大国迈向制造强国，智能制造发展所需的技术装备、软件系统及其产业配套能力都还比较薄弱；同时我国制造业体系庞大，门类十分丰富，不同产业间发展水平差异较大；再加上幅员辽阔，地区间制造业发展不平衡，这些都使得我国智能制造发展不能照抄照搬西方发达国家的做法，必须探索走出一条符合我国国情的智能制造发展道路。

第一节　强化主攻、侧翼协同，统筹推进制造强国建设

为细化落实《中国制造 2025》，国家制造强国建设领导小组组织编制了 11 个配套实施指南、行动指南和发展规划指南，包括国家制造业创新中心建设、工业强基、智能制造、绿色制造及高端装备创新 5 大工程实施指南，发展服务型制造和装备制造业质量品牌 2 个专项行动指南，以及新材料、信息产业、医药工业和制造业人才 4 个发展规划指南。这 5 大工程、2 个专项行动和 4 个发展规划虽然各有侧重，但是一个整体，共同为建设制造强国战略目标服务。目前，这些实施指南、行动指南和发展规划正在逐步推进实施中。由于不同部委、部委内部不同司局职能定位不同，并行对制造业不同环节、不同产业进行分散式规划和支持，在内容部署、推进步骤和推进方式之间缺乏有效统筹和衔接，很难形成统一、完整、协调的政策合力各自为政和重复支持的现象存在。同时，11 个配套实施指南、行动指南和发展规划指南在推进过程中冷热不均，部分工程进展滞后，势必会影响《中国制造 2025》的整体实施效果，乘数效应与加速效应难以显现。例如，智能制造是《中国制造 2025》的主攻方向，是新工业革命的核心，已经成为全球制造业发展的关键要素，成为引领世界制造业未来发展的战略制高点。而要持续健康发展智能制造，就必须解决核心基础零部件、关键基础材

料、先进基础工艺的工程化和产业化的瓶颈问题，必须实现一批重大装备的产业化应用，为智能制造发展提供先进的生产工具。

因此，建议国家制造强国建设领导小组建立定期协调沟通机制，进一步强化 5 大工程、2 专项行动和 4 个发展规划之间的统筹协调，构建智能制造为主攻、高端装备创新为重点、工业强基和制造业创新中心建设为侧翼的整体推进格局，使《中国制造2025》的各专项规划、指南及其他部门制定的相关政策进一步突出新一代信息技术与制造业深度融合的主线，在创新条件建设、技术装备、软件系统、绿色发展、服务型制造、重点领域应用等多个层面聚焦智能化这个主攻方向，在全球制造业数字化、网络化、智能化转型中实现赶超和引领。

第二节　着力突破制约智能制造发展的关键技术装备和软件

虽然近几年我国智能制造技术装备、工业软件等整体发展迅速，但是核心关键技术、装备和软件短缺仍然是制约我国智能制造发展的"卡脖子"因素，滞后于我国智能制造发展需求。一是关键技术装备和软件系统创新能力不强。目前绝大多数国内机械零部件企业只能生产中低端产品，数控机床的智能化技术还处于起步阶段，国内生产的数控机床主要以中低端产品为主，尚不能够满足智能制造发展所需的装备需求，高端数控机床或数控系统主要依靠进口。80%的集成电路制造装备、90%的工业机器人、40%的大型石化装备、70%的汽车制造关键设备主要依赖国外供应商[5]。二是工业设计、工艺仿真、生产管理、工业 APP 等主流工业软件几乎都被国外企业主导，90%的高档数控系统、高性能传感器和 85%以上的可编程逻辑控制器依赖进口，国内能够进行智能制造基础软件系统开发的企业和科研机构凤毛麟角。

为此，我国要充分发挥"集中力量办大事"的制度优势，将发展智能制造急需的核心零部件和元器件，作为重中之重在工业强基工程、制造业创新中心建设中优先安排，而智能制造工程、高端装备创新工程中应优先安排工业强基工程中的核心零部件、元器件和关键材料产业化项目。同时，围绕智能制造发展所需的核心关键技术、装备、软件和标准，集中各部门的政策资源，采取政府引导与市场拉动相结合的方式，有效整合高等院校、科研院所和企业力量，鼓励组建联合实验室、创新中心、产业创新联盟等多种形式，集中攻关突破，着力解决制约我国智能制造发展的瓶颈问题。

---

[5] 《2016—2017 年中国智能制造发展蓝皮书》，人民出版社，2017 年 8 月第 1 版。

第三节　充分发挥市场牵引作用提升中国智能制造供给能力

中国是一个具有完整工业体系和庞大制造业的制造大国，拥有比任何国家都巨大的智能制造需求。比如近年来"长三角"和"珠三角"的广大制造企业，为了应对新的市场竞争和成本上升的压力，纷纷开展"机器换人"和数字化、网络化、智能化改造行动，呈现出旺盛的市场需求。可以预测，在未来 10 年或 20 年，中国智能制造的市场需求还将快速增长。但与此形成鲜明对比的是，我国智能制造供给能力却严重不足，智能制造生态体系发展滞后，还没有形成国内智能制造系统解决方案和行业标准，还没有培育出具有世界领先水平的智能制造系统解决方案供应商。如果不能尽快提升中国智能制造供给能力，中国就有很可能会错失新一轮巨大市场需求拉动国产制造装备和工业软件整体能力提升的历史机遇。

为此，加快推动发展国内高端装备和工业软件产业应成为智能制造的重中之重和核心战略。要围绕智能制造供给支持与试点示范之间的衔接采取有效政策措施，研究如何充分发挥国内消费需求升级和各类产业智能化改造需求的市场牵引作用，建立符合 WTO 规则的国内智能制造重大装备、软件、系统首台（套）政府采购和保险试点，通过有效措施鼓励企业购买国内智能制造装备、软件和系统，推动我国高端装备制造业和软件业发展。要充分发挥市场在智能制造资源配置中的决定性作用，依靠优胜劣汰的市场机制，推动智能制造供应商成长，尽快培育形成中国智能制造产业生态体系。

第四节　推动智能制造地区间的差异化协同发展

当前，我国智能制造进入了快速发展期，从中央政府到地方各级政府都陆续出台了一系列的政策措施，取得了较好效果；但同时也暴露出了一些突出问题，比如部分地区没有结合自身产业特色和发展阶段，盲目追求高大上的产业布局，产业规划和政策措施缺少针对性和实用性，与企业实际结合不够。例如工业机器人、增材制造、互联网+相关产业等纷纷成为各地区重点发展的领域，产业雷同现象较为严重。全国有 20 多个省市把机器人作为重点产业进行培育。已建成和在建的机器人产业园区超过了 40 个，短短几年时间，机器人制造企业数量超过了 800 个，面临高端产业低端化和低端产品产能过剩的风险。

　　为此，一方面国家层面要全国一盘棋和分类指导相结合，根据区域发展战略，统筹规划，合理布局，推动制定分省市的差别化智能制造实施指南和产业布局，形成符合地区经济发展特征的梯度性智能制造产业集群，有效引导智能制造在各地区间的有序转移和协同发展，避免智能制造发展过程中形成重复建设和产能过剩。另一方面要推动地区间智能制造的差异化发展。引导各地区根据自身制造业发展阶段、产业特点、资源优势、人才结构和区位特征，出台有针对性的智能制造政策措施和产业规划，不盲目追求脱离本地区实际的智能制造产业，鼓励各地区结合自动化、信息化、数字化的发展阶段，找准重点方向和优势产业，循序渐进，扎实推进，务求实效。

第五节　引导广大企业多路径、系统性推进智能制造

　　从企业层面看，虽然近年来广大企业对智能制造的热情高涨，认识到数字化、网络化、智能化是未来发展方向，但不少企业在发展智能制造过程中存下来一些困惑和偏差。一是企业对智能制造内涵的认识存在较大差异。有企业认为智能制造就是生产过程的智能化，有企业认为是产品的智能化，也有企业认为是整个企业系统的智能化，还有许多企业认为自动化、信息化都是智能制造的重要组成部分。立足国情全面准确认识中国智能制造的内涵，无论是对于政府还是企业推进智能制造都具有十分重要的意义。二是智能制造发展中重视技术、装备和软件系统，忽视管理变革和创新。在推进智能化改造过程中，有些企业仅仅关注引进工业机器人、自动化设备、软件系统等，忽视了对企业管理制度、流程、组织等进行相应变革，形成了用落后的传统管理模式去应用21世纪最新的技术、装备和软件系统的状况，造成智能化改造事倍功半。三是由于智能化改造投入周期长、金额大、见效慢，部分企业由于资金短缺，制约了智能制造发展。

　　为此，一是要引导企业在智能制造发展中树立系统性变革创新的理念，技术、管理"双轮"驱动，既包括制造思维的深刻改变，也包括工业化改造和信息化建设的深度融合，还包括组织架构、运作模式和管理方式的变革创新，劳动用工、员工技能、岗位结构的重新调整，探索建立适应智能制造的新管理思维和运营管理模式。二是要充分发挥企业主体作用，立足中国工业1.0、2.0、3.0并存的现实，不盲目追求装备系统的技术先进性，坚持理性思维，不急功近利，各按步伐，共同推进。鼓励广大企业结合自身发展水平和行业实际，探索多种技术路线、多种实现形式的智能制造发展路径。三是组织开展中小企业智能制造发展专项行动。广大中小企业是我国制造业的主

体，也是自动化、信息化比较薄弱的企业群体。中小企业的智能制造发展水平将直接决定整个中国企业的智能制造水平。建议根据中小企业现阶段自动化、信息化和管理基础，组织开展中小企业智能化改造专项行动计划，专门出台如何推进中小企业提升自动化、信息化和智能化水平的政策措施，引导广大中小企业积极加入到这一轮新工业革命浪潮中来。

第六节　多方联动拓宽智能制造融资渠道

智能制造是一项系统工程。智能化改造、智能流水线设备购置、智能操作工人聘用以及高技术设备维修等几个方面的成本支出较大，使得许多企业在智能改造中存在很大的资金缺口，尤其是中小企业。数据显示，90%的中小企业受制于智能化改造成本抑制了改造需求，其中缺乏融资渠道影响最大。而从智能制造的经济效益来看，当前智能制造对企业的贡献率还不高，经济效益和市场竞争优势还未有充分显现。据统计，仅16%的企业进入智能制造应用阶段；52%的企业智能制造收入贡献率低于10%，60%的企业智能制造利润贡献低于10%[6]。

为此，要推动政府、金融机构、社会力量多方联动，鼓励开展金融业务模式创新，拓宽融资渠道，共同解决企业智能制造发展存在的资金缺口。一是加大现有中央财政资金渠道对智能制造的支持力度，包括国家智能制造装备专项、中小企业发展专项、技改资金等对智能制造项目的支持力度。二是研究制定支持智能制造科技创新、产业化和技术改造等的税收优惠政策。探索建立智能制造创新基金和产业引导基金，引导产学研各方力量成立智能制造创新联合体，着力推进智能制造核心技术、装备、软件技术突破和产业化。三是建立风险补偿机制。由政府设立智能制造专项信用风险补偿基金，联合银行、租赁公司、担保公司建立协作模式，对智能化改造的企业、尤其是中小企业提供信贷支持。四是发展融资租赁。建议政府牵头为专业融资租赁公司定向引入低成本资金，并设立中小企业设备融资租赁专项资金，用于租金补贴与风险补偿，促进智能装备融资租赁业务发展。五是积极引导金融机构围绕智能制造开展产品和业务创新，引导风险投资、天使投资、私募股权投资等投资于从事智能制造的企业，鼓励上市、增发等直接融资方式用于智能制造发展。

---

[6]中投顾问产业与政策研究中心，《2016—2020年中国智能制造行业深度调研及投资前景预测报告》，2016年2月2日

第七节 高度重视智能制造多层次人才队伍建设

人员技能革新是新工业革命的重要内容之一，智能制造人才是世界各国重点争夺的战略资源。当前，我国智能制造人才结构性过剩与总量短缺并存。由于现有的教育专业设置、课程体系设计等都是以工业化时代经济社会发展需求设立的，与新工业革命所需的人才结构、专业设置、知识体系、技能要求都有很大差距。根据教育部 2012—2015 年的统计数据，高档数控机床和机器人领域的年度人才总缺口最大，年度最大缺口 20 万人左右。无论是智能制造核心技术、装备、系统研发所需的高端人才，还是符合制造智能操作要求的技能型人才，我国都严重短缺。

为此，需要从政府、高校、企业、社会等多个层面系统推进适应新工业革命需要的多层次人才队伍建设。一是抓紧落实《制造业人才发展规划指南》，构建涵盖从顶级科学家到底层操作员工的多层级人才体系。二是将智能制造科研急需的高端人才纳入国家千人计划重点支持的领域，加大高端人才引进力度。三是将智能制造人才培养纳入《"十三五"产教融合发展工程》重点支持的领域，鼓励有条件的高校、院所设立智能制造发展所需的专业体系、实验室和培训基地，培养满足智能制造发展需求的高素质技术技能人才。四是支持有条件的试点示范企业建成开放共享、生产教学融合的智能制造实训基地，鼓励国产装备厂商与院校共建智能制造实验室，共同培养复合型人才。

行业篇

新一代信息技术行业

机床和工业机器人行业

航天装备行业

高技术船舶行业

汽车行业

输变电装备行业

农业装备行业

纺织行业

食品行业

石油化工行业

钢铁行业

本篇聚焦离散制造业、流程制造业中的 11 个重点领域（包括新一代信息技术、机床和工业机器人、航天装备、高技术船舶、汽车、输变电装备、农业装备、纺织、食品行业、石油化工、钢铁行业）在推进数字化、智能化技术在企业研发设计、生产制造、物流仓储、经营管理、售后服务等关键环节的深度应用；支持实现智能制造所需关键技术装备和核心支撑软件的推广应用，不断提高生产装备和生产过程的智能化水平等方面取得的成效，为进一步实施智能制造发展战略提出了政策建议。

第九章　新一代信息技术行业

第一节　行业发展概况

新一代信息技术行业具有集聚创新资源与要素的特征，是当前全球创新最活跃、带动性最强、渗透性最广的领域，已经成为当今世界经济社会发展的重要驱动力。新一代信息技术与制造业的深度融合，将促进制造模式、生产组织方式和产业形态的深刻变革。随着以平板电视、智能手机等为代表的市场热点产品的发展速度进一步加快，新一代信息技术行业对社会变化影响力日益加大，并被全球各主要国家作为战略性发展产业。2016 年，是"十三五"开局之年，也是供给侧结构性改革元年，我国新一代电子信息行业整体运行呈现稳中有进态势，在国民经济和社会发展中发挥了积极的支撑引领作用。

一、产业规模稳步扩大，结构调整初见成效

2016 年我国电子信息产业实现销售收入 17.1 万亿元，同比增长 10.0%，高于全国工业平均水平 4 个百分点以上，比 2011 年 7.5 万亿元提高 62.7%，如图 1-1 所示。其中，电子制造业实现收入 12.2 万亿元，增长 9.3%；软件业收入 4.9 万亿元，增长 14.9%。从行业结构看，软件业收入比重持续提高，软硬比例日趋协调。从产品结构看，智能

化、高端化趋势凸显，智能手机、智能家电市场渗透率持续提高；智能手表、智能眼镜、VR 设备、智能家居及无人机等新兴产品加快成长。

二、效益水平稳步提高，支撑引领作用日益凸显

2016 年，规模以上电子制造业实现利润总额约 6 464 亿元，同比增长 16.1%，行业平均利润率达到 5.3%，比上年提高 0.6 个百分点。软件业利润总额 6 021 亿元，同比增长 14.9%，行业利润率超过 10%。电子制造业收入与利润占全国工业比重达到 10.6% 和 9.4%，分别比上年提高 0.6 个和 1 个百分点。新一代电子信息技术及产品在推动工业转型升级、制造技术和信息技术融合的步伐进一步加快。信息技术在工业领域深度融合和渗透，汽车电子、机床电子、医疗电子、智能交通、金融电子等量大面广、拉动性强的产品及信息系统发展迅速，为加快推进国民经济与社会信息化建设、保障信息安全提供了重要的技术和产品支撑。

第二节　智能制造推广应用状况及其成效

一、实现智能制造所需关键技术

（一）关键技术逐步成熟

涉及硬件产品制造的主要包括但不限于平板显示、集成电路、终端与通信设备、计算机及周边设备等。其中，平板显示、集成电路及移动终端等硬件产品制造业行业龙头企业通过自主创新主攻装备、工艺和材料的技术难关，掌握了核心技术，开发了关键产品，使自身成为所属行业智能制造领头羊。

1. 平板显示

关键工艺设备涉及液晶面板、背光模组与整机制造相关生产设备；智能管理涉及 MES 系统、能源管理系统、SRM 系统、ERP 系统、CRM 系统、商业智能、大数据挖掘与分析等信息系统；智能物流涉及线边物流系统、自动仓储系统、自动搬运输送系统等。

2. 集成电路

关键工艺设备涉及前道工艺（图形转换、杂质掺杂、制膜）相关生产设备、后道

工艺（封装、测试）相关生产设备；智能管理涉及生产管理、能源管理、供应链管理系统及智能决策辅助系统；智能物流涉及线边物流和智能仓储系统等。

3. 移动终端与通信设备

关键工艺设备涉及表面贴装单板（SMT）、单板功能测试（FT）、组装、预加工（Assembly）、整机测试（MMI）、包装全套产线等；智能管理涉及 MES 系统、质量管理系统、供应链系统、大数据商业智能系统等；智能物流涉及立体仓库系统等。

（二）智能制造新模式初见成效

新一代信息技术行业在大规模个性化定制、网络化协同制造和服务型制造等智能制造型模式探索方面取得良好成效。例如：

（1）合肥京东方显示技术有限公司高世代液晶面板生产线网络协同制造新模式应用。

（2）成都京东方光电科技有限公司第 6 代柔性 AMOLED 生产线智能制造新模式应用。

（3）安徽康佳电子有限公司基于 NB-IoT 的显示终端智能工厂新模式应用。

（4）TCL 集团股份有限公司触控一体新型显示模组智能制造新模式应用。

（5）杭州海康威视数字技术股份有限公司智能视频终端大规模定制新模式应用。

（6）麦斯克电子材料有限公司大规模集成电路硅基智能制造新模式应用。

（7）烽火通信科技股份有限公司 5G 通信网核心设备智能制造新模式。

（8）长沙中兴智能技术有限公司智能通信终端产品制造新模式应用。

（9）沈阳富创精密设备有限公司集成电路装备零部件柔性数字化车间建设——多品种、小批量智能制造新模式应用。

（10）上海剑桥科技股份有限公司 5G 通信传送网关键器件及 ICT 网络设备智能制造新模式应用。

（11）新特能源股份有限公司高纯晶体硅智能制造新模式应用项目等。

（三）智能研发设计和产业化能力初步提升

我国集成电路产业创新能力显著增强。国内集成电路设计企业进入全球前 50 大的数量达到 11 家，其中紫光展锐进入全球集成电路设计企业排名前 10，设计水平达 16nm/14nm。

中兴通信在 3GPP 5G NR（New Radio）方面已累计提交 3 500 篇国际提案，获得 2 个 5G 关键规范的主编席位，牵头并通过了 NOMA 研究项目的立项，以及网络切片 ATSS 研究项目的立项，全力支持在 ITU 和 3GPP 框架下研制全球统一的 5G 技术标准，支撑 2020 年 5G 商用。

华为积极推动 5G 全球统一标准，持续投入 5G 新技术研究创新与 5G 核心技术外场验证。通过多用户 MIMO 技术在毫米波频段实现了 70Gbps 的超高速率；率先发布了面向 5G 的 CloudRAN 解决方案，以云技术重新定义无线网络架构；面向 5G 的多种业务场景，在业界首次演示 5G 端到端网络切片技术。

中科院宣布中国建造了世界上第一台超越早期经典计算机的光量子计算机，自主研发 10 比特超导量子线路样品，通过发展全局纠缠操作，成功实现了目前世界上最大数目的超导量子比特的纠缠和完整的测量。

华为借助技术的创新突破驱动智能制造新模式。在 5G 移动通信、网络技术研究、未来网络理论研究、信息消费、网络控制和网络测量、光网络研究、人工智能、智能手机等领域持续领跑行业；华为正式发布新一代移动 CPU——麒麟 970，该芯片是华为首款人工智能移动计算平台，并且是集成独立 AI 人工智能专用 NPU 神经网络处理单元的移动芯片，采用的是创新的 HiAI 移动计算架构，代表中国手机 CPU 研发走在了世界前沿。

京东方持续投入量子点技术和 Micro-LED 技术的研发，同时立足于自己的传统支柱产品——性价比更优的液晶显示屏幕，进一步树立自己的品牌地位。目前京东方每年新增的科技专利，多达 7 500 多项。京东方正在合肥和成都积极拓展新的液晶显示屏生产线，拓展柔性屏幕、8K 屏幕等尖端产品量产生产线。

中国集成电路产业整体技术含量高，产业结构趋于优化合理，其中芯片设计业占比不断提高，在移动智能终端、IPTV 和视频监控、云计算、大数据等需求及智能硬件创新驱动下，芯片设计业为下游芯片制造和封装测试环节带来大量订单，有效推动产业链的协同发展。

二、智能制造装备

我国新一代信息技术行业在产品生产制造中不断采用云计算、物联网、大数据和人工智能等技术，工艺、效能与产品质量得到了全面提升，核心重大装备也不断突破，与国际先进水平相比差距正在不断减小。

科技部国家科技重大专项"极大规模集成电路制造装备及成套工艺"成果发布，专项成果包括 14nm 刻蚀机、薄膜沉积等 30 多种高端装备和靶材、抛光液等上百种材料产品，性能达到国际先进水平，通过了大生产线的严格考核，开始批量应用并出口到海外，从而实现了从无到有的突破，填补了产业链空白，使我国集成电路制造技术体系和产业生态得以建立和完善。目前，集成电路专项已申请了 2.3 万余项国内发明专利和 2 000 多项国际发明专利。

上海微松工业自动化有限公司研制的高端半导体晶圆级芯片封装（WLCSP）装备——WMB 型晶圆级微球植球机，经过两年的试用和检验，获得多家半导体封测厂商认可并开始量产。该装备的成功研制和量产解决了国内半导体封测企业对国外晶圆级微球植球机的长期依赖问题，标志着我国在高端半导体晶圆级芯片封装装备领域取得重大突破，填补了国内空白。

三、数字化车间/工厂

目前，我国平板显示、集成电路、终端与通信设备、计算机及周边设备等制造企业的自动化、数字化、智能化水平提升显著，形成一批数字化车间/工厂的典范。

京东方自主掌握显示产业完整技术能力，通过制造业与信息技术和互联网技术相结合，在生产工艺、生产管理、供应链体系、营销体系等多个方面实现全产业链的互联互通，全面推进。京东方数字化车间实现了全自动化生产，产品的质量和生产信息跟设备的状态相关联，形成一个闭环的信息反馈系统。引入智能仓储系统，满足多种类型产品及客户多样化的定制化产品存储需求。物流精益化管理与生产车间相结合实现生产全流程的优化。柔性化的产线结构，可适应小批量、柔性化、定制化的需求。

OPPO 数字化车间拥有满足生产高品质手机的 SMT 生产设备、世界先进的 SMT 高速双轨主板生产线、FPC 生产线，以及配套的校准综测生产线、大型自动化检测仪，能够进行手机的射频测试和校准。通过柔性生产线信息系统和柔性设备控制系统、自动化立体仓库、视觉检测、工业机器人、数据采集分析、监控指挥、管理辅助决策等系统构成了手机生产制造的数字化工厂结合严格的质量管控体系，实现了世界领先的生产工艺、手机品控管理。

vivo 数字化车间自动化生产线装备有超精度 MPM 双轨印刷机，全球领先的点胶机、高速贴片机，实现全自动化手臂控制的整机测试等，结合制造执行系统实现工厂内部人、机料、法、环等要素的数字化协同，实现手机制造的高品质、高柔性、高效率。

华为利用其自身的物联网、大数据、云计算、人工智能等数字化工厂相关领域的技术优势，结合自身特点实现数字化车间。以手机生产数字化车间为例，装备世界领先的收集生产与检测设备，涵盖表面贴装单板（SMT）、单板功能测试（FT）、组装、预加工（Assembly）、整机测试（MMI）、包装全套产线等。目前正在研制由六台全自动化的机械手组成的流线体，该设备涵盖了从单板测试加载、全自动化分板点胶、整机音频测试、整机软件加载等工位的功能，可大大提升产品的质量一致性和生产效率，该生产线为当前世界上先进自动化线体设备。通过数字化车间华为实现了制造环节的管控一体化，以及实现了高品质、高效率的柔性化生产和数字化生产，开始从数字化车间向智能化车间演进。

四、现行推广智能制造的政策措施

（一）开展新一代信息技术产业核心技术的研发与产业化

大力发展集成电路研发水平，包括网络化协同研发设计型模式及研发设计的数字化和智能化水平。突破智能设计与仿真及其工具，提升核心通用芯片、高端服务器、大容量存储、新型路由交换、新型智能终端、新一代基站、网络安全等的研发设计能力。掌握高密度封装及三维（3D）微组装技术、新型计算、高速互联、先进存储、第五代移动通信（5G）技术、核心路由交换技术、超高速大容量智能光传输技术等核心技术。

开展新一代信息技术行业关键高端装备的研发，突破国外装备与技术的垄断地位，包括研发智能化成套设备、数控生产装备、工业机器人、芯片封装装备、组装设备、测试设备和智能化生产线。

（二）开展智能制造关键、共性技术和专属智能制造装备推广应用

在平板显示、集成电路、终端与通信设备、计算机及周边设备等制造领域展开智能制造关键技术、智能制造装备及成套工艺的试点示范、应用推广与实践。

开展新一代信息技术相关关键共性技术、装备与制造基础的研究与应用，包括物联网、工业大数据、人工智能、工业机器人、智能物流仓储装备等关键技术与装备，以及自动控制与感知、工业云与智能服务平台、工业互联网等制造新基础。开展新一代信息技术行业计算机辅助设计仿真、制造执行系统、产品全生命周期管理等工业软件研究开发与产业化推广，开展先进制造工艺、检测与装配技术的研究与应用。

（三）开展新一代信息技术领域数字化车间/工厂示范应用

推动新一代信息技术制造企业实现数字化车间/工厂，提升制造工艺水平、提高产品质量，提升行业整体制造水平。重点研究新一代信息技术行业研发设计、制造过程、物流过程等领域的信息物理系统关键技术与应用实践，推进并进行新一代信息技术行业数字化车间/工厂及智能制造试点示范应用，建立一批数字化、智能化生

产试点示范。

（四）开展制造企业与互联网融合新模式应用推广示范

开展工业电子商务等新业态。推进企业面向生产制造全过程、全产业链、产品全生命周期，深化质量管理与互联网的融合提升产业链质量控制。推进企业发展网络化协同制造生产模式。通过互联网对接用户个性化需求，驱动个性化产品的研发、生产、服务和商业模式创新，促进新一代信息技术制造型企业的服务型制造转型升级。

第三节　存在的主要问题及其发展建议

一、主要问题

（一）企业对智能制造变革的认识有待加强

绝大部分新一代信息技术企业均已认识到制造数字化、网络化、智能化发展的必然性与先进性，并着手提升生产制造过程的自动化、信息化水平，但仍有相当一部分企业对智能制造的认识只停留在技术和工艺阶段，将其视为工具或平台，没有认识到这是足以打破现有产业格局、重塑核心竞争优势的发展模式及理念变革。目前只有为数不多的企业能够做到立足制造而超越制造，不仅清晰认识智能制造开放、共享、协同、去中心化的基因本质，更将其与组织体系、商业模式和资源配置方式相融合，充分把握智能制造带来的颠覆式机遇。

（二）不同细分行业与智能制造的融合程度存在较大差距

不同细分行业在技术、资本和劳动力的密集程度上也有着较大差别，除信息化程度较高的研发设计行业，芯片、液晶面板等大尺寸元件生产加工行业，以及彩电等技术工艺成熟的整机组装行业，制造的规模性、流程性特征相对突出，采用的自动化、信息化设备及解决方案较为系统，智能化水平相对较高，智能制造带来的模式变革也更为明显。但对于生产过程较为复杂、加工对象体积小种类多且市场规模有限的其他细分行业，目前仍大部分采用劳动密集型生产方式，智能化手段和投入不足，缺少融入智能制造的动力和方法。

（三）整机企业的龙头带动作用需要进一步突出

在家用视听、通信设备、计算机等整机类信息消费产品制造领域，已出现一批典型骨干企业，立足于制造数字化、网络化、智能化，从技术、模式、理念等多个维度去践行智能制造，发展水平领先，示范效应明显。但在全产业链角度，这种效应大部分仍属于同一环节内部的横向比较，尚未通过技术架构、工艺流程、组织体系、管理方式、商业模式、渠道市场的对接，对上游元器件及设备企业产生明显的纵向协同效应。而整机企业作为信息消费产品的最终生产商，具备实时感知用户体验、及时响应用户需求的客观优势，在以市场为中心引导上游企业探索智能制造实施路径方面，理应发挥更为显著的带动及整合作用。

二、发展建议

（一）加大核心芯片、智能传感器、新型元器件等关键技术的研发力度

集中力量攻克一批制约我国新一代信息技术行业制造智能化、产品智能化及支撑工业体系智能制造的核心关键技术，补齐传统制造短板，用智能制造引领新一代信息技术行业向智能化转型升级。建立智能制造发展专项等财政资金，推动应用于新一代信息技术行业制造领域的智能制造单元、智能生产线、智能车间、智能工厂的产品研发，突破家用视听、通信设备、计算机等整机产品产业链各环节的智能制造关键技术。进一步强化企业技术创新主体地位，激励企业加大技术创新投入，鼓励重点企业加强与科研院所积极合作，建立关键共性技术创新平台，打造开放式创新网络，培育创新载体，集聚创新要素，积累一批核心知识产权，形成良好的"产、学、研"协同创新机制，加快网络空间、知识空间、众创空间建设。

（二）引导拓宽智能制造发展的资金支持渠道

充分提升财政资金的使用效率，利用工业转型升级基金、智能制造专项等现有资金渠道，持续加大对新一代信息技术行业智能制造发展的支持力度。发挥财政专项杠杆作用，联合地方政府及园区，通过整合社会资金共同组建新一代信息技术行业智能制造的产业投资基金，研究探索投资基金市场化运行机制，鼓励上游芯片、液晶面板、元器件及专用设备企业与家用视听、通信设备、计算机等下游整机企业联合申报，重点扶持支撑新一代信息技术产业链相关智能制造系统解决方案的研发、产业化及推广应用，以投入大、周期长、企业难以承担、需要持续稳定予以财政支持的领域为主攻方向。

（三）加速培育细分行业智能制造整体解决方案的供应商龙头企业

着力推广面向新一代信息技术行业整机智能化生产的上游行业智能制造系统解决方案，依托智能制造专项工程，围绕液晶面板、核心芯片、关键元器件等上游行业，重点培育一批行业市场份额大、具备自主研发能力和国际知名度的供应商龙头企业。充分发挥龙头企业示范应用的带动作用，培育一批具备样板标杆作用的智能车间、智能工厂，加快辐射带动细分行业智能制造应用推广。成立工信部、发改委、科技部、网信办等国家相关部委共同参与的新一代信息技术产业链相关智能制造系统解决方案推广领导小组，构建部省对接、省市联动、市区（园区）一体的工作机制，有序协调跨行业跨领域系统集成商分工合作，引导促进系统解决方案供应商良性发展。

（四）积极探索智能制造与新一代信息技术行业相融合的新业态新模式

充分发挥云计算、物联网、大数据、传感器、增材制造、工业机器人等先进技术对制造模式的变革作用，以新一代信息技术重点行业的先进技术应用试点为牵引，积极培育新业态、新模式。围绕细分行业智能制造需求，探索、建设和完善工业网络的融合应用模式，加快智能制造设备和软件系统的集成，促进新一代信息技术和制造业的深度融合，实现以产品三维模型、全生命周期管理为依据的产品设计制造一体化和柔性自动化生产线。支持电子信息企业构建面向电子终端产品的数字化设计与制造集成平台，实现生产过程的自动化、智能化、协同化。鼓励并支持新一代信息技术企业和智能制造企业跨界合作，提供个性化、在线化、便捷化的泛在服务，积极培育新业态新模式，打造企业竞争新优势。

（五）加强智能制造领域技能型和应用型人才队伍建设

结合新一代信息技术行业创新活跃的特点，实施政府牵头，企业、园区、大学、科研院所共同参与的新一代信息技术行业各层次智能制造专业技术人才创新创业计划，建设和完善人才创新创造的社会环境、政策环境和文化环境。加强高层次人才引进与培育，实施全球科技人才引进计划，面向全球汇聚新一代信息技术行业巨头企业和智能制造跨领域融合的领军人才和创新团队，优化复合型人才结构。集中"政、产、学、研、用"等多方资源，以企业为主体，打造集聚智能制造技能型和应用型人才平台。支持高等院校、职业学校等与企业联合开展面向细分行业的智能制造人才定制式培养，打造多层次、宽领域的人才实训基地，充分发挥和挖掘职业技术院校和企业熟练高级技工资源，培养一批能操作、懂调试、会研究的技能型和应用型复合人才。

第十章 机床和工业机器人行业

第一节 机床工具行业

一、行业发展概况

机床工具行业是关系国民经济和国防安全的战略性基础行业。机床是装备制造业智能制造的工作母机，没有机床的智能化，就无法实现装备制造业的智能制造。加快发展智能机床，是实施《中国制造 2025》，打造制造强国的关键和基础。

智能机床是先进制造技术、信息技术和智能技术的集成与深度融合的产物，是数控机床发展的高级形态。目前，技术先进国家在机床监控、测量、补偿、诊断、加工优化等智能化技术的突破，为智能机床的发展提供了技术基础。随着科技不断创新，智能机床作为移动互联网智能终端，将成为智能生产系统的关键加工设备。

二、智能制造推广应用状况及其成效

近年来，经过行业科研攻关，我国数控机床的智能化技术取得积极成果。

（一）实现智能制造所需关键技术

1. 高档数控系统的智能化功能研发取得进展

华中数控、广州数控、大连光洋、沈阳高精数控和航天数控 5 家数控系统企业在"高档数控机床与基础制造装备专项"（04 专项）的支持下，自主研发高档数控系统关键技术。经过多年努力，5 家企业均攻克了数控系统软硬件平台、高速高精、多轴联动、总线技术、纳米插补等一批高档数控系统关键技术，研制出全数字总线式高档数控系统产品，实现从模拟接口、脉冲接口到全数字总线控制、高速高精的技术跨越。我国数控系统企业联合研制的自主知识产权的 NCUC-Bus 现场总线技术，已获批了 5 项国家标准，并获得省部级发明一等奖。

由华中数控研发的"高性能数控系统"，攻克了高速、高精度运动控制技术，实现

了纳米级插补技术和高速、高刚度、高误差伺服驱动控制；突破了现场总线、五轴联动和多轴协同控制技术，研制了硬件可置换、软件跨平台的全数字数控系统软硬件平台，构建了数控系统云服务平台，实现了全数字化的系统内部通信和外部互联；提出了指令域大数据分析方法，实现了工艺参数优化、机床健康评估、热误差补偿等工程应用，达到国际先进水平。

2014 年，沈阳机床集团在全球率先推出具有互联网功能的 i5 智能机床。i5 智能机床作为智能终端，不仅仅是智能加工设备，还能与网络进行互通互联，实时采集加工过程及其他数据，为未来产生工业大数据和实现分级式、分布式、分享式智能制造提供了重要基础。伴随 i5 核心技术的研发，沈阳机床挖掘其智能、互联特性，衍生开发了智能车间管理系统（Workshop Information System，WIS）将智能机床产生的所有实时数据传输给相关管理单元，实时管理车间、生产、设备和成本，进而打造智能工厂。同时，沈阳机床与战略合作伙伴联合打造智能工业工程与在线服务的 iSESOL 平台，打造社会化协同的"一站式"云制造服务平台，并结合金融服务实现全新的商业模式探索。与此同时，沈阳机床在内部积极进行组织模式的创新，深化企业内部市场化机制改革，提高组织效率，实现组织扁平化和跨组织协同，推动企业由传统制造型企业向工业服务商转型战略。

2. 数控机床主机的智能化进程加快

一批数控机床主机制造企业通过科技攻关，在主机上集成应用智能化技术，提高了数控机床的使用性能。如沈机集团昆明机床股份公司开发的 TGK46100 高精度坐标镗床采用温度传感器、温度模块等，通过数控系统实时监控主轴系统的发热变形和热补偿，其五轴联动机型具有反向间隙补偿、螺距补偿和体积补偿功能。

秦川机床工具集团最新开发的数控蜗杆砂轮磨齿机采用高精度同步控制技术和电子齿轮箱等，整机操作可实现自动装卡、自动对刀、自动磨削及修正砂轮自动控制。

最新开发的高精度单向走丝线切割机床，配置了六轴数控系统及无电解智能电源、自动穿丝及恒张力机构、温度补偿装置、电火花线切割加工工艺数据库等。最新开发的五轴数控工具磨床，配置专用数控系统和工具磨削专用软件，具有复杂型面加工数学建模和自动编程、工件和砂轮在线检测、磨削尺寸补偿、砂轮修正补偿、磨削工艺及工艺参数优化等智能化功能，提升了整机智能化水平。

3. 高档数控机床滚动功能部件研发及配套体系初步形成

"04 专项"实施以来，滚动功能部件行业所研发的新产品技术水平进入国际先进行列，综合性能指标达到境外中高端产品水平，基本解决高端批量配套的技术瓶颈问题；目前，中高端数控机床滚动功能部件市场占有率为 20%，比 2009 年专项实施前提升 4 倍，品种满足率达到 80%，迫使进口产品降价 20%～50%，基本满足数控机床行业滚动功能部件配套要求；为登月工程、大飞机、军用雷达、高铁、北斗导航、核电驱动装置、电动汽车变速箱及制动器等提供特殊环境使用条件下的滚动功能部件产品及技术服务，支撑了国家重大领域的装备体系配套安全。

具有代表性产品：

如南京工艺高速精密滚珠丝杠副 DKFZD5020 中空强冷高刚性变位预紧型高速精密滚珠丝杠副。精度 P1 级，各轴快移速度 40m/min，定位精度从原 0.0194mm 提高到 0.0022mm，重复定位精度从 0.0079mm 提高到 0.0015mm，精度指标达到国际先进水平。已配套于宁江机床 THM6380 精密卧式加工中心，实现国产滚动功能部件首次为高档数控机床配套，填补国内空白，成功替代进口。

南京工艺微型防腐无磁导轨为北斗导航系统提供特殊使用环境执行机构应用配套；5010 防腐丝杠副批量应用于某大型驱逐舰雷达设施；9016 防腐丝杠长期为空中加油机自动供油系统批量配套。

汉江机床大型重载滚珠丝杠副型号 GQ161.5×40×2015×3305。该专项产品钢球直径 φ30mm，额定动载 202 吨，额定静载 879 吨，是目前国内乃至世界承载能力和钢球直径最大的滚珠丝杠副。该产品在湖北十堰海岚冲压机床成功应用，冲压吨位较大，现经用户使用 3 年，该滚珠丝杠副各项精度、性能、承载能力及可靠性等指标均满足用户使用要求。

汉江机床大型空心精密滚珠丝杠副型号 GQ70×20×4680×5245，该专项产品成功在广东锻压机床厂台湾高明精机公司的型号为 GX400 加工中心使用，实现了小批量供货，替代了德国、西班牙进口产品。

广东凯特滚柱直线导轨副型号 LGR45 产品运动精度达到国内最高级 1 级、国外最高级 P3 级，导轨单根最大长度为 4 000mm，可实现无限接长，具有高精度、高刚性、高速度、高密封、长寿命、稳定性及可靠性好的特性。LGR45 滚柱直线导轨副在龙门立式加工中心、龙门数控铣床、薄板金属开槽机、3C 高精高速高加速度的数控专用机床等各类中高档数控机床上得到广泛使用和验证，可全面替代同型进口高档直线导轨副。

大连高金数控的滚珠丝杠副及直线导轨副应用在大连机床生产的定位精度 0.0025mm、重复定位精度 0.002mm 的 MDH 系列高精度卧式加工中心上，快移速度最高为 54m/min；最大快移速度 60m/min、加速度 1.6g 的钻攻中心 TD500A 也配套大量滚珠丝杠副及直线导轨副。

（二）智能制造装备

大连光洋与北京动力机械研究所合作，致力于采用"04 专项"在数控系统、伺服驱动及电机等方面以及立式五轴加工中心等方面取得成果的应用推广，结合航天复杂、核心零部件的工艺制造需求开展了深入合作。2013 年 8 月，大连光洋向北京动力机械研究所交付了 2 台不同规格的高速高精度五轴立式加工中心。至今，这两台承载"04 专项"多项成果的五轴机床已经完成了多个批次、多个品种的航发关键零部件的加工，支持了北京动力机械研究所的军工生产任务。大连光洋先后与哈尔滨东安发动机、贵州黎阳航空发动机、湖南株洲南方动力等军工企业签订合同，进一步扩大专项成果在航空航天中的应用示范。

华中数控具有自主知识产权的数控装置形成了高、中、低三个档次的系列产品，研制了华中 8 型系列高档数控系统新产品，已有数十台套与列入国家重大专项的高档数控机床配套应用；具有自主知识产权的伺服驱动和主轴驱动装置性能指标达到国际先进水平。

广州数控拥有车床数控系统、钻、铣床数控系统、加工中心数控系统、磨床数控系统等多领域的数控系统。其中，GSK27 系统采用多处理器实现纳米级控制；人性化人机交互界面，菜单可配置，根据人体工程学设计，更符合操作人员的加工习惯；采用开放式软件平台，可以轻松与第三方软件连接；高性能硬件支持最大 8 通道，64 轴控制。

（三）数字化车间/工厂

由华中数控、东莞劲胜精密组件等企业共同建设的移动终端智能制造示范车间，被选为全国智能制造试点示范交流会的唯一示范现场。同时，华中数控在武汉建立了"数控加工大数据中心"，可通过无线网络对用户车间生产线相关数据实现远程监控、加工优化、健康诊断等智能化功能，提升了为用户服务的水平。

由云南 CY 集团有限公司承担的工信部首个"智能制造装备项目"——《高档数控车床制造数字化车间的研制与示范应用》于 2016 年 8 月通过验收。该项目由 91 台套设备组成，实现混流柔性制造、自动上下料、产品自动识别和跟踪、在线自动检测、产品流向智能控制、智能故障诊断、加工参数优化、生产过程实时监控和管理信息化。该项目关键设备数控化率 100%，生产效率由月产 100 台提高到 300 台，生产线人员减少 57.5%，能耗降低 38.4%，零件关键工序交验合格率由 64% 提高到 96%，取得明显经济效益。该项目是近年来机床行业应用智能生产线制造机床的首例，具有示范意义。

（四）现行推广智能制造的政策措施

1. 建立"机床工具产业技术创新中心"

由中国机床工具工业协会组织开展建立"机床工业产业技术创新中心"，创新中心的主要工作业务涉及行业前沿和共性关键技术研发、促进技术转移扩散和首次商业化应用、为行业企业提供创新公共服务支持、完成政府委托项目的研究、机床工具产业人才培养、开展国际交流与合作等方面。

（1）**行业前沿和共性关键技术研发**。开展对长期困扰行业，影响产品和服务质量的共性技术问题进行研究，突破产业技术问题，支撑产业发展。创新中心根据国际机床技术发展趋势和应用领域需求变化趋势，开展前沿技术研究和特殊新产品的研发。

（2）**促进技术转移扩散和首次商业化应用**。以市场机制为核心，培育形成成果转移扩散机制。创新中心将承担起以往国家财政支持项目形成的先进技术和共性技术研发成果的管理职能，并推动成员单位研发成果的技术转移扩散，促进这些成果实现首次商业化应用。

（3）**为行业企业提供创新公共服务支持**。提供有关机床工具技术理论、设计优化、工艺技术等服务，组织行业技术标准与规范的研究、制定和宣贯实施等。应行业企业、用户企业及社会机构要求开展专题项目研究，为企业开发提供具有实际应用价值和市场前景的设计、工艺和产品技术。在此基础上创新中心根据行业发展需要还将不断扩展服务的范围。

（4）**政府委托项目研究**。配合政府开展机床工具产业发展战略性研究、关系国计民生等重点领域急需技术的研究等。

（5）**机床工具产业人才培养**。通过项目造就人才梯队，掌握核心技术，引导传承精益产业文化，为行业企业输送专业的技术和管理人才。

（6）**开展国际交流与合作**。同机床领域技术先进国家的研发机构、大学、知名企业等广泛开展项目合作、技术交流活动，促进行业共性技术水平提升和产业发展。

2. 贯彻国家《智能制造发展规划 2016—2020》

机床协会组织行业重点企业积极承担国家智能制造新模式示范项目，积极参与国家智能制造标准制定工作。目前机床行业有沈机集团、济南二机床、秦川机床、大连机床、华中数控、大连光洋、四川普什宁江机床有限公司、宁波海天精工等 20 多家企业承担国家智能制造新模式示范项目和国家智能制造标准制订项目。

3. 成立"数控机床互联通信协议标准联盟"

数控机床的智能化升级、智能制造标准在机床工具行业智能制造发展战略中起着至关重要的基础性作用，而这一切都依赖于数控机床装备的互联互通。实现数控机床的互联互通，相关的协议标准是决定性要素。中国机床工具工业协会牵头组织成立"数控机床互联通信协议标准联盟"，该联盟由华中数控、沈机（上海）智能系统研发设计有限公司、广州数控、沈阳高精数控、大连科德数控股份有限公司、天津市泰森数控科技有限公司、大连机床、四川普什宁江机床有限公司、北京北一机床股份有限公司、武汉华工激光工程有限责任公司、华中科技大学、北京航空航天大学、北京兰光创新科技有限公司等企事业单位组成，并承担了列入工信部智能标准制订计划的"数控机床互联通信协议标准与试验验证"项目。

项目的总体目标是针对国家对智能制造的迫切需求，以国际先进水平的数控机床互联互通协议为标靶，突破互联协议的参考模型、数据规范、接口规范、安全性和评价标准等关键技术，制定数控机床互联互通协议标准 MT-LINK（Machine Tool Links），并在数控机床、生产线、工厂等不同层次对 MT-LINK 协议标准进行示范应用验证。为《中国制造 2025》的顺利实施提供技术支撑，促进中国制造业的智能化转型升级。

三、存在的主要问题及其发展建议

（一）主要问题

智能制造的发展将对传统制造体系带来猛烈冲击，推动产业格局发生深刻变革。在我国经济新常态下，机床工具行业面临市场需求升级的紧迫需求，其行业自身制造体系也将要发生技术革命的洗礼由传统制造体系向智能制造体系转变，机床行业企业的经营模式也将逐步转变。

进一步发展智能制造发展将面临两方面的突出问题，一是机床工具行业自身制造体系由传统制造体系向智能制造体系转变的问题。目前国内机床市场需求失衡，低端产品过剩，高端产品不足，而大部分机床工具企业的产品处于产品链低端，因而这些企业经营处于困难境地，行业内约有一半在亏损状态。由于缺乏资金，企业的技术升级和技术改造无力进行，使企业由传统制造体系向智能制造体系转变的智能化改造投资大大落后其他行业。二是机床工具行业企业为各行业提供的高端产品国际先进水平比较存在一定差距。目前，我国处于数控机床的发展阶段，有相当一部分数控机床还不具备智能化功能。在高速、高精、多轴联动控制、多通道复合加工、网络通信等数控技术与国际先进水平比较存在一定差距。因此，机床工具行业要加快建立新产品、新技术的技术研发体系，按照《中国制造 2025》规划的要求加快发展"智能机床"满足市场需求升级的紧迫需求。

（二）发展建议

智能制造是《中国制造 2025》确定的重点工程之一，"数控机床和智能机器人"是十大重点领域之一，是抢占未来制高点的主攻方向，机床工具行业进一步发展智能制造需重点考虑三方面：数控系统智能化技术研究、数控机床智能化及智能机床开发和智能制造模式的研究和应用。

1. 数控系统智能化技术研究

（1）开放式智能化数控系统的研制。

（2）基于开放式智能化数控系统智能加工技术的创新研究。

（3）开发有关应用软件如优化编程及仿真技术，研制开放式应用软件平台。

（4）智能传感器和智能功能部件的研发。

2. 数控机床智能化及智能机床开发

数控机床适应高效高精加工、生产系统信息集成和智能控制需求，开发在线智能检测技术、机床智能诊断和智能维护技术、基于智能制造技术的加工优化技术，以及基于工业互联网和大数据的远程通信功能和服务能力。

3. 智能制造模式的研究和应用

开展制造网络化、数字化车间与智能制造系统的智能制造模式研究和应用。采用CAD-CAPP-CAM等数字化技术和网络通信技术，实现产品全生命周期管理（PLM）；建立制造执行系统（MES）；建立数据采集系统；建立工业互联网；企业资源计划管理系统（ERP）安全运行。利用云计算、大数据等新一代信息技术，实现经营、管理和决策的智能优化等。

总体来讲，在国家产业政策支持、新技术革命推动和市场需求牵引等综合作用下，机床行业的智能制造将步入加速成长期。"数控机床—数控机床智能化—智能机床—智能制造车间—智能制造工厂—智能制造大系统"的技术发展进程，为机床行业展示了美好的发展前景。毋庸置疑，"智能机床"将成为智能制造体系中的核心装备，加快发展"智能机床"，是实施《中国制造2025》打造制造强国的首要任务。

第二节　工业机器人行业

近年来，我国大力推进战略性新兴产业的发展，智能制造装备被列为高端装备的重要方向，我国机器人产业自此迎来发展高峰。我国机器人行业智能化建设基础较好，虽然发展时间较短，但是取得的成绩较为突出，行业骨干企业的智能化工作走在了行业前列，一些企业数字化车间建设进展较快，并逐渐形成了一些可借鉴的经验。

一、行业发展概况

近年来，我国机器人产业继续保持较快发展势头，利好政策持续释放，技术研发不断突破，产业化能力显著提高，应用领域稳步拓展。

（1）**产业规模继续较快增长。**近年来，中国工业机器人市场快速增长，2010—2016年中国工业机器人市场销量以年均35%的速度增长，2016年中国工业机器人市场销量达到8.9万台，再次成为全球第一大工业机器人市场。国产工业机器人产品结构不断优化，市场竞争力快速提升，2013—2016年，国产多关节机器人销量增长最快，年均增速达到77%，2016年销量达到1.2万台，占国产工业机器人总销量的41%，比2015年提高13个百分点。

（2）**关键零部件研制取得突破。**在各项政策推动下，近两年我国机器人所需高精密减速器、高精度伺服电机及驱动器、控制器、传感器等关键零部件技术研发取得突破性进展，关键零部件的性能及可靠性显著提升。南通振康、苏州绿的、秦川机床、武汉精华等减速器企业从材料、热处理工艺、加工设备、试验检测设备多方面入手加大研发力度，突破了多项关键核心技术，实现了批量生产。新时达、广州数控、汇川、埃斯顿、清能德创等伺服系统生产商突破了伺服驱动器和伺服电机设计、生产中的相关核心技术，自动化生产能力及整体制造水平明显提升。固高、广州数控、新松等企业的机器人控制器产品已经较为成熟，与国外同类产品的差距日益缩小。

（3）**机器人应用行业不断拓展。**近年来，在工信部、发改委等有关部门推动下，若干工业机器人示范应用类项目得以实施，直接推动了国产工业机器人在汽车零部件、电力电子、金属加工、家具卫浴、家电等行业龙头企业的应用。在制造业以外的其他领域，机器人的应用也在不断拓展，2013年以来，农/林/渔业、采矿业、电力/热力生产和供应领域的机器人销量成倍数增长；教育娱乐、助老助残、医疗康复、公共服务、救援救灾等领域，服务机器人应用也越来越多。

（4）**标准及检测认证体系建设逐步推进。**为促进国产机器人产品质量稳步提升、推动行业健康有序发展，我国政府及有关行业组织高度重视机器人标准体系建设。自2015年国家机器人检测与评定中心以及国家机器人标准化总体组成立以来，我国机器人产业标准体系建设不断推进；初步建立了专业的机器人检测队伍，机器人检测服务能力实现了从无到有，检测能力不断提升；行业认证工作全面开启，"中国机器人认证（CR）"正式发布。

二、智能制造推广应用状况及其成效

（一）现状

1. 智能制造水平总体发展较好

由于机器人行业属技术密集型、资本密集型行业，智能化水平总体发展较好。根据初步调查，我国机器人行业智能制造水平存在智能化建设投入增长快、数据标准规范程度高、研发设计信息化水平高，但制造过程信息化水平偏低等特点。

（1）**智能化建设投入不断增长。**近几年，我国机器人行业智能化建设不断推进，企业投入力度逐年加大。根据调查结果，机器人行业重点调查企业近三年智能化建设总投入平均为 1 974 万元，占同期主营业务收入的比例平均为 3.5%。2014—2016 年，机器人行业企业智能化建设总投入平均值呈上升趋势，占主营业务收入的平均比重也呈上升趋势。

（2）**行业数据标准规范程度高。**我国机器人行业在数据标准规范方面已经取得了一定的成绩。被调查企业中，80%以上的企业物料系统编码和业务数据的标准化程度超过了 50%，约 60%的企业基本全部统一了物料系统编码和业务数据标准。

（3）**企业研发设计的信息化水平普遍较高。**多数企业在二维设计的基础上，采用二维、三维混合设计，比例高达 80%。绝大多数企业三维设计用于三维建模，其中 60%以上的企业建立了通用零部件库，能够进行干涉检查，80%的企业实现了动态仿真。被调查的所有企业都应用了仿真分析，其中近一半的企业实现了产品级的仿真分析。生产制造企业中，几乎所有企业都实现了计算机辅助工程（CAE）的应用，且 CAE 各项功能应用普及率均较高。

（4）**制造过程信息化水平偏低。**相对于研发设计信息化程度，机器人行业制造过程信息化水平并不高。被调查企业中，关键工序数控化率不到 70%；有超过 1/4 的企业未应用计算机辅助制造系统，应用该系统的企业多数停留在小部分应用层面，仅 13%的企业实现了全部应用。机器人行业是离散型制造业，部分企业是按订单生产、单件或小批量生产，实现制造执行系统（MES）的难度相对较大，有超过 1/4 的企业没有应用 MES。

（5）**行业研发投入较高，不同企业经营效益差别大。**机器人行业属于前瞻行业，高科技、高投入，投资回报期长，需要投资者长期投入。近 3 年，被调查企业研发投入占主营业务收入的比重超过 6.5%，远高于制造业平均水平。行业不同类型企业经营效益差别较大，总体来说，以产品制造为主的企业或部门利润率较低，部分甚至处于亏损状态；以提供系统集成为主的企业或部门利润率相对较高。从调查情况来看，我国机器人行业产能利用率较高，平均在 80%以上，产品质量合格率和准时交货率达到95%左右。

2. 智能制造试点示范推广工作

近年来，国家各有关部门高度重视机器人产业的发展，陆续出台了一系列涉及机器人领域的政策措施。2015 年，国家发改委编制印发了《增强制造业核心竞争力三年行动计划（2015—2017 年）》（以下简称《行动计划》），并同时编制印发了《行动计划》所列的工业机器人等重点领域关键技术产业化实施方案。按照《行动计划》及实施方案要求，工业机器人领域 2015—2017 年期间重点支持了三个方向：**一是整机系列化产品开发应用及数字化生产方式改造，二是关键零部件研制及示范应用，三是第三方检验检测能力建设**。3 年来，通过专项的实施，我国工业机器人整机及关键部件的产业化能力显著增强，形成了可复制的机器人智能制造模式，对进一步提高高端机器人产能、提升机器人产品的一致性、可靠性，扩大自主品牌工业机器人市场占有率意义重大。

自 2015 年以来，工信部连续 3 年发布"2015 年智能制造专项项目"、"2016 年智能制造综合标准化与新模式应用项目"、"2017 年智能制造综合标准化与新模式应用项目"名单。在 2015 年的 94 个项目中，与机器人行业智能制造相关的项目有 3 项；在2016 年的 144 个项目中，与机器人行业智能制造相关的项目有 7 项；在 2017 年的 165个项目中，与机器人行业智能制造相关的项目有 5 项。项目名称和承担单位具体情况见表 10-1。

表 10-1　2016—2017 年工信部"智能制造综合标准化与新模式应用项目"机器人领域名单

年份	项目名称	牵头单位
2015 年	工业机器人高精度减速智能制造建设项目	浙江双环传动机械股份有限公司
	长泰机器人智能工厂	重庆机器人有限公司
	自主品牌工业机器人及关键核心零部件智能制造工厂	安徽埃夫特智能装备有限公司
2016 年	机器人制造数字化车间运行管理及装备互联互通互操作标准研究与验证	中国科学院沈阳自动化研究所
	特种机器人制造智能化工厂	中信重工机械股份有限公司
	机器人谐波减速器智能制造车间建设	陕西渭河工模具有限公司
	工业机器人减速器数字化车间	秦川机床工具集团股份公司
	高性能伺服驱动及电机智能制造新模式应用	重庆广数机器人有限公司
	机器人等高端装备用伺服电机数字化车间	佛山登奇机电技术有限公司
	高端生物医药机器人及装备智能制造新模式应用	楚天智能机器人（长沙）有限公司

续表

年份	项目名称	牵头单位
2017 年	数控机床及机器人精密轴承数字化车间互连互通互操作标准研究与试验验证	洛阳轴研科技股份有限公司
	智能制造环境中的工业机器人检测与故障诊断标准研究与试验验证	上海电器科学研究所（集团）有限公司
	机器人 RV 减速机数字化车间	南通振康焊接机电有限公司
	工业机器人制造数字化工厂	南京熊猫电子装备有限公司
	微系统医疗机械（医疗机器人）智能工厂建设	重庆金山科技（集团）有限公司

资料来源：中国机器人产业联盟整理

2016 年，由工业和信息化部牵头，会同发展改革委、科技部、财政部、中国工程院、国防科工局、质检总局、国家标准委等 7 个部门，共同发布了《工业强基工程实施指南（2016—2020 年）》，在重点任务方面，提出"实施重点产品、工艺'一条龙'应用计划"，其中针对机器人用传感器提出"建设适合多品种小批量传感器生产的柔性数字化车间"，针对机器人控制器产品提出"推进制造过程的数字化"，针对机器人用高精密减速器提出"突破……专用机床研制或通用机床专机化改造、高精密装配"，针对伺服电机提出"改造升级数控化、智能化伺服电机生产线"等要求。

（二）机器人智能制造装备需求

机器人是集机械、电子、控制、计算机、传感器、人工智能等多学科先进技术于一体的装备，由于其本身的自动化、智能化水平较高，在生产制造过程中，涉及的设备种类繁多，且智能化水平要求也较高。目前来看，机器人生产制造过程所需装备几乎涵盖了从高档数控机床、工业机器人，到智能传感与控制装备、智能检测与装配装备、智能物流与仓储装备等主要智能制造装备。其中，高档数控机床是机器人，尤其是工业机器人本体及零部件生产过程中的核心装备之一。

工业机器人生产所需机床既有经济型数控机床，也有高档数控机床。加工设备类型主要包括加工中心、磨床、车床、滚齿机、磨齿机、插齿机等。从工业机器人组成部分来看，目前我国工业机器人本体加工所用机床主要为 3～4 轴数控加工中心、数控车床等，如箱体、大臂、小臂、底座等机械结构件主要使用加工中心、数控车床、普通机床等设备加工，对高端机床需求较小，国产机床产品基本可以满足需求；而一些关键零部件，如 RV 减速机、谐波减速机等的齿轮、偏心轴、齿圈等精密零件需要使用高端数控机床或加工中心进行精密加工，此类加工设备还需要根据工艺要求进行专机改造，才能适应零件的精密加工，国内零部件企业多采用进口或自制设备方式解决，国产机床产品由于加工精度和稳定性较差、设备故障率较高等问题而不被国内制造厂商所采用。工业机器人生产所需加工设备类型见表10-2。

表 10-2　工业机器人生产所需加工设备类型

工业机器人		所需加工设备
本体	机座	立式加工中心、数控车床
	臂部	大臂：立式加工中心、龙门铣床、数控车床
		小臂：卧式加工中心、摇臂钻床（螺纹攻丝）、数控车床
	腕部	数控车床、立式加工中心
	箱体	卧式加工中心
零部件	谐波减速器	卧式数控车床、立式内冷加工中心等
	RV 减速器	数控车床、立式及卧式加工中心、数控铣床、摇臂钻床、滚齿机、磨齿机、插齿机、磨床
	工装，散件及非标类零部件	立式加工中心、数控卧式铣镗床、龙门铣床、精密万能外圆磨床、卧轴矩台平面磨床、数控车床、普车、插床、台式钻攻两用机、台式攻丝机、线切割机床

资料来源：中国机器人产业联盟

（三）数字化车间/工厂建设

由于我国机器人产业化时间较短，多数企业规模较小，产销量较低，并未形成规模效应，企业智能化程度并不高。但随着中国机器人市场需求量和产量的快速增长，我国机器人行业骨干企业陆续开始启动数字化车间/工厂建设，主要产品逐渐进入批量化生产阶段，随着设计手段、生产制造水平、试验检测能力的提升，我国机器人整机及零部件产品除产能大幅提高外，产品的性能、可靠性明显提高，核心竞争力不断增强。

工业机器人整机企业中，沈阳新松机器人自动化股份有限公司、广州数控设备有限公司、南京埃斯顿自动化股份有限公司、安徽埃夫特智能装备有限公司等行业骨干企业近两年都加紧了产业化能力建设。沈阳新松已建成机器人数字化工厂，生产机器人的主要仓储、物流、装配、检测、喷涂等生产工艺环节由机器人代替人工实现。搭建新松公司开发的智能制造执行系统（MES）、企业资源计划系统（ERP），以及PLM、K3 Cloud、一采通等信息化平台；生产线建立基于新松工业机器人的装配单元、基于新松工业机器人及第三方检测设备的整机综合测试单元、基于新松移动机器人的物料自动输送单元和基于新松立体仓库、高速高精度堆垛机的智能仓储单元，以及数控加工单元、打磨单元、喷涂单元、清洗单元、应用验证与展示单元等基辅单元，建成后达到年产工业机器人 5 000 台/套的生产能力。广州数控在车间原有的基础上，逐步开展智能化改造工作。整体信息化建设层面，已完成了 ERP（企业资源计划）、OA（办公自动化管理系统）、HR（人力资源管理系统）等信息系统的实施与集成，正进行 RDM（研发项目管理系统）的试运行，开展 MES（生产过程执行系统）详细的实施方案设计。目前，机器人自动插件生产线、机器人自动装配线已进入调试阶段。埃夫特承担建设了工信部 2015 年智能制造专项——"自主品牌工业机器人及关键核心零部件智能制造工厂"项目，借助该项目着力推动智能工厂建设，目前已完成产品设计、管理信息化、互联网搭建等环节。在产品设计和生命周期管理过程中导入了先进的 CAD 数字化设计系统和 PDM 产品数据管理系统；在产品制造信息管理过程导入 ERP 系统，配合销售、物流、生产、质量管控建立了信息化体系；在物流智能化管理方面，项目导入物流系统（WMS），对原材料管理业务流程起到了很大的优化；在产品检测方面开发机器人状态在线监测系统，实现对机器人在测试和后期运行过程中的状态监测、数据采集和优化控制等功能。埃斯顿机器人智能制造系统研发和产业化及机器人智能工厂计划正在进行中，目前已完成总投资计划的 1/3，项目主要建设一个 1.2 万平方米的机器人产品生产智能化车间、一个 1.2 万平方米的机器人智能制造生产线车间、一个 8 000 平方米的自动化物流和仓储车间以及工厂智能化信息化管理和服务系统。

一些关键零部件企业近年来也纷纷加紧了生产线、车间的改造升级步伐。南通振康近三年先后投资 7000 多万元用于引进智能型、高精度、自动化的加工和检测设备，提高车间的智能化、自动化水平，完成工业机器人核心部件——RV 减速机完整的自动化加工装配工艺。目前企业以 RV 减速机加工装配车间为代表的智能化车间，基本实现了所有零部件加工数据的无纸化传输，核心设备组成串联网络，实现了加工工序的有效持续进行，并对完整的生产加工工艺及加工状态进行监控分析。通过智能制造建设，近三年来企业车间人员减少一半，设备利用率至少提高 20%，批量产品合格率达到 98%。苏州汇川的伺服电机及驱动器技术改造项目正在进行中，项目采用先进的集成供应链管理体系、可靠的质量保证体系（TQM）、基于 PLM & MES & ERP & ISE 的 SCM 全流程 IT 信息化管理系统、物流信息化可视化及物料自动配送系统等，电路板生产及整机装配实现柔性自动化生产，物料实现自动配送。浙江双环核心产品的生产制造主要是依赖公司目前在建的 SIMES（Shuang Huan Intelligent Manufacturing Execute System，双环传功智能化制造执行系统）系统，以及配合公司 ERP 企业管理系统来共同控制完成整个生产过程，同时基于 QFD 质量管理体系来实现产品的质量控制。整个生产过程中通过网络实现整条生产线设备的互联与集中监控，SIMES 系统向 ERP 提供产品实际生产数据如成本、周期时间和产出等。在产品工艺生产过程中，主要利用智能化单元（如机械手自动化模块）同时组装滚齿、剃齿、倒棱机等机床配合完成部分工艺流程，同时应用高性能磨齿机来解决摆线轮生产加工难点，保证整个生产线的顺利生产，达到流程稳定、过程透明、质量可控、效能提升、成本降低的目标。大恒图像智能工厂建设正在进行中，硬件设备方面，通过购买和自研上线了一批智能制造设备提升了产线的智能化、自动化水平；管理方面，采用了 SN 码进行生产过程可追溯管理，同时引入了 K3 系统对生产过程进行全流程管理；人员配置方面，设立了专业的智能制造项目组为产线自动化、智能化提供技术保障和支持，并且针对公司产品特点定制智能制造设备。

（四）工业互联网基础建设

目前我国机器人行业网络基础设置建设情况较好。从调查结果来看，被调查企业的计算机联网率平均达到了 88%；企业内部主干网、互联网带宽情况较好，多数企业内部主干网络带宽在百兆以上，个别行业骨干企业达到万兆级别；并有超过 85% 的企业应用了无线网络。

同时，我国机器人行业企业十分重视网络及数据安全，所有企业都采取了不同程度的数据安全措施。除设立防火墙等最基础的防护措施外，企业采取机房安全、入侵检测和防病毒等措施也较为普遍。此外，企业对数据信息备份的重视程度也较高，多数企业都实施了离线备份或联机备份。

近年来，机器人行业信息化工业设施建设力度较大，企业纷纷加大生产设备的升级改造，自动化、智能化生产设备占生产设备总数的比例达到 61%，生产设备联网率约为 27%，能够与制造执行系统实现数据自动交换的生产设备约占生产设备总数的21%。

三、下一步工作计划

（一）总体思路与工作目标

1. 总体思路

全面贯彻落实《中国制造 2025》和推进供给侧结构性改革部署，紧密结合《智能制造发展规划（2016—2020 年）》和《机器人产业发展规划（2016—2020 年）》，本着"融合、开放、创新、有序"的发展理念，把提升机器人行业智能制造水平作为提高行业核心竞争力和经济效益的重要抓手，坚持以需求为导向、企业为主体，着力强化产业基础、信息基础设施、人才队伍、标准化等基础建设，着力保障网络和信息安全，着力营造良好政策环境，打造行业竞争新优势。

2. 工作目标

到 2018 年，机器人行业工业互联网及信息安全保障系统基本建立，行业重点企业基本完成生产过程信息化改造，关键工序数控化率超过 80%，运营成本、产品研制周期和产品不良品率明显降低。

到 2020 年，机器人行业智能制造取得明显进展，初步形成以智能产品、智能装备、智能物流、智能管理、智能服务为主要内容的智能制造体系，行业 30%的重点企业进入智能制造阶段。

（二）主要工作内容

1. 加快推进行业智能制造基础设施建设

完善行业网络基础设施建设，加快宽带网络演进升级，促进数据中心、服务器、感知设施与宽带网络的优化匹配和协同发展。加强网络安全保障，开展互联网应用服务安全评估，加强信息网络基础设施安全防护和企业信息保护，加强网络知识产权的宣传和保护工作，切实提升企业通过互联网开展智能制造相关活动的安全性、可靠性。

2. 加大行业制造过程信息化改造提升力度

制定和实施机器人行业智能化改造计划，以制造过程信息化为核心，提升智能制造装备应用水平，加快高档数控机床、工业机器人、新型传感器、智能仪器仪表等关键智能制造装备在机器人行业的应用；加大对机器人关键部件精密加工成套装备、自动化生产线、检测试验装备的研制、推广力度；深化信息技术在企业研发设计、制造、管理、营销等全流程和全产业链的集成应用，提高我国机器人行业生产过程信息化水平。

3. 加大智能制造试点示范推广力度

每年在全国范围内选择若干不同类型的机器人企业，开展智能制造试点示范，实现"点"上的突破，形成有效的经验与模式，进而加大"面"上的宣传与推广力度，产生社会影响和导向效果。

4. 推动产业链智能制造协同发展

深入推广基于互联网的新型制造模式。支持骨干企业搭建模块化、柔性化制造系统，建立基于网络的个性化定制平台，提升高端产品和装备的模块化设计、柔性化制造、定制化服务能力。支持有实力的互联网企业与机器人龙头企业深度合作，构建网络化协同制造平台，开展网络化协同制造试点示范，促进创新资源、生产能力和市场需求的集聚与对接，打造开放共享的协同制造新体系。

5. 全面提高行业服务能力，提升行业附加值

鼓励企业整合产品全生命周期数据，开展故障预警、远程监控运营维护、质量诊

断、远程过程优化等在线服务，促进企业由产品制造商向服务提供商转型；支持企业利用互联网、云计算、大数据等新一代信息技术，形成面向客户的全天候实时在线智能信息服务，实现基于互联网的实时信息互动。

四、存在的主要问题及其发展建议

（一）主要问题

总的来看，目前我国机器人行业智能制造已经取得了一定的效果，但在诸多方面仍存在不足，未来需要进一步加大力度，逐步提升整个行业的智能化水平。

1. 企业面临较大资金压力

我国机器人行业绝大多数为中小型企业，资金实力有限，较难支撑持续、巨大的智能化建设、维护投入及研发投入。以智能化建设过程中的软件为例，被调查的一些企业表示，通常功能表现优秀的设计软件售价极高，而开源软件功能简陋，影响工作效率。此外，由于行业及产品的特殊性，适应企业现状的信息系统、生产设备多需要定制、开发，成本高昂；后期与其他系统联动、二次开发，费用很高。

2. 制造环节成为智能化建设短板

我国机器人行业企业的生产制造环节的智能化建设相对滞后，计算机辅助制造系统应用不足，使得制造环节智能化水平成为企业提高生产效率和产品质量的瓶颈；制造执行系统普及率不高，应用深度不够，虽然有些工位采用了比较先进的生产设备，但是管理方式很落后，仍然是采用手工管理模式，管控集成更无从谈起。

3. 智能化建设过程中各环节协同不足

机器人行业企业目前智能制造各环节单项建设情况尚可，但多数企业并没有将研发、设计、应用、服务各环节进行智能化整合，部分企业只停留在引进几台智能化设备的层面上。很多企业的智能化建设从起步开始就是分头建设，缺乏统一规划，各系统之间的综合集成、协同与创新的水平不高，难以实现各系统间的数据共享与衔接，智能制造的综合优势无法发挥或发挥的不充分。

4. 智能化人才短缺

随着智能化时代的到来，人的作用已经发生极大转变——员工从指令执行者、设备操作者转变为规划者、协调者、评估者和决策者，这对人的素质提出了更高的要求。目前我国制造业从业人员的受教育程度和技能水平远不能满足制造业智能化转型的需要，机器人行业情况同样如此。很多企业反映，机器人行业作为高科技产业，智能制造的推进需要的多是复合型的高技术人才，既要了解行业生产流程及工艺，又要熟悉智能制造相关知识，企业引进及培养成本较高。智能制造相关人才资源严重匮乏，已成为制约我国机器人行业智能化发展的一个主要瓶颈。

（二）发展建议

1. 切实加大政府财政支持力度

建议国家及地方政府对企业智能化改造项目加大资金扶持力度，减轻企业税费的同时，制定相应政策，导引企业主动向智能制造方向转型。创新财政资金支持方式，逐步从"补建设"向"补运营"转变，从"事前补"向"事后补"转变，提高财政资金使用效益。可采取现金奖励的模式，对优秀的工厂信息化管理系统开发商进行奖励。

2. 积极引导多元化资金投入

综合运用贷款贴息、保费补贴、风险补偿等手段，促进金融机构加大支持机器人行业智能制造发展力度，引导金融机构创新符合机器人行业智能制造发展特点的产品和业务。在风险可控的前提下，通过债券融资、股权融资等方式，从多个维度拓宽机器人企业的外部融资渠道。

3. 加强信息交流与共享

政府或行业协会牵头组织行业间交流、学习，召集行业内同类企业交流信息化、智能化成果及建设成功案例；召集有相同或相近智能化建设需求的企业共同与优秀软件、硬件、系统集成商商讨，提供打包解决方案和更优惠的价格；制订培训计划，邀请专业公司、知名专家等针对企业智能化建设进行专题培训；组建专家团队，为企业提供智能化建设咨询。

4. 加快培养行业智能制造人才队伍

鼓励企业创新人才培养体制机制，针对机器人行业智能化的发展需求，搭建合理的人才梯队，建立适合智能制造发展的人才评价体系，为推进智能制造提供全面的人才支撑。建立企业与高校之间的培训伙伴关系，确定与智能制造相关的学习内容，开发适当的教学方法。创造良好环境吸引海外高层次人才，搭建高层次学习交流平台，营造高端学术氛围，增强海外人才认同感；建立健全激励机制，为海外人才回国提供良好的居住以及生活环境，并给予政策上的优惠和支持。

第十一章　航天装备行业

第一节　行业发展概况

航空航天装备作为《中国制造 2025》十大重点领域之一，大力推进数字化、网络化、智能化制造是航天工业跨越升级发展的战略选择和必有之路[12]。以智能制造为主攻方向，发展高端装备，以两化深度融合带动生产力进步，已成为航天制造企业生存和发展的重要举措和核心竞争力。

航天制造业经过 50 多年的发展，初步构建了包括设计制造一体化集成平台、基于知识和仿真的集成工艺设计环境、可配置生产线作业执行控制系统等在内的数字化制造技术体系，建立了相关配套标准、规范、数据库及知识库。陆续配置了一系列高档数控设备，基本具备数字化制造能力。技术状态管理、协同制造、生产管理、数字化/网络化制造水平逐步提高，拥有自动化焊接、离线装卡、在线自动检测等数字化制造软、硬件条件。已经具备了全三维模型设计/制造协同能力、远程异地制造协同能力、三维工艺设计能力，并且具备了三维工艺仿真能力、数字化制造能力；开展了单元布局与单元制造模式的探索、生产主线信息集成应用工作、典型零件加工车间数字化应用、典型数字化生产线的建设等工作。航天制造企业虽然具备了一定的数字化制造基础，但离智能化水平还有很大差距。

第二节　智能制造推广应用状况及其成效

一、现状

紧密围绕国防科技工业创新发展和航天装备体系建设需求，深度结合型号研制需求，航天企业在智能制造方面进行了大量的探索与实践活动，取得了显著成绩，在科研生产管理、数字化制造、核心技术研究与应用及服务保障方面，具备了深度实施智能制造的基础。

（一）科研生产信息化管理方面

围绕产品研制主线，按照工艺、生产、质量三个主要研制环节在平台基础上开展信息化建设，基于统一的产品数据管理、企业资源计划、车间制造执行、业务流程管理软件平台，开展了生产派工系统、工艺路线材料定额系统、车间生产管理系统、工艺设计系统、质量信息管理系统、制造资源管理系统、TeamCenter 系统、总装 MES系统、移动管理平台、数字档案管理系统、业务流程管理系统、测试状态控制系统、实验室系统、涉密信息管理系统的建设、集成和实施工作，实现一厂多地的产品制造过程协同和数据交互，支撑型号产品的设计工艺协同、工艺设计、生产计划管理、制造执行、数据归档管理等产品研制过程，实现面向生产主线的过程信息透明、共享。

（二）数字化制造方面

在制造技术、三维数字化建设等方面取得较多成绩。在制造技术方面，建成了具有相当规模、专业齐全的航天制造技术体系。在三维数字化制造实施方面，一院以型号需求为牵引，以三维技术应用为核心，在新一代运载火箭等型号研制过程中，全面推行 IPT 协同工作模式，开展了基于三维的数字化制造模式研究和实际应用工作，打通全三维设计制造链路，形成了相对完善的数字化制造方式和制造流程。以新一代运载火箭为代表的全三维设计航天型号产品下厂投产，为后续其他型号产品的全三维研制积累了丰富的经验。

结合技术改造、信息化建设等项目实施，逐步建立了基于三维模型的设计工艺协同平台和集各专业仿真、数字化模拟检测等于一体的数字化虚拟制造平台，为数字化制造的全面实施奠定了坚实基础。例如，在产品生产布局及装配仿真、人机工程仿真、机器人焊接仿真、生产线仿真、虚拟现实技术应用、焊接仿真、机加仿真、三维工艺的现场应用等方面开展了大量的仿真研究与实际应用工作，实现了工艺设计与仿真的集成应用，加速了工艺设计由经验向知识的转变。

（三）核心技术与装备方面

在核心技术方面，在开展软件环境建设的同时，在数控加工、自动弯管、焊接、铆接、测试等领域，广泛研发及应用先进的、自动化技术，取得了良好的效果。并借助数字化、自动化技术，引进自动化设备，开展典型部段数字化示范生产线建设，形成数字化执行能力，为数字化、智能化工厂建设积累了经验，奠定了基础。具体体现在以下两个方面。

1. 核心技术方面

坚持以数字化技术为支撑，重点发展先进焊接、精密铸造技术，优先发展总装测试、数控加工、特种加工技术，配套发展热表工程、工艺装备研制、检测试验等技术，不断提升数字化制造水平，形成了总装集成、火箭贮箱制造、氢氧发动机制造、非标装备设计制造为代表的核心制造能力。在焊接技术方面，在国内率先实现了大推力液体火箭发动机喷管延伸段机器人焊接技术自动化，贮箱主焊缝基本实现自动化焊接。在机械加工技术方面，在大型复杂薄壁结构件整体数控加工、复杂结构高精度数控加工方面处于国内领先水平。在增材制造技术方面，针对复杂构件，研制了高温合金摇臂、钛合金异形薄壁进气道等结构件，为解决结构-功能一体化构件整体制造提供技术储备。在装配柔性自动化对接方面，发明并成功研制国内首台套运载火箭总装柔性自动对接装备，成功应用于长征五号合练箭、遥一火箭一级箭体总装。

2. 核心装备方面

在制造执行硬件与设施方面，通过国家固定资产投资和企业自主投资，近年来自主研发或引进了一大批自动下料、数控加工、数控环轧、数控冲压、自动化焊接、自动化铆接、自动化铺缠、自动化测量、数字化气密试验等硬件装备，建设了一大批现代化厂房，为推进自动化、数字化、智能化制造技术的实施奠定了一定的基础。

二、智能制造试点示范推广工作

基于航天数字化工厂建设规划，立足航天智能制造发展需求，开展了以航天舱体壳段加工制造为代表的示范生产线建设，完成了工艺布局设计与调整、机床/刀具/物料信息数字化采集与管控系统、智能物流系统、集成管控系统等软硬件建设，实现了生产全过程的数字化管控，单件产品加工效率提升 50%以上，生产线物料实现自动运输且运送周期精确控制在 15min 以内，产品混线生产管理能力和制造执行能力效率提升50%左右。大幅产品研制批产混线状态下的制造执行能力，并实现了示范推广应用，如再入飞行器集成制造、箭体总装等产品生产线。

航天舱体壳段机加生产线由数控加工设备、自动化物流系统、刀具管理系统及制造执行系统构成。将信息、网络、自动化、现代管理与制造技术相结合，在车间形成数字化制造平台，通过建设可提高数控加工车间自动化水平，优化生产周期，提升过程质量控制水平，提高设备利用率，提高设备产能，提升型号研制与批产快速转换能力，提升产品混线生产管理能力和制造执行能力。

（一）工艺布局设计及现场改造

遵循工艺布局设计原则，根据产品特点及加工流程所需的加工设备、分系统硬件建设需求及任务情况等条件，结合能力布局调整及现有设备机群式布局特点，结合专项技改等数字化建设条件支持，从生产线整体构成要素着手考虑，对厂进行现有工艺布局调整及数字化生产线布局规划，重点包括加工设备、立体库、立体刀库、物流路径、数字终端、生产线控制室、刀具预调间及生产线数据展示等布局及规划。通过生产线仿真模型建设，开展生产线虚拟仿真工艺布局优化。基于已有机群式布局特点，进行物流规划及优化调整，通过厂房内外部物流规划、离线装夹区、刀具预调间、生产线控制室等区域调整规划，实现生产线整体布局优化。

（二）生产集成管控系统及集成建设

设计开发适用于车间特点的制造执行系统，实现计划管理、准备管理、执行管理、交检管理、资源管理等 100%电子化，并实现与 PPS 系统、QMS 系统、DNC 等信息系统集成，以及与数字化加工设备、自动化仓储与运输设备、自动化检测设备、刀具管理设备等硬件集成。数字化生产执行与集成管控系统如图 11-1 所示。

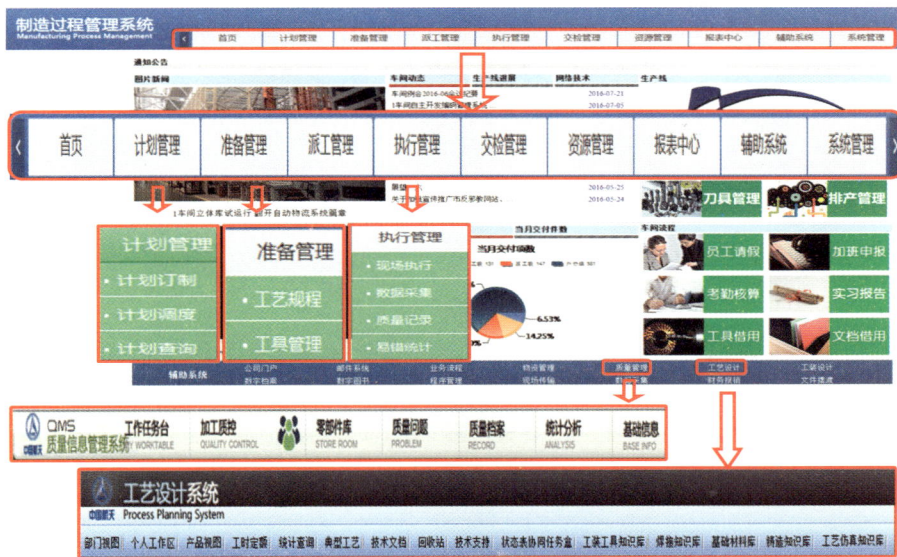

图 11-1 数字化生产执行与集成管控系统

（三）机床状态监控

机床状态监控根据数据采集系统采集到的设备开关机状态、负载状态、开机时间、负载时间、设备故障状态和程序加工时间，对相关采集数据进行二次计算实现生产线设备空闲率、设备负荷率、程序加工效率的实时统计。生产线总体设备绩效和生产线设备运行状态监控如图 11-2 和图 11-3 所示。

图 11-2　生产线总体设备绩效

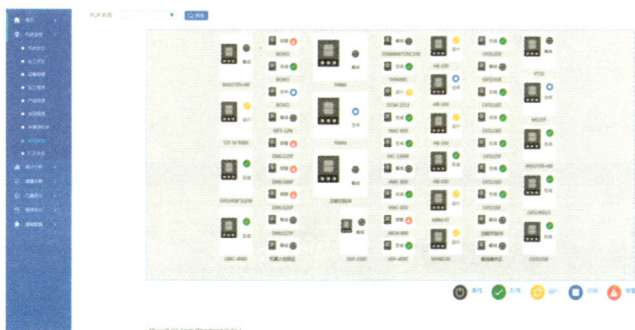

图 11-3　生产线设备运行状态监控

（四）物料监控

根据数据采集系统采集生产线原材料、在制品和成品基本信息、加工状态信息、位置信息、库存信息开发生产线物料监控系统，实现生产线物料库存监控及物料在生产线流转监控，并对物料在生产线的全生命周期进行管理，如图 11-4 和图 11-5 所示。

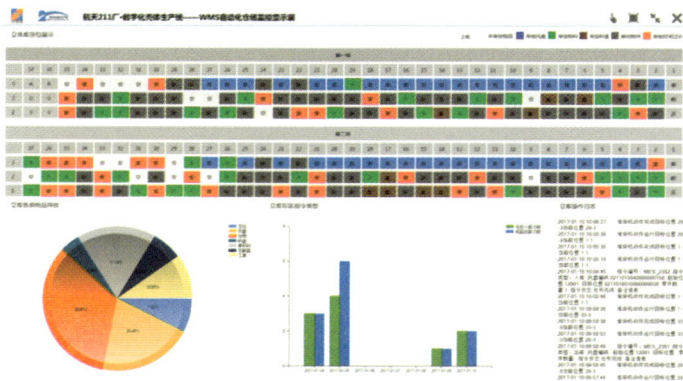

图 11-4　生产线物料库存监控

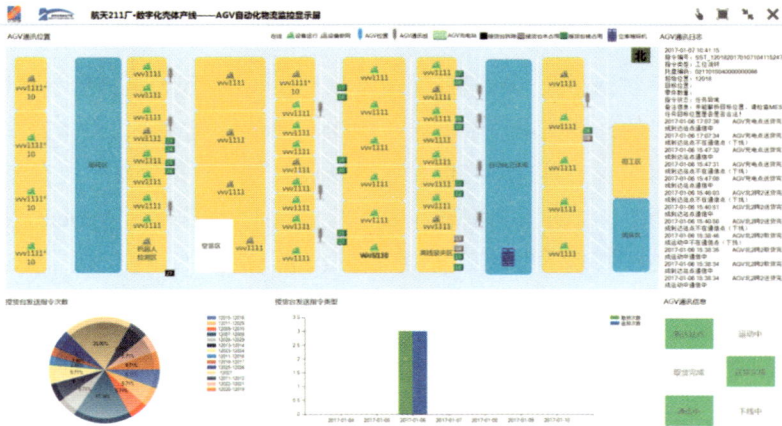

图 11-5　生产线物料配送监控

（五）生产线物料配送和自动流转技术

物料存储与自动配送系统主要包括立体库、AGV 自动导引车和立体库集成管控系统，通过研究生产线物料智能存储与自动配送技术，突破生产线管控系统与自动化物流仓储控制系统集成技术，实现毛坯、半成品、成品、工装的自动出入库和自动运输过程控制，管理任务执行进度和物料流向，最终实现生产线内部物流的自动化管理，大幅减少物料周转等待与查询追踪时间，提升生产线物料精准配送能力。各系统配备有目视化声光报警设备，根据物流输送执行设备状态和物料配送指令执行情况发出对应提示声音或相应灯光颜色，以便操作人员及时掌握设备状态、发送下一任务指令或进行设备故障排查，总体方案如图 11-6 所示，整个系统分为三层，顶层为任务发送层，中间为设备指令调度层，最下面是执行机构层，包括输送带、堆垛机和 AGV 自动导引车。

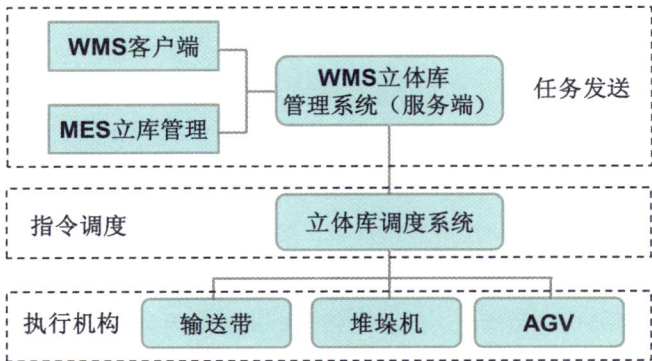

图 11-6　物料仓储与自动配送总体方案

（六）刀具管理技术

刀具数据管理系统通过统一数据库服务各生产环节，实现刀具的全参数量化管理，是实现数字化生产线的必要支撑技术。通过 TDM 刀具管理软件、立体刀库、刀具预调仪等软硬件建设可实现刀具自动存储、刀具预调、刀具数据管理、刀具库房管理、刀具编码管理等，通过接口开发与集成，实现 NX 数控编程软件、Vericut 数控加工仿真软件等与 TDM 数据集成，提高工艺参数量化水平，如图 11-7 所示。

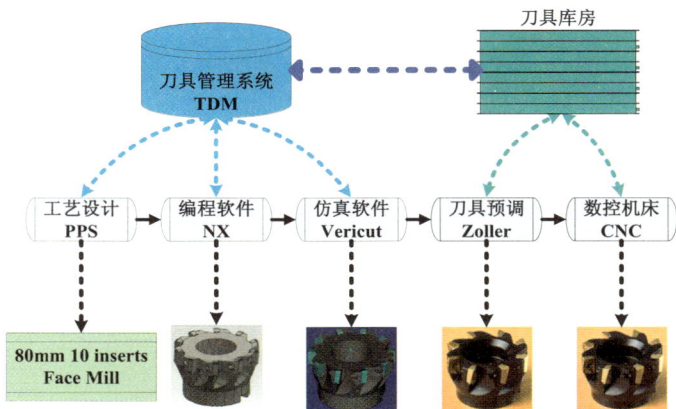

图 11-7　刀具数据管理流程

第三节　下一步工作计划

一、总体思路与工作目标

（一）总体思路

为满足航天装备产业自主化、规模化、产业化、市场化发展，通过积极推进信息技术与航天装备研制、生产、管理等各个环节的融合，不断提升航天产品的数字化智能化水平，发展数字化智能化集成制造体系，采用信息化手段提升经营管理效率效益。结合模式变革，通过深化信息技术在航天制造领域的集成与应用，加快推动航天制造模式向数字化、网络化、智能化、服务化转变，支撑航天智能制造产业体系建设。

航天装备制造业数字化、智能化发展路线中，基于产品三维模型的数字化设计和制造一体化技术是数字化制造中最基础环节，也是数字化车间、数字化工厂、智能化工厂实施的前提；数字化工厂以产品三维模型为核心，整合制造资源与制造工艺，并在数字化环境中对生产过程进行仿真优化，从而指导实际生产过程；在产品全生命周期数据统一管理的基础上，面向企业管理环节，以企业业务流程的优化和重构为基础，集成企业信息流物流、资金流、知识流、服务流，实现企业内外部信息的共享和有效利用。

（二）工作目标

围绕航天强国战略，开展顶层体系化资源统筹，不断推进新兴适用的信息技术与航天装备制造技术深度融合创新，以航天智能工厂为抓手，大力推进生产制造智能化和经营管理智慧化，打造数字化智能化航天产品，构建基于信息化条件下的航天装备新型研发模式，形成国际领先、涵盖航天装备研发制造、经营管理的航天先进装备制造体系和产业发展体系。以促进航天制造核心竞争力提升和转型升级为主线，大力开展航天智能制造的技术研究与应用，示范引领、分步实施，全面推进航天制造自动化、数字化、网络化进程，逐步实现航天制造的智能工艺设计、智能加工与装配、智能管控，大幅提高生产效率、降低制造成本、保证产品的一致性和可靠性，适应快速研制和高强度批产、高密度发射的新常态。航天智能制造实施分三个阶段，如图 11-8 所示。

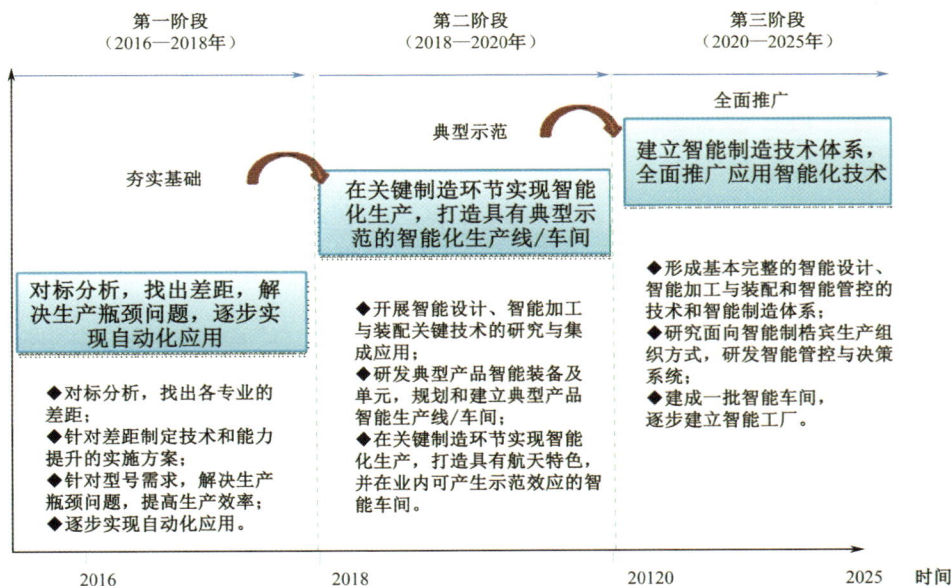

图 11-8 智能制造发展路线图

二、主要工作内容

智能制造项目整体建设框架如图 11-9 所示，针对航天产品高效高品质生产、集成制造等应用需求，采取"系统规划、重点突破、分步实施"策略，开展"全面数字化+局部智能化"的应用实践，主要工作内容包括以下四方面。

图 11-9　智能制造整体建设框架

（一）基于模型的智能化虚拟制造平台

面向产品的虚拟制造过程，以"于模型的企业（MBE）"思想为指导，建立模型与流程驱动的协同设计与协同制造体系，建设基于 MBD 的三维装配工艺、基于知识的智能加工工艺、三维车间虚拟建模与仿真优化等系统，实现设计与制造的协同，提升设计与工艺工作的效率，缩短产品研制周期。

（二）支持航天产品集成制造的智能生产

针对以产品为中心的集成制造模式要求，选择典型型号产品，建设由机加、部装、总装总测生产线构成的集成化智能制造，引入高端数控加工机床、自动钻孔机、智能焊接装备、智能检测设备、立体仓库等一批先进的自动化加工/装配/检测/物流设备，并对关键加工/检测设备进行智能化升级，从而构建数字化、自动化、集成化、智能化、柔性化的制造车间，从工艺装备层面全面提升企业的制造水平。

（三）信息物理融合的智能管控平台

通过工业总线、异构设备集成等物联网手段，建立设备监控系统，实现所有数字化设备的互联互通及其实时状态的智能感知。在此基础上，以"集成化、精益化、智能化"为指导思想，构建由智能化制造执行系统（MES）、虚拟可视化生产管控中心、数据中心、企业资源智能管理及决策支持应用构成的智能车间生产管控平台，初步形成信息物理生产系统（Cyber-Physical Production System，CPPS），实现制造过程的感知、分析、决策与执行控制的闭环，促进透明、有序、高效生产，缩短产品生产周期，降低产品成本，提升产品质量。

（四）智能制造基础环境及标准

为智能制造提供工业互联网络、云平台、信息安全、标准体系等基础支撑。

第四节 存在的主要问题及其发展建议

一、主要问题

对标智能制造，航天制造技术基础较为薄弱，在数字化制造、网络通信、信息化、自动化、人工智能技术等方面与国际先进水平尚有较大差距，具体表现如下。

（1）**数字化技术具有一定基础，仍需整体提升。** 目前，新型号基本实现基于产品三维数模的设计、制造一体化，其他型号产品基本仍靠二维工程图传递设计信息；数字化检测水平落后，缺乏在线原位检测等检测手段；工艺设计主要靠经验指导，虚拟制造与验证能力很低。

（2）**信息化程度较低，深度和广度不足。** 目前，流程和信息化的融合互动已经成为企业管理进步的重要手段。近些年来，随着航天事业和信息化技术的发展，计划、成本、工艺、质量、物资等已部分实现了信息化管控，但信息化融入度低，需要进一步加强信息化建设工作。且车间级的生产过程管理、制造资源管理、生产成本控制等信息化技术及能力水平低下，研制、生产更主要依赖人来管理，难以实现人、财、物资源统一有效的管理。

（3）**自动化的整体水平仍较落后。** 航天制造企业主要作为试制生产厂，多研制、少生产，逐渐形成了专业化、集群式的能力布局，技术手段以手工操作、半机械化、半自动化为主，基于模具、专机等专用制造装备的制造能力及方法落后，难以实现快速反应和制造能力的快速转换，特别是无法实现对于研制状态的变化快速调整与应对；同时，企业存在加工设备智能化、数字化程度不足，装配过程90%以上依靠手工实现，检测设备和手段明显落后等现状。上述现状导致企业自动化水平低，难以满足运载火箭系列产品对高质量、高可靠、高效率、零缺陷的要求，无法满足快速稳定的批生产需求。因此，必须广泛采用高精、高效的自动化制造装备与技术，提高产品质量、降低生产成本、提高生产效率，提升航天产品快速稳定批产能力。

（4）航天智能制造技术储备不足。航天制造的智能设计、智能加工与装配、智能服务及智能管理等领域的关键技术大多没有必要的储备，尚未构成智能制造技术集群，无论是智能制造技术还是智能制造系统，还远达不到工程化实用的程度。另外，先进制造系统所需的人工智能关键技术研究不全面、不深入，人工智能感知、解算、推理、决策等基础理论与方法尚未达到实用化程度；人工智能技术与制造装备的结合尚处于较低层次，只有少数专业的部分装备具有初步的智能能力；制造领域的专家系统与知识库建设与应用未与人工智能技术相结合，缺乏自学习、自重构、自优化等能力。

二、发展建议

（一）大力支持基础技术研究

结合航天装备型号产品研制需求，加强机加和焊接、表面工程、装配知识库、工艺仿真、在线高精度检验、设备故障诊断与维护、智能制造执行系统、制造知识发现等基础技术研究，强化工艺综合集成的应用，注重智能制造技术规范的形成和体系的建立，为航天装备研制提供技术支撑，并促进智能制造技术可持续发展。

（二）着力加强技术创新

加大技术创新力度，加强与战略性新兴产业重大创新发展工程的衔接，在智能制造装备研制不断取得突破的基础上，切实掌握智能制造的关键核心共性技术，鼓励智能制造技术在智能感知、智能决策、智能控制、智能执行方面的自主创新，推动技术成果的工程化应用。

（三）建立依托工程发展机制

建立智能制造技术专项工程，优先支持企业智能制造技术攻关、智能制造装备研发、智能制造生产线/车间建设、智能制造技术推广。

（四）培育优势核心企业

实现企业与高等院校、研究院所的联合，分步实施、重点突破。通过强强联合、产学研合作，加快培育一批具有一定规模、比较优势突出、掌握核心技术、具有型号应用背景的企业，推动智能制造技术示范应用。

（五）推进人才队伍建设

积极营造良好环境，培养一批具有国际领先水平的专家和学术带头人，培养和锻炼一批优秀的从事智能技术和装备研发和创新的团队，培养和造就大量面向高层次需求的实战型工程技术人才。

（六）完善产业发展体系

政府主导制定相关智能化技术应用政策，组织编制智能制造技术体系，及时制订促进行业发展的相关政策和技术标准，充分发挥行业协会、中介组织在行业管理中的积极作用。

第十二章 高技术船舶行业

第一节 行业发展概况

　　船舶工业是为海洋运输、海洋开发及国防建设提供技术装备的综合性产业。2006年，国务院批准《船舶工业中长期发展规划（2006—2015年）》，明确了发展方向和重点任务，全面启动环渤海湾、长江口、珠江口地区等三大造船基地建设。2009年，国务院印发《船舶工业调整和振兴规划》，提出了船舶工业应对国际金融危机，保增长、扩内需、调结构的一揽子政策措施，我国船舶工业在极其不利的市场形势下，保持了平稳较快发展。产业规模迅速扩大，造船完工量、新承接订单量、手持订单量占世界市场比重显著提高；结构调整步伐加快，主流船型形成品牌，高技术船舶、海洋工程装备研发制造取得新进展，船用配套能力不断增强；产业布局得到优化，城市船厂搬迁有序推进，三大造船基地形成规模，发展质量明显改善，我国已经成为世界最具影响力的造船大国之一。

　　虽然我国造船企业的信息化应用取得了长足进步，但与国际先进水平相比，尚存在较大差距。造船设计、制造和管理一体化平台技术处于初级阶段，难以满足中国船舶工业提高企业综合素质和整体效率的需要，并且缺乏具有自主知识产权的造船软件和相关技术，影响了企业信息安全和信息化建设的深入发展。特别是受国际金融危机深层次影响，国际船舶市场需求大幅下降，手持订单持续减少，产业发展下行压力不断加大；国际航运和造船新规范、新公约、新标准密集出台，船舶产品节能、安全、环保要求不断升级；需求结构加快调整，节能环保船舶、高技术船舶、海洋工程装备等高端产品逐渐成为新的市场增长点。世界船舶工业已经进入了新一轮深刻调整期，围绕技术、产品、市场的全方位竞争日趋激烈。同时，我国船舶工业创新能力不强、高端产品薄弱、配套产业滞后等结构性问题依然存在，特别是产能过剩矛盾加剧，"十三五"后三年面临的形势十分严峻，加快结构调整、促进转型升级的任务十分迫切。但也应该看到，我国已经建成了一批高水平的造船基础设施，上下游产业齐全，劳动力资源充裕，国内市场潜力巨大，比较优势依然突出。必须抓住机遇，采取有力措施，深入推进结构调整，不断提高质量效益，为建成造船强国、实施海洋战略积蓄力量和创造条件。

第二节 智能制造推广应用状况及其成效

（一）实现智能制造所需关键技术

（1）生产设计：自主研发了船舶产品数字化设计系统、船舶性能计算及分析软件、结构建模软件等软件，有力支撑船舶建造过程的生产设计。

（2）造船智能装备：自主研制了船体零件智能打磨、吊码智能焊接、轨道式中组立智能焊接、船体外表面智能涂漆以及合拢管智能再现等一系列智能装备，促进了造船效率与质量水平的提升。

（3）生产线集成：国内造船企业纷纷致力于生产线集成技术的研究，部分企业已经构建了型材切割、条材切割、小组立、中径管加工等数字化生产线，并投入应用，显著提升船舶制造效率与质量，行业示范效应明显。

（二）数字化车间/智能船厂

（1）数字化车间：在关键技术突破的基础上，国内骨干船厂如沪东中华、大船重工等开展了数字化车间的建设，对整个行业推广智能制造起到良好的引领作用。

（2）智能船厂：国内船厂纷纷提出了智能船厂升级改造的发展规划，大力引入智能机器人、数控自动化装备，开发 ERP、MES 等专业系统，应用物联网、模拟仿真等前沿科技，全方位改造升级现有厂区、车间，争取在 5～10 年内成为行业领先的智能船厂。

（三）智能制造标准体系

在智能制造技术研究的基础上，行业标准的研制也取得了一定进展。自 2015 年起，中船十一所、中船重工七一六所和振华重工分别编制了《大型船舶智能焊接车间 小组立制造技术要求》、《大型船舶焊接数字化车间 通用技术要求》、《大型船舶焊接数字化车间 平面分段制造技术要求》、《自升式平台桩腿智能焊接工艺参考架构》与《自升式平台桩腿智能焊接数字化车间通用技术要求》等标准草案。

（四）现行推广智能制造的政策措施

（1）编制船舶行业智能制造发展顶层文件：《船舶工业深化结构调整加快转型升级行动计划（2016—2020）》。

（2）加大行业智能制造研究的投入力度：《高技术船舶科研计划智能船舶 1.0》专

项、高技术船舶科研计划船舶智能制造关键共性技术专项、智能制造专项（综合标准化、新模式）、智能制造试点示范项目等。

（3）编制行业发展指导意见：《关于推进船舶工业智能制造指导意见》（征求意见稿）等；

（4）编制智能配套企业发展规划、设计研发项目等：《船舶配套产业能力提升行动计划（2016—2020年）》、智能制造专项（综合标准化、新模式）等。

（5）制定行业"三步走"发展规划：第一步，到2020年，重点推进智能车间建设，实现造船效率质量水平接近日韩；第二步，到2025年，重点推进智能船厂建设，实现造船效率和质量水平高超日韩；第三步，形成船舶智能制造联盟，引领行业技术进步与创新。

第三节　下一步工作计划

一、总体思路与工作目标

（一）总体思路

全面落实《中国制造2025》战略部署，紧密围绕建设"造船强国"战略目标，以提升我国造船质量、效率和效益为核心，将智能制造作为船舶工业强化管理、降本增效的主攻方向，大力推进数字化、网络化和智能化技术在船舶以及配套设备设计制造过程中的应用。夯实船舶精益制造基础，普及数字化、自动化制造。重点实施船舶中间产品智能制造，加快建设船体分段、智能涂装、智能管子加工等示范智能车间和智能生产线。大力推广船舶配套设备智能制造新模式，开展智能车间/工厂示范，全面推进船舶及配套设备设计、制造、管理、维护、检验等全流程的智能化。

（二）工作目标

整体实施三步走战略，到2020年，实现我国造船效率和制造质量要接近日韩水平，到2025年赶超日韩的发展目标，如图12-1所示。

第一步，以智能车间为对象，开展船舶工艺设计智能化，构建工艺数据库，实现车间制造自动化与智能化、车间智能管控，形成面向车间的智能制造基础，到2020年，实现我国造船效率和质量水平接近日韩。

第二步，以打造智能船厂为目标，突破船舶智能制造的信息高度集成与大数据应用，形成数字化的虚拟船厂，打造智能船厂，建立智能船厂的示范与应用推广，到 2025 年，实现造船效率与质量水平赶超日韩。

第三步，以船舶智能制造联盟为目标，建立智能船厂的动态联盟，引领船舶智能制造技术进步与创新。

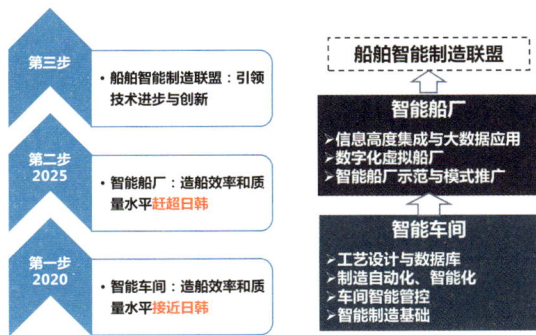

图 12-1　船舶智能制造的三步走战略

二、主要工作内容

（一）船舶智能车间

以船舶智能制造三步走战略的第一步——智能车间为对象，围绕船体分段制造、管子加工和分段涂装等关键生产环节，研究突破船舶智能车间关键共性技术，形成船舶智能制造的核心技术和系统集成能力，以及一系列行业共享的软件系统、数据库及智能制造系统，有力支撑我国骨干造船企业船舶智能制造技术水平、造船质量和效率的显著提升，为进一步构建智能船厂、实现我国船舶工业由大到强打下坚实基础。船舶智能车间的主要工作方向如图 12-2 所示。

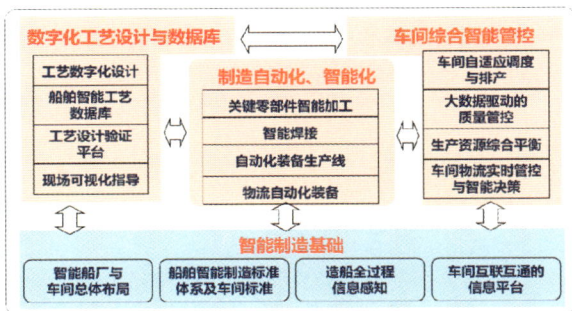

图 12-2　船舶智能车间工作方向

1. 数字化工艺设计与数据库

构建统一的三维数据源，提高设计的完整性、准确性和快速性，建立智能制造的核心工艺基础，有效指导现场施工，减少设计差错率和现场返工率。重点开展以下工作内容：

（1）完善三维生产设计水平，强化工艺数字化设计。

（2）构建智能加工成形、焊接及涂装工艺与数据库。

（3）建立基于虚拟仿真的工艺设计验证平台。

（4）实施基于三维模型的现场作业可视化指导。

2. 制造自动化、智能化。

实现制造过程的全面自动化、智能化，大幅提升建造质量和效率，显著改善劳动作业环境，降低人员健康损害。重点开展以下工作内容：

（1）推进关键零部件智能加工。

（2）推进造船智能焊接。

（3）扩大生产自动化装备及生产线应用。

（4）积极投入物流自动化装备。

3. 车间综合智能管控

实现车间建造过程全要素的实时感知、智能决策与管控，显著提升车间管控的实时性、科学性与准确性，全面提高管理效率与水平。重点开展以下工作内容：

（1）车间自适应调度与排产。

（2）大数据驱动的质量管控。

（3）车间物流实时管控与智能决策。

（4）生产资源的智能综合平衡。

4. 智能制造基础

构建支撑智能车间建设的互联互通信息平台，完成智能船厂推进的整体方案设计、标准体系建设以及实施造船全过程实时智能管控的信息感知基础。重点开展以下工作内容：

（1）智能船厂与车间总体设计。

（2）船舶智能制造标准体系及车间标准。

（3）造船全过程信息感知。

（4）车间互联互通的信息平台。

（二）智能船厂

重点推进造船智能计划排产、智能生产协同、智能设备的互联互通、智能资源管理、智能质量过程管理、智能决策支持等六个方面工作，建立智能造船模式。智能船厂的基本框架如图 12-3 所示。

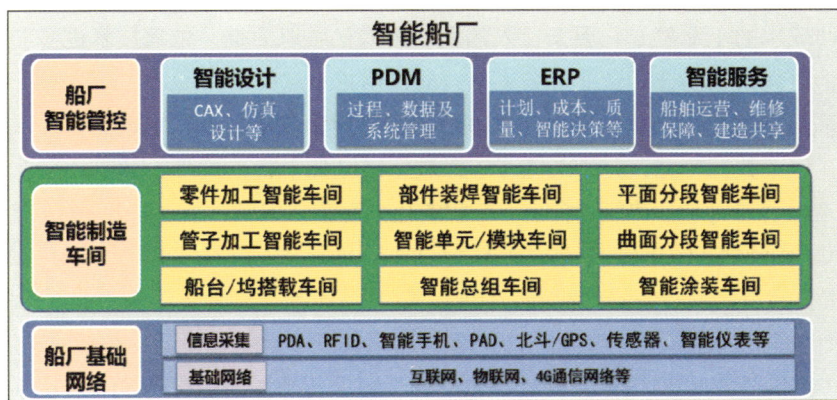

图 12-3　智能船厂基本框架图

1. 全面信息集成与大数据应用

全面集成 PDM、ERP 和 MES 系统，统一船舶制造过程的数据源，打通设计所与车间的数据通道、设计与制造的信息通道，建立船舶制造的工艺、质量和制造状态等大数据平台。

2. 构建数字化虚拟船厂

构建集成工艺仿真，资源规划以及数字化制造相结合的数字化虚拟制造平台，形成模拟船舶智能制造全过程的虚拟船厂，实现对船舶智能制造的虚拟。

第四节　存在的主要问题及其发展建议

一、主要问题

我国船舶工业在新世纪以来发展迅猛，初步建成了较完整的船舶工业体系，并于2010 年开始持续在造船完工量、手持订单量和新接订单量上领先韩日等造船强国，成为第一造船大国。然而，与世界先进水平相比，我国船舶工业仍然大而不强，产业发展方式仍以要素投入为主，在自主创新能力、生产效率、资源利用率、装备自动化、信息化程度、质量效益等方面仍存一定差距，转型升级和跨越发展的任务紧迫而艰巨。

以生产效率为例，目前我国造船效率是韩国的 1/3，日本的 1/4，国内与韩国现代集团造船产量相当的某大型造船集团，其用工人数达 10 余万人，是现代集团的近 3 倍；随着劳动成本的不断攀升，要素投入的发展方式已难以为继，依靠技术进步与创新提高效率，对保持我国造船企业市场竞争力的作用越来越突出。

物联网及大数据技术方面：在物联网先行应用领域积累了一定数据量和取得了一些应用，但在数据挖掘、分析、综合等大数据领域处于起步阶段。

制造过程自动化、智能化方面：在智能化方面整体偏低，国内船企 2013 年统计的焊接自动化率平均 16.9%，某先进船厂为 20%，而韩国三星船厂目前自动化率达到了 68%，主要涉及切割、焊接、喷砂、涂装、管路焊接等工艺方面。

设计与管理数字化、智能化方面：骨干船厂实现了数字化设计、业务管理信息化，构建了 CIMS 系统；但设计完整性、准确性、标准化等方面仍有不足；管理系统在使用范围（模块数量）、应用深度、各系统间的数据交换与复用等方面存在一定差距；生产管理精细度不高，管理决策依靠人员经验，智能决策支持手段匮乏，尚未应用人工智能技术对海量数据进行处理，实现钢材堆场管理、车间场地计划、分段堆场计划等的智能决策支持。

二、发展建议

随着新一代信息通信技术的快速发展及与先进制造技术不断深度融合，全球兴起了以智能制造为代表的新一轮产业变革，数字化、网络化、智能化日益成为未来制造业发展的主要趋势。船舶行业需要抓住机遇，着力开展海工装备及船舶制造的设计智能化、生产智能化、管理精细化和信息集成化转型升级工作。

1. 加强组织领导，完善智能制造的推进工作机制

成立推进海洋工程装备及高技术船舶领导小组和专家指导组，承担总体策划和面向行业企业的工程建设方案分析评估、技术路径分析、协作分工、统筹协调等职能。各企业注重把推进海洋工程装备及高技术船舶智能制造作为首要目标，分步组织实施各项行动计划，实现相互促进，共同发展。实行企业主要领导责任制，加强对海洋工程装备及高技术船舶行业智能制造的贯彻落实和组织保障，结合实际制定相关实施计划，推进企业各部门之间协同工作，构建紧密配合、运转高效的工作体系。

2．组建智能制造创新中心，完善智能制造创新链

建立和完善海洋工程装备及高技术船舶行业智能制造创新链。以工业软件、智能检测装备、智能制造装备、系统集成等共性技术和装备为抓手，大力培育扶持一批智能装备的供应商、软件开发商和系统集成商，组建技术创新联盟和创新中心，形成强有力的海洋工程装备及高技术船舶行业智能制造创新链，支撑行业智能制造水平的提升。

3．加强服务产业培育，走向产业中高端

抓紧推进"中国船舶制造+互联网"，加快构筑自动控制与感知技术、工业云与智能服务平台、工业互联网等智能造船工程新基础，着力提升船舶制造业创造创新服务系统解决方案、标准体系、信息安全保障等支撑能力，促进海洋工程装备及高技术船舶工业向"制造+服务"延伸，注入制造智能化基因，促进船舶产业走向中高端。

4．积极开展经验交流，发挥示范企业引领作用

跟踪"德国工业4.0"和"美国工业互联网"战略计划的最新动态，围绕智能制造技术、标准制定和应用示范，开展与国外先进造船企业的交流，不断吸收其船舶智能制造的新技术和新理念。

5．鼓励企业智能化自主创新

对在海洋工程装备及高技术船舶行业的智能装备、智能流水线、智能车间建设方面取得重要成果的示范企业，要及时总结经验和不足，开展试点示范及经验交流，积极推动信息共享和机会分享，为开展多双边智能制造合作和共同发展创造良好的条件。

第十三章　汽车行业

第一节　行业发展概况

2016年汽车行业加大供给侧改革力度，产品结构调整和更新步伐持续加快，产销量呈现逐月增高态势。2016年汽车产量为2 811.88万辆，销量为2 802.82万辆，产销同比增速重回两位数较快增长，分别达到14.46%和13.65%，增幅比2015年提高了11.21个百分点和8.97个百分点。其中乘用车产量2 442.07万辆，销量2 437.69万辆；商用车产量369.81万辆，销量365.13万辆，同比增长8.01%和5.8%。

汽车整车生产有完整的标准化生产体系，自动化生产水平非常高，在整体制造业中处于领先水平。经过20多年的发展，国内汽车企业大部分都已经有一套完整的信息化管理系统，包括企业资源计划系统（ERP）、生产制造执行系统（MES）、供应链管理系统（SCM）、底层生产控制系统等，为实施智能制造提供了良好的基础条件。在中国整车及零部件生产企业中，有一些企业已经开始实施智能制造，并取得了很不错的效果。

国内汽车及零部件企业都非常重视智能化工厂的建设，可以利用国内、外企业提供的软、硬件装备进行系统集成，完成从自动化生产线到数字化车间甚至数字化工厂的升级或者新建工作。截至2016年年底，国内有多家汽车及零部件企业获得了工信部智能制造试点示范项目和专项资金支持。根据2015年年底西门子公司对国内合资及自主品牌乘用车的调查，如图13-1所示，我国乘用车车制造企业自动化达到了工业3.46水平[1]，具有非常好的智能制造实施基础。

---

[1] 王新：《中国汽车制造工业4.0现状调查与分析》，《重型汽车》2016年第6期。

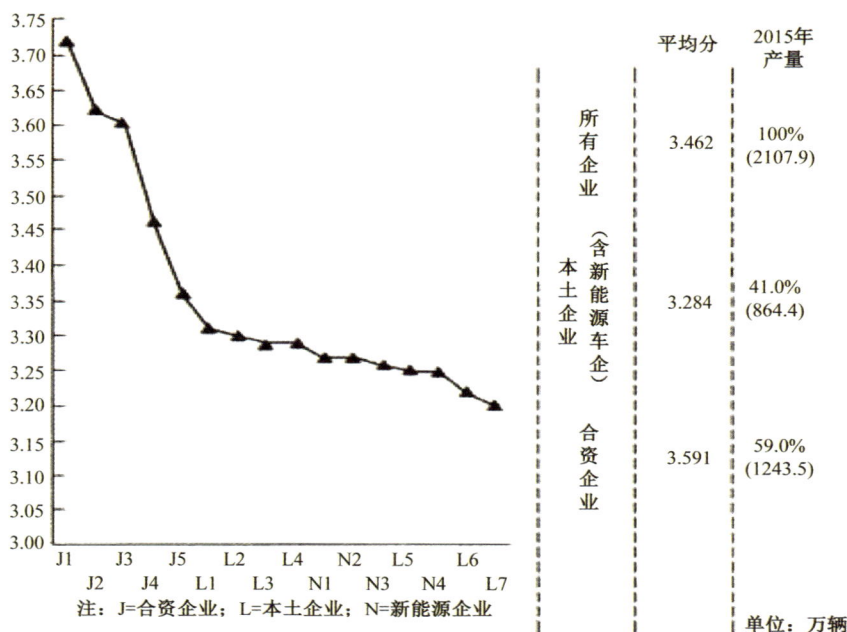

图 13-1　我国乘用车整车厂的工业水平评估结果

第二节　智能制造推广应用状况及其成效

一、实现智能制造所需关键技术

作为汽车及零部件企业，是以智能制造技术与装备的应用客户身份存在的，在选择智能制造技术与装备供应商方面自由度比较大，不仅仅局限在本国供应商，而可以在全球范围内进行筛选、比较，选择合适自身当前制造体系和未来发展的技术和产品。就汽车企业本身来说，在智能制造实践过程中需要自身投入力量解决的关键技术有三个方面，一是数字化双胞胎，二是系统集成，三是大数据挖掘与分析利用。

（一）数字化双胞胎

从汽车产业的应用实例看，数字化双胞胎是利用三维仿真软件对产品的全生命周期进行建模，完成从产品设计、生产规划、工厂组态、生产制造直到服务五大环节打造统一的无缝的数据平台，形成基于数字模型的虚拟企业和基于自动化技术的现实企业镜像。目前，汽车企业数字化双胞胎建设工作主要体现在三个方面：一是产品设计，二是生产制造，三是数字化工厂，如图 13-2 所示[2]。

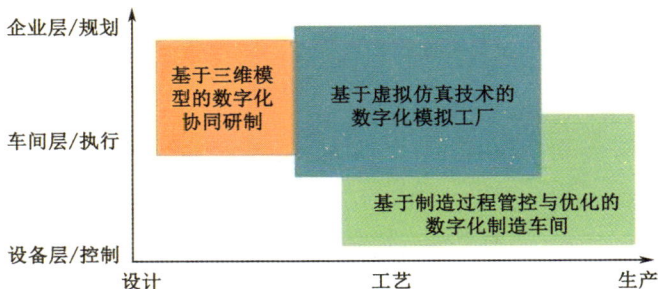

图 13-2　汽车企业数字化双胞胎建设工作

采用三维仿真技术应用于产品设计、工厂规划及生产制造工艺优化后，企业能够减少 30%产品上市时间，减少 65%的设计修改，减少 40%的生产工艺规划时间，提高 15%生产产能，降低 13%生产费用。[3]

数字化双胞胎最终要把"现实制造"和"虚拟呈现"融合在一起，通过遍布全厂的海量传感器采集现实生产制造过程中的所有实时数据，这些数据数量非常巨大，可实时、快速地反映生产中的任何细节。基于这些生产数据，在计算机虚拟环境中，应用数字化模型、大数据分析、3D 虚拟仿真等方法，可对整个生产过程进行仿真、评估和优化，使虚拟世界中的生产仿真与现实世界中的生产无缝融合，利用虚拟工厂的灵活可变优势，来促进现实生产。

（二）系统集成

在虚拟与现实之间，需要实现数据传输，企业要完成信息化平台集成工作，打通各个信息链，消灭信息孤岛是关键。因此，智能制造要在数字化工厂的基础上实现全流程端对端互联，对整个制造环节进行水平整合和垂直整合，打造一个互联工厂。

赛博物理系统 CPS 是实现智能制造的路径之一。对汽车企业来说，首先要完成虚拟环境系统，即数字化模型的集成，就是打通从产品设计到制造，再到维护整个流程的数字化模型，实现产品全生命周期 PLM 的数字化模型统一管理，建立基于模型的企业 MBE；第二步，完成企业信息管理系统的全面集成，包括从 ERP 到 MES 到自动化设备信息管理纵向集成，从产品研发到售后服务的横向集成，从客户关系管理到供应链管理的端到端集成，实现全方位的信息流、数据流畅通无阻。第三步，将虚拟的数

---

[2] 张国军，黄刚：《数字化工厂技术的应用现状与趋势》，《航空制造技术》2013 年第 8 期。

[3] UGS，华中科技大学：《中国汽车制造行业与数字化制造——价值体现与发展趋势》报告，2007.3

字模型集成系统与企业信息管理集成系统再进行集成，实现企业级的 CPS。

基于模型的企业（Model Based Enterprise，MBE）是建立在 3D 产品数据定义和共享重用基础上的全集成和协同的工作环境，具有高度的智慧、快速的反应能力、优良的人机友好性和知识共享性，可基于模型进行多学科、跨部门、跨企业的产品协同设计、制造和管理，支持技术创新、大或小批量定制和绿色制造。国内只有个别汽车企业正在尝试建立 MBE，但要打通设计和制造仍然还有非常多的困难要克服。图 13-3 是国内某航空企业实施 MBE 的技术框架。[4]

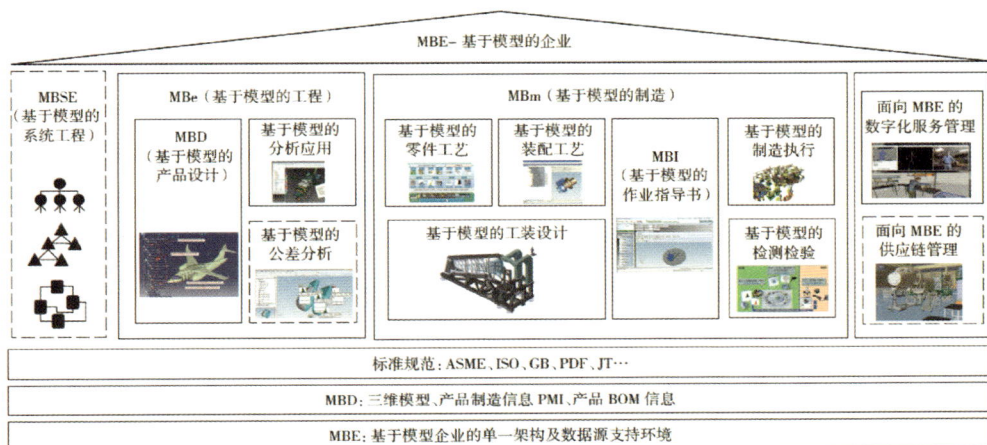

图 13-3　基于模型的企业技术框架

信息管理系统的全面集成是在企业内部实现了 ERP 数据到车间设备层传感器级别数据的纵向集成；实现了从产品研发到售后服务的横向集成；建立产业链协同平台，实现了从原材料供应到客户的端到端集成。图 13-4 是企业智能制造信息管理系统的全面集成框架图。[5]

国内大多数汽车企业已经实现了纵向集成，有的企业也实现了端到端集成，而横向的数字化模型集成，由于设计端到制造端的打通仍然有障碍，严格意义上说，从产品研发到售后服务的数字化模型横向集成，即建立完整的 PLM 数字化模型管理，汽车企业还没有真正实现。另外，三种单一集成完成后如何再集成为一个完整系统，汽车企业也在探索之中。其中，有汽车企业采用西门子的解决方案建立数字化工艺、工厂双胞胎，如图 13-5 所示，一方面打通 PLM 数字化模型管理平台，另一方面，实现横向集成与纵向集成的再集成。

---

[4]　饶有福：《基于模型的企业(MBE)在航空业实践与展望》，《航空制造技术》2015 年第 18 期。

[5]　胡志强：《汽车产业智能制造中的信息化系统集成》，《汽车工艺师》2016 年第 7 期

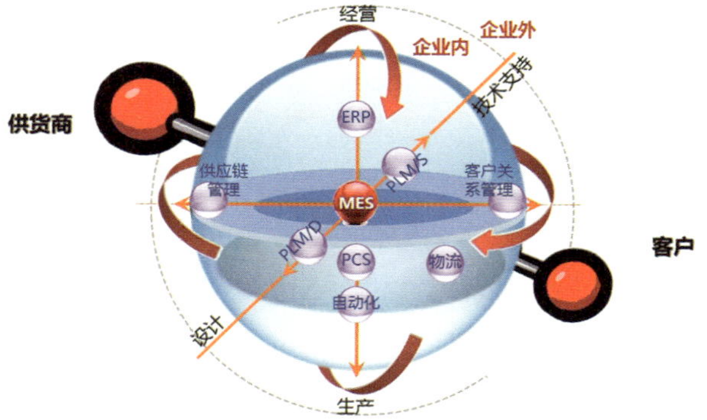

图 13-4　智能制造信息管理系统的全面集成框架

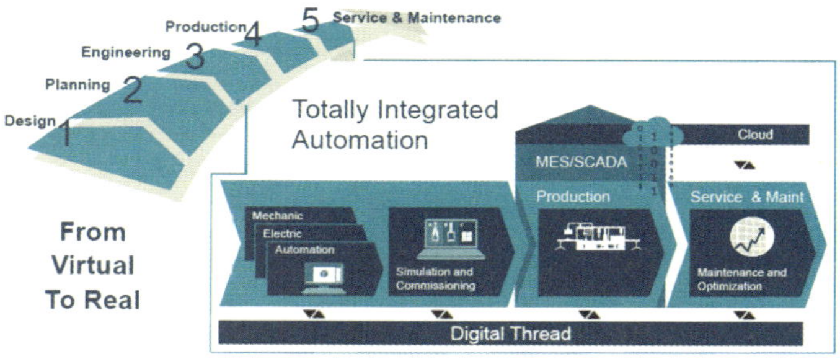

图 13-5　西门子数字化管理与数字化产线集成框架

在企业级信息集成管理方面，国内汽车企业可通过物流供应链系统（OTD）平台建设，集成设计、制造、质量、物流各环节信息系统，实现智能化管理。其流程框架如图 13-6 所示。[6]

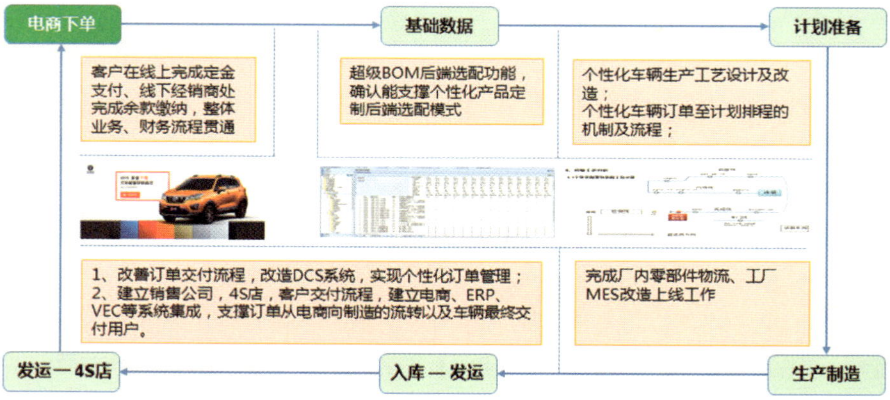

图 13-6　国内某汽车企业个性化定制流程

---

[6] 吴劲浩：《长安汽车智能制造探索与实践》，《汽车工艺师》2016 年第 3 期。

目前，国内汽车企业有很强的管理平台系统集成能力，国内也有实力较强的自动化生产线集成供应商为整车企业完成自动化生产线、智能生产管理系统的建设与集成工作。

（三）大数据挖掘与分析利用

汽车产业智能制造看，大数据将在三个方面为企业的智能制造提供服务：一是生产过程中产生的大数据采集、分析与应用；二是产品大数据分析与应用；三是市场大数据分析与应用。

汽车制造企业中生产线处于高速运转，由工业设备生产、采集和处理的数据非常复杂而多变。这些数据是由生产线上安装的数以千计的小型传感器来探测的温度、压力、热能、振动和噪声信息。利用这些数据可以实现很多形式的分析，包括设备诊断、用电量分析、能耗分析、质量事故分析、生产线物联网分析、供应链优化、生产计划与排程优化等。

装备状态信息采集对汽车制造厂的意义在于检测和评价现场连续工作的可靠性，实时检测生产使用状况、了解设备状态、跟踪反馈优化设计、适时调整生产流程工艺。在研发样机和小批量产品的情况下，可以早期及时发现故障点和故障规律，有利于设计改进；对设备使用而言，可以实时掌握设备故障情况和设备利用情况，进而修改计划提高生产效率。

汽车产品每天产生大量数据，如果将这些数据利用工业互联网手段整合出来提供给客户，可能会实现工业产品能源效率的提升；而工业企业合理利用这些数据，也能促进自身以更快的速度发展。

汽车产品通过 TBOX 将车身数据与用户数据通过无线互联网上传，采用私有传输协议进行传输。上传数据在云服务中心利用实时数据库进行存储，再通过数据分析引擎进行分析，获得分析结果，进而向车主提供服务信息或进行产品更新和开发。

通过大数据来分析市场当前的需求变化和组合形式是大数据应用的又一个层面。大数据是一个很好的销售分析工具，通过历史数据的多维度组合，可以看出区域性需求占比和变化、产品种类的市场欢迎程度以及最常见的组合形式、消费者层次等，以此来调整产品策略和铺货策略。

由此可见，三维仿真软件、系统集成（包括系统软、硬件）、大数据（云计算）技术是汽车产业智能制造的关键技术。

二、智能制造装备

制约国内汽车企业实现智能制造的因素，一是智能制造装备缺失，二是基础智能制造装备缺失，不仅是硬件缺失，软件缺失更为严重和紧迫。

　　智能制造整个系统是实现产品生产制造过程数据采集、传输、分析并对数据进行分析、判断，进而对目前制造情况进行自动决策和下达生产制造命令、执行制造命令的硬件设备、软件系统总和。每个关键环节都有相关的技术和产品作为支撑完成特定的功能。如图 13-7 所示。

图 13-7　智能制造系统

　　目前，国内整车企业已经 100%实现了核心工艺全自动化，自动化装备包括：数控机床（如发动机车间，金属加工设备的数控化率达到 90%以上）、工业机器人（已在整车制造的冲压、焊装、涂装、总装"四大工艺"中广泛采用工业机器人）、物流输送系统（AGV、程控葫芦、自动化输送线、自动化滚床和自动检测装备）。如国内某汽车企业在 2015 年新建的汽车制造厂共有机器人 232 台，涉及冲压、焊装、涂装、总装等多道工艺过程。冲压车间新建国际先进水平的全封闭自动化冲压线一条，采用国内 2 500t 伺服压力机，横杆机器人上下料自动线；焊装车间为国际先进水平的快速高柔性焊装线，国内自主研制，187 台机器人，全线自动化生产，高速（51 秒完成 1 台车）、高柔性（4 平台 6 车型）；涂装车间有 32 台喷涂机器人，另有 6 台机器人实现自动化 PVC底涂、裙边胶；总装车间采用 AGV 等先进总装系统、SPS (Set Parts System)配送；发动机工厂导入由加工中心和多轴箱加工专机组合而成的智能加工线，在装配环节率先大规模采用世界先进的电动扳手，拧紧精度完全符合品质规格要求；生产车间每个设备控制柜中均配有主 PLC（可编程控制器）。

在智能制造新浪潮的推动下，汽车行业成为智能制造技术应用的引领者。在汽车生产车间，应用的智能制造技术包括：工厂和生产线规划仿真技术、自动控制技术、自动识别技术（RFID、条形码等）、自动化生产调度及物料配送技术（MES、SPS等）。在汽车车身焊接生产线上有智能化自适应焊接控制器，通过网络互联技术实现焊接参数的自动控制，数据可追溯，让焊接过程管理更加准确且智能化；在焊装车身总拼线和涂装全车间都部署了RFID芯片自动读写的识别系统模块，依靠该技术根据读取的车型信息实现自动作业的柔性定位、柔性输送、设备柔性切换和校验报警等功能。在生产物流方面，实施了AGV管控系统。另外，还能通过导入智能叉车、汽缸推杆机构设备硬件配合系统软件，实现了零部件从仓储堆位至生产使用岗位全过程物流环节智能自动化作业，可以根据实时生产进度拉动零部件备件与配送，同时利用系统/相关硬件监控管理，确保内部生产物料供应精准化。在发动机工厂，还有企业构建了"SPS配送物流+无线射频识别+互联网"的智能物流指示系统，有效提高了零件分拣准确性，同时，通过利用视觉识别等先进技术，大大提高了装配现场的作业效率。

在汽车产品制造过程中，对生产制造的执行机构，如高档数控机床、机器人、大型高精度伺服冲压机、成套自动化生产装备等重大装备往往比较重视，国家给予的支持力度比较大，这方面也取得了一些进展，但这只是智能制造整个系统中执行制造命令的硬件设备一个环节，在数据采集、传输、分析、决策系统等环节均要采购外方设备才能满足要求。

三维仿真软件是构建数字化工厂的工具，ERP系统、MES系统和生产装备控制系统集成是企业实现信息化的基础。就整个智能制造系统来说，在管理层，国内还无法满足汽车制造企业对ERP的需求；在设备控制层，其核心产品PLC，目前在国内汽车制造行业的市场也是空白；用于产品研发设计、制造、测试的高端三维仿真软件全部被国外企业垄断。

三、数字化工厂

数字化工厂分为两个方面，一个是虚拟数字化工厂，另一个是实体数字化工厂。以前往往强调的是虚拟数字化工厂，如传统的数字化工厂定义：是以产品全生命周期的相关数据为基础，在计算机虚拟环境中，对整个生产过程进行仿真、评估和优化，并进一步扩展到整个产品生命周期的新型生产组织方式。也有人误认为，在全自动化工厂基础上加上 MES 系统就是数字化工厂。这两种认识都是不全面的，只有将虚实结合，进行优化分析，才形成真正的数字化工厂。如果严格按照虚实结合的标准衡量，那么国内汽车企业还没有一家真正的、完善的数字化工厂，国内汽车企业目前只实现了数字化工艺、数字化车间，数字化工厂仍然在路上。

在汽车制造环节，汽车企业已经使用数字化工厂软件对制造设备、生产线、工艺、物流等进行建模仿真，减少制造调试时间和制造成本。国内汽车企业使用数字化工厂软件的历史可追溯到 1999 年，上汽大众在帕萨特发动机生产线引入数字化工厂软件，对发动机生产线进行规划和验证。此后，在 2007 年，上汽大众又对白车身焊接、涂装及总装的输送和仓储系统进行仿真、优化及针对跨线传输系统建立模块化和客户化的定义。国内最早使用数字化工厂软件的是一汽集团，于 2005 年开始进行数字化工厂建设，但国内企业大范围进行数字化工厂建设的时间是 2014 年以后。2015 年年底，西门子公司依据对国内部分整车企业的调查给出了企业生产线在数字化制造模型方面建设的情况，如图 13-8 所示。[7]

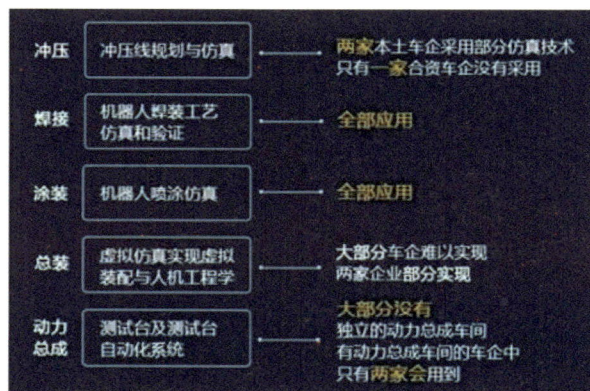

图 13-8　整车企业产线在数字化制造仿真模型应用情况调查结果

对于大部分整车企业来说，车身焊接和涂装生产线是整车生产工艺中装备自动化水平最高的两个环节，采用了大量机器人和自动化设备，可实现全自动生产。因此，提高生产线的柔性化，实现多车型共线生产，并最终实现大规模定制化生产，焊接和涂装工艺是最关键的两个环节。又因该两个工艺的复杂性和特殊性，在生产系统规划阶段，企业对生产线进行模拟，依据工艺流程和预估的故障情况，准确且尽早地确定瓶颈资源，可以大大地缩短生产周期，在时间方面更好地满足订单的要求；通过建模，

[7] 王新：《中国汽车制造工业 4.0 现状调查与分析》，《重型汽车》2016 年第 6 期。

仿真充分考虑和体现生产系统的复杂性和随机性，在生产之前较为准确地确定瓶颈工序，从而指导生产，使企业在保证较短的生产提前期的同时，大大节省人力和物力。所以，众多整车企业对这两个工艺环节非常重视，加之两个工艺人为因素干扰小，因此企业大都最先在这两个工艺环节进行设备建模，工艺仿真和验证。

但是，要将虚实结合，实现真正的数字化工厂，尚需要工业互联网平台技术。工业互联网平台是全球工业系统与高级计算、分析、传感技术以及互联网的高度融合；利用大数据、复杂分析、预测算法等能力，提供理解智能设备产生的海量数据的方法，能够帮助选择、分析和利用这些数据，从而带来网络优化、维护优化、系统恢复、机器自主学习、智能决策等益处，最终帮助工业部门降低成本、节省能源并带动生产率的提高。目前，国内的家电、工程机械、航天等领域都有企业建立了适用于本行业的工业互联网平台，汽车领域还是空白。国外的 GE 公司和西门子公司都在和国内的汽车企业进行多方接触，希望将 Predix 平台或 MindSphere 平台引入汽车行业，抢占市场。

四、推动智能制造发展的政策措施

国家将智能制造作为《中国制造 2025》的主攻方向，2015—2017 年，工信部发布了《关于开展智能制造试点示范专项行动实施方案》和《智能制造综合标准化与新模式应用专项》等鼓励政策，先后有多个汽车项目获得试点示范项目和专项支持，见表 13-1。

表 13-1 2015—2017 年《智能制造综合标准化与新模式应用专项》中的汽车专项

项目名称	申报单位	公示时间
新能源汽车动力电池系统智能制造数字化车间综合标准化与试验验证系统	中国科学院沈阳自动化研究所	2015 年
新能源客车智能化工厂	湖南南车时代电动汽车股份有限公司	2015 年
锂离子动电池数字化车间建设	宁德时代新能源科技有限公司	2015 年
长安汽车城节能与新能源汽车智能柔性焊接新模式	重庆长安汽车股份有限公司	2015 年
大中型发动机缸体数字化铸造车间	广西玉柴机器股份有限公司	2015 年
宇通客车节能与新能源客车模块化、柔性化智能制造新模式	郑州宇通客车股份有限公司	2015 年
新一代纯电动汽车 IEV5 智能制造新模式	安徽江淮汽车股份有限公司	2015 年
高性能车用锂电池及电源系统智能生产线	中航锂电（洛阳）有限公司	2015 年
铸铁缸体缸盖智能制造新模式	重庆机电控股集团铸造有限公司	2015 年

中国智能制造绿皮书（2017）

续表

项目名称	申报单位	公示时间
汽车复杂锻件智能化制造新模式	湖北三环锻造有限公司	2015 年
新能源汽车智能制造运行系统关键技术标准及验证	宁波吉利汽车研究开发有限公司	2016 年
整车制造智能工厂运行管理标准研究与试验验证	中国汽车工业工程有限公司	2016 年
智能网联汽车系统及通信标准化研究与试验验证平台建设	中国汽车工程研究院股份有限公司	2016 年
新能源汽车耦合及控制系统智能制造新模式应用项目	江苏绿控传动科技有限公司	2016 年
提升高附加值功能化汽车玻璃制造的智能工厂建设	福耀玻璃工业集团股份有限公司	2016 年
新能源汽车电机智能制造新模式应用	卧龙电气集团股份有限公司	2016 年
高硅铝合金无缸套发动机缸体 3000 吨高真空压铸智能车间新模式应用	营口华润有色金属制造有限公司	2016 年
基于装备智能化和工业大数据的高端柴油发动机智能工厂建设	潍柴动力股份有限公司	2016 年
新能源汽车动力电池生产智能化工厂	浙江天能能源科技有限公司	2016 年
中车电车新能源客车柔性制造智慧工厂	浙江南车电车有限公司	2016 年
新能源汽车锂动力电池智能工厂	合肥国轩高科动力能源有限公司	2016 年
汽车铝合金铸件智能车间新模式应用项目	浙江瑞明工业股份有限公司	2016 年
长安汽车智能柔性高速冲压新模式应用	重庆长安汽车股份有限公司	2016 年
高效环保多缸小径柴油机智能制造新模式	昆明云内动力有限公司	2016 年
汽车纵梁柔性制造数字化车间	一汽解放青岛汽车有限公司	2016 年
商用车铝合金车轮智能制造新模式应用	华安正兴车轮有限公司	2016 年
新能源汽车用橡胶密封件智能制造新模式	安徽中鼎密封件股份有限公司	2016 年
基于产品定制化背景下的客车智能制造新模式	中通客车控股股份有限公司	2016 年
轻量化汽车覆盖件精密成型数字化车间	合肥亿恒机械有限公司	2017 年拟
节能环保大功率发动机智能工厂新模式应用项目	安徽华菱汽车有限公司	2017 年拟
面向新能源汽车大规模个性化定制的智能制造新模式	北京汽车股份有限公司	2017 年拟
节能与新能源汽车自动变速器智能制造新模式应用	中国长安汽车集团股份有限公司	2017 年拟
轻量化汽车关键压铸件及模具智能制造新模式	大连亚明汽车部件股份有限公司	2017 年拟
轻量化汽车底盘关键零部件智能工厂新模式	广西汽车集团有限公司	2017 年拟
减震器智能制造数字化车间技术改造	南阳淅减汽车减振器有限公司	2017 年拟
节能汽车转向系统智能制造新模式	豫北转向系统股份有限公司	2017 年拟
高比能锂电子动力电池智能工厂	湖北金泉新材料有限责任公司	2017 年拟
轻量化汽车关键零部件智能制造新模式	襄阳美利信科技有限责任公司	2017 年拟
高端汽车轮毂轴承智能制造新模式	湖北新火炬科技有限公司	2017 年拟

186

续表

项目名称	申报单位	公示时间
节能与新能源汽车动力电池智能工厂	湖南科霸汽车动力电池有限公司	2017 年拟
节能与新能源汽车轻量化车身制造智能工厂	长春吉文汽车零部件股份有限公司	2017 年拟
新能源汽车智能充电设备远程运维服务及数字化制造车间	万帮充电设备有限公司	2017 年拟
支持产品质量持续优化的轻量化发动机数字化车间建设	潍柴动力扬州柴油机有限责任公司	2017 年拟
新型高能锂离子电池智能制造项目	江苏富朗特新能源有限公司	2017 年拟
高强度轻量化汽车关键零部件智能制造新模式应用	江苏汤臣汽车零部件有限公司	2017 年拟
新能源汽车驱动电机数字化车间建设	江西特种电机股份有限公司	2017 年拟
新能源汽车锂离子动力电池智能工厂	孚能科技有限公司	2017 年拟
新能源汽车动力电池材料智能工厂新模式应用	宁波杉杉新材料科技有限公司	2017 年拟
高安全长寿命锂离子动力电池智能工厂建设	青海时代新能源科技有限公司	2017 年拟
镁基（锂电）电动汽车电池智能制造新模式应用	青海绿草地新能源科技有限公司	2017 年拟
节能与新能源汽车高性能动力电池智能制造新模式	陕西德飞新能源科技集团有限公司	2017 年拟
节能与新能源汽车变速器智能制造新模式应用	上海汽车变速器有限公司	2017 年拟
锂电子动力电池 Pack 组装高柔性数字化工厂	欣旺达电子股份有限公司	2017 年拟
节能与新能源汽车底盘及动力系统轻量化关键零部件智能制造新模式应用	四川建安工业有限责任公司	2017 年拟
新一代电动汽车动力电池智能工厂建设	天津力神电池股份有限公司	2017 年拟
微宏动力系统（湖州）有限公司	年产 2.5GW·h 锂离子动力电池及系统数字化车间	2017 年拟
新能源汽车电控系统新模式应用	重庆集诚汽车电子有限责任公司	2017 年拟
轻量化乘用车变速器齿轮制造数字化车间	重庆蓝黛动力传动机械股份有限公司	2017 年拟

2016 年，工信部、财政部联合发布的《智能制造发展规划（2016—2020 年）》指出，将发展智能制造作为长期坚持的战略任务，分类分层指导、分行业分步骤持续推进。围绕《中国制造 2025》十大重点领域，试点建设数字化车间/智能工厂，加快实现智能制造所需关键技术装备的集成应用，促进制造工艺仿真优化、数字化控制、状态信息实施监测和自适应控制。

2017 年，工业和信息化部、国家发展改革委、科技部联合印发的《汽车产业中长期发展规划》提出：力争经过十年持续努力，迈入世界汽车强国行列。其中特别强调了鼓励发展先进车用材料及制造装备，加快 3D 打印、虚拟与增强现实、物联网、大数据、云计算、机器人及其应用系统等智能制造支撑技术在汽车制造装备的深化应用。

第三节　存在的主要问题及其发展建议

我国汽车企业能够综合利用各国的技术和软、硬件产品实现系统集成和集成创新；总体上看，我国汽车企业基本处于"工业 3.0"到"工业 4.0"的上升阶段，自主品牌企业在积极探索和实践智能制造的可行性路线，具有非常好的实施智能制造的基础。汽车企业作为智能制造的应用行业对智能制造技术的发展虽然起到了推动作用，但智能制造关键技术的突破还是要靠相关技术的供应商来实现。因此，一个国家的智能制造体系中，供应商的强大与否往往决定着这个国家智能制造的强弱。

自《关于开展智能制造试点示范专项行动实施方案》和《智能制造综合标准化与新模式应用专项》等鼓励政策实施以来，有力推动了中国汽车行业智能制造的实施与发展。但在这一过程中，如何发展国内自主智能制造支撑技术，扶持国内自主智能制造技术供应商？这一议题并没有被赋予到实施的项目当中。《智能制造综合标准化与新模式应用专项》已经完成的项目还没有为后来的项目提供参考和技术支撑，重复建设、重复技术引进等情况依然存在。

为此，提出以下三点建议。

一、加强关键核心技术研发及产业化

加大支持力度，加快汽车产业智能制造系统集成及从自动化硬件到控制软件技术研发及产品推广应用，提高软硬件技术和装备的自主化水平，并推动软硬件协调发展。要实现智能制造相关政策切实有效可行，尚需要一个汽车行业技术把统筹协调单位，对项目申报进行梳理、合理规划，将相关技术提升任务赋予到项目实施过程中，实现一个项目能提升一项技术，并为后续项目所用，最终实现技术突破。

1. 加大智能制造系统集成技术的开发及经验推广

汽车行业智能制造的差异在于对产品研发、生产制造、物流及企业管理、供应商管理、客户管理系统进行集成的差异，具体体现在对各种软件、各管理平台的了解和熟练组合应用，对各系统之间接口技术或软件平台的研发与应用。而这项工作，只能由企业自己来完成，因此，加大汽车行业智能制造系统集成技术的开发及经验推广对快速提升汽车企业智能制造非常关键。

2. 促进智能制造相关软件系统发展

加强三维仿真软件，ERP、MES、PDM、PLM、OTD、客户管理和生产装备控制等系统及系统集成，生产制造、产品、市场等大数据技术的研发及应用。

3. 加快发展汽车产业智能制造硬件装备

重点发展具有深度感知、智慧决策、自动执行的高档数控机床、工业机器人、增材制造（3D 打印）装备、全自动智能化生产线及相关智能制造技术，争取在新型传感器、工业自动控制系统、智能测量仪器仪表、机器人关键零部件等智能核心领域取得突破，尽快实现工程化和产业化。

4. 加强在汽车产业智能制造领域的公共性技术供给力度

培育建设一批面向汽车产业智能制造共性技术研发及服务的平台，为企业引进国外成套成熟技术及本土研发的先进技术提供支撑。鼓励公共性技术研发平台提供工业设计、管理咨询、合同研发、检验检测和宣传推广等服务，支持科研院所、高校向企业开放重大科研基础设施和大型科研仪器。

二、推动汽车企业与装备、通信等行业企业协同创新

推动和鼓励我国汽车制造企业牵头，联合我国汽车装备供应商、系统软件供应商、互联网企业、IT 企业等行业企业协同创新，共同推动新一代信息技术与制造技术的融合，合力开展汽车产业智能制造领域的技术开发。对自主可控软件产品的关键共性技术进行研究和重点突破，缩小与发达国家的差距。鼓励汽车整车企业大力推进和使用国产软件产品应用，并通过政策扶持扩大其在汽车制造企业智能化发展过程中的应用。

三、加强智能制造相关人才培养

健全人才政策，加快高端创新人才培养。制定智能制造人才储备计划，优化创新人才成长环境，健全科技人才激励机制，构建智能制造科研人才专家库，建设能够承担智能制造技术研发及产业化应用的创新人才队伍。以国家重大专项、重大工程和骨干企业为依托，建立汽车产业智能制造领域高端人才引进机制。

　　培育本土智能制造技能人才。鼓励和支持汽车产业智能制造示范和骨干企业与高校院所、社会资本合作，共同建设研究生培养（实习）基地、行业公共（共性技术平台）、技能人才培训基地。

　　实施管理队伍能力提升工程。加强对汽车企业管理人才智能制造相关知识的培训，培育一批具有战略眼光和管理创新能力的优秀经营管理人才队伍。

第十四章　输变电装备行业

第一节　行业发展概况

输变电装备行业的智能制造技术是在现代传感技术、网络技术、自动化技术、人工智能技术等先进技术的基础上，通过智能化的感知、人机交互、决策和执行，实现输变电装备设计过程、制造过程和运行维护过程的智能化，是信息技术、人工智能技术与装备制造技术的深度融合与系统集成，顺应了信息化与工业化深度融合的大趋势。

输变电装备是实现能源安全稳定供给输送和国民经济持续健康发展的基础，是我国装备制造业的一个重要领域。输变电装备所包括的产品类别众多，品种规格多样，主要有电线电缆、杆塔金具、变压器、互感器、电抗器、高压开关设备、气体绝缘组合电器、中低压电器、绝缘子、避雷器、电力电容器、继电保护装置等。近十几年来，随着国民经济的飞速发展和电力工业的技术进步，我国输变电装备制造业取得了翻天覆地的变化，形成了门类齐全、规模较大、具有一定技术水平和国际竞争优势的产业体系。

"十三五"规划之初，电力装备列为《中国制造 2025》十大重点领域之一，输变电装备作为电力装备产业重点发展的两大领域之一，明确提出要积极适应智能化、集成化、绿色化的发展特点，以特高压输变电成套设备、智能输变电成套设备、智能电网用户端设备等重点产品和关键零部件为发展重点，着力实现特高压输变电技术的国际领先发展，努力形成以我国为主导的国际特高压交直流输电成套装备标准体系，为实施"一带一路"发展战略提供输变电装备支撑。

第二节　智能制造推广应用状况及其成效

目前，我国输变电装备领域的大部分企业与西门子、ABB、施耐德、阿海珐等著名企业相比，其制造能力和水平尚处于机械化、电气化、自动化、数字化并存阶段，不同地区、不同企业的发展也不平衡。发展智能制造面临关键共性技术和核心装备受制于人，智能制造标准/软件/网络/信息安全基础薄弱，智能制造新模式成熟度不高，系统整体解决方案供给能力不足，缺乏国际性的行业巨头企业和跨界融合的智能制造人才等突出问题。

我国输变电行业龙头企业结合自身实际情况，在信息化与技术融合、信息化与制造融合、信息化与产品融合、信息化与管理融合四个方面积极推进，一批跨地区乃至跨国的、面向多主体协同的数字化设计、数字化制造、信息化管理、可视化运维的智能制造平台正在建设，企业运营成本、产品研制周期有所降低，产品一次试验合格率稳步上升，自主创新、高端制造、智能制造、绿色制造能力稳步提升。取得了较好效果和示范性经验做法。

以特高压输变电设备为例，针对特高压输变电设备体型巨大、结构复杂的产品特点和多品种、单件小批、长周期的生产模式，一些行业龙头企业以推进产品全生命周期（设计、制造、管理、服务）的"数字化、网络化、智能化"为建设方向，以生产/试验设备数字化改造、虚拟制造与物理制造融合、产品智能化升级为建设重点，通过全面应用工业自动化技术、IT技术、物联网技术、数据驱动的智能决策技术构建了智能制造数字化车间，为特高压输变电设备的产品研制、生产和服务提供了先进的技术支撑和管理保障体系。

一、实现智能制造所需关键技术

（一）特高压输变电设备智能制造关键技术

对于输变电装备制造行业来说，由于特高压输变电设备属于用户定制型产品，产品的电气设计和结构设计也与运行实际工况具有一定相关性，因此形成了产品设计差异性、制造工艺特殊性，机械和手工作业共存，关键工序以手工作业为主的现状。在智能制造关键技术方面涉及的设计、工艺、加工、装配、检测、质量控制、物流传送，以及客户服务等全生命周期过程。主要包含以下几个方面：

（1）通过异地协同数字化虚拟产品设计平台实现设计的异地协同，以及设计生产制造的并行协同。

（2）通过基于优化和仿真的虚拟数字化车间技术进行工艺的优化与仿真，以及车间布局的优化仿真。

（3）通过现有生产线数字化改造，引进数字化制造装备，提升关键车间与工序的数字化制造能力。

（4）通过三维可视化装配实现装配的可视化及装配干涉的检查，装配路径的优化，生成装配指导手册。

（5）通过数字化检测实现关键工序的检测与数据的传输与存储，方便进行质量分析和信息追溯。

（6）通过物联网技术实现高效供应链管理，提高企业内部物流配送效率，打造供应商、客户协同工作平台。

（7）通过远程在线监控与故障诊断实现输变电设备的远程诊断、故障监测与预警服务。

（二）电力系统继电保护装置与系统智能制造关键技术

随着"一带一路"、能源革命等战略推进和以特高压骨干网的坚强智能电网建设，作为输变电装备和智能变电站的"大脑"，继电保护设备的作用越来越突出。

根据产业特点和专业领域的具体情况，电力系统继电保护领域的企业依托工信部智能制造专项《电力系统监控设备智能工厂标准化试验验证系统》，制作了电工装备制造行业智能制造框架模型，如图14-1所示。该模型以两大核心技术为支撑，以智能工厂建设为中心，是一个由智能设计、智能生产、智能物流、产品全生命周期质量追溯与控制、智能管理、智能化装备构成的智能制造框架体系。

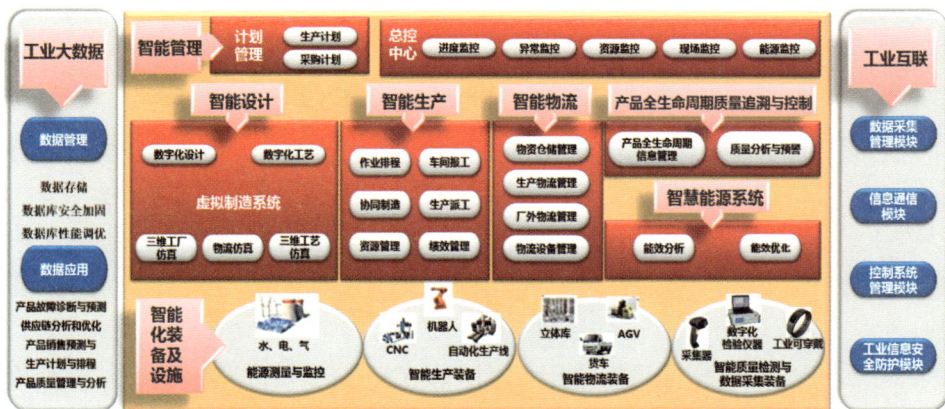

图 14-1　电工装备制造行业智能制造框架模型

电力系统继电保护领域智能制造产业尚处于发展的初级阶段，有些企业已经建成了数字化工厂，或将部分生产线升级改造实现了生产环节的智能制造，但大部分企业制造技术尚处于机械化、电气化、自动化、数字化的初期阶段，不同地区、不同企业在智能制造方面的发展也极不平衡。

近年来，依托国家大力发展智能电网、特高压输电、新能源等相关产业政策，我国电力系统继电保护技术也得到了飞速发展。根据"中国制造2025"、"互联网＋"等产业政策要求，相关企业也重视开拓创新，积极引入传感技术、建模仿真技术、信息技术等新兴技术并在一些领域初步实现了自动化、数字化生产，为我国电力系统继电保护领域实现智能制造打下了基础。

1. 智能管理

行业企业引入了 ERP 系统、产品全生命周期管理系统（PLM）等，并根据企业自身需求与特色，自主规划、设计、开发了制造执行系统（MES）、SRM 供应商管理系统、立体仓储系统（WMS），对生产订单确认、生产计划制定与下达、生产物料采购、仓储管理和配送、生产过程跟踪、检测、物流运输、产品质量管理等各个环节进行全方位的智能管控，对内部供应链物流计划和生产过程全面管理，并实现对产品实物全生命周期的追溯。这些先进的管理系统极大地提高了生产管理的效率，使生产过程的各个环节更加透明、有序、高效。此外，行业企业还根据自身的生产情况开发了具体产品线的管理系统，如开关柜柔性智能装配生产系统、断路器柔性智能装配生产系统、铜排自动加工系统及其配套的智能在线产品质量检测系统、工程项目计划与监控系统、ESP 工程调度指挥平台等。先进管理系统的应用推进了智能制造的发展进程。

2. 智能设计

电力系统保护与控制设备行业生产方式一般为离散制造及工程生产，产品设计包括机械设计、电子电路设计和软件设计）。

在智能设计方面，行业企业积极采用设计、工艺仿真软件，包括计算机辅助类（CAX）软件、基于数据驱动的三维设计与建模软件、数值分析与可视化仿真软件、模块化设计工具以及专用知识、模型、零件、工艺和标准数据库，使用大大加快了产品设计、样机制作、优化改进的进度，降低了设计成本，优化了设计方案，加快了设计进程。

从产品预研开始，采用二维设计软件 AUTOCAD 进行初步方案设计，采用基于数据驱动的三维设计与建模软件 SOLIDWORKS 进行整机和零部件建模，并对零部件附以相应的材质，形成与实际产品尺寸、结构、材料、重量、机械性能等特性一致的仿真模型。建模完成后，借助 SOLIDWORKS 软件自带的不同功能插件，进行数据分析，完成结构件干涉验证、强度初步仿真计算。

使用电子设计自动化软件 Cadence Design Systems 进行电子设计，包括系统级设计、功能验证、模拟/混合信号设计、PCB 设计和 SI 仿真建模等。

利用 PCB 设计数据与 BOM 数据，使用 VayoPro-DFM Expert 软件，通过结合元器件实体库及丰富的行业设计与制造标准，在制造前软件智能化虚拟仿真分析，第一时间发现设计缺陷或隐患，最大化促使设计与制造工艺能力匹配，并快速产生可供设计部门及制造部门协同工作的可分享 DFM 分析报告。使用该产品不仅可大幅缩短新产品设计和制造周期，同时可以充分提升制造品质及大幅节约新品制造成本。

形成中期设计方案后，再利用 ANSYS 软件，对设计方案进行全面的力学分析和热力学仿真，最终形成可评审的方案。利用三维设计软件直观、可视化的优点，组织各专业专家及使用人员进行设计评审，根据评审反馈意见修改后，利用数控加工、3D 打印等技术手段进行样机试制，进而开展相关性能测试、试运行、鉴定，最终形成可销售的产品。

3. 建模与仿真技术

根据《智能制造发展规划（2016—2020 年）》的要求，建模与仿真技术属于智能制造关键共性技术的重点研究方向。建模与仿真技术在输变电装备行业的应用主要体现在机械设计仿真、电气设计仿真、工作流程仿真、电力工程项目整体建模仿真等，其中电力工程项目整体建模仿真应用最多，取得了丰富的经验。例如行业企业依托国家级重点实验室中建设特高压工程试验仿真服务平台、RTDS 实时数字仿真系统、物理动态模拟系统、微电网仿真试验平台、基于 IEC61850 的智能变电站系统测试仿真平台等，还自主研发了智能电网实时数字仿真系统、直流控制保护仿真装置、数字接口扩展装置等仿真实验设备。行业领域重点实验室依托强大的仿真建模测试能力，承担了多项包括国家科技支撑计划、国家重大科技专项等在内的研究项目，在特高压交流输电、特高压直流输电、交直流混联等领域展开了大量的研究工作，为多个高压/特高压输电工程如贵广二回 ±500kV 直流输电工程、云广 ±800kV 特高压直流输电工程、糯扎渡 ±800kV 特高压直流输电工程、溪洛渡 ±800kV 特高压直流输电工程等重点示范工程提供了建模仿真试验验证，对现场运行各种工况和故障形式进行了全面的仿真和检测，保障了我国电网的安全稳定运行。

4. 智能传感技术与信息技术的融合和应用

随着传感技术与计算机技术的发展，大量的非电参量（热学、力学、化学参量等）的传感器在电力系统得到广泛应用，促进了电力系统设备状态监测技术向着自动化、智能化的方向快速发展，促进了电力设备状态监测控制系统向智能化控制的发展。

电力系统状态监测是在运行状态下对电力设备进行实时的监测和故障诊断，应用各种电量、非电量的传感方法，可检测设备的状态。如利用辐射传感来检测设备的发热、放电（发光），可判断过热与局部放电现象；利用声与振动传感，可检测设备机械结构系统及间隙放电的故障；利用表面电位变化或感应电流的检测可判断内部绝缘的完好程度等。与传统的定期停电检修的方式相比，状态监测既不影响电力系统正常的运行，又能直接反映运行中的设备状态，监测更加有效、及时和可靠。电力系统保护与控制设备企业在电力设备状态监测方面已有较多产品和工程应用，如变压器局部放电在线监测、红外影像监测、绕组温度监测、变压器油中气体监测等，为智能制造智能监测和质量控制提供了基础。

另外，随着光电子器件、光导纤维的发展，各种光纤传感也广泛应用于电力系统保护与控制领域。例如光互感器、光纤信号传输已广泛应用于智能电网，光信号通过光导纤维传送，不受外界电磁场的干扰，特别适用于电磁干扰严重的电力系统使用。

（三）用户端电器智能制造关键技术

用户端电器品种繁多、结构复杂，其零部件制造精度及装配的一致性，生产管理精细化、数字化、智能化对产品可靠性及质量的稳定性有着重大的影响。采用智能制造设备、自动化装配和检测设备的集成，引入先进的智能生产管理体系，开展智能工厂及数字化车间的建设，实现用户端电器产品的自动化制造、装配、在线检测和全生命周期管理是国内外用户端电器产业发展的趋势与方向。

我国用户端电器设备智能制造关键技术：

1. 适应智能制造的产品改型设计技术

要在用户端电器产业中实行智能制造，必须对用户端电器产品的结构、工艺流程进行改型设计，保证产品零件、结构、工艺、流程、管理适应智能制造的要求。在保证产品的技术性能前提下，调整产品结构设计，缩小零部件尺寸公差，改变零部件制造和装配工艺，大幅度提高零件精度，特别是对产品零件跟自动化设备配合的部分关键特征进行改进和零件加工工艺水平的提升，最终实现全自动生产线结构和性能与产品实现最佳的匹配度。

2. 设计工艺仿真技术

根据用户端电器技术和工艺特征，开展设计仿真、工艺仿真的数学模型和算法的应用研究。通过虚拟样机，研究产品机构运动、结构、电磁、流体及多物理场（电、磁、流体耦合）等方面的技术性能；研究产品加工过程中尺寸、装配、材料的偏差对产品结构输出性能的影响，在保证关键工作结构加工精度和必要的材料性能的基础上，尽可能地简化结构，实现"短平快"的研发制造。在这一过程中，如何有效评估和确定关键结构和材料性能，充分考虑零件加工质量的多学科仿真设计优化，是其中的技术核心[32]。

近年来，行业优秀企业普遍已建立了数字化设计和仿真系统，实现了产品模型的全数字化，在缩短产品研发周期、提高制造过程中的信息化水平等方面起到了积极作用。但数字化工艺仿真在产业中仍鲜有应用，缺乏对产品可制造性的预先全面系统评估，同时工艺设计和验证手段落后，工艺知识缺乏管理，亟待对设计工艺仿真关键技术的突破及应用。

3. 自动化生产线的智能化技术

目前，随着产品对零件精度、一致性要求的不断提高，迫使企业开展对先进制造工艺的研究与应用，在关键工艺过程利用机器人等智能制造装备，减少人工干预，提高产品质量一致性和成品率，产业中的领先企业已普遍开展下列技术的研究[2]：

（1）执行机构结构设计技术（工件自动传输、自动定位、柔性装夹、多工位伺服移载、方向识别、防呆措施等）。

（2）精密运动控制技术。

（3）冲、焊、铆一体化装配技术。

（4）智能化自动焊接技术。

（5）绿色环保的制造工艺。

目前，部分自动化生产线技术已在企业中得到实际应用，取得了良好的效益。

4. 数字化监控技术

通过建立生产制造过程智能控制和信息跟踪系统，实现制造过程全程监控和产品质量的可追溯；完善产品质量在线检测系统等测试手段，提升检测效率，保障产品质量和可靠性和稳定性。目前已开展下列关键技术研究：

（1）在线检测技术（激光、MEMS、机器视觉等）。

（2）一体化现场监控技术。

（3）监控系统的数据交换技术。

（4）通信技术（工业以太网、现场总线等）。

5. 智能仓储物流技术

开展支持迅速响应和智能分配的仓储物流系统技术研究，可实现从原材料入库、零件拣选、零部件配送、成品输送、存储发货等全部物流自动化作业，并通过 WMS 系统与 ERP、MES 等系统的互联互通实现智能物流系统与数字化生产线的无缝对接。

二、智能制造装备

因特高压输变电设备产品结构复杂，属于离散型、小批量、用户定制度高的产品领域，生产过程也基本采用关键数控化设备加人工作业的方式，且人工作业较多仍是行业普遍现状，智能制造设备并不是影响产品智能制造水平的关键。

在用户端电器产品领域出现的智能制造装备，有全自动光伏汇流箱焊接产线和CW系列万能式断路器检测校核生产线。

（一）全自动光伏汇流箱焊接产线

已有企业研制开发了全自动光伏汇流箱焊接产线。该产线可自动判别进入产线待加工箱体的方向及尺寸参数，并将数据上报总控 PLC，总控 PLC 自动控制各焊接工位进行工艺参数的调整，并驱动移动平台、汽缸等执行机构实现对工装夹具的调整，使焊接产线可以自动适应各种规格汇流箱产品的焊接需求，全过程无需人工干预，大大地提高了生产效率，并有效降低工人的劳动强度[3]。

（二）CW 系列万能式断路器检测校核生产线

"CW 系列万能式断路器检测校核生产线"是用户端电器领域企业自主研制成功的一批自动化、信息化智能制造装备，并已交付车间使用，如图 14-2 所示为 CW 系列万能式断路器检测校核生产线。

图 14-2　CW 系列万能式断路器检测校核生产线

该制造装备基于制程信息化，通过工业互联网来实现 CW 系列万能式断路器的制程再造，在国内同行中率先打造出订单拉动式生产模式，它适应多品种、小批量生产，能够实现对用户需求的快速反应，而且整个生产过程满足透明化、可视化的管理要求。它改变了以往 CW 系列万能式断路器车间的计划生产模式，通过覆盖全厂区的工业互联网，以大容量数据库为信息存储仓库，集成应用 ERP、MES 系统以及现场总线、PLC、工业控制等技术，实现离散型数字化车间的订单拉动式生产新模式。此外，通过公司大数据平台，使生产保障部门管理人员、车间管理人员、销售管理人员以及公司高层等各类管理人员能够实时监控产品需求、物料信息、生产进度和质量信息等，实现生产全过程的透明化、可视化、可追溯管理。该生产线能够充分满足客户的个性化需求，这种订单式生产模式减少了零部件库存，提高了资金利用率；同时，CW 系列万能式断路器的生产节拍显著加快，生产效率提高了 75%以上，在国内低压电器同行企业中处于领先水平。

三、数字化车间/工厂

（一）输变电装备数字化工厂解决方案

对于输变电装备制造行业来说，由于特高压输变电设备的电气和机械结构的复杂性，形成了其制造工艺的特殊性，机械和手工作业共存，关键工序以手工作业为主。

我国的输变电行业龙头企业非常重视数字化、网络化、智能化制造技术，一直致力于数字化制造、数字化工厂/车间应用研究，创新性地提出了输变电装备制造的数字化解决方案，并着手在关键生产车间及关键工序进行数字化生产线改造，快速推进企业数字化制造进程。以特高压变压器为例，如图 14-3 所示为输变电设备数字化工厂解决方案。

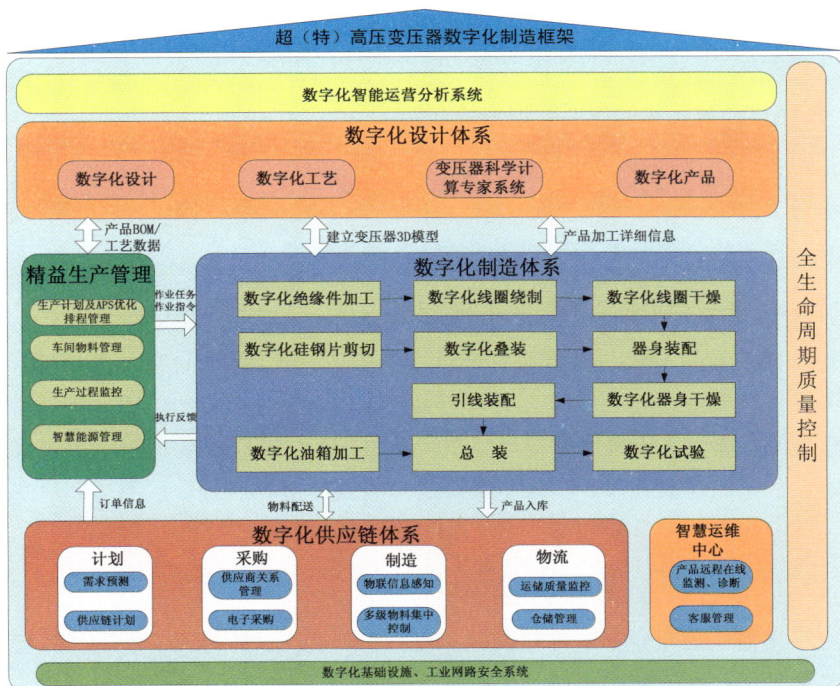

图 14-3　输变电设备数字化工厂解决方案（以特高压变压器为例）

特高压输变电设备数字化制造的创新性和特点如下：

1. 产品价值链全过程数字化应用

以数字化为基础，实现了营销、设计、制造到服务的端到端无缝集成，包括数字化营销、数字化研发设计、数字化制造、数字服务等应用，实现数据在公司内无缝的快速流转。

2. 产品全生命周期数据与流程的集成覆盖

产品全周期生产质量管理系统通过与 ERP、MES、OA、发运服务等系统进行技术对接，将产品的设计、生产、库存等各节点质量数据进行集中采集管理，通过系统的数据收集，然后对所有的质量数据进行加工整理，以产品装配关系为框架、以产品工艺路线为线索，整合和关联所有的质量信息，最终形成质量信息链，通过产品质量信息链可以方便地查询和追溯产品的质量信息。

3. 基于优化与仿真的数字化工艺规划

基于三维工艺与仿真技术，实现了对输变电设备制造工艺的快速拟定，并对关键工艺进行仿真验证与优化。在虚拟环境中进行了总装工艺的干涉检查和路径优化，提高了装配效率，减少了工装的更改工作；通过可视化三维制造手册，对关键操作进行了提示和动画培训，帮助操作人员快速理解输变电设备的复杂工艺，提高了生产效率和操作准确率。

4. 网络化和数字化的车间管理系统

通过对关键工序的智能化改造，提升了车间数控化率，使得制造过程数据可以在统一的平台上进行控制和管理，通过信息技术与先进制造技术的深度融合，实现了生产过程的远程监控，提升了产品制造的质量和生产效率。

5. 协同、集成、可视化的数字化制造体系

通过构建多车间 MES，实现了生产过程监控与调度，通过计划协同机制，实现了多车间不同工艺制造过程的协同，实现了生产计划与物流执行的协同；针对总装、冲剪等典型车间，建立了三维可视化虚拟车间模型，通过 MES、传感器等数据采集手段和数据驱动的实时仿真技术，实现了实际生产场景的虚拟展现，从而达到对生产过程全方位、可视化监控的目的。

6. 质量管理与追溯

建立了质量管理系统，对物料供应、设计、制造、试验检测、发运、服务等相关环节质量信息进行统一集中管理，通过与质量检测设备集成，条码技术应用，实现了质量管理与追溯。

7. 智能化的输变电装备与产品

进行了输变电装备的智能监控装置的研发，使其与监控、保护系统高度集成，具备先进适用、经济节能环保、支持调控一体等智能化特点，使产品具有智慧的特征。通过产品运行在线监测、故障诊断与预警系统的研究，实现了变压器状态的多参数综合监测分析，实时反映变压器的运行状态，提高了变压器的智能化水平，支持了智能电网建设。

8. 全方位的用户服务

全面整合了企业资源，组建了用户服务运营维护中心。通过客户信息采集、视频监控、GPS 定位、库存与发运管理跟踪等方式，随时掌握产品现状、出现的问题和处理情况，对产品服务管理实现全方位、全时段的即时监控。用户服务运营维护中心是产品管理的服务控制中心，实现了产品成品从装箱、入库、发运、安装、三包售后等一系列的自动化、信息化、智能化的管理。

9. 安全、环保、节能

同时，充分考虑了安全、环保、节能的要求。通过实施烟感报警器、智慧能源系统、虚拟仿真验证等工具或手段，完成了"安全为了生产，生产必须安全"、"节约能源、绿色环保、可持续发展"的输变电设备智能制造数字化车间的建设要求。

（二）电气智能化工厂

围绕电气设计、工艺、制造和试验等产品全生命周期的主要过程，一些试点企业建设了以"集成化、精益化、数字化、互联化、智能化"为特征的电气智能化工厂。

该智能化工厂所应用的技术主要包含自动化与智能化控制技术、物联网技术、数据集成技术、数据挖掘技术、虚拟仿真技术、制造执行与控制技术、信息安全技术等，具体技术及深入应用方案包括智能柔性生产线建设方案、设备运行状态监测系统方案（含物联网技术、数据集成技术等）、制造执行与控制方案、协同研发与三维工艺方案、虚拟仿真应用方案、大数据应用方案（质量大数据分析）和信息安全技术方案等。这些应用方案的技术基础共同组成了电气智能制造新模式的技术基础，自底向上覆盖了电气的设备通信、产品加工、制造控制和运营管理等环节，并为公司高层决策提供有力的支持。电气智能制造总体技术架构如图 14-4 所示。

本项目一方面通过电气实践智能制造，运营成本降低 20%，产品研制周期缩短 20%，生产效率提高 20%，产品不良品率降低 10%，能源利用率提高 6%。另一方面，建立相应的智能制造标准，形成中低压输配电行业的智能制造新模式，为行业应用推广奠定基础。为实现上述目标，将重点解决如下关键问题：

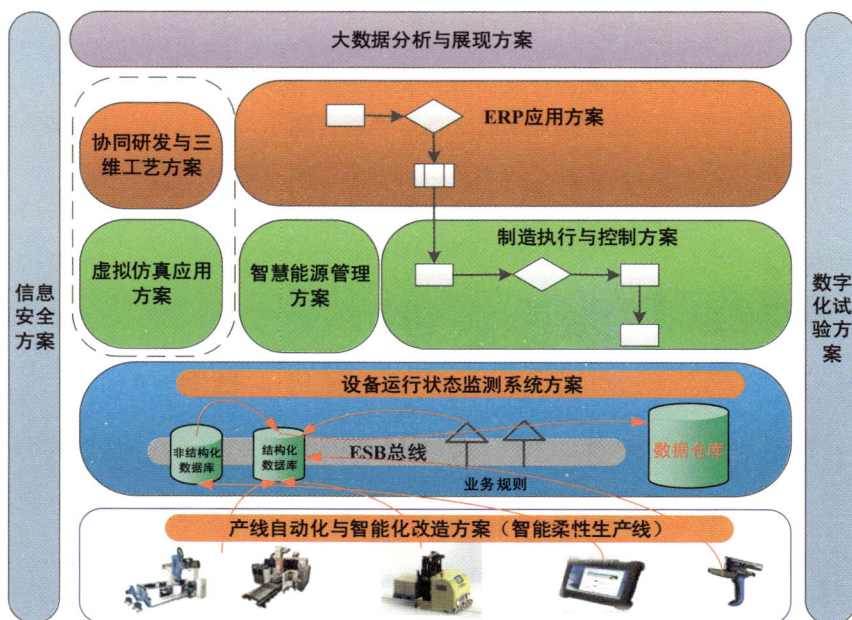

图 14-4　电气智能制造技术架构方案

（1）中低压输配电装备智能制造的总体架构规划。

（2）智能柔性生产线构建。

（3）设备运行状态监测系统建设。

（4）面向精益生产的生产线仿真分析及优化。

（5）多产线混流生产过程中计划、物流与质量的综合管控。

（6）车间异构软硬件系统中的大数据获取、处理、分析及利用。

（7）质量大数据的采集、分析与展现。

（8）智慧能源管理系统的建设。

（9）低压输配电装备智能制造标准建设及应用新模式的形成。

四、智能制造标准体系

　　根据《国家智能制造标准体系建设指南（2015 年版）》的要求，我国各制造行业已经立项制定了多项智能制造相关标准，我国智能制造标准化正从顶层设计阶段向落地实施阶段迈进。目前保护与控制设备领域企业已依托国家智能制造试点和智能制造专项项目，制定了多项本领域智能制造相关标准。例如《智能电能表数字化车间一般要求》、《智能电能表数字化车间工艺设计规范》和《智能电能表数字化车间生产物流设计规范》等。

用户端电器智能制造标准体系制定依托单位——上海电器科学研究所，从智能工厂、数字化车间、自动化生产线三个层面，面向具体产品开展标准制定，标准体系如图 14-5 所示[35]，已完成了《小型断路器数字化车间技术要求》标准的研究与草案的制定工作。上海电器科学研究所和北京人民电器厂有限公司共同完成了国家标准:《GB/T 10963.3—2016 家用及类似场所用过电流保护断路器 第 3 部分：用于直流的断路器》。

体系中的其他标准，如《小型断路器自动化生产线通用技术条件》、《交流接触器自动化生产线通用技术条件》、《用户端电器设备数字化设计仿真技术规范》、《用户端电器设备数字化工艺仿真技术规范》、《用户端电器设备数字化设计及工艺仿真信息集成技术要求》等也正在研究中。

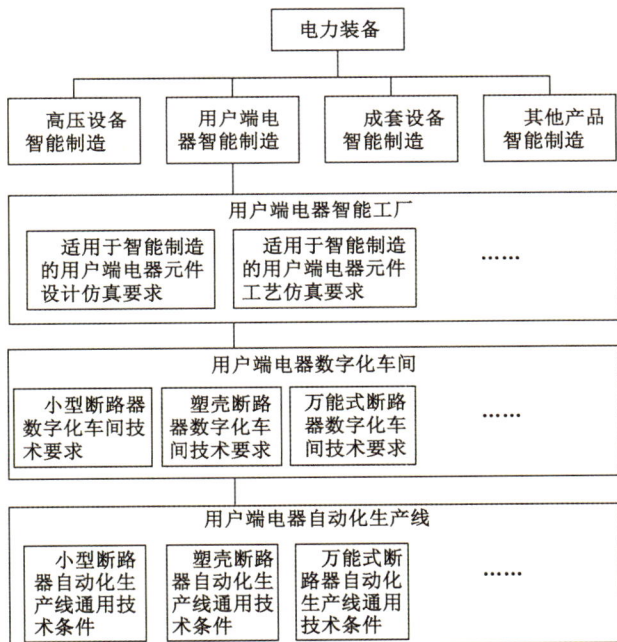

图 14-5 用户端电器智能制造标准体系

五、工业互联网基础建设

"工业互联网"是数字世界与机器世界的深度融合，倡导将人、数据和机器连接起来，实现信息驱动制造，进而形成开放而全球化的工业网络。目前在电力系统保护与控制设备领域，"工业互联网"体现在数据采集管理、信息通信、控制系统管理、工业信息安全等模块，融合在电力系统保护与控制系统中，是智能制造的信息基础。

1. 国外工业物联网平台积极布局国内市场

工业大数据的应用具有一定门槛，它和行业的业务结合得十分紧密。工业物联网需要工业企业核心系统与 IT 系统的深度融合，而且工业大数据的分析相对要求要准，包含具体的行业业务逻辑关系。因此，互联网企业在工业物联网方面的渗透不足，大多以在状态监测为主，偏向于通用平台与云服务。目前世界工业巨头如 GE、西门子等制造企业都积极全球布局工业物联网，并加速扩展中国市场，不断挖掘工业数据中隐含的价值。例如 GE 整合 IT 资源推出了 Predix 平台；西门子推出了 Sinalytics 和 MindSphere 工业云平台。

2. 国内工业物联网平台迅速发展

各行业领先的工业企业在推进自身工业升级转型的同时，也在积极探索搭建契合自身实际应用需求的工业物联网平台，通过工业大数据的综合利用获得价值增量。上海电气凭借在输变电行业中的多年积累，结合自身业务需求，围绕工业数据的综合应用，运用各类智能化的技术和手段，结合工业场景和领域知识，在产品/设备状态监测及运行性能管理、生产制造及运维过程的决策分析等方面积极推动工业物联网的应用，也取得了一定效果。例如对风场的风机、测健康管理、风机振动信号分析、风功率预测、海上风场维护调度等应用；对发电机等电站关键设备进行远程诊断和预知维修管理；分布式能源远程运维方面，通过对运行数据进行采集与分析，实现发电功率、负荷功率的预测，分析用户分时行为，给出用电建议，打通并优化能源生产运行效率。

第三节　存在的主要问题及其发展建议

一、主要问题

近年来，我国输变电装备智能制造技术及其产业化发展迅速，并取得了一定的成效。然而，制约输变电装备智能制造能力和技术快速发展的突出矛盾和问题依然存在，主要表现在以下几方面。

（一）智能制造基础理论和技术体系建设滞后

智能制造的发展侧重技术追踪和技术引进，而基础研究能力相对不足，对引进技术的消化吸收力度不够，原始创新匮乏。控制系统、系统软件等关键技术环节薄弱，技术体系不够完整。先进技术重点前沿领域发展滞后，在先进材料、堆积制造等方面差距还在不断扩大。

（二）智能制造标准体系尚不完善

输变电装备领域的用户端电器产业智能制造标准体系现今还不完善，主要体现在两方面。首先，智能制造顶层参考框架欠缺。相比德国"工业4.0"与美国"工业互联网"等体系，我国智能制造顶层参考框架尚在制定中，导致智能制造框架逐层逻辑递进关系尚不清晰。其次，应用标准也有待完善，国际上尚无用户端电器产业的智能制造标准，亟待根据我国产业特色开展标准制定工作，引领行业实施智能制造工程。

（三）智能制造体系标准存在行业普适性要求的问题

标准必须具有行业普适性，但输变电装备行业企业的现状和要求、数字化应用水平等都存在较大差异，需要进一步梳理智能化工厂的共性问题和需求；同时输变电装备制造行业企业众多，企业规模差异较大，工艺装备与管理能力参差不齐，各企业对智能制造的认识程度也不同，在标准的应用推广方面会存在很大的差异。

（四）智能制造中长期发展战略缺失

金融危机以来，工业化发达国家纷纷将包括智能制造在内的先进制造业发展上升为国家战略。尽管我国也一直重视智能制造的发展，及时发布了《智能制造装备产业"十二五"发展规划》和《智能制造科技发展"十二五"专项规划》，但智能制造的总体发展战略依然尚待明确，技术路线图还不清晰，国家层面对智能制造发展的协调和管理尚待完善。

（五）智能制造关键技术、核心装备对外依存度较高

目前我国输变电行业智能制造的许多重要装备和制造过程尚未掌握系统设计与核心制造技术，难以满足该领域制造业发展的需求，行业中缺乏相应研制能力，就用户端电器来说，零件冲焊一体化生产设备等依赖进口，成本高昂，无法得到广泛应用。关键技术自给率低，缺乏先进的传感器等基础部件，精密测量技术、智能控制技术、智能化嵌入式软件等先进技术对外依赖度高。

（六）先进的工业互联网应用水平不高

行业大中型企业虽多数普及了 CAD、CAE 等 IT 工具和 PDM、ERP、MES 等软件系统，实现了部分环节阶段上的数字化、信息化，但这些 IT 工具和软件系统来自不同厂家，相互分割独立，研发制造过程产生的数据散落，"孤岛"现象严重。一方面，分散在这些异构系统内的数据资源无法流通共享，难以有效形成工业大数据积累，更不能及时进行数据融合挖掘、通过实时知识植入实现设计生产过程中的价值闭环。另一方面，这些宝贵数据资源许多处在近乎"不设防"的状态，一旦通过各种"后门"、"漏洞"和网络攻击造成泄露，势必造成巨大损失。通过平台建设可以借助工程中间件实现对各种 IT 工具和软件系统的连接、适配和驱动，实现企业大数据资源的沉淀管控、流通共享和价值转化。

二、发展建议

（一）实施"以点带面，循序推进"的发展原则

输变电装备行业技术发展迅速，新产品新技术不断涌现，属于离散型、小批量、用户定制度比较高的行业，因此要避免"一窝蜂"的盲目性发展方式，应坚持创新驱动、开放合作、统筹规划、系统推进、因势利导、循序渐进的发展原则，分阶段制定目标，带动整个行业全面实现智能制造。

（二）积极建立面向输变电装备制造过程的数字化应用技术标准和规范

要推进智能部件、装置及智能制造系统在输变电行业智能制造领域重大工程中的示范应用，创新输变电设备数字化制造模型及相关的生产线改造，解决大量非数字化装备和手工方式生产带来的各项问题，提升应用自主开发的智能制造装备的信心，树立行业数字化制造标杆和典型案例。

（三）建立基于工业物联网的大数据平台

推动工业物联网技术应用，加快行业经验知识的固化与传承，推进工业数据的整合，提高数据分析技术的应用水平，提高企业对生产过程中不同设备收集的海量信息数据进行梳理、计算和归纳分析能力。

（四）加强持续性的政府政策扶持，探索多元化的激励模式

基于当前输变电装备产业严峻的市场环境，对智能制造工作的补贴仍不可或缺。

建议持续推进相关专项项目的资助工作。同时，除示范项目外，也可支持科研院所智能制造研究成果向企业转移或服务，并探索其他多元化的激励模式，使智能制造工作在产业内得以良性发展。

（五）打造"国字号"智能制造综合性公共服务平台

以科协所属全国学会为中枢纽带，重点依托相关企业、科研院所和高等学校，联合组建"产、学、研、用"于一体的智能制造创新实体，充分发挥各自优势，梳理输变电装备智能制造领域核心关键问题，联合攻关一批产业智能制造前瞻及应用关键共性技术，研制产业急需的智能制造关键技术装备与核心支撑软件，提供团体标准制定、技术咨询、技术攻关、创新孵化、人才培训等公共服务，加速科技创新成果转化应用，形成支撑产业智能制造规模化应用的系统解决方案。

（六）注重标准体系的建设与完善

要大力推进标准的建设，以急用先行为原则，率先制定小型断路器等具备智能制造条件的关键产品的相关标准。同时，结合国家制定的智能制造基础标准发布动向，对标准进行不断修订与完善。充分吸纳骨干企业加入标准制定，采纳企业在标准应用中的经验反馈，保证标准与产业实际接轨。注重对标准的宣贯与推广，为企业应用标准提供技术支持与配套服务。

（七）要以数字化工厂建设为抓手，打通输变电设备智能制造各环节

深化信息化与工业化的融合，研究制定智能制造标准体系，建立精益生产仿真模拟系统，开展虚拟精益生产仿真分析，依托信息化管理平台，推进安全生产标准化体系构建和实施，建立完善的应急管理体系，研究适合我国国情的质量标准，将数字化质量管理系统和精益管理贯穿整个生产过程，形成 ERP（资源计划管理系统）、PDM（产品数据管理系统）、3D（产品三维设计）、CAE（计算机辅助工程）、MES（车间制造执行系统）、PLM（产品全生命周期管理）、物流管理、产品检验检测等系统的高效协同与集成。与互联网企业合作，探索生产制造过程与互联网的有机融合，搭建信息和制造资源共享的云服务平台，提供云制造服务，促进产业链相关企业的生产组织、质量控制和运营管理系统的互联互通，协同发展。

第十五章　农业装备行业

第一节　行业发展概况

　　农业装备是发展现代农业的重要物质基础，是促进农业机械化发展、农业发展方式转变、农业质量效益和国际竞争力提高的重要支撑。党中央、国务院和政府有关部门高度重视农业装备的发展，近年来制定和出台了一系列促进农业装备发展的政策措施，有力地促进了农业装备的持续快速发展。随着国家强农惠农富农政策实施，农业农村经济快速发展。我国农业装备工业历经十几年高速增长，形成了门类比较齐全、具有一定规模的制造业体系，技术水平也在不断提升，为支撑现代农业发展和保障国家粮食安全做出了积极贡献。

　　（1）规模跃居世界首位。2010 年、2015 年规模以上农机企业主营业务收入相继突破 3 000 亿和 4 500 亿元，2016 年达到 4 700 亿元。其中，拖拉机、机械化农业及园艺机具制造（含联合收割机、农机具等）及零部件占 60.62%。

　　（2）技术水平不断提升。以企业为主体、市场化为导向、"产、学、研、推、用"相结合的自主创新体系进一步完善。突破了经济型及大马力动力机械、精准作业装备等一批具有自主知识产权的共性关键技术，农机自动化、信息化水平不断提高。

　　（3）产业结构趋于优化。农机行业有 2 400 多家规模以上企业，行业百强 60%以上在山东、江苏、河南、浙江等农机主产区，形成了以中国一拖、雷沃重工等优势企业为龙头的拖拉机产业集群，也建设了浙江湖州地区的水田机械、山东临沂地区的植保机械、浙江台州地区的植保和排灌机械等一批专业化特色突出、供应链配套完善的新型工业化产业基地。

　　（3）竞争实力日渐增强。已经可以自主生产 14 大类 4 000 多种农机产品。2016 年实现出口 100 亿美元，国产农机在东南亚、南美和东欧等地区具有明显的性价比优势。近年，龙头企业开启并购境外企业大幕，加速提高国际化发展水平。中国一拖成功收购法国麦考密克（McCormick）公司，实现首例中国农机企业收购世界级农机企业；雷沃重工又相继收购了意大利高端农机企业马特马克（MaterMacc）和阿波斯（ARBOS）公司。

第二节　智能制造推广应用状况及其成效

一、概述

农业装备作为提高农业生产效率的重要手段，历经从替代人畜力的机械化阶段，到以电控技术为基础实现自动化应用，并朝着以信息技术为核心的智能化与先进制造方向发展。显着特点是以机械装备为载体，融合电子、信息、生物、环境、材料、现代制造等技术，不断增强装备技术适应性能、拓展精准作业功能、保障季节强劳动作业可靠性、提升复杂结构制造高效性、改善土壤-动植物-机器-人与生态环境协调性，围绕建设资源节约、环境友好农业，实现资源综合循环利用和农业生态环境建设保护，发展新型高效农业装备，实现"安全多能、自动高效、精准智能"，支撑农业发展的可持续。

近年来，农业装备行业通过实施创新驱动，推进智能转型，强化产业基础。推动移动互联网、云计算、大数据、物联网等与现代农业装备制造业结合，推进基于农业生产的作业、服务、信息等多方位支持的全程解决方案，创制具有信息获取、智能决策和精准作业能力的新一代农业装备。加强行业技术标准体系、行业信息化数据服务系统、行业试验检测能力、产品数字化设计平台建设。推动数字化、智能化、清洁生产、虚拟制造、网络制造、并行制造、模块化、快速资源重组技术的应用。

二、重点产品的研发和产业化

（一）大功率拖拉机

随着我国经济的快速发展，我国农业结构也加快了调整的步伐，农田作业的复式作业对大功率拖拉机的需求越来越大，使得我国进入了大功率（58.8kW 及以上机型）拖拉机产品快速发展时期。到 2015 年，全国年均深松作业将达到 2.3 亿亩以上，深松面积的扩大将拉动 73.5kW 以上拖拉机产品的需求。80.9kW 两轮驱动和四轮驱动产品将成为用户抢购的对象。147.1kW 及以上拖拉机产品目前仍只能在东北、新疆地区、兵团和农场、农垦系统使用。

（二）收获机械

收获机械是农业机械最重要的标志性产品之一，也是农业机械先进制造的重要产品。收获机械产品大量采用电子、液压等高新技术，实现了机电液一体化，使性能和使用可靠性不断提高，满足不同国家和不同地区的需要。目前发达国家使用的大中型联合收割机上装备 GPS、GIS 和 RS 等现代化高新技术，由于航天、计算机和微电子技术的应用，使收获机械实现高度机械化、自动化和智能化，收获作业更加精确、高效和可靠，并满足使用的方便性、安全性和舒适性。我国收获机械的智能化已进入研究和试验阶段。

在谷物联合收割机上，采用全球卫星定位系统（GPS）、产量/含水率等的监测装置、籽粒损失监测装置、收获小时数和收获亩数的测试系统、地理信息系统（GIS）等装置，实现高度机械化、自动化和智能化，使机器更加高效、精确、可靠地进行收获作业。

收获机械上还采用多项智能化控制技术，如：割茬高度、自动对行的自动控制；拨禾轮转速、搅龙轴转速等的监控；脱粒装置的监控；清选系统的监控；二次回送装置的监控；切碎装置的监控；粮箱充满监控；前进速度监控等，大大提高了机器的收获性能和使用可靠性，并减轻了操作者的劳动强度，提高工作效率。

在青饲联合收割机上，除在关键部位装有监控显示和报警装置外。因为在青饲料收获中，往往夹杂有铁丝等硬质杂物，在收获时必须清除，否则不仅影响饲喂效果，还容易损坏机器，所以喂入口前端上、下两个喂入辊采用不锈钢材料，并装有磁性金属物探测器，遇有金属物自动停机，将铁器除去。收获作业中，切刀间隙也有所变化，为满足高效作业，大中型收割机的定刀都采用自动调节功能。

在棉花收获机上，目前使用较多的是美国迪尔和凯斯公司的 5～6 行采棉机，其工作部件实现监控、显示和报警，由计算机控制共 24 四路监控，为安全可靠作业打下了基础。此外，还实现了摘锭自动清洗、自动控制清洗液流量、自动注油和润滑等功能。

（三）田间作业机具

田间作业机具主要指耕整地、播种、移栽、管理等环节使用的机具，主要包括复式耕整地机械、精密播种机械、中耕除草施肥机械、栽植机械等，具有宽幅、高速、多功能、精细化等特点。大型复式作业机具广泛采用机电液气一体化技术、新材料技术、先进制造技术，可靠性好，自动化程度高，并进一步向大功率、智能化、信息化、资源节约及环境保护的方向发展。

（四）精量植保机械

精确植保机械将发展成为以降低农药使用量、增强药液对靶标的附着、减少农药雾滴漂移对环境污染和实现精准防控为目的的精确、精量植保机械。

我国植保机械与发达国家相比，在技术水平、产品品种、制造质量、可靠性等方面均有较大差距。近年来，着重研发封闭式注药和混药、自动对靶选择性喷雾与静电喷雾、自动控制等新技术，开发出多种先进适用的精确植保机械，既有效控制病虫草害，保障农林业生产安全，又保护生态环境和自然资源，实现植物保护、环境保护和资源管理的协调发展。

（五）节水灌溉机械

节水灌溉机械涉及多种机械设备，比如农业水泵等提水系统设备、各类喷头和微灌与滴灌等灌水器系统、管件等输水系统设施等。节水灌溉机械大力开发与推广节水灌溉技术，把浇地变为浇作物，按作物最佳需水要求进行灌溉，最大限度地提高用水效率。

（六）育种机械

在农作物新品种培育过程中，经常需要大量的育种试验小区，而试验小区的播种和收获作业是育种试验过程中的两个重要环节。在小区育种过程中用机械化作业替代人工操作势在必行，机械化作业将降低了人工操作带来的精确度低、株距合格率不高等试验误差。

小区播种机是在小区机械化育种过程中，培养新品种和进行品种对比试验时所用的专用播种机。使用小区播种机进行播种，播量、播深均匀一致，有利于提高出苗质量；可有效减轻劳动强度，提高试验的准确性；可以极大地提高育种工作效率、节省投资。

三、农机先进制造技术的应用

发达国家农业机械的生产和制造已经从过去传统的制造方式转向现代制造方法，产品的数字化设计技术、数控加工技术、柔性生产线、各种工业机器人已大量运用于实际生产中。企业已经建立了完整的信息化管理系统，先进的生产管理技术也都已应用到生产实际。采用现代产品开发技术，注重产品创新设计，缩短产品的设计周期，提高产品的竞争力；生产工艺将适应于批量小、品种多、质量高的要求，生产柔性更大，效率更高，对产品的全生命周期的质量要求更普遍。

例如，约翰迪尔公司等一大批大型农业机械装备制造企业，已逐渐形成了自动化、标准化、系列化、高效率、高性能及高通用性的产品特点，农业机械的平均无故障时间大大提高。在产品设计阶段引入现代化的计算机辅助设计手段，对产品的各项指标进行模拟分析，确保系统的可靠性。同时将大量先进的数控加工中心、自动控制系统、制造工艺、机器人等用于农机装备的制造过程，有效保证了产品质量，并且降低了制造和维护成本。

近年来，随着农业技术和当代科技的发展，为了更好地适应农业作业和全球化市场的需求，以及订单式农业机械生产方式的需要，农业计算机网络技术、产品快速设计制造技术、电子自动化控制技术、作物生长模拟技术、计算机辅助决策技术、遥感技术、精确农业技术等多项技术不断运用于克拉斯（CLASS）、格力莫（GRIMME）等世界知名的农业机械公司的产品设计制造过程中，并取得了众多的农业机械科技创新成果。

在国家政策的大力扶持下，我国的农业装备取得了长足的发展，也形成了较为完整的农业装备工业体系。特别是国家通过"863"高技术研究、农业适度规模经营装备专项、农业机械技术攻关、现代农业高技术专项等重大项目的实施，加大了农业机械关键技术和装备研制开发的扶持力度，推动了农业机械部分"瓶颈"环节技术和技术集成问题的解决。水稻种植和收获两个关键环节的农业机械技术和装备研发取得突破，玉米收获机械技术日臻成熟，保护性耕作技术模式和配套机具研发取得重大进展。一批科技含量高、适应性强、性能稳定可靠的农业机械新技术、新机具得到大面积推广应用。

由中国农业机械化科学研究院组织的"多功能农业机械与设施研制"重大项目对农业机械的设计与制造进行了相关研究。由中国农业大学主持的"农业机械数字化设计技术研究"任务，研究解决了农业机械数字化建模关键共性技术、农业机械虚拟设计关键共性技术、大功率轮式拖拉机数字化建模与虚拟样机技术应用、联合收割机关键部件虚拟设计技术应用，以及大型喷灌机虚拟试验关键技术等问题，基本建立覆盖大功率轮式拖拉机、联合收割机、大型喷灌机等典型农业机械的数字化设计技术平台并在龙头企业进行示范应用。

但是，我国的农业机械制造企业，与国外相比还比较落后，主要体现如下：产品设计水平低。设计制造等手段落后；创新意识低，对一些先进的生产制造技术和管理模式，只是跟踪模仿，没有自己的特点。即便如此，对一些世界先进制造技术很少农机企业涉及。因此，先进制造技术在我国农业机械行业充分得到应用发展还任重而道远。

四、现行推动智能制造发展的政策措施

（一）政策支持

根据《中华人民共和国国民经济和社会发展第十三个五年规划纲要》《中国制造 2025》和《国务院关于深化制造业与互联网融合发展的指导意见》，工信部牵头发布了《国家农机装备发展行动方案（2016—2020）》，国家工信部、财政部联合发布《智能制造发展规划（2016—2020 年）》，把农机作为重点领域。"十三五"时期，科技部等有关部门将"智能农机装备"列入优先启动的重点科研专项。农机行业国家层面政策支持见表 15-1（注：为了尊重文件的权威性，本章保留"农机装备"的早期提法）。

表 15-1　农机行业国家层面政策支持

文件名称	重点内容	颁发机构	颁发时间
《中国制造 2025》	农机装备位列《中国制造 2025》十大重点突破领域	国务院	2015 年 5 月
《增强制造业核心竞争力重大工程包》	将现代农机关键技术产业化被列入重点领域；制定农机产业化实施方案提出抓好"重点农业装备产业化及示范应用"、"关键零部件研发及产业化"、"研发检测能力建设"。并对动力换挡拖拉机、采棉机、甘蔗收获机、大功率转向驱动桥等重大技术和产品提出非常明确的、具有国际先进性的指标要求	发改委	2015 年 7 月
《农机装备发展行动方案（2016—2025）》	《方案》将发展任务细化为五大专项，用十年的时间解决农业生产全程全面机械化的短缺装备，通过关键零部件的技术创新提升农业装备的技术水平，依靠智能制造提高农机产品的可靠性和品质，建设公共服务平台引领行业进步，加强农机农艺融合实现农业装备升级和全程机械化提速	工信部 农业部 发改委	2016 年 12 月
《全国农业机械化发展第十三个五年规划》	规划明确指出，"十三五"农业机械化发展要着眼农业机械化发展短板和滞后区域，以供给侧结构性改革为切入点，促进农业机械化全程、全面、高质、高效发展	农业部	2016 年 12 月

文件名称	重点内容	颁发机构	颁发时间
《中共中央国务院关于深入推进农业供给侧结构性改革加快培育农业农村发展新动能的若干意见》	提出以规模化种养基地为基础，依托农业产业化龙头企业带动，聚集现代生产要素，建设"生产＋加工＋科技"的现代农业产业园，发挥技术集成、产业融合、创业平台、核心辐射等功能作用	国务院	2017 年 2 月

（二）重大项目

国家发改委、工信部、科技部等部委通过各类项目支持农业装备智能化技术与智能制造水平提升。

1. 国家重点研发计划"智能农业装备"重点专项

由国家科技牵头组织，2016 年启动实施。立足"智能、高端、高效、环保"，按照"关键核心技术自主化，主导装备产品精益化，薄弱环节全程全面机械化"的发展思路，实施智能装备、精益制造、精细作业的横向产业链与基础研究、关键技术、装备研制与示范应用的纵向创新链相结合的科技创新，形成一批优秀创新人才团队和平台基地，显著提升我国农业装备国际竞争力，为保障现代农业发展和国家粮食安全提供科技支撑。

专项设置围绕农机作业信息感知与精细生产管控应用基础研究，农业装备智能化设计与验证、智能作业管理关键共性技术开发，智能农业动力机械及高效精准环保多功能农田作业、粮食与经济作物智能高效收获、设施智能化精细生产、农产品产后智能化干制与精细选别技术与重大装备研制，畜禽与水产品智能化产地处理、丘陵山区及水田机械化作业应用示范等 11 个任务方向共 47 个项目，项目总投入超过 15 亿元。

2. 智能制造综合标准化与新模式应用项目

工信部启动智能制造综合标准化与新模式应用重点项目。主要包括两类项目：一是智能制造综合标准化试验验证类项目，根据《国家智能制造标准体系建设指南（2015年版）》所提出的标准体系，征集智能制造综合标准化试验验证类项目；二是智能制造新模式应用类项目，按照《智能制造工程实施指南（2016—2020 年）》，征集离散型智能制造、流程型智能制造、网络协同制造、大规模个性化定制、远程运维服务等智能制造新模式应用类项目。

目前 2016—2017 年已经连续启动实施两批项目，农机领域项目见表 15-2。

表 15-2　2016—2017 年农机行业连续启动实施项目

序号	项目名称	承担单位	总投资（万元）	主要内容
1	现代农业装备远程运维服务新模式应用	中联重机股份有限公司	10 600	1）建设农业装备远程运维服务系统和平台； 2）开展农业装备状态监测与故障诊断研究，故障诊断及用户使用习惯建模； 3）搭建农业装备远程控制及整机与核心配件生命周期分析平台； 4）编制工业大数据平台企业标准草案
2	农业装备工艺设计仿真及信息技术集成标准研究及试验验证	机械工业第六设计研究院有限公司	1 500	1）构建农业装备工艺设计仿真及信息集成标准体系，编制相关标准草案； 2）建设标准试验验证平台，采用验证平台验证和企业现场验证的方式对标准进行验证和修订； 3）标准试验验证平台转化为智能制造标准贯彻实施的公共服务平台，为行业及其他制造业领域提供服务
3	现代农业装备智能驾驶舱数字化工厂	第一拖拉机股份有限公司	15 000	1）构建数字化工厂，规划总体架构，设计数字化工厂信息化架构； 2）进行三维数字化设计及仿真
4	大型高效复式旋耕机智能制造新模式	亚澳南阳农机有限责任公司	10 000	1）建设智能化信息管理系统； 2）搭建企业数字化设计平台； 3）实现关键工序装备自动化与智能化； 4）实现关键工序智能检测； 5）建立底层物联网络系统
5	农业装备行业智能工厂通用集成模型标准研究和试验验证	国机智能科技有限公司	1 500	1）形成农业装备行业智能工厂通用集成模型标准相关技术及农业装备行业智能工厂通用集成优化模型算法和应用流程； 2）制定农业装备行业智能工厂通用集成模型标准； 3）建设农业装备行业智能工厂通用集成模型标准试验验证平台； 4）开展农业装备行业智能工厂通用集成模型标准应用
6	农业精量灌溉装备智能制造新模式建设	大禹节水股份有限公司	21 100	1）实现精量灌溉装备工厂/车间数字化改造升级； 2）新建智能物流仓储系统，搭建精益生产管控平台； 3）完善模拟设计仿真、远程运维服务、个性化定制营销等系统； 4）搭建工业云平台和工业大数据平台； 5）集成企业大数据平台智能决策支持系统； 6）开展精量灌溉装备智能制造标准体系研究及应用

第三节　下一步工作计划

下一步，农业装备行业将重点发展农业机械数字化设计技术、农业机械数字化制造技术、农业机械新型材料、农业机械现金制造流程管理技术、农业机械现金制造物流技术、农业机械现金制造自动生产线技术等方面。

1. 农业机械数字化设计技术

针对农业机械产品结构复杂，设计困难，零部件多，传统的设计方法已经完全不能满足现代农机的发展要求，必须重点发展农业机械数字化设计技术。重点研究数字化设计集成技术，包括数字化设计、数字化工艺规划、数字化装配、产品的性能仿真分析及多学科优化设计等；复杂产品数字化设计方法学，面向服务的设计方法与技术，基于配置的产品快速设计方法；多领域知识驱动的产品创新技术；设计知识发现、共享和重用技术；多学科设计优化中的可视化技术；建立拖拉机、联合收获机械、播种机械等若干行业的产品数字化和智能化设计制造平台。

2. 农业机械数字化制造技术

大力发展农业机械数字化制造技术。在基础研究方面，重点研究绿色制造基础理论与共性技术、智能制造技术，包括绿色制造基础理论、产品寿命预测与安全服役基础理论、主动可靠性设计理论、智能装备产品创新设计理论、精密与超精密加工技术等；在制造技术前沿研究方面，重点研究绿色制造基础数据库与标准、绿色生产工艺关键技术与装备、制造过程碳效优化技术、产品寿命预测与安全服役关键技术，微纳制造技术与应用等。

3. 农业机械新型材料

农业机械在制造过程中必须加大对新型材料的研发。农业机械新型材料技术重点研究，材料的环境友好性、可再生循环性、制备使用全过程的节能减排特性，积极发展先进结构材料和复合材料、功能材料，积极发展电子信息材料、器件和系统技术；发展制造业材料的绿色化、智能化，实现制造系统智能运行，形成先进材料和绿色、智能、网络制造及服务体系，保障先进材料和先进装备有效供给和高效清洁循环利用。

4. 农业机械先进制造流程管理技术

大力发展农业机械先进流程管理技术。农业机械先进流程管理技术重点研究：数字化流程管理技术，包括企业资源计划、物料需求计划、制造资源计划；网络化流程管理，包括数据仓库、管理信息系统、决策支持系统、专家系统、电子信息交换等；智能化流程管理；绿色化流程管理，包括绿色制造工艺、绿色流程再造等。开发绿色流程制造技术，高效清洁并充分利用资源的工艺、流程和设备，相应的工艺流程放大技术，基于生态工业概念的系统集成和自动化技术，流程工业需要的传感器、智能化检测控制技术、装备和调控系统。

5. 农业机械先进制造物流技术

大力发展农业机械制造先进物流技术。农业机械先进物流技术重点研究数字化物流技术、自动化物流技术、虚拟物流技术等，主要包括集装箱多式联运技术、自动化立体仓库技术、先进包装技术、集装化装运搬卸技术、自动导引搬运技术、配送技术、物流信息技术及物流管理技术等。

6. 农业机械先进制造自动生产线技术

农业机械先进制造自动生产线技术主要研究拖拉机、联合收获机为主的自动化生产线等先进制造关键技术，研究集成大型农业装备先进制造与自动化生产成套技术，形成拖拉机、联合收获机械主要关键部件的柔性制造生产线。

第四节　存在的主要问题及其发展建议

一、主要问题

按照农业供给侧结构性改革的要求，农业机械化将向着全程、全面、高质、高效方向发展，农业装备仍处于大有可为的重要战略机遇期。同时我们也看到，农业装备面临着二大挑战。一方面，自 2014 年开始，农业装备增速首次低于 10%（同比增长8.55%），2015 年和 2016 年同比增幅连续下降，分别为 7.4%和 5.8%，标志着我国农业装备进入增速换挡和结构调整新阶段。另一方面，虽然每年我国农机进口只有 20 亿美元左右，但是国内高端农机市场（主要是高性能的水田插秧机、大喂入量智能联合收割机、大型采棉机、精准作业机具等）一直由外资企业占领。自 2004 年实施农机补贴政策以来，国外农机企业纷纷来华布点设厂。外资产品虽然价格高，但是技术高端、质量稳定，而且机具配套全、品牌影响大、服务理念先进。农机产业发展深层次问题日益凸显，亟待转型升级。

1．高端产品缺乏

目前主要以三大粮食作物田间作业机械为主，棉花、甘蔗等特色优势经济作物生产、适应丘陵山地专用机械等大量短缺，产后储藏、商品加工、剩余物综合利用装备配套不足。农业标准化、集约化、产业化经营需要的智能高端和大型复杂农机，完全依赖进口或由在华外企生产制造，其垄断价格始终高居不下。

2．基础研究薄弱

农机工艺、材料、结构强度等研究相对薄弱，农机作业能耗、效率、农田土壤质构变化等基础数据缺乏持续、深入的积累。行业公共研究与服务平台建设不足，试验检测条件、方法等研究严重滞后。

3．核心技术缺失

重要前沿和原始性创新匮乏，高端产品核心技术受制于人。大马力拖拉机、联合收割机等自走农机的液压无级变速传动系、Canbus 总线控制技术，采棉机的采棉指、打捆机的打结器，以及农业专用传感器等关键核心部件亟待突破。

4．产品质量低端

技术同质化严重，全行业 R&D 不足 1%（国外一般为 4%以上），相当一部分企业以低水平重复和无序恶性竞争，形成技术依赖。受生产成本和利润空间挤压，先进制造手段不足，导致产品性能和质量远低于国外先进水平，拖拉机、联合收割机等可靠性仅为国外的 1/3。

5．发展结构不优。

装备结构不合理，动力机械较多、配套农具少，小型机具多、大中型机具少，低档次多、高性能少。国外拖拉机和农机具配套比达到 1:6，国内只有 1:1.6。农机农艺融合不够，标准化高效栽培种植模式推广应用不足，农机区域适应性和成套性差，水肥药等使用效率不及国外先进水平的一半，导致农业生产综合成本高、效益低。

二、发展建议

1．采用先进制造技术，提升产业技术装备水平

通过应用高档数控机床与基础制造装备、数控特种加工机床、大型数控成形冲压设备、大型清洁热处理与表面处理设备等先进制造技术及装备，对农业机械企业进行技术改造，改善企业研发和制造条件，提高农业机械制造工艺及工装水平，大力提升

农业机械工业产品质量。初步形成集科研开发、主机制造、关键件制造、成套装备供应、技术服务等为一体的产业体系。

3. 开展科技创新，积极推广新技术

一是加强技术创新。结合农业结构调整，加快农业机械新技术、机具的研究与开发。二是加强机制创新。进一步深化农业机械科技体制改革，充分发挥农业机械科研院校、大型农业机械企业的积极作用，优化农业机械科技资源配置。三是加强农业机械现代装备制造技术的推广应用。重点推广"数字化、网络化、智能化、绿色化、全球化"等先进的现代生产装备制造技术。

5. 积极知道开展国际合作

引进国外先进技术，鼓励大型农业机械企业与国外合作开发和建立技术研究中心，提升核心技术、关键部件的研究开发能力。进一步扩大国际合作，提升大马力拖拉机、多功能收割机、现代农业机具、农用飞机等先进农业机械制造技术水平。实施农业装备"走出去"战略，大力开拓国际市场，鼓励企业参与对外援助和国际合作项目，扩大优势农业机械产品出口，引导有条件的农业机械制造企业到国外投资办厂。

第十六章　纺织行业

第一节　行业发展概况

纺织行业是我国传统支柱产业、重要的民生产业和创造国际化新优势的产业，是科技和时尚融合、生活消费与产业用并举的产业。近年来，我国纺织行业在国内经济下行、国际上原纺织大国"再工业化"双重压力下，仍保持了相当的优势。

（一）产业规模世界第一

2015 年，我国纺织全行业纤维加工总量 5 300 万吨，占全球纤维加工总量 50%以上，纺织品服装出口额全球占比达到 37.4%，纺织行业规模稳居世界第一。我国纺织行业在规模增长的同时，效益也稳定增长。2015 年，我国规模以上纺织工业增加值、主营业务收入、利润总值分别占全国规模以上工业的 5.9%、6.4%和 6.1%。当年全国规模以上企业利润总体负增长，纺织行业规模以上企业的利润仍增长了 5.4%，全行业保持就业人数约 2 300 万人，涉及全产业链就业人数接近 1 亿[1]。

（二）行业科技持续进步

通过行业关键技术的持续攻关，2011—2015 年，纺织行业在高品质纤维新材料、先进纺织加工、数字化与智能化清洁印染、新型产业用纺织品、数字化纺织装备等领域 16 项成果获国家级科学技术奖。其中"筒子纱数字化自动染色成套技术与装备"获国家科技进步一等奖。2014 年，大中型纺织企业研究与试验（R&D）经费支出 257 亿元，比 2010 年增长 81%，研发投入强度为 0.67%；有效发明专利数 5381 件，是 2010 年的 2.3 倍。"十二五"期间，人均劳动生产率年均增长 10%左右。碳纤维、间位芳纶等高性能纤维及海洋生物基纤维等实现技术突破；信息化集成应用及智能制造形成若干试点示范。

（三）电商与品牌协同发展

依托互联网、移动终端和电子商务技术，服装家纺网上销售额年均增长超过 40%，一批服装家纺品牌在海外建立设计机构和销售网络。纺织行业品牌培育管理体系与品牌价值评价体系初步形成。中国国际服装服饰博览会、中国服装大奖、中国国际时装周、各地服装节等活动连续举办，纤维、面料、家用纺织品流行趋势研究和发布，《纺织服装行业年度品牌发展报告》发布等，推动了行业品牌发展。目前活跃在国内市场的服装家纺品牌约 3 500 个，全行业拥有"中国驰名商标"300 多个。中国设计师作品得以在国际舞台展示交流。CSC9000T 中国纺织服装社会责任管理体系广泛推广，企业社会责任建设取得积极进展。

（四）绿色发展成效明显

2011—2015 年，纺织品低温前处理、筒子纱数字化自动染色等大量节能降耗、减量减排新技术的应用，促使纺织行业百米印染布新鲜水取水量由 2.5 吨下降到 1.8 吨以下，水回用率由 15% 提高到 30% 以上，全面完成单位增加值能耗降低、取水下降及污染物总量减排等约束性指标。再利用纤维占纤维加工总量比重由 2010 年的 9.6% 提高到 2015 年的 11.3%。废旧纺织品回收、分拣和综合利用产业链建设启动，"旧衣零抛弃"活动推动了旧服装家纺规范回收和再利用进程。

第二节　智能制造推广应用状况及其成效

"十二五"以来，大量数控新技术进入我国纺织机械领域，使国产装备在自动化方面快速追赶国际先进水平，与国外先进水平产品的差距明显缩小，新型纺织装备基本实现数控化，并向智能化装备发展。目前经过多年的发展，国内纺织行业数控水平有较大幅度的提升，数字化装备普及率达到 70% 以上；智能制造在纺织某些领域初见雏形，有的已经体现出价值。

纺织生产过程的在线监控技术取得突破，纺纱全流程在线监控系统、织机监控系统、染化料自动配送系统及工艺控制系统等基本成熟，技术成果已在企业产业化推广应用。服装研发和设计数字化水平进一步提升，行业应用广泛。随着三维人体测量系统、计算机辅助设计（CAD）系统、生产制造数控集成系统（计算机辅助制造 CAM、柔性制造系统 FMS）等信息化管理系统不断完善，以及与数据库技术的有效结合和创新应用，服装行业数字化大规模定制技术逐步成熟，涌现出一批以信息技术支撑大规模定制生产，实现企业商务模式创新的示范企业。

适应纺织行业管理特点的企业管理信息系统（如企业资源计划 ERP 系统）在棉纺、毛纺、针织、印染、服装等行业已进入应用阶段，不同程度地覆盖了销售、采购、仓储、研发设计、生产、分销、能源、财务等业务管理环节[2]。

一、实现智能制造所需关键技术

（一）纺织典型工艺的智能制造关键技术日趋成熟

化纤制造：流场计算仿真技术、在线添加技术、远程监控技术、长丝精密卷绕技术、在线张力控制技术等。

纱线加工：纱线质量在线检测技术、断纱自停技术、自动接头技术、纺纱工序间产品自动转运技术等。

机织加工：机织物数字化花型准备系统与仿真技术、高速电子多臂机、高速共轭凸轮传动系统、自动纱头夹持器、纬纱接头机械手、倒纱机械手、档车机械手等。

针织加工：针织物数字化花型准备系统与仿真技术、断纱自停技术、纱长在线检测、坏针在线检测、张力在线检测、疵点在线自动检测、数控伺服电子送纱、弯纱三角深度自动调整、梳栉自动对位、自动落布、自动转运等。

非织造加工：纺丝牵伸、熔喷复合；纤维混合比例控制、梳理系统喂入均匀度和成网均匀度、铺网系统往复小车控制与针刺系统预针刺工艺控制及布针形式等技术。

染整加工：印染工艺参数在线监控技术、染料助剂自动配送技术、印染工艺专家库系统、装卸纱机器人，基于机器视觉技术的动态对花技术，定形机能耗实时监控技术等。

服装设计与加工：三维人体测量技术、3D 试衣系统、数控裁剪技术、全自动缝纫技术、智能吊挂技术、智能仓储技术。

（二）纺织智能制造新模式探索取得成效

我国纺织服装产品线上营销日趋成熟。电子商务（B2B）、移动电子商务在行业中得到了快速发展，O2O 线上线下联动成为行业电子商务的重要经营模式。2015 年纺织服装 B2B 电商交易额达 2.85 亿元，约占行业电子商务交易总额的 77%，在行业电子商务发展中占主体地位；互联网技术、数字技术与传统服装制造业结合，实现了服装的大规模个性化定制。

青岛红领集团的服装大规模个性化定制，凭借款式数据、工艺数据、流行元素数据等海量数据，能满足超过万万亿种设计组合，员工在互联网云端上获取数据，与市场和用户实时对话，零距离服务，整个企业具备了超强的满足个性化定制需求能力，效率质量大大提升，增强了市场的竞争力；物联网推动家纺产品个性化制造。

山东愉悦家纺有限公司建立纺织品印染和整理生产资源管控系统（PRCS），对相关的物料、能源、工艺等进行实时在线监控、检测、管控，实现纺织品印染和整理智能化生产。并通过商业网络平台对接，实现产品个性化定制，大规模生产；互联网助推纺织协同制造。

泉州海天材料科技股份有限公司依托面料研发生产和成衣加工方面的优势，通过互联网技术将供应链向前延伸到服装设计、向后延伸到销售终端，形成一个集消费者、设计师、面料商、辅料商、智能工厂及智能化销售终端于一体的，完整的纺织服装供应链闭环体系，以及协同优化的纺织服装绿色智慧制造生态系统，进行休闲运动服饰小批量、多批次补货需求的敏捷制造、柔性制造，为消费者提供个性化定制服务[2]。

（三）智能纺织材料研发和产业化成为拓展热点

温度可调纺织品（保暖、凉爽），具有电子信息化功能的纺织面料应用于民用，可以提高产品的附加值，赋予纺织品全新的面貌。

深圳智裳科技有限公司发布了国内第一款智能服装。莱仕特第一代智能夹克一经发布便获得数万用户广泛认可，并荣获中央网信办授予的创客先锋奖。公司还先后研发出了心率+心电图的智能健康衣，旋磁理疗预防乳腺疾病的智能内衣、自发光变色的智能面料、智能恒温+GPS多功能智能模块、智能服装辅料等5大智能服装方案，可广泛应用于诸多产品。

珠海安润普科技有限公司安润普的科技公司，以其独特的SOFTCEPTORTM柔性传感技术研发出的智能服装，柔软度接近人体皮肤，能灵敏捕捉人体内外细微的形变、压力变化等，感应监测人体呼吸、心率、腰围、肌肉维度、情绪变化等数据，作为健康、保健、美容、美体等客观指标。公司率先将传感器与纺织面料融合，研发出智能跑鞋，将在京东众筹平台正式上线。

二、智能制造装备

数字化智能化纺织装备和工艺有突破。国内纺织装备采用数控和网络等新技术，效能全面提升，逐步缩小了与国际先进水平的差距。

"筒子纱数字化自动染色成套技术与装备"项目创新研发了筒子纱数字化自动染色成套装备和染色生产全过程的中央自动化控制系统，实现了筒子纱染色从原纱到成品的全过程数字化自动生产，获2014年国家科学技术进步奖一等奖。

"高效能棉纺精梳关键技术及其产业化应用"项目建立了多目标综合优化模型，实现多系统高速运行及精准配合等，打破了高端精梳机依赖进口的局面，获2014年国家科学技术进步奖二等奖。

自动落纱粗纱机及粗细联输送系统、细络联型和纱库型自动喂管自动络筒机均已形成小批量生产规模。全自动粗纱机及粗细联输送系统的全自动集体落纱及自动生头技术、管纱识别技术等关键技术取得突破，达到国际先进水平。

化纤装备的智能化、全流程自动化和信息化技术正开始在化纤企业中推广。化纤长丝生产自动落卷和物流系统已实现产业化。

印染设备工艺参数数字化在线检测与控制技术已取得长足发展，浓碱及双氧水浓度在线检测及自动配送系统、染料与助剂自动配送系统、定形机在线监控系统等在不断发展中得到应用[2]。

三、数字化车间/工厂

目前，我国化纤、纺纱、织造、印染、服装制造的自动化、数字化、智能化水平都有相当程度提升，国内已经有了化纤全流程自动化、智能化长丝车间，智能化纺纱工厂、针织内衣工厂、筒子纱车间，筒子纱数字化自动染色生产线等。

在工信部组织开展的智能制造试点示范专项行动中，宁波慈星股份有限公司的针织品智能柔性定制平台、山东康平纳集团有限公司的筒子纱染色智能工厂、青岛红领集团有限公司的服装个性化定制、浙江报喜鸟服饰股份有限公司的服装大规模个性化定制、泉州海天材料科技股份有限公司的纺织服装网络协同制造、浙江理工大学的针织装备间互联互通及互操作标准研究与实验验证等被列为试点示范，福建百宏聚纤科技实业有限公司的涤纶长丝熔体直纺智能制造数字化车间、宁夏如意科技时尚产业有限公司的年产3万吨纱线染色智能化工厂获智能制造专项立项。

山东华兴智能纺以 MES 等应用系统为平台，使工厂内部的人、机、料等生产要素互通、互联、互动，建立了全集成自动化纺纱生产线、环锭智能纺纱管理系统、多维数据分析与逆向动态追踪，构建了智能纺纱车间系统，使纱线制造走向高柔性、高效率、低成本、短交期、高品质。

山东华纺股份公司 2013 年提出智慧华纺目标，发展纺织品染整智能生产线、智能检测和监控、自动立体仓库等，实现印染加工的在线检测和管控。总体上通过横向整合形成中央集控系统 HFCPS，加强纵向延伸发展个性化智能制造技术，发展具有企业特色的智能制造。

四、推动智能制造发展的政策措施

（一）开展高端数控纺织装备的研发与产业化

开展高质、高效纺织关键高端主机装备的研发，包括研发智能化、连续化纺纱成套设备、数控新型纤维材料生产装备、数控无梭织机、数字化实时监控环保型印染成套设备、高性能针织机械、多用途非织造布设备和智能化服装生产线。

单机基本实现数控化，有条件单机进行智能化升级；单机均配备数字化监控装置和数据通信接口，实现对工艺参数和设备运行状况的实施监控、故障报警、数据传输共享等功能；高端主机装备具有优良的制造质量和较高的可靠性。对于已经具备数字化功能的、有条件的装备，采用感知、控制、决策、执行等智能制造技术，进行智能化升级，最大程度减少人为因素对生产的干扰，提高生产效率，稳定并提高纺织品质量，降低工人的劳动强度，降低能耗和减少污染物排放量。

（二）开展纺织关键生产过程全流程智能化推广应用

在化纤、纺纱、织造、非织造、印染、服装六大领域展开智能制造系统的研发与试点示范，建立一批具有智能化雏形的智能制造示范生产线或智能化车间（工厂）。设备层具有感知、数据采集、闭环控制等功能，网络传输层实现数据汇总、交换，决策层借助 MES（制造执行系统）、专家系统等软件实现数据分析、流程优化、辅助决策等智能化功能。

（三）开展纺织机械领域自身智能制造示范应用

推动纺织机械制造企业实现智能制造，提高装备可靠性及专用基础件的制造水平。研究纺织机械智能制造过程信息物理系统关键技术，推进并进行纺织机械智能制造试点示范应用，建立一批纺织机械主机、专用基础件智能化生产试点示范。

（四）开展纺织智能制造关键共性技术研发

产、学、研结合，研究关键共性技术。开展纺织工业机器人、增材制造技术与装备、纺织专用智能传感与控制装备、智能检测与装配装备、智能物流和仓储装备等五类关键技术的研究与应用。同时开展新型纺织装备设计制造工艺理论与技术、专用基础件制造与强化技术、智能检测与装配技术的研究，提高装备制造质量与可靠性。

（五）发展高性能纺织机械专用基础件

研发量大面广的纺织专用基础件的高效复合加工专用数控装备和自动化生产线，保证产品加工质量稳定，提高纺织专用基础件的使用寿命，降低能耗和噪声。开发内容包括钢领、钢丝圈、织针、钢箔、锭子、梳理器材与底布、槽筒、针刺机刺针、假捻器摩擦盘、化纤生产用瓷件等专用复合加工生产线。研究纺织先进仪器测试机理，研发新型纺织仪器。

（六）发展跨领域关键用途的纺织专用装备和转用辅助装备

发展特种产业用纺织品生产装备，包括非织造复合与成形装备、三维织造成形装备、特种后整理装备、特种用途纤维生产装备等。研究发展全自动数控机械辅助装置与控制系统，包括研发流程辅助机器人、机械手、自动化纺织品包装与储运机械等。

第三节　存在的主要问题及其发展建议

一、主要问题

目前，我国纺织行业领域制造水平还处于工业 2.0 与 3.0 交汇，并向工业 4.0 发展的阶段，与发达国家相比，纺织行业领域智能制造水平差距仍然较大。制约我国纺织行业领域智能制造发展的主要因素如下。

（一）数量众多的纺织企业尚停留于传统工业思维

纺织行业已进入了互联网时代。互联网思维的核心是开放、平等、互动、合作，互联网时代的工业思维须更加关注产品个性化、制造柔性化、服务延伸化、组织扁平化、经营虚拟化、竞争系统化。与传统纺织行业生产大规模、标准化，组织架构多层次、多事业单元，营销依靠实体店，竞争单一的思维相比，有本质的区别。

我国规模以上纺织企业有 38 000 多家，少部分企业已经融入到互联网时代，着手重构以互联网为基础的智能制造企业经营管理模式。但相当多的企业还基本停留于传统工业思维，或者简单"触网"，企业内外价值链数据化尚未形成，互联网与企业的生产和经营管理等未能深度融合。企业的传统经营管理模式仍在延续，组织架构层次多，制造规模化、产品同质化、要素成本高、竞争乏力。

（二）适应纺织智能制造的人才队伍和科技资源力量薄弱

我国纺织行业缺乏具有纺织制造和网络信息交叉复合知识和实践能力的人才。多年前纺织行业需要优秀的挡车工、机修工、营销业务员等。随着纺织行业领域智能制造的推进，机器人、网络、传感器等纺织智能制造装备和器件将在纺织企业普及，企业急需熟知纺织流程特征的机器人工匠、网络工程师、自动控制工程师等各类各层次的复合型人才。这类人才的缺乏，还反应在教育领域，目前纺织行业类高校等的相关专业人才培养存在课程设置过于老化，缺乏学科交叉，专业教育与企业实际需要脱节，学生所学在短时间内难以致用等问题。

我国纺织行业还缺乏相应的科技创新基地和服务平台。虽然纺织行业领域有几家企业成为智能制造示范试点企业，但就纺织行业 38 000 多家规模以上企业而言，带动力有限。尤其是纺织行业领域智能制造需要一批共性技术、标准的支撑，相关的基地和平台目前一是非常缺乏，二是现有几个与智能制造相关的平台，目前尚未能够真正发挥出相应的作用。

（三）纺织行业领域智能制造研发投入不足

从企业层面看，目前国内制造业 32 个行业中属于纺织行业的化学纤维制造、纺织、服装服饰行业的年度 R&D 经费投入强度都低于 1%，而且纺织、服装服饰行业业的年度 R&D 经费投入强度排名居于制造业 32 个行业的中下游。理论上企业都有销售收入 3% 的研发投入，但投入的研发资金主要用于硬件设施的引进、更新，真正用于纺织智能制造相关关键技术创新研发的投入普遍偏少。

从国家层面看，目前国家对于纺织行业领域智能制造技术研究方面的投入相对少，如 2016 年度的国家重点研发计划项目中，尚无纺织行业领域的智能制造重点研发计划项目。国家重点研发计划的重点专项按照基础前沿、重大共性关键技术到应用示范进行全链条设计，一体化组织实施，涉及纺织行业领域的智能制造须以纺织制造为主体，跨领域组织联合相关力量开展科技攻关，相关的机制目前尚不完善，各方的积极性尚未充分调动。

（四）纺织行业领域智能制造软硬件基础和应用能力薄弱

与美国、欧盟、日本等发达国家和地区相比，我国纺织行业领域智能制造技术总体落后，主要表现在纺织智能制造的装备、传感器、专用控制器件、控制软件、管理软件等软硬件基础能力相对弱。已经开始实施两化融合的企业大多采用跟随和模仿战略，核心技术缺失，共性技术不足，高端装备、关键部件，基础件和电子元器件等大多依靠引进，或通过引进，消化、吸收，进行二次开发。大多数纺织企业尚未建立 MES（执行制造系统），即使建立了 MES 的企业，其计划和成本控制对象也未细化，未完全实现与 ERP（企业资源计划）的集成应用。纺织全产业的"两化"（工业化与信息化）尚未能深度融合。"互联网+"融入纺织行业，涵盖通信运营商、互联网企业、纺织制造企业等多方面，各方对信息互联互通、接入技术标准等尚未形成统一认识，缺乏对标准规范、业务流程、管理模式、知识经验等数字化能力要素进行全面集成和充分融合[3]。

二、发展建议

（一）加强纺织行业领域智能制造组织机构和环境建设

目前，我国纺织行业正处于传统制造模式向智能制造模式转换关键时期。推进纺织行业领域的智能制造涉及本领域、跨领域相关科技资源协同，以及科技研发与企业应用协同，但国内尚无统筹和协同推进纺织行业智能制造的组织机构，相关环境也需优化。为此，建议加强纺织行业领域智能制造组织机构和环境建设。

（1）设立推进纺织行业智能制造升级的组织机构。由国家相关主管部门、行业联合会、相关高校和研究机构等负责人和专家，建立跨领域的联席机构，负责协同开展纺织行业智能制造升级改造的顶层设计及相关政策和规划制定。

（2）建立跨领域、跨行业的纺织行业智能制造协同推进工作机制。由国家相关主管部门牵头，行业联合会、相关高校和研究机构、相关重点企业专家等参与，加强纺织行业智能制造标准联合研究、关键技术协同攻关、技术成果应用协同推广方面的统筹推进力度。

（3）优化纺织行业智能制造应用环境。以国家推进"中国制造+互联网"等为契机，国家相关主管部门和行业联合会共同推动纺织服装企业加强网络基础设施建设，加快发展适用的电子商务应用软硬件，搭建纺织行业智能制造规划设计和应用服务平台，形成引导相关企业向智能制造升级改造的良好环境。

（二）国家层面设立专项推进纺织行业智能制造

为加快纺织行业新旧发展模式转换，加快培育和发展纺织行业新业态、新模式，提升纺织企业研发、设计、生产、产品、管理、服务的智能化水平，促进纺织行业"增品种、提品质、创品牌"，建议国家相关主管部门设立纺织行业智能制造专项，推进纺织行业向智能制造方向发展。

（1）在国家实施"发展智能绿色制造技术，推动制造业向价值链高端攀升"战略任务中，设立推进纺织行业智能制造的重点专项。开展包括纺织设计、生产、物流、信息集成的智能车间，包括智能化纺织装备专用基础件、纺织工序连接机器人及专用机器人、纺织装备制造智能化的纺织智能装备，包括标准与安全、传感（测控）共性技术、通用软件系统等的纺织智能制造标准及共性技术，大规模个性化定制、纺织协同制造、纺织电子商务、纺织装备远程运行维护等的纺织智能制造新模式研究和工程化推广。

（2）在国家实施发展新一代信息网络技术战略任务中，加强对纺织行业智能制造网络基础建设的支持。支持建设我国纺织行业大数据公共服务平台，为企业提供行业及市场信息，提高企业对市场需求反应的敏捷度，开发适销对路的产品；支持面向纺织行业移动互联网络基础平台、电子商务平台建设，规范数据交换标准、线上商品和服务授权准入，加强对通信安全的保障和监管，增强向数以万计小微纺织企业和创业团队提供数据信息、计算能力等的服务。

（3）进一步增加纺织行业智能制造示范试点项目。聚焦纺织行业制造关键环节，在纺织行业自身对智能制造企业孵化的基础上，选择符合两化融合管理体系标准的企业，开展纺织智能车间和智能工厂、纺织智能装备、纺织协同制造、纺织产品大规模个性化定制、纺织装备远程运维服务等进行示范试点。

（三）加快推进国家、产业、行业层面纺织智能平台体系建设

纺织行业领域智能制造是传统产业的制造体系与互联网、数据云、信息物理系统、电子商务等新兴科技的融合，涉及纺织、互联网、信息、控制、计算机、机械等跨领域科技。建议国家主管部门和行业联合会等布局建设多领域协同的纺织智能制造平台和基地。

（1）布局建设纺织行业智能制造国家重点实验室。由具有相关学科和科研优势的高校或科研院所牵头，协同跨领域的人才和研究资源，组建纺织行业智能制造国家重点实验室。通过适应纺织制造特征的智能制造共性技术基础和前沿科技跨学科、跨领域研究，引领纺织行业智能制造发展方向，同时在技术创新与成果转化、相关人才培养与培训等方面为纺织行业发展智能制造提供支撑与服务。

（2）布局建设纺织行业智能制造国家工程技术研究中心。由具有相关学科或科研优势的高校或科研院所牵头，协同跨领域的相关科研资源，建设纺织行业智能制造国家工程技术研究中心，对纺织行业智能制造标准、安全认证系统、各环节共性关键技术等协同开展应用基础研究，以及相关科技成果的工程化与产业化等研究和开发。

（3）跨行业、跨领域建设纺织行业大数据云平台。由国家主管部门和纺织联合会牵头，依托互联网企业，跨纺织、消费、金融、贸易等行业和领域，融合与纺织行业相关的纤维制造、纺织加工、染整加工、服装设计与加工、纺织装备制造等设计和制造数据，纺织服装产品预测数据，纺织服装产品消费和应用数据、营销数据、贸易数据、纺织装备数据等，构建涵盖纺织行业整体，面向纺织各子行业发展和实际应用的纺织行业大数据云平台。

（4）联合纺织企业集群建立纺织制造云平台。由国家和地方政府主管部门联合相关行业协会，在纺织行业集聚区以智能制造基础条件好的纺织服装企业为核心，培育和建设面向纺织制造企业的纺织制造云平台，为纺织协同制造、大规模个性化制造、装备远程运维等纺织制造新模式提供平台支撑。

（四）多方筹资促进纺织行业智能制造核心技术研发及应用

纺织行业智能制造升级主要应由企业面对市场变化，主动投入开展改造。但智能制造的基础和支撑条件建设，需要公共资金投入加以支持，并且需要由国家相关部门出台一些加快企业开展智能制造升级改造的激励措施。

（1）推进纺织行业智能制造共性技术研究与应用研究的联动。由政府主管部门以政策支持，加大对纺织行业智能制造共性关键技术研发的投入和供给。通过政府采购促进纺织行业智能制造共性关键技术的转移和扩散，促进纺织企业，特别是中小企业的智能制造升级改造。

（2）充分提升财政资金的使用效率。利用工业转型升级专项、智能制造专项等现有资金渠道，加快智能纺织装备专件、工序衔接机器人等研发和产业化。同时发挥财政专项杠杆作用，吸收社会资金，建立投资基金市场化运行机制，重点支持纺织行业发展智能制造的软硬件一体化系统解决方案。

（3）充分利用和调动社会资源支撑纺织行业智能制造升级改造。加强财税金融政策对纺织行业智能制造科技创新的引导作用，积极探索多渠道、多元化的投融资机制，加大对纺织行业智能制造科技创新的投入。支持符合条件的纺织企业发挥自身优势，在依法合规、风险可控的前提下，发起设立或参股财务公司、金融租赁公司、融资租赁公司，实现智能制造资源共享和优势互补。

（4）给予纺织智能制造企业各项优惠政策。鼓励发展智能制造的纺织企业参加各类资格条件、企业类别认定，符合条件的同等享受相关的税收等优惠政策。

（五）出台政策措施加强纺织行业智能制造人才队伍建设

针对纺织服装行业专业技术人员，特别是高层次专业技术人员，以及具有纺织、信息、控制等多学科交叉知识背景的专业人员短缺，建议由政府主管部门出台相关的政策措施，指导加强纺织行业各层次智能制造专业技术人才队伍建设。

（1）面向全球汇聚智能制造领军人才和创新团队建设。依托纺织行业领域智能制造重要项目、重点企业智能制造升级改造、相关的重点学科和科研基地，面向全球汇聚智能制造科技领军人才，积极推进相关的创新团队建设。

（2）跨领域汇聚高水平纺织智能制造专业人员。制订相关的专项政策措施，跨领域汇聚国内外智能制造核心技术领域高级专家。进一步破除人才发展中的论资排辈和急功近利现象，重实际能力，不拘一格培养造就一批纺织行业智能制造领域的中青年高级专家。

（3）校企联合开展智能制造技术人才定制式培养。建立高校、高职、中职院校以相关企业智能制造示范项目为平台的，学校与企业单位联合开展纺织行业智能制造技术应用型人才培养机制，支持高校、高职、中职院校相关学科专业与互联网企业及纺织行业融合、"产、学、研、用"结合建立实训基地，依托基地定制式开展纺织企业智能制造人才培养，同时开展相关企业人员的智能制造技术培训。

（4）多学科交叉融合培养纺织行业领域智能制造专业学位研究生。改革行业特色高校工程科技人才培养模式，纺织与材料、机械、信息、计算机、工商管理等学科交叉融合，培养复合型纺织行业领域智能制造专业学位研究生。改革本科生课程设置，加强工程实践，跨专业培养具有纺织行业智能制造专业知识和工程实践的专业人才。

第十七章　食品行业

第一节　行业发展概况

食品行业是关系国计民生的生命工业，也是一个国家、一个民族经济发展水平和人民生活质量的重要标志，是工业经济的重要组成部分。食品行业的现代化水平已成为反映人民生活质量高低及国家发展程度的重要标志。

（一）效益继续平稳增长，产业地位不断提升

据国家统计局数据，2015 年我国规模以上食品企业年利税总额 1.77 万亿元，比 2010 年的 1.07 万亿元增长了 65.4%，主营业务收入占全国工业企业主营业务收入的比重从 2010 年的 8.7%提升到 2015 年的 10.3%；食品行业增加值占全国工业增加值的比重达到 12.2%，对全国工业增长贡献率为 10.8%，食品行业作为国民经济支柱产业的地位不断提升，是经济中高速增长的重要驱动力。

（二）食品行业两化融合进一步深化

食品行业企业不断发展壮大，生产集中度进一步提升。2015 年大中型食品行业企业占规模以上企业数的 14.7%，完成主营业务收入占全行业的 53.2%。随着互（物）联网、云计算、大数据等新型信息技术的快速发展及其在食品行业领域的应用，食品行业的信息化水平不断提高，在食品行业的研发、生产管理、产品销售及质量安全的可追溯等方面得到了广泛应用。

（三）行业科技进步不断发展

我国食品行业科技发展，在国家政策的引导和支持下，取得了丰硕的成果，某些成果已经在产业发展中获得了应用，并取得较好的经济效益。表现在食品非热加工、包装材料、在线监控等领域突破了一批关键共性技术，部分成果达到国际先进水平，自主创新能力明显增强。屠宰加工、饮料灌装、乳制品加工等重点领域装备技术进步加快推进，信息化、智能化水平不断提升。

第二节 智能制造推广应用状况及其成效

一、概述

随着《中国制造 2025》等国家战略的实施，食品行业不断向规模化、智能化、集约化、绿色化方向发展，无论是创新能力，还是食品安全保障水平稳步提升，资源利用和节能减排取得一定突破，新技术、新产品、新模式、新业态不断出现，涌现出一批在乳品生产、饮料制造、肉制品加工、调味品生产、发酵及生物工程等智能制造领域取得积极成效的企业，在生产效率、运营成本、研制周期、不良品率、能源利用率等环节，取得突出成绩，推动相关产业向自动化、信息化、智能化方向大步跨进。

例如：内蒙古自治区通过实施数字化"智慧"工厂项目，使企业生产效率提升 20%，运营成本降低 20%，不良品率降低 20%，能源利用率提高 10%，新产品研制周期缩短 30%，完美诠释了"智慧"工厂的发展理念和发展前景。

在我国传统白酒行业，为推动我国白酒由传统生产向机械化、自动化方向，进而推动整个行业向信息化、智能化转型，劲牌、今世缘、河套、老白干、迎驾贡酒等白酒企业，先后开展以智能化升级、改造为目标的技术改造活动，使白酒质量安全保障能力、酿酒工艺技术创新能力和白酒的品质均得到了大幅提高。统计显示，上述企业综合效益大幅提升，出酒率提高约 2%，每年全行业可节粮 100 万吨；每吨酒成本降低 400 元，每年全行业可直接增加效益 20 亿元；减少用工 70% 以上，节约蒸汽 30%；节约用水 40%，每年全行业可节水约 7 000 万吨；减少废水排放 30%；综合能耗降低 25%，每年全行业可节约标煤 81.25 万吨。

内蒙古天奇生物科技有限公司通过实施"特色营养食品智能制造数字化车间"，通过有效提升数控系统、生产线、物流、物料、远程监控、在线检测等数字化水平，使生产效率提升 32.4%，运营成本降低 20.5%，产品不良品率降低 80%，单位产值能耗 12.73%，新产品研制周期缩短 35%。

新一代信息技术正快速向包括食品产业在内的各行各业广泛渗透。如娃哈哈集团采用实时数据库技术、智能化在线控制生产车间、物联网及智能机器人物流管理系统等技术，将自动化、数字化和智能化融为一体，使之在食品饮料生产过程中得以充分应用。未来，将在线传感器与 ERP 管理系统深度融合，实现生产线的全程监测与调整优化，可以进一步提升食品安全管控能力。同时，将物联网与智能机器人技术应用于整个物流管理系统中，从生产线自动接单、安排生产、自动传输，到产品入库管理及安排发货等各环节，均可实现智能物流机器人技术的应用，从而实现传统食品饮料制造业智能化转型升级。

内蒙古伊利集团智能制造的发展及应用，紧跟信息技术发展趋势，在数字化、智能工厂方面的建设和革新中走在行业前端。在智能化管理方面，致力于打造覆盖"产品研发—生产制造—质量管控—终端销售"各个环节的智能化管理项目。目前，已经建成并投入运行的管理系统包括企业资源计划管理系统（ERP）、奶粉 CRM 系统和 DCS 系统、主数据系统、原料奶管控平台、冷饮物流监控平台、液态奶 CRM 系统、产品质量追溯系统等。

在智能化生产设施方面，伊利集团采用全球高端自动化生产线。在工序技术方面，原辅料接受、生产过程、风险管理，以及出入库等环节采用的技术设备均处于国际领先水平。2014 年，伊利联手瑞士通用公证行（SGS）、英国劳氏质量认证有限公司（LRQA）、英国天祥集团（Intertek）打造全球质量管理体系，使自身质量管理流程和检测达到国际先进水平。智能创新是伊利质量追溯体系更加高效的关键所在。该质量追溯体系从奶牛出生开始进行记录和追踪到第几次挤奶、原奶运输车辆 GPS 跟踪、原奶入厂信息赋码、生产和检测过程信息跟踪等每一个环节形成综合集成系统和覆盖全国的 ERP 网络系统。

中粮集团将智能制造与云计算应用于企业的生产和管理中，其核心系统方案主要体现为 ECR 模式。这是一种将制造商、批发商和零售商进行整合，以最低成本，最优、最快实现消费者需求的流通模式。该模式主要包括以下部分。一是渠道分销管理系统（DMS）。在该部分中，需要运用 DMS 对潜在客户、销售渠道状况等进行了解和分析，通过中国食品数据采集客户端，提取相关数据资料，经销商确认后将其传送至中国食品服务器中。二是移动客户管理系统（MSM）。该系统将导购管理、稽核管理和业务拜访三个方面实现移动化操作，实现了操作人员和后台管理的时效性和可视化。三是产品追溯系统（PTS）。该系统主要应用于食品安全追溯和食品安全监管方面，通过系统定位、建立数据交换平台等技术手段进行具体操作。四是业务流程管理（BPM）。该系统可以实现流程监控分析、流程优化以及决策支持等业务绩效方面的工作，有助于实现灵活、易操作的信息化整体构架。五是微信平台。目前中国微信用户已超过 4 亿，将该平台应用于企业日常生产管理，有助于进一步挖掘潜在用户、认清市场动态，从而提升企业整体实力。

天地壹号苹果醋生产基地具备极高的自动化生产线。发酵车间内由口径不同的管道连接着，检测和及时调控每一个发酵罐的温度。这一系统不仅能够节省大量劳动力，还可以降低由手工操作造成的误差，使果醋发酵过程更为稳定，大大提高了果醋的产品质量。该系统基于物联网技术的智能化系统，将发酵控制技术与信息系统相结合的产物。它以先进的物联网技术为基础，结合传感器技术和无线通信技术，达到实时准确的检测控制目的，从而提升了苹果醋的传统工艺和生产自动化水平。高度自动化的生产线使得员工的主要工作由生产转变为检测。车间员工的主要工作是检查各种参数和对产品进行抽样检测。而生产工序则是由智能系统根据上传到电脑的数据进行复杂的操作来进行的。

劲牌公司是最早实施智能制造项目的酒类企业。作为中国保健酒行业的领头羊，劲牌积极开展技术创新、推进智能化工厂建设。保健酒智能制造项目是利用先进的物联网、云计算与制造管理平台技术，通过对酿酒生产基地的自动化、信息化与智能化改造，实现企业生产的高品质、高效率、低成本、低能耗，并同时具备产销的柔性对接、工艺的持续优化、设备的智能维护和成品原料的跟踪溯源等典型智能特征。

加加食品投资 8 亿元建成的 17 万平方米酱油生产车间，是全国最大的酱油生产工业综合体，也是目前亚洲最大的酱油生产线。能实现生产过程运行监控、数据采集、过程管理、设备维护、单元调度、产品跟踪的集成一体化管理。"目前，加加酱油的产能翻番了，员工数量却缩减了三分之一。同时，工厂内建设高标准工业网络，从原料蒸炒、圆盘制曲、发酵时间与温度自动采集与控制、酱油生产后处理过程自动化、自动化包装系统、灌装、防伪标示、批次跟踪一体化管理等，都是既传承了古法工艺又结合了新型工业化的有效手段。

二、实现智能制造所需关键技术

（一）部分共性关键技术取得突破

随着食品行业的转型升级，智能制造将成为企业核心竞争力。目前，我国食品行业部分行业智能制造关键技术取得突破：

如我国传统酿酒行业，劳动强度大，能耗、水耗、粮耗高，污染物排放严重，生产效率不高，受天气和时节的影响较大，产品质量难以稳定。

劲牌小曲酒新工艺，便是在国内外首创加压蒸粮、固态培菌、控温糖化、低温槽车发酵、机械上甑蒸馏等新技术，实现了酿造过程的机械化和信息化的融合，原料全程不沾地、不与人接触，减小了劳动强度，提高了生产效率，消除了人为因素对生产过程的影响，标志着白酒酿造告别传统作坊式生产，迈进工业化。而劲牌数字提取技术具有"单药"、"量化"、"优取"三大技术特点，使劲酒的功效更显著、品质更稳定、口感更醇和。应用数字提取技术，实现了最大限度提取原料中功效成分的目的，药材功能成分含量得到有效提升，且纯净度更高，稳定性更好，既保障了产品健康内涵，又能有效提升人体免疫力。该数字提取技术是目前保健酒数字化制造平台的核心技术，也是中药现代化的核心，更是目前中草药处理的最高水平。

酱油发酵是个气液固三相体系的复杂生化反应过程，生化参数传感器匮乏和复杂系统模型"劣构性"，是造成酱油发酵生产控制的关键因素，加加食品基于生物传感器检测技术的发酵过程控制系统，较好解决了生化类参数传感器缺乏和工业发酵模型"劣构性"，可有效解决发酵生产大型化、多样化、自动化的发展需求，并可广泛应用在生物农业、生物医药、生物环境等，是食品、轻化工和生物医药的短板装备。其后续开发的"发酵过程控制与优化专家系统"对非线性发酵复杂过程按照原料、菌种、设备和控制条件的130余个参数进行解析，获得线性方程，极大地提高了发酵的可控度。

正是由于上述企业在关键技术领域的有效突破，使得我国食品行业智能制造迈上一个新的台阶。

（二）智能制造新模式探索取得成效

新的互联网技术催生出新的消费模式，以消费互联网和工业互联网融合为条件，消费群体和产品进一步分化，以订单式生产和中央厨房为典型生产模式，使年轻群体购买一切可以从网上购买的食品，以云计算、大数据等技术为支撑的柔性生产、定制生产、智能产线，正在深刻改变食品行业的传统生产模式，使良品铺子、江小白、三只松鼠等一大批互联网化的食品企业迅猛发展。

三、智能制造装备

目前，我国智能制造装备产业较为薄弱，在关键的共性、基础智能技术方面，智能制造装备整机和成套设备配套的关键零部件、元器件仍大量依靠进口。为此工信部、发改委等部门编制了智能制造和高端装备创新等5个工程实施指南。其中，农产品智能拣选、分级成套装备；食品高黏度流体灌装智能成套装备；多功能PET（聚对苯二甲酸乙二醇酯）瓶饮料吹灌旋一体化智能成套设备；液态食品品质无损检测、高速无菌灌装成套设备等列为重点。

近年来，随着国内食品企业自主创新能力增强，研发技术水平提高，与国外先进企业积极合作，在采购国外核心基础部件、测控装置的基础上，成套设备开发生产水平提高较快，在部分领域智能制造成套设备方面取得了重大突破，从而带动我国食品工业在自动化罐装设备、工业机器人制造、在线自动监测、智能物流与仓储设备的创新集成以及国产软件开发等领域，有了长足的进步，部分食品企业实现智能核心技术装备国产化率达到 90% 以上，为食品行业智能制造提供了坚实基础。

四、数字化车间/工厂

为推进智能制造模式在食品各行业中的全面应用，工信部在重点行业、重点企业开展数字化车间、数字化工厂建设试点工作，从而带动产业向自动化、信息化、智能化方向发展。

近年来，我国食品行业在上述领域都有了一定程度的突破，为食品企业数字化车间/工厂项目建设，奠定物质基础。目前国内食品行业在牛奶、饮料、啤酒、白酒、保健酒、调味品等生产环节、质量环节等先后建立自动发酵、罐装车间、在线检测，智能化、数字化工厂建设模型逐渐成形。

如蒙牛，在 OTM 质量管理-数据采集/分析、TQM 质量管理-自动化控制、TQM 质量管理-质量追溯、安全环保、资产管理、资产管理-设备维护、资产管理-设备效率、PCM 成本管理、PCM 成本管理-精准化报表、计划响应、计划响应-防错/过程与分析、计划响应-生产执行、采购供应、物流及 IPO 人力资源绩效管理等环节，树立标杆，倾力打造乳制品行业智慧数字工厂，引领行业发展。

五、现行推动智能制造发展的政策措施

（一）以"两化融合"为主线，加速食品行业智能化转型升级

加强食品企业两化融合管理体系行业标准建设和推广，加快制定支持食品行业两化深度融合的技术标准规范，开展食品行业两化融合典型示范工作。开展食品行业质量安全信息追溯公共平台建设。使重点食品企业参与到装备自动化、智能化的进程中。对于食品行业中的龙头企业，进一步推动智能制造水平的提升，建设数据开发的大数据平台，实现产品和市场的长期跟踪、预测和监督，从而充分发挥龙头企业对其他企业的产品辐射和技术示范作用。

（二）树立品牌为发展重点，推动"中国制造"向"中国智造"转变

鼓励企业制定高于国家标准和行业标准的企业标准，鼓励企业形成具有自主知识产权和品牌的名优产品，以提升企业品牌价值。产业集群是中小企业发展的重要产业组织形式，产业集群的发展对于制造业向智能化转型升级具有巨大的推动作用。针对产业集群的智能制造发展，形成"智慧集群"发展模式，促进传统产业集群加快向自主设计加工、自主品牌生产转变，实现产业集群整体转型升级。

（三）实现"互联网+"与传统制造业相结合，推进制造业发展模式转变

以"互联网+"模式，建立面向具有发展潜力的中小企业科技服务集成平台，为这些企业提供研发、咨询、检测等服务。发展专业市场和电子商务，引导中小企业走"专、精、特、新"的发展道路。积极运用电子商务平台扩大食品行业对外贸易，实现进出口贸易的良性互动，进一步提升食品企业"走出去"的水平。

（四）以龙头企业作为食品行业智能化转型升级的标杆

龙头企业能够为食品行业智能化转型升级提供新的发展思路和有效经验方法。一方面，龙头企业自身具备充足的资金技术和人才保障，为智能制造发展提供各方面支持；另一方面，龙头企业能够发挥引领作用，具备大胆创新和先试先行的主动性和积极性，在智能化制发造方面积累的经验和方法能够为其他同类型企业提供借鉴。

（五）针对消费者需求，创造个性化产品，培育新的增长点

针对消费者对产品品质、健康时尚、外观精美等多样化、多层次的产品需求，进一步加大新产品设计与开发力度，将信息技术与智能制造更大程度地应用于食品行业生产中，完善产品实用功能，为消费者定制个性化产品，不断培育新的增长点。

第三节　存在的主要问题及其发展建议

一、主要问题

目前，我国食品行业智能制造处于初级阶段，大部分企业的智能化水平依然很低，只有部分企业进入智能制造的应用阶段。主要存在以下几个问题：

（一）整体智能化水平较低，大部分企业还处在传统工业生产阶段

目前，我国规模以上食品企业有 41 623 家，只有少数企业融入互联网时代，开展以互联网为基础的智能制造企业经营管理模式。但相当多企业还基本停留在传统工业思维模式，或简单触网，运用智能装备、云计算、物联网、移动互联网、大数据等新一代信息技术实现内外价值链数据化思维模式尚未形成。

（二）企业智能化生产能力参差不齐

由于我国在智能制造方面核心技术、标准和平台存在较大差距，智能制造生态系统尚未形成，很多方案服务商，重复开发底层级技术平台，不仅成本高，而且方案水平也参差不齐。而大量的中小企业要求投资回收期短，升级改造投资规模较小，造成智能化生产能力与水平较低。

（三）中小企业智能化实现困难

在我国各类型企业中，仅有 10% 的大型企业具有较高的智能化制造水平。90% 的中小企业在实现智能制造的过程中存在较大困难，主要原因在于智能制造大大提高了企业的生产成本，而融资难成为解决成本问题的关键。

据相关部门统计，年销售小于 5 亿元的企业，在智能制造升级中银行贷款及资本市场的资金比例分别为 50% 和 11%；而年销售大于 50 亿人民币的大型企业，资金占比分别为 67% 和 25%。由此可见，大型企业比中小企业更容易从银行及资本市场中获得智能化升级的资金支持。

（四）食品智能制造优秀顶尖科技人才匮乏，人才队伍和科技资源力量薄弱

人才资源特别是高层次人才是企业技术创新与升级转型的最宝贵的资源。目前我国食品行业创新人才的规模、质量、结构都有待于进一步优化，技术创新人才与区域产业发展不协调的矛盾日益显现。企业普遍反映随着科技投入的加大，创新人才不足逐渐成为技术创新中最突出的问题，制约着企业创新能力的进一步提升。

（五）食品产业智能制造研发投入不足分布不平衡

目前，我国食品行业规模以上企业科技投入强度（R&D 经费支出占主营业务收入）的比例只有 0.5% 左右，不仅低于全国平均水平，与发达国家 2.5%~4% 的水平相比差距更为明显，企业技术创新经费投入不足，分布不平衡，将制约着企业创新能力的进一步提升。

（六）食品产业智能制造软硬件基础和应用能力薄弱

美国、德国、日本等工业发达国家在数控机床、测控仪表和自动化设备、工业机器人等方面具有多年的技术积累，优势明显，主要体现在三个方面：一是拥有为制造装备和制造过程提供智能化技术支撑的共性、基础性关键智能技术，包括新型传感原理和工艺、高精度运动控制、高可靠智能控制、工业通信网络安全、健康维护诊断等；二是拥有机器人、感知系统、智能仪表等典型的智能测控装置和部件的技术优势；三是具备重大智能制造成套装备的技术优势。

虽然国内食品机械制造业近年来实现快速成长，但是机械设备的更新在短时间内还需要国外先进技术操和设备的引进，国产设备稳定性、可靠性和安全性较低，能耗高，成套性差，在自动化、连续化、高效稳定节能方面与国外相比有明显差距，行业整体研发能力不高，关键技术设备自主创新率低，实现技术上的自我创新和突破还需假以时日。

二、发展建议

（1）进一步完善我国食品产业智能制造建设环境，加强"产、学、研"合作，建立跨领域、跨行业的食品产业制造协同推进的工作机制，共同开展食品加工智能生产、机械设备智能升级、质量安全智能保障、冷链物流智能配送等领域共性、关键技术的研究及产业化应用。

（2）设立专项基金，充分利用和调动社会资源，多方筹资，共同推进食品行业智能制造的升级和改造。

设立推进食品产业智能制造的重点专项，加强对食品产业智能制造网络基础设施建设的支持，出台加快企业开展智能制造升级改造的激励措施，鼓励社会及民间资本介入，解决中小企业融资难的问题。

（3）统筹协调，加快推进多学科、多层面食品产业智能平台融合与建设，提高智能装备质量及水平，建立一批食品工业机器人、食品专用智能传感与控制设备、智能检测、智能物流和仓储装备等生产试点和示范基地。

（4）针对食品行业专业技术人员，特别是高层次专业技术人员，以及具有食品、信息、控制等多学科交叉知识背景的专业人才短缺，出台相关政策措施，指导加强食品产业各层次智能制造专业人才队伍建设及培养。

（5）利用现代化智能食品加工技术、设备，大力推进方便食品、营养食品、传统食品智能化生产，推进其产业化、规模化进程，满足不同人群、不同需求的具有中国饮食文化特色的方便食品、快餐食品和营养食品。

（6）加强循环经济的智能技术研究，淘汰高消耗、高污染、低效率的生产方式，在能源开发、节能技术和清洁能源技术领域取得突破，优化能源结构。大力开发重污染行业的清洁生产集成技术，强化废弃物的减量化、资源化利用与安全处置，为建设资源节约型和环境友好型社会提供技术支撑。

第十八章　石油化工行业

第一节　行业发展概况

石油和化学工业是我国国民经济重要的能源和基础原材料工业，也是国民经济的支柱性产业，经过多年发展，形成了包括油气开采、炼油、基础化学原料、化肥、农药、专用化学品、橡胶制品等约 50 个重要子行业，可生产 6 万多个（种）产品，涉及国民经济各领域的完整工业体系，成为世界最大的石油和化工产品生产和消费国之一。全行业有 20 多种大宗产品产量位居世界前列。其中，氮肥、磷肥、纯碱、烧碱、硫酸、电石、农药、染料、轮胎、甲醇、合成树脂、合成橡胶、合成纤维等排名世界第一；原油加工量、乙烯等排名世界第二；原油产量达 2.03 亿吨，排名世界第四。按照国民经济分类，石油和化工行业可分为三大二级子行业，即石油天然气开采、石油加工业和化学工业。

根据统计局数据，2016 年，石油和化学工业规模以上企业 29 624 家，全行业增加值同比增长 7.0%；实现主营业务收入 13.29 万亿元，增长 1.7%；利润总额 6 444.4 亿元，与上年基本持平，分别占全国规模工业主营收入和利润总额的 11.5%和 9.4%；完成固定资产投资 2.15 万亿元，下降 5.9%，占全国工业投资总额的 9.4%；资产总计 12.54 万亿元，增幅 3.9%，占全国规模工业总资产的 11.7%；进出口贸易总额 4 778.2 亿美元，下降 9.2%，占全国进出口贸易总额的 13.0%，其中出口 1708.7 亿美元，降幅 6.1%，占全国出口贸易总额的 8.1%。

第二节　智能制造推广应用状况及其成效

一、实现智能制造所需关键技术

（一）石化化工智能制造关键技术日趋成熟

智能制造涉及企业的经营管理层、生产营运层、过程控制层等系统架构，随着石化化工行业信息技术的飞速发展，一批智能制造的关键技术日趋成熟。

经营管理层：企业资源规划系统（ERP）、供应链管理系统（SCM）。

生产营运层：生产执行系统（MES）、能源管理优化系统、原料评价系统、计量管理系统、环境监测系统、应急指挥系统。

过程控制层：全流程智能控制系统、先进控制（APC）、实时优化软件（RTO）、过程控制系统（PCS）、安全仪表系统（SIS）、装置流程模拟、操作员仿真培训系统、设备管理系统、工厂信息管理系统（PIMS）、实验室信息管理系统（LIMS）、三维数字化平台（应急演练和设备管理）、数字化交付技术、关键设备数据分析与智能诊断系统、防爆移动终端、智能巡检机器人、高清视频数字监控系统、可穿戴式智能信息系统、石化化工检测仪表、4G工业无线网、射频识别技术（RFID）、智能仓储技术。

（二）石化化工智能制造新模式探索取得成效

智能制造是在新的国际环境下，国家立足于国际产业变革大势，做出全面提升中国制造业发展质量和水平的重大战略部署。智能制造是石化化工行业供给侧结构性改革的着力点，是提高行业本质安全水平的主要技术手段，也是建设石化化工强国的重要途径。2015年以来，工信部连续3年实施智能制造试点示范专项行动，石化化工行业多家企业参与试点，并取得良好的示范效应，一批行业智能制造关键技术得到推广应用。

2011年中国石油对智能工厂建设进行了积极探索，以过程控制层为突破口，在大庆石化、抚顺石化、吉林石化、克拉玛依石化、辽阳石化等典型生产装置上实施全流程智能控制，2013年完成了智能工厂智能控制系统的设计，包括系统架构、工业大数据挖掘、无测试信号的智能建模、模型评价体系、百万级的智能模型库、新型智能控制器的结构和参数设计、智能控制系统性能评价体系、大系统多变量的智能解耦协调控制设计与实施。该项目在大庆石化等5家企业的典型装置上实施运行以来，装置始终运行在最佳状态，收率能耗指标改善明显，操作人员的劳动强度大大降低，近三年为企业累计创造经济效益17.03亿元。

2012年中国石化启动智能工厂建设，选择了九江石化、燕山石化、茂名石化、镇海炼化4家企业作为试点；2014年完成智能工厂系统设计，包括业务架构、系统架构、集成架构、基础设施架构设计，制定了包含技术、数据和应用的智能工厂标准化体系，完成项目可行性分析和实施策略；2016年11月初步形成中国石化智能工厂（1.0）基本框架；该项目在九江石化等四家试点单位上线以来，运行平稳、效果良好，初步形成数字化、网络化、智能化生产运营新模式，劳动生产率提高10%以上，有效促进了企业转型升级与提质增效。实施成效如下：

（1）面向生产管控，实现了在线优化，提升了资源优化和调度指挥水平。建成了一体化的全流程优化平台，实现了计划、调度、装置运行的在线优化、协同联动。形成了自上而下、由下到上的协同生产新模式。其中，九江石化班组数量减少13%、外操数量削减35%、员工总数减少12%，2014年综合增效2.2亿元。

（2）面向现场操作，实现自动化、移动化协同操作管理。九江石化搭建内外协同联动系统，实现数据连续性精准传输。该联动系统借助了移动终端设备、数字监控系统等数字化设备，实现了中控室与生产现场操作及时互通。内外联动系统使操作平稳率提高5.3%，操作合格率从90.7%提升至100%。

（3）面向能源管理，实现能流可视化、能效最大化与在线可优化。建成了能源管理和优化系统，建立了企业能源管控中心，对工厂运行中涉及的能源，包括耗水、耗电、蒸汽动力，以及能源的输送管网、设备等，都进行了全流程的在线管理，实现了对能源的产、输、转、耗全过程的跟踪、核算、分析和评价。

（4）面向HSE管理，建立风险管控体系，实现施工作业现场闭环管理。结合物联网、移动终端和网络信息技术，初步建立了现场作业、人员、环境三位一体的闭环监控模式，为现场安全和管控提供了支撑和保障。作业人员一旦进入现场就会被定位，并进行全程监控，作业票、动火票是否齐全，现场周边管理是否合规，有没有泄露和有毒有害气体，都可实时监测。九江石化实现移动签发作业许可票证，现场动火作业审批"定时、定点、定人、定票"。建立了贯穿总部、企业和现场的三级一体化应急平台和三维应急演练模型，实现重点环境排放点100%实时监控与分析，支撑关键区域事故模拟分析及抢险预演。

（5）面向设备管理，实现了设备状态监测和预防性维修，支撑装置稳定可靠运行。建立三维数字化平台，集成设备、工艺、HSE数据及视频资料，虚拟与现实相结合，从三维数字化模型上可以快速准确地进行设备故障定位、设备运行模拟，提高了资产管理效率。数字化、可视化管理，提升了检维修决策能力和设备管理水平。

（6）面向仓储，实现自动化管理和无人装车发货，提高仓储作业、配送货物效率。镇海炼化应用物联网、红外线和机器人技术，建成了国内石化行业首个超大型的全封闭、全自动、无人操作的聚丙烯智能立体仓库，大幅提高了产品包装、装车发货效率，并且与宁波化工园区物流、"智慧城市"进行了信息集成。

（7）面向决策指挥，实现综合信息可视化，提升了动态分析与辅助决策能力。建设了运营实时监控及经营综合分析系统，实现了实时监控、预测、动态分析、移动访问等功能，不仅是内部的生产动态、安全环保、经济指标、效益情况一览无余，还集成企业对标、市场行情、气象信息等各种外部数据，为管理者掌握全局、分析决策提供了有力支持。

（8）建设了统一的融合通信平台，为企业智能化应用奠定基础。中国石化和华为公司合作共同研发出满足炼化生产现场安全要求的 4G 工业无线网、防爆智能终端设备等，并在九江石化生产现场成功应用，实现 4G 无线对讲、生产调度电话、"119"接警系统、行政电话、扩音对讲之间语音互联互通，实现了内外操交接班点对点视频交接，提高了调度管理效率和信息资源利用率。

中煤陕西榆林能源化工有限公司全厂信息化系统是工信部 2016 年智能制造试点示范项目。智能工厂架构包括五大内容：先进可靠自动化控制，绿色节能 IT 基础设施，精准安全生产管控，规范高效经营管理和基于大数据的智能便捷决策支持。利用能源管理系统使企业的能源利用率达到国内领先水平；利用在线状态检测、智能巡检、大机组监测等系统加强设备实时监控，避免了两次因机组故障造成的停车事故。结合设备管理系统实现了对全厂关键设备进行全生命周期的数字化管理；通过原煤管控系统，每年降低潜在损失 200 万元；开启了企业移动化办公新模式，提升了业务流程的审批效率。

（三）石化化工智能制造平台成为拓展热点

华为与石化盈科推出智能工厂联创解决方案，旨在联合打造石化行业内领先的智能制造平台。该方案集成了 DCS、PLC、RFID、手机终端、工业可穿戴设备、检测仪、分析仪等过程控制与装备，并融合了华为专属云、数据接入服务、人工智能、多维交互分析服务、EB 级数据分析引擎服务等多项华为领先的 ICT 技术，依托智能化平台推出能源产耗在线优化、智能调度指挥、设备运行智能分析、安全环保智能监管等多个解决方案。全面体现了集中集成、物联网接入、IT 管控、优化、共享服务、数据处理与分析、人工智能等八项核心能力，未来将会成为流程工业智能制造的"操作系统标准"。

软控股份与万力轮胎一道倾力打造了合肥万力轮胎智能工厂，旨在联合打造橡胶轮胎行业首个智能化、全流程自动化、全方位绿色化的轮胎工厂。该工厂集成了机器人、EMS、AGV、RGV、RFID 等技术与装备，将智能装备与技术创新性地融入传统轮胎生产，从单机工艺设备的装备升级、自动物流装备、软件协调调度三方面相结合，全面覆盖轮胎企业生产流程，实现工厂自动化、流程规范化、业务智能化的轮胎智能制造，使传统轮胎厂无法想象的智能制造工厂变为现实，成为首个橡胶轮胎行业智能制造的标准化范本。自此，软控股份成为全球首家全方位提供轮胎智能工厂整体解决方案和轮胎智能工厂交钥匙工程的行业供应商。

二、智能制造装备

高安全性控制系统研发取得突破。在国际上首次提出信息和物理空间的同构和互验思想，为建立工业系统的脆弱性、外部攻击和功能故障的评价奠定了理论基础，所研发的安全控制系统的关键指标达到国际先进水平，研究成果获 2012 年国家科技进步二等奖。

大型石化化工装置全流程智能控制系统。在国际上首次提出基于工业大数据的无测试信号的智能建模、智能内部模型集 PID 控制、智能变参数非线性区域控制、烽燧控制，解决了石化化工生产装置从基础层控制开始，直至多变量、强耦合、非线性、纯滞后等控制难题，实现了生产装置全流程智能精准控制，全面提升了石化化工生产装置智能化控制水平，总体技术国际领先，研究成果应用于首套国产化大型乙烯装置——大庆石化 60 万吨/年乙烯工程，标志着我国大型石化化工装置智能控制技术取得重大突破。

高端控制装备及系统的设计研发母平台。解决了高端控制装备及系统的高安全性、高可靠性、高适应性、大规模化等四大难题，研制成功高端控制装备及系统的设计开发平台，打破了国外的垄断，形成了具有自主知识产权的完整技术体系，为重大工程高端控制装备及系统的设计开发提供了硬件平台、软件平台、先进控制与优化平台，起到了不可替代的作用。研究成果获 2013 年度国家科技进步一等奖。

高安全专用控制装置。解决了功能安全和工程安全一系列关键技术，成功研制出保障工业控制系统全生命周期安全的高安全成套专用控制装置及系统 CCS（协调控制系统），并通过大规模推广应用，形成了自主知识产权的核心技术体系。研究成果获 2016 年国家科技进步二等奖。

大型压缩机设备远程状态监测和故障智能诊断。压缩机是石化化工生产的关键设备，沈阳鼓风机集团对生产的 1 062 台压缩机接入了沈鼓云服务平台，提供专业的远程在线诊断服务，帮助企业提升生产效率，提前预警大型机组设备潜在故障，实现了关键设备的智能化升级。其"鼓风机远程运维服务试点示范"被列为工信部智能制造试点示范项目。

智能制造装备健康能效检测诊断系统。高金吉院士与团队自主研发了基于工业互联网的数据采集系统和故障自动诊断专家系统，并开发建立了旋转机械、往复机械等有线和无线远程监测系统，基于传感器群、互联网、数据库及数据挖掘和云计算技术的机械系统运行大数据分析，实现石化装备远程监测、快准诊断和精稳调控。该团队为中国石油集团公司建立设备远程监测网，监测 156 台大机组和 5 700 台机泵，开发基于 SOA 架构的维修和安全保障信息化智能化平台，取得良好的效果。

三、数字化车间/工厂

在工信部组织的智能制造试点示范专项行动中，中国石油化工股份有限公司九江分公司石化智能工厂、镇海炼化分公司炼化智能工厂、鲁西化工集团股份有限公司化肥生产智能工厂、新疆天业（集团）有限公司氯碱智能工厂、赛轮金宇集团股份有限公司等 17 个石化化工项目参与试点，一批数字化工厂初见雏形。

九江石化结合石化流程型企业特点开展智能化应用。在信息化三层平台架构之上，创新构建了集中集成、数字炼厂、应急指挥三个公共服务平台；建成投用生产管控中心，实现了"经营优化、生产指挥、工艺操作、运行管理、专业支持、应急保障"六位一体功能定位；自主开发并成功应用炼油全流程优化平台，最大限度提升了企业的经济效益；在国内外首家建成投用数字炼厂平台，实现企业级全场景覆盖、海量动态数据实时交互；在国内首家建成投用面向工业企业的移动宽带专网，实现了复杂生产环境下的高速无线网络全覆盖。在智能工厂建设上的大胆探索，推动了企业在本质安全、环保管理、盈利能力和管理效率方面的大幅提升。

大庆石化 60 万吨/年乙烯装置采用全流程智能控制技术，挖掘生产大数据，建立了装置 652 个控制对象模型库，共生成 563 328 个全工况自学习精准模型，对 652 个传统 PID 控制回路设计新型智能控制器结构和参数，建立了智能控制系统性能评价体系，首创了多变量智能协调控制技术，解决了多变量、强耦合、非线性、纯滞后等控制难题。实施后，双烯收率石脑油炉提高 0.52%，乙烷炉提高 1.99%，节能 3.43 万吨标煤，实现了生产装置在开停车过程和正常运行时的自动控制，使生产装置始终运行在最佳状态，大大降低了操作人员的劳动强度，提高生产装置的控制水平，实现高精度平稳控制，使生产装置更加安全、稳定、可靠，提升生产装置的整体竞争力。

新疆天业（集团）有限公司通过智能机构、智能控制系统、智能操作系统、智能运营系统、智能决策系统等平台的建设，实现了企业生产的全面优化管理。建立了完善的企业信息网络，实现了生产控制网、数据采集网、管理办公网的相对独立与互通互联。通过 PVC 包装码垛机器人的使用，提高了生产效率。针对电石炉、电解等高耗能工序采用机理模型和过程响应模型的高级优化控制系统解决了大滞后、强耦合、非线性等问题，应用效果达到了国内领先。建立了操作诊断、操作仿真、操作优化等应用系统。通过 ERP 系统全面整合销售、采购、生产、成本、库存、运输、财务等资源，实现信息流、物流、资金流的三流合一。智能决策支持系统使决策过程更加科学合理。

鲁西化工集团智能制造系统已经应用于化工生产的生产调度、能源管理、设备全生命周期管理、安全环保、应急救援、质量追溯及电商物流等各个领域，并率先打造了智能工厂和智慧化工园区。集团的生产工艺数据自动数采率达98.08%，工厂自控投用率达 97.3%。全面应用了企业管理软件、电商物流等系统，并建立了应急与运行指挥中心，运营保障实现安全、环保、能源等一体化管控。集团建立的智慧化工园区集智慧环保、智慧安全、智慧能源、智慧电商、智慧物流等为一体。

赛轮金宇集团股份有限公司将轮胎制造技术、自动化技术、信息技术、管理科学等多种科学技术进行有机融合，应用网络化、智能化的信息技术对轮胎生产制造、技术品质控制、能源动力、企业运营管理、产品仓储物流、轮胎销售与售后服务等各项业务进行全方位信息化控制与管理，先后完成了 ERP 系统、轮胎数字化制造管控系统、轮胎行业半成品 RFID 管控网络系统、条码物流系统、CAD 智能参数化设计系统等集成信息化平台、RFID 轮胎电子标签封装、植入技术研究、基于 RFID 的轮胎成品检测网络等技术和系统建设，实现了对生产设备进行实时监控和对产品质量进行永久追溯，实现了轮胎生产的数字化管理和智能化控制。

四、现行推动智能制造的政策措施

（1）开展石化化工智能装备和软件的研发与产业化。开展关键智能装备和智能仪表的研发和产业化，包括研发集散控制系统（DCS）、安全仪表系统（SIS）、可编程逻辑控制器（PLC）、智能变送器、分析仪器、智能定位器、防爆移动终端等，做强一批传感器、智能仪表、控制系统、伺服装置等"专精特"配套企业，积累一批核心知识产权，进一步提升国产智能装备和仪表的市场占有率。开展全流程智能控制软件、先进控制软件、三维设计与建模软件、可视化仿真培训软件、组态软件、制造执行系统（MES）、企业资源管理软件（ERP）、供应链管理软件（SCM）等一系列国产智能制造软件的研发与产业化。

（2）持续开展智能制造试点示范。选择骨干企业，聚焦关键环节，在石化化工行业不断扩大智能制造试点示范范围，提升企业在资源配置、工艺优化、过程控制、产业链管理、质量控制与溯源、能源需求侧管理、节能减排及安全生产等方面的智能化水平。通过开展智能制造新模式试点示范，形成有效的经验和模式，在相关行业进行移植、推广。

（3）积极推进智慧化工园区试点。化工园区的智慧化升级是行业发展的必然趋势，两化深度融合可以从本质上提升化工园区的安全环保水平和绿色发展水平；发展智慧化工园区，要整合园区内外的关键资源信息，建设一套基于物联网和大数据技术的智慧管理系统，实现对安全、环保、节能、应急等管理需求的快速、准确、高效的智能响应，不断提升化工园区安全、环保水平。通过智慧化工园区试点，摸索智慧化工园区建设的原则、内容、构成要素、整体构架、实现途径，探索出一条切实可行、标准化、可复制的模式。

（4）开展工业互联网试点。利用大数据、云计算、工业互联网、移动计算等信息技术，搭建面向石化化工行业的两化融合技术创新服务平台和企业生产管理信息服务平台。通过试点示范培育行业工业互联网龙头企业，引领产业发展，形成可复制可推广的成功案例，加快推广应用。

（5）推进危化品企业搬迁项目智能化改造。对申请危险化学品搬迁改造项目提出智能化改造要求，努力通过信息化、自动化、智能化改造，提升危化品企业感知、预测、协同、分析、控制和优化能力，从而促进行业转型升级、提质增效，提高本质安全水平。

（6）开展智能仪表及装备的智能工厂试点示范。推动石化化工设备、仪表制造企业的智能化升级，提高装备可靠性和数字化水平，建立一批石化化工装备和仪表智能化生产示范基地。当前，我国化工装备和仪表生产与发达国家相比还存在较大差距，主要体现在加工制造精度和自动化程度。我国化工专用仪表及设备制造业应以多元化、智慧型发展为方向，瞄准行业技术前沿，不断提升数字化、网络化、智能化水平，建成自主创新体系，开发自主核心技术，强化协作分工，打造完整仪表及装备制造产业链，加快推进产业结构的优化升级。

第三节 存在的主要问题及其发展建议

一、主要问题

近年来石化化工部分龙头企业智能化迈出了坚实的一步，信息化和智能化水平取得了长足发展。但与国际先进水平相比，石化化工行业总体智能化水平还处在初级阶段，存在的主要问题有：

1. 数量众多的石化化工企业对智能制造的认识不足

目前石化化工企业对智能工厂建设普遍存在"认识"误区：

（1）认为"智能工厂"投入产出比差，是锦上添花的技术，不愿在智能化方面投资。很多企业还停留于传统的生产模式，没能深刻认识到石化化工生产智能化变革对企业转型升级，提质增效的重大意义。

（2）认为建设"智能工厂"属于企业信息部门的事，与其他业务部门无关。把流程工业智能制造简单认为是企业信息化的升级版，没有充分认识到智能制造是一个创新发展的过程，是对企业产品、技术、管理模式和价值链体系的全方位变革，需要生产、销售、管理运营的各环节共同参与、协同配合。

（3）不考虑企业实际，一窝蜂地发展智能制造。石化化工行业整体制造水平还处于工业 2.0 走向工业 3.0 的阶段，因此应强化石化化工制造基础、循序渐进式推进智能制造，不切实际的一味追求大干快上，将导致重复建设和资源浪费。

（4）认为建设"智能工厂"基础薄弱，不知从何入手。

2. 石化化工智能制造基础薄弱

工业强基是实现石化化工智能制造的关键，与欧美发达国家相比，我国石化化工领域尚存在智能化基础薄弱的问题：

（1）石化化工高端装备和自动化仪表发展水平较为薄弱。石化化工高端装备、智能测量分析仪表、智能执行机构等大多通过技术引进，消化吸收二次开发，产品部分技术指标与国外同类产品尚有较大差距。

（2）过程控制层智能化控制水平尚有较大提升空间。精准的自动控制，是石化化工平稳、高效、安全生产的前提。目前国内石化化工企业大都采用人工经验调整控制器参数，未能充分发挥 PCS 系统计算优势，直接影响单元物料平衡和装置优化的应用效果。

（3）装置级操作优化技术（流程模拟、APC、在线调合、RTO 等）的长效应用和维护机制尚需探索。装置级优化技术可有效改善收率、能耗等经济指标，但在优化技术的长周期投用和维护方面与国外同行尚有明显差距。

（4）企业生产管控一体化系统亟待集成，大多数石化化工企业的生产计划、调度、排产、操作监控、设备管理、HSE 管理、平衡分析、绩效考核等数据共享和系统集成尚未实现，"信息孤岛、数据成灾"的情况较为普遍，基于管控一体化的整体优化基本没有实现。

（5）工业互联网软硬件基础薄弱，基于化工行业工业大数据分析和工业应用尚在起步阶段，国内相关软件产品功能和可靠性还需进一步完善；工业无线网尚在推广阶段，未实现行业大面积普及。

3. 石化化工智能制造研发投入力度不足，资金利用模式尚在探索

世界排名前 50 的大型跨国公司信息化建设投入约占销售收入的 1.5% ~ 2.5%。荷兰壳牌公司的信息化费用高达总销售额的 4%。中国石化作为国内石化化工领域信息化建设的领头羊，每年投入信息化建设费用约 20 亿元，仅占其销售额的 0.07% 左右。另外，企业智能制造研发力量薄弱，大都没有设立智能制造技术研发和应用部门，信息化经费直接投入在软、硬件设备的采购，智能制造研发和攻关的经费投入很少。

4. 石化化工智能制造人才队伍需继续加强

人才是石化化工智能制造的创新主体和实施要素。目前石化化工智能制造人才问题具体表现在如下几个方面：

（1）智能制造人才结构不合理，高端人才严重短缺，领军人才匮乏。没有足够的智能制造人才支撑，直接影响石化化工智能工厂建设和运营效果。

（2）智能制造业人才培养与实际需求脱节。高等院校在课程体系建设和智能制造人才培养方面，未能跟上石化化工智能制造的发展趋势，人才培养与职业要求脱节。

（3）校企合作缺乏长效机制。缺少具有丰富实践经验和合理知识结构的复合型人才在技术合作中发挥引领作用，企业在智能制造业人才发展中的主体作用尚未充分发挥，"产、学、研"跨领域联合科技攻关的相关机制和模式还需进一步探索。

二、发展建议

1. 加强石化化工智能制造环境建设

（1）建议继续增加石化化工智能制造示范试点项目，强化示范效应，建立龙头企业引领带动中小企业推进自动化、信息化的工作机制，提升中小企业智能化水平。

（2）面向企业智能制造发展需求，建议工信部与中国石油和化学工业联合会布局建设石化化工智能制造平台，推动装备、自动化、软件、信息技术等不同领域企业紧密合作、协同创新，协调产业链各环节企业分工协作、共同发展，逐步形成以智能制造系统集成商为核心、企业联合推进、一大批定位于细分领域的"专精特"企业深度参与的智能制造发展生态体系。

（3）建议成立石化化工智能制造国家工程技术中心，重点突破石化化工智能制造领域的疑难课题。

2. 加快建立石化化工行业智能制造标准体系

建议围绕智能装备、智能控制、智能工厂、智能服务、工业软件和大数据、工业互联网等五类关键技术，加快制定/修订一批数据采集、传输、交换及接口标准和信息安全标准、智能监测监管标准、电子标签编码及应用标准，构建满足石化化工产业发展需求、先进适用的智能制造标准体系，充分发挥标准在推进智能制造发展中的基础性和引导性作用。

3. 健全人才培养机制，构建多层次人才队伍

针对目前石化化工智能制造高层次技术人才和复合型管理人才紧缺现状，建议政府出台相关政策措施，加强引导智能制造人才队伍建设，鼓励高校开展智能制造学科体系和人才培养体系建设，促进企业和院校成为技术技能人才培养的"双主体"，培养满足智能制造发展需求的领军人才、复合型管理人才和专业技术人才。

第十九章　钢铁行业

第一节　行业发展概况

钢铁行业是国民经济的重要基础产业，在整个国民经济中具有举足轻重的地位。目前，我国已建成全球产业链最完整的钢铁行业体系，我国钢铁行业发展基本上满足了我国国民经济和社会发展对钢铁产品的质量、品种、数量不断提高的需求，为我国国民经济和社会发展做出了重大的贡献。

特别是 2016 年以来，钢铁行业认真贯彻落实党中央国务院决策部署，深入推进供给侧结构性改革，大力化解过剩产能，各项政策措施陆续出台，共化解粗钢产能超过 6 500 万吨，超额完成 2016 年化解 4 500 万吨粗钢产能的目标任务。坚决依法彻底取缔 "地条钢" 违法违规产能，扭转了 "劣币逐良币"、严重扰乱钢材市场秩序的现象，规范钢铁行业生产经营秩序，钢铁行业运行走势稳中趋好。我国钢铁行业自 2000 年以来的粗钢产量与增速如图 19-1 所示。

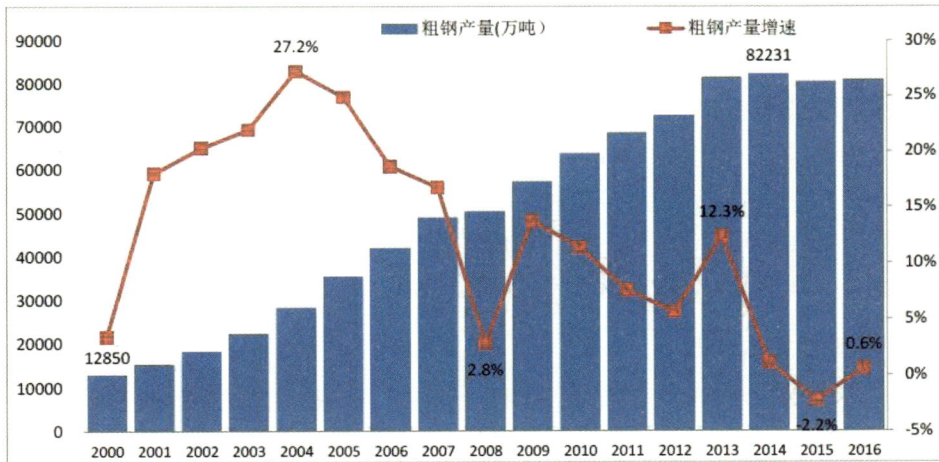

图 19-1　我国钢铁行业自 2000 年以来的粗钢产量与增速

2016 年，全国粗钢产量 8.08 亿吨，同比上涨 1.2%。国内粗钢表观消费 7.10 亿吨，在连续两年出现下降后止跌回升，同比上涨 1.3%。钢材（含重复材）产量 11.38 亿吨，同比增长 2.3%，增幅上涨 1.7 个百分点。中国粗钢产量占全球比重为 49.6%，增加 0.2 个百分点。

近年来，钢铁行业全面贯彻落实党的十八大以来改革发展和战略部署精神，树立创新、协调、绿色、开放、共享的发展理，践行《中国制造 2025》强国战略，围绕 2025 年建成世界钢铁强国的目标，坚持创新驱动，深入推进供给侧结构性改革，不断提升钢铁产品的有效供给水平，促进钢铁行业加快绿色、智能制造和可持续发展，加快推进钢铁行业转型升级。

多年来，钢铁行业以系统学、控制理论和信息技术为手段，以设备数字化、过程智能化、管理信息化为发展方向，研究冶金过程优化控制、钢铁生产实时动态管控、企业信息化管理等新方法、新技术，并实现工程集成应用，逐步形成了包括过程控制系统、生产管控系统和企业管理信息化系统等多层次整体解决方案，取得了丰硕成果，钢铁行业关键工艺流程数控化率超过 65%，企业资源计划（ERP）装备率超过 70%，特别是重点钢铁企业的两化融合水平有了显著提升，在更好地响应客户需求、缩短交货期、精细控制生产成本等方面发挥了作用。

1. 过程控制系统

采用 PLC、DCS、工业 PC 实现了数字控制，现场总线、工业以太网相结合的网络应用已经普及，无线通信开始应用；常规检测仪表的配备比较齐全，特殊检测方面取得了突破，研发出了具有自主知识产权的装备及技术。基于数学模型的计算机过程控制覆盖采选、炼铁、炼钢、轧钢等主要工艺过程，取得了具有国际先进水平的科技成果。

2. 生产管控系统

MES（制造执行系统）在重点钢铁企业已基本普及，实现了冶、铸、轧一体化计划编制及动态调整、事件驱动的全过程合同动态控制与实时跟踪技术、全流程物流跟踪、质量监控、库存动态管理等功能。

EMS（能源管理系统）开始推广应用，近百家钢铁企业建立能源中心，实现了能源远程监控、集中调配，以及能源计划、能源质量、能源设备、成本综合管理等功能。

3. 企业经营信息化

随着企业管理水平的不断提高，钢铁企业信息化取得显著进展。基于互联网和工业以太网的 ERP（企业资源计划）、CRM（客户关系管理）和 SCM（供应链管理）等取得成功应用，在更好地满足客户需求、精细控制生产成本等方面发挥了作用。

"十二五"期间，在工业 4.0 技术变革和《中国制造 2025》规划的引领下，宝钢、首钢、鞍钢、河钢、沙钢、南钢等国内大型钢铁企业先后开展了以"智能制造"为主题的技术发展规划。以宝钢"钢铁热轧智能车间试点示范"、以河钢唐钢"钢铁企业智能工厂试点示范"、"鞍钢冶金数字矿山试点示范"等项目入选工信部 2015 年及 2016 年的智能制造试点示范项目,"北京首钢股份有限公司硅钢一冷轧智能工厂"项目入选工信部 2016 年智能制造综合标准化与新模式应用项目,涌现了南钢船板分段定制准时配送(JIT)为代表的个性化、柔性化产品定制新模式。钢铁交易新业态不断涌现,形成了一批钢铁电商交易平台。智能制造试点示范项目的实施,促进了钢铁行业的智能制造发展,为钢铁行业转型升级奠定了良好的基础。

第二节 智能制造推广应用状况及其成效

面对智能制造发展的新形势、新机遇和新挑战,钢铁企业针对钢铁行业这种典型的流程制造业所具有的连续化、工艺体系复杂、生产过程不确定因素多、制造过程中间产品形态、性质及最终产品多样化的产业技术特点,研究钢铁企业自身现有两化融合发展状况及其存在的问题,探索实现智能制造的核心要素、特征、目标要求和演进路径,采取了逐级递进的技术路径,以生产过程智能化改造为重点、以试点示范工程为牵引,推动我国钢铁行业智能制的发展,并取得较好成效。

一、实现智能制造所需关键技术

(一)智能感知与物联网技术

智能感知技术主要基于精密传感器技术、物联网技术、计算机技术、计算机网络技术等,实时采集与传输物理系统与数字系统中任何需要监控、连接、互动的各种信息,既有来自企业现场检测仪表、RFID、质量分析仪表、过程控制系统的各种连续变量,也有声音图像信号、现场离散事件记录、物流能流空间信息(GPS)、调度操作指令等非结构化数据,还包括设备规格、设计图样、产品规格、工艺规程、电子商务等文档型资料,实现对资产和过程的智能化感知、识别与管理。

物联网技术是工业化与信息化深度融合发展的重要应用技术,对于实现钢铁行业生产自动化、运输智能化、管理一体化等方面具有巨大的作用。结合物联网的数据集成和 RFID 等技术可以构建钢铁行业的物联网应用架构,从钢铁企业的供应链协同、物流管理、绿色制造等方面,积极探索通过改善生产流程,优化生产能力,降低生产方式推动其智能化进程,实现企业的现代化发展。目前,钢铁行业物联网技术应用尚有较大差距,如图 19-2 所示。

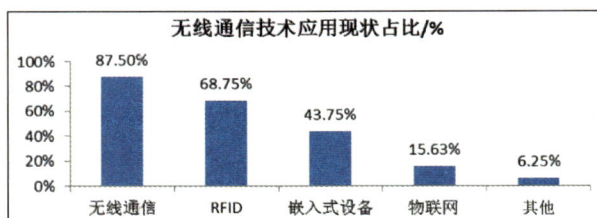

图 19-2　钢铁行业无线通信技术应用现状占比

数据来源：中国金属学会，《中国钢铁企业智能制造发展状况与需求研究报告》，2017

　　在钢铁行业各工序，根据工艺要求都会相应配置各类仪表和检测装置。检测信号以多种方式接入控制器或物联网，参与实时控制或实现状态监控，是实现智能化的必要条件。根据中国金属学会组织开展的《中国钢铁企业智能制造发展状况与需求研究报告》（2017），目前国内钢铁企业常规检测仪表（压力、流量、温度等）配置齐全。主要产线用于重要工艺参数的专用仪表配置率较高，一些企业智能仪表采用程度达到75%，尤其以扁平材生产线智能仪表配置最为齐全，部分产线在表面质量和三维轮廓方面也已经迈出一步。比如炼钢区域除了烟气检测设备普及率较低（66%）外，其他检测设备较高，基本都在85%以上，最好达到100%。精炼区，测温仪、化学成分检测、称重设备普及率较高，都在97%以上。连铸检测设备以测温仪、液面位置检测与水量流量应用较好，检测设备普及率达到100%，其次为电磁搅拌检测与连铸机辊缝仪检测，最差的是坯壳厚度检测与摩擦力检测，普及率不及40%。

　　近年来，涌现出了基于相控阵雷达的可视化高炉布料控制系统的开发及应用、基于料面综合判断方法的高炉节能技术、连铸板坯表面缺陷在线检测技术的开发与应用、带钢表面质量在线检测核心技术研究装备开发与应用推广、百米高速重轨超声波在线检测系统关键技术与应用、轧辊磨损在线检测及预测技术；热轧、冷轧板形板厚在线高精度检测技术；热轧材轧制过程中的温度高精度检测与控制技术；型材尺寸形状在线高精度检测技术等新成果。

　　同时，基于物联网技术智能仪表与传感器得到应用，突破了传统监测系统中信号用有线方式传输的瓶颈，为大面积、分布式、布线难、移动/旋转设备的状态监测系统提供了有力的技术条件。开发了基于物联网技术的铁区智能生产及管理系统、基于物联网技术非煤地下矿山安全监测预警决策通用平台等新成果。例如，鞍钢利用无线传感器网络技术对冷轧厂生产线的连退炉、连轧机组等关键装备实施了近千个测点的远程监测与故障诊断系统；北京科技大学开发了基于机器视觉的钢铁生产全流程表面缺陷在线检测系统，应用于连铸坯、中厚板、热轧带钢、冷轧带钢等生产线，并已推广到型材和有色领域。也出现了基于 GPS、RFID、无线传感网络等技术的钢厂物流管理系统。

但是，由于钢铁生产环境高温、干扰因素多等因素影响，部分检测装置的测量精度和稳定性尚需提高，距智能制造的要求还有很大差距。一方面部分检测装置的测量精度和稳定性尚需提高；另一方面一些重要工艺变量实时检测或在线监测装置需要开发。

特别是铁前工艺多为黑箱操作，过程实时检测仪表仍是技术难点，需要加大研发力度，推动新技术设备的不断升级，满足工艺过程实时检测的需求，促进铁前工艺生产稳定高效。以实现工业生产大数据分析为基础的多传感器融合技术和软测量技术实际应用亟待推进。需要提高智能仪表采用度，提高检测装置精度，实现数据自动上传。目前部分仪表已经实现国产化，但与进口产品相比依然存在较大差距，可以集中优势力量，加强所开发检测仪表的测量稳定性，满足工业化需求。

（二）云计算和大数据技术

钢铁企业传统的信息化系统硬件结构是系统单独搭建主机。这种方式对于信息化系统繁多的钢铁企业存在投入较大、能源消耗多、管理效率和资源利用率低下等问题。云平台实现了设备统一管理、资源动态调配，也解决海量数据的处理问题，并且云平台本身就具有智能管理、运行稳定，安全可靠、弹性扩展等特性，因此得到广泛的重视。目前，宝钢、鞍钢、河钢、山钢、马钢等一些钢铁企业均在建设自己的云平台。

随着大数据技术在钢铁行业中的成功应用，为钢铁企业实现大量数据的即时传输和高效处理创造了条件，并运用数据分析模型获取海量数据的价值，为决策者提供业务数据的快速分析结果，为企业创造价值的技术。目前，出现了大数据在钢坯表面缺陷分析、加热炉炉群管理全流程质量分析、大数据辨识镀锌线工艺慢偏移、基于大数据应用的冶金全流程质量分析与优化等一批成果。此外，大数据技术在环境管理、能源管理等系统得到应用。数据分析、优化和智能技术在钢铁行业应用如图 19-3 所示。

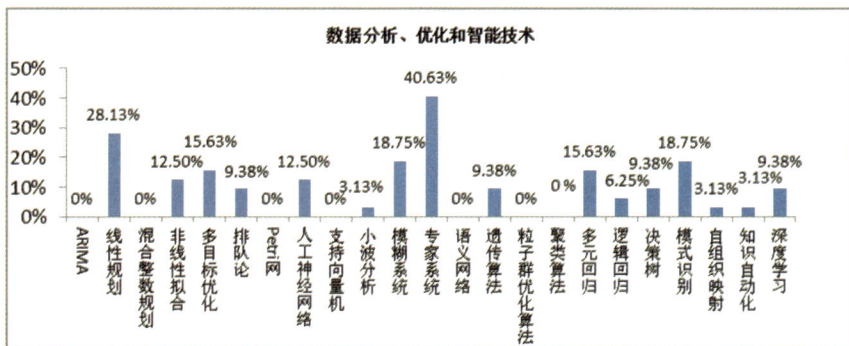

图 19-3　数据分析、优化和智能技术在钢铁行业应用

数据来源：中国金属学会，《中国钢铁企业智能制造发展状况与需求研究报告》（2017）

　　根据《中国钢铁企业智能制造发展状况与需求研究报告》，目前，钢铁企业在海量数据存储与挖掘及私有云的建设较好，在异构数据融合与多位企业数据中心、云桌面应用还存在较大差距。大数据技术、云计算技术在钢铁行业中的应用如图 19-4 所示。

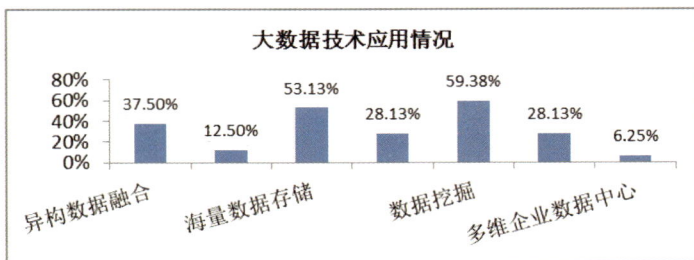

大数据技术应用情况

类别	百分比
异构数据融合	37.50%
海量数据存储	12.50%
（第三项）	53.13%
数据挖掘	28.13%
（第五项）	59.38%
多维企业数据中心	28.13%
（第七项）	6.25%

（a）大数据技术应用情况

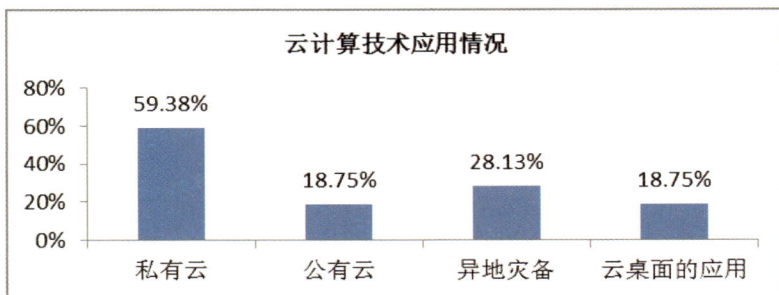

云计算技术应用情况

类别	百分比
私有云	59.38%
公有云	18.75%
异地灾备	28.13%
云桌面的应用	18.75%

（b）云计算技术应用情况

图 19-4　大数据技术、云计算技术在钢铁行业中的应用

数据来源：中国金属学会，《中国钢铁企业智能制造发展状况与需求研究报告》（2017）

　　钢铁行业云平台和大数据等前沿技术的应用，实现了资源的统一管理和利用，突破了传统主机系统处理海量数据的瓶颈，将成为钢铁行业智能制造的关键应用技术。

　　（三）虚拟仿真技术

　　虚拟仿真技术是以计算机技术、网络技术、数字化建模技术、图形图像技术、软件技术等多学科技术为基础，根据被仿真对象的结构、原理、流程、特点对真实环境或过程进行模拟和再现。

　　钢铁行业广大科技工作者围绕现代钢铁企业的整个工艺流程，从原料、烧结、焦化、炼铁、炼钢、热轧、冷轧等冶金工业过程关键工艺进行仿真研究，取得了丰硕的成果。运用计算机仿真模拟真实生产过程，建立对应的"虚拟工厂"，包含其生产过程及其控制逻辑，实现对钢铁企业生产过程和控制逻辑的模拟仿真、优化和调度，是钢铁行业"数字化工厂"的关键技术之一，尚处于探索阶段。中冶赛迪完成对钢铁制造流程的能源流、物质流、铁素流、排放流、时间流等多项"流"的系统进行全面的研究，研发了细胞自动机仿真模型方案、ActiveX 组件技术、可视化技术，以及各系统的设计优化方法、模型、工具和信息化平台，从钢铁制造整体流程、流程界面、能源利用、环境保护等全方位进行系统集成优化，在新增产能的精准设计和存量产能的精准再设计中成功推广应用。

目前，仿真技术在钢铁行业中得到了日益广泛应用，不仅用于控制系统的培训和新工艺、新控制方法的研究，而且易于模拟生产设备调试及实际生产过程的分析、指导及优化。主要体现在以下三个方面。

（1）自动化控制模型仿真：以高炉为例，中冶赛迪开展了对高炉热熔带温度场的分布模拟、复杂料面及中心装焦条件下的煤气流场和压力场解析模型、高炉固态炉料流场和势函数解析模型；应用传热学理论对高炉冷却水的稳定性、流速、冷却水管与冷却壁本体的间隙及冷却的高度等进行仿真，炉缸及冷却比的长寿进行预测和管理等。

近年来，采用先进的大型数值模拟仿真技术进行大型复杂断面异形型钢轧制过程的全轧程热力耦合模拟分析及 CAE 技术、全过程数字化技术已得到迅速发展，日本及德国在该项技术上开发应用较早。北京科技大学联合攀钢、山钢等钢铁企业，针对高质量钢轨及复杂断面型钢在高效率、低成本设计开发上存在的技术难题，突破传统的经验—试错—修正方法，研究开发全新高效的数字化、网络化+CAD-CAE-CAM 一体化技术利用该项技术大幅度提升了钢轨及复杂断面型钢设计制造的科技水平、效率与精度，该技术在企业成功推广应用于 60kg/m 百米重轨高精度控制、出口 UIC60、75kg/m 重轨、美国一级铁路 115RE 钢轨等的全长尺寸均匀性与精度控制，并开发出 J 形等多种复杂断面型钢，新产品成功应用于大型机械装备制造等领域，使我国在轧制数字化技术的开发与应用进入国际前列。

（2）生产操作及调度优化：仿真方法与生产设备操作、冶金工艺。模型、运输温度模型相结合，建立对冶金生产过程具有广泛适用性的物质流能量流仿真系统，实现物质、能量、成本等不同维度的生产仿真分析，向用户提供"物质、能量、成本"一体化优化的生产整体解决方案。中冶赛迪完成的《钢铁制造流程系统集成优化技术研发及应用》成果，荣获冶金科技进步一等奖，先后应用于宝钢湛江、太钢、青钢、新疆八钢、巴西 CSN，马来西亚金狮等钢厂，解决了长期设计中对物流定性的静态的不精确分析，使物料流通、工艺环节配合和起重机调度等难题得到准确直观而又有说服力的解答，改变传统的以经验和定性分析为主的设计方法，形成仿真分析与定量计算相结合的精细化设计方法；例如：通过对某厂生产组织进行仿真优化，提出了 27 条降低生产成本的有效策略，每条策略可降低成本 1～2 元/吨钢。

（3）在产线建设与改造方面：在传统的钢铁厂规划布置方法中引入物流仿真技术，实现对生产过程有效的流程仿真，作为实际系统的预测器，为方案决策和优化提供准确而详细的数据，有效地提高总体布置方案的科学性。

（四）过程智能化控制技术

通过将钢铁生产各个环节的装备与冶金工艺过程控制模型相结合，对冶金装备进行智能化升级，形成了钢铁生产流程的智能执行系统，实现过程控制的精准执行是当前钢铁行业智能化改造的重点。根据中国金属学会《中国钢铁企业智能制造发展状况与需求研究报告》（2017），我国钢铁行业过程智能化控制技术发展的总体情况如下。

（1）基础自动化方面，在原料、烧结、焦化、高炉、炼钢、精炼、连铸、加热炉、热轧、厚板、棒材、线材、管材等十三个关键生产环节基础自动化控制系统配置率100%。

（2）在过程自动化方面，各工艺过程控制系统配置率为72%~100%。扁平材生产各工序配置明显高于长型材，具有更好的实现智能制造的基础（见图19-5）。70多种数学模型在各工序成功应用，一些数学模型具有实时优化、自学习功能。同时，近年来，工业机器人在钢铁行业中取得了成功应用。

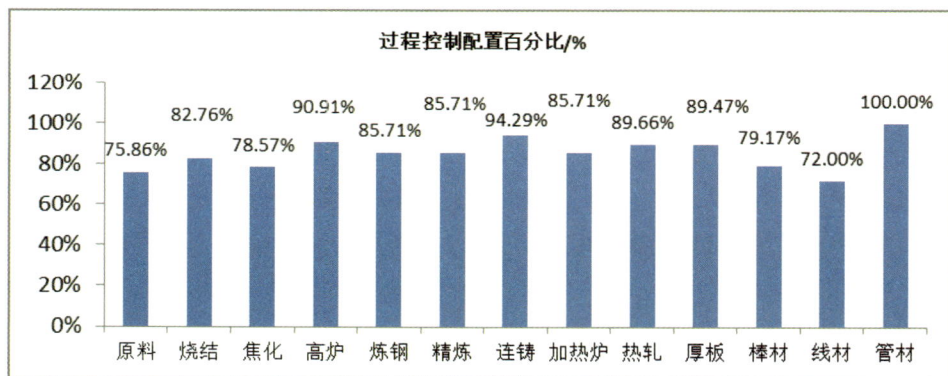

图 19-5　过程智能化控制技术在钢铁行业中的应用

数据来源：中国金属学会，《中国钢铁企业智能制造发展状况与需求研究报告》（2017）

（3）实现过程控制的精准执行是当前钢铁行业智能化改造的重点。目前，在中冶集团、宝信软件、首自信公司、冶金自动化研究设计院及广大科研机构、大学的多年努力，钢铁生产流程中各环节的过程控制系统研发及应用得到很大发展：

原料场智能控制系统：原料场控制系统是通过 3D 扫描智能识别、检测技术获取料场地表信息；建立全料场的 3D 数字模型；自动完成生产系统下达的堆/取料作业并控制相应皮带全自动输送供料的生产全流程，主要技术特点包括流程优选、物流跟踪及流程正发送、智能卸料小车控制技术、料场无人化技术等。

烧结智能控制系统：烧结智能控制系统是借助各种先进的控制机理模型，全自动完成从配料、混匀和制粒、点火烧结、配送等一系列烧结的过程控制。主要技术特点包括配料控制模型、混合制粒加水模型、点火炉温度控制模型、四机速度联调模型等。

高炉控制系统：高炉控制系统是借助各种先进的控制理念及推算算法，全自动完成从高炉上料、布料、炉体检测、热风处理、渣铁处理、喷煤系统、除尘处理、余压发电等一系列的过程控制。主要技术特点包括：高炉智能上料技术、智能布料技术、热风炉燃烧控制模型、高炉专家系统高炉生产模拟仿真技术。

转炉控制系统：转炉控制系统是借助副枪或烟气分析模型，进行转炉本体的倾动氧枪，汽化冷却烟气净化，全自动上料投料等一系列的全自动控制，完成转炉炼钢的全动化生产流程控制。主要技术特点包括转炉"一键炼钢"智能控制技术、倾动多传动同步控制、氧枪位置闭环精准控制、汽化冷却无人值守、无人化智能上料技术、一次除尘无人值守智能控制技术。

精炼智能控制系统：精炼智能控制系统主要包含智能 LF 炉及智能 RH 炉控制系统。主要借助先进的控制理念及神经元网络算法，完成相应的钢包车全自动走形控制、智能电极调节控制、真空系统全自动控制等一系列生产过程控制。技术特点包括：钢水罐车无人操作、智能电极调节、真空泵全自动控制、上投料无缝对接。

连铸过程控制系统：连铸控制系统配备先进的工艺控制模型，可实现从大包开浇后的结晶器振动、结晶器液面控制、拉矫机负荷控制、二冷水动态调节、动态轻压下调节等一系列的连铸生产流程的全自动控制。技术特点包括全方位的结晶器专家系统、全程的动态二冷配水及轻压下控制、拉矫机动态负荷平衡调节。

厚板智能控制系统：厚板控制系统主要完成厚板生产线加热炉、高压水除磷、主轧机、加速冷却、热矫直机、冷床、剪切线、检查收集装置等设备的智能控制，主要技术包括钢板跟踪与自动搬运、自动轧钢、自动厚度控制、自动宽度控制、自动温度控制、板形控制。

热轧控制系统：热轧控制系统主要完成热轧生产线加热炉、高压水除磷、粗轧机、热卷箱、飞剪、精轧机、层流冷却、卷取机、卸卷收集装置等设备的智能控制，主要技术特点包括轧件跟踪、自动轧钢、自动厚度控制、自动宽度控制、自动温度控制、板形控制、卷取机自动踏步控制等。

冷轧控制系统：冷轧控制系统是冷轧全流程生产过程中实现产品的智能化、生产的自动化、信息流和物资流合一的现代化智能控制系统。主要技术特点包括卷径计算、焊缝跟踪、自动张力控制，自动厚度控制、板形控制等。

钢管控制系统：钢管控制系统主要完成上料、环形加热炉、穿孔机、轧管机、定径机、冷床、精整等设备的智能控制，是一个实现高度自动化控制、信息跟踪的智能控制系统，主要技术特点包括管坯上料自动控制、负荷平衡控制、快速精确定位控制、节奏配合控制、自动厚度控制等。

棒材控制系统：棒材控制系统主要完成上料、加热炉、连轧机组、减定径机组、飞剪、水冷、冷床及收集区设备的智能控制，系统结合了传感器技术、自动化技术、模型控制技术，主要技术特点包括坯料标签读取或者坯号识别、加热炉智能燃烧控制技术、主轧线自学习控制、轧机辊缝自动压下技术、倍尺剪优化剪切及尾钢伸出控制技术、穿水冷却模型控制技术、冷区跟踪及自动计数技术、机器人自动打标牌技术、负偏差控制技术等。技术成熟度高，国内已经开始普遍应用。

高速线材控制系统：高线控制系统主要完成上料、加热炉、连轧机组、减定径机组、飞剪、水冷、吐丝机及夹送辊、收集区设备的智能控制，系统结合了传感器技术、自动化技术、模型控制技术，主要技术特点包括坯料标签读取或者坯号设别、加热炉智能燃烧控制技术、主轧线自学习控制、穿水冷却模型控制技术、吐丝机头部定位技术、PF 线信息跟踪技术等。技术成熟度高，国内已经开始普遍应用。

近两年，又涌现了 550m^2 烧结机智能闭环控制系统、烧结全流程综合自动控制系统的研发与应用、含钒半钢炼钢自动控制集成技术的自主开发及应用、电弧炉炼钢流程能量优化利用技术的研究与应用、冷轧机板形控制核心技术自主研发与工业应用、宝钢 1 880mm 热轧关键工艺及模型技术自主开发与集成、1 450mm 热连轧生产线三电自主集成与创新、基于"压力反馈"的动态轻压下技术开发与应用、中厚板轧制尺寸形状精确控制技术；热连轧板厚、板形高精度控制技术；型材及棒线材尺寸形状精确控制技术等一大批科技新成果。

（4）钢铁企业过程控制水平与智能制造的要求尚有较大差距。根据调研《中国钢铁企业智能制造发展状况与需求研究报告》（2017，中国金属学会），部分企业关键生产工序的基本控制功能还存在较大的提升空间，需要进一步加强基础建设。控制系统配置率高的企业，重点提高其控制性能，将数学模型和控制系统形成联动，动态优化并调整工艺过程设定点，实现工艺过程动态优化闭环控制。铁前工序数学模型种类较多，大多只能作为工艺生产的参考工具，对于工艺过程优化控制几乎没有实现，这也是铁前自动化、智能化水平落后于钢后工序的原因所在。

各工序现有很多数学模型存在可靠性、适应性问题，已配置过程模型存在的主要问题有现场条件引起的可靠性问题及模型计算精度问题、

模型对新工况/品种适应性、无法形成闭环控制等问题。迫切需要多种学科的交叉集成，加强模型运行条件维护，并借助大数据分析、智能算法等信息化技术与工艺知识结合提升模型的自学习、自适应能力，保证模型在外在因素变化下的精度，并开发更多新模型（见图 19-6）。机器人更多应用模型亟待开发。

（五）智能优化管理决策技术

智能优化管理决策技术主要基于大数据挖掘技术、人工智能及先进控制模型等，

将数据驱动与机理模型融合，实现由下至上的工艺流程精确控制、全流程实时调度与企业优化管理的全方位决策。

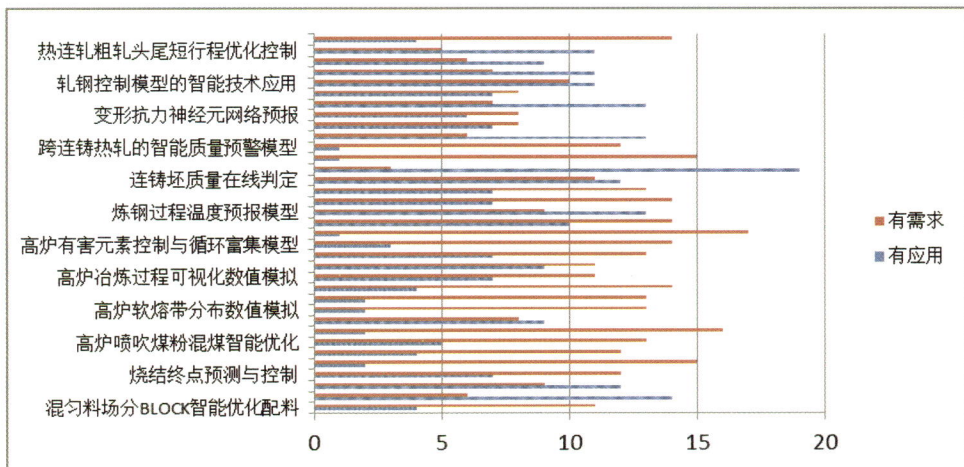

图 19-6　数值模拟、优化控制模型在钢铁行业中的应用

数据来源：中国金属学会，《中国钢铁企业智能制造发展状况与需求研究报告》（2017）

1. 钢铁企业 ERP 资源计划系统

钢铁企业 ERP 是采用计算机将企业所有资源进行整合集成管理，即将企业的三大流（物流、资金流和信息流）进行一体化管理的信息系统，综合考虑了交货期、质量、生产效率、物流周转、能耗、综合成本等多目标优化，实现动态有序、连续运行、耗散优化的高级排产与调度，是现代企业管理思想与计算机应用技术的结晶。ERP 系统实现企业的人员、财务、制造与分销间的集成，完善的企业财务管理体系使资金流与物流、信息流更加有机地结合，促进供应商、制造商与分销商之间新的伙伴关系的建立。目前，钢铁企业普遍建立了 PCS-MES-ERP 系统体系架构，钢铁企业 ERP 资源计划系统覆盖范围需要从分厂扩展到全流程，并实现交货期、质量、生产效率、加快物流周转、能耗、综合成本等多目标优化。在采购管理、销售管理方面，32.26%企业实现了与下游大客户的需求信息链接，41.94%企业实现了与钢铁电商信息的链接，通过电子交易实现的网上销售率 62.77%。

先进企业则重点加强企业层级智能优化决策技术的开发与应用，努力构建基于供应链信息、订单信息、物价信息与仓储信息等的全局性管控决策系统，如加强上下游、生产—能源—物流等动态协同调度、钢铁产业供应链智能优化技术，基于流程"界面"技术和物质流能量流协同技术、基于专家系统和网络规划的智能计划和实时调度技术，企业资源配置优化配置技术等。

2. 钢铁企业 MES 生产制造执行系统

钢铁企业工厂级的制造执行系统层，是面向流程工业企业中工艺过程的厂级生产控制层面的。其主要工作是根据低层控制系统中采集上来的与生产有关的实时数据，进行短期生产作业的计划调度、监控、资源配置和生产过程的优化等。MES 有 11 个主要的功能模块，包括、工序详细调度、资源分配和状态管理、生产单元分配、过程管理、人力资源管理、维护管理、质量管理、文档控制、产品跟踪和产品清单管理、性能分析和数据采集等。根据部分企业取样调查：钢铁企业分厂级制造执行系统产线覆盖范围 84.6%。其中 50%家企业产线制造执行系统覆盖率 100%。制造执行系统主要功能，包括计划调度管理（53.13%）、物料跟踪与实绩管理（93.75%）、在线质量管理（84.38%）、仓库管理（87.5%）、发货作业管理（93.75%）、工器具管理（46.88%）等功能。计划排产自动生成水平低，只有 12.5%计划排产不需要人工干预。智能优化管理决策技术在钢铁行业中的应用如图 19-7 所示。

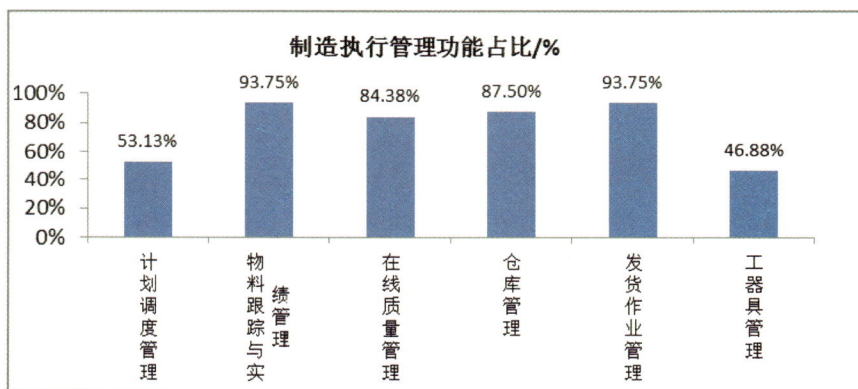

图 19-7　智能优化管理决策技术在钢铁行业中的应用

数据来源：中国金属学会，《中国钢铁企业智能制造发展状况与需求研究报告》（2017）

当前，钢铁企业 MES 生产制造执行系统，重点开发和应用适应柔性生产的动态优化调度技术、全流程高级计划排产系统、网络环境下物流管理和控制技术、面向全流程和全生命周期质量管理技术、生产全过程动态成本的控制技术、全流程物质-能量流的生产调度系统、物质-能量流和排放系统多目标优化系统、智能物流管控、闭环质量管控系统等。涌现了铸轧产线生产组织优化系统研发与应用、自主创新建设钢铁产品全制程的质量管控信息系统、客户驱动的冶金企业全流程协同制造系统开发与应用、南钢集成融合型企业信息系统的开发与应用等一批先进冶金科技成果。例如，北京科技大学研发的全流程工艺质量在线监控与分析诊断平台，实现了钢铁企业全流程的工艺质量及相关过程参数、物料、设备状态等多领域信息集成，形成整个制造流程时空统一的工艺质量数据。同时构建了工艺规范库、规则库和分析方法库，提供具有工序工艺特色的产品质量监控、预警、分析、诊断、优化等功能。该平台实现了从在线监控、产品质量在线评级至质量全流程跨工序的正向追踪、逆向追溯等功能，且在数据管理、展示分析方面与业务结合紧密，便于业务人员根据需求进行全流程产品工艺质量分析与优化，该平台已应用于涟钢、马钢和淮钢等企业。

3. EMS 能源管控系统

能源管理系统是钢铁企业信息化系统的一个重要组成部分，在能源数据进行采集、加工、分析，处理以实现对能源设备、能源实绩、能源计划、能源平衡、能源预测等方面发挥着重要的作用。目前，根据调查，70%以上企业建立了能源管理系统，93.33%企业实现了在线运行管理方式，实现了对企业能源系统的集中管控，但在智能精细化控制方面还有很大的发展空间。能源管理系统在钢铁行业中的应用如图 19-8 所示。

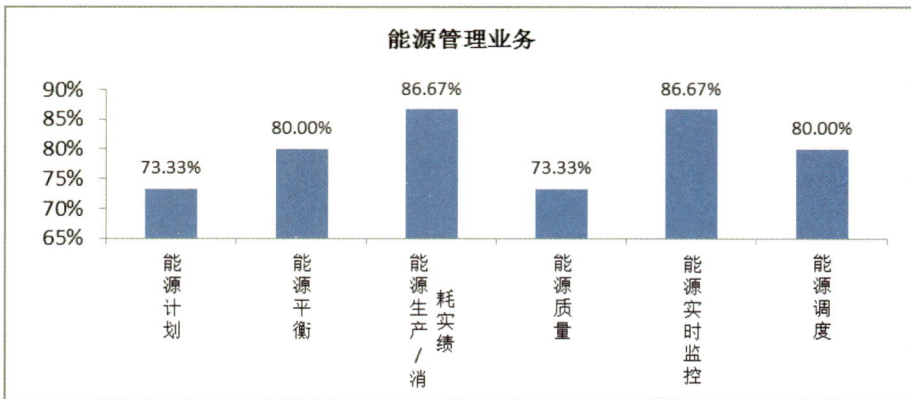

图 19-8　能源管控系统在钢铁行业中的应用

数据来源：中国金属学会，《中国钢铁企业智能制造发展状况与需求研究报告》（2017）

目前，能源管理系统发展的重点是实现物质-能量流和排放系统多目标优化，涌现出了炼铁-炼钢区段系统能效优化集成技术研究，首钢京唐钢铁公司能源管控系统，钢铁物流、能源流界面技术集成与创新，钢铁企业制氧系统最佳节能模式的理论研究及实践，型加热炉系统化高效节能技术研发与集成，钢铁企业供配电节能新技术的研发与应用，大型钢铁联合企业能源优化管理控制系统的自主研究开发与应用等一批先进冶金科技成果，并得到广泛应用。

例如，针对钢铁企业能源管理中存在的能源信息分散、共享程度不足，使得公司能源管理、分厂能源管理各行其道，未形成上下贯通、全员参与的局面；能源调度决策缺乏模型支持，调度人员难以进行预先的、精确调整等问题，冶金自动化研究设计院开发的"钢铁企业能源管理大数据技术分析平台"，以实时数据与业务数据融合为基础，集实时数据库与关系数据库功能于一身，打造能源管理大数据技术分析平台，实现了实时数据与业务数据高效一体化管理，提供了丰富的业务分析与数据应用功能，特别是节能管理专项工具集、多介质预测调度模型、工况组合预测技术、实现了煤气-蒸汽-电多介质协调调度，可以根据生产计划、设备检修及故障信息生成调度方案，指导调度人员进行预先、精确的调度调整，大幅提升了钢铁企业能源管理水平。沙钢通过能源管理大数据技术分析平台的应用提升能源管理水平，年度获得了 3.49 亿元经济效益。

4. 无人值守系统

钢铁企业物流是多段生产、多段运输、多段存储的大型生产管理模式，其特点是物资的流动量大，种类多、工序形式多样等，计量衡具包括汽车衡、轨道衡、皮带秤、料斗秤、吊钩秤等多种衡器。无人值守系统通过利用物联网 RFID 射频技术、数字语音技术、流媒体技术等的应用，建立无人值守远程计量系统，实现"计量业务集中、计量人员集中、计量数据集中"，为智能制造不可缺少的部分。目前，凌源钢铁公司的无人值守取得了一定的成功，钢铁企业实施后可实现信息准确率达 99.99%，大大降低人力资源成本。

（六）冶金关键设备监测、预报与故障诊断

冶金关键设备运行状态和服役质量的实时监测与故障诊断、设备智能管理水平的提升，对提高设备运行的可靠性和安全性，避免各种灾难性事故，延长设备使用寿命等至关重要。随着我国钢铁行业的迅猛发展，冶金设备水平迅速提升。目前，世界上最现代、最大型的冶金装备几乎都集中在中国，如 5 500mm 大型宽厚板轧机、2 250mm 宽带热连轧等，但装备的服役质量和运维能力长期落后于装备水平的发展，严重影响了产品质量、生产效率和安全运行。同时，钢铁生产流程具有规模化、自动化、连续化、复杂化等特点，其关键装备的大型化、集成化程度高，一旦故障停机就会造成严重事故，装备的服役质量和运维能力制约了我国从钢铁大国向钢铁强国的转变。

"十二五"期间，以宝钢、鞍钢等为代表的大型钢铁联合企业已逐渐推广设备状态监测和故障诊断技术，设备管理模式正逐步从单纯的计划维修方式向计划维修与预知维修相结合的方式转变，极大地促进了冶金装备状态监测与故障诊断技术的发展。具体表现在以下几个方面：设备状态的大数据平台正逐步建成；通过多年建设，国内各大冶金企业已逐步建成在线系统与离线系统相结合的设备状态监测体系；设备状态信息多源、异构、海量等大数据特点逐渐显现。

以无线传感器网络为代表的新技术广泛应用。无线传感器网络技术突破了传统监测系统中信号用有线方式传输的瓶颈，为大面积、分布式、布线难、移动/旋转设备的状态监测系统提供了有力的技术条件。例如，鞍钢与北京科技大学合作，利用无线传感器网络技术对冷轧厂线连退炉、连轧机组等关键装备实施了近千个测点的远程监测与故障诊断系统。

设备诊断分析呈现智能化、自动化的趋势。基于现代信号处理和机器学习方法的设备故障智能诊断与趋势预警技术，得到了日益广泛的重视，并开始应用于设备诊断的工程实践中。北京科技大学在首钢迁钢冷轧硅钢生产线正在实施设备智能监测与诊断系统，监测范围包括酸连轧、连退等生产线上关键的机械、液压和电气设备，各类测点共计两千多个。

设备状态监测系统的集成化、移动化与远程化。宝钢、首钢等已经建立基于云平台和移动终端的设备状态监测与故障诊断系统，为设备的科学运维管理，提供了有效的技术手段。

当前，调查显示：各钢铁企业设备维护处于不同发展阶段。设备管理水平先进的企业的设备维修策略以点检定修制为中心，采用预防、预知、状态、改善以及事后维修多种方式共存的模式；未来，需要针对几种大型关键设备，加强在线设备诊断和预警、预测/预防性维护、远程诊断技术研发和应用，提高设备使用寿命和产品质量，实现设备智能诊断。目前，企业对于设备管理和维护有较强需求，但所做工作比较宽泛，多停留在设备点检、维护等工作流程上，可以大型关键设备为突破口，以弱故障、隐性故障作为主要研究对象，实现数据的实时分析和在线预警，并进一步实现预测式维护。

二、智能制造装备

（一）智能仪表与传感器

我国通过自主开发的图像冻结技术、快速图像处理和模式识别技术等多项创新技术，集成为连铸坯、热轧板带、冷轧板带板带表面缺陷在线监测方法与成套系统向国内钢铁企业进行推广，已经成功应用于热轧带钢、冷轧带钢、中厚板、连铸板坯等生产线，并推广应用到有色行业。

我国自主研制的多功能一体化热力模拟试验机，将原来用多台设备才能实现的功能集成为一体，可以模拟温度、应力、应变、位移、力、扭转角度、扭矩等参数，能进行拉伸、压缩、扭转、热连轧、铸造、相变、形变热处理、焊接、拉扭复合、压扭复合等多种实验，克服了 Gleeble 系列热力模拟实验机随着实验内容不同需要更换不同的部件的缺点，为研究材料组织或性能的变化规律、测定热加工过程组织演变规律、评定或预测材料在制备或受热过程中出现的问题、制订合理的加工工艺及研制新材料提供了重要手段，在新品种开发和工艺优化中可以起到重要作用。

我国通过合作研制出一种新型的整辊镶块智能型板形仪，以及相配套的板形自动控制系统。采用机器视觉技术检测方案，依靠先进的图像采集、传输和处理技术，实现高速带钢在恶劣环境下，孔洞、边裂检测和宽度测量的功能，成功地开发了高速冷轧带钢多功能在线检测系统等。

（二）钢铁生产关键智能装备

伴随着中国钢铁行业的兴盛繁荣和迅猛发展，我国钢铁行业的装备水平进一步提高，我国冶金关键装备的研制和集成成套及建设开工的能力显著加强，在冶金装备大型化、自动化、智能化及重大工程成套装备集成创新方面取得显著进展。

我国在 4 000m³ 和 5 000m³ 级特大型高炉及配套特大型焦化、烧结、球团设备，世界上最大断面的圆坯连铸机，特大方矩形连铸机、特厚板坯连铸机，2 000mm 以下宽带钢连轧机组和 4 000mm 以下中厚板生产机组等装备可实现完全自主研制与集成，并达到国际先进水平。

在 7.63m 焦炉热工精细调控与生产高效运行的技术开发、420mm 厚度特厚板坯连铸工艺、装备及控制关键技术、中厚板生产线全流程自动化系统集成与创新、宽带钢热连轧自由规程轧制关键技术及应用、热镀锌带钢镀层质量控制核心技术研发与工业应用、高性能工艺控制器 CCTS 的研制与应用、冷轧连退线自动化系统集成研发、热轧粗轧板形调控及质量提升技术、薄带连铸连轧工艺、装备与控制工程化技术集成及产品研发、高质量钢轨及复杂断面型钢轧制数字化技术开发及应用、鞍钢自主创新中试炼钢平台建设及自主关键技术集成、高精度热轧带钢全流程模型及控制技术、热轧高品质卷取控制技术、宽带钢热、冷连轧机机型和板形控制理论与方法，板带表面缺陷在线监测方法与系统，材料热模拟方法与性能检测技术，热轧钢材控制冷却装备技术（新一代 TMCP 技术），无线传感器网络技术，冶金机械设计方法及技术，冶金机械制造方法及技术等方面均取得代表性成果。

例如我国通过自主开发的图像冻结技术、快速图像处理和模式识别技术等多项创新技术，集成为连铸坯、热轧板带、冷轧板带表面缺陷在线监测方法与成套系统向国内钢铁企业进行推广，已经成功应用于热轧带钢、冷轧带钢、中厚板、连铸板坯等生产线，并推广应用到有色行业。

我国自主开发了控制冷却系统，其中包括反映世界控冷技术最高水平的超快速冷却技术和 DQ 技术，与轧机配合，实现了 TMCP 技术的创新发展。我国自主研制的多功能一体化热力模拟试验机，将原来用多台设备才能实现的功能集成为一体，可以模拟温度、应力、应变、位移、力、扭转角度、扭矩等参数，能进行拉伸、压缩、扭转、热连轧、铸造、相变、形变热处理、焊接、拉扭复合、压扭复合等多种实验，克服了 Gleeble 系列热力模拟实验机随着实验内容不同需要更换不同的部件的缺点，为研究材料组织或性能的变化规律、测定热加工过程组织演变规律、评定或预测材料在制备或受热过程中出现的问题、制定合理的加工工艺以及研制新材料提供了重要手段，在新品种开发和工艺优化中可以起到重要作用。

我国自主研发的"特薄带钢高速酸轧工艺与成套装备研究开发"，以新建梅钢冷轧工程为依托，自行设计、制造了一条具有世界先进水平的特薄板冷连轧机组，形成了具有自主知识产权的工艺、装备和控制系列化独有技术。本成果目前已应用到十多条冷轧机组的建设，标志着我国已具备世界先进的冷轧成套装备自主设计、制造、建设的能力，带动了国内冶金装备制造业的进步，改变了国际上高端冷轧成套装备市场的竞争格局，具有巨大的经济和社会效益。我国合作研制出一种新型的整辊镶块智能型板形仪，以及相配套的板形自动控制系统。采用机器视觉技术检测方案，依靠先进的图像采集、传输和处理技术，实现高速带钢在恶劣环境下，孔洞、边裂检测和宽度测量的功能，成功地开发了高速冷轧带钢多功能在线检测系统等。近年来，我国攻克了冷连轧机型设计、板厚控制、板形检测与板形控制、传动系统设计等多项冷轧核心技术，极大促进了我国钢铁行业的快速发展。

近年来，宝钢、东北大学等单位一直致力于薄带铸轧技术发展，继 2003 年，宝钢建成一条带宽 1 200mm 双辊薄带连铸中试线并投入使用后。2009 年 2 月，中国第一条薄带连铸连轧生产线——宝钢股份薄带连铸产业化攻关项目（Baostrip）全线投入试生产，解决了钢液浇注、侧封板、结晶辊和系统控制等关键技术，薄带铸轧技术的可靠性、稳定性已经得到证实，无取向硅钢、热轧双相不锈钢和高强钢等产品开发也取得较大进展。

目前，我国冶金装备技术与智能制造发展的要求尚有较大差距：大型和高端装备的设计制造水平与国外知名企业仍然差距明显，如 2 000mm 以上宽幅带钢热连轧机、超薄热带连铸连轧等成套装备技术还主要依赖国外引进；冶金主体装备全流程全服役周期的数字化集成设计、在线柔性制造和系统耦合技术尚缺乏集成设计制造研究和全面成套推广应用；设备管理系统的功能以资产管理为主，对设备状态数据的深层分析能力偏弱，设备状态评价未与产品质量评价、生产延迟管理等有机结合。现有的设备 ERP 系统以设备资料、设备资产、备件采购、维修工单管理等内容为主，对设备信息数据，缺少全流程的智能分析工具和设备故障诊断与分析平台；在线装备高效节约型制造提升空间大；缺乏设备管理智能决策支持系统。

目前设备运维策略、备件采购计划的制订，仍以人工经验为主，基于设备状态大数据的设备管理智能决策支持系统仍不完善，基于工业大数据的全流程全生命周期的装备技术还处在起步阶段，难以实现钢铁服务型制造的产品设计"个性化"定制、制造过程"智能化"工艺控制、过程控制"窄窗口"精准化。

今后，将重点发展快速厚带钢连铸工艺装备技术、柔性轧制装备技术、热连轧无头轧制装备与技术、新一代 TMCP 技术条件下的集约化轧制技术开发、无酸除磷装备技术、数字化冶金装备设计、制造与运行、全流程设备全生命周期管理的信息化智能决策支持系统、基于大数据和云平台的钢铁智能化云制造装备技术等。

（三）冶金工业机器人

钢铁行业的生产环境属于高温、多粉尘的较恶劣的环境。相对于人而言，工业机器人在这种环境下可以更精确更持久的工作，可以免除高温、粉尘对人体的伤害。冶金工业机器人，是解决钢铁生产流程中高温恶劣环境与高强度作业的人员替代问题、实现恶劣环境下精准化一致化作业、提升钢铁生产智能化水平中极其关键的一种智能制造装备。宝钢、沙钢、南钢等钢铁企业已经成为了这方面的先行者。

目前，根据调查显示钢铁生产流程中已实现应用的冶金工业机器人包括：焦化四大机车联锁、自动对位，焦化厂化产车间硫铵工段有全自动码垛机，高线炉前分析（机器臂），高炉炉前拆卸风口小套的机械臂，制样机器人、电炉有测温取样机器人（德国 BSE 六轴机器人）、炼钢测温取样机器人、转炉副枪更换机器人、精炼炉测温取样机器人、理化室拉伸机上下料机器人，板坯连铸机结晶器加渣机器人，热轧打捆机器人、包装机器人，各类标印机（表喷，侧喷，钢印）、方坯/钢坯自动喷号机器人、钢卷喷号机器人、冷轧贴标机，遥控行车、无人化钢卷运输车测温取样机器人，耐火砖砌砖机器人，无人行车等。

虽然经过多年的发展，冶金行业装备自动化水平显著提高，但是在某些特定场所仍大量采用人工操作。因此，紧密结合工艺需求和设备特征，有针对性定制开发智能冶金工业机器人成为必然需求。

（四）智能物流与仓储装备

智能物流与仓储装备是实现智能钢厂物质流、信息流协同优化精准执行的关键智能装备。

智能化物流对现有行车控制系统提出更高需求，可实现无人化的智能行车将成为主流发展方向。具有防摆控制、车辆识别、准确位置控制等功能成为智能行车基础自动化系统的必备特征。基于此发展趋势研发适合新需求的行车自动化控制系统成为行车控制系统发展的主流发展方向。

中冶赛迪等单位自主研发的智能行车系统通过智能技术、信息技术与装备制造过程技术的深度融合，采用智能夹具技术（耐高温设计）、防摇行走控制模型、机器视觉技术、智能库管技术、行车优化调度管理技术、设备诊断管理技术、移动掌上工厂技术和大数据分析技术等八大关键技术，具有全自动、无人化、高效率、高安全性等特点，可显著降低人力成本、提升库区管理整体效率、提高人员安全性、改善操作环境等。目前，智能行车系统已在八钢成功实现应用。另外，宝钢、河钢集团唐钢的无人化智能行车系统，也都得到成功应用。

(五) 高性能控制器与高性能变频器

在钢铁行业中，有许多应用场合涉及复杂的、时间要求苛刻的运动控制及工艺控制过程，需要采用专用的控制器去实现。过去多采用国外的产品，成本高，自主可控性不强。随着智能制造的发展，高性能控制器还需要满足以下特点：程序运算时间快（≤1ms）、丰富的 IO 接口和网络接口、图形化的软件开发平台、高速数据采集功能，便于快速分析与诊断故障。目前国内已有自动化公司开发出了具有以上功能的高性能的工艺控制器，并已成功用于多条生产线。

冶金行业的连续生产线应用对变频传动系统的动态和静态性能指标有着非常严格的要求，产品的变频驱动容量和驱动形式有较大的差别，采用常规的变频器往往达不到工艺要求，这时必须考虑使用的变频器产品具有较丰富的功能和较高的控制水平，一般称这类变频器产品为高性能变频器。高性能变频器往往采用复杂的矢量控制或直接转矩控制方式，同时变频器产品要有灵活的配置方式，丰富的网络接口和软件可编程功能，配备先进的调试工具。

由于其技术的复杂性，应用于钢铁行业的高性能变频器长期为国外少数几家公司所垄断，中冶京诚经过多年的技术研发实现技术突破，攻克了变频器的高精度、高动态响应、高稳定性的应用难关，在冶金行业轧钢生产线建立了多项应用业绩。

三、数字化车间/工厂

数字化车间/工厂是以产品全生命周期的相关数据为基础，在计算机虚拟环境中对整个生产过程进行仿真、评估和优化，并进一步扩展到整个产品生命周期的新型生产组织方式，是现代数字制造技术与计算机仿真技术相结合的产物。钢铁行业的数字化车间/工厂需要实现面向企业内部管理的纵向集成、面向供应链的横向集成和面向产品全生命周期的端到端集成，其中纵向集成涵盖生产设备、感知控制、数据采集与监视、生产运作管理、经营管理五个层级，横向集成涵盖了面向供应链的资源要素、系统集成、互联互通、信息融合和新兴业态等智能功能的集成，生命周期是由研发、设计、生产、制造、物流、销售、服务等一系列相互联系的价值创造活动组成的链式集合，以适应对产品的高柔性化生产和客户定制的发展趋势，建立高度灵活的个性化和数字化的产品与服务的生产模式。

近两年，以宝钢"钢铁热轧智能车间试点示范"、河钢唐钢"钢铁企业智能工厂试点示范"、"鞍钢冶金数字矿山试点示范"、"北京首钢股份有限公司硅钢一冷轧智能工厂"等项目入选工信部 2015 年及 2016 年的智能制造试点示范项目，推动了我国钢铁行业数字化车间/工厂的发展，涌现了以宝钢供应链协同优化实现柔性制造、南钢船板分段柔性化产品定制准时配送（JIT）+ C2M 等新模式。

宝钢以 1580 热轧智能化车间为试点，通过各类技术手段，设计了全面的数据采集方案，将设备、自动化控制、过程控制及信息化各系统的数据汇集到大数据平台，并通过可视化技术，结合生产要求，充分发挥大数据计算及信息整合的作用，实现智能工厂柔性制造、高效协同的要求，打造数字化车间。数字化车间完成可预测性制造、工艺模型优化、智能运营与辅助决策、工程数字化试点以及移动应用和远程运维，主要功能如下。

（1）建立虚拟仿真平台，带钢轧制过程工艺量计算，组织性能预报在仿真系统中集成，全线带钢全长三维温度计算，虚拟制造与三维模型的可视化集成。

（2）轧制生产指导，新功能，新产品和新工艺仿真测试，生产计划可预测性制造，轧制策略优化，带钢数据分析。

（3）生产数据的整合与建模，生产信息可追溯性展示，综合分析及辅助决策，车间运营管理。

（4）利用移动技术，在移动设备上实现各类信息实时推送，生产过程状态显示。

宝钢 1580 热轧数字化车间系统架构如图 19-9 所示。

宝钢通过在热轧 1580 产线开展智能制造试点，形成了以下钢铁企业智能制造技术：钢铁流程行业全 IP 多源异构扁平化信息网络构建技术、面向控制-决策一体化的新一代热轧工艺模型、钢铁流程行业大数据中心构建技术、基于大数据的热轧工艺质量管控技术、基于大数据的产品全流程物流跟踪及动态成本盈利分析技术、基于知识自动化的智能生产计划技术、热轧设备状态智能化诊断分析技术、基于路径优化、库位推荐的行车无人化技术、主（轧线）辅（能源、电力等）一体化管控与智能优化方法、热轧智能工厂仿真虚拟制造技术等。在智能化装备方面，通过热轧 1580 产线试点形成以下智能化装备：热轧板坯库无人化行车、粗轧镰刀弯检测与自动控制、钢卷卷取边部缺陷自动检测装置等。

首钢股份公司正在硅钢一冷轧智能工厂试点示范项目，以产品个性化、生产过程柔性化精准制造新模式为重点，是现有基础上，通过对设备的升级改造、新技术的深入应用等途径提升智能化程度，着力打造基于工业互联网与工业物联网的整体框架的智能工厂。有智能决策层、智能制造层、智能感知层、智能支撑层四层组成的智能工厂架构如图 19-10 所示。

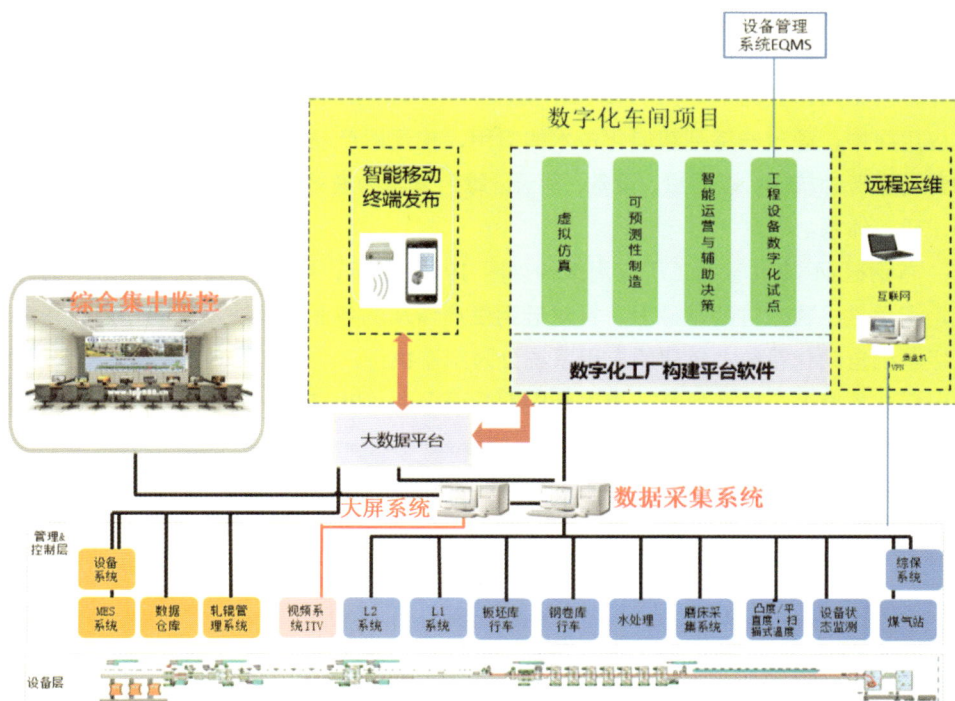

图 19-9　宝钢 1580 热轧数字化车间系统架构

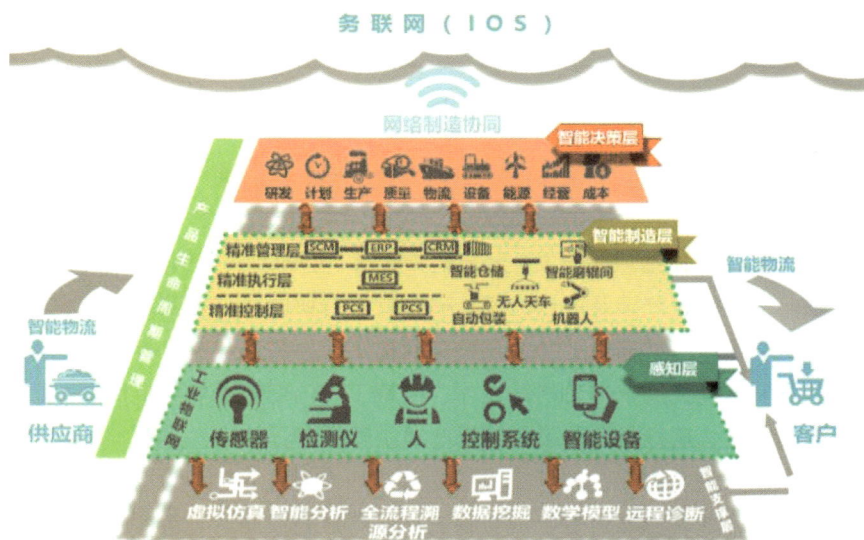

图 19-10　首钢冷轧产线智能工厂体系架构

首钢硅钢一冷轧智能工厂体系架构是建立在工业互联网的基础之上，其核心是将IT信息技术、工业以太网络技术、工业自动化技术和工业装备有机结合起来，采用分散智能化装备组件使得生产模式功能扩展得更加方便。硅钢一冷轧智能工厂将搭建功能完备的企业大数据中心，为智能工厂服务层和应用层的各项功能提供基础数据保障；在应用层中，通过一系列智能化技术的应用，构建以产品智能设计与工厂柔性化制造和营销服务为核心，以质量、设备、能源、绿色安全为有效支撑的硅钢-冷轧工厂"产、销、研"体系。

首钢硅钢-冷轧智能工厂应用架构如图 19-11 所示，在考虑-冷轧智能工厂的先进性、实用性、实效性的基础上，针对硅钢生产涉及的各业务模块发展的特点，将在一二级基础自动化系统上搭建的应用系统分为制造执行、运营协同、经营决策三个层面，同时搭建贯穿各个层面的产品全生命周期管理平台（PLM）。

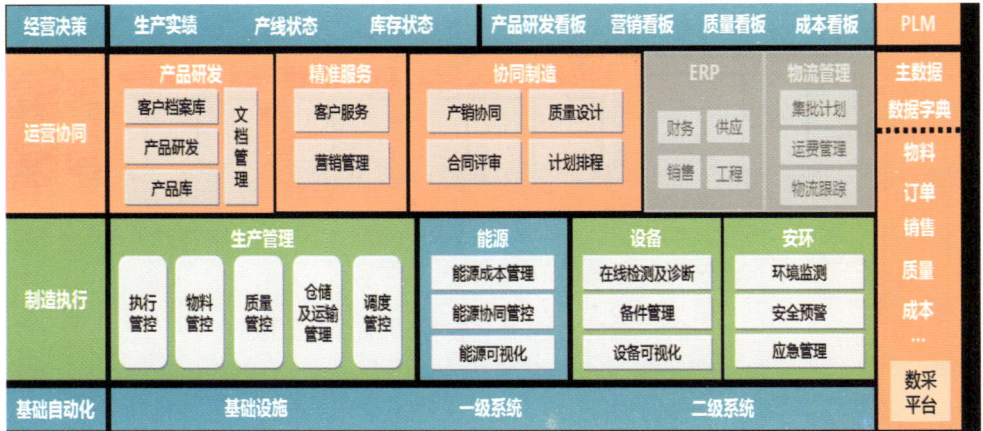

图 19-11　首钢冷轧智能工厂应用架构示意

其制造执行层包括生产、能源、设备、安环等四类直接面向生产现场的系统，主要关注对现场支撑的实时、准确和高效。

运营协同层主要包括产品研发、客户精准服务、协同制造、销售物流等四大模块，主要关注在硅钢产品生产涉及的产、销、研领域进行协同管理，实现与客户、物流承运商在订单、物流、等方面的业务协同；建立前工序原料供应的，标准化业务体系规范，推进各个制造单元的一体化协同运作；硅钢工厂内部根据机组特点，兼顾品种、质量、周期等因素，进行合理分工，发挥产线协同优势。

经营决策层依托 ERP 系统，实现供应、生产、质量、销售、设备备件、项目管理以财务为核心的集成，提高对资金流、物流和信息流的控制。经营决策层和产品全生命周期管理平台以数据的形式对现场生产管理、各级经营管理岗位提供及时、准确的信息支撑，确保各类专业数据的源头统一，方便各类专业信息的及时整合、企业生产状况的及时反馈，提升企业的生产管理效率和应急能力。

数字工厂以数据的形式对现场生产调度、各级经营管理岗位提供及时、准确的信息支撑，方便各类专业信息的及时整合、产线生产状况的及时反馈，提升企业的生产管理效率和应急能力。

产品全生命周期管理从客户需求到产品交付用户使用，对产品从销售、订单、质量、物料、成本等维度进行管理，跟踪产品与服务的核心信息、数据和方法，对产品需求、产品研发、产品制造、营销服务整个价值链进行智能决策，解决产品编码、流程设计、质量设计、工艺规范过程汇总的各类问题，及时与各个层面的系统进行交互，将决策信息传递到对应的执行和控制系统，从而提高各环节的效率。

为了实现这一整体架构，需要建立完善智能工厂硬件架构，这包括正在构建的云信息平台，以实现通过云平台进行资源监控、管理与调度、资源使用流程审计等功能，协助数据中心管理员完成数据中心运维管理工作的同时，满足用户对资源的在线申请和使用要求；考虑到智能工厂多样化的网络需求，构建有线网、无线网、物联网融合的网络解决方案；建设以 hadoop 技术架构为基础，通过数据总线及 ETL 工具，将存储于各系统的结构化数据及存储于硬盘的文件等非结构化数据，进行采集、加工、处理、加载存储的大数据平台，基于大数据平台中存储的数据及算法库，实现数据服务、分析挖掘服务、复杂算法服务等各类数据及分析计算服务，为其他应用提供支持。

在智能装备方面，首钢硅钢-冷轧工厂原有各产线自动化和信息化程度较高，在此基础上创新应用机器人、无人天车、智能磨辊、智能检测等装备，强化多点制造单元的智能化水平，为工厂柔性生产提供支撑，各主要智能装备以合作研发、自主集成为主。

河钢唐钢针对原有信息系统五级架构存在的以 ERP 财务为核心，与产线结合不够紧密，对产品制造过程的执行与跟踪未形成有效闭环，难以适应小批量、多品种、定制化订单的生产组织，质量管控缺乏全流程的系统支撑，信息化与自动化之间存在断层等问题，结合智能制造发展的要求，在原有信息系统五级架构的基础上进行完善，形成了新的信息系统架构。

河钢唐钢信息系统架构（见图 19-12）自下而上分别为以下几个层次：L1 基础自动化层，主要进行可编程控制；L2 过程控制层，主要进行模型优化控制及生产过程控制；L2.5 数据衔接层，指工厂数据库，统筹底层基础数据支撑三级以上系统应用；L3 车间管理层，主要包括生产制造执行系统、物流系统、能源系统、设备点检等；L3.5 专业执行层，包括公司级订单设计、公司级计划排程、公司级质量管理；L4 企业管理层，包括 ERP 企业资源计划管理、OA 办公自动化；L5，决策支持层，主要为商务智能。

河钢唐钢信息系统架构横向覆盖供、产、销，以及财务、人力资源、设备等各个环节，纵向从最底层的生产设备、机组、生产线，向上延伸至企业的最高决策层，实现了各个系统的无缝集成。

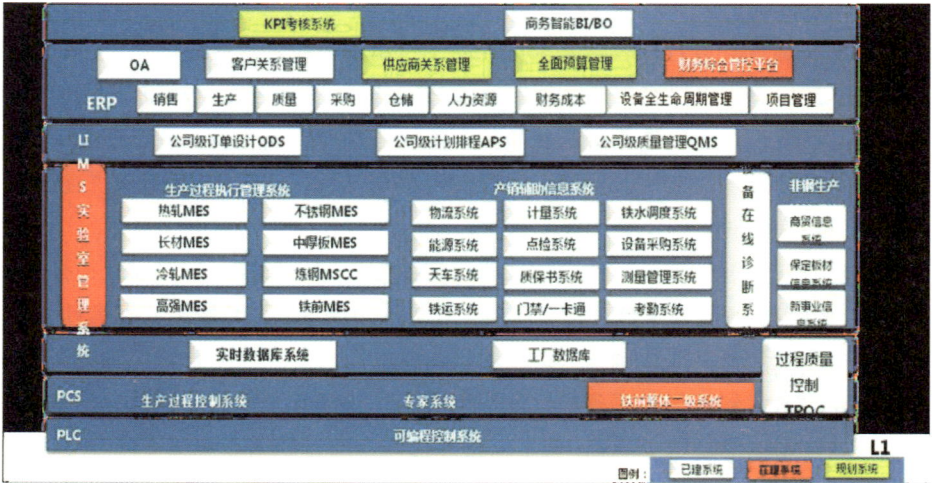

图 19-12　河钢唐钢新的信息系统架构体系

借助互联网和人工智能技术及大数据技术在工业制造领域的应用，在公司范围内实施建设了公司级高级计划排程系统（APS）、公司级订单设计系统（OD）、公司级质量管理系统（QMS），公司级工厂大数据系统工厂数据库系统（MD）及在热轧和冷轧产线贯穿产品生产全工序的全过程质量控制系统（TPQC），并对热轧部、不锈钢公司实施全面的自动化、信息化升级改造，从而实现了以下功能。

（1）定制化的产品质量设计：通过建立产品规范数据库、冶金规范数据库、工艺路径数据库，完成知识的固化及质量管理标准的统一。针对客户销售订单的各项需求，进行质量设计展开，生成自铁水预处理、转炉、精炼、连铸、热轧、冷轧、退火、镀锌等产品制造流程中各个工序的产品参数、计划参数、工艺控制参数。通过与其他系统的横向集成、五级系统的纵向贯通，将质量设计的输出数据传递到制造执行系统乃至一二级控制系统，保证了生产过程中质量控制参数的可靠性，实现设计与制造一体化。同时，对生产过程中的质量偏差进行预测，制定动态质量设计标准，支持制造方案的升级及改降判的工艺实现。

（2）实现柔性化的生产组织：通过公司级高级计划排程，支持根据产线生产能力限制为生产订单推荐最佳工艺路径，通过智能的优化算法，动态平衡企业生产资源，实现基于有限产能约束下的资源调配，协调上下游产线生产步调，提高中间过程的物流衔接，减少物料周转，缩短制造周期。通过对企业物料需求、资源能力、时间约束的实时掌握，能够为销售订单预测确实可行的完工时间，对客户提供准确的交货期应答服务。通过全局透明的按单追踪与闭环计划反馈机制，实现从销售订单评审、销售订单接收、销产转换、公司及各分厂生产计划、作业计划到件次计划等产销作业链全过程的一贯制计划优化管理。通过对大量异质化工序的自动归并，提高了设备的批量通过能力，方便计划人员更好地应对紧急订单、重要订单对计划提出的快速响应要求，有效支撑多品种、小批量生产订单的灵活组织，实现柔性化制造过程管理。目前，河钢唐钢已经完全甩掉了纸版计划，产品交货周期大大缩短，库存周转显著提升。

（3）实现产品全流程的质量保障：以质量管理 QMS 系统的建设为中心，设计实施国内钢铁行业最长生产流程的质量管理体系，使客户订单的定制化质量设计能够严格受控并执行，保障产品质量的稳定性。全流程的质量管理颠覆了过去只是关注局部或者分段工序的理念，建立起涵盖钢铁产品生产全部工序的管理体系，包括炼铁、转炉、连铸、热轧、冷轧直至最终产品等各个环节。结合过程质量控制系统 TPQC 的在线质量调控，以及 QMS 离线的质量分析，实现产品质量全程可控，对于异常状态可以进行实时监控与调整，达到品质最优化，降低废品率及改判率。同时，改变了传统质量管理中产品质量事后检验、抽样检验的认知，使产品制造过程的质量数据参与最终判定，保障了产品的整体可靠性，对于定制化产品、重点品种的提质上量起到了巨大的推动作用。

（4）天车全自动无人化作业：通过对传统天车进行了全面改造，为天车系统增加了智能调度层、控制层以及辅助系统控制的传感器、执行器等。通过与 MES 系统及 APS 系统的对接，实现了工序生产计划与物料需求计划的协调同步。通过天车自动化运行、智能分配库位及行车路径优化，确保了库区空间合理使用，减少行车故障，确保发货组织高效有序。

（5）自动化控制智能升级：对基础自动化系统进行改造升级，不断优化完善二级控制模型，在钢区实现了准确的温度控制、成分预测及造渣预报、动态脱碳控制等功能，在轧区实现了物料的跟踪、轧制过程各种工艺参数的有效控制。通过二三级系统的接口开放，实现了整个五级系统的纵向贯通，解决了信息化与自动化脱节的问题，有效提升了现场生产作业效率，保障数据、指令传输的时效性及准确性。

重点建设炼钢动态调度 MSCC 系统的生产计划排程及温度控制模块，管理从铁水需求、转炉、精炼到浇铸和钢包的一系列生产过程，在满足工艺和物流管理需求的基础上，达到生产序列和生产截止期的最佳匹配，削减缓冲时间，提升钢区冶炼作业效率。炼钢动态调度系统与一/二级系统的完善有效支撑了自动化炼钢的实现。

（6）设备全生命周期及设备状态在线诊断：在已有的 ERP-PM/MM、三级离线设备点检系统的基础上，实施建设设备全生命周期管理系统、设备状态在线诊断系统。以"全业务流程"、"全员"、"全设备"、"全费用"的四全管理作为设计理念，覆盖设备前、中、后全周期，以及设备选型、设备采购、安装、调试、点检、备件供应、设备报废、转移、费用等全部业务范围的管理体系，使企业设备管理情况清晰透明高效。

通过建设在线诊断系统，及时了解设备的当前运行状况，判断运行发展趋势，包括设备能否持续工作、出现的故障是否存在扩展态势；同时进行远程诊断，确定设备故障原因、发生的部位，为运行及维护人员提供有效的维修建议，从而提高设备运行完好率、减少设备停机时间。

目前，河钢唐钢已构建起业务范围覆盖采购物流、企业内物流、销售物流，回收物流、废弃物流和第三方物流的全物流管理体系，全面实现了物流业务统一化、集成化，促进物流相关部门作业协同，提高流通效率，降低物流运输成本。测量管理系统受控计量器具数量已经达到 45 317 台/套，新上项目 100%配备建设检测手段。计量管理方面，司磅员数量大幅降低，汽车衡实现远程无人值守自助式计量，连续五年没有发生因计量设备、计量作业造成的异议问题。能源系统方面，采用生产订单的管理模式、细化能耗成本分析，直接管理到生产的各个工序甚至批次、件次的能源消耗。通过对全局能源要素的在线监控、调整与平衡调度，满足能源供需平衡、满足工艺系统节能要求，保障了二次能源的合理使用与调配，实现了工业用新水"零"购入、废水"零"排放、废弃物"零"丢弃，企业自发电比例达到 70%。

鞍山钢铁数字车间建设一期将以本部热轧 1780 产线、冷轧 2130 产线、鲅鱼圈 5 500mm 厚板全流程为实施对象，建成钢铁生产智能制造的示范线。通过冶金工艺与智能制造系统集成升级炼钢产线，提升鞍山钢铁技术引领、服务高效、智能化炼钢、环境经营四个方面的能力，实现从钢铁到材料、从制造到服务向钢铁技术的领先者、绿色产业的驱动者的创新转变，保持国内高档板材市场的领导地位，创造差异化竞争优势，促进鞍山钢铁成为国内清洁生产、绿色环保示范性企业和钢铁行业智能化制造企业的先驱者。

在实现智能制造所需关键技术方面，拟重点解决以下关键问题：

（1）推广感知、识别、喷标机器人应用，实现全流程物料跟踪，重点实现 6 方面技术突破：全流程板坯、钢板（含离线缓冷）的物理与虚拟的数字映像、采集关键机组和设备 PLC 数据、物料喷码机器人、贴标机器人应用、视觉识别技术应用、逻辑算法跟踪追溯、实现 3D 模拟仿真可视化。

（2）应用大数据技术，实施全流程质量管控，重点包括数据采集解决不同类型数据采集与接入问题；对数据进行实时处理与重整，形成时空统一的各类主题数据；在线管控，由"事后抽检"转为"实时管控"，实现在线质量判定和优化；离线分析，实

际检测结果及质量异常报告，进行全流程质量诊断与追溯

（3）实现关键设备状态在线检测、远程监视，包括重点设备数据采集，如对 300kW 以上电机、主要机组减速电机、风机、轧机压下和主轴的运行温度、振动、润滑流量和压力检测值实现在线监测；无线传输设备点检数据；实现设备远程管理，利用远程功能，随时随地在家里、办公室、会议室直接访问。

中国冶金科工集团有限公司（以下简称"中冶集团"）是中国特大型企业集团，作为国家创新型企业，其拥有 13 家甲级科研设计院、15 家大型施工企业，拥有 4 项综合甲级设计资质和 28 项特级施工总承包资质，是我国钢铁行业工程建设的主力军，具有冶金全产业链整合优势和持续不断的革新创新能力。近年来，积极致力于钢铁行业智能制造技术的发展，加快实施先进制造等钢铁智能制造技术的研发及应用。例如，中冶赛迪与宝钢合作开展"铁前一体化管控平台"建设，该项目以高炉生产为中心，实现铁前生产一体化管控，以大数据及智能化技术作为支撑，以底层数据作为基础媒介，使铁前各工序各车间配合更加紧密，技术与管理的管控更加精确，从而使铁水成本更低，人员效率更高，人员及设备更加安全。由中冶赛迪总体设计的宝钢一期高炉集群控制中心项目已经开始实施。预计 2018 年投入运行，一期完成后，操作岗位预计减员 30%。该铁前一体化管控平台具有以下特点：

①质流、能量流、信息流的精准匹配。以大数据的技术和理念，打破传统自动化系统分级的壁垒，实现铁前生产各单元物质流、能量流及信息流的全面准确匹配。

②铁前区域一体化配矿。打造铁前一体化管理，以高炉为中心，将原料调度、焦化、烧结、球团统一管理，实现一体化配矿及原料调度，从而实现铁前生产的统一决策和生产组织的统一调度。

③参数标准动态化管理。基于大数据分析结果，动态优化调整铁前生产过程中的参数标准，更准确的指导和评价生产过程，提升生产管控水平。

④铁前生产过程智能评价与诊断：针对铁前各工序生产状态建立 KPI 智能评价体系，实现以班组、天、月等不同时间维度的综合评价，建立铁前生产管理评价与技术评价的统一平台，解决铁前系统管理与技术存在相对脱节的现象，从而实现对铁前系统生产的准确评价。包括原料场工序 KPI 智能评价体系、铁前原料制备 KPI 智能评价体系、高炉生产 KPI 智能评价体系、日常炉况诊断、重大特殊炉况诊断以及预报警。

中冶长天国际工程公司与宝钢联合正在实施"烧结智慧制造关键技术与装备系统研发与示范"，针对烧结过程由于燃料的粒度无法准确获取、烧结混合料的水分无法准确检测、混合料的粒度无法感知和烧结矿成分的检测严重滞后。目前，烧结的优化控制模型基本无法实现闭环自适应控制的问题，致力于建设建设全透明数字化烧结智能

工厂，对烧结生产制造的物质流、能量流和信息流进行耦合优化，建立与烧结生产制造物理空间配套的信息空间，逐步建立与现实并行一致的数字化虚拟工厂，重点解决"烧结生产机器代人及无人化技术"、"烧结工艺装备智能化升级技术"、"烧结主要设备监测及智能诊断技术"、"烧结生产过程智能控制"和"大数据平台及基于大数据平台的智慧决策技术"等五个方面技术，实现"快速响应、满足个性化需求、交付高品质产品的烧结生产制造模式"，从设备智能化、过程智能化和决策智能化等方面向全透明数字化烧结智能工厂推进。目前，如开发了烧结控制专家系统和烧结固体燃料智能优化技术、皮带辅助清理无人化技术和活性炭卸料存储无人化技术、台车算条和车轮状态监测与智能诊断技术，已经取得烧结综合控制专家系统和主抽风机自适应智能变频等国际先进的技术成果。

四、现行推动智能制造发展的政策措施

（一）政策推动

"中国制造 2025"战略实施以来，工业和信息化部《智能制造发展规划（2016—2020 年）》《智能制造工程实施指南（2016—2020）》《2015 年智能制造试点示范专项行动实施方案》《国家智能制造标准体系建设指南（2015 年版）》等一系列政策措施的颁布、实施，对钢铁行业智能制造的发展起到了巨大推动作用，特别是国家智能制造试点示范项目的实施，发挥了重要的牵引作用，促进了钢铁行业智能制造的发展。

（二）企业重视

两化深度融合与智能制造建设是一个复杂的系统工程，涉及企业经营理念、管理体制和制度、管理机构设置、企业管理基础工作、生产组织形式等诸多方面的变革，这样复杂的全局性工作不单是一个或几个管理部门的事情，关键是企业高度重视顶层设计，把两化深度融合与智能制造建设作为企业转型升级、创新发展的切入点。同时，还需在项目建设中和系统上线后出台完善周全的项目建设与应用的管理制度、考核办法，为项目顺利推进和系统应用提供制度保障。

（三）行业组织发挥作用

协会、学会等行业组织努力发挥行业协调、技术交流、政策研究、咨询评估、国际交流与合作等方面的优势，积极推动行业智能制造发展技术的发展。中国金属学会在中国科协的支持下，组织开展了《中国钢铁企业智能制造发展状况与需求》调查，

分析钢铁企业智能制造发展的现状水平与存在的问题，组织"钢铁行业智能制造协同创新发展论坛"，建立了中国金属学会"智能制造标准化技术委员会"组织，正开展钢铁企业智能制造的参考模型架构研究和开展智能制造团体标准化的研制。

第三节　存在的主要问题及其发展建议

一、主要问题

中国金属学会在中国科协的支持下，组织开展了《中国钢铁企业智能制造发展状况与需求》调查，根据《国家智能制造标准体系建设指南》（2015 年版）关于智能制造标准体系的要求，围绕检测、设备和过程控制（含机器人）、设备管理、生命周期质量管控、能源与环保、计划调度、经营管理、供应链协同、业务集成、互联互通、数据和信息融合、新的体系结构、企业能力需求与信息化规划等十三个方面开展问卷调查。调查问卷得到 36 家重点大中型钢铁企业的大力支持，收回问卷的调查企业 2016 年合计粗钢产量 3 余亿吨，产品品种覆盖型材、线材、棒材、中厚板、薄板、钢管等，具有较好的代表性。调查结果基本能反应目前中国钢铁企业智能制造发展的现状水平。

在此基础上，借鉴中国电子技术标准化研究院"智能制造能力成熟度模型"（智能制造能力成熟度模型白皮书 1.0 版，中国电子技术标准化研究院，2016 年 9 月 20 日发布），组织有关专家利用调查数据开展了我国钢铁企业智能制造能力成熟度的综合评价。按照智能制造能力成熟度 1～5 级分析，根据调查报告的数据，判断调研钢铁企业智能制造能力成熟度分布为 1.8～3.5。而且行业发展不平衡，企业间差别很大，距智能制造要求还有很大差距，主要表现在：

（1）在线检测先进技术缺乏。钢铁行业因提升控制精度、提供信息基础为目的，需要采用新型传感、机器视觉识别、软测量等技术，部署实时在线连续感知监测装置，增加制造过程探测点实施冶金流程在线检测和监控，如钢水纯净度在线检测技术、带钢在线机械性能测量技术、适应高温环境的传感技术等，但目前适应钢铁行业高温、粉尘等复杂环境的精密测量先进技术缺乏，制约了钢铁行业智能化水平的提升。适应钢铁行业复杂环境的在线检测技术亟待加强。

（2）过程控制水平有待提升。工艺过程数学模型的适用性差，存在着现场条件引起的数学模型可靠性问题、模型对外在因素变化适应性差、无法形成闭环控制等问题，企业对过程控制数序模型的适应性和精度提高及新模型提出要求。

（3）全流程计划调度水平不高。目前只有 12.5%计划排产不需要人工干预，生产计划覆盖范围从分厂尚未扩展到全流程，生产计划需要综合考虑交货期、质量、生产效率、物流周转、能耗、综合成本等多目标优化，上下游、生产-能源-物流等动态协同调度有待加强。

（4）全生命周期质量管控尚待打通。目前质量管控主要依靠人工衔接；缺乏事前、事中管控；重结果、轻过程，各环节之间形成信息孤岛、缺乏时空关联、质量相关数据没得到充分利用，有机衔接用户需求、产品研发、工艺设计、生产制造、交付使用、服役周期等各环节，形成动态、闭环管控的全生命周期质量管控尚待形成。

（5）企业管控一体化水平有待提高。钢铁企业普遍构建了企业资源计划（ERP）—制造执行系统（MES）—过程控制（PCS）三层次信息化系统，但系统之间缺少信息融合和功能集成。25%企业没有实现企业资源计划与制造执行系统集成，31.25%没有实现制造执行系统与过程控制集成。即使实现了管控功能集成的企业，管控一体化水平也有待提升。如销产信息一体化，90.23%通过接口协同，只有 9.68%企业实现业务协同。

（6）供应链协同存在较大差距。目前，企业信息化的企业 资源计划、用户关系管理、供应链管理各系统之间缺少信息融合，没有建立与战略客户协同业务的企业占比为 46.88%，没有建立与战略供应商的协同业务的企业占比达 50%，为战略客户提供跨产业链供货能力，并有相应系统支撑的企业仅为 37.50%，可实现按需加工配送的企业仅占为 7.50%，贯通上游（如矿山企业）、下游（如钢铁制品企业）企业间的产业链，实现信息协同、资源协同、业务协同、市场协同有待加强。

（7）智能制造体系认识不够，智能制造落地路径不清晰。钢铁企业普遍对智能制造是发展的必然选择已获得共识，但对推进智能制造的落地路径不够清晰，智能制造的核心是实现贯穿企业设备层、控制层、管理层等不同层面的纵向集成，跨企业价值网络的横向集成，以及从产品全生命周期的端到端集成，但如何针对钢铁行业这种典型的流程制造业产业技术特点，实现智能制造的核心要素、参考模型架构体系特征、目标要求和演进路径则缺乏可执行、目标清晰的整体规划指导和引导，致使钢铁企业重视硬件装备投入、重视以机器取代人工，重视智能化硬件建设轻智能集成升级。

（8）"产、学、研"协同创新机制有待加强，系统解决方案供给能力不足。智能制造是基于新一代信息技术与先进制造技术深度融合，是一项庞大的系统工程，需要有效整合多学科、多领域力量的协同创新。目前，钢铁行业智能制造试点多数依靠钢铁企业自身力量为主推动，整合多学科、多领域力量系统推进能力有限，也缺少具有丰富实践经验和知识结构的复合型人才，这成为普遍制约企业全面推进智能制造的一大因素。此外，钢铁智能制造系统解决方案供给能力不足，缺少具有较强竞争力的综合系统集成商。受核心技术薄弱、人才缺失、应用领域单一等因素影响，钢铁行业智能制造系统集成商普遍存在综合集成能力不足，只能提供局部解决方案，不能有效集聚产学研、产业链上下游、制造商、系统集成商等多方资源。

二、发展建议

面对智能制造发展的新形势、新机遇和新挑战，针对钢铁行业这种典型的流程制造业所具有的连续化、工艺体系复杂、生产过程不确定因素多、制造过程中间产品形态、性质及最终产品多样化的产业技术特点，为促进我国钢铁行业智能制造的健康发展，建议如下：

（一）加强钢铁企业智能制造的参考模型架构与 CPS 的构建的研究

智能制造的本质是实现贯穿企业设备层、控制层、管理层等不同层面的纵向集成，跨企业价值网络的横向集成，以及从产品全生命周期的端到端集成，钢铁企业目前采用的 ERP-MES-PCS 信息化体系架构，很好地支撑了前一阶段钢铁企业的发展。要实现智能制造，不仅关注单一业务水平提升，更要加强两个或两个以上的业务部门之间的管理协同、集成与优化，实现系统之间的信息共享和同步沟通、系统之间一体化运作和业务流程优化、整合和变革等，对互联互通和信息融合会不断提出新的挑战，现有 ERP-MES-PCS 信息化体系架构不能满足面向服务化、网络化和云化方向的发展需要，搭建什么样的参考模型架构才能满足钢铁企业智能制造的需要，信息物理系统如何构建，这些工作都需要国家有关部门给予大力支持与指导。

（二）加强我国钢铁行业智能制造标准化工作

智能制造需要构建庞大复杂的系统，信息系统、生产制造系统、自动化系统在产品的设计、生产、物流、销售、服务全生命周期中要协同互动，这就需要协商一致的标准作为保障。此外，标准化的术语和定义可以帮助各参与方进行沟通和交流，从而实现整个行业的紧密合作。另外，产品的智能化、装备的智能化、生产的智能化、管理的智能化以及服务的智能化，要求数据信息能够在装备、人、企业、产品之间实现实时交换、准确识别、智能处理以及快速更新，必须通过制定并执行成体系的技术标准、服务标准、管理标准和安全标准来完成。

因此，应支持发挥社会组织团体标准"填补国家、行业空白，快速响应市场，促进科技成果转化"的作用，针对智能制造标准化对象及其相关要素所形成的系统，以智能制造整体标准化对象的最佳效益为目标，对包括设计、工艺、生产、管理、服务、评价和安全等要素综合考虑，建立智能制造标准体系，开展智能制造团体标准化的研制，做好与国家智能制造标准的协调与优化，充分发挥智能制造标准化工作来引领智能制造产业健康有序发展作用。

（三）加强钢铁行业智能制造关键共性技术的研究

实现钢铁行业智能制造，需要钢铁恶劣环境下的机器人应用技术、工业大数据技术、钢铁制造精准控制关键技术、钢材在线检测及质量评估技术、钢铁全流程产品质量管控与优化技术、钢铁全流程能源及环保管理与优化技术、设备状态监测与智能化管理技术等许多关键共性技术进行支撑，建议在国家有关部门的智能制造专项中，针对智能感知和智能执行水平较低是实施智能制造的主要瓶颈问题之一，加强对钢铁行业智能制造急需的在线分析监测、过程智能化控制、设备状态监测、工业软件、工业机器人及智能化管理等技术大的研发与创新予以大力支持，突破关键部件和装备并实现产业化。

（四）加强国家智能制造试点示范项目的牵引作用。

国家工信部组织的智能制造试点示范项目，对钢铁行业智能制造的发展起到了非常大的推动作用。但目前主要在热轧、冷轧环节建设数字化工厂/车间，建议结合钢铁工业流程制造业的特点，加强在烧结/球团、焦化、炼铁、炼钢、轧钢等重要环节系统布局试点示范项目，以点带面、系统推进，并设置符合行业特点的考核验收标准，比如在烧结/球团、焦化、炼铁、炼钢等领域，设置产品研制周期要缩短 20%等硬性指标，明显不符合钢铁行业的实际情况。智能制造试点示范项目中要加强智能制造"产、学、研"合作机制的建设，有效地整合产学研、产业链上下游、制造商、系统集成商等多方资源。

建议依托智能制造试点示范工程项目，以中冶集团所属各个国家级专业设计院、冶金自动化研究设计院、宝信软件、首钢自动化信息公司等国内从事智能制造软、硬件装备和系统的设计、系统集成、生产、安装、调试业务的科技企业为重点，着力打造钢铁行业智能制造的产品供应商、服务提供商和系统集成商，提高系统解决方案供应能力，培育一批具有可复制、可推广的智能制造工程化技术与系统集成技术。

（五）加大资金支持力度，立智能制造多元化投融资体系。

按照深化科技计划（专项、基金等）管理改革的要求，统筹支持智能制造关键共性技术的研发，推进首台（套）重大技术装备保险补偿试点工作。发挥国家的引导作用，吸引企业、社会资本，建立智能制造多元化投融资体系。

区域篇

北京市　　　天津市

河北省　　　辽宁省

上海市　　　江苏省

浙江省　　　安徽省

福建省　　　江西省

山东省　　　河南省

湖北省　　　湖南省

广东省　　　重庆市

四川省　　　陕西省

　　本篇聚焦于区域智能制造发展状况。在国家发布实施智能制造工程以来，各省市也积极将智能制造纳入其区域发展的总体部署中，希望以智能制造为抓手，推动本地区工业转型升级和创新发展。由于篇幅所限，课题组除了在综合篇中整体分析了全国各省市自治区智能制造发展状况及成效，在本篇中结合各地区制造业发展状况、智能制造相关政策措施、智能制造项目推进情况及成效等因素，分别从东部、中部、西部地区遴选了一批代表性省市来详细介绍该地区智能制造发展状况及成效。东部地区选取了广东省、江苏省、山东省、浙江省、河北省、辽宁省、福建省、上海市、北京市和天津市十个省/直辖市；中部地区选择了河南省、湖北省、湖南省、安徽省、江西省五个省；西部地区则选择了四川省、陕西省和重庆市三个省/直辖市。

第二十章　北京市

第一节　制造业总体发展情况

　　2016 年，北京市全年实现地区生产总值 24 899.3 亿元，比 2015 年增长 6.7%。其中，第一产业增加值 129.6 亿元，下降 8.8%；第二产业增加值 4 774.4 亿元，增长 5.6%；第三产业增加值 19 995.3 亿元，增长 7.1%。第一、二、三产业构成由 2015 年的 0.6:19.7:79.7，调整为 0.5:19.2:80.3，如图 20-1 所示。

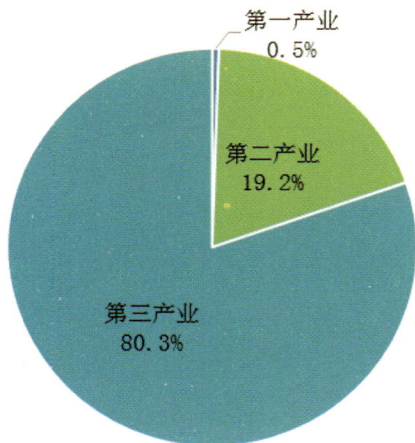

第一产业
0.5%

第二产业
19.2%

第三产业
80.3%

图 20-1　2016 年北京市生产总值分布

数据来源：北京市统计局

2016 年北京市实现工业增加值 3 884.9 亿元，比 2015 年增长 5.0%。其中，规模以上工业增加值增长 5.1%。在规模以上工业中，高技术制造业、现代制造业、战略性新兴产业增加值分别增长 3.4%、11.9%和 3.8%。重点监测行业的增速及占规模以上工业的比例见表 20-1，2016 年北京市规模以上工业中增长较快行业的同比增速情况如图 20-1 所示。

表 20-1　重点监测行业的增速及占规模以上工业的比例

编号	重点监测产业	增长率	占规模以上工业比例
1	汽车制造业	25.6%	23.6%
2	电力、热力生产和供应业	1%	17.9%
3	医药制造业	8.5%	8.8%
4	计算机、通信和其他电子设备制造业	1%	8%
5	电气机械和器材制造业	−1.8%	4.1%
6	通用设备制造业	1%	3.7%
7	专用设备制造业	−8.8%	3.7%
8	石油加工、炼焦和核燃料加工业	−11%	2.3%
9	化学原料和化学制品制造业	2.7%	2.2%
10	非金属矿物制品业	14.9%	2.2%
11	仪器仪表制造业	−2.3%	2.2%
12	铁路、船舶、航空航天和其他运输设备制造业	−7%	1.5%

数据来源：北京市统计局

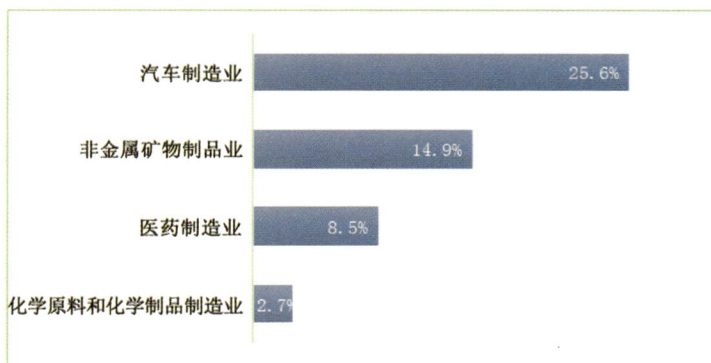

图 20-2　2016 年北京市规模以上工业中增长较快行业的同比增速情况

数据来源：北京市统计局

第二节　北京市推进智能制造的主要举措

一、制定出台支持鼓励政策

为了贯彻落实《中国制造 2025》，北京市经济和信息化委员会制发《〈中国制造 2025〉北京行动纲要》，启动实施智能制造系统和服务专项：以标准创制、共性关键技术研发为引领，加快发展优势智能装备产业，培育壮大系统集成服务能力，抓紧推进产业示范聚集区等，推动上下游产业在京津冀范围内协同布局、联动发展。

聚焦机器人等智能制造细分领域，制定发布相关政策引导产业发展，2016 年制定并印发了《关于促进中关村智能机器人产业创新发展的若干措施》，鼓励智能机器人核心技术研发、平台建设和标准创制，吸引企业在园区聚集，支持首台套产品市场应用，支持高端人才引进，完善融资租赁和担保支持政策。北京市主要智能制造政策见表 20-2。

2017 年 5 月，北京市经济和信息化委员会又发布了《"智造 100"工程实施方案》，明确了北京市 2017—2020 年的智能制造实施方案。北京市主要智能制造政策推进如图 20-3 所示。

表 20-2　北京市主要智能制造政策

发布时间	发布单位	政策名称	政策分类
2015 年 12 月	北京市经济和信息化委员会	《〈中国制造 2025〉北京行动纲要》	行动纲要
2016 年 4 月	中关村科技园区管理委员会、大兴区人民政府、北京经济技术开发区管理委员	《关于促进中关村智能机器人产业创新发展的若干措施》	实施方案
2017 年 5 月	北京市经济和信息化委员会	《"智造 100"工程实施方案》	实施方案

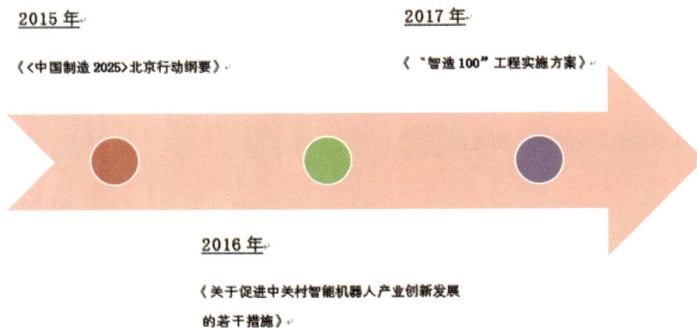

2015 年
《〈中国制造 2025〉北京行动纲要》

2017 年
《"智造 100"工程实施方案》

2016 年
《关于促进中关村智能机器人产业创新发展的若干措施》

图 20-3　北京市主要智能制造政策推进

二、推动智能制造创新发展

围绕智能制造工程重点任务，北京市积极推动哈工大机器人华北总部、京仪自动化装备公司集成电路洁净机器人、煤科天玛煤矿综采自动化设备产业化基地等项目建设，发展关键技术装备。

推动重点企业与科研院所组成联合体，全面开展智能制造基础共性、关键技术和行业应用标准创制和试验验证工作，夯实智能制造发展基础。首钢公司硅钢-冷轧智能工厂、同仁堂中医药产品智能制造新模式应用、首瑞集团智能电网智能制造新模式应用、机电院高档数控机床及其关键零部件的数字化车间、机械科学研究总院装备复杂零部件个性化快速定制智能制造新模式等项目获得支持，推广应用智能制造模式转型升级，提高企业系统集成服务能力。

启动京津冀联网智能制造示范行动，在能源装备等领域开展网络协同制造，支持金风科创京冀风电装备联网智能制造、四方继保输配电设备智能制造等项目建设，推动北京市企业远程控制服务能力建设。

三、支持智能制造发展平台建设

2015 年以来，北京市聚焦机器人等重点领域，着力打造产业发展服务平台，带动产业聚集发展。重点支持北京经济技术开发区智能机器人产业创新基地建设，吸引机器人领域重点企业、研发机构聚集，目前已有近 40 家机器人企业在园区落户。支持北人集团升级转型、"腾笼换鸟"改造闲置厂房建设世界机器人大会永久会址，成功举办 2016 年世界机器人大会，大会已成为我国发展智能机器人产业、落实《中国制造 2025》的重要平台。整合创新资源，推动国家机床质检中心高档数控机床及关键部件测试、中国软测中心机器人检验检测、仪综所文物保护装备产业化及应用协同等十余个国家级产业发展平台建设。

四、推动企业对接应用市场

推动四方继保、首瑞集团、精雕科技、合纵科技等一批在津冀地区进行产业、应用布局的企业，采用智能制造模式建设智能工厂和数字化车间。支持雪迪龙、钢研纳克、德威华泰等节能环保企业在空气检测治理、污水检测治理等领域开展智慧环境监测平台建设，打造北京控制服务总部加京外示范工程监测中心的体系，提供远程运维支持服务。整合在京单位资源，发挥研发实力突出和验证条件齐备的优势，共同开展智能制造共性基础、行业应用标准体系研究及试验验证工作。组织和利时、北一数控、安川首钢、惠众智通、大成高科等智能制造装备制造及系统集成企业与煤科天玛、昆明中铁、北汽集团、京煤集团、北车二七等汽车、轨道交通、装备制造等企业开展应用对接，推动重大技术装备应用。

第三节　智能制造取得主要进展及成效

自 2015 年以来，通过政策引导、项目支持和企业服务等多措并举，北京智能制造初具规模，形成较强竞争优势。

一、创新研发能力突出

清华、机械总院、中科院自动化所等国内智能制造技术领先的高等院校和研发机构在智能仪控系统、增材制造、智能成套装备领域涌现出一批重大工艺技术创新成果，北京标准创制、产业平台建设处于全国领先地位。2015—2016 年北京市 16 家单位牵头承担国家智能制造综合标准化及试验验证项目 37 项，占全国近五成。机器人检验检测、高档数控机床数控系统及功能部件关键技术标准与测试等平台建设获得国家支持。

二、细分领域特色鲜明

在智能仪控系统，重型、电加工数控机床等领域，北京拥有多家国内领先企业，如和利时、东土科技、航天易联、北一数控、北二机床等；在机器人、增材制造领域具有国内领先的研发创新和系统集成能力，拥有太尔时代、中航 625 所、中航天地激光等增材制造实体企业，以及航天 33 所、北自所、安川首钢、达新新创等机器人研发和系统集成企业；软件、信息服务业和互联网产业优势明显。

三、智能化水平显著提高

2015 年北京工业重点行业典型企业装备数控化率达到 70.8%，全市两化融合指数达到 84.8，明显高于全国平均水平。两年来全市 7 家企业承担国家智能制造试点示范项目，占全国比重的 6.5%；7 家企业承担智能制造新模式应用项目，占全国比重的 4.7%；众多企业还参与了其他省市的专项项目。

四、公共服务平台领先

结合智能制造、高档数控机床和文物保护装备等国家重大专项，北京发挥大研大所聚集、创新能力突出的优势，大力推动智能制造标准验证、机器人检测认定等 10 余个公共服务平台建设。目前，赛迪研究院软件评测中心与机床所、北工大等单位合作建设的国家级第三方机器人检测与评定公共服务平台，机械工业仪器仪表综合技术经济研究所联合航天易联、雪迪龙等企业，共同建设的文物保护装备产业化及应用协同等平台，已获国家批准，正在积极建设中。

第二十一章　天津市

第一节　制造业总体发展情况

2016 年天津市实现生产总值 17 885.39 亿元，按可比价格计算，比 2015 年增长 9.0%。其中，第一产业增加值 220.22 亿元，增长 3.0%；第二产业增加值 8 003.87 亿元，增长 8.0%；第三产业增加值 9 661.30 亿元，增长 10.0%。第一、二、三产业结构比为 1.2:44.8:54.0，如图 21-1 所示。

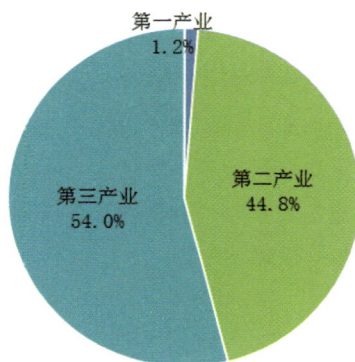

图 21-1　2016 年天津市生产总值分布

数据来源：天津市统计局

2016 年全年实现工业增加值 7 238.70 亿元，增长 8.3%；其中，规模以上工业增加值增长 8.4%。规模以上工业总产值 29 443.00 亿元，增长 5.7%。全年装备制造业增加值占规模以上工业的 36.1%，拉动全市工业增长 3.7 个百分点，比 2015 年提高 1.6 个百分点。其中，汽车制造、航空航天、电气机械、专用设备行业分别增长 11.9%、14.9%、22.3% 和 12.2%。消费品制造业增加值占全市工业的 20.8%，比 2015 年提高 1.6 个百分点。优势产业增加值占全市工业的 91.0%，其中，航空航天、新材料以及生物医药等新兴产业合计增加值占全市工业的 16.5%，拉动全市工业增长 2.1 个百分点，比 2015 年提高 0.9 个百分点。2016 年天津市先进制造业中主要行业工业增加值增速如图 21-2 所示，2016 年天津市先进制造业中主要行业占规模以上工业增加值比例见表 21-2。

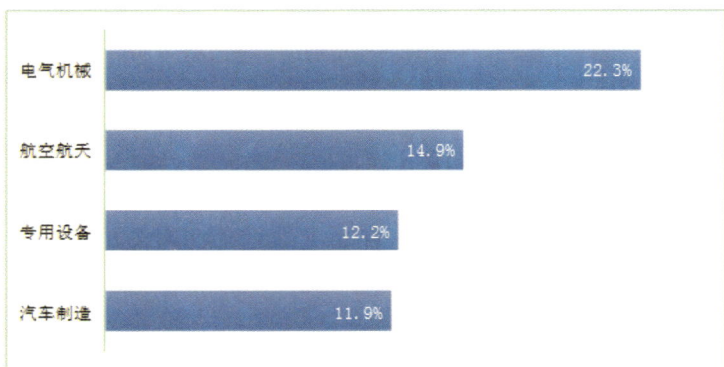

图 21-2 2016 年天津市先进制造业中主要行业工业增加值增速

数据来源：天津市统计局

表 21-1 2016 年天津市先进制造业中主要行业占规模以上工业增加值比例

主要行业	占规模以上工业增加值比例
优势产业	91.0%
装备制造业	36.1%
消费品制造业	20.8%
航空航天、新材料及生物医药等新兴产业	16.5%

数据来源：天津市统计局

第二节　天津市推进智能制造的主要举措

一、加强政策规划引领

2015 年，天津市发布了《天津市建设全国先进制造研发基地实施方案（2015—2020 年）》，从顶层设计和战略布局角度明确了"十三五"期间天津市智能制造的发展目标、重点任务和关键举措，对天津市智能制造业发展有重要的指导和实践意义。《天津市工业经济发展"十三五"规划》则提出了要通过智能融合，实现关键领域智能化水平显著提升。天津市主要智能制造政策见表 21-2，天津市主要智能制造政策推进如图 21-3 所示。

表 21-2　天津市主要智能制造政策

发布时间	发布单位	政策名称	政策分类
2015 年 12 月	天津市人民政府办公厅	《天津市建设全国先进制造研发基地实施方案（2015—2020 年）》	实施方案
2016 年 2 月	天津市人民政府办公厅	《支持企业通过融资租赁加快装备改造升级实施方案及配套文件》	实施方案
2016 年 11 月	天津市人民政府	《天津市工业经济发展"十三五"规划》	规划

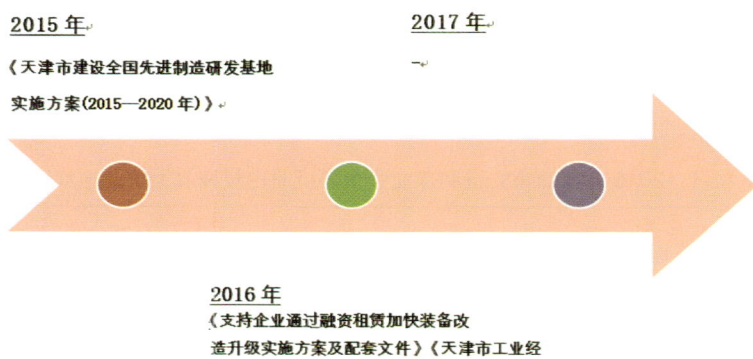

2015 年

《天津市建设全国先进制造研发基地
实施方案(2015—2020 年)》

2017 年

2016 年

《支持企业通过融资租赁加快装备改
造升级实施方案及配套文件》《天津市工业经

图 21-3　天津市主要智能制造政策推进

二、加强试点示范

（一）组织实施智能制造科技重大专项

天津市在 2015 年、2016 年启动了《天津市智能制造科技重大专项实施方案》，主要面向人工智能关键技术及产品开发、智能制造装备关键技术及产品开发、智能工厂关键技术开发及示范三个方面。自专项实施以来，天津市智能制造产业发展取得阶段性进展，企业聚集度增加，创新创业氛围提升，供需对接日渐活跃，传统产业转型升级的本地支撑能力增强，产业规模不断壮大。通过项目实施，突破一批人工智能关键技术和产品，开发出具有较大市场竞争力的机器人本体、3D 打印设备等产品。

（二）设立天津经济技术开发区智能产业区

2017 年 6 月，天津经济技术开发区（简称"泰达"）管委会宣布设立天津经济技术开发区智能产业区，规划面积 20.17 平方公里。园区将依托天津开发区汽车、电子、石化、装备智造、医药健康等先进制造业的坚实基础，重点发展人工智能、智能制造、智能金融、智能健康医疗、智能物流等高端智能产业集群，致力于建设成为面向 21 世纪、引领下一代工业园区发展方向的"中国制造 2025"智能制造示范区及国际一流的现代化高科技产业园区，成为未来天津市智能产业的重要承接地。

三、配套措施

（一）加强交流合作

2016 年 11 月，国家工信部医药工业智能制造现场交流会在津召开。国家工信部、中国电子信息产业发展研究院、部分省市区工业和信息化主管部门、医药企业、行业协会代表 120 余人，围绕提升医药工业智能制造水平，加快医药工业转型升级步伐展开交流讨论。天士力制药集团股份有限公司、丽珠集团丽珠制药厂、江中药业、康美药业分享了在医药工业智能制造示范项目中取得的经验。

2017 年 6 月，天津市人民政府与国家发展和改革委员会、科学技术部、工业和信息化部、国家互联网信息办公室、中国科学院、中国工程院共同主办世界智能大会，汲取国际先进创新经验，展示智造转型的中国路径，为京津冀地区制造企业搭建世界级分享交流平台。

（二）通过融资租赁加快装备改造升级

为加快推进供给侧结构性改革，充分发挥市场机制作用，天津市编制了《关于印发支持企业通过融资租赁加快装备改造升级实施方案及配套文件的通知》，2016—2017 年天津市筹集资金 30 亿元，对有需求的中小企业、科技型企业和科研院所，通过融资租赁方式购置的先进研发生产设备给予租赁费用补贴，补贴比例为融资租赁综合费率中的 5 个百分点。通过政策的实施和资金的配套，鼓励企业通过融资租赁方式加快装备改造升级，截至 2017 年 6 月已有 396 家企业报送项目 410 项，总投资 5514 亿元，融资租赁资金需求总额达 246.7 亿元。

（三）配套资金支持

自 2015 年起，天津市科学技术委员会启动实施"天津市智能制造重大科技专项"，三年累计投入 1 亿元科技经费，支持本市智能制造产业发展。

2017 年 6 月，在"世界智能大会"上，天津市滨海新区人民政府、中国交通建设集团有限公司等多方共同发起设立了总规模 300 亿元的智能科技产业母基金。该基金将以资本运作为手段，引入全球智能科技领域的工程技术中心，打造包括中德工业 4.0

智能制造中心、集成电路中心、汽车电子和无人驾驶中心、智能交运中心等多个智能产业的聚集区，引入全球尖端技术落地天津，服务天津产业升级和企业提标升级改造，推动天津加快建设全国先进制造研发基地。

第三节　智能制造取得主要进展及成效

《中国制造 2025》发布以来，天津市将智能制造作为主攻方向，目前在智能制造的推进工作上取得了一定的成效。2016 年，智能制造装备产业总产值为 443 亿元，同比增速为 6.7%。

一、培育了一批智能装备"隐形冠军"企业

在智能装备领域，培育了百利电气、天津一机床、天锻压力机、长荣印刷、中材装备、赛象科技、天汽模、特变电工等一批细分领域具有较高市场占有率和行业竞争力的"隐形冠军"企业，汽车冲压模具国内市场占有率超过 10%，复合型压力传感器、汽车焊装生产线和智能化印刷设备国内市场占有率分别达到 10%、35% 和 25%，均居行业首位。

二、形成了一批专业化智能制造产业集群

为积极形成产学研的紧密合作，天津市形成了"产、学、研、用"多部门合作的开放式网络创新模式。天津大学、南开大学、河北工业大学、天津理工大学，以及七零七所、七所高科等高等院校和科研院所，为智能制造的科研转化、推进产业化进程提供了良好的条件。天津市已形成一批智能制造集群产业，如经济技术开发区的节能与新能源汽车及关键基础零部件及通用部件、滨海高新区的航空航天装备和智能仪器仪表与控制系统等。

三、涌现了一批示范企业

通过鼓励引导企业申报国家智能制造试点示范及智能制造综合标准化与新模式应用项目（以下简称"智能制造专项项目"）、"天津市智能制造重大科技专项"，涌现出

一批示范及专项企业，为本市制造业的智能化提供了良好的示范作用。目前天津市已形成了"10+1+2+2"的示范带动格局：10 个智能制造专项项目（赛象、百利阳光、昂林贸烽、中汽工程、中科曙光、那诺机械、天津力神、天士力、天津工大、清华高端院）、1 个智能制造试点示范项目（天士力）、2 个外地企业的天津生产基地智能制造试点示范项目（美克美家、特变电工）和 2 个中德智能制造合作试点示范项目（海尔洗衣机、中德应用技术大学）。

四、搭建了机器人产业平台

天津市成立了天津市智能机器人产业技术创新战略联盟和天津市机器人产业协会。目前，协会拥有单位会员 98 家，整体产业规模达 75 亿元，主要由天津市内高校、科研院所、事业单位、机器人企业以及机器人产业服务机构组成。天津市智能机器人产业技术创新战略联盟和天津市机器人产业协会作为行业服务平台，积极实现信息共享，搭建产业对接交流平台。例如，国人机器人的自主研发的谐波减速器在推广应用方面存在困难，协会引荐天津彼洋科技试用产品，并送至彼洋上海合作检测平台进行检测试验。同时，联盟先后为天津大学机器人与自主系统研究所、南开大学智能机器人技术重点实验室等高校进行科技成果推广。

第二十二章　河北省

第一节　制造业总体发展情况

2016 年河北省生产总值实现 31 827.9 亿元，比 2015 年增长 6.8%。其中，第一产业增加值 3 492.8 亿元，增长 3.5%；第二产业增加值 15 058.5 亿元，增长 4.9%；第三产业增加值 13 276.6 亿元，增长 9.9%。第一产业增加值占全省生产总值的比重为 11.0%，第二产业增加值比重为 47.3%，第三产业增加值比重为 41.7%，如图 22-1 所示。

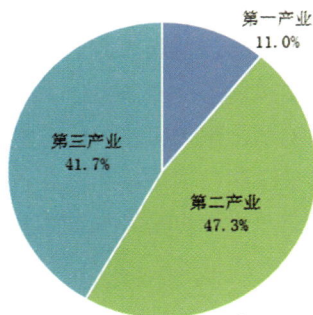

图 22-1　2016 年河北省生产总值分布

数据来源：河北省统计局

2016 年，河北省全部工业增加值 13 194.4 亿元，比 2015 年增长 4.6%。规模以上工业增加值 11 663.8 亿元，增长 4.8%。规模以上工业中，装备制造业增加值比 2015 年增长 10.2%，占规模以上工业的比重为 26.0%；钢铁工业增加值下降 0.2%，占规模以上工业的比重为 25.5%；石化工业增加值增长 4.9%；医药工业增加值增长 5.4%；建材工业增加值增长 3.2%；食品工业增加值增长 3.2%；纺织服装业增加值增长 6.3%。六大高耗能行业增加值比 2015 年增长 1.4%，比 2015 年回落 1.8 个百分点。其中，煤炭开采和洗选业下降 8.9%，石油加工、炼焦及核燃料加工业下降 3.6%，黑色金属冶炼及压延加工业下降 2.5%，化学原料及化学制品制造业增长 11.5%，非金属矿物制品业增长 4.5%，电力、热力的生产和供应业增长 8.4%。高新技术产业增加值增长 13.0%，占规模以上工业的比重为 18.4%。其中，新能源、新材料、高端技术装备制造领域增加值分别增长 27.5%、12.8% 和 12.7%。2016 年河北省先进制造业中主要行业增速如图 22-2 所示，2016 年河北省制造业中主要行业占规模以上工业增加值比例见表 22-1。

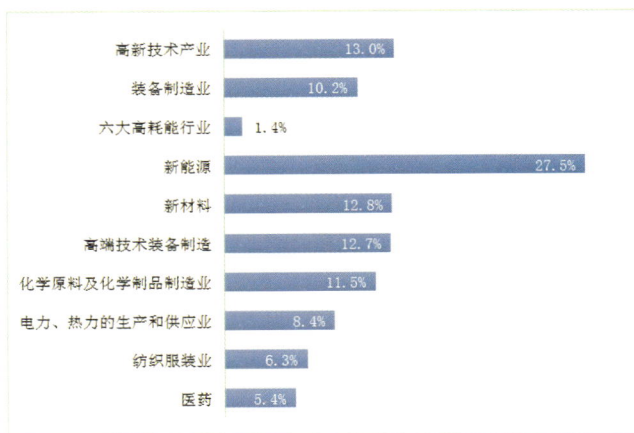

图 22-2 2016 年河北省先进制造业中主要行业增速

数据来源：河北省统计局

表 22-1 2016 年河北省制造业中主要行业占规模以上工业增加值比例

主要行业	占规模以上工业增加值比例
装备制造业	26.0%
钢铁	25.5%
高新技术产业	18.4%

数据来源：河北省统计局

第二节   河北省推进智能制造的主要举措

一、营造良好的智能制造政策环境

河北省坚持把智能制造作为转型升级的重要抓手，在《河北省人民政府关于深入推进<中国制造 2025>的实施意见》、《河北省先进装备制造业"十三五"发展规划》和《河北省信息化与工业化深度融合发展"十三五"规划》中，明确了智能制造重要任务，提出加快发展智能制造，大力推进信息化与工业化深度融合。2017 年 2 月，河北省委办公厅、河北省政府办公厅发布的《关于加快发展"大智移云"的指导意见》，也明确指出要加快推进智能制造，实施 100 个"制造业+互联网"试点示范，建设 1500 个智能工厂（车间）。河北省主要智能制造政策见表 22-2，河北省主要智能制造政策推进如图 22-3 所示。

表 22-2　河北省主要智能制造政策

发布时间	发布单位	政策名称	政策分类
2015 年 11 月	河北省人民政府	《河北省人民政府关于深入推进<中国制造 2025>的实施意见》	实施意见
2016 年 6 月	河北省制造强省建设领导小组	《河北省信息化与工业化深度融合发展"十三五"规划》	规划

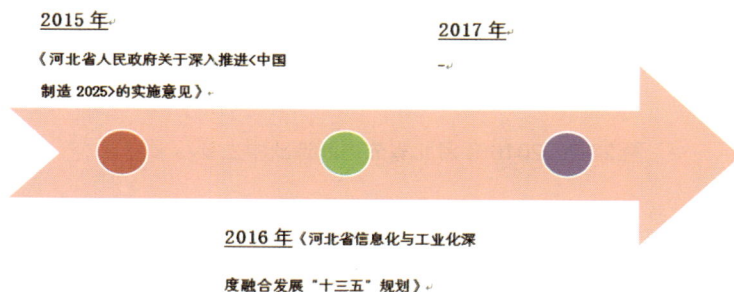

图 22-3　河北省主要智能制造政策推进

二、推进智能制造项目的实施

河北省 2016 年先后开展了省级智能制造在建项目和已建成智能工厂和数字化车间评选工作，34 个项目被认定为河北省重点培育数字化车间。

同时，河北省工业和信息化厅制定了 2016 年智能工厂和数字化车间项目要素条件，围绕离散型智能制造、流程型智能制造、网络协同制造、大规模个性化定制、远程运维服务五大模式，认定 4 个智能工厂和 34 个数字化车间。

三、强化支持推进高端装备发展

出台《河北省重点领域首台（套）重大技术装备产品评定办法》，共有 62 个产品进入了最新目录，有力地推动了院所高校、用户和重点企业紧密结合，初步实现了重大技术装备协同、创新发展，提升了高端装备比重，推进了传统优势装备实现产业和产品结构优化。2016 年，省内共计 31 台（套）产品，总价 3.96 亿元获得保费补贴 950.3 万元，保险公司获得保费 1 187.9 万元，实现了多方共同发展，盘活了重大技术装备的交易、保险市场。

四、配套措施

（一）推进合作交流

2017 年 4 月，"2017 智能制造（保定）国际创新合作峰会"在保定成功举办。峰会以"创新驱动，智造未来"为主题，来自中国、德国、美国、瑞士等国家智能制造企业代表、高层管理者、相关机构等 400 余名行业精英参会，并分享各国发展的宝贵经验，探讨国际国内制造业的联合发展趋势，深化智能制造领域国际合作、技术交流和产业对接，借助峰会搭建起了国际化、高层次的智能制造合作交流平台。

（二）配套资金支持

河北省工业和信息化厅印发《河北省技术改造投资导向目录（2016—2018 年）》。河北省技改投资将锁定智能制造、服务型制造、绿色制造、工业强基和重点产业改造提升等五大领域，重点支持装备制造、电子信息、医药、冶金、化工、食品、纺织服装、新型建材、轻工等九大重点产业。

2016 年 7 月，河北省设立首支以支持工业企业技术改造升级为主要投资方向的产业基金——河北工业技术改造发展基金，基金规模 4.6 亿元。该基金为合伙制投资基金，由省工业和信息化厅委托河北信投集团发起设立，采用政府出资引导，吸引民间资金参与的方式组建，中拓信投股权投资基金管理有限公司为基金管理人。基金重点投资于省内传统产业技术升级改造、信息化改造项目、节能减排项目、信息化和工业化深度融合项目、工业领域企业自主创新和技术进步项目、新技术应用及新产品产业化等项目。

第三节　智能制造取得主要进展及成效

河北省两化融合总体水平偏低，支撑两化融合发展的能力较薄弱。钢铁、煤炭、水泥、平板玻璃、焦化等高能耗行业作为其传统支柱产业，面临着化解产能过剩的压力。基于此河北省贯彻"创新、协调、绿色、开放、共享"的发展理念，抓住京津冀协同发展的重大机遇，实施包括智能制造在内的技改工程，以实现产业发展的合理布局、错位发展、优势互补和协同共赢。目前，装备制造业已超过钢铁、农业，成为河北省第一大产业。

一、建设一批创新平台

河北省依托骨干企业，加快建设保定的汽车和新能源，唐山的机器人和轨道交通，石家庄的航空航天和高速列车等先进装备制造业创新中心，鼓励国内外科技企业、科研机构、智库等在本省设立工业技术研究机构，开发先进技术和高端产品。目前，省内80%以上大中型企业建立了科研开发机构，重点实验室、企业技术中心等省级以上研发机构达到225家。其中，国家级研发机构13家，博士后科研工作站11个，企业院士工作站24个，推进了装备制造业生产过程及产品的智能化进程。

二、形成一定的产业集聚效应

强化龙头企业带动，资金、土地等要素向上下游配套企业倾斜，形成了保定输变电设备及新能源设备制造集群、汽车产业集群，唐山冶金矿山设备制造集群、高速列车设备产业集群、焊接机器人产业集群，石家庄航空装备及高速列车设备产业集群，以及沧州管道管件、邯郸永年紧固件、邢台临西轴承、宁晋电线电缆等特色产业集群，36个装备制造产业集群主营业务收入超50亿元。建成了唐山、张家口、邯郸国家级装备制造新型工业化示范基地。

第二十三章 辽宁省

第一节 制造业总体发展情况

2016 年辽宁省实现地区生产总值 22 037.88 亿元，比 2015 年下降 2.5%。其中，第一产业增加值 2 173.04 亿元，下降 4.6%；第二产业增加值 8 504.84 亿元，下降 7.9%；第三产业增加值 11 360.00 亿元，增长 2.4%。2016 年辽宁省全年规模以上工业增加值比 2015 年下降 15.2%，如图 23-1 所示。

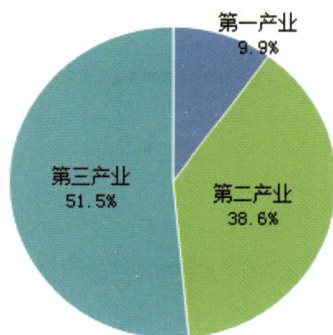

图 23-1　2016 年辽宁省生产总值分布

数据来源：辽宁省统计局

第二节 辽宁省推进智能制造的主要举措

一、加强顶层设计

辽宁省制造强省建设领导小组先后两次召开会议，研究部署智能制造工作。按照国家智能制造工程总体部署，结合辽宁省实际，组织编制了《辽宁省智能制造工程实施方案》，明确了全省推进智能制造的基本思路、目标和推进重点，坚持在增强智能制造创新能力、夯实智能制造发展基础、发展关键智能装备和产品等五个方面精准发力，力争通过 5 ~ 10 年的努力，使辽宁省智能制造产业规模显著提升，发展体系相对完善，创新能力明显增强，成为国内领先的智能制造产业基地。辽宁省主要智能制造政策见表 23-1，辽宁省主要智能制造政策推进如图 23-2 所示。

表 23-1　辽宁省主要智能制造政策

发布时间	发布单位	政策名称	政策分类
2015 年 12 月	辽宁省人民政府	《<中国制造 2025>辽宁行动纲要》	行动纲要
2016 年 5 月	辽宁省制造强省建设领导小组办公室	《辽宁省智能制造工程实施方案》	实施方案

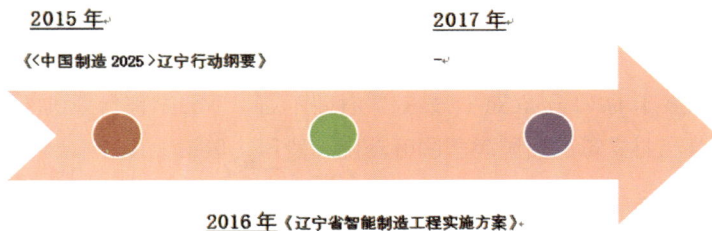

图 23-2　辽宁省主要智能制造政策推进

二、以项目为引领，推进重点领域智能化改造升级

（一）开展省级智能制造及智能服务试点示范工作

结合国家智能制造试点示范工作，辽宁省开展了省级智能制造及智能服务试点示范企业评选工作。2015 年，评选了首批 50 家智能制造及智能服务试点示范企业，包括智能装备及产品、智能工厂、数字化车间、智能服务 4 个领域。2016 年再次评选 50 家智能制造及智能服务试点示范企业，进一步推动全省制造业智能化改造升级。

目前已有 24 家初步建成并投入运行，已初见成效。通过项目带动，辽宁省已在汽车、机床、石化、智能装备、家电、乳制品等众多领域培育了一批智能制造典型企业，为行业智能化改造打造了模板，提供了标准和经验，带动作用明显。

（二）开展省级智能制造及智能服务试点示范标杆企业工作

为进一步总结和形成分行业智能制造应用模式和经验，2016 年 11 月 22 日，辽宁省制造强省建设领导小组办公室发布了辽宁省首批 12 家智能制造及智能服务试点示范标杆企业，包括沈阳机床（集团）有限责任公司、沈阳海尔电冰箱有限公司、沈阳新松机器人自动化股份有限公司等。

这些标杆企业主动适应新业态、新模式的发展要求，率先在智能制造和服务经营模式上做出了积极的尝试，通过实施智能化改造升级，企业的数字化、网络化和智能化水平进一步提升，在智能制造新模式上积累了宝贵经验。

其中，辽宁辉山乳业集团（沈阳）有限公司实施的高端可追溯产品智能生产，年均降低产品成本 1 350 万元，在流程型及食品加工行业智能制造方面具有很强的示范作用。

大杨集团有限责任公司开展实施高级西服个性化定制系统，不仅缩短了交货周期，还提高了市场占有率和企业形象，对轻纺行业实施大规模个性化定制新模式具有示范作用。

三、配套措施

（一）组织开展智能制造经验交流和和对接会

为发挥好示范企业对推进全省智能制造的示范引领作用，加快智能制造新模式推广应用，辽宁省经信委先后多次组织召开了智能制造现场经验交流会、推广对接会、智能制造趋势和应用高峰论坛等活动，邀请智能制造试点示范企业、科研院所负责人和国内外知名专家对实施智能制造进行典型案例宣讲。

同时组织省内重点企业到沈阳机床集团、沈鼓集团、大连机床集团等智能制造试点示范企业进行观摩学习。2016 年 7—8 月又在全省 14 个市开展智能制造装备及产品推广应用专项行动，推动智能制造试点示范企业重点智能装备和智能制造新模式应用，进一步提升全省制造业数字化、网络化和智能化水平。

两年来，辽宁省先后组织召开 15 场智能制造及智能服务试点示范现场经验交流会、对接会，重点推进以 i5 智能机床为代表的智能制造装备及产品推广应用。

（二）搭建智能制造合作平台

成立辽宁省智能制造协作联盟。通过组织中科院沈阳自动化所、沈阳机床集团、沈阳新松机器人、东北大学、航天云网沈阳中之杰公司等 30 多家单位，发起成立了辽宁省智能制造协作联盟，帮助省内智能装备、工业软件供应商开拓市场。

（三）对标德国工业 4.0，积极开展与德国相关方面对接合作

开展与德国工业 4.0 标准对接。中科院沈阳自动化所与德国电气电工信息技术委员会（DKE）经长期合作，共同制定的面向工业、工厂过程自动化的工业无线网络两项标准已成为国际标准。沈阳机床集团对标德国工业 4.0，加快实施 i5 发展战略，正

在逐步打造成为与德国工业 4.0 有效对接的示范性企业。

积极引进德国双元制人才培养模式。重点推进宝马实训中心、中德智能制造学院建设，为全省制造业发展提供高技术人才。中德智能制造学院项目已列为国家中德智能制造合作试点示范项目。

（四）配套资金支持

2016 年，省产业（创业）投资引导基金安排数亿元直接投资企业，促进企业实施智能化改造升级。支持沈阳机床集团发起设立首期 20 亿元规模的东北智能制造创新产业基金，有效支撑了全省智能制造产业发展。

第三节　智能制造取得主要进展及成效

一、智能制造装备水平不断提高

2016 年，辽宁省工业机器人、数控机床产量分别增长 23%、14%。沈阳新松机器人公司已成为国内最大的机器人产业化基地；沈阳机床集团、大连机床集团在高档数控机床、柔性自动化生产线方面国内领先；东软集团、大连华信有限公司可为多个行业提供 IT 解决方案及服务。

二、智能制造基础技术研究不断突破

中科院沈阳自动化所、中科院沈阳计算所等单位已掌握了机器人、复杂制造系统、智能信息处理等关键技术，并承担了国家智能制造相关领域多项标准制定工作。

三、积极融入国家智能制造战略

在国家各部委大力支持下，国家机器人创新中心创建工作有序推进。国家机器人检测与评定中心（沈阳）、国家机器人质量监督检验中心（辽宁）分别获批，本省的机器人性能检测、检验能力进一步增强。

四、推进互联智造服务平台建设

组织中科院沈阳自动化所在深入开展调研和方案论证的基础上，已完成《互联智造服务平台研制与工程实践项目建议书》的编制。辽宁省智能制造推进工作成效如图 23-3 所示。

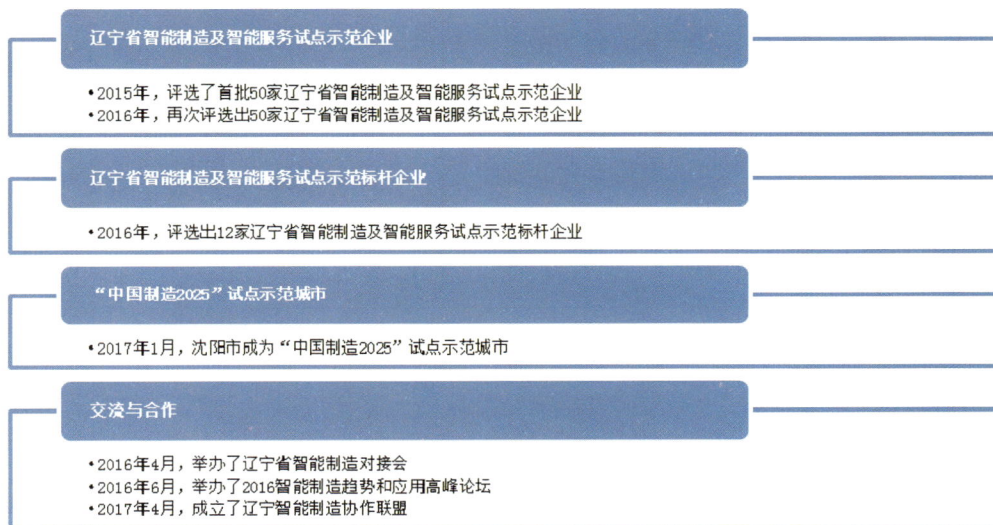

辽宁省智能制造及智能服务试点示范企业
- 2015年，评选了首批50家辽宁省智能制造及智能服务试点示范企业
- 2016年，再次评选出50家辽宁省智能制造及智能服务试点示范企业

辽宁省智能制造及智能服务试点示范标杆企业
- 2016年，评选出12家辽宁省智能制造及智能服务试点示范标杆企业

"中国制造2025"试点示范城市
- 2017年1月，沈阳市成为"中国制造2025"试点示范城市

交流与合作
- 2016年4月，举办了辽宁省智能制造对接会
- 2016年6月，举办了2016智能制造趋势和应用高峰论坛
- 2017年4月，成立了辽宁智能制造协作联盟

图 23-3　辽宁省智能制造推进工作成效

第二十四章　上海市

第一节　制造业总体发展情况

2016 年上海市实现生产总值 27 466.15 亿元，比 2015 年增长 6.8%。其中，第一产业增加值 109.47 亿元，下降 6.6%；第二产业增加值 7 994.34 亿元，增长 1.2%；第三产业增加值 19 362.34 亿元，增长 9.5%。第三产业增加值占上海市生产总值的比重为 70.5%，比 2015 年提高 2.7 个百分点。2016 年上海市生产总值分布如图 24-1 所示。

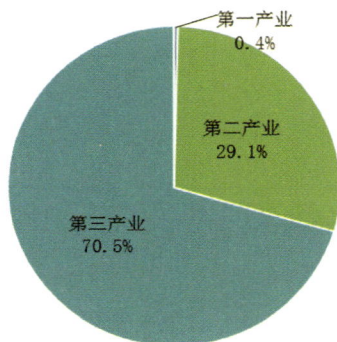

第一产业
0.4%

第二产业
29.1%

第三产业
70.5%

图 24-1　2016 年上海市生产总值分布

数据来源：上海市统计局

2016 年，上海实现工业增加值 7 145.02 亿元，比 2015 年增长 1.0%。全年完成工业总产值 33 079.72 亿元，增长 0.7%。全年节能环保、新一代信息技术、生物医药、高端装备、新能源、新材料和新能源汽车等战略性新兴产业制造业完成工业总产值 8 307.99 亿元，比 2015 年增长 1.5%。全年六个重点行业完成工业总产值 21 001.28 亿元，比 2015 年增长 1.9%，占规模以上工业总产值的比重为 67.6%。2016 年上海市六个重点行业工业总产值及其增长速度见表 24-1。

表 24-1　2016 年上海市六个重点行业工业总产值及其增长速度

行业	工业总产值（亿元）	比 2015 年增长
六个重点行业	21 001.28	1.9%
电子信息产品制造业	6 045.08	-2.2%
汽车制造业	5 781.58	12.6%
石油化工及精细化工制造业	3 259.33	-0.3%
精品钢材制造业	1 060.17	-5.5%
成套设备制造业	3 896.48	-2.6%
生物医药制造业	958.63	5.9%

数据来源：上海市统计局

第二节　上海市推进智能制造的主要举措

一、着眼顶层设计，形成智能制造总体战略部署

上海市主动对接《中国制造 2025》"三步走"发展战略，将"共同推进上海市智能制造率先发展"列入上海市政府和工信部签订的战略合作协议。上海市人民政府在《上海市制造业转型升级"十三五"规划》中，提出将"智能制造作为增强制造业竞争力的主攻方向"，并将"智能制造工程"作为一项重要内容列入规划。上海市经济和信息化委员会发布的《关于上海加快发展智能制造助推全球科技创新中心建设的实施意见》中，明确应用示范、装备支撑、平台引领、网络互联、数据驱动"五位一体"发展思路和重点。上海市主要智能制造政策见表 24-2，上海市主要智能制造政策推进如图 24-2 所示。

表 24-2　上海市主要智能制造政策

发布时间	发布单位	政策名称	政策分类
2015 年 7 月	上海市经济和信息化委员会、上海市财政局	《上海市高端智能装备首台突破和示范应用专项支持实施细则》	实施细则
2015 年 8 月	上海市经济和信息化委员会	《关于上海加快发展智能制造助推全球科技创新中心建设的实施意见》	实施意见
2016 年 6 月	上海市人民政府	《上海市制造业转型升级"十三五"规划》	规划

续表

发布时间	发布单位	政策名称	政策分类
2016 年 7 月	上海市人民政府	《关于深化完善"双特"政策支持临港地区新一轮发展的若干意见》	资金支持政策
2016 年 8 月	上海市人民政府	《<中国制造 2025>上海行动纲要》	行动纲要
2017 年 2 月	上海市经济和信息化委员会	《关于上海创新智能制造应用模式和机制的实施意见》	实施意见
2017 年 2 月	上海市经济和信息化委员会	《上海促进高端装备制造业发展"十三五"规划》	规划

2015 年
《上海市高端智能装备首台突破和示范应用专项支持实施细则》
《关于上海加快发展智能制造助推全球科技创新中心建设的实施意见》

2017 年
《关于上海创新智能制造应用模式和机制的实施意见》
《上海促进高端装备制造业发展"十三五"规划》

2016 年
《上海市制造业转型升级"十三五"规划》
《关于深化完善"双特"政策支持临港地区新一轮发展的若干意见》
《"中国制造 2025"上海行动纲要》

图 24-2　上海市主要智能制造政策推进

二、强化区域布局，打造智能制造发展集聚区

综合考虑资源禀赋、产业基础、区域定位等因素，上海市形成"1+X"智能制造发展空间布局。"1"是着力打造临港国际智能制造中心，引进和培育一批具备国际竞争力的智能制造装备供应商、系统集成服务企业，搭建智能制造公共服务平台，树立一批智能制造示范工厂/车间。"X"是在浦东区、嘉定区、闵行区等区域打造若干个智能制造集聚区。

浦东以康桥、金桥、张江等地区为重点，大力发展工业机器人等智能制造装备以及智能制造软件，在新一代信息技术、航空、汽车、家电等领域建立智能制造示范工厂/车间。嘉定区依托嘉定工业区、安亭、南翔等区域，重点发展工业机器人、服务机器人，以及智能制造装备关键部件和系统集成服务，在汽车、印刷等领域建立智能制造示范工厂/车间。闵行区依托闵行开发区、莘庄工业区、浦江镇等区域发展高端数控机床等智能制造装备，在新一代信息技术、航天、电力装备、电梯等领域建立智能制造示范工厂/车间。普陀区、杨浦区等中心城区重点发展智能制造测试、服务等平台以及智能制造软件。

三、加强试点示范引领建设

（一）注重标准引领

对接国家智能制造标准体系建设指南，组织上海具有较好基础的单位积极承担国家智能工厂、工业互联网标识解析通用标准，以及电力装备、海洋工程装备等重点行业智能制造标准制定工作，提升上海在智能制造领域的话语权。

（二）遴选智能制造试点示范项目

在电子信息、航空航天、船舶海工、装备制造等重点行业中选择骨干企业，开展智能车间/工厂的试点建设，重点培育离散型智能制造、流程型智能制造、网络协同制造、大规模个性化定制、远程运维服务等智能制造新模式。

通过企业自主申报、专家评审、现场考察等程序，筛选出基础好、行业示范带动作用强的项目作为试点示范项目，并对试点示范项目给予一定的资金支持。截至2016年，在上海市遴选了20个试点示范项目，涵盖汽车、装备、电子信息、原材料、轻工等行业。

四、促进智能装备及工业软件的发展

针对智能制造装备突破、智能制造关键部件研制、核心软件开发、智能工厂建设等新模式应用，上海市先后出台了高端智能装备首台突破、工业强基、工业互联网、技术改造等专项支持政策，形成了从智能制造关键部件研发、装备研制、系统集成到示范应用的政策体系。

同时上海实施智能装备和工业软件并重的策略。一方面，针对实施智能制造所需关键技术装备受制于人的瓶颈，通过高端智能装备首台套专项政策，支持企业加快研制一批企业自主化的智能制造关键技术装备。另一方面，通过软件专项政策，支持企业自主化工业软件的研制。

五、着眼综合配套，完善智能制造整体发展环境

（一）打造一批功能性平台

协调推进"国家机器人测试与评定中心、国家机器人质量监督检验中心"落户上海，推动上海交通大学发起成立上海智能制造研究院，推进同济大学建设国内首个"工业 4.0-智能工厂实验室"，支持上海工业自动化仪表研究院牵头组建上海智能制造系统创新中心。

（二）形成良好的智能制造发展氛围

积极承办工信部组织召开的"第一届中德智能制造/工业 4.0 发展与标准化交流会"、全国电子信息行业以及钢铁行业智能制造现场经验交流会；连续两年成功举办"智能制造沙龙"活动，聚焦智能制造发展的瓶颈问题，通过观点交锋、供需交互等形式，共商智能制造发展之策，吸引 400 多家企业参与，加强了企业对智能制造的深度认知，促进了智能制造产需对接，形成良好的智能制造发展氛围。

（三）配套资金支持

在《关于实施临港地区新一轮"双特"产业配套政策的通知》中，上海市明确设立每年 5 亿元智能制造专项资金，以平台建设为支撑，着力发展智能装备和智能产品，推进生产过程智能化，提升企业研发、生产、管理和服务的智能化水平，加快先进制造业能力提升。

重点支持智能制造功能平台和示范工程建设，重点支持智能制造技术和标准研发、产业发展和系统集成。

鼓励企业智能制造新产品研制，支持装备首台套突破，支持智能制造基础设施建设和服务应用。

第三节　智能制造取得主要进展及成效

一、一批智能制造装备和工业软件打破市场垄断

一批智能制造装备取得突破性进展。上海微松工业自动化有限公司研制的晶圆级

微球植球机应用于超大规模集成电路制造中道制程工艺，使国内芯片的制造水平由传统封装芯片跨入到高端芯片领域；上海拓璞数控科技有限公司研制的国内首台火箭贮箱筒段镜像铣设备以及全球首台三头并行镜像铣削装备，技术指标达到国内领先、国际先进水平。

一批工业软件打破市场的垄断。上海宝信软件股份有限公司开发的面向钢铁冶金行业的制造执行系统（MES）占据了全国 50% 的市场份额；上海麦杰科技股份有限公司研制的实时数据库广泛应用于电力、化工、冶金等行业。

二、一批智能制造新模式应用项目取得初步成效

目前上海在电子信息、航空航天、船舶海工、装备制造等行业中培育的一批智能制造新模式应用项目，已取得了初步成效。

上海海立集团作为全球最大的独立空调压缩机制造商，通过大规模投入工业机器人（480 台）开展智能化改造，实现快节拍、高精度、多品种的大规模离散制造，累计替换一线岗位 357 个（减少一线作业员工近千人），上海工厂的机器人密度达到 461 台/万名产业工人。上海仪电显示材料有限公司作为我国首家五代线液晶显示面板配套彩色滤光片专业生产厂商，通过建设智能车间，实现每月 70 多款产品、7×24 小时全智能化生产，产销超过原设计能力 25%，产品生产周期缩减 50%。

三、一批智能制造系统解决方案供应商发展壮大

通过组织供需对接、分类引导转型、强化政策支持等手段，支持系统解决方案供应商发展壮大，目前上海已在汽车、能源装备、钢铁、电子信息等领域形成了一批全国具有行业影响力的系统解决方案供应商。根据对重点企业的统计结果，2016 年上海智能制造系统集成产值规模达到 159.42 亿元，同比增长 12.5%。推动上海电气集团组建自动化产业集团，积极开展新能源、航空领域智能制造系统解决方案供应商的海外并购。支持上海新时达机器人有限公司等装备制造企业以智能装备输出为纽带，加速向特色鲜明的系统解决方案供应商转变；支持上海电器科学研究院等科研院所延伸业

务链条，开展数字化车间/智能工厂的集成业务；支持上海德梅柯汽车装备有限公司、上海明匠智能科技有限公司等自动化工程公司、信息技术企业通过业务升级，逐步发展成为智能制造系统解决方案供应商；支持上海晨兴希姆通电子科技有限公司等智能制造实践企业为行业内企业提供智能系统整体解决方案。

第二十五章　江苏省

第一节　制造业总体发展情况

2016 年，江苏省经济发展总体平稳、稳中有进。全年实现地区生产总值 76 086.2 亿元，比 2015 年增长 7.8%。其中，第一产业增加值 4 078.5 亿元，增长 0.7%；第二产业增加值 33 855.7 亿元，增长 7.1%；第三产业增加值 38 152 亿元，增长 9.2%，如图 25-1 所示。

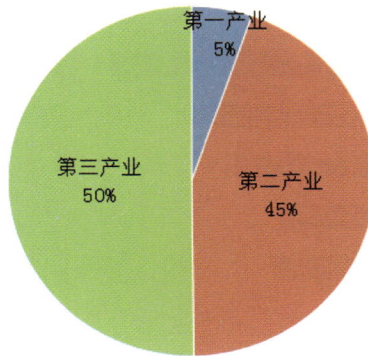

图 25-1　2016 年江苏省生产总值分布

数据来源：江苏省统计局

2016 年，在江苏省全年规模以上工业中，汽车制造业、医药制造业、电气机械及器材制造业、专用设备制造业、通用设备制造业、计算机、通信和其他电子设备制造业均实现稳定增长（见表 25-1）。以电子信息、新能源汽车、医药制造等为代表的高新技术产业增速较快，高新技术产业产值占规模以上工业产值的比重超过 40%，医药制造、汽车制造、仪器仪表制造等产业产值增速超过 10%。

表 25-1　2016 年江苏省先进制造行业产值分布

先进制造业行业	产值（亿元）	增速
汽车制造业	7 967.7	13.1%
医药制造业	3 992.4	12.3%
电气机械及器材制造业	17 986.5	9.4%

先进制造业行业	产值（亿元）	增速
专用设备制造业	6 450.7	8.4%
通用设备制造业	9 401.6	6.4%
计算机、通信和其他电子设备制造业	19 438.7	2.3%

数据来源：江苏省统计局

2016 年，代表智能制造、新型材料、新型交通运输设备和高端电子信息产品的新产品产量实现较快增长。其中，产量增长最快的行业包括工业机器人、服务器、碳纤维增强复合材料、智能手机、智能电视和太阳能电池行业，如图 25-2 所示。

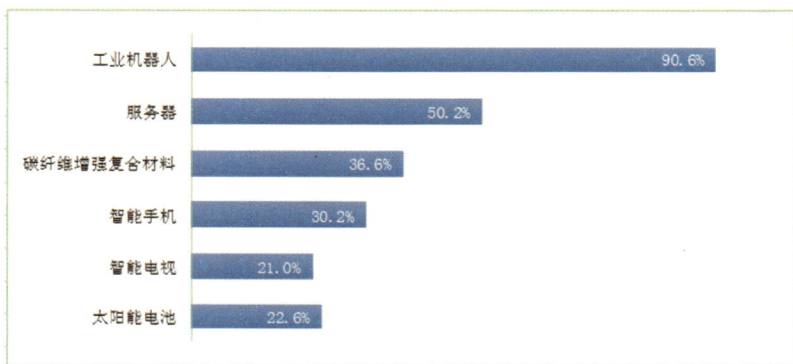

图 25-2　2016 年江苏省产量增长较快的先进制造业的同比增速情况

数据来源：江苏省统计局

第二节　江苏省推进智能制造的主要举措

一、加强政策规划引领

江苏省省委、省政府制定出台了《〈中国制造 2025〉江苏行动纲要》，省政府组织编制《江苏"十三五"智能制造发展规划》，统筹谋划推进智能制造。同时江苏省省委、省政府出台了《关于建设具有国际竞争力的先进制造业基地的意见》，江苏省政府出台了《关于更大力度实施技术改造推进制造业向中高端迈进的意见》、《企业制造装备升级计划》和《企业互联网化提升计划》，加大资金支持和工作推进力度，鼓励企业购置数控智能设备、采用软件改造现有装备、研制首台套重大智能装备，以及主导制定智能制造国际标准、国家标准。江苏省主要智能制造政策见表 25-2，江苏省主要智能制造政策推进如图 25-3 所示。

表 25-2　江苏省主要智能制造政策

发布时间	发布单位	政策名称	政策分类
2015 年 3 月	江苏省人民政府	《关于更大力度实施技术改造推进制造业向中高端迈进的意见》	实施意见
2015 年 6 月	江苏省省委、江苏省人民政府	《<中国制造 2025>江苏行动纲要》	行动纲要
2016 年 2 月	江苏省人民政府	《江苏省企业制造装备升级计划》	提升计划
2016 年 2 月	江苏省省委、江苏省人民政府	《关于建设具有国际竞争力的先进制造业基地的意见》	实施意见
2016 年 2 月	江苏省人民政府	《江苏省企业互联网化提升计划》	提升计划
2017 年 5 月	江苏省人民政府办公厅	《江苏省"十三五"智能制造发展规划》	规划

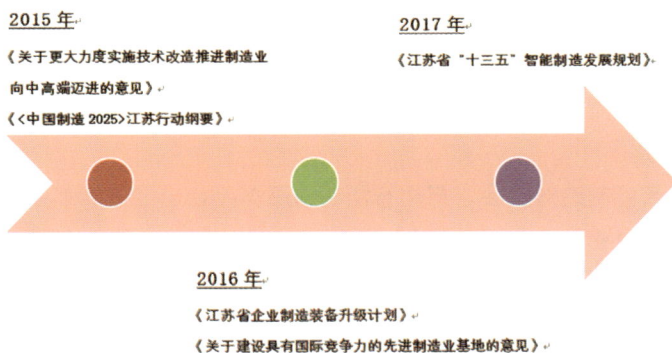

2015 年
《关于更大力度实施技术改造推进制造业向中高端迈进的意见》
《<中国制造 2025>江苏行动纲要》

2017 年
《江苏省"十三五"智能制造发展规划》

2016 年
《江苏省企业制造装备升级计划》
《关于建设具有国际竞争力的先进制造业基地的意见》

图 25-3　江苏省主要智能制造政策推进

二、加强企业试点示范工程

江苏省积极开展智能制造试点示范专项行动，支持和引导企业申报国家智能制造试点示范项目和智能制造综合标准化与新模式应用项目。

积极建设省级示范智能车间，截至 2016 年，江苏省已创建 309 个省级示范智能车间。参照国家智能制造试点示范项目相关条件和标准，从车间硬件水平、生产过程调度、物流配送、产品信息追溯、环境和资源能源消耗监控、设计生产联动协同、制造业服务化等方面研究提出创建示范智能车间的 9 个条件，并针对不同行业、不同生产流程特点设定不同的评价标准，科学开展示范智能车间创建工作。全省涌现出大生纺织、康缘药业等一批智能制造先进企业。通过智能化改造，企业生产效率进一步提高。

三、配套措施

（一）加强经验交流与典型经验推广

配合工信部在康缘药业、五洋纺机和中远川崎召开行业性全国智能制造现场交流会，发挥典型示范作用，推动重点领域智能化改造。举办全省智能制造专题培训，徐工、南瑞继保、康缘药业介绍了推进智能制造的经验和做法，编写《示范智能车间案例汇编》，以案例解读的形式，系统梳理、总结归纳企业进行智能化改造的经验做法和突出成效。

（二）加强智能制造平台建设

与德国弗劳恩霍夫应用研究促进会签订合作备忘录、成立中德智能制造研究院，致力于整合德国工业 4.0 领域的应用研究体系和专家团队，与中国智能制造相关应用研究专家团队合力瞄准世界科技前沿，把国际创新资源与江苏需求有效对接，帮助企业提升创新能力。

召开全省智能制造对接会，搭建智能制造服务平台，促进智能制造供需双方合作对接。建设中小企业信息化服务平台，推动"e 企云"等信息服务平台建设，创建数字企业，构建便捷高效的中小企业信息化服务支撑体系。

（三）配套资金支持

江苏省在《省政府关于加快发展先进制造业振兴实体经济若干政策措施的意见》（苏政发[2017]25 号）中，明确了智能制造建设、互联网化、服务型制造、创新平台建设、重大技术攻关、创新成果转化应用、质量和技术标准建设、品牌创建、打造制造业领军企业、"专精特"新小巨人企业、现代生产服务业、特色重点产业等方面的奖励、补贴、税收优惠等措施。

该文件指出，对省级优秀示范智能车间给予 50～150 万元奖励，对工业和信息化部认定的"中国制造 2025"试点示范城市，每个城市专项安排 5 000 万元给予支持。

第三节 智能制造取得主要进展及成效

一、创建一批示范智能车间

江苏省大力开展示范智能车间创建活动，江苏省在推进智能制造方面取得了积极成效，企业技术装备水平、产品质量、生产效率明显提升，人力成本、资源能耗持续下降，实现了较好的经济和社会效益，有力促进了全省工业经济转型升级。截至2017年6月，已创建388个省级示范智能车间，覆盖了省内主要行业。其中，机械、汽车、轻工等行业企业创建活动更为活跃。车间自动化、智能化装备比重达83%，智能装备联网率达87%。其中，苏南地区共有248个省级示范智能车间，占全省的63.9%。

二、高端制造业产业集群发展成效显著

目前，江苏省已形成以南京、无锡、苏州、镇江为重点的航空产业集聚区，以南京、常州为重点的轨道交通产业集聚区，以南京、常州、苏州、扬州为重点的智能制造产业集聚区，初步形成了集群化、特色化、错位化发展的格局。

三、智能装备产业发展势头良好

智能制造装备、电子信息、软件与信息服务业及物联网发展迅猛，埃斯顿机器人伺服系统、汇川高性能驱动装置、美新半导体微机电系统等一批智能制造关键核心部件取得突破；软件产业规模全国第一，形成无锡、苏州、南京为主体的物联网产业布局，建立多个云服务平台，组建了互联网、云计算等产业联盟，对智能制造具有强力支撑作用。同时江苏省已拥有南瑞继保、华云数据、天奇自动化、徐工信息技术、艾博机器人等一批为智能制造提供系统解决方案的软件服务、系统集成企业。江苏省智能制造推进工作成效如图25-4所示。

省级智能制造示范车间

•截至2016年底，江苏省已创建309个省级示范智能车间

"中国制造2025"试点示范城市群

•2016年9月，苏州、无锡、常州、南京、镇江等苏南5市被批准成为"中国制造2025"试点示范城市群。

交流与合作

•2016年12月，工业和信息化部与江苏省政府共同主办了世界智能制造大会，来自全球近20个国家和地区逾280多家智能制造领军企业参会

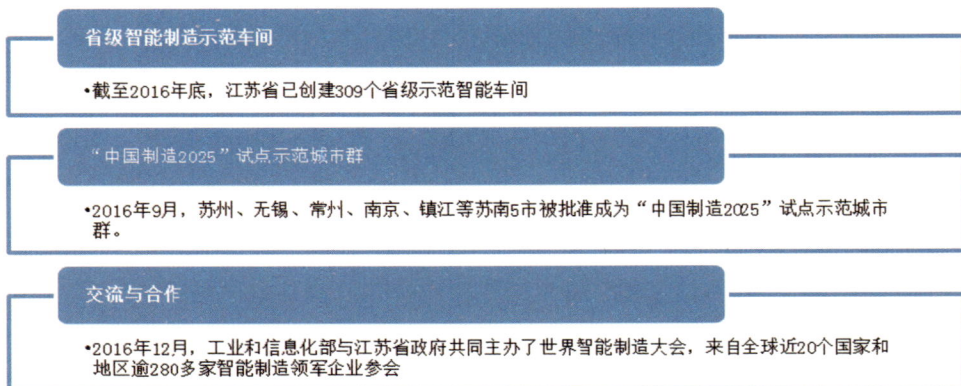

图 25-4　江苏省智能制造推进工作成效

第二十六章　浙江省

第一节　制造业发展情况

2016年，浙江省全年地区生产总值46 485亿元，比2015年增长7.5%。其中，第一产业增加值1 966亿元，第二产业增加值20 518亿元，第三产业增加值24 001亿元，分别增长2.7%、5.8%和9.4%，第三产业对GDP的增长贡献率为62.9%。第一、二、三产业增加值结构由2015年的4.3∶45.9∶49.8调整为4.2∶44.2∶51.6，如图26-1所示。

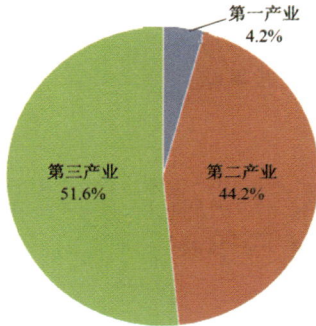

图 26-1　2016年浙江省生产总值分布

数据来源：浙江省统计局

规模以上工业中，高新技术产业、装备制造业、战略性新兴产业等行业的增加值实现了较快的增长，详情见表26-1。

表 26-1　2016年规模以上工业重点产业增加值

行业	增加值（亿元）	增速
高新技术产业	5 624	10.1%
装备制造业	5 430	10.9%
战略性新兴产业	3 206	8.6%
高耗能产业	4 691	3.7%
信息经济核心产业制造业	1 600	13.6%
高端装备产业（制造业）	1 957	9.6%

数据来源：浙江省统计局

2016 年，在规模以上工业中，健康产品制造、节能环保产业、新一代信息技术和物联网、海洋新兴产业、生物产业、核电关联产业增加值实现了较大幅度增长，如图 26-2 所示。

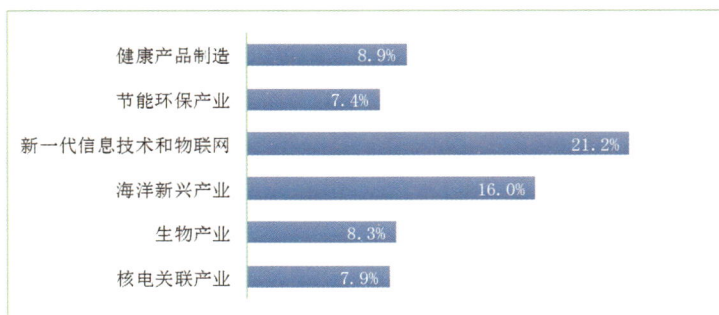

图 26-2　2016 年浙江省规模以上工业中增加值增长较快的行业

数据来源：浙江省统计局

第二节　浙江省推进智能制造的主要举措

一、注重政策引导

在《中国制造 2025》公布之后，浙江省随即抓紧制订并出台了《浙江省加快推进智能制造发展行动方案（2015—2017）》，将其作为《中国制造 2025 浙江行动纲要》的"1+X"配套方案之一，明确了浙江省落实《中国制造 2025》的具体举措，为浙江省推进智能制造设定了明确的发展路径。2016 年和 2017 年浙江省连续出台了《2016 年浙江省推进智能制造工作方案》和《2017 年浙江省推进智能制造工作要点》，明确了当年的智能制造工作的推进方案。浙江省经信委牵头，会同省发改委、省科技厅、省财政厅等 15 家省级部门组建成立省高端装备制造业（智能制造）发展协调推进小组，谋划发展思路、统筹各方资源、协调各部门形成工作合力，全面统筹推进浙江省智能制造工作。浙江省主要智能制造政策见表 26-2，浙江省主要智能制造政策推进如图 26-3 所示。

表 26-2　浙江省主要智能制造政策

发布时间	发布单位	政策名称	政策分类
2015 年 2 月	浙江省发展和改革委员会、浙江省经济和信息化委员会	《浙江省高端装备制造业发展规划（2014—2020 年）》	规划
2015 年 10 月	浙江省经济和信息化委员会	《浙江省加快推进智能制造发展行动方案（2015—2017）》	行动方案
2015 年 12 月	浙江省人民政府	《〈中国制造 2025〉浙江行动纲要》	行动纲要
2016 年 3 月	浙江省经信委、浙江省质监局	《〈中国制造 2025〉浙江行动纲要智能制造标准化建设三年行动计划（2016—2018）》	行动计划
2016 年 4 月	浙江省经济和信息化委员会	《2016 年浙江省推进智能制造工作方案》	工作方案
2017 年 5 月	浙江省高端装备制造业（智能制造）协调推进小组办公室	《2017 年浙江省推进智能制造工作要点》	工作方案
2017 年 5 月	浙江省工业转型升级领导小组办公室	《2017 年全省"四换三名"工作要点》	工作方案
2017 年 6 月	浙江省人民政府	《浙江省全面改造提升传统制造业行动计划（2017—2020 年）》	行动计划

2015年

《浙江省高端装备制造业发展规划（2014—2020年）》

《浙江省加快推进智能制造发展行动方案（2015—2017）》

《中国制造2025浙江行动纲要》

2017年

《2017年浙江省推进智能制造工作要点》

《2017年全省"四换三名"工作要点》

《浙江省全面改造提升传统制造业行动计划（2017—2020年）》

2016年

《〈中国制造2025〉浙江行动纲要智能制造标准化建设三年行动计划（2016—2018）》

《2016年浙江省推进智能制造工作方案》

图 26-3　浙江省主要智能制造政策推进

二、积极开展省级智能制造试点示范

截至 2017 年 6 月，浙江省共确定 6 个省级智能制造示范区（平台）、16 项省级智能制造新模式试点示范项目和 17 个智能制造协同创新试点示范项目，行业和区域智能制造水平提升明显。

三、注重基础支撑

一是完善智能制造标准体系。成立浙江省智能制造标准联盟，制订和印发《<中国制造 2025>浙江行动纲要智能制造标准化建设三年行动计划（2016—2018 年）》。二是完善智能制造推进服务体系。重点培育智能制造工程服务公司近 100 家，分行业成立智能制造应用推进指导组，分地区、分步骤实施智能制造推进工作，为制造业提供专业、优质、高效的服务。

第三节　智能制造取得主要进展及成效

一、培育形成一批优势装备产业

浙江省船舶制造、电子元器件、轴承、数控机床、纺织机械、包装机械等装备产业在全国具有较强竞争力，数控机床、空分设备、工业汽轮机、电除尘设备、余热发电锅炉、DCS 控制系统等已为国内重大工程配套，并具有自主知识产权。与此同时，涌现一批在行业中具有明显竞争优势的龙头企业和"专精特"装备小巨人。

二、智能产业集群突出、优势明显

浙江省已形成杭州装备制造、金华汽车及零部件、乐清工业电气、舟山船舶等一批有代表性的装备制造产业集群，其中乐清工业电气、杭州装备制造、宁波装备制造、新昌轴承、舟山船舶修造、嘉兴电子信息已成为"国家新型工业化产业示范基地"。浙江省智能制造推进工作成效如图 26-4 所示。

智能制造示范基地

- 2016年，确定了6个2016年智能制造试点示范区（平台）建设方案
- 2016年12月，确定了17个2017年省级智能制造试点示范市、县（市、区）

省级智能制造项目

- 截至2017年6月，确定了16个省级智能制造新模式试点示范项目
- 截至2017年6月，确定了17个省级智能制造协同创新试点示范项目

"中国制造2025"试点示范城市

- 2016年8月，宁波成为全国首个"中国制造2025"试点示范城市

国家信息经济示范区

- 2016年11月，浙江获批全国首个国家信息经济示范区

智能制造基础体系建设

- 2016年3月，浙江省经信委、浙江省质监局共同发布了《＜中国制造2025＞浙江行动纲要智能制造标准化建设三年行动计划（2016—2018）》
- 2016年9月，2016中国（杭州）智能制造大会在余杭区举行，同时发布了《智能制造评价办法（浙江省2016年版）
- 2016年12月，浙江省质监局、浙江省经信委在杭州联合举办了浙江省智能制造标准化论坛

交流与合作

- 开展了医疗行业智能制造推介会，作为2017年"十行百场"新产品（新技术）推介对接活动的首场。

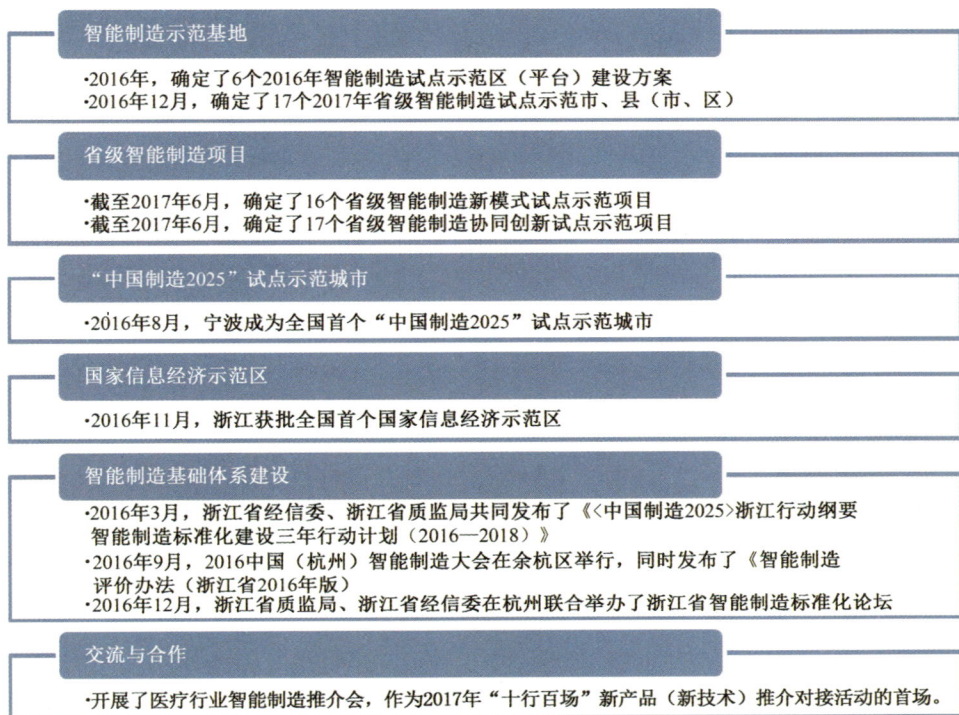

图 26-4　浙江省智能制造推进工作成效

第二十七章　安徽省

第一节　制造业总体发展情况

安徽省 2016 年实现全年生产总值 24 117.9 亿元，按可比价格计算，比 2015 年增长 8.7%。分产业看，第一产业增加值 2 567.7 亿元，增长 2.7%；第二产业增加值 11 666.6 亿元，增长 8.3%；第三产业增加值 9 883.6 亿元，增长 10.9%。第一、二、三产业结构比由 2015 年的 11.2:49.7:39.1 调整为 10.6:48.4:41.0，如图 27-1 所示。

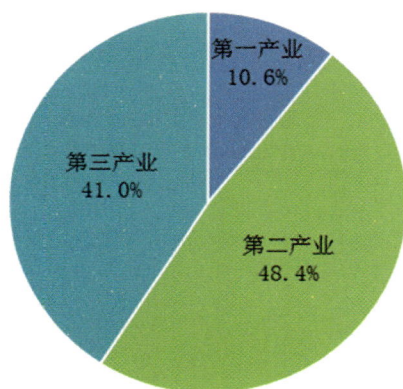

图 27-1　2016 年安徽省生产总值分布

数据来源：安徽省统计局

2016 年 40 个工业大类行业有 36 个增加值保持增长。六大工业主导产业增加值增长 9.6%，装备制造业增加值增长 12.9%，高技术产业增加值增长 19.7%。战略性新兴产业产值增长 16.4%，首批 14 个战略性新兴产业集聚发展基地工业总产值增长 18%。2016 年安徽省增长较快行业的年增长率如图 27-2 所示。

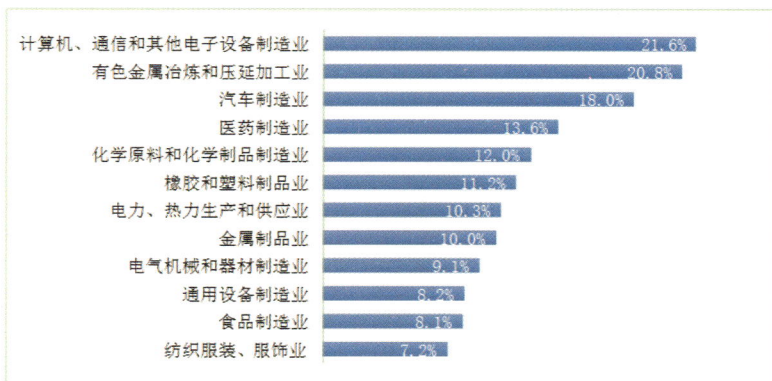

图 27-2　2016 年安徽省增长较快行业的年增长率

数据来源：安徽省统计局

第二节　安徽省推进智能制造的主要举措

一、加强政策引导

2015 年，安徽省出台《<中国制造 2025>安徽篇》，提出把智能制造作为主攻方向，提高安徽省智能装备应用水平，推进制造过程智能化。2017 年，安徽省结合自身产业发展需要和现有产业基础，编制了《安徽省智能制造工程实施方案（2017—2020）》、《安徽省智能工厂和数字化车间认定管理暂行办法》等，明确了安徽省将以构建新型制造体系为目标，以推动制造业数字化、网络化、智能化为主线，将制造业智能转型作为必须长期坚持的战略任务，分步骤持续推进。安徽省主要智能制造政策见表 27-1，安徽省主要智能制造政策推进如图 27-3 所示。

表 27-1　安徽省主要智能制造政策

发布时间	发布单位	政策名称	政策分类
2015 年 11 月	安徽省人民政府	《<中国制造 2025>安徽篇》	行动纲要
2017 年 3 月	安徽省经济和信息化委员会	《安徽省智能制造工程实施方案（2017—2020）》	实施方案
2017 年 4 月	安徽省人民政府	《支持制造强省建设若干政策》	资金政策
2017 年 7 月	安徽省经济和信息化委员会	《安徽省智能工厂和数字化车间认定管理暂行办法》	认定办法

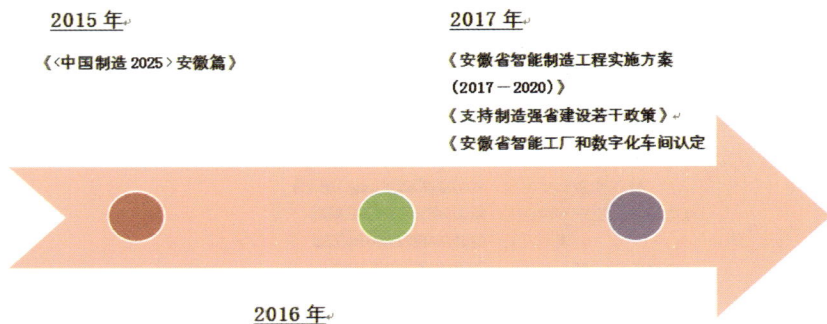

2015 年
《〈中国制造 2025〉安徽篇》

2017 年
《安徽省智能制造工程实施方案
（2017－2020）》
《支持制造强省建设若干政策》
《安徽省智能工厂和数字化车间认定

2016 年

图 27-3　安徽省主要智能制造政策推进

二、大力推进项目建设，促进传统产业智能化改造

（一）实施智能制造项目

安徽省大力推进智能装备和技术在重点领域的推广应用，鼓励重点企业建成数字化车间和智能工厂，强化示范推广应用，带动其他行业领域及中小企业的智能化改造。2016 年，重点组织实施智能制造项目 141 项，总投资 77.3 亿元。2017 年编制了 283 个重点智能制造项目导向计划，项目总投资 275.4 亿元。

（二）实施机器换人工程

近年来，安徽省每年在机械、钢铁、石化、建材、冶金、汽车等 10 大领域选择 300 家以上重点制造企业，推广应用 3 000 台以上工业机器人，支持省内工业企业采用工业机器人进行生产线智能化改造。

三、配套措施

（一）开展智能制造培训

安徽省经信委在近几年组织的全省经信系统工作会议、装备工业专题培训暨发展座谈会等会议上，安排智能制造相关培训，宣传解读智能制造相关政策，邀请专家介绍智能制造发展趋势、企业案例等内容，组织各市、县经信委及有关企业交流智能制造经验看法，树立行业标杆示范，推进智能制造技术装备和新模式的推广应用，引导重点行业智能转型与中小企业数字化改造。

组织安徽省工业机器人技术应用技能大赛和全国工业机器人技术应用技能大赛选拔赛，引导企业职工和院校师生钻研技能，弘扬工匠精神。

此外，各市、县经信委及行业、企业也积极组织智能制造培训，如合肥市2015年组织了中国（合肥）工业机器人应用高峰论坛，2016年组织了中国（合肥）智能制造技术与应用高峰论坛。

（二）搭建产销对接平台

2016年11月，安徽省经济和信息委员会举办了安徽省第五届装备制造产品（芜湖）产需对接会和安徽省工业机器人推广应用（芜湖）产需对接会，组织应用企业、工业机器人生产企业、系统集成企业相互之间进行了产需和技术对接交流，取得了良好效果。会议期间，举行了安徽省首届智能制造高端论坛，并组织参会代表参观了第七届科学技术博览会（芜湖）机器人展，现场体验工业机器人及服务机器人在细分领域的应用场景，并分机械及汽车行业、家电建材及化工行业、食药酒及家居行业、机器人教育行业等进行了对接交流。

（三）加大资金支持力度

安徽省在企业发展专项资金中设立了省级智能制造工程专项资金，2016年安排了5 000万元，2017年拟安排1亿元，用于支持智能制造项目、首台（套）重大装备和工业机器人应用项目。2017年4月安徽省人民政府印发《支持制造强省建设若干政策》对支持高端制造、智能制造、精品制造、绿色制造、服务型制造等十方面制定了相关补贴政策。其中，对于支持智能制造的规定如下：

（1）对获得国家智能制造试点示范项目的企业给予一次性奖补200万元。

（2）经省认定的智能工厂、数字化车间，分别给予企业一次性奖补100万元、50万元。

（3）对通过国家信息化和工业化融合管理体系标准评定的企业给予一次性奖补50万元。

（4）对年度购置10台及以上工业机器人（自由度≥4）的企业，按购置金额的20%给予一次性奖补，单个企业最高可达100万元。

（5）对省认定的煤矿、非煤矿山安全和信息化改造项目分别给予一次性奖补300万元、50万元。

第三节　智能制造取得主要进展及成效

一、智能装备产业快速发展

智能装备总量不断攀升，近三年全省智能装备产业工业增加值同比增长均超过10%，2016年全省生产机器人本体达到3 300余台，同比增长50%，机器人产业产值近120亿元。形成了以芜湖、马鞍山、合肥为主的工业机器人产业集群，以合肥、芜湖、马鞍山、池州为主的高端数控机床产业集群。

二、部分智能装备国内领先

目前，安徽省已有埃夫特、欣奕华等为龙头的机器人整机生产企业，巨一自动化、井松自动化、松科智能等为龙头的系统集成企业，奥一精机、固高自动化、翡叶动力为代表的机器人关键零部件生产企业等，智能装备企业近百家。

例如，安徽埃夫特机器人技术有目共睹，蚌埠行星工程机械公司的减速器、合肥井松的智能物流装备核心零部件等已达到世界先进水平。

合肥锻压集团数控成形机床、合肥欣奕华半导体晶圆洁净搬运机器人、合力公司智能叉车、合肥井松科技智能仓储和物流装备、安徽博一流体发展液压传动设备、安徽巨一自动化公司汽车智能化成套生产线、蚌埠玻璃设计院光伏玻璃智能生产线、芜湖东旭公司新型显示玻璃智能生产线、安徽正远包装生产线、合肥中辰轻工机械罐装生产线居全国领先地位。

三、智能制造创新能力突出

拥有与智能制造相关的3个国家级、32个省级工程技术中心、7个省级重点实验室，在高校、企业和研究院所拥有一批从事智能制造技术和产品研发的专业团队。"产、学、研、用"产业链集聚发展态势逐渐凸显。

四、建成一批国内先进的智能制造项目

安徽省积极调研跟踪 2015—2017 年获得国家智能制造综合标准化和新模式应用项目的进展情况，督促项目按计划建设，规范项目资金使用，保证项目顺利完成。2017年已组织专家成功验收全柴、艾瑞德、埃夫特、江淮汽车四家企业的项目。

第二十八章　福建省

第一节　制造业总体发展情况

2016 年，福建省实现地区生产总值 28 519.15 亿元，比 2015 年增长 8.4%。其中，第一产业增加值 2 364.14 亿元，增长 3.6%；第二产业增加值 13 912.73 亿元，增长 7.3%；第三产业增加值 12 242.28 亿元，增长 10.7%。第一产业增加值占地区生产总值的比重为 8.3%，第二产业增加值比重为 48.8%，第三产业增加值比重为 42.9%，如图 28-1 所示。

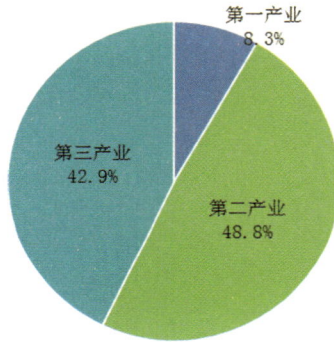

图 28-1　2016 年福建省生产总值分布

数据来源：福建省统计局

2016 年福建省全部工业增加值 11 517.21 亿元，比 2015 年增长 7.4%。规模以上工业增加值增长 7.6%；规模以上工业中三大主导产业实现增加值 3 744.42 亿元，增长 10.0%。其中，机械装备产业实现增加值 1 754.08 亿元，增长 11.0%；电子信息产业实现增加值 777.02 亿元，增长 10.6%；石油化工产业实现增加值 1 213.32 亿元，增长 8.6%。六大高耗能行业实现增加值 2 571.88 亿元，比 2015 年增长 5.8%，占规模以上工业增加值的比重为 23.3%。高技术制造业实现增加值 1 116.55 亿元，增长 11.7%，占规模以上工业增加值的比重为 10.1%。装备制造业实现增加值 2 547.00 亿元，增长 9.7%，占规模以上工业增加值的比重为 23.1%。2016 年福建省规模以上工业中三大主导产业增速情况如图 28-2 所示。

图 28-2　2016 年福建省规模以上工业中三大主导产业增速情况

数据来源：福建省统计局

第二节　福建省推进智能制造的主要举措

一、出台智能制造相关政策

2015 年来，福建省结合本省实际，省委省政府制订了《福建省实施<中国制造 2025>行动计划》，省政府出台了《关于加快发展智能制造九条措施》，省经信委组织编制了《福建省智能制造工程实施方案》、《2016 福建省智能制造专项行动计划》，从开展智能制造试点示范、推动企业智能化改造、支持企业产品研发和服务创新等方面，推进智能制造发展。福建省主要智能制造政策见表 28-1，福建省主要智能制造政策推进如图 28-3 所示。

表 28-1　福建省主要智能制造政策

发布时间	发布单位	政策名称	政策分类
2015 年 7 月	福建省人民政府	《福建省实施<中国制造 2025>行动计划》	行动计划
2015 年 7 月	福建省人民政府	《关于加快发展智能制造九条措施》	资金支持政策
2016 年 5 月	福建省经济和信息化委员会	《2016 年福建省智能制造专项行动计划》	行动计划
2016 年 10 月	福建省经济和信息化委员会	《福建省智能制造工程实施方案》	实施方案
2017 年 6 月	福建省经济和信息化委员会、福建省财政厅	《福建省工业和信息化发展专项转移支付资金管理指南》	资金支持政策

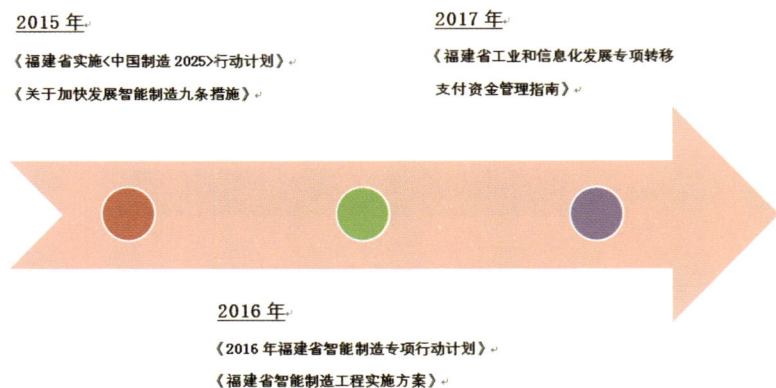

2015 年
《福建省实施〈中国制造 2025〉行动计划》
《关于加快发展智能制造九条措施》

2017 年
《福建省工业和信息化发展专项转移
支付资金管理指南》

2016 年
《2016 年福建省智能制造专项行动计划》
《福建省智能制造工程实施方案》

图 28-3 福建省主要智能制造政策推进

二、开展试点示范建设

（一）开展省级智能制造试点示范基地建设

福建省选取若干基础较好的县（市、区），以创新转型为目标，以提升企业智能化水平、发展壮大智能制造产业为主线，运用新一代信息技术，在产业升级、两化融合、技术改造、自主创新、提质增效等方面，开展产业特色鲜明、集聚度高、具备较强竞争力和示范带动作用的智能制造试点示范基地建设工作。目前，已认定晋江、沙县、洛江、集美和福州经济技术开发区（马尾区）等两批 5 个县（市）为省级县（市、区）智能制造试点示范基地。

（二）开展重点行业企业智能制造试点示范

2015 年在基础条件好、需求迫切的行业和企业中，突出制造关键环节，开展智能制造新模式试点示范，评选出泉州海天材料科技股份有限公司、厦门科华恒盛股份有限公司等两批共计 20 家省级智能制造试点示范企业，涉及机械、电子、冶金、纺织、建材、轻工、食品 7 个行业，流程制造、离散制造、新业态新模式、智能装备（产品）4 个示范类别。

2016 年遴选出福建星网锐捷通讯股份有限公司等 23 家企业为 2016 年省级智能制造试点示范企业，涉及机械、电子、汽车、纺织、新材料、冶金 6 个行业，包括流程型智能制造、离散型智能制造、网络协同制造模式和远程运维服务模式 4 个类别。

（三）支持企业建设样板工厂（车间）

在石化、冶金、建材、纺织、食品等流程制造领域和机械、汽车、船舶、轻工、电子等离散制造领域，选择有条件的企业，推动新一代信息技术与制造技术的融合创新，推进生产过程智能化，支持智能制造样板工厂（车间）示范建设。对优势企业建设智能制造样板工厂（车间），按设备投资额的 8% 予以补助，最高不超过 1 000 万元。2015 年，对福建景丰科技有限公司的"年产 20 万吨差别化、功能性纤维项目"等 3 个智能制造样板工厂（车间）项目共计补助 1 475 万元（分两年补助）。2016 年认定福建百宏聚纤公司的"年产 11 万吨超仿棉涤纶长丝生产项目"等 8 个项目为 2016 年福建省智能制造样板工厂（车间）示范项目。

三、配套资金支持

在福建省人民政府发布的《加快发展智能制造九条措施的通知》里，对智能制造试点示范基地、智能化技术改造项目、智能制造样板工厂（车间）、智能制造科技创新平台等给予了一系列资金扶持政策。

对获国家级智能制造试点示范基地的市一次性奖励 3 000 万元，对获省级试点示范基地的设区市、县（市、区）分别一次性奖励 1 000 万元、500 万元，奖励资金专项用于发展智能制造。

鼓励企业应用数控技术和智能装备进行智能化技术改造，省经信委选择一批成长性较好的企业，对其智能化技术改造项目按设备投资额的 5% 予以补助，最高不超过 250 万元；对省级龙头企业智能化技术改造项目、优势企业建设智能制造样板工厂（车间），均按设备投资额的 8% 予以补助，最高不超过 1 000 万元。支持企业采用省内行业紧缺、技术水平达到国内领先的关键重大智能装备与系统，省经信委按设备购买价格的 30% 给予补助，最高不超过 500 万元。

省发改、经信、科技等部门加大支持智能制造公共服务平台，对获国家认定企业技术中心、国家技术创新示范企业、国家工程研究中心、国家工程实验室、国家工程技术研究中心的企业，一次性奖励 500 万元。支持国家级技术创新平台在本省设立研发中心或分中心，符合《福建省重大科技创新平台引进和建设资助办法（暂行）》资助条件的，按重大研发机构新增研发仪器设备实际投资额的 30% 予以资助，设立具有独立法人资格研发机构的，最高资助可达 2 000 万元，设立非独立法人研发机构的，最高资助可达 1 000 万元。

支持企业研发首台（套）智能制造装备。对属于国内首台（套）的智能制造装备，按不超过销售价格的 60% 给予补助，属于省内首台（套）的智能制造装备，按不超过销售价格的 30% 给予补助，最高不超过 500 万元。

第三节　智能制造取得主要进展及成效

一、企业自动化、数字化水平不断提高

福建省通过提升制造过程自动化、智能化水平，推动制造业优化升级。目前全省两化融合发展指数居全国第七位，促进 683 项两化融合重点项目加快建设。企业信息化水平显著提升，全省重点行业典型企业的 ERP（企业资源计划）、MES（制造执行系统）、PLM（产品生命周期管理）和 SCM（供应链管理）普及率分别达到 76.1%、83.6%、64%和 68%，装备数控化率 55.8%，在全国总体处于上游水平。

二、智能制造试点示范工作成效显著

组织实施智能制造专项行动，共评选出 43 家省级智能制造试点示范企业，2016年全省实施机器换工约 7 000 多台套，部分地区和企业的智能化成效显著。如泉州的纺织鞋服、建材、机床等产业已使用具有自主知识产权的数控和伺服系统 2 000 多套，减少用工 20%～30%，使用具有自主知识产权的装备降低成本 30%～50%，水暖磨抛、焊接和冲压、纺织断线检测、食品除渣等高温和粉尘弥漫的人工作业工序被机器替代。莆田华峰新材料改造德国经编生产设备，成功研发鞋面一体成形核心工艺技术，节约80%以上针车用工和设备，通过建设以 3D 经编面料运动鞋材自动化生产成套装备为核心的智能化车间，使得原来需要 300 人的车间现在只需要 1 人，给行业生产组织带来革命性变化。

三、智能装备产业加快发展

2016 年全省智能制造装备产业实现工业总产值 850 亿元，比上年增长 14%，此机械装备产业平均增速高出约 3 个百分点。智能制造装备生产企业 400 家左右，其中：

机器人制造企业 10 家；数控机床企业 30 家；测控装置和仪器仪表企业 50 家；智能化专用装备企业 50 家；智能化终端产品生产企业 200 家。

专用数控机床方面，威诺数控、佳泰数控、中科中涵等企业在行业取得领先地位，其中威诺数控的七轴复合式龙门加工中心加工精度达到国际先进水平，嘉泰数控的高速钻攻机、五轴机床、龙门加工中心三个系列已处于国内领先地位，中科中涵的超快激光数控机床打破技术垄断。

工业机器人方面，哈尔滨工程大学、华中科技大学、中国科学院等国内著名研究机构已在福建省设立工业机器人公共科技服务平台。长江工业、百冠机械、思尔特、微柏、黑金刚企业等在喷涂、磨削、压铸、水暖抛光、石材异形加工、码垛等用途机器人在国内具备一定竞争力。

智能专用设备方面，龙净环保、鑫港纺机、佶龙机械等在环保、纺织、石材设备行业具有较强竞争力。其中，龙净环保股份有限公司的智能化烟气净化装置成套设备、福建海源自动化机械股份有限公司研发的模压成形成套设备等产品技术达到了国内领先水平，鑫港纺机生产的多梳栉经编机系列产品占据全国 60% 市场份额。

智能仪器仪表方面，以福建福光数码科技有限公司为代表的企业开发和生产了航天、航空、舰艇，以及陆军装备中使用的光学镜头，高分辨率、变焦监控镜头，数码单反相机镜头等，达到国内领先水平；上润精密仪器的高精度硅压力传感器技术获国家"863 计划"立项，已在高精度硅压力敏感芯片、电路板及核心技术膜盒封装上取得突破。

关键基础件技术方面，龙溪轴承生产的关节轴承技术达到世界领先水平，被广泛应用于航空航天、路桥建设、高速列车、轨道交通、核电机组等设备中。

四、形成一批智能制造集成服务供应商

目前已形成一批拥有较强系统集成服务能力的解决方案供应商，中海创、星网锐捷、新大陆等骨干信息服务企业正积极面向行业企业提供智能化解决方案，如中海创的智能工控技术已应用于交通、能源行业；一批优势装备企业也将工业领域的智能化解决方案应用于生活服务领域，如上润精密仪器正将石油管网泄漏监测技术应用于智慧水务，以解决长期以来困扰水务部门的自来水管网泄漏问题。福建省智能制造推进工作成效如图 28-4 所示。

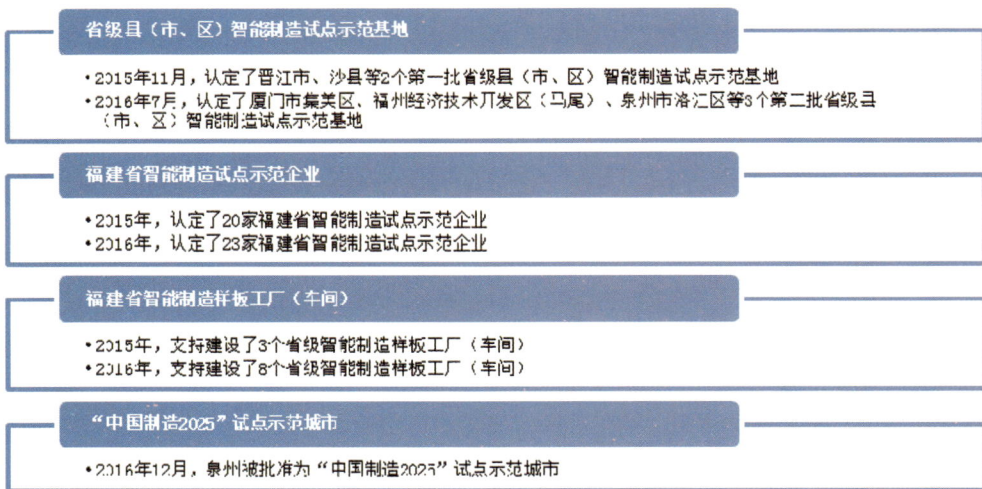

省级县（市、区）智能制造试点示范基地

- 2015年11月，认定了晋江市、沙县等2个第一批省级县（市、区）智能制造试点示范基地
- 2016年7月，认定了厦门市集美区、福州经济技术开发区（马尾）、泉州市洛江区等3个第二批省级县（市、区）智能制造试点示范基地

福建省智能制造试点示范企业

- 2015年，认定了20家福建省智能制造试点示范企业
- 2016年，认定了23家福建省智能制造试点示范企业

福建省智能制造样板工厂（车间）

- 2015年，支持建设了3个省级智能制造样板工厂（车间）
- 2016年，支持建设了8个省级智能制造样板工厂（车间）

"中国制造2025"试点示范城市

- 2016年12月，泉州被批准为"中国制造2025"试点示范城市

图 28-4　福建省智能制造推进工作成效

第二十九章　江西省

第一节　制造业总体发展情况

2016 年江西省实现地区生产总值（GDP）18 364.4 亿元，比 2015 年增长 9.0%。其中，第一产业增加值 1 904.5 亿元，增长 4.1%；第二产业增加值 9 032.1 亿元，增长 8.5%；第三产业增加值 7 427.8 亿元，增长 11.0%。第一、二、三产业结构比由 2015 年的 10.6:50.3:39.1 调整为 10.4:49.2:40.4，如图 29-1 所示。

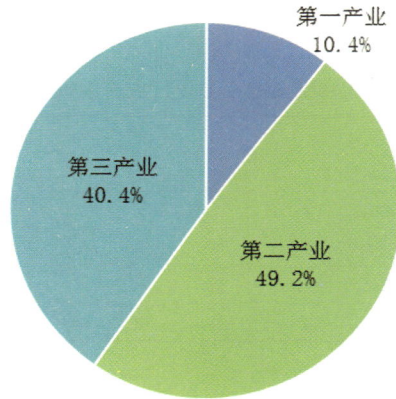

图 29-1　2016 年江西省生产总值分布

数据来源：江西省统计局

江西省 2016 年全年规模以上工业实现增加值 7 803.6 亿元，比 2015 年增长 9.0%。38 个规模以上工业行业大类中，34 个实现增长。其中，电子、汽车、电气机械、农副食品、化工等五大重点行业表现突出，分别增长 26.0%、17.0%、13.2%、10.1% 和 9.3%，占规模以上工业的三成以上，对规模以上工业增长的贡献率达 47.3%；高新技术产业增加值 2 346.5 亿元，占规模以上工业的 30.1%，增长 10.8%；战略性新兴产业增加值 1 166.0 亿元，占规模以上工业的 14.9%，增长 10.7%；装备制造业增加值 1 925.6 亿元，占规模以上工业的 24.7%，比 2015 年提高 1.9 个百分点，增长 16.3%；六大高耗能行业增加值 2 812.5 亿元，占规模以上工业的 36.0%，增长 6.1%。2016 年江西省制造业中主要行业增速如图 29-2 所示，2016 年江西省制造业中主要行业占规模以上工业增加值比例见表 29-1。

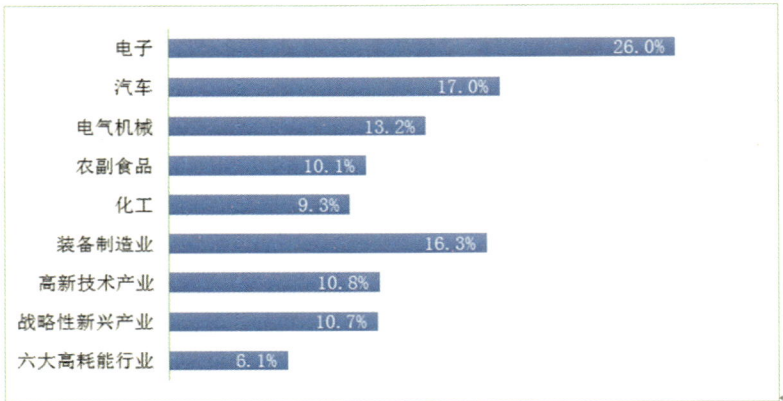

图 29-2　2016 年江西省制造业中主要行业增速

数据来源：江西省统计局

表 29-1　2016 年江西省制造业中主要行业占规模以上工业增加值比例

主要行业	占规模以上工业增加值比例
电子、汽车、电气机械、农副食品、化工等五大重点行业	30%以上
高新技术产业	30.1%
战略性新兴产业	14.9%
装备制造业	24.7%
六大高耗能行业	36.0%

数据来源：江西省统计局

第二节　江西省推进智能制造的主要举措

一、加强政策规划引领

2016 年，江西省出台了《江西省人民政府关于贯彻落实<中国制造 2025>的实施意见》，明确要加快推进智能制造。随后又相继出台了《江西制造业"十三五"及 2025 发展规划》和《江西省"互联网+"智能制造实施方案（2016—2018）》等规划，明确了 2020 年重点领域生产装备数控化率达到 60%以上的发展目标和推进制造业智能化技术改造等主要任务。江西省主要智能制造政策见表 29-2，江西省主要智能制造政策推进如图 29-3 所示。

表 29-2　江西省主要智能制造主要政策

发布时间	发布单位	政策名称	政策分类
2015 年 8 月	江西省人民政府	《关于加快推进"互联网＋"行动的实施方案》	实施方案
2016 年 1 月	江西省人民政府	《江西省人民政府关于贯彻落实<中国制造2025>的实施意见》	实施意见
2016 年 3 月	江西省工业和信息化委员会	《江西省智能制造试点示范项目实施方案》	实施方案

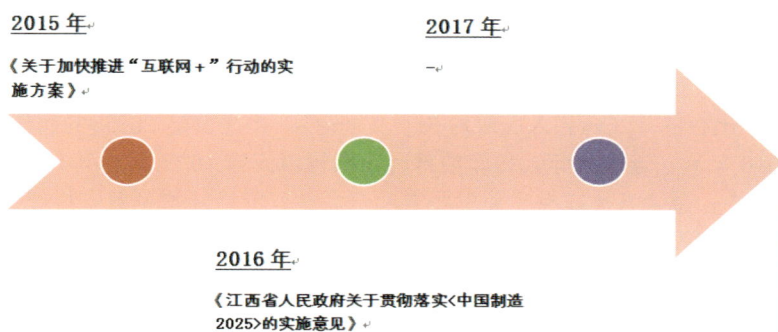

图 29-3　江西省主要智能制造政策推进

二、开展试点示范工作

（一）促进产业集聚，培育智能制造基地

围绕电子信息、生物医药、有色金属、航空制造、节能与新能源汽车、智能装备等重点领域，到 2020 年，规划建设 10 个智能装备制造及产业链相关配套企业集聚的智能制造基地。2016 年，重点推动南昌高新区、井冈山经开区智能制造产业集群化布局，培育智能制造基地。省级工投基金以股权投入 1 000 万元，扶持基地建设公共服务平台。2017 年，正在培育南昌经开区、景德镇直升机产业园，打造智能制造基地。

（二）通过省级试点示范工作，扩大试点示范成效

2016 年 3 月，江西省实施分类施策，每年在全省范围内遴选一批重点智能制造项目。对机械加工、食品加工、纺织服装、铸造等制造水平整体不高的传统产业，引导企业实施关键制造环节的机器代人。对光伏、电子、汽车、生物医药等制造过程自动化程度比较高的战略新型产业，引导企业采用物联网技术，通过设备的信息集成，实现设计、生产、仓储数字化，提升智能化水平。截至 2016 年年底，江西省共遴选出40 个省级智能制造试点示范项目。

三、配套措施

（一）整合创新资源，加强供需双方对接

江西省推动了赛迪研究院、北京自动化研究所等科研院所与省内重点企业合作，发挥江西省机器人与智能制造装备产业联盟的作用，引导南昌大学、江西理工等高校与本省智能装备生产企业针对共性技术协同创新。通过产品推介、组织对接会等方式，加强了明匠智能、航天云网、工埠机械等智能装备、系统集成企业和智能制造应用需求企业的对接。

（二）加强资金扶持，强化政策措施保障

2016 年出台的《江西省人民政府关于贯彻落实<中国制造 2025>的实施意见》，提出了从 2016 年起，连续 5 年，每年统筹和新增预算安排 10 亿元，用于扶持制造业发展升级。其中，整合各类支持工业发展专项资金 7 亿元，新增预算安排 3 亿元。加快产业集群平台建设，对新建国家级公共服务平台和建设两化深度融合示范园区给予一次性补助。对符合相关条件的省战略性新兴产业集聚区，每个注入 2 000 万元引导资金，扶持重点产业加快发展。对智能制造产业基地，每个安排 1 000 万元用于公共平台建设。对两化深度融合示范企业，每个给予 100 万元补助。对智能制造示范企业，新购国际先进装备给予总价 10%的补助，最高不超过 500 万元。鼓励企业应用数控技术、智能装备和绿色制造技术进行技术改造，对其技术改造项目按投资额的 5%予以补助，最高不超过 300 万元。

第三节　智能制造取得主要进展及成效

一、示范引领作用明显

通过试点示范工作的推进，在生物医药、石化、纺织等行业，部分企业在资源配置、工艺优化、过程控制、产业链管理、质量控制与溯源、节能减排及安全生产等方面的智能化水平得到提升。如江西科伦医疗器械制造有限公司实现企业生产过程中，人/机/料/法/环/测等方面的全面信息化、协同化、实时化、数字化和智能化，企业生产效率提高 40%、能源利用提高 30%、企业运营成本降低 40%、产品不良品降低 30%、产品配件成形周期缩短 30%。

在电子信息、机械、航空、汽车等领域，部分企业已经应用数字化三维设计与工艺技术，通过制造执行系统（MES）与企业资源计划系统（ERP），实现数字化设计、产品在线监测、质量溯源、工况识别和质量控制等生产过程自动化与互联互通。如汉

腾汽车有限公司运用的 MES 系统，采用 PMC、AVI、ANDON、RC、CCR 等系统和控制算法，实现生产过程的关键零部件、车身等进度、设备状态、现场操作、过程质量检验等数据采集，实现生产任务、现场物料配送的管控，达到生产效率提高 15%，能源利用率提高 5%，企业运营成本降低 12%、产品不良品率降低 10%，研制周期降低 20%的效果。

二、智能制造装备有所突破

目前，江西省已有一批企业通过科技创新，企业自主研发、制造智能装备，逐步实现产业化。如洪都航空的工业和服务机器人、赣州群星机械的工业机器人和自动化生产线、佳时特数控的柔性加工中心、博硕科技的交流电源自动化生产线、绿萌科技的果蔬智能处理机、工埠机械的 GBM 无齿轮起重机等装备，技术上已达到国内领先水平。

三、智能化技术改造成效显著

通过龙头企业带动、行业示范引领，在一些劳动密集型产业、劳动强度大的生产环节，不同程度地运用智能化装备进行了技术改造。企业通过智能化技术改造，均取得提高生产率和产品品质的良好效果。江西省智能制造推进工作成效如图 29-4 所示。

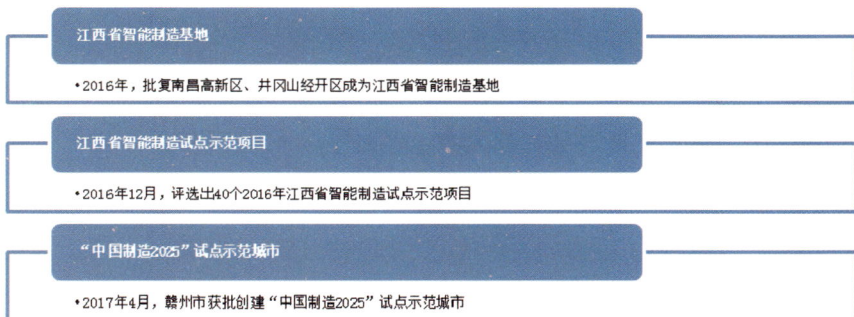

江西省智能制造基地
• 2016年，批复南昌高新区、井冈山经开区成为江西省智能制造基地

江西省智能制造试点示范项目
• 2016年12月，评选出40个2016年江西省智能制造试点示范项目

"中国制造2025"试点示范城市
• 2017年4月，赣州市获批创建"中国制造2025"试点示范城市

图 29-4　江西省智能制造推进工作成效

第三十章 山东省

第一节 制造业总体发展情况

2016 年，山东省实现生产总值（GDP）67 008.2 亿元，按可比价格计算，比 2015 年增长 7.6%。其中，第一产业增加值 4 929.1 亿元，增长 3.9%；第二产业增加值 30 410.0亿元，增长 6.5%；第三产业增加值 31 669.0 亿元，增长 9.3%。一、二、三产业比例由 2015 年的 7.9:46.8:45.3 调整为 7.3:45.4:47.3，实现了由"二三一"向"三二一"的历史性转变。2016 年实现全部工业增加值 26 648.6 亿元，同比增长 6.6%。规模以上工业增加值增长 6.8%。高新技术产业产值比 2015 年增长 7.5%，占规模以上工业总产值的比重为 33.8%。新能源汽车、微波终端机、智能电视、工业机器人、运动型多用途乘用车（SUV）等新产品产量分别增长 100.0%、71.1%、58.8%、49.1%和 32.3%。2016 年山东省产品产量增长较快的行业如图 30-1 所示。

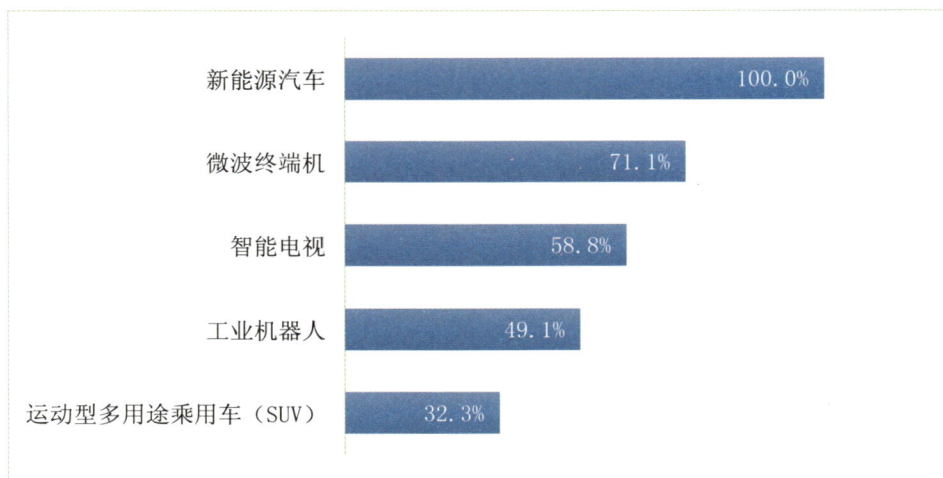

数据来源：山东省统计局

图 30-1　2016 年山东省产品产量增长较快的行业

第二节 山东省推进智能制造的主要举措

一、注重政策引导

2014 年，山东省政府出台了《山东省推进工业转型升级行动计划（2015—2020 年）》，并制订了高端装备等 22 个重点行业的转型升级实施方案，引导和支持企业在生产、服务各环节提高自动化、智能化、现代化水平。国务院出台《中国制造 2025》后，山东省政府又及时制定了《<中国制造 2025>山东省行动纲要》，把智能制造作为制造业强省建设的八大工程之一进行了明确定位。目前，《山东省智能制造发展规划（2017—2022）》已经编制完成并发布，该规划制订了明确的发展目标、任务、路径和保障措施，指导全省加快推进实施智能制造。山东省主要智能制造政策见表 30-1，山东省主要智能制造政策推进如图 30-1 所示。

表 30-1 山东省主要智能制造政策

发布时间	发布单位	政策名称	政策分类
2015 年 4 月	山东省人民政府办公厅	《山东省推进工业转型升级行动计划（2015—2020 年）》	行动计划
2016 年 3 月	山东省人民政府	《<中国制造 2025>山东省行动纲要》	行动纲要
2016 年 7 月	山东省人民政府办公厅	《推动资本市场发展和重点产业转型升级财政政策措施》	财政资金政策
2016 年 10 月	山东省经济和信息化委员会	《智能制造试点示范培育行动实施方案》	实施方案
2017 年 8 月	山东省经济和信息化委员会、山东省财政厅	《山东省智能制造发展规划（2017—2022 年）》	规划

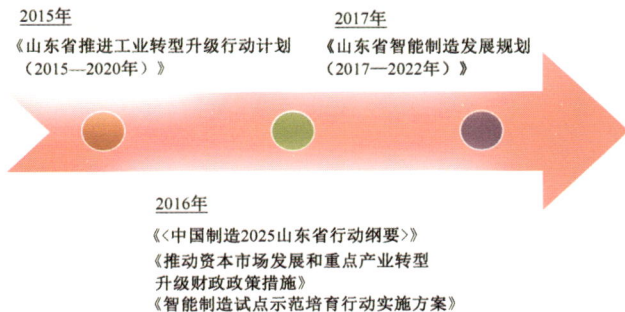

图 30-2 山东省主要智能制造政策推进

二、抓好试点示范，推广智能制造新模式

山东省经信委制订了《山东省智能制造试点示范培育行动实施方案》，大力推动新一代信息技术与装备制造技术深度融合发展，在基础条件好和需求迫切的重点地区、行业，分类开展试点示范培育行动。2016 年培育了首批 60 个省级智能制造试点示范项目。

三、实施重点突破，提升智能制造装备支撑能力

为培育发展高端装备制造业，山东省加强高端装备的研发创新，加快突破制约发展的关键技术、核心技术和系统集成技术，突出电子信息技术和机械制造技术的融合，推进高端装备的"智能制造"。

自 2009 年以来，山东省加快智能制造装备的培育，认定首台（套）技术装备 658 个，其中智能制造装备 499 个，奖励资金达 7 510 万元。目前，山东省在汽车自动冲压生产线、车身焊接机器人、纺织印染等领域达到国际先进水平；在机器人关键技术-RV 减速机、智能仪器仪表、控制软件、控制系统等方面也取得突破，并培育了一批智能制造领域竞争力较强和知名度较高的优势产品。如济南二机床自主研发的大型快速高效数控全自动汽车冲压生产线达到国际领先水平，已出口美国福特公司 9 套；山东迈赫机器人自动化股份有限公司"柔性化汽车车身总成焊接机器人系统"填补了国内空白，生产的涂装机器人、焊接机器人、搬运机器人已在北汽、潍柴、通用五菱、长安汽车等企业应用，市场认可度和知名度越来越高。

同时，山东省推进智能制造装备集聚集约发展。自 2010 年以来，共培育省级高端装备制造产业基地 5 家，产业园区 45 家，涵盖了智能制造装备等 22 个高端装备制造领域。其中，济南积极打造"智能装备城"；青岛建设了国际机器人产业园。

四、配套措施

（一）开展智能制造培训活动

2016 年，依托康平纳智能制造试点示范项目组织了全省印染纺织行业智能制造现场会，2017 年 5 月依托威达机械智能制造试点示范项目组织召开了机械加工行业智能制造现场会，发挥典型企业示范作用，带动相关行业加快智能制造发展。

同时山东省先后在济南、临沂、青岛组织了 3 次智能制造专题培训，共计 600 余人次，重点学习《中国制造 2025》、智能制造、德国工业 4.0 等内容。2016 年 8 月，组织 30 名重点企业家赴德国开展了为期 20 天的智能制造专题培训。通过智能制造培训进一步解放了思想，增强企业家发展智能制造的信心和决心，营造了推进智能制造工作的良好氛围。

（二）推进智能制造技术创新中心的发展

目前，全省高端装备制造业国家级企业技术中心达到 28 家，省级企业技术中心254 家，科研院所积极提升公共服务能力，为发展智能制造提供技术支撑。目前，山东省正在建设山东省智能制造创新中心和筹建"国家数控系统工程技术研究中心山东分中心"，进一步提升实施智能制造技术咨询、仿真设计、整体解决方案、实验检测、人员培训等综合支撑能力。

（三）推进合作交流

推动西门子在德国本土外首家智能制造创新中心落户青岛中德生态园，深化合作交流，引进技术和智力支持。搭建企业与德国西门子等智能制造技术巨头接洽合作平台，带动相关行业加快智能制造发展。目前，西门子在山东省的洽谈项目达 40 多个，并与济南二机床等多家企业开展了深入合作。

第三节　智能制造取得主要进展及成效

一、企业实施智能制造的基础条件明显改善

根据山东省两化融合评测中心发布的结果，2016 全省关键工序数控化率、数字研发工具普及率分别达到 42.1% 和 74.1%。目前，全省制造业规模以上工业企业 40 600 家，46.19% 的企业具备了关键环节实施智能化升级的条件。其中，29.97% 的企业可以建设智能化生产线，10.37% 的企业具备建设智能车间或智能工厂的条件，可实施智能化升级企业达 35 000 多家。

二、智能制造成效显现

根据企业报送材料，2015—2016 年，全省 15 家国家级智能制造试点示范企业和 7

家智能制造综合标准化与新模式应用项目企业突破关键技术装备 67 项，突破智能制造成套装备 17 项，形成专利技术 124 项，形成标准 37 项，新开发工业软件 51 项，提供系统集成服务 10 次，成果丰硕。15 家国家级和 60 家省级试点示范企业，智能化改造前后，生产效率平均提升 38%，运营成本平均降低 21%，产品研制周期平均缩短 35%，产品不良率平均降低 27%，成效显著。山东省智能制造推进工作成效如图 30-3 所示。

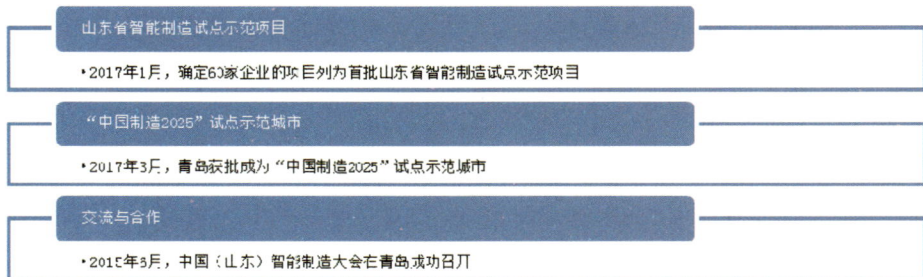

图 30-3　山东省智能制造推进工作成效

第三十一章　河南省

第一节　制造业总体发展情况

2016 年河南省生产总值 40 160.01 亿元，比 2015 年增长 8.1%。其中，第一产业增加值 4 286.30 亿元，增长 4.2%；第二产业增加值 19 055.44 亿元，增长 7.5%；第三产业增加值 16 818.27 亿元，增长 9.9%；第一、二、三产业结构比为 11:47:42，如图 31-1 所示。

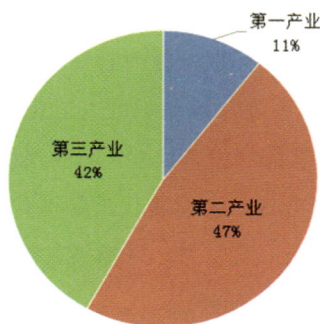

图 31-1　2016 年河南省生产总值分布

数据来源：河南省统计局

2016 年河南省实现工业增加值 16 830.74 亿元，比 2015 年增长 7.5%；规模以上工业增加值增长 8.0%；高技术产业增加值增长 15.5%，占规模以上工业的 8.7%；高成长性制造业增长 10.6%，占规模以上工业的 48.4%；传统支柱产业增长 5.3%，占规模以上工业的 44.5%；六大高耗能行业增长 6.1%，占规模以上工业的 32.3%。河南省重点监测行业的增速及占规模以上工业的比例见表 31-1。

表 31-1　河南省重点监测行业的增速及占规模以上工业的比例

重点监测产业	增长率	占规模以上工业比例
高成长性制造业	10.6%	48.4%
传统支柱产业	5.3%	44.5%
六大高耗能行业	6.1%	32.3%
全年高技术产业增加值	15.5%	8.7%

数据来源：河南省统计局

第二节　河南省推进智能制造的主要举措

一、营造良好的智能制造政策环境

2016 年，河南省政府出台了《<中国制造 2025>河南行动纲要》和《河南省推进制造业供给侧结构性改革专项行动方案（2016—2018 年）》，推动制造业向集群化、智能化、绿色化、服务化发展，实现河南制造向河南创造转变、河南速度向河南质量转变、河南产品向河南品牌转变，全面提升制造业整体实力。

2017 年，河南省人民政府发布《河南省推进工业智能化改造攻坚方案》，加快推进工业智能化改造，引导企业实施"设备换芯"、"生产换线"和"机器换人"，推进生产过程智能化，培育新型生产方式，全面提升企业研发、生产、管理和服务的智能化水平，提升信息化环境下企业核心竞争力。河南省主要智能制造政策见表 31-2，河南省主要智能制造政策推进如图 31-2 所示。

表 31-2　河南省主要智能制造政策

发布时间	发布单位	政策名称	政策分类
2016 年 2 月	河南省人民政府	《<中国制造 2025>河南行动纲要》	行动纲要
2016 年 11 月	河南省人民政府	《河南省推进制造业供给侧结构性改革专项行动方案（2016—2018 年）》	行动方案
2017 年 6 月	河南省人民政府	《河南省推进工业智能化改造攻坚方案》	实施方案

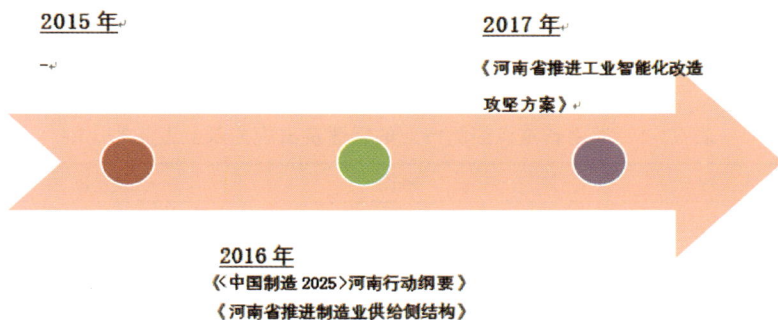

2015 年

2017 年
《河南省推进工业智能化改造攻坚方案》

2016 年
《<中国制造 2025>河南行动纲要》
《河南省推进制造业供给侧结构》

图 31-2　河南省主要智能制造政策推进

二、建立良好的智能制造生态体系

（一）组织智能制造试点示范项目

河南省也陆续发布了《河南省智能工厂评价指南》和《河南省智能车间评价指南》，鼓励企业对照评价指标完善智能车间、智能工厂建设，积极创建河南省智能制造示范企业。截至 2016 年年底，河南省选定平煤神马集团等 23 家智能工厂试点示范、格力电器（郑州）公司等 31 家企业智能车间试点示范。

（二）培育智能制造综合解决方案集成商

河南省依托国家智能制造综合标准化和新模式应用项目以及国家和省智能制造试点示范企业的建设，培育了河南省智能制造研究院、郑大智能科技股份公司、大河智信科技公司和郑州优恩信息技术公司等一批智能制造综合解决方案集成商，在智能制造的推广应用中发挥了重要支撑作用。

（三）打造智能制造服务平台

河南省组建了 4 个产业联盟——省智能制造推进联盟、虚拟现实产业联盟、工业互联网联盟、中国两化融合服务联盟河南省分联盟；建设了"智能制造标准验证工作平台"。

组建一批行业智能制造公共服务平台，例如智能制造工程实验室、互联网+智能工厂协同设计云平台、智能工厂全生命周期工业云公共服务平台、高端智能农业装备协同创新平台和起重物流装备智能制造公共服务平台等。这些公共服务平台均由龙头企业、科研院所、高校等联合打造，注重"产、学、研"协同创新。

三、配套措施

（一）推进合作交流

2016 年，河南省政府举办了河南省智能制造高峰论坛，邀请了多位专家进行智能制造的现状和未来、3D 打印技术和机器人的应用与发展等主题演讲，为推动河南省制造产业发展献言献策。

（二）配套资金支持

《河南省推进制造业供给侧结构性改革专项行动方案（2016—2018 年）》明确规定，

利用先进制造业专项资金支持"十百千"技术改造项目示范和智能化改造，重点培育离散型、流程型等智能制造新模式。

2016 年河南省先进制造业专项资金共安排 4.1 亿元，其中技术改造类项目资金规模 2.8 亿元，信息产业类项目资金规模 1.1 亿元，中小企业类项目资金规模 0.2 亿元。将采用对企业（项目）直接补助的支持方式。

第三节　智能制造取得主要进展及成效

河南省通过开展智能制造试点，围绕装备制造、电子信息、食品、冶金、建材、化工、轻纺等重点行业，累计认定省级智能工厂 23 个、智能车间 31 个，推动制造企业信息系统集成应用和生产装备数字化、智能化升级。2016 年全省规模以上制造企业的企业资源计划系统覆盖率达到 49%、制造执行系统达到 31%、产品生命周期管理系统达到 28%、供应链管理系统达到 28%，生产装备数控化率达到 46%，企业两化融合由单项应用阶段快速向综合集成阶段迈进。

通过开展"互联网+"工业创新示范，累计认定省级示范企业 52 家，探索发展服务型制造、个性化定制、网络协同制造等新型制造模式，推动制造企业组织和生产方式变革，形成一批典型案例。例如，河南大信整体厨房科贸公司作为行业领先的厨房设备研发生产企业，通过收集 4 365 个整体厨房样式，归类生成 380 个标准化模块，顾客使用订单管理系统下单，云计算中心将整体橱柜进行编码并拆分成不同的模块，再将生产指令发送到分布在全球的代工厂商，实现基于大规模个性化定制的供应链、生产链和物流链快速响应，生产规模、生产成本、交货速度和出错率均达到国际领先水平，基本实现零库存。这一批试点示范的企业已成为本产业领域智能转型发展的标杆，引领更多的企业往智能化方向改进，全面提升企业研发、生产、管理和服务的智能化水平。

第三十二章 湖北省

第一节 制造业总体发展情况

2016 年，湖北省完成生产总值 32 297.91 亿元，增长 8.1%。其中：第一产业完成增加值 3 499.3 亿元，增长 3.9%；第二产业完成增加值 14 375.13 亿元，增长 7.8%；第三产业完成增加值 14 423.48 亿元，增长 9.5%。第一、二、三产业结构比由 2015 年的11.2:45.7:43.1 调整为 10.8:44.5:44.7，如图 32-1 所示。

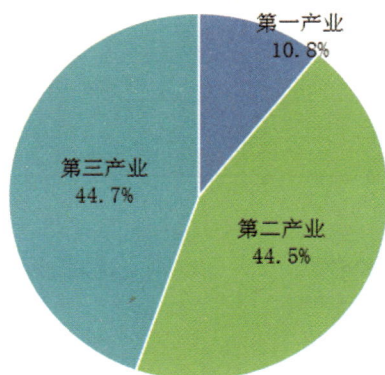

图 32-1 2016 年湖北省生产总值分布

数据来源：湖北省统计局

湖北省 2016 年实现全部工业增加值 12 255.46 亿元，增长 7.8%。制造业增长 8.4%，快于规模以上工业 0.4 个百分点。高技术制造业增长 10.7%，快于规模以上工业 2.7 个百分点，占规模以上工业增加值的比重达 8.3%，对规模以上工业增长的贡献率达10.8%。

第二节　湖北省推进智能制造的主要举措

一、加强顶层设计和规划引导

　　湖北省出台了《<中国制造2025>湖北行动纲要》，确定了通过5～10年的努力，将湖北打造成为国内具有重大影响力的智能制造示范区的目标。提出了"1+X"规划体系和"双九双十"行动，发布了《湖北省智能制造试点示范实施方案》、《湖北省智能制造装备"十三五"发展规划》。湖北省主要智能制造政策见表32-1，湖北省主要智能制造政策推进如图32-2所示。

表 26-1　湖北省主要智能制造政策

发布时间	发布单位	政策名称	政策分类
2015 年 8 月	湖北省经济和信息化委员会	《湖北省智能制造试点示范项目实施方案》	实施方案
2015 年 12 月	湖北省政府办公厅	《<中国制造 2025>湖北行动纲要》	行动纲要
2017 年 1 月	湖北省经济和信息化委员会	《湖北省智能制造装备"十三五"发展规划》	规划
2017 年 2 月	湖北省制造强省建设领导小组	《湖北省智能制造试点示范工程实施方案》	实施方案

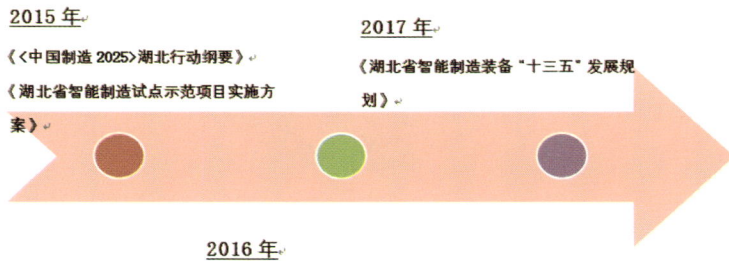

2015 年

《<中国制造 2025>湖北行动纲要》、

《湖北省智能制造试点示范项目实施方案》、

2017 年

《湖北省智能制造装备"十三五"发展规划》、

2016 年

图 32-2　湖北省主要智能制造政策推进

二、开展省级智能制造试点示范

　　湖北省制订了《湖北省智能制造试点示范项目实施方案》，并印发了《省经信委关于开展智能制造试点示范工作的通知》，得到各地积极响应。特别是武汉市、襄阳市、黄石市、宜昌市等地，针对本地实际制订具体方案，不仅积极收集申报项目，还将工作过程作为本地推进智能制造发展的宣传、动员手段。经各市推荐、专家评审及现场考察，2016年，选定了 14 个 "湖北省智能制造试点示范项目"；引领发展。2017 年，再次评选出 36 家 "湖北省智能制造试点示范项目"。

三、配套措施

（一）积极开展示范推广工作

为加快推进全省智能制造工作，2016 年湖北省政府在美的集团武汉制冷设备有限公司召开了全省智能制造产业发展现场推进会议，全体代表参观了美的武汉公司智能空调数字化工厂国家级试点示范项目现场。

同时，湖北省经信委先后召开了 "全省推进智能制造装备产业发展座谈会"、"全省智能制造产业发展现场会"、"全省加快工业机器人产业发展座谈会"、"全省铸造行业机器人应用现场会"、"全省模具及冲压件机器人应用现场会"、"酿酒行业智能化推进会" 等，促进企业间智能制造经验的推广和交流，加强了智能制造产业供需双方的对接工作。

（二）加强交流合作

积极推进以工业机器人为代表的智能制造装备示范应用，营造机器人产业等高端装备发展的良好氛围。2015 年先后在十堰市、武汉市开展了全省铸造行业和模具制造、冲压、锻造行业工业机器人等智能制造推广应用对接活动，取得了良好效果。同时湖北经信委组织湖北机器人产业联盟在第十一届 "产、学、研" 洽谈会上集中展现了最新创新成果，编发 3 期工作动态，集中介绍了武汉、襄阳、孝感等地促进工业机器人发展的经验。

第三节　智能制造取得主要进展及成效

一、智能制造装备产业体系日趋完备

湖北省智能制造装备产业体系日趋完备。全省高档数控机床、工业机器人、智能专用装备、关键基础零部件等智能制造装备特色鲜明，部分产品在细分领域处于国内领先地位。各行业加快智能化转型和应用，智能制造服务业蓬勃兴起。2016 年，全省智能制造装备产业实现主营业务收入近千亿元，占全省装备制造业的7%，综合实力居全国第8位。

二、智能装备重点领域取得突破

凭借着优厚的创新资源，湖北省在智能制造装备取得了一批突破性成果。华中数控股份公司华中8型数控系统实现了我国高档数控系统整体水平跃升，在国内居领先地位。武汉奋进智能机器有限公司、武汉华中数控股份公司的搬运、码垛、装配、焊接等用途的多轴机器人，已在省内外企业智能化制造中广泛应用。以华中科技大学为代表的一批从事增材制造技术研究的科研机构和装备制造、材料生产及服务企业，在航空航天、汽车、医疗、模具、电子产品、设计及教育等方面提供全面的增材制造技术服务。

三、产业集聚效应显现

全省智能制造主要在武汉市东湖高新区、襄阳市高新区、宜昌市等地聚集发展。武汉市以数控机床、激光加工装备、工业机器人、3D打印、智能电网为主，产业联盟、创业孵化器等创新形式活跃。襄阳市以工业机器人、数控机床为主，在轨道交通装备、航天航空装备和冶金成套装备等领域加快智能化转型。宜昌市通过军民融合促进智能制造装备发展，一批智能海洋水下装备、智能纺织装备、高速高效齿轮加工装备等产品引人注目。

四、智能制造行业应用不断拓展

全省企业生产逐步由传统制造向智能化制造方向转变。机械、电子、建材、食品加工、纺织、医疗器械等行业，逐步探索生产过程的智能化。数字化车间建设有所突破。武汉重型机床集团公司联合华中科技大学实施了"大型高精度平面加工数字化车间"项目，这是国家"高档数控机床专项"支持的第一个数字化车间项目。智能装备和产品得到广泛应用。以在线监测、远程诊断和云服务为代表的智能服务得到较快发展。湖北省智能制造推进工作成效如图32-3所示。

湖北省智能制造试点示范项目

- 2016年5月，评选出14家2016年湖北省智能制造试点示范项目
- 2017年6月，评选出36家2017年湖北省智能制造试点示范项目

"中国制造2025"试点示范城市

- 2016年12月，工业和信息化部批复同意武汉成为"中国制造2025"试点示范城市

交流与合作

- 2016年9月，举办了湖北省智能制造产业发展现场推进会
- 2015年6月，举办了湖北省智能制造（机器人）供需对接专场活动
- 2017年7月，举办了第一届中国（武汉）智能制造大会

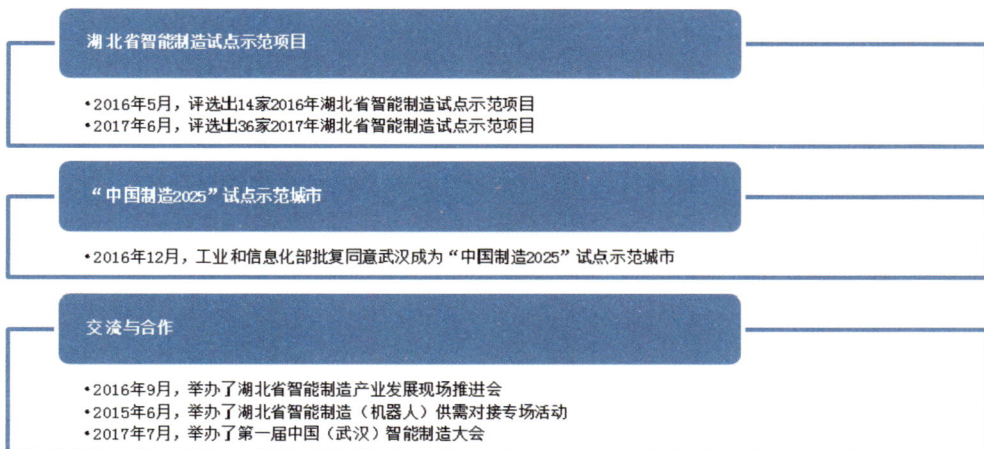

图 32-3　湖北省智能制造推进工作成效

第三十三章　湖南省

第一节　制造业总体发展情况

2016 年，湖南省实现地区生产总值 31 244.7 亿元，比 2015 年增长 7.9%。其中，第一产业增加值 3 578.4 亿元，增长 3.3%；第二产业增加值 13 181.0 亿元，增长 6.6%；第三产业增加值 14 485.3 亿元，增长 10.5%。全省第一、二、三产业结构比为 11.5：42.2：46.3，如图 33-1 所示。

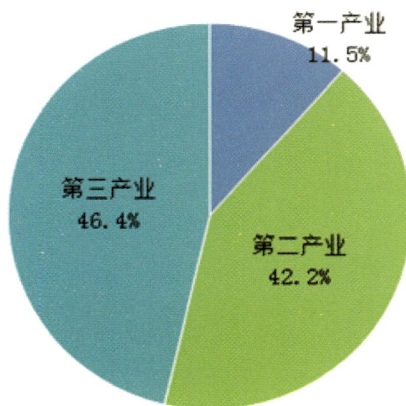

图 33-1　2016 年湖南省生产总值分布

数据来源：湖南省统计局

2016 年全省实现工业增加值 11 177.3 亿元，比 2015 年增长 6.6%。其中，规模以上工业增加值增长 6.9%。高加工度工业和高技术制造业增加值分别增长 10.6% 和 11.4%，占规模以上工业增加值的比重分别为 38.0% 和 11.2%，比 2015 年提高 0.8 个和 0.7 个百分点。省级及以上产业园区工业增加值增长 9.4%，占规模以上工业的比重为 65.7%，比 2015 年提高 4.2 个百分点。六大高耗能行业增加值增长 5.1%，占规模以上工业的比重为 30.6%，比 2015 年提高 0.3%。2016 年湖南省工业增长及分布情况见表 33-1。

表 33-1 2016 年湖南省工业增长及分布情况

分类	工业增加值增长率	占规模以上工业增加值的比重
高加工度工业	10.6%	38.0%
高技术制造业	11.4%	11.2%
省级及以上产业园区工业	9.4%	65.7%
六大高耗能行业	5.1%	30.6%

数据来源：湖南省统计局

第二节　湖南省推进智能制造的主要举措

《中国制造 2025》发布以来，湖南省将落实《中国制造 2025》、加快建设制造强省上升为事关全局的发展战略。全省围绕制造强省五年行动计划，大力推进"1274"行动，以智能制造为核心和主攻方向，加速推进新型工业化，加快形成以先进制造业为主导的产业新格局，着力打造以中国智能制造示范引领区为目标的现代制造业基地。

一、建立健全智能制造组织体系

湖南省组建"湖南省对接《中国制造 2025》建设制造强省协调推进小组"，负责对接《中国制造 2025》战略、统筹制造强省建设工作，协调推进全省智能制造发展重大事项，制定并组织实施发展规划，研究制定相关政策。成立"湖南省智能制造专家委员会"，从行业管理部门、高等院校、科研院所、龙头企业等聘请一批由在湘院士领头的专家团队，为省委省政府决策、企业发展提供战略咨询和科技服务。

二、出台推进智能制造相关政策

2015 年 12 月，湖南省出台了《湖南省贯彻〈中国制造 2025〉建设制造强省五年行动计划（2016—2020）》。提出了"1274"发展战略，即加快发展 12 大重点产业——智能制造十大重点领域和工程机械、节能环保装备产业，大力实施 7 大专项行动——创新能力建设工程专项行动、智能制造工程专项行动、工业强基工程专项行动、绿色制造工程专项行动、中个企业"专精特新"发展专项行动、制造+互联网+服务工程专项行动、高端装备创新工程，着力打造制造强省 4 大标志性工程——标志性产业集群、标志性产业基地、标志性领军企业、标志性品牌产品。

　　湖南各市州也积极响应，出台了一系列智能制造政策。长沙市于 2015 年 7 月底率先发布了《长沙智能制造三年（2015—2018 年）行动计划》。株洲市发布了《株洲市贯彻<中国制造 2025>建设制造强市五年行动计划（2016—2020）》，实施智能制造专项行动。常德市 2016 年出台的《常德市帮扶工业企业十条》中第七条明确规定，对工业企业进行技术改造实施奖励，鼓励企业进行创新生产、智能生产。湖南省主要智能制造政策见表 33-2，湖南省主要智能制造政策推进如图 33-2 所示。

表 33-2　湖南省主要智能制造政策

发布时间	发布单位	政策名称	政策分类
2015 年 12 月	湖南省人民政府	《湖南省贯彻〈中国制造 2025〉建设制造强省五年行动计划（2016-2020 年）》	行动计划
2016 年 8 月	湖南省经济和信息化委员会	《湖南省智能制造示范企业和示范车间认定管理办法》	认定办法
2016 年 11 月	湖南省经济和信息化委员会	《湖南省装备制造业"十三五"发展规划及四个子规划》注	规划

注：四个子规划为《湖南省工程机械产业"十三五"发展规划》、《湖南省轨道交通装备产业"十三五"发展规划》、《湖南省电工电器装备产业"十三五"发展规划》和《湖南省汽车产业"十三五"发展规划》。

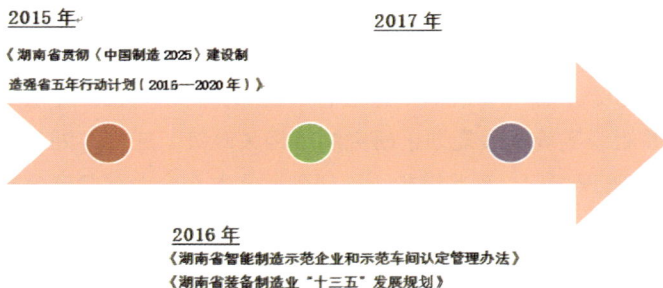

图 33-2　湖南省主要智能制造政策推进

三、落实智能制造专项行动工程

（一）开展省级智能制造应用示范行动

在组织实施智能制造示范应用之前，湖南省开展了专题调研，进一步摸清本省制造业发展的总体水平和基本情况，挖掘出一批有条件实施智能制造的重点产业和容易成功复制智能化实施经验的生产线，组织各行业、各市州，分步骤、分层次开展智能制造示范应用。根据调研结果，湖南省选择在工程机械、电工电器、汽车制造、轨道交通、新材料、电子信息、生物医药、食品工业、国防军工与民爆烟花等优势产业内开展智能制造，并聚焦在中厚板智能焊接生产线/单元、无人化柔性焊装车间、民爆物品智能生产线、无人化铸造车间、高端医药制造自动化生产线、花炮制造自动化生产线、智能化物流车间等生产线上推进示范车间的建设。2015—2016 年，湖南省先后推选了 25 家湖南省智能制造示范企业、20 个示范车间。三一集团有限公司的工程机械离散型智能制造及远程运维服务新模式、威胜集团电力装备能量计量及控制智能产品及智能制造新模式等，在省内外得到广泛认可，起到良好的示范引领作用。

（二）开展市级智能制造应用示范行动

长沙市 2015 年启动首批 30 家智能制造试点示范企业、项目，采取边试点示范、边推广应用的措施，2016 年启动 200 家企业进行试点示范，积极推动企业转型。通过对 230 家试点示范企业发展现状调研，遴选出 37 个具有行业代表性、试点示范初显成效的项目，梳理、总结这些项目实施方法和经验模式。

株洲市开展智能制造试点示范工作，遴选确定 13 家市级智能制造试点示范企业，推进离散型智能制造新模式在株洲市 10 个领域 13 家企业的广泛应用等。

常德市先后启动"登高"计划、"两化"融合水平评估和示范试点、"数字企业"、"数字园区"创建等活动，引导企业提高工业生产全流程的信息化水平。

四、配套措施

（一）搭建一批智能制造推进平台

湖南省先后成立了智能装备协会、智能装备产业联盟，设立了长沙智能制造研究总院；同时积极推进中小企业数字技术应用服务平台建设，为中小企业数字工厂（车间）、智能化改造等提供技术咨询、方案设计、流程改造、装备开发、安装维护等专业服务。

长沙市建设了一个以应用为核心的新型服务平台——"长沙工业云平台"，并启动了一批示范项目。2015 年启动第一批 30 家、2016 年启动第二批 200 家示范企业的智能化改造，以此带动长沙市 2 600 家规模以上企业的智能化改造，引导长沙市制造业向离散制造、流程制造、智能装备产品及远程智能服务等六大方向推进。

组织开展全省智能制造装备产业合作对接会、高档数控机床及 3D 打印对接会、工业机器人企业与民爆企业产需对接会等一系列主题对接活动，举办 2016 中国（长沙）智能制造峰会、2016 人工智能湖南论坛、2016 中国机器人大赛，承办国家推进"中国制造 2025"工作现场会暨国家制造强国建设领导小组第四次会议。同时，依托长沙智能制造研究总院定期举办智能制造专家讲堂，已成功举办 10 期，组织召开 2 期专业技术研讨会。

（二）配套资金支持

为加大推进力度，湖南省设立 11.8 亿元的制造强省专项资金，将智能制造作为重点支持方向；设立新兴产业发展基金，基金总规模 1 000 亿元，重点支持智能制造、高端装备等新兴产业的发展；每年安排专项资金 2 000 万元，用于奖励智能制造示范企业、示范车间；每年安排 5 000 万元和 4 000 万元支持企业首台/套和首批/次应用和研究。

为进一步做强做大轨道交通产业，湖南省人民政府办公厅颁布了《关于加快轨道交通装备产业发展的若干政策措施》，共十六条具体支持措施，整合各类资金 80 亿元，从创新驱动、金融支持、人才支撑、市场培育、要素保障、产业生态构建等各方面对轨道交通产业发展给予全方位的支持。

具体采取的主要配套资金措施包括以下几项：

（1）在省新兴产业发展基金中设立 50 亿元的轨道交通装备产业发展子基金，按市场化运作，引导各类社会资金、金融资本支持轨道交通装备产业发展。

（2）重点支持株洲建设具有世界先进水平的轨道交通装备产业基地，2016—2020 年，省政府共安排省级转贷地方政府债券资金 20 亿元。

（3）支持创建国家级先进轨道交通装备制造业创新中心，支持轨道交通装备企业构建和完善轨道交通装备产业标准体系，支持轨道交通装备企业建设国家级技术研发平台和实验室，对取得关键核心技术突破的个人和团队，给予 500 万元研发费用支持。

（4）对认定为国家级的智能制造示范企业和示范车间给予 200 万元奖励，对认定的省级智能制造示范企业和示范车间给予 100 万元奖励。

第三节　智能制造取得主要进展及成效

湖南省在流程制造、离散制造、智能装备和产品、智能化管理、智能化服务等领域实施了智能制造试点示范及应用推广，建设形成了一批智能化工厂、智能化车间、智能化生产线及智能化运营新模式，有效促进了湖南省智能制造产业的发展。

一、形成部分优势领域

在产业结构上，湖南省形成了电工电器、工程机械、汽车、电子信息等千亿产业集群。工程机械产业占据国内绝对领导地位；轨道交通产业在国内处领先水平；中小航空发动机是全国重要的生产研发基地。晟通科技、博云新材、远大住工等企业技术领先国内新材料行业；新能源汽车产业拥有全球最大的纯电动大巴生产基地；电子信息细分领域聚集了以蓝思科技、长城信息等为代表的一大批单项冠军型企业。

二、智能装备快速发展

依托长沙雨花经济开发区，形成"湖南省工业机器人产业示范园区"；依托华曙高科、威胜集团等企业，形成高档数控机床、工业机器人、增材制造为代表的智能装备。以新型传感器、智能测量仪表和工业控制系统为代表的智能核心装置，8 英寸 IGBT 专业芯片等智能化轨道交通装备、智能化工程机械、智能化电力设备等为代表的智能产品得到快速发展。智能装备的先进生产工艺在重点行业不断创新，机械、船舶、汽车等行业基础制造装备的数字化、智能化、网络化改造步伐加快，钢铁、石化、有色等行业加快普及先进的过程控制和制造执行系统，关键工艺流程数字化率不断提高。

三、智能化改造探索取得进展

依托全省的科研院所、企业等各方资源，积极推进中小企业数字技术应用服务平台建设，为中小企业数字工厂（车间）、智能化改造提供技术咨询、方案设计、流程改造、装备开发、安装维护等专业服务。长沙市已启动 230 家示范企业的智能化改造，以此带动全市 2 600 家规模以上企业的智能化改造，引导全市制造业向离散制造、流程制造、智能装备产品及远程智能服务等六大方向推进。

四、创新发展获得新突破

近两年，湖南省鼓励和支持企业建设国家级创新平台 3 个，参与和承担国家科技重大专项 6 个。大力实施企业技术创新"311"工程（每年支持 30 项重大关键共性技术攻关、100 项重点新产品开发、100 项重点专利转化），实施首台（套）重大技术装备、首批次重点新材料的推广应用认定和奖励制度，发布产业链技术创新路线图，加快建立以企业为主体的技术创新体系。截至 2017 年 7 月，"311"工程累计实现研发投入近 20 亿元，多项重大装备技术水平超过或接近国际同类产品，共认定和奖励首台（套）重大技术装备产品 376 个、重点新材料产品首批次应用示范项目 153 个，带动产品销售近百亿元。

拥有一批创新成果。天河二号超级计算机、高性能炭/炭航空制动材料制备技术等达到国际先进水平；中联重科和铁建重工相关重大技术填补了国际国内技术空白。如世界最长臂架混凝土泵车（101m），最大工作幅度的塔式起重机（工作半径超 100m），世界最大起重能力的履带起重机（最大起重量 3 600t），世界最高电压等级、最大容量的电抗器（320 兆乏/1100kV），世界功率等级最大的 6500V IGBT，世界最大功率的交传电力机车（单轴 1600 kW，六轴 9600 kW），还有 A 型、B 型城轨车辆等。湖南省智能制造推进工作成效如图 33-3 所示。

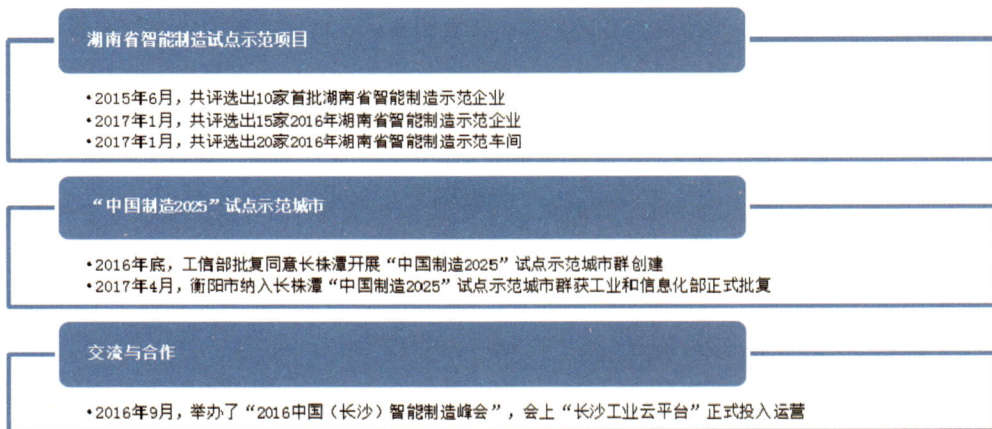

湖南省智能制造试点示范项目
- 2015年6月，共评选出10家首批湖南省智能制造示范企业
- 2017年1月，共评选出15家2016年湖南省智能制造示范企业
- 2017年1月，共评选出20家2016年湖南省智能制造示范车间

"中国制造2025"试点示范城市
- 2016年底，工信部批复同意长株潭开展"中国制造2025"试点示范城市群创建
- 2017年4月，衡阳市纳入长株潭"中国制造2025"试点示范城市群获工业和信息化部正式批复

交流与合作
- 2016年9月，举办了"2016中国（长沙）智能制造峰会"，会上"长沙工业云平台"正式投入运营

图 33-3　湖南省智能制造推进工作成效

第三十四章　广东省

第一节　制造业发展总体情况

2016 年，广东省实现地区生产总值（GDP）79 512.05 亿元（见图 34-1），比 2015 年增长 7.5%。其中，第一产业增加值 3 693.58 亿元，增长 3.1%，对 GDP 增长的贡献率为 1.9%；第二产业增加值 34 372.46 亿元，增长 6.2%，对 GDP 增长的贡献率为 36.8%；第三产业增加值 41 446.01 亿元，增长 9.1%，对 GDP 增长的贡献率为 61.3%。第一、二、三产业结构比为 4.7∶43.2∶52.1，如图 34-1 所示。

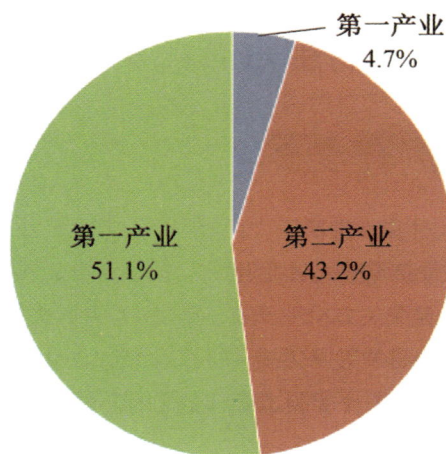

图 34-1　2016 年广东省生产总值分布

数据来源：广东省统计局

2016 年，广东省先进制造业增加值 15 739.78 亿元，增长 9.5%，占规模以上工业增加值的比重为 49.3%。其中，装备制造业增长 11.1%，钢铁冶炼及加工业增长 13.8%，石油及化学行业增长 2.3%。在装备制造业中，汽车制造业、船舶制造业、飞机制造及修理业、环境污染防治专用设备制造业分别增长 14.2%、3.2%、2.7% 和 26.4%。2016 年广东省先进制造业中主要行业增速情况如图 34-2 所示。

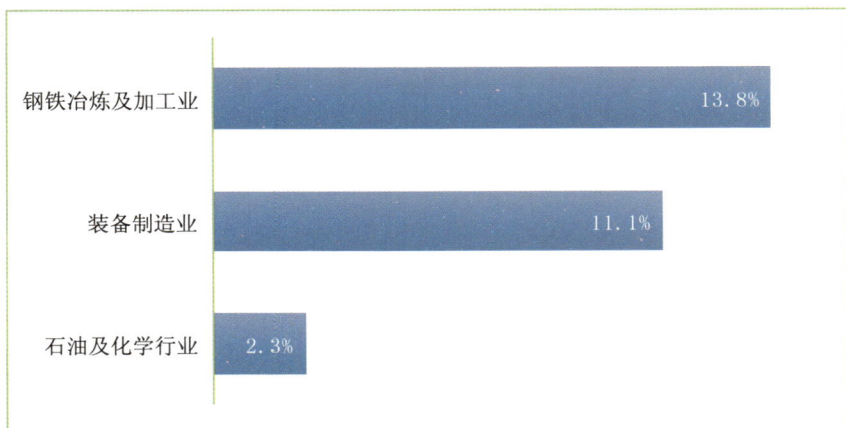

图 34-2　2016 年广东省先进制造业中主要行业增速情况

数据来源：广东省统计局

第二节　广东省推进智能制造的主要举措

一、加强政策规划引领

  2015 年 3 月，广东省政府印发了《广东省工业转型升级攻坚战三年行动计划（2015—2017 年）》，明确要推动制造业智能化，拓展工业转型升级新路径。随后出台了《广东省智能制造发展规划（2015—2025 年）》、《关于贯彻落实<中国制造 2025>的实施意见》、《广东省机器人产业发展专项行动计划（2015—2017 年）》等政策（见表 34-1），进一步明确了广东省智能制造工作的目标、路径及保障措施。广东省主要智能制造政策推进如图 34-3 所示。

表 34-1　广东省主要智能制造政策

发布时间	发布单位	政策名称	政策分类
2015 年 3 月	广东省人民政府	《广东省工业转型升级攻坚战三年行动计划（2015—2017 年）》	行动计划
2015 年 7 月	广东省人民政府	《广东省智能制造发展规划（2015—2025 年）》	规划
2015 年 9 月	广东省人民政府	《关于贯彻落实<中国制造 2025>的实施意见》	实施意见
2015 年 12 月	广东省经济和信息化委员会	《广东省机器人产业发展专项行动计划（2015—2017 年）》	行动计划

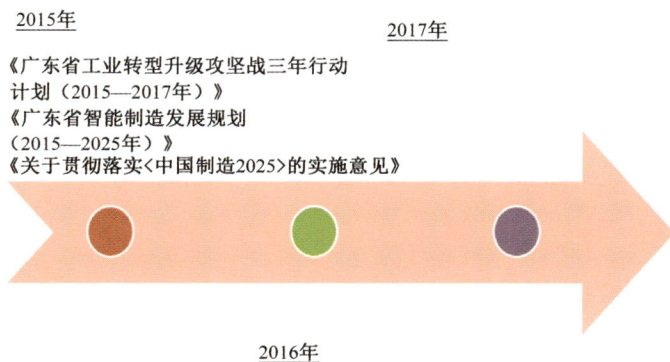

图 34-3　广东省主要智能制造政策推进

二、开展试点示范

（一）培育智能制造骨干企业

为发挥龙头骨干企业引领带动作用，广东省实施了智能制造骨干企业培育计划，先后培育认定了智能制造骨干企业 46 家、培育企业 58 家。通过骨干企业引领，带动中小企业协作配套，壮大示范基地智能制造产业发展潜力，带动基地智能制造产业发展。同时还遴选培育了第一批省级机器人骨干企业 15 家、培育企业 29 家，支持广东省工业机器人本体制造企业的关键技术攻关、产业化应用、产能提升与扩产建设。

（二）积极开展智能制造试点示范项目及智能制造综合标准化与新模式应用项目

（1）开展省级智能制造试点示范项目培育。2016 年，广东经信委制定了《广东省智能制造试点示范项目实施方案》，分类型研究制定评价指标体系，遴选了 36 个省级智能制造试点示范项目予以培育推广。2017 年，共评选出 51 家 2017 年广东省智能制造试点示范项目。

（2）各市在优势行业重点企业开展智能制造的应用示范。佛山市实施"百企智能制造工程"和"机器引领"计划，围绕该市汽车、陶瓷、家电等支柱产业选取了 107 家智能制造示范企业，拟用 3 年时间重点培育，引领全市超过 20% 的规模以上制造业企业开展智能化技术改造。广州、顺德等示范基地先后在汽车及零部件、食品包装、塑料机械、农产品、家电等领域实施智能制造示范应用，将工业机器人等智能技术和装备应用于成品下线码垛、物料搬运、冲压、打磨、抛光、焊接、喷涂、装配等，对基地所在市优势主导产业向自动化、智能化升级起到了良好的示范作用。

三、配套措施

（一）推动先进装备制造产业协同创新平台建设

重点支持广州市建设中国（广州）智能装备研究院、佛山市建设华南智能机器人创新研究院、东莞市建设广东省智能机器人研究院。扶持佛山市南海区广工大数控装备协同创新研究院、佛山市智能装备技术研究院、广东顺德中山大学卡内基梅隆大学国际联合研究院等一批新型研发机构发展。

（二）推动省级制造业创新中心建设

根据《工业和信息化部关于完善制造业创新体系，推进制造业创新中心建设的指导意见》（工信部科〔2016〕273 号），广东省研究制定了《广东省制造业创新中心建设工程实施方案》，2016 年从 28 个申报建设项目中遴选出印刷及柔性显示、机器人、轻量化高分子材料 3 个项目，着手筹建省级制造业创新中心。

（三）加强交流合作

广东省协助工业和信息化部等召开 2016 年全国智能制造试点示范经验交流会，推广具有企业自主知识产权的数控系统、软件、装备的应用，例如，东莞劲胜智能制造示范车间项目，向全国展示了东莞从"制造"走向"智造"的转型升级经验。

2017 年，工业和信息化部与广东省人民政府签署了《工业和信息化部 广东省人民政府合作框架协议》。此次部省合作，为全国促进智能制造、互联网创业创新提供先进经验和示范引领，对广东省深化制造业与互联网融合、打造互联网创业创新高地和军民融合示范区起到重要推进作用。

（四）加强金融和资金支持

广东省金融办积极协调，省市联动，统一布局，统筹全省金融发展布局，形成"一个中心（广州区域金融中心）、三个平台（广州南沙、珠海横琴和广东金融高新技术服务区）、遍地开花"的金融服务格局。"一行三局"积极引导信贷资金向智能制造领域倾斜，支持金融机构针对智能制造相关产业采取银团贷款、票据、债券等方式多渠道融资。2015 年设立科技信贷与风险补偿专项资金，对孵化器内首贷失败的项目进行风险补偿，引导信贷机构加大对智能制造类科技型企业的支持力度。推广应用省科技金融信息服务平台，推介智能制造类科技企业利用平台上线融资，相关金融机构和服务中介及时回复科技企业的贷款需求，推介合适的金融产品，实现科技金融信息互动和无缝对接。

（五）加强智能制造人才培养

广东省人力资源和社会保障厅 2015 年起重点围绕珠江西岸先进制造业和珠江东

岸智能制造产业带，组织赴乌克兰、白俄罗斯、德国、奥地利、意大利等国家进行人才项目推介洽谈活动，引进了数名智能制造领军人才，对本省装备制造业发挥了重要的引领作用；出台了《广东省来粤高层次人才高级专业技术资格确认暂行办法》，解决了引进急需人才的政策障碍，畅通了人才引进渠道。在华南理工大学、广东工业大学设立相关人才流动站，每年招收装备制造业博士后 50 人左右，吸引和培养了一批博士后青年人才。

加快建设一批智能制造典型示范院校和示范专业，2016 年首次将智能制造专业建设项目列入专项资金项目库申报项目，通过资金的带动，示范引领全省技工院校推动智能制造专业建设和技能人才培养。同时支持一批技工院校建设智能制造领域示范院校和示范专业，构建面向企业、社会、学校服务的综合智能制造职业教育培训体系。

第三节　智能制造取得主要进展及成效

一、智能制造产业规模进一步扩大

2016 年，全省 10 个智能制造示范基地产值 9 300 亿元，增长 10.7%。截至 2016 年，广东省有机器人制造重点企业 156 家，机器人制造产业产值 198.98 亿元，带动相关智能装备等产值约合 480 亿元，增长 26.32%。2016 年全省共计生产工业机器人（本体）11 527 台，增长 45.2%。专用及通用设备制造业产值 5 005.38 亿元，增长 13.62%，增加值 1 251.9 亿元。智能终端产品的技术和产能跃居全国前列，平板显示、移动互联网、车载导航、LED、新能源电池等智能终端生产都已形成比较完整的产业链，产品的技术水平、产能和市场占有率跃居全国乃至世界前列，已成为全国主要的平板显示产业基地、手机制造基地、车载导航产业基地。

二、智能化生产水平进一步提高

2016 年广东省新增工业机器人应用 2.2 万台，保有量约 6 万台。新增国家级贯标试点企业 79 家、省级贯标试点企业 308 家，部省级贯标试点企业总数达 765 家。推动 6 951 家规模以上工业企业开展技术改造，完成工业技术改造投资 3 891.7 亿元，增长 32.8%，带动工业投资约 1.11 万亿元，增长 8.9%。

三、形成了一批企业自主知识产权

广东省重大科技专项 2014—2016 年共立项支持 41 个核心关键技术、核心零部件和公共创新服务平台等方面的重大项目，资助总经费为 25 100 万元。据初步统计，这批项目已申请发明专利 78 件，授权发明专利 9 件，制定国家、行业和地方标准 6 项，形成两个产业技术创新联盟——由华南智能机器人创新研究院成立的珠江西岸智能机器人产业应用创新联盟及华南智能机器人技术创新联盟。广东省智能制造推进工作成效如图 34-4 所示。

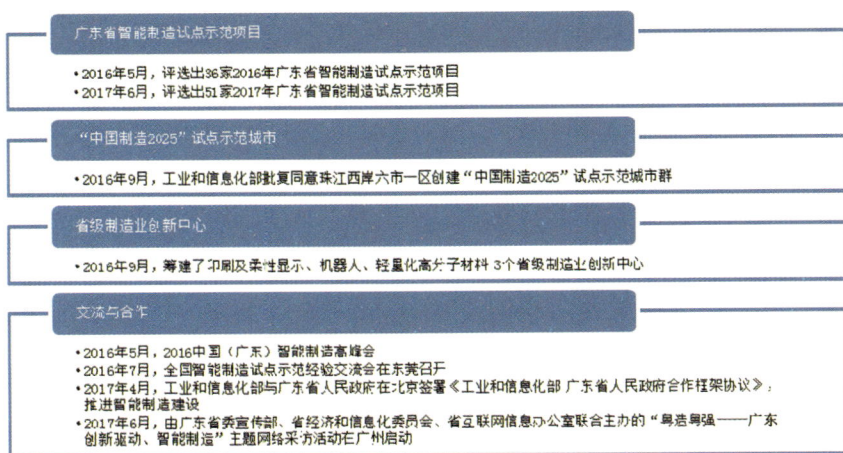

图 34-4　广东省智能制造推进工作成效

第三十五章　重庆市

第一节　制造业总体发展情况

2016 年重庆市实现地区生产总值 17 558.76 亿元，比 2015 年增长 10.7%。按产业分，第一产业增加值 1 303.24 亿元，增长 4.6%；第二产业增加值 7 755.16 亿元，增长 11.3%；第三产业增加值 8 500.36 亿元，增长 11.0%。第一、二、三产业结构比为 7.4∶44.2∶48.4，如图 35-1 所示。

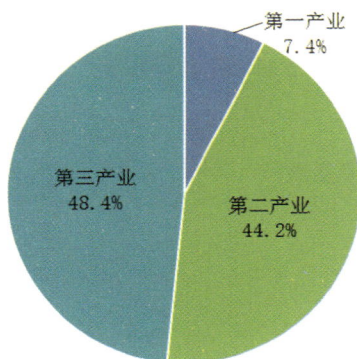

第一产业
7.4%

第三产业
48.4%

第二产业
44.2%

图 35-1　2016 年重庆市生产总值分布

数据来源：重庆市统计局

2016 年重庆市实现工业增加值 6 040.53 亿元，比 2015 年增长 10.2%，占全市地区生产总值的 34.4%。规模以上工业增加值增长 10.3%。全年规模以上工业中，分行业看，农副食品加工业增加值比 2015 年增长 12.2%，化学原料和化学制品制造业增长 3.9%，非金属矿物制品业增长 10.4%，黑色金属冶炼和压延加工业下降 12.3%，有色金属冶炼和压延加工业增长 8.8%，通用设备制造业增长 11.7%，汽车制造业增长 11.2%，铁路、船舶、航空航天和其他运输设备制造业增长 7.2%，电气机械和器材制造业增长 10.3%，计算机、通信和其他电子设备制造业增长 32.7%，电力、热力生产和供应业增长 4.7%。工业战略性新兴产业增加值增长 27.2%。高技术产业增加值增长 24.2%。2016 年重庆市增长较快制造业的工业增加值增速如图 35-2 所示。

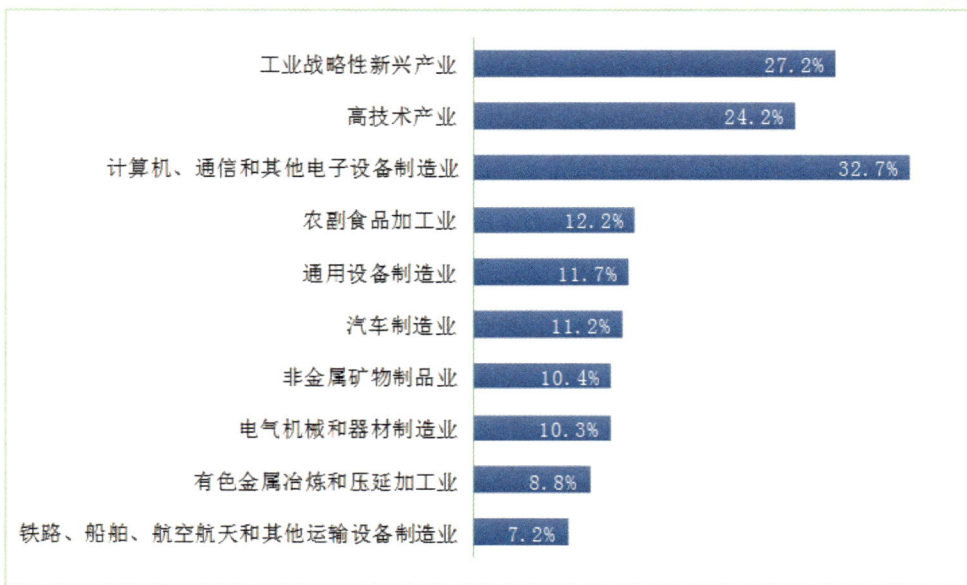

图 35-2　2016 年重庆市增长较快制造业的工业增加值增速

数据来源：重庆市统计局

第二节　重庆市推进智能制造的主要举措

一、加强规划引领

2016 年，重庆市先后发布《重庆市建设国家重要现代制造业基地"十三五"规划》、《重庆市智能制造工程实施方案》和《重庆市制造业与互联网融合创新实施方案》，2017 年出台《重庆市智能制造 2017 行动计划》，着力突破一批智能制造关键技术和装备、提升智能制造基础能力、培育一批智能制造新模式，不断推动全市制造业智能化转型。重庆市主要智能制造政策见表 35-1，重庆市主要智能制造政策推进如图 35-3 所示。

表 35-1　重庆市主要智能制造政策

发布时间	发布单位	政策名称	政策分类
2015 年 8 月	重庆市人民政府办公厅	《重庆市机器人及智能装备产业集群发展规划（2015—2020 年）》	规划
2016 年 9 月	重庆市人民政府	《重庆市建设国家重要现代制造业基地"十三五"规划》	规划
2016 年 11 月	重庆市经济和信息化委员会	《重庆市智能制造工程实施方案》	实施方案
2016 年 10 月	重庆市人民政府	《重庆市制造业与互联网融合创新实施方案》	实施方案
2017 年 4 月	重庆市经济和信息化委员会	《重庆市智能制造 2017 行动计划》	行动计划
2017 年 4 月	重庆市经济和信息化委员会	《2017 年重庆市工业振兴专项资金项目指南》	资金支持政策

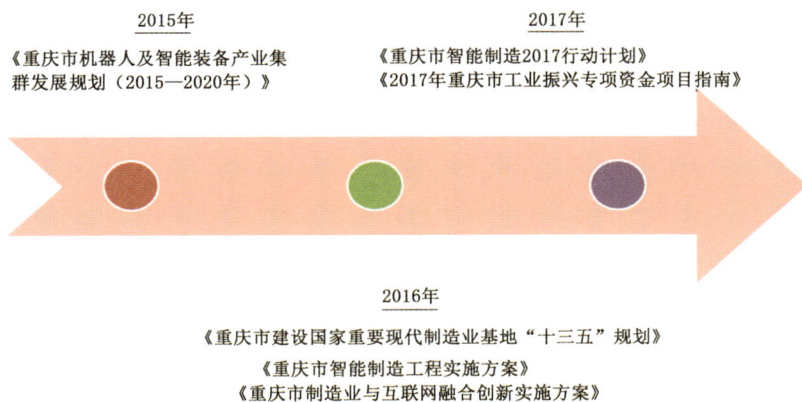

2015年
《重庆市机器人及智能装备产业集群发展规划（2015—2020年）》

2017年
《重庆市智能制造2017行动计划》
《2017年重庆市工业振兴专项资金项目指南》

2016年
《重庆市建设国家重要现代制造业基地"十三五"规划》
《重庆市智能制造工程实施方案》
《重庆市制造业与互联网融合创新实施方案》

图 35-3　重庆市主要智能制造政策推进

二、实施智能制造工程

重庆市重点聚焦关键技术装备创新与应用，智能制造核心软件的开发与应用，智能制造标准制定、验证与实施，工业互联网和信息安全系统建设，智能制造新模式的培育推广等方向，推动传统制造业重点领域基本实现数字化制造，有条件、有基础的重点产业全面启动并逐步实现智能转型。截至 2016 年，重庆市共投入资金 4 000 多万元，支持了 44 个智能制造重点项目建设。

三、配套措施

（一）加强交流合作

2016 年 11 月，重庆经信委组织重庆机电控股（集团）有限公司、重庆长安工业（集团）有限责任公司、重庆川仪自动化股份有限公司、重庆红江机械有限公司、重庆长江轴承股份有限公司、重庆大学机械学院、重庆集诚汽车电子有限责任公司、北大医药股份有限公司、东矩金属制品有限公司等企业和高校赴东莞劲胜精密组件股份有限公司学习智能制造先进经验，研究完善智能制造项目的实施方案。

2017 年 3 月 16 日，重庆市经信委组织召开 2017 年重庆市手机及笔记本电脑行业智能制造对接会，136 家企业 200 余人参会。会上 96 家企业达成意向，涉及项目合作金额 127 亿元。

（二）配套资金支持

2015 年，长安汽车被评为智能制造试点示范企业，为支持长安汽车发展，重庆市每年拨付工业振兴资金用于项目建设，由长安汽车自行调配使用。

《2017 年重庆市工业振兴专项资金项目指南》明确表示对符合条件的战略性新兴产业发展、技术改造工程、工业强基工程、智能制造工程等工程给予立项和资金支持。

第三节　智能制造取得主要进展及成效

一、产业规模不断扩大

截至 2016 年年底，重庆市智能装备领域企业超过 120 家，年产值 150 亿元，同比增长 50%。其中，工业机器人产量达到 2 000 台，数控机床产量达到 3 384 台，已初步形成了研发、整机制造、系统集成、零部件配套、应用服务的产业雏形，逐步开始满足重庆乃至西南地区的智能制造装备需求，智能制造保障能力得到提高。

二、智能制造水平不断提升

截至 2016 年年底，重庆市支持了 44 个智能制造重点项目建设，取得了较好效果，企业智能化率提升效果明显、人工成本有效降低、生产效率大幅提升、产品质量稳步提高、研发周期大幅缩短、能源利用率有效提高。项目实施后,平均装备智能化率(智能装备价值量占比)由 42.3%提升到 70.7%;共减少用工 3 985 人,节省人工成本共计约 2.2 亿元/年(人均工资以 5.5 万元/年计算),平均为每个企业节省人工成本 391 万元/年;企业的生产效率平均提高了 69.4%;产品不良品率平均降低 29.2%;产品研发周期平均缩短 14.5%;企业能源利用率平均提高 8%。

第三十六章 四川省

第一节 制造业总体发展情况

2016 年四川省实现地区生产总值（GDP）32680.5 亿元，按可比价格计算，比 2015 年增长 7.7%。其中，第一产业增加值 3924.1 亿元，增长 3.8%；第二产业增加值 13924.7 亿元，增长 7.5%；第三产业增加值 14831.7 亿元，增长 9.1%。三次产业对经济增长的贡献率分别为 6.0%、42.5% 和 51.5%。第一、二、三产业结构由 2015 年的 12.2∶44.1∶43.7 调整为 12.0∶42.6∶45.4，如图 36-1 所示。

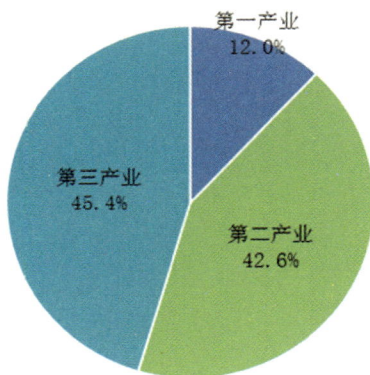

图 36-1 2016 年四川省生产总值分布

数据来源：四川省统计局

2016 年四川省全部工业增加值 11 569.8 亿元，比 2015 年增长 7.6%，对经济增长的贡献率为 36.2%。全年规模以上工业增加值增长 7.9%。规模以上工业 41 个行业大类中有 36 个行业增加值增长。其中，酒、饮料和精制茶制造业比 2015 年增长 11.9%，电力、热力生产和供应业增加值下降 3.5%，计算机、通信和其他电子设备制造业增长 9.4%，非金属矿物制品业增长 10.3%，汽车制造业增长 14.2%，化学原料和化学制品制造业增长 9.0%，农副食品加工业增长 8.5%，石油和天然气开采业增长 21.1%，医药制造业增长 8.1%。2016 年四川省增速较快的制造业如图 36-2 所示。

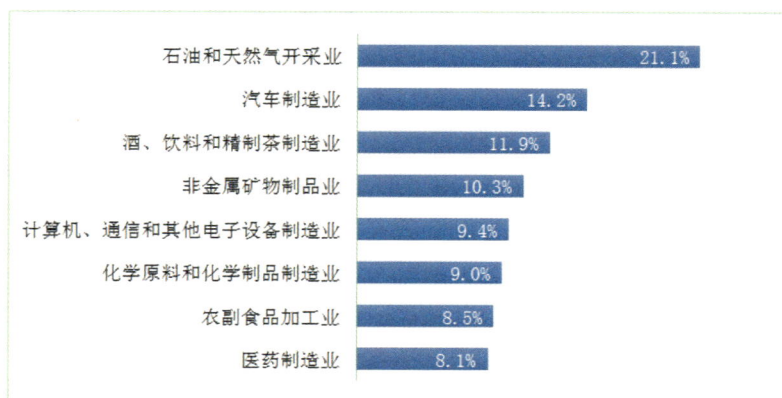

图 36-2　2016 年四川省增速较快的制造业

数据来源：四川省统计局

第二节　四川省推进智能制造的主要举措

一、大力实施以智能化为引领的转型升级

自《中国制造 2025》发布实施以来，四川省按照"先进制造强省战略"要求，将发展智能制造作为推进供给侧结构性改革、促进制造业转型升级的主攻方向和重要抓手，坚持"高端引领、智能转型"，不断推进制造业数字化、网络化、智能化、绿色化改造升级。制定并下发了《<中国制造 2025>四川行动计划》、《互联网+制造业实施方案》、《四川省推进智能制造发展的实施意见》等政策文件，积极组织企业开展智能制造，全面引导和支持企业开展智能制造改造升级。四川省主要智能制造政策见表36-1，四川省主要智能制造政策推进如图 36-3 所示。

表 36-1　四川省主要智能制造政策

发布时间	发布单位	政策名称	政策分类
2015 年 10 月	四川省人民政府	《<中国制造 2025>四川行动计划》	行动计划
2015 年 12 月	四川省人民政府办公厅	《"互联网+四川制造"实施方案》	实施方案
2017 年 7 月	四川省经济和信息化委员会	《四川省推进智能制造发展的实施意见》	实施意见

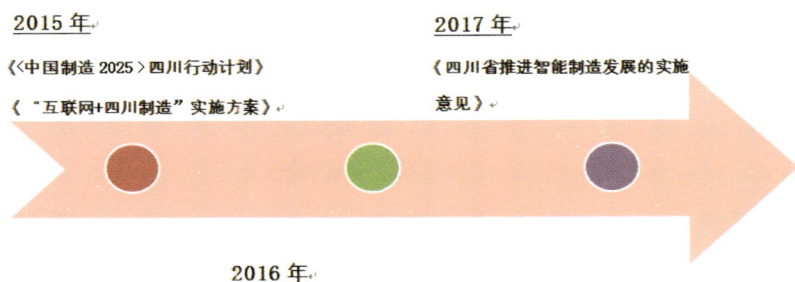

图 36-3　四川省主要智能制造政策推进

二、加强试点示范

四川省坚持分步实施的策略，组织省内企业实施转型升级，打造智能制造新模式应用、智能装备研制、军民融合、智能制造综合标准化标杆企业，以样板工程带动大中小型企业全面发展。同时在冶金、化工、建材、白酒、纺织等传统产业领域大力推动智能制造，促进传统产业、高端成长型产业与战略性新兴产业齐头并进，协同发展。截至 2017 年 9 月，四川省已组织实施了 49 个省级智能制造试点示范项目，覆盖轨道交通、海洋工程、新一代信息技术、航空与燃机、新材料等众多领域。

三、配套措施

（一）积极打造智能制造公共服务平台

四川省着力搭建各类智能制造产学研创新平台，形成跨界协同创新生态系统。如推动东方电气中央研究院牵头组建省智能制造技术创新中心，旨在统筹全省 66 家国家级企业技术中心、13 家企业行业协同创新中心、21 家战略性新兴产业发展联盟等科技资源，为全省制造业提供智能制造技术解决方案；推动四川九洲电器牵头成立省军民融合产业联盟、成都科学技术服务中心牵头成立成德绵智能制造协同创新联盟、机械研究设计院牵头成立省机器人产业联盟和四川哈工大产业技术研究院，为全省智能装备升级和产业化提供技术支持；建立省智能制造技术对接交流平台，为本省制造业供需双方在智能制造领域的技术交流与合作提供强力保障。

（二）加强交流合作

为使示范项目起到更好的带动作用，四川省经信委联合行业协会先后组织召开了智能制造试点示范项目经验交流会、重点项目对接会、专业研讨会近10次，极大地促进了四川省制造企业与软件商、智能制造集成商、科研院所产学研用协同发展。

同时积极组织省内机器人、电力装备等领域重点企业，参加世界机器人大会、电力装备智能制造经验交流会等众多活动，寻求和国内外智能制造先进单位的合作，提升本省的智能化水平。

（三）配套资金支持

截至2016年，四川省实施省级智能制造专项，支持资金1.33亿元，涉及节能与新能源汽车、装备制造、电子信息等众多领域。在装备产业领域、消费品产业领域等重点企业实施"设备换芯""生产换线""机器换人"三大改造计划，整合省级工业发展资金10.6亿元，专项支持以智能制造为重点方向的制造业技术改造和创新补助。同时，组织企业申报国家智能制造综合标准化与新模式应用项目，8家企业获得国家立项。

第三节　智能制造取得主要进展及成效

一、形成良好的智能制造发展态势

目前，全省以智能化、自动化为重要投资内容的制造业完成投资8 000亿元以上，占工业投资的36%；已建和在建数字化、智能化工厂/车间的制造企业超过200家，总投资超过150亿元。2017年，全省制造业数字化已取得明显进展，数字化研发设计工具普及率为59.7%，较2015年提高7个百分点；关键工序数控化率为45.2%，较2015年提高8个百分点，两项重要指标已接近全国平均水平。

二、树立一批智能制造标杆企业

四川省用于支持制造业智能化改造、智能制造新模式应用、"互联网＋制造"、智能装备研制的工业发展资金达到35.25亿元，支持项目数量超过900个，打造了49家智能制造试点示范企业，基本涵盖制造业所有行业，形成了一批带动全省智能制造发展的标杆企业。近期，航空航天、电子信息、高档数控机床 3 个领域的龙头企业已牵头承担国家智能制造关键技术标准的制定，成为国家实施智能制造的领头羊。

三、培育一批智能制造供应商

关键技术装备、核心支撑软件、工业互联网、系统集成是推进智能制造的四大基础。近三年来，四川省已培育了普什宁江、普瑞斯、焊研科技、资阳精工机械、三阳永年、真火科技等一批关键技术装备生产企业，长虹智能制造、绵阳鼎鑫、成焊宝玛、四威电子等一批系统集成骨干企业，淞幸科技、成都运达科技、川大智胜、阿泰因等一批核心支撑软件供应企业，引进航天云网、树根互联、数码大方等国内工业互联网知名企业，形成对智能制造相关基础资源的有效整合，为智能制造快速发展提供了坚实的后盾。

四、转化一批军用智能制造技术成果

自 2016 年与 12 大军工集团签署了战略合作协议以来，四川省推动转化了航空航天、核产业、信息安全等一批智能制造技术成果。例如，成飞公司数控加工厂的智能数控编程、测量加工一体化等智能制造关键技术正积极向省内配套企业输出，四川航天云网的 INDICS 工业云平台、整体解决方案已开始为省内上万户企业服务。四川省智能制造推进工作成效如图 36-4 所示。

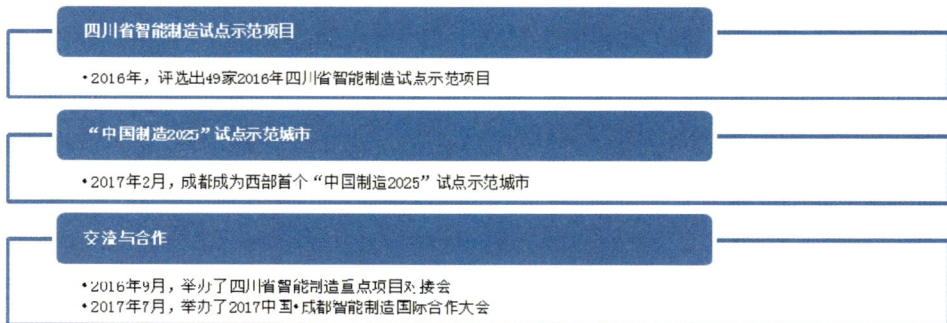

四川省智能制造试点示范项目
· 2016年，评选出49家2016年四川省智能制造试点示范项目

"中国制造2025"试点示范城市
· 2017年2月，成都成为西部首个"中国制造2025"试点示范城市

交流与合作
· 2016年9月，举办了四川省智能制造重点项目对接会
· 2017年7月，举办了2017中国·成都智能制造国际合作大会

图 36-4　四川省智能制造推进工作成效

第三十七章　陕西省

第一节　制造业总体发展情况

2016 年，陕西省全年生产总值 19 165.39 亿元，比 2015 年增长 7.6%。其中，第一产业增加值 1 693.84 亿元，增长 4.0%，占生产总值的比重为 8.8%；第二产业增加值 9 390.88 亿元，增长 7.3%，占 49.0%；第三产业增加值 8 080.67 亿元，增长 8.7%，占 42.2%，如图 37-1 所示。

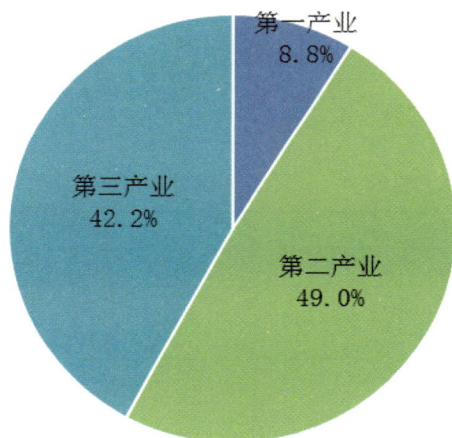

图 37-1　2016 年陕西省生产总值分布

数据来源：陕西省统计局

2016 年陕西省实现工业增加值 7 492.63 亿元，比 2015 年增长 6.8%。其中，规模以上工业增加值增长 6.9%。规模以上工业中，重工业增加值增长 6.4%，轻工业增长 9.4%；分工业门类看，采矿业增加值增长 0.4%，制造业增长 11.5%，电力、热力、燃气及水生产和供应业增长 4.9%；能源工业增加值下降 0.7%，非能源工业增长 13.1%；六大高耗能行业增加值增长 6.8%。

第二节　陕西省推进智能制造的主要举措

一、出台政策规划

2016 年 6 月，陕西省出台了《〈中国制造 2025〉陕西实施意见》，明确了要根据陕西省的工业发展实际，通过"三步走"实现陕西制造强省的战略目标，推动工业化与信息化深度融合，提升企业智能化水平。围绕关键工序智能化、关键岗位机器人替代、生产过程智能化控制、供应链优化等方向，建设智能工厂和数字车间。到 2025 年，全省建成智能制造示范企业 100 个，数字车间试点 300 个，实现制造业重点领域全面智能化。陕西省主要智能制造政策见表 37-1，陕西省主要智能制造政策推进如图 37-2 所示。

表 37-1　陕西省主要智能制造政策

发布时间	发布单位	政策名称	政策分类
2016 年 6 月	陕西省人民政府	《〈中国制造 2025〉陕西实施意见》	实施意见
2016 年 9 月	陕西省人民政府办公厅	《关于开展新一轮企业技术改造的实施意见》	实施意见
2017 年 2 月	陕西省落实《中国制造 2025》战略规划领导小组	《陕西省智能制造工程实施方案》	实施方案

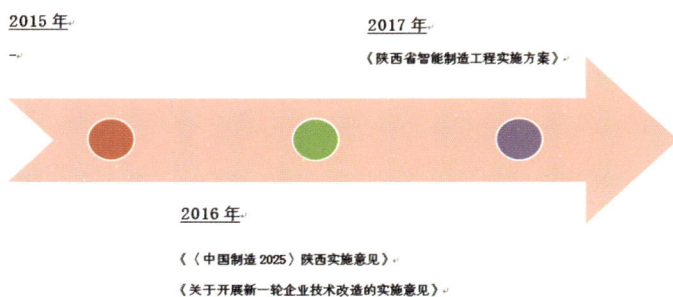

图 37-2　陕西省主要智能制造政策推进

二、开展省级智能制造试点示范

陕西省在充分调研的基础上，从汽车、电力装备、机床、石油冶金煤炭重型装备、轨道交通装备、机器人、3D 打印等产业领域里选出一批实施条件较好的企业，推动其实施智能化技术改造，形成了一批省级示范企业。同时给予支持，由此以点带面，推动全省更多的企业实施智能制造。2017 年 2 月，陕西省评选出 20 家"2017 年度陕西省智能制造试点示范企业"。

三、配套措施

（一）谋划搭建智能制造服务平台

谋划推动省内公司与国际知名智能制造企业合作，开展智能制造服务，形成"设计研发+制造+服务"的商业发展模式，实行公司化运作、产业化发展，搭建服务平台，在智能化改造提升陕西省企业的同时，也为全国制造业企业智能改造提供服务。

（二）加强交流合作

组织召开陕鼓智能制造经验推广专题会。在全省介绍陕鼓智能制造典型经验，组织全省 400 余户装备制造企业分五批到陕鼓参观学习。

（三）配套资金支持

为支持先进装备制造业加快发展，对产值超过 10 亿元的装备制造企业集团，给予税收优惠，企业将减免的税收资金全部用于技术研发和改造。

制定并出台的陕西首台套重大装备产品认定办法，对被认定的首台（套）产品研发及销售给予装备支持，鼓励研发、协同创新，有效促进了企业首台（套）装备研发创新和推广应用。

第三节　智能制造取得主要进展及成效

近年来，陕西省委省政府把发展智能制造作为深入落实《中国制造 2025》、推进供给侧结构性改革的重要举措，立足本省优势，加大推进力度，一批智能制造示范企业和智能工厂、数字车间加快培育形成，一批具有企业自主知识产权的智能基础装备和关键技术不断实现新突破，进一步增强了产业核心竞争力。

一、重点领域优势更加突出

　　航空航天、汽车、输配电、机床工具、石油冶金重型装备及电子信息、有色、石化等重点领域高端化、智能化趋势明显。西飞新舟 60/600/700 新型涡桨支线飞机成功运营，大飞机、无人机及飞机发动机研制走在全国前列；固体火箭发动机、液体火箭发动机等航天产品技术水平国内领先；陕汽重卡竞争优势明显，产销规模达 10 万辆，天然气重卡产销全国第一；比亚迪新能源汽车研发制造技术优势明显，纯电动、混合动力汽车研发实力跻身世界，领跑国内；西电集团高压特高压输配电设备成套化、智能化发展国际领先；宝石机 12 000 米特深石油钻机世界第一；西安中兴通讯研发设计综合实力显著，在智能手机领域行业竞争优势明显。

二、企业智能化水平进一步提升

　　通过实施智能化改造升级，企业数字化、网络化和智能化水平进一步提升，产品设计周期、劳动生产率、生产成本和产品质量等明显改善。西安中兴通讯建立的标准化、可视化手机终端智能制造新模式，生产效率提升 30%，产品合格率提高 15%，有效提升我国智能手机制造的国际竞争力，可在手机行业复制推广；法士特建立了国内齿轮行业首条智能化生产线，实现研发、工艺设计、制造、物流、销售服务全过程的智能化，产品合格率由 96% 提高至 99.5%，售后返修率总体下降 40%；中煤榆林能源化工有限公司建立了覆盖煤化工生产经营各个层面的信息化系统，工艺、生产、质量控制、设备运行、安全环保实现在线监控管理，人均生产效率高出行业平均水平 40%；中航工业自控所建立的微小惯性器件智能制造平台，实现了数字化设计和生产制造，打破了微小惯性器件"经验式设计、筛选式加工、试错式装调"的典型做法；秦川集团机器人减速器智能化示范工厂成为行业标杆。

三、智能制造整体解决方案推广取得明显成效

秦川集团齿轮磨床和外圆磨床技术全国领先，关键零部件生产线整体解决方案推广成效显著；陕鼓从单一主机制造向成套设备、工程总包、工业服务、设施运营等智能化服务发展，成果显著，其中智能在线监测系统已服务国内外 100 余家企业 320 余台套机组。西电集团是国内最早成功开发智能化全封闭组合开关和智能变速器的企业，其产品成功用于目前世界上电压等级最高的国家第一批试点智能电网工程，目前已推广到荆门特高压扩建工程等 20 多个智能化工程项目。

企业篇

企业智能制造发展基本状况

企业实施智能化改造的主要经验

离散型制造领域的智能制造模式及其典型案例

流程型制造领域的智能制造模式及其典型案例

网络协同制造模式及其典型案例

大规模个性化定制模式及其典型案例

远程运维服务模式及其典型案例

本篇聚焦于中国企业智能制造实践。分析了企业实施智能制造的内生动力，包括降低生产成本、提高生产效率和产品质量、更有效地响应消费者的个性化需求等；概括了当前中国企业智能制造的发展现状；总结了企业在推进智能制造中的步骤、实施路径和成功经验；分别围绕离散型制造领域的智能制造模式、流程型制造领域的智能制造模式，以及网络协同、大规模定制、远程运维等模式，分析了特点、要素条件和实现路径，并从国家智能制造试点示范企业中挑选了部分典型案例进行了详细介绍。其中，离散型制造领域智能制造选取了潍柴动力和南通中远川崎，流程型制造领域智能制造选取了中石化九江公司、宝钢股份、娃哈哈集团、蒙牛、丽珠制药厂和唐山冀东水泥公司，网络协同制造选取了中国商飞公司和泉州海天，大规模个性化定制选取了青岛红领、维尚家具、中核利柏特，远程运维服务了陕鼓集团和哈尔滨电机厂。

第三十八章　企业智能制造发展基本状况

第一节　智能制造正在成为企业发展的重要驱动力

通过对 2015—2016 年中国智能制造试点示范企业的调查和调研发现，虽然智能制造概念初露端倪，但是它代表着未来产业的发展方向和主流趋势。因此，无论是制造业还是服务业，对智能化的潜在需求都很大，企业整体上对智能化表现出欢迎和期待的态度，几乎所有参与调研的企业都将智能制造纳入了企业的战略规划当中。智能制造正在成为中国企业发展的重要驱动力，但大规模、全方位的智能化需求尚未完全形成，而且企业智能化转型的动力呈现多元化特点，其中以企业内部成本驱动、效率驱动和质量驱动等转型动力为主，个性化需求尚未成为主要动力。

一、通过智能化改造提高效率降低成本

由于内外部环境的综合影响，中国企业近年来正在丧失传统的成本优势，而智能

制造由于其高度的自动化、信息化水平，以及柔性生产的能力，为企业进一步提高效率、降低成本带来了新的机会。根据成本的不同类型，可以将企业发展智能制造的成本驱动因素细分为四类：第一类是降低人工成本的需求，其核心是针对劳动力成本过快提升导致的竞争力下降，通过智能化的"机器替人"模式大幅减少人工数量。例如，浙江新凤鸣集团作为一家传统化纤企业，此前在产品落筒、搬运、包装等劳动强度大的岗位均是人工操作，这些岗位员工占企业员工总数的比例高达70%以上。近几年年均人工支出增长率超过8%，人均支出超过5万元/年。因此，通过智能化改造减少用工、降低单位产品人工成本，成为这类企业实现可持续发展的迫切需要。第二类是降低生产制造成本的需求，其核心是针对生产制造过程中设备、工装、不同工序环节之间的协同衔接以及工艺流程不合理导致的生产成本过高问题，通过智能化的改造降低生产制造成本。比如生产型企业通过引进数控设备，使小批量单件生产转型为大批量生产，提高自动化、智能化水平，从而提升产品生产效率，降低生产成本。第三类是降低管理成本的需求，其核心是通过智能化的改造和精益化管理来降低管理成本。例如，陕鼓集团针对其设计、工艺、制造环节中的管理成本过高问题，持续开展基于数字化的精益管理，通过技术研发、产品设计、工艺生成、制造资源的全参数化、自动化、智能化处理，持续开展流程再造和工艺布局，降低管理成本，缩短交货时间。第四类是降低综合运营成本的需求。例如，青岛双星集团通过构建产品全生命周期智能运营系统，推进模块化设计和三维数字化设计，降低产品设计出错率；推进智能排产，省去了人工下达计划的用工量及用时量；推进智能运输工具替代人工运输，降低用工成本，提高输送的效率及准确率；推进智能生产，减少3/4的用工量，降低人工成本；推进管理信息化大大降低办公成本，运营成本降低约30%。

二、通过智能化改造提高产品品质和附加价值

随着人均GDP的持续提升，中国消费升级的大趋势要求企业提供更高品质、更高档次的产品。在激烈的市场竞争中，中国产品的质量已成为"中国制造"的生命线。积极应用先进信息化、数字化和智能化技术提升产品品质和质量正在成为许多企业开展智能制造的重要驱动力。例如，雷柏科技公司发现，人工生产线虽然具备应对不同代工客户的灵活性，但是产品品质却"非常不稳定"。为此，从2007年开始，雷柏开始在生产线推进智能化改造。2008年，雷柏研发了一条自动化生产线，解决了键盘生产线上人工插键帽的自动化问题，把线上的工人从60人减到了24人。2011年雷柏购买了一批小型的六轴工业机器人，稳定提升了生产效率和产品品质，生产效率比人工

提高了 60%。过去每天生产 4 000 个键盘需要 50 名员工。现在每天生产 7 000 个键盘，只需要 6~7 人搭配工业机器人生产线，且良品率比手工操作模式明显提高。

三、通过智能化改造响应用户个性化需求

随着人们收入水平提升和消费理念的转变，传统的标准化消费需求开始向个性化需求转变，消费者更加强调对消费属性中服务性、便捷性、绿色性、安全性、精神性的获取。制造业企业以往提供的标准化产品难以满足这些个性化要求，而智能化是使标准化产品向个性化产品拓展的最有效手段。消费者强劲的个性化需求动力，使得企业偏向于小批量、个性化生产方式，这就要求企业具有从传统大规模标准化管理快速转向小批量、个性化生产的管理能力。但是，中国大多数企业延续着大规模标准化生产制造范式，只有少数企业，例如海尔、红领、美的等，开始通过智能化改造从根本上改造企业制造范式，构建大规模个性化定制生产模式，全面地响应消费者个性化需求。

第二节　企业智能制造发展的影响因素

智能制造本质上是基于互联网、移动互联、物联网、云计算、人工智能等先进技术上的生产组织范式的重塑，它意味着企业与用户正在以全新的方式实现价值共创。因此，企业从战略到执行、从技术到管理、从物到人等都成为影响智能制造发展的因素。

一、企业战略决策

战略选择决定了企业的发展方向。企业推进智能制造面临多方面的战略选择和挑战。

（1）系统性创新的挑战。智能制造是一种建立在产业链和创新链上下游各环节之上、涵盖各个相关主体、涉及各类相关技术的系统性智能化的生态，因此是一个复杂系统。要实现智能制造，企业必须运用开放化、网络化、协同化的方式进行生产，其实质是构建一个创新的生态系统。这与创新 3.0 时代"用户参与、社群众创"的核心特征相吻合。与"希望自己更强"的创新 2.0 时代不同，以生态式创新为代表的创新

3.0 不只希望自己更强，而是"希望大家更强"：让员工更强、让客户更强、让合作伙伴更强。智能制造的核心也是希望各相关参与主体都强，并以生态化的方式满足用户个性化需求，这会引起未来的商业模式、组织模式、竞争模式等发生重大变革。

（2）实施路径的选择。企业开展智能制造是一次全新的实践创新，需要在实施路径上进行战略选择。跟随模仿和本土化创新是企业创新的两大战略性选择。对于企业，无论选择哪一种创新路径，关键在于不能简单跟随模仿或完全彻底的自主创新，而要在两者之间找到恰当的平衡点。一方面，对外部智能制造技术和模式的简单跟随模仿会使企业陷入"技术锁定"或"发展模式锁定"；另一方面，完全通过自主创新来实现智能制造会大大增加企业的转换成本和风险，甚至丧失发展机遇。因此，智能制造战略决策的核心之一是传统制造方式与智能制造方式在成本、效率和创造新价值方面的经济性抉择和权衡。确立恰当的智能制造战略路径，对企业的可持续健康发展至关重要。

（3）价值选择。当前，全球制造业企业和制造产业都面临着转型升级的迫切需求，而政府和社会投资急需寻找出口，这些有利因素可以让企业和产业快速转向智能制造，但如果没有通过智能制造真正提升竞争力，也没有创造比传统制造更大的价值，甚至智能制造还不如传统制造模式创造的价值，就会让大量有关智能制造的投资打水漂。因此，把握价值增值原则在智能制造的战略决策中非常重要。

二、资金投入

投资回报是制约企业智能制造发展的又一个重要因素。智能制造投资回报集中在智能化改造所带来的生产效率的提高、人员数量的下降及市场需求的拉动等方面是否可以平衡智能化改造的投入支出。智能制造的投资特点，首先是一次性投入大。从现有的开展智能化改造项目所投入金额来看，往往都是数百万、上千万的投入，虽然政府提供一定的激励和补贴措施，但是绝大部分都需要企业自己筹资。其次是投入回报周期长。海尔集团从 2005 年以来持续推进管理模式和制造模式转型，到最近几年才开始初具规模；青岛红领用了 12 年的时间形成其智能制造的雏形；沈阳机床用 8 年的时间开发出智能机床设备；华曙高科的 3D 打印设备也是经历了 7 年的持续创新完善才达到了可以大规模商业化的水平，并且在未来 10 年可能还无法实现盈利。因此，无论是从一次性投入还是产出回报来说，资金投入都将成为制约企业智能制造发展的重要因素。

三、技术和装备

智能制造需要广泛应用先进的信息通信技术、软件、本行业技术和装备。以自动化染色行业为例，筒子纱数字化自动化染色工艺一直是国内外工厂努力追求的目标，因其工艺繁杂，德国、意大利等国经过多年努力，目前仅开发出局部自动化卧式染色生产系统。自动染色存在三大技术难题：

（1）从原纱到成品生产工序复杂、设备种类繁多、全部为人工操作。生产工艺难以实现数字化、标准化，因此由人工经验到实现工艺智能化决策的难度大。

（2）要实现染色全流程自动化，染色装备需要由人工操作转为自动化运行，开发生产线用自动化染色成套装备难度大。

（3）单机自动化控制到全流程系统控制难度大。在对小批量多品种染色时，单染程近 300 个步骤，其工艺繁杂，管控排产、高温高湿、全流程多参数检测反馈、系统控制及可靠运行难。这种难题在很多行业中都可能出现，尤其是在行业自动化程度还相对较低的中国，这一问题将更加突出。即使这些技术难题经过一定时间的积累可以得到突破，在突破过程中也需要很长的技术积累和数据积累过程，在这个过程中会不断地受到新技术、新装备的挑战。

四、管理能力

智能制造将对传统的产业链和创新链产生重要影响，这会给企业的管理思维和管理模式带来挑战。

（1）产业链各环节衔接管理所带来的挑战。在传统制造时代，制造业产业链各个环节之间以分段模式为主，重点强调对单个环节的内部管理，产业链环节之间的连接管理不是主要的。在智能制造时代，产业链上各环节间的衔接变得异常重要，产业链环节之间的衔接管理成为管理重点。智能化手段有助于提升产业链环节衔接的效率、降低环节衔接的成本，甚至能将若干环节整合在一起，例如消费者需求与个性化设计间的衔接，设计环节、物流环节与小批量生产加工环节间的衔接，生产制造环节与销售服务环节的衔接等。因此，当产业链各环节衔接的管理成为新的管理重点后，必定会给传统制造业企业带来管理挑战。

（2）响应顾客个性化需求的管理挑战。企业必须准确识别并快速满足多样化、个性化的顾客需求，实现对顾客端从开始到结束的全程监测，其管理难点在于如何将个性化需求转化为成本低、效率高、质量稳定的小批量产品，为顾客提供智能化的解决方案。

（3）创新链与产业链融合带来的管理挑战。传统制造业的产业链和创新链是相对独立的，两链的融合程度低，产业链往往是在创新链完成之后才开始形成和发展的。在智能制造时代，产业链和创新链之间会出现大量融合，两者的关联性和同步性大大增强。由于工具智能化水平的大幅提升，产业链相关参与者（如设备供应商、生产制造商、市场服务商等）的创新理念和活动能迅速反映到创新过程中，加速了创新链和产业链的融合。如何管理两链的融合及发展，是制造企业在智能制造时代面临的另一个管理挑战。

综上所述，如果简单沿用传统制造业"标准化、单环节、创新链与产业链分离"的管理方式，将很难解决智能制造所带来的一系列管理问题。

五、员工

在向智能制造转型中，企业一个核心的资源要素就是人力资源。智能制造需要三个方面的人才：首先也是最重要的是能够重新设计生产流程、供应链管理流程、产品再设计、大数据分析等复杂工作的高级人才；其次是能够维持智能工厂日常设备调试维修、供应链运营等工作的中级人才；最后是具备整个工厂的人力资源升级以满足智能工厂更高的操作和运营要求的人力储备。而从传统模式转向智能制造模式，首先意味着机器替换人工，企业对于操作型工人的需求将大幅降低，未来可能出现的情况是一个人操作多台装备甚至整个车间的设备。但与此同时，企业的用工需求并没有因此减少，而是在其他方面如数据分析、辅助决策等方面有了更大的人员需求。因此，员工岗位结构和技能的变化将成为影响企业智能制造发展的重要因素。青岛红领转型的一个重要变化就是其业务模式转型和业务范围的拓展，从大规模标准化生产到大规模个性化定制，从服装生产到智能制造解决方案服务，传统加工操作工人的需求下降，软件工程师所占比例却在不断地攀升，这也将成为其他很多企业智能制造转型的必经之路。而另一方面，智能制造还需要员工具有更强的学习能力以适应快速变化的柔性生产需求，以及更强的与顾客沟通的能力以便了解顾客的真实需求，还需要员工之间利用各种信息化手段进行高效的沟通。否则，员工将无法应付碎片化消费市场所带来的挑战。

第三节　中国企业智能制造发展现状

　　根据麦肯锡2016年第四次工业革命全球专家调查、中国第四次工业革命调查及专家采访数据，76%的中国制造企业认为工业4.0将提高企业竞争力，57%的美国企业、50%的德国企业及54%的日本企业也持同一观点。在具体的战略准备和实施策略上，57%的中国制造企业认为本企业已准备好应对工业4.0时代，71%的美国企业、68%的德国企业及36%的日本企业也认为本企业已做好准备。相对来说，美国企业和德国企业具有较好的管理和技术基础，在应对新一轮智能化竞争中做了更充分的准备。在企业智能化发展的职责分工和路径规范方面，美国、德国和日本企业相对中国制造企业而言有更为清晰的职责分工和路径规范。在"职责分工"方面，仅有9%的中国企业认为本企业"职责分工明确"，而美国企业这一比例达到33%，德国企业的比例为35%，日本企业的比例为21%。在"路径规划"方面，中国企业比例则更低，只有6%的企业认为自己"有清晰的路径规划"，而美国、德国企业这一比例均为22%，日本企业的比例则达到31%。[1]从调查数据来看，全球主要制造业大国的企业群体对工业4.0和制造业数字化、智能化发展持期待和肯定的态度，但中国企业因自身发展水平的制约，在战略准备、路径规划、设备改造和提升等方面还有大量工作要做。

一、中国企业整体上正在从自动化、信息化逐步向智能化过渡

　　当前中国制造业处于自动化、信息化和智能化"三化"并存阶段，但智能化进程刚起步，整体上正在从信息化、自动化逐步向智能化阶段过渡。多数样本企业都认为，信息化和工业化的深度融合是中国企业的工作重点，而自动化是在深度信息化基础上才可能完成的。有不少企业直接将深度信息化和自动化认为是智能化的一部分。在实践中，许多企业"三化并举"。例如，太钢集团提出了五层架构（5L），核心做法是完成ERP、OA、CRM等基础设施的信息化，以实现生产数据、试验数据的全自动化（以制造执行系统MES为主要标志），再实现上下游工序的物流、信息流的关联自动化，最后达到生产过程的智能化。株洲电力机车厂认为，信息化、自动化、数字化和互联网的结合就是现阶段智能制造的内涵，它在设计环节就考虑了用户需求，实现了数字

[1] Karel Eloot，王平，侯文皓，吴昕，《中国工业4.0之路》，《麦肯锡季刊》，2016年第3期

化设计，在物流环节、运营环节、质量管理环节和中央控制平台仍然采用信息化和网络化手段。

二、智能化改造需求不断涌现，但大规模、全方位的智能化需求尚未形成

无论是制造型企业还是服务型企业，对智能化的潜在需求都很大，企业在整体上对智能化表现出欢迎和期待的态度。调研发现，虽然潜在需求很大，但由于企业自身能力有限，以及传统制造业的存量较大、智能化改造的成本过高，导致潜在需求短时间无法转化为有效需求。另外，单个工序或车间的智能化容易实现，整个工厂或整个系统的智能化却难以在短期内实现。总体来说，真正能够全面接受智能制造理念并付诸实践的企业仍是少数，大规模、全方位的智能化需求还要较长时间才能形成。

三、企业实践以"干中学"为主

总体来看，中国制造正处于智能化改造的学习和实践摸索并举阶段，中国企业对这一轮智能制造的概念和模式保持了较好的学习热情和相对理性的实践态度，很多企业以"干中学"模式为主，采取边学习边实践的策略。还有很多企业一方面积极参与国内外大量的智能制造培训交流，学习国内外企业、专家的实践和理论观点，另一方面在特定工序、车间或整个工厂中都在实践着智能制造的理念和相关模式。例如，中车株洲所通过学习，认识到智能制造的核心是不同流程间的协同，因此专门针对协同问题变革了各环节之间的衔接，通过培训强化提升了人员协同技能。

四、智能化重点以增量智能化为主

当前中国制造业总体处于工业2.0、3.0阶段，因此在向智能制造迈进过程中，具有大量智能化改造的存量需求。调研发现，大多数企业的智能化路径是采取对存量生产能力遵循循序渐进的原则、新建产能则采取一步到位的策略。大多数企业对传统存量工厂的改造实质上更多是自动化、信息化改造，因为原有生产能力的智能化改造转换成本过高，而新建产能的智能化则相对简单，购买新设备、上马新系统和新软件相对容易实现，即便某些设备和软件并不一定完全适用，仍然可以通过后期的本土化适应性改进来完成。

五、智能制造核心技术装备严重缺乏，系统性管理变革意识不强

  当前，中国企业智能制造所需的核心技术十分欠缺，不仅产品核心技术和关键基础部件主要依赖进口，如高档和特种传感器、智能仪器仪表、自动控制系统、高档数控系统、机器人等均依赖进口，智能制造的控制和管理软件更是受制于人。此外，企业的管理能力和产业配套能力与国外相比还有很大差距。企业高层管理者对智能制造的内涵、趋势、作用和定位仍有认识不清楚、不到位的地方，导致企业在智能制造中长期布局和投入上出现一定偏差。而企业智能化的进展与成效同企业一把手的战略眼光、战略决策和实施决心等密不可分。此外，在运营管理层面，不同生产环节和车间的协同管理，以及将个性化需求转化为小批量定制化生产的管理变革创新仍然没有受到广大企业的足够重视，尚未形成系统的新管理模式。

第三十九章 企业实施智能制造的主要经验

第一节 基本原则

企业在实施智能制造的过程中，需秉承"**量身定做，以我为主，开放合作**"的原则，并进行系统性创新。

一是智能制造需要"量身定做"。不同行业的不同企业，其产品、生产特点、需求等各个方面差异巨大。因此，智能制造需要因"企"制宜，从自身需求出发，以提升企业竞争力——提升质量、效率，降低成本等为目的，根据企业的业务流程和特点，制定符合企业客观需求的方案。例如内蒙古蒙牛乳业（集团）股份有限公司，通过量身定做的智能化质量管控新模式应用，实现质量自动判定控制，产品不良率下降率达15%，质量数据全程可追溯，追溯速度提升20%。

二是智能制造需要"以我为主"。企业自身的人员对企业的需求、生产工艺和流程等最为熟悉，因此，在方案制定过程中，企业需要以我为主，积极主导。不能简单地采取外包政策，需从自身出发，结合智能领域内的先进设备、软件、系统集成等供应商的意见和建议，制订最符合企业自身的方案。

三是智能制造需要开放与合作。智能制造是一种先进的制造模式，是多学科的综合应用，涉及信息化技术、自动化技术、先进工艺技术、装备制造技术等，并且各项技术的集成度越来越高。几乎没有某个单独的企业或单位可以完全覆盖并擅长所有的领域。因此，在开展智能制造过程中，企业应以开放与合作的心态，取长补短，实现双赢。

四是智能制造需要系统性创新。与传统制造相比，智能制造对企业管理、业务流程和员工素质的要求更高。推进智能制造要同步调整组织结构、业务流程和管理制度，需要有一支专业队伍进行研究、引进、吸收和转化，这样才能使智能制造模式与企业有效融合，促使智能制造更好地落地。比如中航工业西安飞行自动控制研究所"基于模型的微小惯性器件智能制造"开展微小惯性器件装配过程的智能制造研究就是如此。

总之，智能制造是个长期的工作，能完全达到工业 4.0 标准的工厂不仅在我国甚至在全世界范围内都屈指可数。随着智能制造推进工作的深入，技术难度愈发显现，行业内往往没有成熟的可借鉴案例。这就需要企业摸着石头过河，同时慎重考量，减少盲目建设和重复投资。企业智能制造投资应由点至线，由线至面分阶段投入，成熟一个、复制一批，在过程中学习，在过程中纠正，在实践中完善。

第二节　实施步骤

　　智能制造是一项系统工程，不单单是机器、人、软件、生产设备等各要素实现自动化、数字化、智能化，而是涉及企业从设计、生产、物流、销售、服务等全生命周期管理的横向与纵向的融合，更涉及企业战略规划的转变。因此，企业智能制造的实施首先需要高层战略规划作为保证，因为它涉及企业生产经营的方方面面，不但涵盖企业全生命周期，还要适应新的生产模式、商业模式的转变，不是简单的制造方式的转变，而是整个企业的战略转型。智能制造作为一种技术和手段，整体上包括顶层设计、执行、调试、运行维护四个环节，如图 39-1 所示。

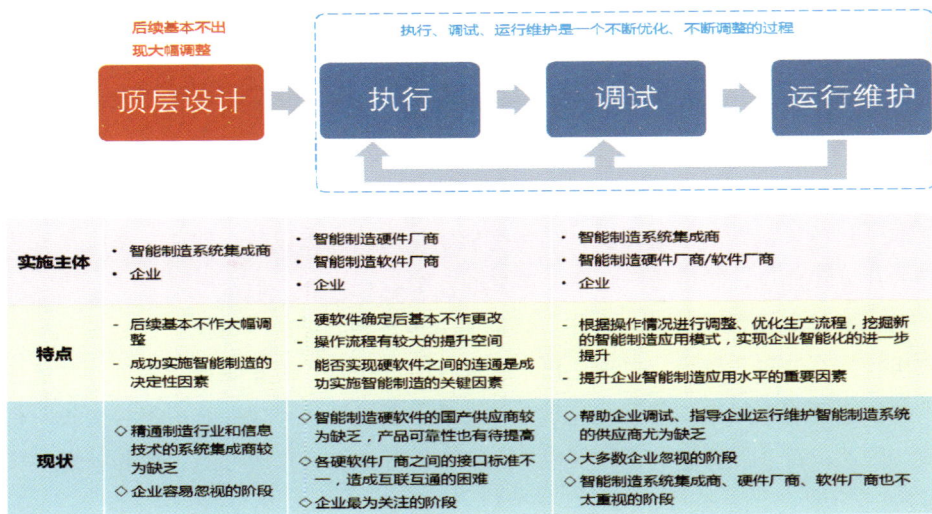

图 39-1　智能制造的四个环节

　　对于不同的企业，自身资源要素和条件不同，发展阶段与现状不同，需解决的问题不同，加之所处的行业不同，采用的生产工艺有别，因而智能制造侧重的环节有所不同，解决的目标阶段不同，具体实施方案具有很强的个性化和定制化特征。尽管如此，企业实施智能制造仍然遵循一些基本步骤。

一、诊断企业自身现状和需求

自身诊断是第一步。对企业自身的需求进行分析，剖析企业生产经营等各方面的痛点所在，明确企业实施智能制造的目标，明晰实施智能制造带来的企业实际效益以及产品质量与生产效率等方面的提升空间。而非盲目跟风实施。如果企业无法明确智能制造的实施目的，不仅耗时伤财费人，而且会打乱企业原本正常的生产活动，造成不必要的损失。智能制造的实施最终目的是为进一步解决企业生产成本和效率问题、提升企业效益、提高产品质量等，只有在明确实际需求后才能制订具体措施和方向。

二、做好智能制造顶层设计

顶层设计是指导企业具体实施智能制造的"大脑"与"原则"。企业进行智能制造的顶层设计，既要契合企业的短期需求、中期和长期规划，又要考虑到企业现实的数字化、自动化基础条件，结合行业的特色制定。这个顶层设计囊括了企业产品从研发设计、生产、销售、售后服务的全生命周期，同时也涵盖了产业链各环节，包括企业的上游供应商和下游客户。实现智能化，不仅要有强大的制造技术，而且还要具备将制造技术和经验转化为数据的能力，即把制造经验分解为影响制造流程的关键环节，提取关键环节参数和数据，通过软件实现自分析和自适应。然而，如何将结构性的专家经验，转化为计算机可以识别的数字化程序，仍是企业智能制造持续探索和改进的难点。以光伏企业为例，光伏企业检测产品的质量和良率，一直以来都是沿用人工检测加设备检测的方式。其中，人工对光伏产品色泽等的判断很大程度上基于检测人员的经验，而没有具体的标准进行规范。如何提取这项生产工艺中的数据仍没有一个最终的解决方案，仍需要进行大量的数据收集和相应数据库的建立，并通过生产线上的反复验证才能建立标准，实现在这一环节的自动化、智能化。

整体上，企业智能制造顶层设计包括以下三个维度的集成设计：一是设备的集成设计。智能工厂的设备不可能仅采购自同一厂家，而不同厂家设备的数据采集方式、存储方式不同，设备接口存在差异，只有通过系统的顶层设计才能将这些差异性的智能设备整合为一条智能生产总线。例如如何来对接不同厂商设备的 PLC 接口、如何对接分拣包装设备与搬运设备之间的对接接口等就是智能制造中顶层设计的常见的问题。二是数据流的集成设计。企业生产过程中涉及多种多样的数据，可能来自不同的软件，来自不同的设备，来自不同的业务部门。数据来源的多样化会造成数据自身的差异化，例如数据存放的平台不一致，数据的存储方式不一致，数据格式及读写方式不一致等。如果不将差异化数据整合成一条完整信息流，就容易形成多个信息孤岛，不能实现数据的实时共享，就不能有效挖掘数据的价值。即便在企业内部打通了数据流，企业也很难利用所有数据，仍然需要通过系统的顶层设计来挖掘有意义的数据，并利用数据的价值来改善生产过程或决策流程，实现工厂的智能化。三是业务流程的集成设计。智能制造的另一个难点就是如何打造一个有效的数字化模拟仿真工厂。数字化模拟仿真工厂需要将业务流程环节的每一动作分解，定义标准最优动作，找出所有实现标准最优动作的因素，将之量化，并不断优化上述过程，直至通过量化因素能反向完美控制业务流程的结果。但是，如何量化标准最优动作仍需不断探索。

三、制订智能制造实施方案

企业实施智能制造并非一日之功，不能一蹴而就，是一个长期的战略转型。因此，需要结合企业自身明晰的经营发展战略，设计切实可行的整体规划，并将整体规划进行分步实施，明确企业实施智能制造的切入点。

企业实施智能制造，首先要求企业拥有较好的数字化、自动化基础。自身数字化、自动化阶段不同的企业，则智能制造的整体规划进度有所不同。通常对于制造过程自动化程度不高的企业，多以智能化技术改造为主；对制造过程自动化程度比较高的产业，则是引导企业采用物联网技术，通过设备的信息集成，实现设计、生产、仓储等数字化，建设智能工厂。

以电子制造企业为例，电子制造企业的智能化水平呈两极分化状态。规模较大，营收十亿以上的企业，其自动化程度已很高，在推行智能制造上有着极大的优势。某些台资、外资企业紧跟国际电子产业供应链体系，早在国家提倡智能化之前，已完成了智能工厂的建设。例如，深圳市华星光电技术有限公司在 2010—2013 年自筹 4 亿元，实现了从全生产线自动化设备生产组织与控制，到战略规划和决策全流程，完成了高度的自动化、数字化、可视化、模型化和集成化的智能显示面板工厂建设。与此同时，我国仍存在众多的劳动密集型电子制造企业，这类企业的技术水平不高、生产效率较低、产品质量可靠性较差、缺乏竞争优势。对于这类企业而言，开发并集成数字化生产设备，提高生产效率，实现数字化生产线和数字化车间，是现阶段智能化进程的主要目标。

与此同时，企业在整体规划方案中，要充分考虑投入产出比，将实施智能制造的成本控制在自身可以承担的范围内。如果忽略了成本因素，那么极有可能出现智能制造开展一部分，但后续资金跟不上，不仅企业的前期投入无法产生效用，而且会陷入面子工程的表象。企业不仅要考虑初始设备、软件投入，同时也要考虑此后的运维投入、升级换代投入等。如果不将所有的投入与实际产出相结合，那么企业在进行整体智能化改造后，仍然可能因为无法覆盖后续成本，而将智能化改造方案搁置。

例如，山东威达机械股份有限公司在实施智能制造工程时，就通过制定低成本、高效率、高精度的技术方案，追求投入产出的最大化，采纳了德迈科使用桁架机器人，结合自主开发的柔性抓手建设自动化机加线的技术方案，实现了工件的高速度、高精度抓取，且一条自动化机加线不超过 100 万元，其中桁架机器人仅约 50 万元。相比之下，若使用多轴机器人，虽然能够便捷地解决上/下料精度问题，但符合条件的多轴机器人单台就需近百万元，不仅设备采购成本高，且维护保养费用更高，将大幅拉长投资回收期。

四、系统推进

企业实施智能制造是通过装备水平和信息技术水平的提升，来代替人的脑力和体力，涉及企业产品的设计、生产、物流、销售到服务等各环节，牵涉企业各个部门，从人、财、力、智等各方面全方位的培育，需综合调配各项资源。不仅需要对内进行生产布局的重整，而且需要与联合体单位紧密配合，涉及企业负责人、管理层、基层人员以及外部人员。因为智能制造的执行过程涉及大量的业务部门及第三方供应商，不可避免地涉及大量的业务重叠、权利分配、多方配合过程，所以需要系统地推进、强有力地执行。

（一）实施"一把手工程"

企业的最高管理者需对智能制造的内涵有深刻的了解。如果企业的"一把手"对智能制造的内涵认识不够，那么在智能制造推进过程中不能保持坚定的态度，就无法将智能制造的实施和推进决心传达给中高层管理人员，就难以形成良好的智能制造发展氛围，智能制造的推进措施及效果将层层"打折扣"。所以企业"一把手"对智能制造的认知及支持至关重要。企业实施"一把手工程"才能保证企业智能制造强有力、高效地实施推进。在建立强力的执行系统同时，需要配套高效的管理和沟通协调机制、智能制造实施与企业生产任务的协调机制。

（二）建立跨部门项目团队

实施智能制造项目工作涉及多部门，是一项复杂的系统工程，需要加强顶层设计、协调力度，完善组织保障。建议企业成立专门的项目团队，采用项目负责人责任制，根据项目的任务分解子项，设立子项负责人，并配备相应人员；组建由业界知名专家学者组成的智能制造咨询组，参与公司智能制造发展战略、重大事项的研究，提供智能制造各类方案的建议和评审咨询；强化企业与大专院校、科研院所结合，共同开发产品、共建技术研发中心等，推进"产、学、研"合作创新。

（三）完善项目管理制度

建立包括采购制度、财务制度、进度管理、质量控制、绩效评价、目标考核等制度在内的项目标准化管理制度，并严格执行。建立战略规划、业务规划与技术规划相互推动、共同发展的制度，完善工作标准与流程，明确各个阶段所需的支持、组建形式要求等具体流程，定期召集项目会汇报实施进度，并检查进度，根据项目类型和经费来源，细化项目立项要求与费用控制要求。

（四）持续优化改进

智能制造的推进不能一蹴而就，而是一个循序渐进的过程。一方面，在智能制造推进的过程中，必须稳扎稳打、一步一个脚印地推进；另一方面，在项目建设后，仍然需要长期且持续不断地优化改进。

第三节　主要发展路径

一、企业智能化改造的切入点

从什么环节切入智能制造，企业具备的基础要素不同、生产工艺流程的复杂程度不同，虽然实施点各有侧重，但是从课题组对抽样统计的典型企业智能制造的案例分析结果显示，生产环节的智能化升级和改造是重要切入点，而后从设备—车间—工厂—企业—上下游产业链逐渐展开。这与企业实施智能制造的原生诉求一致，因为生产是企业经营的基本保证，降低生产成本、提高生产效益应先从生产环节入手。课题组按照产品生命周期，将企业的制造流程分为设计、生产、物流、销售、服务五个环节。从课题组抽取的 2015—2016 年中国智能制造试点示范案例样本分析发现，生产环节的智能化升级最为普遍，其次是设计与物流环节，如图 39-2 所示。

备注：线条越粗代表企业数量越多

图 39-2　企业智能制造建设案例切入点统计分析

通过对企业智能制造案例的建设层级分析发现，无论是《中国制造 2025》提出的十大领域重点领域还是其他行业，企业实施智能制造多数从车间级、工厂级入手。换言之，目前较多的企业正实践着车间级和工厂级的智能制造，部分企业实现了企业级的智能制造，只有少数几个企业实现了全产业链级的互通互联，如图 39-3 所示。从企业智能制造项目建设类型分析，超过七成是在传统产能上进行升级改造，仅不到三成是新建项目，如图 39-4 所示。

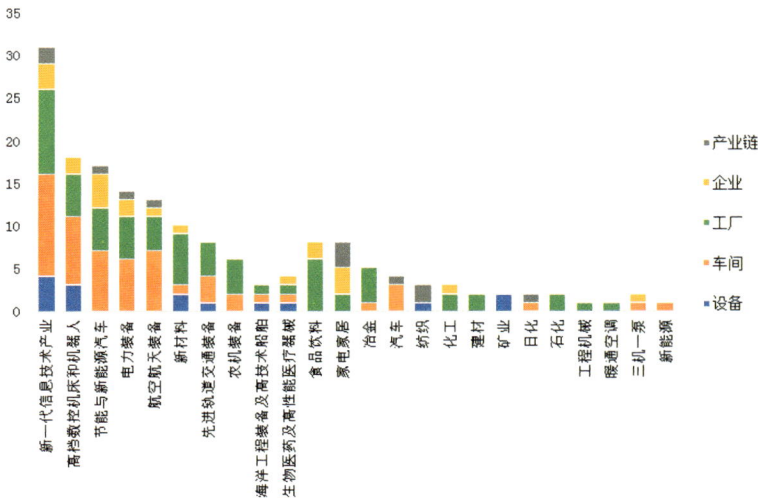

图 39-3　企业智能制造案例建设内容分析

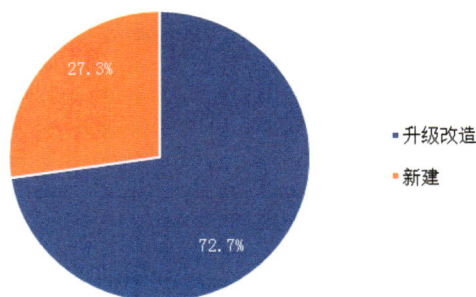

图 39-4　企业智能制造建设项目类型划分

二、企业智能制造发展的主要路径

（一）局部、单点环节的智能化改造

局部、单点环节的智能化改造是指在工序或加工设备层面的智能化改造，通过购置机器人、数控加工设备等方式，实现局部生产环节的自动化、数字化提升，以便解决生产过程中的瓶颈装备和瓶颈工序问题。例如，中车浦镇公司基于精益制造理念开展厂内物流环节的智能化改造。

（1）在物流全过程统一设置 6+1 级条形码：货位条形码；物料条形码；物料包条形码；配送车条形码；作业人员条形码；工位地面条形码；交接单据条码，实现对物料配送的各个节点实现动态跟踪和实时监控。

（2）按照节拍制定配送计划，把配送任务划分七个节拍：指派任务、进车备料、备料完成、工位物料齐套检查出库、配送发出、送至车间工位、空车回收。每个节拍运用条码扫描技术进行触发。

（3）按照物料属性，将配送工作分成四种模式，并正式投入使用物流中心智能自动立体货柜，实现 WMS 系统、ERP 系统、MES 系统的无缝对接和多系统的信息共享。

（4）引入物联网系统，系统自动识别物料信息并对信息进行传输，物流配送信息可以实时传送到生产信息系统，物料配送的每个过程都可以在动态显示屏幕上更新，第一时间查询配送进度和实时对物料的动态做出判断。

（5）实现节拍化的配送模式，根据主生产计划制订供应商物料的配送计划，按照规定的时间把正确的物料送到正确的地点。供应商物料直接配送到工位，实现供应商产品裸件运输，直接上线，并实现信息化的实时跟踪。

（6）利用条形码技术对储运一体化全过程进行跟踪，实时掌握动态信息，每个工位物料的物流状态可以实时把握。对所有循环取货车辆进行 GPS 跟踪，实时掌握车辆信息，了解物料的在途情况，同时对车辆的调度指挥、路线选择提供及时依据。

（二）开发智能装备或产品

智能装备和产品的开发是企业智能制造发展的重要内容。通过开发智能化的装备或者产品，为客户企业提供技术提升的装备或产品平台，为客户企业在工序、车间、工厂三个层面提供从数据到分析再到决策的智能化基础。例如沈阳机床公司开发的 i5 系列机床，可以为客户在工序、车间和工厂三个层面来实现数据、分析到决策智能，为用户根据需求实现智能工厂提供"母机"和"母机"组合，让客户能够实现生产制造的柔性组合。沈阳机床在上海建立研究院，从底层技术源代码算法做起，开发新的数控系统，该系统天生具有互联网基因。"i5"字义来自 5 个英文单词：Industry（工业），Information（信息），Internet（互联网），Intelligence（智慧），Integration（集成）的首字母。该系统基于互联网条件下的底层运动控制系统，使机床直接与互联网进行连接。i5 系统包括智能编程、智能诊断、智能补偿和模拟加工等功能，能够实施收集处理加工过程产生的数据，包括管理人员、财务人员需要的各种数据，都可以通过零件加工过程产生。2014 年，沈阳机床实施"i5"战略，构建了面向产业链服务的智能工厂新模式，先后向市场推出 i5M1、i5M4、i5M8、i5T1、i5T3、i5T56 款高辨识度产品。用户除了购买实体的"i5"系列产品进行灵活组合之外，还可以在云端实施智能工厂。在"i5"系列产品的基础上，沈阳机床推出基于 i5 的"i 平台，云制造"智能网络，将设计、制造、服务、供应链、用户集成到云端，形成"互联网＋机床"的智能工厂服务模式，让用户可以根据自身需要，调用云端的"智能工厂"，能够多点、不同程度灵活实施。

（三）建设智能车间

建设智能车间是指在车间范围形成一个完整的智能制造生产线，并以此为企业带来智能化的生产组织模式。例如西藏华泰龙矿业公司专门针对高海拔复杂地质矿山进行了生产车间的数字化、智能化改造。

（1）以数据共享和作业流程标准化为基础，推进资源与地理环境实施数字化管理，将矿山测量系统、检测监控系统、地质勘探、化验室信息管理系统、在线检测仪、环境传感器等等作为资源与地理环境数据采集系统，将地质、地理环境和作业环境的属性数字化，转化成计算机能够识别和在软件系统内三维重现的工具。

（2）应用地质勘探设计和采矿设计的三维软件包制订矿山开采方案，并应所有系统软件完善每周的短期生产设计计划和露天品位控制，并通过建立矿产资源精细化模型、智能配矿系统和卡车智能调度系统、安全信息管理与预警查询系统，建立数字化的矿山生产设计与计划。

（3）探索建立在数据仓库的基础上的定量化、实时决策支持体系，为公司高层正确决策提供了科学依据，提高企业应对市场变化的能力。

（四）建设智能工厂

智能工厂将智能制造融入了从研发、采购、物流、生产、销售、售后的全价值链之中，从前端和后端共同实现对需求的快速反应，以信息为核心建立起企业全新的决策过程。例如，山西复晟铝业有限公司的智慧工厂涵盖了装备智能化、生产智能化、管理智能化、产品服务智能化。通过硬件/基础支撑层、管理决策层、生产控制层这三个方向的提升入手。同时以装备的数字化和数据化为基础（大数据应用及管理），信息化、互联网化作为内外沟通的桥梁（互联网+，两化融合），在信息安全的前提下去实施。不仅实现了现有工艺装备的自动化升级，而且引入智能装备及系统如智能点巡检系统、自动卸车系统等，实现管控信息化提升（含工业信息化、工业互联网化）如开发的一套 MES 生产管控系统囊括了质量管理模块、技术管理模块、生产管理模块、能源管理模块、绩效管理模块、实时数据模块、设备管理模块、生产建模等八大模块，实现智能动态控制如指标自动连锁控制和锅炉燃煤 APC 自动控制。

（五）围绕产品全生命周期推进产业间并联协同

近年来，极少数行业领先企业开启平台化转型，围绕产品全生命周期向产业链上下游延伸，推动产业链上不同企业通过互联网共享信息，实现协同研发、智能生产、精准物流和智能服务。例如，海尔集团为满足互联网时代用户个性化、多样化、高品质的最佳体验，在长期积累的基础上，探索"企业平台化、员工创客化和用户个性化"转型。一是将产品进行改造，实现人机互联。二是建立用户社群交互定制体验平台——众创汇平台，采用开放式社区模式，搭建用户、设计师、供应商直接面对面交流平台，将用户对产品需求、创意设想转化成产品方案，依托互联工厂实现全流程可视化定制体验，让处于前端用户与后端互联工厂互联互通。三是通过工业技术与数字化技术、物联网技术融合，构建智能制造执行 iMES 系统，驱动 ERP、iWMS、PLM（包含 CAD/设计仿真、制造仿真）、SCADA（设备监视、控制）五大系统集成，实现制造、研发、物流等全流程紧密的互联互通，构建一个高度灵活的个性化和数字化制造模式。四是将用户、创客、模块商等利益攸关方融合在海尔生态圈平台上，形成与客户全流程参与互动，与资源商合作共赢，共同参与产品的设计、研发、模块化供应链和售后服务支持各项活动，各方共同创造用户价值，由提供单一硬件产品到提供整套智慧生活场景解决方案。

（六）提供企业智能化改造的专业服务

在推进智能制造过程中，企业需要专业化的能够有效融合 IT、工业化、专业技术、管理等各领域的专业服务，因而加快培育智能制造系统解决方案供应商是关系到智能制造能否实现的关键支撑（见表 39-1）。近年来我国部分企业瞄准智能化改造的市场需求，逐渐由用户转向智能制造整体解决方案的供应商，例如海尔、红领等；也有从自动化及控制产品及系统的供应商发展而来，如和利时等；也有从装备供应商发展来，如三一重工等；也有出身于工程服务，如南京凯盛国际等；还有 IT 及软件企业；此外，还有一些新创企业瞄准智能制造的细分市场，提供专业化服务，例如宜兴东方智能汽车装备有限公司（以下简称"宜兴东方"）及其提供的机器人租赁服务。为解决中小型企业想用机器人而支付能力不足，宜兴东方基于行业工艺和系统解决方案的相关经验积累，从机器人工业化应用角度向下拓展至机器人共享租赁及服务产业，利用成熟的金融工具分散相关方风险，降低使用门槛；为解决中小企业在自动化产能升级过程中面临的固定资产投资压力，推出了纯工业机器人共享租赁、机器人工作站共享租赁、机器人自动化生产线共享租赁。目前，宜兴东方的机器人共享租赁的服务对象已涵盖整车制造、食品、医药、零部件制造等行业。

表 39-1　智能制造解决方案供应商的几种典型来源

智能制造解决方案供应商来源	企业列举
1）工业企业	海尔集团、青岛红领、西安中兴通讯等
2）自动化及控制产品／系统供应商	和利时、上海工业自动化仪表研究院等
3）装备供应商	三一集团、沈阳机床厂等
4）行业工程／系统集成服务商	南京凯盛国际等
5）IT 及软件企业	北京航天智造、山东云科技等
6）生产性服务企业	宜兴东方智能汽车装备公司等

第四十章 离散型制造领域的智能制造模式及其典型案例

第一节 离散型制造领域的智能制造模式的基本概况

一、离散型制造的概念和特点

离散型制造是指生产过程中基本上没有发生物质改变，只是物料的形状和组合发生改变，即产品是由各种物料装配而成，并且产品与所需物料之间有确定的数量比例，如一个产品有多少个部件，一个部件有多少个零件，这些物料不多也不少。按通常行业划分属于离散行业的典型行业有机械制造业、汽车制造业、家电制造业等。主要特点如下：

（1）生产模式是按订单生产、按库存生产。

（2）批量特点是多品种、小批量或单件生产。

（3）产品的质量和生产率很大程度上依赖于工人的技术水平。

（4）自动化主要集中在单元级(如数控机床)。

（5）需要检验每个单件、每道工序的加工质量。

（6）产品的工艺过程经常变更。

二、离散型制造领域的智能制造的要素条件

离散型制造领域的智能制造要素条件包括以下几个方面：

（1）车间/工厂的总体设计、工艺流程及布局均已建立数字化模型，并进行模拟仿真，实现规划、生产、运营全流程数字化管理。

（2）应用数字化三维设计与工艺技术进行产品、工艺设计与仿真，并通过物理检测与试验进行验证与优化。建立产品数据管理系统（PDM），实现产品数据的集成管理。

（3）实现高档数控机床与工业机器人、智能传感与控制装备、智能检测与装配装

备、智能物流与仓储装备等关键技术装备在生产管控中的互联互通与高度集成。

（4）建立生产过程数据采集和分析系统，充分采集生产进度、现场操作、质量检验、设备状态、物料传送等生产现场数据，并实现可视化管理。

（5）建立车间制造执行系统（MES），实现计划、调度、质量、设备、生产、能效的全过程闭环管理。建立企业资源计划系统（ERP），实现供应链、物流、成本等企业经营管理的优化。

（6）建立工厂内部互联互通网络架构，实现设计、工艺、制造、检验、物流等制造过程各环节之间，以及与制造执行系统（MES）和企业资源计划系统（ERP）的高效协同与集成，建立全生命周期产品信息统一平台。

（7）建有工业信息安全管理制度和技术防护体系，具备网络防护、应急响应等信息安全保障能力。建有功能安全保护系统，采用全生命周期方法有效避免系统失效。

在机械、航空航天、汽车、船舶、轻工、服装、医疗器械、电子信息等离散制造领域，智能制造发展的重点是开展智能车间/工厂的集成创新与应用示范，推进数字化设计、装备智能化升级、工艺流程优化、精益生产、可视化管理、质量控制与追溯、智能物流等试点应用，推动企业的全业务流程的智能化整合。因此，在机械、汽车、航空、船舶、轻工、家用电器和电子信息等离散制造领域，企业发展智能制造的核心目的是拓展产品价值空间，侧重从单台设备自动化和产品智能化入手，基于生产效率和产品效能的提升实现价值增长。

三、离散型制造领域的智能制造的实现路径

对于离散制造业而言，产品往往由多个零部件经过一系列不连续的工序装配而成，其过程包含很多变化和不确定因素，在一定程度上增加了离散型制造生产组织的难度和配套复杂性。总体上离散型制造领域的智能制造实现路径一般遵循以下原则：引进智能设备，搭建车间智能单元，建立全厂智能系统，发展智能产品，实现协同创新及智能服务，如图 40-1 所示。

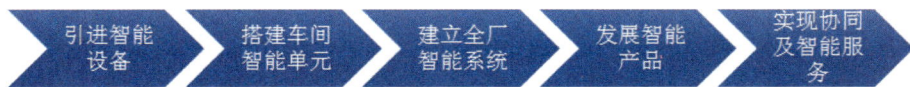

图 40-1　离散型企业智能制造的路径

这是因为离散型制造企业多品种小批量的制造方式，使得生产、物流、质量管理的复杂性日益提高，在生产管理方面的主要问题包括以下几方面：

（1）生产准备周期长。由于制造资源优化调度手段落后，导致生产准备周期相对过长，在单件小批量的生产模式下，生产准备时间时常大于加工时间，造成设备的极大浪费。

（2）生产计划协调性差，作业调度困难。生产作业计划主要依靠调度员经验制定，计划协调性不好，导致设备利用率低，设备效能得不到充分发挥；任务执行进度难以监控，物料状态难以跟踪，任务拖期/赶工频繁发生，紧急插单普遍、生产过程不确定性多，导致作业计划安排赶不上变化，计划任务执行失控现象严重。

（3）在制品管理困难。由于零件品种多，工艺路线长，给人工管理在制品带来诸多困难，现场生产情况得不到及时反馈。

（4）质量管理采取事后检验为主的管理方式。废品率得不到有效控制。由于我国离散制造领域的智能制造渗透较低，因此离散型智能制造系统解决方案需求缺口较大。

因此，在机械、汽车、航空、船舶、轻工、家用电器和电子信息等离散制造领域，企业基于拓展产品价值空间的角度出发，侧重从单台设备自动化和产品智能化入手，基于生产效率和产品效能的提升实现价值增长。因此，其智能工厂建设内容如下：一是推进生产设备（生产线）智能化。通过引进各类符合生产所需的智能装备，建立基于CPS系统的车间级智能生产单元，提高精准制造、敏捷制造能力。二是拓展基于产品智能化的增值服务。利用产品的智能装置实现与CPS系统的互联互通，支持产品的远程故障诊断和实时诊断等服务。三是推进车间级与企业级系统集成。实现生产和经营的无缝集成和上下游企业间的信息共享，开展基于横向价值网络的协同创新。四是推进生产与服务的集成。基于智能工厂实现服务化转型，提高产业效率和核心竞争力。

第二节　离散型制造领域的智能制造典型案例

【案例一】潍柴动力"基于装备智能化和工业大数据的高端柴油发动机智能工厂建设"

（一）企业简介

潍柴动力股份有限公司（以下简称潍柴动力）成立于2002年，由潍柴控股集团有限公司作为主发起人、联合境内外投资者创建而成，是中国内燃机行业第一家在香港H股上市的企业，也是中国第一家由境外回归内地实现A股再上市的公司。公司资产总额1 640亿元，全球拥有员工4.2万人（不含凯傲）。2016年，企业实现销售收入931.8亿元，利润总额46.4亿元，名列2016年中国企业500强第79位。公司始终坚持产品经营、资本运营双轮驱动的运营策略，致力于打造最具成本、技术和品质三大核心竞争力的产品，成功构筑起了动力总成（发动机、变速箱、车桥）、整车整机、液压控制和汽车零部件四大产业板块协同发展的新格局，形成了全国汽车行业最完整、最富竞争力的产业链，拥有工程机械行业最核心的技术和产品，发展成为中国综合实力最强的汽车及装备制造产业集团之一。

（二）建设内容

潍柴动力实施了"基于装备智能化和工业大数据的高端柴油发动机智能工厂建设"，主要包括生产装备/生产线智能化升级改造（WP9/WP10 柔性混线生产线升级改造、WP12/WP13 柔性混线生产线升级改造）、后市场服务备件分销中心建设、数据互联互通系统搭建、工业大数据综合分析决策平台搭建、企业智能制造相关标准编制。

1. 生产装备/生产线智能化升级改造

生产装备智能化升级改造，包括潍柴一号工厂 WP9/WP10 柔性混线生产线升级改造和潍柴二号工厂 WP12/WP13 柔性混线生产线升级改造。除此之外还包括在实际生产过程中由一线工人自发完成的智能化、自动化升级改造。目前已完成两条生产线的柔性智能升级，并以进行实际生产运行；一、二号工厂已完成部分自主智能化改造升级，具体完成情况见表 40-1。

表 40-1 生产装备/生产线智能化升级改造完成情况

任务名称	完成标准	完成情况	成果交付	完成率
WP9/WP10 生产线改造	通过工艺验证，可进行实际生产运行	已完成生产线改造全部任务，可进行实际生产运行	改造后的柔性化生产线，工艺设计方案、设备采购合同，设备采购技术协议	100%
WP12/WP13 生产线改造	通过工艺验证，可进行实际生产运行	已完成生产线改造全部任务，可进行实际生产运行	改造后的柔性化生产线，工艺设计方案、设备采购合同，设备采购技术协议	100%
一号厂自主智能化改造升级	通过工艺验证，可在实际生产中应用并带来一定经济收益	已完成 72 项自主升级改造任务，至 2017 年底预计共完成 107 项改造任务	改造后的生产工位/生产装备/生产工具，工艺设计方案、收益分析报告	67%
二号厂自主智能化改造升级	通过工艺验证，可在实际生产中应用并带来一定经济收益	已完成 7 项自主升级改造任务，至 2017 年底预计共完成 22 项改造任务	改造后的生产工位/生产装备/生产工具，工艺设计方案、收益分析报告	32%

2. 后市场服务备件分销中心建设

本次项目内容中后市场服务备件分销中心建设，主要为建设后市场服务备件分销中心，并新增相应仓储物流安全可控核心智能化装备，搭建备件分销中心仓库物流管理系统，实现零部件入厂、产成品出厂物流以及后市场服务备件地快速、灵活、精准配送，形成与智能工厂紧密配套的智能物流体系。目前后市场服务备件分销中心已完成土地和工厂建设，装备采购和仓储物流系统已完成初步建设方案，且均完成招投标工作。具体完成情况见表 40-2。

表 40-2　后市场服务备件分销中心情况

任务名称	完成标准	完成情况	成果交付	完成率
后市场服务备件分销中心装备采购及安装调试使用	通过工艺验证，可进行实际生产运行	已完成后市场服务备件分销中心装备采购方案，且已完成所有装备采购招投标工作	后市场服务备件分销中心的工厂、装备、生产线。工厂建设方案、工艺设计方案、装备采购合同及协议	30%
后市场服务备件分销中心仓储物流系统建设	系统上线使用，可支撑实际生产运行	已完成信息系统的建设方案，且完成供应商的招投标工作	后市场服务备件分销中心仓储物流系统，信息系统建设方案，系统建设过程文档	30%

3. 数据互联互通系统搭建

本次项目内容中数据互联互通系统搭建，主要包括潍柴一号工厂工业通信网络搭建、潍柴二号工厂工业通信网络搭建，潍柴整个工业园区的无线网络搭建。具体采用的技术包括工业 PON 网络的建设和园区无线 WIFI 网络架设。通过统一的网络传输架构，实现异地多类型设备数据一体化传输和管理，为集团大数据综合管控提供安全可靠的数据传输保障，具体完成情况见表 40-3。

表 40-3　数据互联互通系统搭建情况

任务名称	完成标准	完成情况	成果交付	完成率
潍柴一号工厂工业通信网络搭建	完成工业通信网络搭建，网络可正常传输数据	已完成潍柴一号工厂各加工车间和装配车间工业通信网络搭建，网络已可正常传输数据	潍柴一号工厂工业通信网络，网络拓扑方案，建设过程资料等	100%
潍柴二号工厂工业通信网络搭建	完成工业通信网络搭建，网络可正常传输数据	已完成潍柴二号工厂各加工车间和装配车间工业通信网络搭建，网络已可正常传输数据	潍柴二号工厂工业通信网络，网络拓扑方案，建设过程资料等	100%
园区无线通信网络搭建	完成无线通信网络搭建，整个园区均可进行网络接入且可正常传输数据	已完成潍柴整个园区无线工业通信网络搭建，整个园区均可接入无线网络并正常传输数据	园区无线通信网络，网络拓扑方案，建设过程资料等	100%

4．工业大数据综合分析决策平台搭建

本项目内容中工业大数据综合分析决策平台搭建，主要包括建立企业级统一的大数据存储、建模、分析、决策平台，各业务环节均可在此平台通过大数据和云计算等技术将采集数据进行大数据分析、建模以及与现有信息系统的集成应用。从而实现设计研发、生产制造、采购供应、售后服务业务全流程的数据存储和集成贯通。本任务包括 11 个信息系统建设子项目，目前已完成 8 个子项目建设，剩余 3 项仍按计划开展，具体完成情况表 40-4。

表 40-4　数据互联互通系统搭建情况

任务名称	完成标准	完成情况	成果交付	完成率
发动机配置 BOM 项目	完成系统建设，信息系统可正常运行，支撑相关业务开展，提升业务效率	项目完成方案设计，进入系统开发阶段，预计 2017 年 10 月上线使用	建设完成的信息系统，信息系统设计方案、测试报告、用户使用文档及建设过程资料等	50%
供应商协同研发平台		已完成系统建设		100%
车间工艺流程设计及布局数字化仿真建模		项目已完成基本功能开发，部分模块进入系统开发阶段，预计 2017 年 11 月上线使用		70%
MES4.0 系统智能化升级		已完成系统建设		100%
智能测控及标定系统搭建		已完成系统建设		100%
潍柴质量管理系统项目		项目已完成所有开发和测试工作，预计 2017 年 6 月底上线使用		90%
智慧能源管理平台		已完成系统建设		100%
供应商协同制造智能化升级		已完成系统建设		100%
客户订单全程跟踪		已完成系统建设		100%
发动机智慧云平台搭建		已完成系统建设		100%
大数据分析决策平台搭建		已完成系统建设		100%

5．企业智能制造相关标准制

本次项目内容中企业智能制造相关标准制，主要为通过归纳总结智能工厂建设过程中关键技术研究和集成问题解决知识和经验，重点研究面向工厂底层装备信息数据采集、集成及通信传输协议的智能制造相关标准，形成适合智能工厂的具有自主特色的标准体系，并形成相应的企业标准草案。本项目拟制定 3 项智能制造相关标准，目前已完成现场调研，正按照计划编制标准草案，具体完成情况见表 40-5。

表 40-5　企业智能制造相关标准

任务名称	完成标准	完成情况	成果交付	完成率
分布式控制器与既有制造装备的集成应用技术要求	完成标准编制并在企业内部发布	已完成现场调研，按计划编制标准草案	正式发布的企业标准	30%
设计/制造/营销/服务/消费协同平台技术要求		已完成现场调研，已开展标准草案编制工作	正式发布的企业标准	50%
智能传感器或工业网关至物联网平台通信协议		已完成现场调研，按计划编制标准草案	正式发布的企业标准	30%

（三）实施路径

潍柴在实施智能制造时，第一步，凝练解决方案。制订潍柴动力"重型告诉柴油机的智能工厂建设"模式及解决方案。第二步，攻克共性技术，研制核心设备与软件平台。主要工作包括基于 CPS 的工厂中核心装备和生产线的智能化升级、建立车间级工业通信网络、建立智能工厂的智能管理与决策分析平台、研发潍柴自主 ECU 系列智能产品、建设智能协同云制造平台、构建基于制造服务业大数据的智能故障诊断与服务平台，并基于以上工作开展智能工厂的试点和技术标准化研制。第三步，模式推广与示范应用。在潍柴动力一号工厂基础上，建立潍柴动力"重型高速柴油机的智能工厂"，并将成果推广到潍柴动力所属的其他分厂。实施路线如图 40-2 所示。

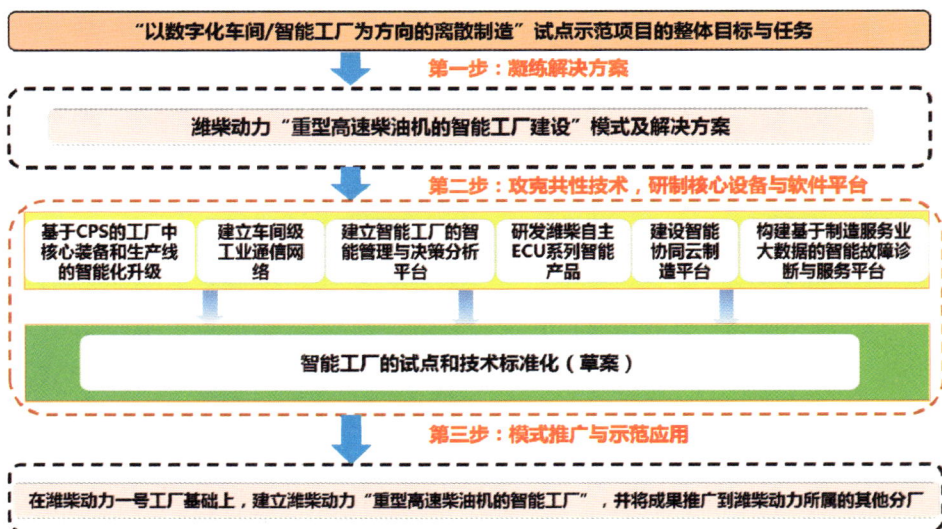

图 40-2　实施路线

1．核心装备和生产线的智能化升级

核心装备和生产线的智能化升级，以现有工厂的信息化和自动化为基础，逐步将专家知识不断融入制造过程中，建立工业机器人及智能化柔性生产线，实现工厂的生产组织的灵活和柔性，使工厂生产模式向规模化定制生产转变，充分满足个性化需求。主要包括：智能工厂中整套装备系统和生产线的智能化升级改造，工厂中生产线网络化协同制造控制与管理。

在智能工厂中整套装备系统和生产线的智能化升级方面，采用信息物理系统（Cyber-Physical Systems，CPS）的 3C（Computing、Communication、Control）的技术标准体系，对现有离散制造智能工厂中加工一车间、加工二车间、加工三车间、加工四车间、总装车间、试车车间、成套车间等 7 个车间中的加工、装配、试车、涂装四个部分试点整套装备系统，以及由缸体加工生产线、缸盖加工生产线、总装一线、缸盖部件线、活塞连杆部装线、AGV 装配二线、试验预装线、AGV 输送系统、试车线、喷漆线、包装线等生产线，进行智能化升级改造。使智能工厂中整套装备系统和生产线具有了环境感知、嵌入式计算、网络通信、精确控制、远程协作和自治等功能。

在工厂中生产线网络化协同制造控制与管理方面，采用 CPS 网络化横向集成和纵向集成技术框架，实现缸体加工生产线、缸盖加工生产线、总装一线、缸盖部件线、活塞连杆部装线、AGV 装配二线、试验预装线、AGV 输送系统、试车线、喷漆线、包装线等生产线泛在互联，建立网络化协同制造控制与管理，包括三个层次：现场控制层、执行监督层和车间管理层。

现场控制层主要复杂包括工厂生产现场的 PLC 设备、条形码、数据采集器、计量与检测仪器以及自行开发的工位前置机等，实现 I/O 控制、数据采集、设备集成等功能，现场控制层的设备集成、信息集成以及与应用层的通信，是系统要解决的关键技术。除了集成数据之外，以条形码和 RFID 为代表的数据采集系统是实现生产现场信息实时获取的主要硬件设备。通过生产车间专用数据采集终端，可以将生产计划与生产工艺直接下达到工序指导生产。基于条码的数据采集系统应用较为广泛，且具有一次投入低等优点，比较适合于对工业现场环境较为理想的企业采用。RFID 数据采集系统具有防水、防磁、耐高温、使用寿命长、读取距离大、标签非可视、标签内数据可加密、存储数据容量大等优点，非常适合在制造业应用。系统利用条形码或 RFID 标签对在制品、加工人员等生产要素进行唯一标识，利用在车间的各个工位和其他数据采集区域布置条码扫描枪或 RFID 读写系统等数据采集终端，实现对生产过程中的上述信息的实时采集。这些信息经过工业以太网传输和系统中间件过滤处理后，为生产管理控制层提供生产实时数据，从而实现对生产的实时管理和监控。

执行监控层是利用中央控制台对工位前置机实施远程控制，进行远程关机、远程唤醒、远程系统恢复，为生产现场管理人员管理各工位前置机提供便利的管理工具。可以实时监控各工位设备的运行状态，设备出现故障可以立即发出警告，提示生产现场管理人员及时排除故障；也可以接收工作站反馈的质量控制、性能分析的结果信息，指导现场工作人员进行改进生产作业，执行详细工序计划的指令，安排生产线准时完成生产任务。当在制品到达某一工位时，工人利用条码扫描枪或 RFID 读写器读取在制品上的条码或 RFID 电子标签信息，读取的信息在设备终端自动显示，并根据该信息自动与系统服务器端数据库内对应的在制品信息进行核对，当确认准确无误后对数据库信息进行更新。加工完成后，工人将完成情况录入到设备终端，具体信息包括完成数量、完成结果等。同时，记录该工序完成时间和完成情况，自动更新系统信息，作为生产实时监控与在制品跟踪的依据。生产管理层在生产过程中所下达的实时指令和信息，将以消息通知的方式，直接在特定工位的设备终端上实时显示，从而提高了车间生产对特殊情况的快速反应能力，并且保证了管理层信息及时传达到生产环节。设备终端应用在在制品仓库内，主要完成对在制品库存信息的管理、出入库登记等工作。此时的设备终端通常采用计算机来完成。设备终端将根据实际生产要求提供不同等级的报警功能。报警等级可分为严重级、较重级和轻微级，具体代表的含义有企业确定。当生产过程或车间出现问题时，加工人员可以通过设备终端提供的报警功能，根据实际情况选择相应的报警级别向管理系统进行及时报警。生产监控人员通过系统监控界面及时了解信息，作出相应的事件处理反应。

车间管理层主要包括数据集成、计划调度、质量控制、性能分析等，通过设备虚拟化集成总线实现与工艺管理 WPM、制造执行 MES、质量管理 QMS、设备远程维护、能耗监测、环境监控和供应链 SCP 等系统信息集成与共享；通过质量控制实现对车间生产过程稳定性的监控；通过车间计划调度实现车间生产计划的详细排产，充分合理地利用资源，及时准确地完成生产任务。

2．建立车间级工业通信网络

智能工厂车间级工业通信网络建设，主要包括智能工厂内部整套装备系统、生产线、设施与移动操作终端泛在互联，车间互联和信息安全保障。构建智能工厂车间的全周期的信息数据链，以车间级工业通信网络为基础，通过软件控制应用和软件定义机器的紧密联动，促进机器之间、机器与控制平台之间、企业上下游之间的实时连接和智能交互，最终形成以信息数据链为驱动，以模型和高级分析为核心，以开放和智能为特征的潍柴发动机智能制造工业系统。智能工厂车间级工业通信网拓扑结构如图 40-3 所示。

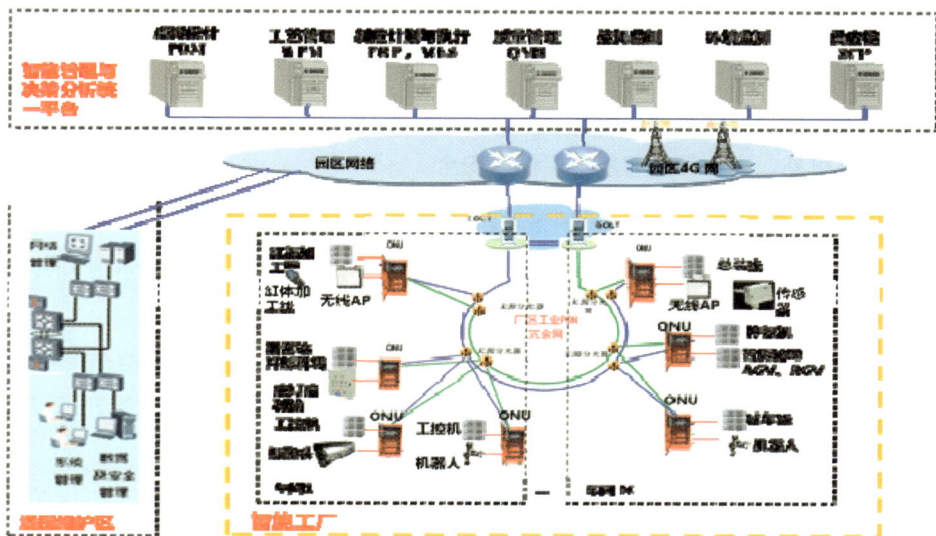

图 40-3　智能工厂车间级工业通信网拓扑结构

在智能工厂内部整套装备系统、生产线、设施与移动操作终端泛在互联方面，拟采用工业互联网和 4G 无线通信技术，推进工厂内部的机器与机器、机器与移动终端、生产线与生产线，移动终端与机器（如用户远程控制）的泛在互联。通过各种感知技术，如传感器、无线射频识别（RFID）装置、红外感应器、定位系统、激光扫描器等各种装置与技术，实时采集工厂中任何需要监控、连接、互动的物体或过程，采集其声、光、热、电、力学、化学、位置等各种需要的信息，构建智能工厂车间级工业通信网络，以实现智能化识别、定位、跟踪、监控和管理工厂中的人机料、水电气、生产进度、工艺参数、质量、环境等各种生产要素，方便智能工厂的远程维护与操作、实时在线配置与优化、生产过程精细化管理。

在智能工厂的车间互联方面，采用业界成熟的无源光网络 PON 技术，通过一对 OLT 按主备方式冗余，组成 2 条光纤环路，每个 ONU 分别上联到一对无源分光器，形成双环路保护，部署车间级互联 PON 网络。实现潍柴一号工厂中加工一车间、加工二车间、加工三车间、加工四车间、总装车间、试车车间、成套车间等 7 个车间中的加工、装配、试车、涂装四个部分试点整套装备系统，以及由缸体加工生产线、缸盖加工生产线、总装一线、缸盖部件线、活塞连杆部装线、AGV 装配二线、试验预装线、AGV 输送系统、试车线、喷漆线、包装线等生产线之间的互联互通。实现各类智能装备信息推送到生产应用系统（包括 PLM、ERP、SRM、SCP、MES、CRM 等）、安全监控系统及能源管理系统。支持智能工厂间更多的智能装备、数传设备、传感设备接入，满足各类生产、物流、安全、节能等环节对通信网络要求，有效提升网络的安全性、可靠性及可扩展性。

在智能工厂的信息安全保障方面，拟采用信息屏蔽、访问控制、密钥管理、安全路由、入侵检测与容侵容错等安全技术。从整体系统角度，制定潍柴动力智能工厂信息安全保障机制，充分保障智能工厂信息安全。

3. 研发国际先进、国内领先的潍柴自主 ECU 系列智能产品

（1）故障诊断管理系统升级：诊断管理系统的智能升级开发，满足北美和欧洲欧六排放法规要求；

（2）电控单元升级：柴油机电控单元平台升级开发，新一代电控单元需满足 ISO26262 功能安全要求。开发流程严格按照 CMMI 固化流程，使整个电控开发过程更加可控。

（3）智能代偿及自适应控制技术研究：除目前实现的智能代偿及自适应控制技术外，继续完善深化现有燃油系统、后处理系统、进气系统的智能代偿自适应控制研究，并逐步拓展到如润滑系统、冷却系统等其他系统。

（4）在目前智多星、智多行服务工具基础上，扩展潍柴智多星、智多行的远程数据收集功能，将数据信息通过 GPRS 网络上传到潍柴云服务器中，并不断优化云端数据挖掘分析。

（5）智多星专家诊断系统：将维修过程中获取的故障码并综合故障现象，结合潍柴多年柴油机产品故障定位分析经验，开发智多星专家诊断系统，智能定位问题原因，制定维修解决方案，并在必要时启动远程网络协助分析。

（6）云端大数据挖掘分析及数据利用：开发潍柴云端信息挖掘系统，结合具备的故障管理系统，借助网络通信技术，将智多星、智多行收集到的故障信息分区域、分时间、分机型进行深入分析挖掘，总结数据挖掘方法。

（7）数据挖掘方法利用：根据数据挖掘结果，若涉及产品设计缺陷，则进行故障件产品改进，并固化成经验用于后续产品设计；若涉及装配制造过程，则可优化智能制造生产流程，提高产品质量；若涉及供应商产品质量，则可自动进行配件质量追踪，并自动进行供货 BOM 管理，为供应商产品选择提供依据。

4. 建设智能协同云制造平台

在协同开发平台建设方面，进一步优化各个管理平台的功能，使协作更加紧密、流畅。主要包括以下几个方面：

（1）搭建潍柴上下游产业链企业协同研发云制造平台。根据潍柴对上下游产业链企业的管控情况，定义协同研发云制造平台的管控及集成方式，实现上下游企业平台间的无缝集成，破除企业壁垒，实现跨企业设计及制造资源共享及数据贯通。

（2）优化协同研发各业务环节平台应用水平。在产品设计上，通过引入快速设计系统、三维标注、轻量化设计、模块化设计等先进设计软件和理念，将设计过程进行统一和简化，依托潍柴黄金产业链，进一步整合各研发中心优势，提升产品研发效率，为将来的全数字化制造奠定基础。

在产品仿真上，通过优化仿真流程、引进行业领先的分析软件和分析思想、采购高端计算主机，实现高速计算和云计算。同时通过云平台收集仿真数据，进行分析，进而指导设计，提升产品设计的质量，节约设计成本。

通过对潍柴设计导航系统 WEDP 进行优化升级，将更多的研发平台无缝整合在一起，同时建立和优化各个研发知识库，以推送的方式引导各个研发平台并行工作。通过优化研发流程，引进先进国际化管理理念，建立跨国标准体系，并 WEDP 中进行固化，实现全球各分部在同一个平台使用同一套流程进行办公，提升企业全球全产业链协同开发效率。

（3）构建潍柴研发共同体。在云制造平台建设方面，对供应商管理平台进行升级，将现在的"研发供应商管理"拓展到"研发和制造供应商管理"，从而强化设计与制造的关系，保证设计与制造的一致性。

5. 建立能源管理智慧化管理平台

以现有工厂的信息化应用系统为基础，分期实施、阶段投入，完善各区域的数据采集网络和智能控制系统，综合运用系统科学、管理科学、能源科学、控制科学及计算机与信息技术，优化整合企业各类能源，建立潍柴动力能源管控中心。

（1）分阶段实施建立集中统一、可实时监控的潍柴动力能源管理系统，完成数据采集、运行监测、统计查询、实时报警、电力峰平谷分析、综合报表等基本功能开发及应用。第一阶段实现动力工业园区的变配电、照明、空调、供热、蒸汽、压缩空气、清水、中水等能源计量器具改造及数据入网。第二阶段完成铸造工业园及滨海工业园等区域的变配电、照明、空调、供热、蒸汽、压缩空气、清水、中水等能源计量器具改造及数据入网，实现对核心厂区节能监测的全覆盖。

（2）建立潍柴动力的生产与能耗预测模型和重点环节的节能优化模型，基于模型实现能耗分析、成本分析、异常处理、对标管理等能源管理功能，构建智能化的能源管理体系。通过持续改进，不断优化重点环节的节能水平，实现生产和消费的全过程能源监测、预测、节能优化。

（3）通过能源系统智能化、自动化改造和节能新技术、新产品的应用，实现能源管理智能调度和系统优化。逐步推进采暖系统智能化、自动化、无人值守改造项目和空压机余热回收项目，论证实施蓄冷技术、空压机和制冷系统无人值守改造等项目，提高能源管理的自动化水平。

6. 构建基于制造服务业大数据的智能故障诊断与服务平台

一方面将基于产品全生命周期大数据对故障模式进行建模分析，研究远程故障诊断、异常预警和快速维修等共性关键技术；另一方面结合装备制造行业特征，研发智能化故障诊断与服务系统，并在发动机制造企业进行应用示范，为企业及上下游产业创造更大价值。项目总体技术架构如图 40-4 所示。

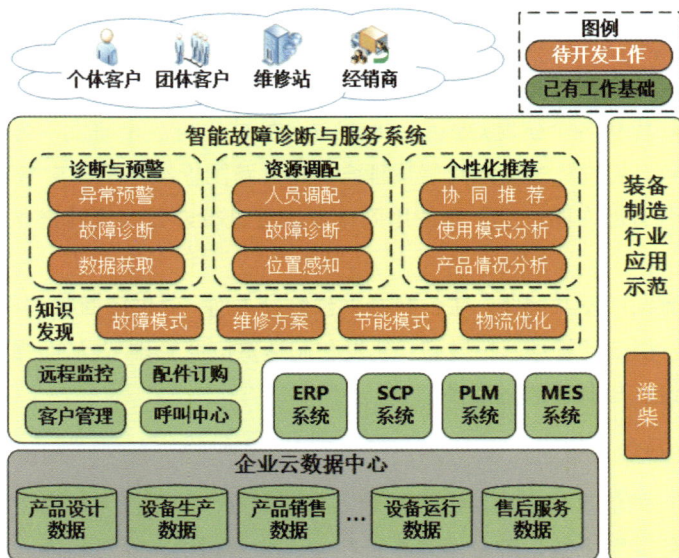

图 40-4　项目总体技术架构

具体研究内容包括以下几方面：

1）产品全生命周期大数据的故障模式分析与知识发现

产品在设计、生产、装配、销售、使用、维修和保养等全生命周期中生成了大量数据。如何根据这些数据和领域知识，发现设备运行数据与故障之间的关系，建立故障特征数据库和诊断指标体系，分析有关故障原因，生成对应维修方案是本项目关键问题。针对产品全生命周期中大数据，进行多模态数据融合，结合领域知识选择产品设计、生产、销售和使用等相关数据，对产品故障关联特征进行建模，采用机器学习中的方法分析不同产品特征和故障现象之间的关联性和时效性，建立故障模式、级别、状态等方面的指标体系，建立设备运行状态与数据之间的关系，生成故障知识库。故障模式库和解决方案库的建立将为设备升级、远程故障诊断和快速维修提供参考和依据

2）基于移动互联网的远程故障诊断

传统设备往往是在故障发生后由用户带到专业维修点进行维修，这种方式耗时费力、影响用户使用。而 GPRS/3G/4G 终端等移动互联网技术的发展使得远程获取设备

运行数据（位置、速度、温度、能耗等）成为可能。

一方面周期性采集产品运行数据，通过移动网络把运行数据传送到监控服务中心，监控服务中心根据故障知识库对收到的设备运行数据进行分析，诊断产品运行状态，对异常状态进行及时预警；对于故障诊断请求，采用关键参数分析和机器学习的方法，分析相关数据，判定故障原因并给出相关维修方案建议。另一方面，设计基于移动智能终端的可视化交互应用，面向订阅用户了解产品状态，及时推送预警信息及故障维修方案建议。收集数据并反馈给相关系统。本项目将研究关键参数分析和机器学习的方法，分析相关数据，做出故障诊断。

3）面向快速维修的环境感知资源调配

当用户确定维修方案后，如何根据故障设备、配件、维修站，以及维修人员的地理位置、实时路况和工位忙闲等信息，合理调配人员、车辆、配件等资源，以最小的代价、最短的时间完成维修也是一个重要问题。该问题可以抽象为受多条件约束的多流水线排工问题，本项目将资源调配问题抽象为带前驱、后继约束的多流水线排工问题，对该问题进行详细建模，设计启发式算法，寻找满足条件的最优或局部最优调度方案。项目组对排工问题进行了多年研究，部分解决方案可供参考和借鉴。

4）面向节能降耗的个性化产品使用模式推荐

很多新型设备支持动态调整输出功率，从而节约能源、减少能耗和污染物排放。如何根据海量用户数据，发现产品使用的节能模式，并根据用户的产品使用情况，进行个性化推荐也是本项目研究内容之一。与传统分析方法相比，基于大数据进行节能模式分析能够找到更多、更有效的节能模式。对设备运行状态、能耗等数据进行聚类分析，找出有效降低能耗的产品使用模式，并根据用户的产品使用情况，进行个性化推荐，将用户有可能感兴趣的产品使用模式发送给用户。另外，用户也可主动订阅某一个主题的使用模式，系统自动定期推送符合条件的使用模式。系统将采用 Pub/Sub 设计模式维护订阅列表，将符合客户特点或要求的产品使用模式推送给客户。

节能模式的个性化推荐不仅能够降低产品使用成本，加强和客户的互动，增进客户满意度和忠诚度，而且具有节能降耗、节能减排的社会意义。

7. 建立统一智能管理与决策分析平台

建立统一智能管理与决策分析平台，以现有工厂的信息化应用系统为基础，逐步将专家知识不断融入制造过程控制软件系统及平台中，以实现制造全过程智能化，使制造过程具有更完善的判断与适应能力，提高产品质量、生产效率，并显著减少制造过程物耗、能耗和排放。具体内容如下：

（1）在虚拟设备集成总线建设方面，拟采用信息物理融合 CPS、虚拟化和新型人机交互等先进信息技术，对现有工厂的核心装备、生产线、设施和数据进行虚拟化，然后采用软件定义机器（SDM）和面向服务的开放式网关接口 OSGi 技术，将智能工厂的车间中的加工、装配、试车、涂装四个部分试点整套装备系统和生产线进行虚拟化，并将智能机器、装备和生产线中数据分装成数据接口，无缝集成到智能工厂的应用系统中，并实现智能工厂的数据统一存储、管理与分析处理。虚拟设备集成总线如图 40-5 所示。

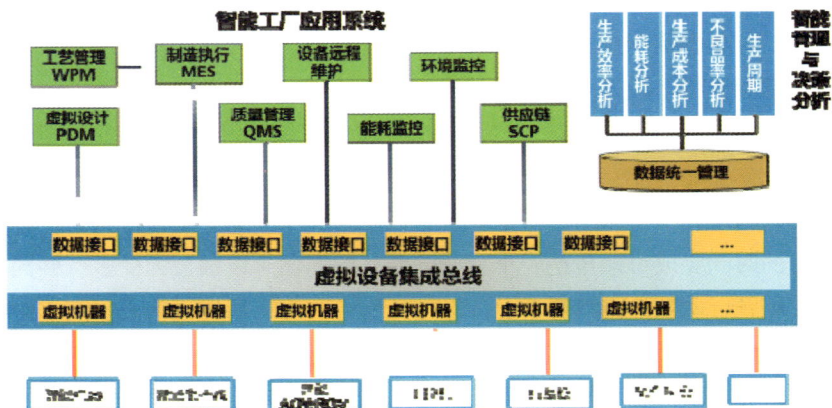

图 40-5　虚拟设备集成总线

（2）采用云计算的 PaaS 技术，对智能工厂的虚拟设计 PDM、工艺管理 WPM、制造执行 MES、质量管理 QMS、供应链管理 SCP 等业务平台能力进行无缝集成与智能化升级，同时研制的能耗监控和环境监控系统，同时针对工厂中现有应用系统存在点对点交互、业务系统间紧密耦合、缺乏弹性、可扩展性差、系统接口也越来越多、交互关系越来越复杂等问题。采用 SOA 标准框架，对现有工厂中的虚拟设计 PDM、工艺管理 WPM、制造执行 MES、质量管理 QMS、供应链管理 SCP、能耗监控和环境监控等系统功能，抽象成服务接口，对每个应用系统的服务接口进行动态统一集成、组合和敏捷交互，从而实现对工厂的计划进度、工艺操作、生产执行情况、设备、物料、人员、质量、能耗和环境等进行统一管控和监测。

（3）采用大数据技术，结合现有潍柴智能工厂的领域知识，基于 Hadoop 框架体系，通过对现有工厂设计、工艺、制造、管理、监测、物流等环节的数据进行有效集成、集中存储与管理。建立工厂中的人机料、水电气、生产进度、工艺参数、质量、环境等各种生产要素的知识库，并通过智能管理与决策分析实现对生产效率、能耗、生产成本、不良品率、生产周期的科学优化与精细化管理。

8. 智能制造方法体系研究

针对制造业小批量、定制化的发展趋势，结合潍柴发动机智能制造的实际需求，对智能制造过程中创新设计和研发、生产组织和管理、资源评估和优化、物流和供应链等关键因素进行研究。研究面向定制化的智能制造模式；研究智能制造标准体系并提出需求迫切的标准规范；结合基于知识库的协同设计平台、基于大数据的决策支持系统以及产品全生命周期信息集成管理平台，通过对智能制造标准，创新设计、大数据决策支持、产品全生命周期信息集成管理及其他关键服务的集成应用，形成企业智能制造方法体系，支撑企业产业链的资源优化配置和创新及业务协同，缩短从订单到产品交付周期，提高产品附加值，增强企业全球竞争能力。智能制造方法体系研究如图 40-6 所示。

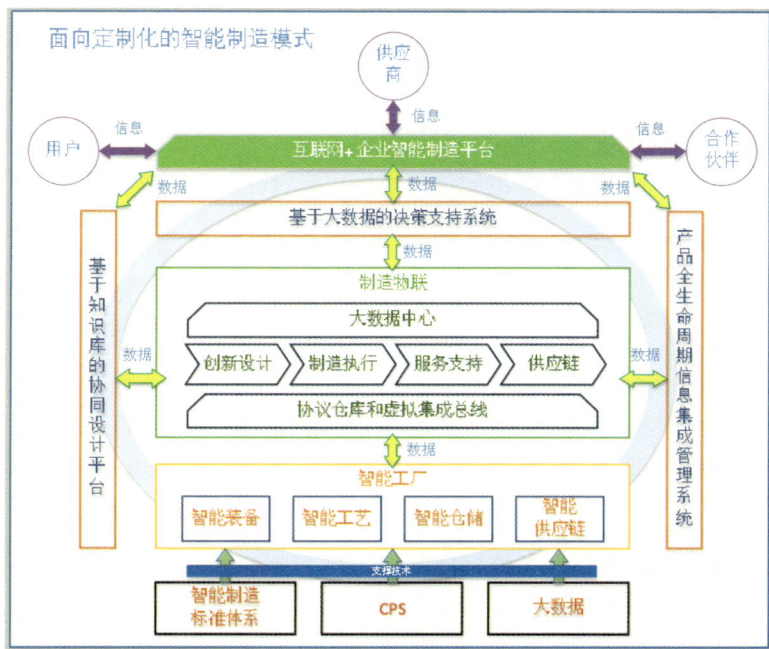

图 40-6　智能制造方法体系研究

1）面向定制化生产的智能制造模式研究

面向制造业小批量、定制化的发展趋势，出于对客户个性化需求和快速交付所带来的需求，研究企业由批量制造向批量定制转变的经营模式。针对工业 4.0 所提出的横向集成、纵向集成、端到端集成进行研究，提出包括智能制造标准化、智慧工厂建设、协同创新、生产制造、决策支持以及服务和供应链等方面在内的，面向定制化生产的智能制造模式。

2）智能制造标准化研究

对国内外智能制造标准化的最新现状和发展趋势进行跟踪，对智能制造领域国际标准化组织和国内标委会的最新成果进行研究，从基于制造企业功能层次模型和多维空间等角度对构建智能制造标准体系架构进行划分，提出一个合理的能制造标准体系结。通过对制造企业的需求调研分析，确定出企业需求比较迫切的智能制造标准的研究方向，开展智能制造相关的国家标准制定工作。

3）基于大数据的决策支持系统研究

对企业的数据需求进行分析，借助虚拟化、协议仓库等技术将分散的计算、存储和网络资源进行整合，形成可统一调度、管理的虚拟资源池，供各应用系统共享使用。基于数据仓库、数据集市等建立信息资源层；应用支撑层构建企业数据总线，实现数据交换、元数据管理、系统监控等功能；运维管理体系包括用户需求管理、运行管理、数据资源管理和基础设施管理。结合现有非结构性和结构性数据库架构和数据分析方法，开发建立包含企业重要业务流程的数据分析工具，为企业从已有数据中心的历史数据和现场数据中快速搜索、实时决策提供可靠的数据分析工具。提出以算法工具包为核心的，同时面向非结构性数据和传统结构数据的资源评估和优化方法。

9. 智能工厂的试点和标准化

选取潍柴动力一号厂作为试点场所，将升级后的制造装备、生产线、原料配送和控制终端进行组网，并建设智能工厂的全流程管理控制私有云平台，开展智能工厂的试点。由于我国制造业的工厂中存在多种型号的制造装备的基本现状，那么智能工厂所辖多种类型制造装备、核心软件、数据接口和平台之间的互联互通标准化成为制约整个行业发展瓶颈。联合国内外著名标准化机构，研究和制定智能工厂的制定智能工厂的标准体系，主要包括智能机器及其互联技术标准、工业网络技术标准（工业网络技术、资源配置管理、地址标识解析等）、核心装备智能化使能标准、核心软件与平台标准、工业互联网安全标准、管理和运行标准。

（四）主要成果

潍柴动力的智能工厂建设产出了几项重大标志性成果，具体内容如下：

（1）完成 WP9/WP10 柔性生产线升级改造和 WP12/WP13 柔性生产线升级改造。本项目通过在现有在既有 WP10 二气门刚性生产线和 WP12 刚性生产线的基础上，分别通过引入 WP9 和 WP13 柴油机的专用拧紧工具、标准工具、工装、工位器具等装备，同时在加工线和装配线关键工位加装各类分布式控制器，嵌入具有可感知、可采集、可传输的智能化嵌入式芯片，升级数据采集系统并将现有生产线中先进装备的 PLC 控制程序进行自主化编程升级。最终实现生产线可同时适应 WP9/WP10 和 WP12 和 WP13 系列柴油发动机的工艺技术要求，另外生产装备可根据感知信息自动区分判断不同系列柴油发动机的不同工艺参数和工艺技术。实现不同系列柴油发动机的柔性混线生产及制造全过程的装备数据采集和产品质量监控。同时在实际生产过程中，生产一线的工人师傅针对生产过程中的问题提出了诸多改善措施，通过自主智能化升级改造进一步提升了生产效率，提高产品质量。此两条生产线的智能化升级建设在不增加用地面积的前提下，尽可能地实现装备复用、个性化定制以及资源共享，极大提高了生产效率，提高了设备利用率，节省了人工成本和工序工位，成为发动机制造企业的典型案例，具有较强的推广意义。目前 WP9/WP10 生产线可支撑年产 WP10 产品 10 万台/年，WP9 产品 2 万台/年的产能，生产线的生产节拍 120s，可支撑的个性化程度 50 余种不同要求的产品定制。

（2）完成潍柴一、二号工厂工业通信网络搭建以及园区无线网络搭建。工业通信网络不同于家用网络，因为工业数据对准确性、实时性和可靠性要求较高，故此项目采用了工业 PON 网络技术。工业 PON 网络与家用网络相比具备高精度、低延迟、高可靠的特性。本次项目的工业 PON 网络采用了上海理想信息产业（集团）有限公司的产品，使用了中国电信的网络搭建技术和设备。工业 PON 在 1 号工厂试点成功，是中国电信尝试工业 PON 网络在智能工厂场景应用的首个案例，具有标杆价值，具备较强的实际推广意义。

（3）完成 11 个信息系统的建设项目。本次项目将先后完成了 11 个信息系统建设项目，其中涵盖了企业研发、生产、采购、物流、质量、销售、服务等各个领域，同时搭建了潍柴大数据采集、存储、分析、应用平台，此类信息系统和平台的使用将极大提升业务效率，规范业务流程，规避人为操作出现的失误问题，保证企业内部各类数据的统一和规范管理。形成了一整套装备制造企业信息系统建设框架，未其他企业的信息化建设提供蓝图指导。另外通过项目实施，预期可以解决高端柴油发动机智能制造中柔性化建设、车间互联互通关键技术、车间/工厂仿真设计、工业大数据综合管控、供应链协同等一系列重大问题。

（4）机加、装配和试车装备体系柔性化、智能化建设。在不增加厂房面积、土建投资的前提下，通过对原车间设备、生产线进行智能化改造升级，满足新产品系列的生产要求：通过对机加、装配和试车过程中关键工序及装备的智能化改造升级及对 12 种核心智能制造装备的创新应用，从而使 WP9、WP13 新产品与现有 WP10、WP12 产品能够分别实现柔性混线生产，同时实现制造全过程的装备数据采集和产品质量监控。

（5）车间互联互通关键技术。通过提供制造业现场生产设备的信息集成与协议转换能力，实现不同设备或者管理控制系统的联通，构建现场通信协议仓库，研发智能网关，提高工业大数据采集和设备互联互通能力。设备需要具有可扩展性，对于除了主流工业通信规约与现场总线协议之外的私有协议或者新的协议，为用户提供软件开发工具包，使设备的再次接入无需再对通信接口进行配置驱动。

（6）研发、生产及工厂布局仿真。实现数字化工厂布局和设计，进行车间仿真设计，减少装备部署时间，减少工装更改，完成产能分析，实现"无纸化"制造；实现装配过程仿真，在 3D 的环境下进行制造工艺过程的设计，提高工艺设计、现场工人、数控测量的效率；可以检查装配干涉，装配顺序和路径定义，干涉检查；通过工艺设计、数字化仿真验证，制造信息的统一管理，解决目前工艺制造与设计脱节的问题。

（7）工业大数据综合分析决策平台。建立统一智能管理与决策分析平台，以现有工厂的信息化应用系统为基础，逐步将专家知识和技术经验不断融入制造过程控制软件系统及平台中，以实现制造全过程智能化，使制造过程具有更完善的判断与适应能力，提高产品质量、生产效率，并显著减少制造过程物耗、能耗和排放。

（8）供应商协同制造系统。通过智能感知及大数据技术应用，实现对产品制造过程的监控、零部件供应链物流的管理、产品配送过程的跟踪与管理等全程跟踪，解决信息跟踪的起始点、标签的防篡改、信息的自动识别等问题。建立供应商协同制造机制，研究基于大数据制造生产过程和供应链的可视化、可追溯技术。

【案例二】南通中远川"智能制造在船厂的应用"

（一）企业简介

南通中远川崎船舶工程有限公司（以下简称南通中远川崎）是中国远洋海运集团有限公司与日本川崎重工业株式会社合资兴建的大型船舶制造企业。中国远洋海运集团经营综合运力 8 532 万载重吨/1 114 艘，排名世界第一；川崎重工拥有世界一流的造船厂——坂出船厂和神户船厂。中国远洋海运集团与川崎重工双方有着几十年友好合作的良好基础。为更好地利用双方的资金、造船技术、船舶市场、管理等方面的优势，双方共同投资 50 亿元建设了南通中远川崎造船项目。公司注册资本 14.6 亿元人民币，中日双方各占 50%。厂区布局合理，生产设备先进，装备精良，南通中远川崎开发的主要产品有 30 万吨级油轮、30 万吨级矿砂船、5000/10000/13386 箱集装箱船、5 000～6 200 车位汽车滚装船、2.8/3.6 万吨多用途船、大型 LNG 双燃料动力船、5.5 万～20.9 万吨各类散货船等，其中 13386TEU 集装箱船、30 万吨级矿砂船获得了江苏省科技进步奖，另外还进行了大型 LNG 运输船及极地船舶的技术储备。目前技术中心正在开发 2 万箱级超大型集装箱船，该船为世界上最大级别的集装箱船。

（二）建设内容

早在 2007 年，南通中远川崎船舶工程有限公司就超前谋划，着手生产、设计的信息化改造，实施信息化和工业化两化融合战略，并在此后获得"江苏省两化融合示范企业"称号。2012 年开始积极寻求突破，将扩大机器人应用和实施生产线改造等智能制造手段作为信息化和工业化深度融合的切入点，以大幅降低人工成本、减轻劳动强度、改善作业环境、提高生产效率和产品质量，从而持续提升企业竞争力。目前已建成 4 条机器人生产线，成为全国样板。2015 年 7 月，南通中远川崎船舶制造智能车间被确定为国家工业和信息化部智能制造试点示范项目，国内造船企业独此一家。

1．信息化建设

在信息化建设方面，主要取得了以下几方面进展。一是设计系统方面，完成了从 TRIBON 系统到 AM12 系统的升级，并在此基础上开发了南通中远川崎特有的 CAPP（数字化工艺设计）系统和 CAM（数字化加工）系统。二是与日本 KHI 联合开发了 AM12 系统与企业资源计划管理系统（ERP）的接口。三是生产过程采集与分析系统以自主开发为主，主要有工时管理系统、涂装 PSPC 管理系统、舾装工程跟踪系统定盘与置场配置系统、QMS 质量信息管理系统、安全信息管理系统、船东意见处理系统、工程管理系统等。四是在管理信息系统中，设计 OA 系统、售后服务管理系统、成本系统、支付系统、成本控制系统、固定资产管理等全为自主开发系统，财务系统和人事管理系统为市售的国产软件。五是在网络基础设施建设方面，2016 年完成网络设备更新及设计主干网络升级（1GB→10GB）工程。六是在信息安全管理方面，2016 年完成了南通中远川崎与大连中远川崎之间异地容灾备份。七是 2016 年完成了服务器虚拟化。

2．主要的智能化装备投入

2012 年，型钢自动切割生产线投产；2013 年，条材机器人生产线投产；2014 年，先行小组立机器人生产线投产；2015 年，小组立机器人生产线投产。目前，项目具备验收条件，将于近期进行验收。

（三）实施路径

围绕船舶制造智能车间试点示范项目建设，全面建立了完善的计算机集成系统，将贯穿船舶产品全生命周期的 CAD、CAPP、CAM、ERP 等高度集成应用，在研发、设计、采购、制造、财务、管理等流程中实现业务一体化；建立了完善的智能物流管理系统，并与设计系统高度集成，贯穿了零件设计信息、工艺信息、工装信息、材料配套信息、加工信息和装配信息的信息生成和传输全过程，并且在采购申请单、物料清单、托盘清单等业务方面全面实现了网络化；应用数字化样船技术，达到了数字化建模、平行设计、协同设计；推行模块化造船和产品仿真设计与建造，提高了产品质量，有效地缩短了设计、制造周期；将工业机器人应用和实施生产线改造作为智能造船的切入点，以减少人工成本、减轻劳动强度、提供安全作业环境、提高生产效率、降低产品不良品率。

1．通信网络覆盖全厂[2]

作为船舶智能车间的基础设施建设，南通中远川崎建立了覆盖全厂的计算机网络系统，通过光纤连接到各生产车间，并借助计算机网络，实现物理制造空间与信息空间的无缝对接和映射，为精细化和智能化管控提供基础。

技术研发部门通过 CAD、CAPP、CAM、虚拟仿真等技术的运用，实现了产品研发设计的数字化。利用生产运行数据和设计数据，将现场作业、运营、管理等固化成各类工艺、业务模型和规则，根据实际需求调度适用的模型来适应各种生产管理活动的具体需要。同时，还利用数字专线连接大连中远川崎船舶工程有限公司，实现两家船厂异地协同设计、协同采购、协同经营、信息共享。

（1）计算机辅助设计（CAD）系统。TRIBON 系统在南通中远川崎公司船、机、电等各专业领域得到广泛运用，建立数字化样船。包括船体构造、管系、主要机器设备等在内的所有部件，均在计算机内设计完成。通过计算机网络，可实现多专业设计人员的并行设计、协同设计、实时数据共享。同时，对计算机辅助设计系统进行了大量的二次开发，使其与设计及制造体系紧密结合，减少了大量重复作业和错误作业，有效提高了设计、制造的质量与效率。CAD 系统：产品研发设计数字化、数字化建模、多专业设计人员并行设计、协同设计。

（2）计算机辅助工艺设计（CAPP）。该公司开发的 CAPP 系统，可提取 CAD 系统中所有的设计数据，并根据规范要求和生产条件进行批量的数据加工处理，从而自动生成符合制造加工要求的生产图面及数据，同时将与建造工艺相关的焊接收缩量，加工精度和余量等信息标准化或基准化，运用到船舶三维设计模型中。特有的 CAPP 系统，全面支撑精益造船体系，实现无余量造船。

（3）计算机辅助加工（CAM）。利用基于 DNC 车间管理模式，将制造过程有关的设备（如数控切割机等）与上层控制计算机集成为一个系统，从而实现制造设备与上层计算机之间的信息交换，通过接收 CAD 和 CAPP 系统处理完的数据，并将数据传输至数控切割机和机器人设备，实现了从钢板下料开始到切割成品产出的自动处理。CAM 系统：基于数字化的智能造船模式，突破性地实现了制造终端与设计中心的对接。此外，南通中远川崎在许多生产环节建立了数据采集和分析系统，能充分采集制造进度、现场操作、质量检验、安全状况等生产现场信息，另外，还对船东船检的意见电子化、流程化分析处理。

（4）柔性化的制造执行系统（MES）。针对造船厂劳动强度大、工作环境恶劣等特点，采用数字化车间管理模式，以数控技术、通信技术、控制技术和网络技术等先进技

---

[2]彭常青：《南通中远川崎船舶智能制造项目案例》，《中国远洋航务》，2015（11）:28-30

术为基础，辅之以 ERP 系统的物流配送功能，实现了从钢板下料、切割成品产出、先行小组及小组焊接的智能加工制造。流水线生产方式是工业化大生产的必然要求。该项目已实施了大舱肋骨生产线、Y 龙筋生产线等数个自动化生产线，取得良好的效果。

（5）独具特色的企业资源计划管理（ERP）系统。该项目建立了功能完善的 ERP 系统，它吸收了按时生产(JIT)、优化生产、全面质量管理（TQC）等先进的管理思想，与制造系统和设计系统高度集成，将企业的各方面资源（人力、资金、信息、物料、设备、时间、方法等）充分调配和平衡，为企业加强财务管理、提高资金运营水平、实现库存零目标、提高生产效率、降低成本等提供了强有力的工具。

2. 智能制造系统领先一步

南通中远川崎在船舶智能制造方面，在国内率先一步。高度自动化的流水作业生产线加上柔性化的船舶生产工艺流程，实现了船舶制造的自动化操作和流水式作业。同时，将反映生产状态的各类信息集中和融合，为操作人员提供一个直观的加工场景，确保准确掌握信息，实现快速作业。

（1）型钢生产线。型钢是船体常用部材之一，原先的生产方式因为从画线、写字到切割、分料，完全采用手工作业，所以效率低、周期长、劳动强度大且难免出现误操作。自从型钢自动化生产线建成后，实现了从进料→切割→自动分拣→成材分类叠放全过程的智能制造，包括物料信息传输、物料切割智能化及物料分类感知智能化，有效地减少了人工成本，缩短了生产周期，降低了劳动强度，为后续扩大机器人应用积累了经验。

（2）条材机器人生产线。条材是分段制造的主要部材之一，它的特点是数量多、大部分部材比较短小。原来的生产方式包括画线、写字、开条、端部切割、打磨、分料等全是手工作业，因此效率低、生产周期长、容易出错。条材机器人生产线的投产，实现了信息传输、物料传输感知智能化及加工智能化，提高了生产效率，缩短了生产周期，降低了劳动强度。

（3）先行小组立机器人生产线。尽管造船中厚板电弧焊接实现机器人作业困难很多，但南通中远川崎还是从最简单的先行小组材开始，推进机器人焊接。在传统的制造方式中，钢板是在定盘上全面铺开的，一块一块地装配、焊接、翻身、背烧，占用面积大，制造周期长，效率低。先行小组立机器人生产线投产后，实现了工件传输和焊接智能化，以及自动背烧、自动工件出料。整条生产线仅配一名员工操作，配员减少一半以上。

流水线生产方式是工业化大生产的必然要求。对造船业而言，车间内生产作业的流水线化将是今后实施船舶智能制造的一个重要发展方向。目前，南通中远川崎已实施了大舱肋骨生产线、Y 龙筋生产线、焊接装置等数个半自动化生产线技改项目，取得了良好的效果。

（4）小组立机器人焊接生产线。全线长 84m，包括四台焊接机器人，以焊接散货

轮 *N* 分段为主，比 3 号先行小组立生产线更为先进。采用三维模拟部材，利用专用 **KCONG** 软件进行自动化生产。四台机器人能够单独焊接，也能互相配合作业，可以针对部材的大小，灵活应对各种情况。

（5）智能物流系统。采用"横向到边、纵向到底"的设计原则，建立了功能完善的智能物流系统，并与设计系统高度集成，从而将企业的人力、资金、信息、物料、设备、时间、方法等各方面资源充分调配和平衡，为企业加强财务管理、提高资金运营水平、减少库存、提高生产效率、降低成本等提供强有力的支持。

南通中远川崎的智能造船模式使设计、制造、加工、管理信息一体化，贯穿了零件设计信息、工艺信息、工装信息、材料配套信息、加工信息和装配信息的生成和传输全过程，并且在采购申请单、物料清单、托盘清单等业务方面全面实现了无纸化。

（四）主要成果

南通中远川崎确立了将智能制造作为转型升级、提质增效的主攻方向和实现造船强厂的重要途径，先后投产了型钢自动生产线、条材机器人生产线、先行小组立机器人焊接线、小组材机器人焊接线等智能化和自动化生产线，建成船舶制造示范智能车间。船舶智能制造的转型升级大幅度提高了生产效率，降低了产品不良品率，改善了作业环境，减轻了劳动强度，减少了人工成本，节约了场地资源，从而持续提升了企业竞争能力。该项目可作为持续打造船舶智能车间并初步形成智能船厂的典范，实施后可以改变目前国内的传统制造模式，在船舶行业具有普遍适用性，项目取得的成果对其他船舶智能化项目也具有一定的指导和借鉴意义。南通中远川崎通过本项目的实施，形成具有自身特色的船舶智能制造模式。项目建设应用效果明显，主要表现在以下几方面：

（1）构建面向生产、管理的高技术船舶精益设计体系。在高技术船舶精益设计方面，着力于两个面向，即面向船东设计出性能更好、满足船东和规范要求的数字化船舶；面向工厂设计出适合生产装备条件、生产效率高、生产资源节约的绿色节能船舶。高技术船舶的精益设计，要求设计要足够精细、精密、精确，达到全物量、全过程的数字化模拟。

（2）建立全面整合与高度集成的信息系统。信息系统是提升船舶设计建造效率和质量的重要支撑。南通中远川崎十分重视信息化建设，公司在大规模利用信息技术和网络技术的基础上，不断升级完善计算机集成制造系统功能，通过信息一体化集成方面的专题研究，对各个信息系统进行了全面的整合，形成了生产、设计和管理等环节全面融合、协调运行的信息管理系统，该系统的建成为智能制造示范车间的建设提供了有力的支撑。

（3）创建覆盖产品全生命周期的大数据系统。南通中远川崎围绕产品的全生命周期，从船舶产品营销、研发设计（基本设计、详细设计、生产设计）、生产制造、售后服务一直延伸至船舶拆解阶段，对船舶产品信息和过程信息进行统一管理和集成，形成了产品全生命周期大数据系统。其核心在于能够使所有与特定项目相关的人员在整个项目全生命周期中分享产品数据，以便各部门能够针对各环节出现的问题及改善点，共同研讨并提出改进下一步工作的方法和措施。

（4）打造智能、高效的制造执行系统。以规范生产的管理和优化业务流程，完善物流管理与控制，全程监控全过程，提高生产管理实时性与工作效率为目标，打造智能、高效的制造执行系统。实现生产计划、调度、统计、操作与管理的业务集成，统一数据源，保证调度与统计的数据一致性。在生产环节建立数据采集和分析系统，能充分采集制造进度、现场操作、质量检验、安全状况等生产现场信息。各船坞、各船项目、各分段、各工种等的制造进度、主要工程节点、生产质量、物料配送情况等生产现场信息都有专门的信息化工具进行采集、整理和分析。进一步提升企业在车间层面的精益管理和生产效率。

（5）实现制造工艺与装备智能化。近年来，面对持续低迷的船舶市场和不断上升的制造成本，南通中远川崎积极寻求突破，将扩大机器人应用和实施生产线流水化改造作为智能制造的切入点，以大幅度提高生产效率、减少人工成本、减轻劳动强度、改善作业环境、降低安全风险和产品不良品率，从而持续提升企业竞争力。公司在信息系统全面集成的基础上，投资建设智能化的机器人生产线和全面推进生产线流水化。

采用的核心智能制造装备的创新应用如下：伺服控制器应用，焊接机器人的应用，搬运机器人应用，机器人用位置/力矩/触觉传感器应用，条形码喷涂等采集系统装备，可编程逻辑控制器应用，液压传动系统应用，可视化柔性装配装备等。

通过智能制造项目的实施，企业重要的综合指标预期可达到以下效果：产品建造周期缩短10%~15%。生产效率方面提高15%以上。运营成本降低10%~15%。产品不良品率降低5%以上。项目实施前各工种平均的综合不良品率约为8%~9%，项目实施后，不良品率不断下降，目前已低于5%。钢材利用率：一次利用率达到92%、反复利用率达95%以上。

机器人生产线的实施效果如下：型钢机器人自动生产线的配员由改造前的21人减少到7人，作业效率提高约4倍；条材机器人自动生产线的配员由改造前的23人减少到8人，作业效率提高约2.5倍；先行小组机器人自动生产线的配员减半，作业效率提高约40%；小组机器人自动生产线的配员由改造前的5人减少到3人，作业效率提高约60%。

培育了一批以联合体成员——唐山开元为代表的智能制造核心技术装备及短板装备配套企业，进而带动船舶制造企业的模式创新与转型升级。南通中远川崎作为船舶行业智能化造船的先行者和标杆，所取得的成果和动向对其他船厂推进智能化改造具有强大的推动和示范引领作用，进而整体上加快推进中国船舶行业的智能制造。

第四十一章　流程型制造领域的智能制造模式及其典型案例

第一节　流程型制造领域的智能制造模式基本概况

流程型制造的生产连续性强，工艺流程比较规范，工艺过程的连贯性要求高，要保证连续供料并确保每个生产环节同时正常运行。流程型智能工厂有利于建立原材料跟踪追溯体系（特别是食品和医药行业），并提高产品质量的可靠性。

流程型制造行业整体上自动化程度较高，实施智能制造的基础较好。目前，流程型制造领域的智能制造多应用于食品饮料、制药、冶金、石化等行业。

一、流程型制造领域的智能制造概念和特点

流程型制造是指通过对原材料进行混合、分离、粉碎、加热等物理或化学方法，以批量或连续的方式使原材料增值的制造模式，主要包括石化、化工、造纸、冶金、电力、制药等多种原材料加二和能源行业。

流程工业处于整个制造业的上游，从行业覆盖范围及其在国民经济中所占比例来看，流程工业在制造业及整个国民经济中均占据着举足轻重的地位，其生产水平直接影响我国制造业的强弱。

流程型制造行业主要有以下特点：

（1）资源密集、技术密集、生产规模大、流程连续且生产过程复杂，对生产过程控制要求较高。

（2）大批量生产，品种固定，订单通常与生产无直接关系。

（3）生产的工艺过程连续进行且不能中断。

（4）生产过程通常需要严格的过程控制和大量的投资资本。

（5）设备大型化、自动化程度较高、生产周期较长、过程连续或批处理，生产设施按工艺流程固定使用。

（6）产品种类繁多且结构复杂，生产环境要求苛刻，需要克服纯滞后、非线性、多变量等影响。

二、流程型制造领域的智能制造要素条件

流程型制造领域的智能制造要素条件包括以下几方面。

（1）工厂总体设计、工艺流程及布局均已建立数字化模型，并进行模拟仿真，实现生产流程数据可视化和生产工艺优化。

（2）实现全流程监控与高度集成，建立数据采集和监控系统，生产工艺数据自动采集率达到90%以上。

（3）采用先进控制系统，工厂自控投用率达到90%以上，关键生产环节实现基于模型的先进控制和在线优化。

（4）建立制造执行系统（MES），生产计划、调度均建立模型，实现生产模型化分析决策、过程量化管理、成本/质量动态跟踪及从原材料到产成品的一体化协同优化。建立企业资源计划系统（ERP），实现企业经营、管理和决策的智能优化。

（5）对于存在较高安全风险和污染排放的项目，实现有毒有害物质排放和危险源的自动检测与监控、安全生产的全方位监控，建立在线应急指挥联动系统。

（6）建立工厂内部互联互通网络架构，实现工艺、生产、检验、物流等各环节之间，以及数据采集系统和监控系统、制造执行系统与企业资源计划系统的高效协同与集成，建立全生命周期数据统一平台。

（7）建有工业信息安全管理制度和技术防护体系，具备网络防护、应急响应等信息安全保障能力。建有功能安全保护系统，有效避免系统失效。

在石化、化工、冶金（钢铁和有色金属）、建材、纺织、食品饮料、制药、造纸等流程型制造领域，开展智能工厂的集成创新与应用建设，提升企业在资源配置、工艺优化、过程控制、产业链管理、质量控制与溯源、能源需求侧管理、节能减排及安全生产等方面的智能化水平。与此同时，流程型制造企业实施智能制造的原动力也在于最终实现产品品质的可控。

三、流程型制造领域的智能制造实现路径

智能工厂是两化深度融合的高级阶段，需与业务不断优化整合。流程型制造企业的生产工艺过程设备自动化基础相对较好，其智能制造的建设基本遵循数据采集自动化—生产过程数字化—企业管控一体化—全供应链协同化的路径，如图 41-1 所示。

图 41-1　流程型制造企业智能制造的路径

通过对企业的调研分析发现，流程型制造企业智能制造建设多处于"生产过程数字化"，或从"生产过程数字化"向"企业管控一体化"发展的阶段，在对重点装备及物流等环节进行装备智能化升级改造的同时，加强企业全厂信息化深度融合建设，提高信息化应用水平及管控平台。实现管控一体化，提升产品品质，实现全生命周期的产品质量监控。

石化、化工、建材、冶金、造纸都是典型的流程型制造领域，例如中石化九江公司、中石化镇海炼化公司、中煤陕西榆林能源化工有限公司等，企业生产的设备、控制层级自动化程度高，现阶段智能制造在于通过信息化建设，实现生产环境互联、生产运行智能、生产管理协同，实现跨厂区、跨企业的区域生产管理等，处于管控一体化向供应链协同的阶段发展。

食品饮料企业为了避免"食品安全"相关风险，实现全流程的管控、可追溯，提高生产效率、增强产品质量管控、降低运营成本等。整个行业企业的信息化建设意识较高，形成了连续完整的全流程信息流，MES 和 ERP 的应用十分普及。现阶段信息化建设、智能制造设备自动化升级改造、智能物流、智能质量、安全、标准化建设都是食品饮料企业智能制造的重点所在，整体上处于"企业管控一体化"的深度建设阶段。

制药涵盖了原料药、中药、生物制药等多个细分领域，各细分领域差距较大。虽然药品生产过程在某些环节上实现了一定程度的机械化和半机械化，但整体上仍存在大量的人工参与环节。随着新版 GMP 的执行，对药品生产过程的控制要求提高，对产品质量的稳定性要求提高。因而制药企业实施智能制造具有紧迫性，不仅加大对自动化生产设备的投入，也增强信息化建设，实现操作可控、全程可追溯。

第二节　流程型制造领域的智能制造典型案例

流程型涉及石化、化工、冶金、建材、食品、制药等诸多行业。典型行业的企业如下。

（1）石化行业：中石化九江分公司、中国石化镇海炼化分公司等。

（2）冶金行业：宝山钢铁股份有限公司、中铝广西国盛稀土开发有限公司、河钢集团唐钢公司、江西铜业集团公司等。

（3）化工行业：鲁西化工集团股份有限公司、瓮福（集团）有限责任公司、中煤陕西榆林能源化工有限公司、新疆天业（集团）有限公司、神华宁夏煤业集团有限责任公司等。

（4）食品饮料行业：内蒙古伊利实业集团股份有限公司、杭州娃哈哈集团有限公司、内蒙古蒙牛乳业（集团）股份有限公司、劲牌有限公司、德宏后谷咖啡有限公司、黑龙江飞鹤乳业有限公司、重庆光大集团乳业股份有限公司等。

（5）制药行业：江苏康缘药业股份有限公司、海南普利制药股份有限公司、天士力制药集团股份有限公司、康美药业股份有限公司、北京同仁堂健康药业股份有限公司、湖南科伦制药有限公司、东北制药集团股份有限公司等。

（6）建材行业：唐山冀东水泥股份有限公司、南京凯盛国际工程有限公司实施的泰安中联水泥等。

【案例一】中石化九江分公司"智能工厂"

（一）企业简介

中国石油化工股份有限公司九江分公司占地面积 4.047 平方公里。公司前身为九江炼油厂，1975 年国家批准筹建，1980 年 10 月建成投产，后曾更名为九江石油化工总厂。2000 年根据中国石化重组上市的要求，主业部分设立中国石油化工股份有限公司九江分公司。

公司现有职工 2 498 人，原油综合加工能力为 500 万吨/年，主要有常减压、催化裂化、催化重整、延迟焦化、汽柴油加氢、聚丙烯等生产装置，以及配套的公用工程、辅助设施。原油通过沿江铺设的原油管道进厂，成品油通过管道和铁路等方式发运出厂。

（二）建设内容

1. 构建智能化联动系统，实现管理、生产和操作协同

九江石化智能工厂整体上分为三个层次：

（1）管理层。以企业资源计划为主，包括实验室信息管理系统（LIMS）、原油评价系统、计量管理系统、环境监测系统等，主要是对生产中的人、物、数据进行管理。

（2）生产层。包括生产执行系统、生产计划与调度系统、流程模拟系统，并生成企业运行数据库，管理层的原油评价数据、分析数据，以及各项目标在这一层转换成具体操作指令。

（3）操作层。包括产品生命周期（PLM）、炼厂模拟（RSIM）、炼油动态调度系统（ORION），根据周、日的排产计划，监测生产设备负荷、仪器仪表运行、采集实时数据等。

2. 建立炼化环节生产管控中心，实现连续性生产智能化

流程型制造的工艺过程是连续进行，不能中断。为此，九江石化在生产炼化环节建立了生产管控中心，该中心集生产运行、全流程优化、环保监测、DCS 控制、视频监控等多个信息系统于一体。通过应用先进信息、通信及工程技术，实时汇集传递生产、安全、环保、工艺、质量等信息，通过对数据的分析，制订精细化的生产计划，整个生产流程不再局限于单一的生产，而是一个数字化的操作集成，采用数字化生产管控中心，企业控制率提高 10%，数据自动采集率超过 90%，实现了对污染排放 100% 自动监控。

3. 搭建内外协同联动系统，实现数据连续性精准传输

流程型制造要保障生产数据的准确和及时反馈。为此，九江石化通过内外联动系统，实现了中控室与生产现场操作及时互通。当数字监控系统发现生产数据信息异常，或者在日常检查中发现设备问题时，外出的操作人员就能及时将异常信息通过移动终端反馈到中控室，中控室再根据整个生产流程的运行参数、设备信息等综合数据作出评判，给出解决方案，并向现场操作人员发出指令，进而解决问题。该联动系统借助了移动终端设备、数字监控系统等数字化设备。通过内外联动系统，能够大幅提高流程型制造企业的操作效率，保障生产安全和设备的稳定运行。九江石化采用内外联动系统，使操作平稳率提高 5.3%，操作合格率从 90.7% 提升至 100%。

4. 应用智能仓储系统，实现大宗物料、产品发货无人化

流程型制造企业的产品往往因重量、安全等因素，例如各种腐蚀性化学品等，对仓储要求较高。为此，九江石化利用物联网等技术，建成了智能化的立体阀门仓库，仓储作业、配货送货效率显著提升。产品出厂发货实现了铁路装车自动定位、密闭灌装、流量远程控制。通过建设智能仓库，实现仓储、配货、灌装、发货流程无人化，既保障了化学物品管控的安全性，也大大提高了仓储管理效率。通过智能仓库的智能化应用，工作班组减少 13%，人员减少 12%，降低了人工成本，保障了生产安全。

5. 构建协同一体化管控模式，实现各流程环节高效管理

九江石化引入 ERP、MES、先进过程控制等，对管理层、生产层进行信息系统集成，实现了整个生产运营过程的数字化管控，极大地提升了对各项生产指标的预测、预警，以及动态分析与辅助决策能力。通过数字化、自动化、智能化的运营管理模式，生产优化能力由局部优化提升为一体化优化，由月度优化转变为实时在线优化。

（三）实施路径

1. 智能工厂框架建设

在传统炼化企业过程控制层、生产执行层、经营管理层的基础上，增加了集中集成平台、应急指挥平台、数字化炼厂平台等公共服务平台，基本建成"装置数字化、网络高速化、数据标准化、应用集成化、感知实时化"的石化智能工厂框架，具备了实时感知能力、机理分析能力、模型预测能力、协同优化能力。

2. 智能工厂集中管控新模式建设

体现九江石化智能工厂特点的集中管控新模式"1+3+35"（1 个生产管控中心、3 个分控中心、35 个外操作室）。生产管控中心集经营优化、生产指挥、工艺操作、运行管理、专业支持、应急保障"六位一体"，实现了生产状态可视化、装置操作系统化、管理控制一体化、应急指挥实时化、基础设施集成化，生产运行由单装置操作向系统化操作、管控分离向管控一体的转变；针对水/电/汽/风相对独立、罐区作业相对独立、供排水作业相对独立的生产特点，分别建设了动力、油品、水务分控中心，实现锅炉、汽机、电网、蒸汽、空分、化学水等分系统的集中控制，油品收付、储存、调和等分系统的集中控制，取水、净水、循环水、中水、污水等分系统的集中控制；内操与外操实行视屏交接班。

3. 集中集成平台和标准化

为解决普遍存在的信息"孤岛"、业务"孤岛"等问题，九江石化在国内同行首家上线运行中央数据库，突破了此前普遍采用的"插管式"集成模式的限制，现已集成 23 个业务系统的数据，为 15 个业务系统提供数据支撑；企业服务总线 ESB 已集成 8 个系统，支撑 3 个系统；完成了生产物料等 40 个标准化模板和 36 类主数据的收集工作。通过"采标、扩标、建标"方式，完成了与中国石化标准化平台的对接。

4. 数字化炼厂建设

中石化九江分公司基于工程设计和业务需求的数字化炼厂平台已开发完成。通过正（逆）向建模，平台现已集成九江石化 80 余套各类生产装置，在国内同行首家实现了企业级超大场景、海量数据实时交互、三维动态实时渲染的信息物理空间。以此为基础，实现了实时感知、工艺管理、机理模型/大数据分析及优化、设备运行、HSE 管理、视频监控等一系列深化应用。

5. 全流程优化平台建设

自主开发的炼油全流程一体化优化平台提升了 PIMS（流程工业模型）、RSIM（炼厂模拟）、ORION（炼油动态调度系统）、SMES（制造执行系统）一体化联动优化功效，实现了炼油全流程优化的闭环管理。平台采用"中心交换式"集成模式，与原油评价、LIMS、SMES、ERP 等系统共享数据，提升了生产的敏捷性和准确性。

6. HSE 管理及应急指挥实现实时化、可视化

HSE 管理系统（健康、安全与环境管理体系）通过广泛 HSE 观察，实现 HSE 全员、全过程管理；HSE 备案系统对当天每项作业实行"五位一体"有效监管，确保每项作业受控；各类报警、视频监控与 119 接处警系统实现集中管理、实时联动。在国内首家建立并成功应用移动宽带网络、有线无线音/视频通信融合平台。环保地图系统实时在线监测各类环境信息，异常情况及时处置、闭环管理。

7. 4G 专网建成实现融合通信

有线无线通信融合系统可实现 4G 集群、调度电话、办公公网电话、IP 电话等语音通信互联互通。生产、检维修、工程建设现场视频可实时发送至调度指挥台（或应急指挥中心）。4G 无线网络厂区全覆盖，为当前及未来各类信息化系统的深化应用提供了高速、有效的支撑。

8. 数据中心建设

数据中心采用虚拟化技术及统一存储、统一备份系统，为智能工厂信息系统的建设搭建了一个资源共享、绿色节能、安全高效的基础设施平台，已有 35 套信息系统，共计 88 台虚拟机稳定运行在云平台上。中心机房采用国产化华为设备，模块化设计，多种节能技术联合应用，实现按需供电、制冷、扩容有效降低能耗，各子系统标准化接口，满足分散控制、集中管理需求，实现监管控一体化。

（四）成果效益

1. 应用成果

（1）实现敏捷生产、提升经济效益。九江石化利用全流程优化平台，持续开展资源配置优化、加工路线比选、单装置优化等工作，2014 年滚动测算 127 个案例，增加经济效益 2.2 亿元，助推加工吨原油边际效益在沿江 5 家企业排名逐年提升，2014 年位列首位；2015 年滚动测算全流程加工方案 103 个、单装置优化案例 139 个，合计 242 个，增加经济效益 2.8 亿元以上。2015 年，九江石化账面利润、吨油利润均位列沿江炼油企业首位。

（2）提高本质安全、践行绿色低碳。九江石化智能工厂实践将"安全环保、绿色低碳"理念置于优先位置。施工作业备案及监管体系，以及 1 300 余台可燃气报警、1 000 余处火灾报警、1 040 套视频监控等实现集中管理和一体化联动，支撑 HSE 管理由事后管理向事前预测和事中控制转变。九江石化连续 6 年获评中国石化安全生产先进单

位，外排达标污水 COD、氨氮等指标处于行业内先进水平，获评中国石化"清洁生产企业"和"环保先进单位"称号。

（3）管理效率大幅提升。近年来，九江石化各类信息系统助推扁平化、矩阵式管理及业务流程进一步优化，管理效率持续提升。在生产能力、加工装置不断增加的情况下，与 2011 年初相比，九江石化员工总数减少 12%、班组数量减少 13%、外操室数量减少 35%。

（4）系列国产化技术创新成果首次应用。全流程优化平台、基于中央数据库的集中集成、企业级数字化炼厂平台及深化应用、生产运营主数据标准化、企业 4G 无线专网、通信融合、基于 IP 的视频显示、大数据等一系列先进技术在国内炼化企业首次使用。

2. 管理成果

（1）与智能工厂相适应的体制机制逐步形成。"十二五"以来，九江石化完成了一系列组织机构的重组与职能调整。构建了矩阵式集中管控新模式；建立了生产经营优化、三维建模、VOCs 等一系列专业团队；充实信息化管理、开发及运维力量，建立关键用户激励机制。近年来，九江石化完成了一系列机关部室、专业中心及生产运行单位的机构重组和职能整合；建立了"两层级、品字形"30 余人的生产经营优化团队，持续深入开展生产经营优化工作，取得较好成效；构建了"顶层设计、消除边界、全员参与"，以及"业务部门牵头、信息部门综合管理、相关部门配合"的以业务需求为导向的智能工厂建设和推动模式；对全体领导干部及高职位人员、专业技术人员开展"地毯式"IT 水平测试；在全员培训中着重加入智能工厂相关内容。通过努力，与"智能工厂"相匹配的管理体制、运行机制和人才队伍开始形成。

（2）出台企业级智能工厂标准规范体系。九江石化"智能工厂"先行先试，探索出了一条适合石化流程型行业面向数字化、网络化、智能化制造的路径，形成了一系列创新思路、有效策略和实施方法，成就了若干石化智能工厂实践案例。智能制造、标准先行。为总结成果、固化经验，实现从实践到理论的提升，九江石化组织编写了企业级智能工厂标准规范体系（2015 版）。

（3）开展"两化"融合管理体系贯标工作。2015 年 4 月 3 日，九江石化启动"两化"融合管理体系贯标工作；2015 年 12 月 11 日，公司通过了中国电子技术标准化研究院"两化"融合管理体系贯标审核组的评估审核；2016 年 2 月 15 日，获得两化融合管理体系认证证书，处于创新突破阶段；2016 年 8 月 31 日，顺利通过两化融合管理体系第一次监督审核。

3．技术成果

（1）首次在中国石化实现了以 IP 软交换/TDM 电路交换为核心，4G 无线多媒体集群系统与 IP 软交换/TDM 调度系统、"119"接警系统、行政电话（包括市话、手机）系统、扩音对讲系统之间的相互通信。

（2）率先在国内炼化企业将网络分布式可视化交互操控技术应用于大屏幕系统建设，实现了中心控制生产管控、生产调度、应急指挥各中心的音/视频信号、控制信号的互联互通，音/视频信号在各中心的快捷切换、调度、分发、显示与交互控制。

（3）率先在国内利用 eLTE 技术建立了 4G 专用网，在其生产厂区，实现了 4G 无线网络的全覆盖，最大限度地与已有通信系统互通以保护已投资系统，一张网实现语音集群、宽带数据、视频监控等应用。

（4）率先国内外炼化行业通过三维数字化技术建成了数字化炼厂，实现了 HSE 管理、工艺管理、操作培训、设备管理等领域深化应用，初步打造了一个与"实体空间"一致的"虚拟数字化工厂"。

（5）在中国石化企业中率先进行了中央数据库的建设实践，实现了跨系统的生产运营数据的有效整合及智能工厂框架下主数据标准化，形成了统一、规范、准确的业务全视图。

（6）成功申报并获得"一种用于仓库的信息系统"、"一种三维模型展示系统"、"一种集中通信系统"3 项专利授权，另有 5 软件著作权正在申报之中。同时，2015 年编制完成了企业级《九江石化智能工厂标准规范体系》。

【案例二】宝钢股份"1580 热轧智慧车间"

（一）企业简介

宝山钢铁股份有限公司（简称"宝钢股份"）是全球领先的现代化钢铁联合企业。2000 年 2 月，宝钢股份由上海宝钢集团公司独家创立；同年 12 月，在上海证券交易所上市（证券代码：600019）。2017 年 2 月，完成吸收合并武钢股份后，宝钢股份拥有上海宝山、南京梅山、湛江东山、武汉青山等主要制造基地，在全球上市钢铁企业中粗钢产量排名第三、汽车板产量排名第三、取向电工钢产量排名第一，是全球碳钢品种最为齐全的钢铁企业之一。

（二）建设内容

"1580 热轧智慧车间建设"针对 1580 热轧产线的现状、试点目标，策划了有"作业无人化、全面在线检测、新一代控制模型、设备状态监控与诊断、产线能效优化、质量一贯管控、一体化协同计划、可视化虚拟工厂"8 个核心业务领域、累计 10 个项目（包括 1580 行车无人化改造、智能检测与诊断、感知—控制—决策一体化工艺模型、智能设备、智能节能、热轧尺寸\温度\断面类质量自动判定、1580 热轧磨辊间自动化改造、热轧生产动态排程、可视化仿真平台、1580 数字化工厂）具体落实实施。宝钢热轧智能车间总体功能规划如图 41-2 所示。

图 41-2　宝钢热轧智能车间总体功能规划

（三）实施路径

对照智能制造要素条件和智能制造能力成熟度模型，选定钢铁制造工厂（车间）数字化、网络化、智能化核心环节，建立钢铁制造工厂（车间）智能化评估标准，从工程（设备）、产品设计、制造管理、制造执行、基础系统 5 个类别 28 个子项开展评估，对热轧 1580 车间进行全面分析。

对照钢铁制造工厂（车间）数字化、网络化、智能化核心要素，对热轧 1580 车间智能化水平现状进行了详细分析，通过评估，明确了智能车间实施路径，结合技术成熟度，确定具体目标。

（四）成果效益

完成热轧 1580 智能车间后，技术经济指标改善明显，工序能耗下降 5%，质量成本下降 20%，产品不良品率 10%，将成为具有国际竞争力的热轧产线，成为智能化钢铁轧制产线示范样本产线，并形成一批钢铁智能工厂核心技术和钢铁智能制造实践方法，为钢铁工业产业升级提供经验。

（1）关键技术创新，包括九个方面：钢铁流程行业全 IP 多源异构扁平化信息网络构建技术；面向控制—决策一体化的新一代热轧工艺模型；钢铁流程行业大数据中心构建技术；基于大数据的热轧工艺质量管控技术；基于大数据的产品全流程物流跟踪及动态成本盈利分析技术；基于知识自动化的智能生产计划技术；热轧设备状态智能化诊断分析技术；路径优化、库位推荐等行车无人化技术；形成主（轧线）辅（能源、电力等）一体化管控与智能优化方法；热轧智能工厂仿真虚拟制造技术。

（2）关键装备创新，三项热轧智能化装备分别是热轧板坯库无人化行车、粗轧镰刀弯检测与自动控制、钢卷卷取边部缺陷自动检测装置。

（3）智能制造标准制定，五项智能制造企业标准：钢铁制造工厂（车间）智能化评估标准；钢铁制造工厂（车间）数据采集、集成标准；钢铁制造工厂（车间）工业机器人选型规范；钢铁制造工厂（车间）无人化行车选型与设计规范；钢铁制造工厂设备监测诊断系统使用与维护技术标准。

（4）工业软件，形成八个工业软件：热轧尺寸、温度、断面类质量自动判定系统；热轧关键设备监测诊断系统；热轧生产自动排程系统；热轧车间级数字化工厂管理平台；热轧车间级数字化工厂移动应用软件；热轧车间级精细化能源管理系统；热轧新一代智能化工艺模型（套）；产品全流程物流跟踪及动态成本盈利分析系统。

【案例三】娃哈哈"食品饮料流程制造智能化工厂"

（一）企业简介

杭州娃哈哈集团创建于 1987 年，饮料产量位居世界前列。在全国 29 个省市自治区建有近 80 个生产基地、180 多家子公司，拥有员工 3 万名。产品主要涵盖蛋白饮料、包装饮用水、碳酸饮料、茶饮料、果蔬汁饮料、咖啡饮料、植物饮料、特殊用途饮料、罐头食品、乳制品、医药保健食品等十余类 190 多个品种。其中，包装饮用水、含乳饮料、八宝粥罐头多年来产销量一直位居全国前列。

（二）建设内容

智能工厂试点选取位于杭州经济技术开发区的杭州娃哈哈启力营养食品有限公司 54 000 瓶/小时的水汽两用生产线，实现从原料到包装成品全过程自动化，并在此基础上通过 SCADA 系统、流程可视化开发等，打造了真正的数字化车间。打通了上层 ERP、MES 系统与底层生产设备之间的数据流通信。

制造执行系统 MES 结合食品饮料行业特点与公司业务流程由信息部主导开发，包括了生产和排产，设备管理、质量管理和能源管理等，各功能模块已开发完成，已在全国 40 多个生产工厂上线运行。

集团大数据分析和流程管理平台整合了集团公司运营的各个业务流程系统和数据，大数据商业智慧系统，该系统覆盖财务、销售、生产、采购等主要核心业务模块对所有集团公司下属的遍布全国的生产工厂的物料资源、资金资源、信息资源进行集中式的管控和优化。

（三）实施路径

（1）首先需要有企业最高层的智能制造战略规划，因为智能制造涉及公司的方方面面，是整个企业的战略转型。

（2）在确定了智能制造战略后，应创建初步的试点项目，对关键技术和解决方案进行试验和验证。

（3）根据行业和本公司的实际情况定义全面的智能制造的功能或能力需求，智能制造的实施最终目的还是为了进一步解决问题或者取得效益，只有明确了实际的需求才能制定具体的具体措施和方向。

（4）智能制造是以数据基础为支撑，如何定义、采集所需要的数据以及相应的数据分析方法手段是企业实施智能制造的关键。企业实施智能制造必须要成为数据大师。

（5）企业以数据为基础打通各个层级、业务流程之间的数据流，成为一个数据的企业。

（6）积极规划生态系统，从上游供应商到下游客户甚至延伸到最终消费者，建立一个数据流闭环，形成一个健康的生态系统。

（四）成果效益

1. 饮料智能工厂底层生产线设备互联互通与优化的突破

目前饮料生产线设备一般都来自不同制造商，各制造商的设备数据和接口标准各异，各单机设备一般与相关的上游设备或者下游设备进行联动控制，尚未有真正意义上以整线绩效分析的集中监视和控制系统。娃哈哈在经过底层设备的技术研究和摸索之后建立了一套适合食品和饮料包装行业的底层设备数据和接口标准，将不同的设备以统一的设备数据和格式进行定义，并以工业以太网连接实现了底层设备在统一标准下的互联互通，并以整体效能分析方法进行整线设备的监控和效率优化。

2. 软件和系统集成

娃哈哈在 ERP 和制造执行系统方面投入大量的人力物力，在沿用了 SAP 核心模块的基础上结合企业实际需求和业务模式特点坚持自主开发，形成了一批符合食品饮料行业、以集团化集中管理运营等特点的软件系统，并将各个业务流程进行了有效的整合。

【案例四】蒙牛"乳品智能工厂"

（一）企业简介

内蒙古蒙牛乳业（集团）股份有限公司始建于 1999 年 8 月，总部设在内蒙古自治区和林格尔县盛乐经济园区，2004 年在香港上市（股票代码：HK2319）。

蒙牛是中国领先乳制品供应商，连续 8 年位列世界乳业 20 强。蒙牛乳业已形成了拥有液态奶、冰淇淋、奶粉奶酪等多品的产品矩阵系列，拥有特仑苏、纯甄、优益C、未来星、冠益乳、酸酸乳等拳头产品。

蒙牛已拥有近 4 万多名员工，在全国建立了 33 个生产基地 58 个工厂。2015 年，蒙牛产能达 868 万吨，营业收入超 490 亿元。

（二）建设内容

蒙牛的智能制造项目，首先是企业自身业务发展的需要，同时也与《中国制造 2025》战略相契合。按照乳制品行业的现状和特点，蒙牛的智能制造业务规划从以下八个方面推进：

1. 全自动国产乳制品灌装生产线的引入

长久以来，乳制品的牛奶加工和灌装技术被国外公司垄断，产品和设备均受制于国外公司。为改变关键技术受制于人，节约成本，降低能耗，保障产品质量，蒙牛与杭州中亚机械股份有限公司组建智能制造"产、学、研、用"联合体。蒙牛提出业务需求并共同设计、开发、测试、将全自动灌装生产线引入蒙牛工厂使用，使用的情况及时反馈给中亚公司进行分析改善。通过这一项目的实施，大大提升了我国在高端技术装备乳品领域的空白，打破该领域长期被国外产品的垄断，可替代进口。中亚全自动生产线通过采用数字化设计、装备智能化升级、工艺流程优化、精益生产、可视化管理、质量控制与追溯等应用，实现灌装生产线的智能化、高可靠性、机电高度一体化的要求，推动了乳制品生产线的流程智能化整合。

2. 智能制造自动化升级改造

蒙牛乳业成立于 1999 年，在全国有 56 个工厂，由于各个工厂建厂时间不一，受限于当时的自动化技术水平，部分工厂的设备自动化程度不高、能耗高、人员操作密集的情况。为实现全公司整体智能制造的规划蓝图，提升智能制造运营技术（OT），就有必要对落后的、高能耗的、自动化程度低的设备进行技术升级改造，进而整体提升蒙牛的自动化水平，从而具备智能制造运营技术的自动化必要基础。蒙牛与乳制品行业设备自动化先进企业天津沃昌、上海烨得等企业成立"产、学、研、用"联合体，重点通过提升能源利用率的制冷改造，减少"用工荒"影响而进行生产线包装、码垛的机器人自动装箱和码垛改造。

3. 智能制造信息化建设

在信息化建设方面，除了已经完成的 ERP 建设以外，蒙牛智能制造项目重点在数字化工厂基础网络建设、数字化工厂私有云平台建设、数字化工厂统一监控平台建设、蒙牛南北云计算数据中心建设、供应商管理 SRM 建设、产品全生命周期 PLM 建设、数字化工厂 MES 建设等。通过信息化的改造和建设使蒙牛具备实施智能制造的 IT 信息化技术水平。

4. 智能制造质量管控

在质量自动管控平台实验室信息化管理系统（LIMS）建设完成的基础上，重点完善质量控制自动化、检验管理信息化、一键式质量追溯等方面。这将有效降低产品不良品率，提升产品追溯能力。

5. 智能物流建设

在目前已经建设完成的高效智能立体库的基础上，蒙牛智能制造物流系统建设方面重点在 OTD 产品运输管理系统和远程自动盘点系统上。目前 OTD 产品运输管理系统已经完成上线，可以实时准确的监控产品运输轨迹和产品的运输温度，确保了产品从库房到终端卖场的新鲜度。

6. 智能能源安全建设

能源方面通过智能计量设施配备、数据实时自动采集系统、远程数据传输系统、数据模型分析功能等功能的集成的能源管控平台 EMS，实现了能源数据的自动采集、实时监测的功能，实现了自动生产报表，建立单品能耗 KPI 指标管控体系，进行指标展示、对比分析、细化能源匹配管理，提升能源利用率。安全生产方面：满足国家安全规范要求。满足国家安全生产标准化评审条件和要求，实现持续发展，通过智能管理实现与国家安监总局隐患排查治理系统的对接；整合现在的零散系统，搭建安全生产信息化平台，实时掌控安全现状，提高初始应急能力。

7. 智能制造试点智能工厂（数字工厂）建设

蒙牛智能工厂建设采用先试点，后推广的积极稳妥的方式推进，先期建设 1～2 个智能工厂（数字工厂）。智能工厂的蓝图规划广泛调研、积极征求各方意见建议，尤其是行业专家、国内外先进智能制造实施公司，以及公司集团相关业务单元、试点工厂管理层、执行层等相关利益方的意见和建议。

8. 智能制造标准化建设

蒙牛智能制造项目预计完成 3 个智能制造标准草案的制定，分别是《智能化能源管控系统技术要求》《乳制品智能工厂车间运行管理要求》《乳制品实验室信息化规范》。

（三）实施路径

（1）质量管控智能化：具体包括质量控制自动化、建议管理数字化、一键式质量追溯以及产品不良品率降低。

（2）能源管控智能化：具体包括采用智能仪表替代传统仪表，实现能源数据的自动采集、实施监控；通过数据采集、无线传输、数据存储、互联网技术等将各工厂的能源数据汇总到管控系统进行展示和集中管理，实现对工厂的分区域、分品项、分产品的能耗成本计算，为节能挖潜、优化排产提供技术支持。

（3）自动化灌装生产线：具体包括生产调度智能化、设备运维智能化、质量控制智能化、制造过程智能化等。

（4）自动包装及码垛：具体包括采用六轴关节型机器人和四轴蜘蛛型机器人替代人工进行产品装箱和码垛。

（5）智能立体库：具体包括采用仓库管理系统 WMS 系统，自动引导运输车 AGV、轨道引导运输车 RGV 等自动化设备，实现产品精准定位，快速出入库，先进先出，提高出入库能力。

（6）智能制造信息化：具体包括建设企业资源计划 ERP，智能化产品研发平台 PLM，制造过程自动化平台 MES 等。

（7）专利、软件著作权、标准（技术规范）等指标，完成 3 项软件著作权，申请发明专利 3 项，形成 3 项标准草案，包括《智能化能源管控系统技术要求》《乳制品智能工厂车间运行管理要求》《乳制品实验室信息化规范》，引导行业智能化建设。

（四）成果效益

蒙牛智能制造预计的重要产出是乳制品智能工厂的样板工厂及 3 项乳制品智能制造标准草案。蒙牛的智能工厂设计以产品订单为核心，企业资源计划为 ERP 主干，将产品全生命周期管理 PLM、车间制造执行系统、质量 LIMS、能源 EMS、物流 WMS 等系统进行互联互通，打破信息孤岛，利用大数据智能感知、智能决策、精准执行，对生产过程实现全方位的分析管控，实现简洁、高效的智能制造模式。智能工厂实现后，将总结智能工厂的建设实践，形成指导行业智能制造建设的 3 项标准草案，申请 3 个软件著作权和发明专利。目前，乳制品智能工厂、标准草案、软件著作权等正在建设中，尚未完成。

尽管项目整体规划的目标尚未实施完成，单个子项目在实施过程中也产生一些重大的成果。例如：

（1）智能制造安全建设中的眉山工厂成为国家安全生产监督管理总局的试点单位，得到安全生产监督管理总局的认可，成为国内同行首例，并获得中粮集团项目资金奖励；且全集团 25 个独立法人单位通过国家安全生产一级标准化评审，处于行业领先地位，成为典范。

（2）蒙牛和联合体成员杭州中亚公司合作开发的全自动灌装机，填补了我国在乳制品灌装高端技术装备领域的空白，打破该领域长期被国外产品的垄断，可替代进口。

（3）智能质量建设方面形成专利 2 份：质量监控计划信息化系统和方法，专利号 201510475549.0、用于检验原始记录的信息化管理方法和装置，专利号 201610029535.0；奖项 1 项：乳制品质量控制信息化管理系统的研究及建立获 2016 年呼和浩特市科技进步奖二等奖；科技成果 3 项：经过呼和浩特市科技局鉴定通过的科技领先成果三项，分别是乳制品质量控制信息化管理系统的研究及建立，乳中钙快速检测技术研究、开发及应用，生乳微生物快速定量检测技术的开发和规模化应用；形成企业内部应用的信息化相关操作标准共计 65 份。

【案例五】丽珠制药厂"药品固体制剂智能制造"

（一）企业简介

丽珠制药厂于 1989 年 11 月 26 日成立，是隶属于丽珠集团的骨干企业，是丽珠集团的主要生产、加工基地，高新技术企业。产品涉及抗生素、抗病毒、消化系统、心脑血管、生物制剂、中药制剂等领域。

丽珠集团丽珠制药厂现有员工 600 余人，企业现有研发人员 167 人，其中高中级职称人员 18 人，占研发人员总数的 10.8%；顾问专家 5 人，均为高级职称人员或博士学位人员。

（二）建设内容

丽珠制药厂各信息化系统的引进、搭建、整合等，包括 ERP 系统、MES 系统、LIMS 系统和 WMS 系统等。

（三）实施路径

1. 明确自身需求

在丽珠集团丽珠制药厂的实验室质量检验系统模块项目中，结合以前的实验室质量检验系统使用经验、法规的要求，收集各科室检验人员的意见、检验设备的性能，整合成符合药企实际要求且可行的 URS 文件，这为之后开展的项目打下很好的框架基础。在此过程中，企业实验室检验技术人员重新了解相关设备、重新设计系统检验流程的过程，整合质量检验信息。

2. 发挥作用

智能立体化仓库系统的单据自动打印平台、物流自动识别拣选模块项目的完成，得益于企业重新调整评估评价的标准体系。药厂原来的单据是手工打印，物料也是手工拣选的，从车间人员下单到 1 件物料到达车间，这过程需要 15min。而企业实现智能立体化仓库系统的自动打印平台、物流自动识别拣选功能后，从车间人员下单到 1

件物料到达车间的时间由 15min 降为 3min。这是智能立体化仓库系统工业互联带来的效果，同样的设备，同样的工人，经过功能的重新优化设计和改进，效果大幅提升。

3．改变模式

关于智能制造，核心关键是如何最大限度地发挥效能。在完成实验室质量检验系统模块项目时，企业认为软件供应商有软件开发手段，而药企具有软件使用验证的质量标准体系，企业与软件供应商可采用类似合同能源管理的办法，按照软件实施的效果和提升的价值进行效益分账的模式，互利互赢，既保证了项目的有效开展，也让保证系统符合软件生命周期验证的质量标准。

4．加强培训

加强培训体现在除了加强信息技术团队人员的职业素质，也注重系统使用人员的培训和培养，两者相辅相成，达到智能制造利用率的最大化。

5．一把手工程

为更好地开展信息化建设工作，促进智能制造进程，积极推进现代化智能制药工厂建设，丽珠制药厂成立了以厂长为首的智能工厂建设项目组，负责本项目的设计规划及管理推进。与此同时，结合集团自身组织架构、发展战略及信息化建设进程，制订并颁布了一系列制度章程，并建立了一系列标准操作规范，用于明确信息化相关部门的工作职责，并规范指导部门人员的日常工作。此外，定期对项目组成员进行绩效考核，对表现优异的成员予以奖励，最大限度地激发员工的积极性，提高工作效率及质量。

（四）成果效益

丽珠制药厂通过引进 ERP、WMS、MES、LIMS 等信息化系统，实现了绝大部分工作的信息化、自动化、精准化，将企业物流、资金流和信息流统一，为管理层提供了大量的数据，从而支撑企业进行正确的市场判断和战略决策制定。同时，精准的参数控制也使丽珠制药厂产品质量得到了进一步的提升。

随着 MES 系统的顺利上线运行和 Lhoest 理念固体制剂车间的建成投产，丽珠集团丽珠制药厂片剂生产线设计产能达 30 亿片，胶囊剂生产线设计产能达 20 亿粒，颗粒剂生产线设计产能 5 亿包。MES 管理系统跟踪物料的流转解决了自动生产条件下多品种生产的监控管理，记录客观真实，保证了 GMP 在高技术条件下的符合性。本厂参与开发的密闭储存容器和密闭垂直管道转运生产系统可防止粉尘扩散，符合国际通行的 OEL（职业接触限度）标准，可充分保障生产操作人员的健康，最大限度地减少环境污染，有效解决了固体制剂的粉尘污染这一重大技术难题。

随着智能化立体仓库项目的开展实施和主体建设内容的完成，药品已存储至智能化立体仓库，并实现自动出、入库。本项目的实施大大提高了企业在医药生产仓储过程中的效率及质量，解决了产量大幅度提升、仓储管理无法有效跟进的后顾之忧。

与此同时，本项目还加强了互联网与传统工业的融合，取得了如下成果：

（1）实验室质量检验系统模块，实现系统间检验数据的内部共享。实验室质量检验系统模块，让实验室质量检验的审批流程及检验流标准化，可时时跟踪数据收集及检验数据录入过程，保证系统的数据完整性，生产数据还可以实现系统间传递，充分发挥质量检验数据的内部共享。

（2）智能立体化仓库系统单据自动打印平台、物流自动识别拣选模块，加快生产物料的运转效率。智能立体化仓库系统的单据自动打印平台、物流自动识别拣选模块，实现大量物料单据的标准化管理，提高物料别精准度，加快生产物料的运转效率。

（3）丽珠集团丽珠制药厂的电子监管码信息收集，实现产品信息系统化，组合最佳生产信息。电子监管码信息收集汇总到系统中，结合车间生产产品的特性，发挥主观能动性，设置统一的扫描端口，组合最佳的产品包装信息，加快产品生产周期，提高产品出货率。

（4）丽珠集团 ERP 系统与外部仓库系统接口对接，规范应用系统之间的数据集成。丽珠集团 ERP 系统与外部仓库系统接口对接，ERP 作为生产调试的信息化平台，其功能与外部仓库系统对接，规范应用系统之间的数据集成，减少与周边系统的耦合度，促进成果的可示范、可推广性。

【案例六】唐山冀东水泥"水泥智能工厂"

（一）企业简介

重组后的金隅冀东水泥作为北京金隅集团（股份）公司唯一的水泥、混凝土业务平台，集水泥、混凝土、砂石骨料、干混砂浆、外加剂、环保、耐火材料、物流、矿粉等为一体，成为金隅股份资产规模最大、盈利能力最优、布局区域最广、竞争实力最强的核心产业之一，熟料产能 1.1 亿吨、水泥产能 1.7 亿吨、预拌混凝土产能 7 800 万立方米，余热发电装机总量 547.7 兆瓦，石灰石、骨料等资源储量分别达到 35 亿吨和 2.5 亿吨，形成上下游配套的完整建材产业链，布局京、津、冀、辽、吉、黑、蒙、陕、晋、鲁、豫、湘、渝 13 个省/自治区/直辖市，并向南非等国家发展，成为中国第三、世界第五大水泥企业和全国最大的综合型建材企业之一。

（二）建设内容

金隅冀东智能制造规划主要分为五个层级，如图 41-3 所示。

L1 即现场控制与硬件设备层，得益于金隅冀东水泥生产线良好的自动化控制基础，同时公司逐年加大自动化仪表的更新升级力度，确保该层级数据的测量准确及可传输性。

L2 即制造控制层，利用先进的实时数据库技术，通过唯一的 OPC 接口准确采集各项生产数据，包含生产、设备、停机、能源、质量、生产监控等数据；

L3 制即造执行层，统一规范的数据将被制造执行系统层应用，制造执行层包括：智能物流、质量系统、能源系统、安全生产系统等多个信息系统应用。

L4 即一体化运营层，包含物资、销售、生产、设备、人力、财务等多层级管控信息系统。

L5 即决策支持与集团管控层，将下层级各个业务数据进行汇总与整合，用于完整统一的集团化管控。

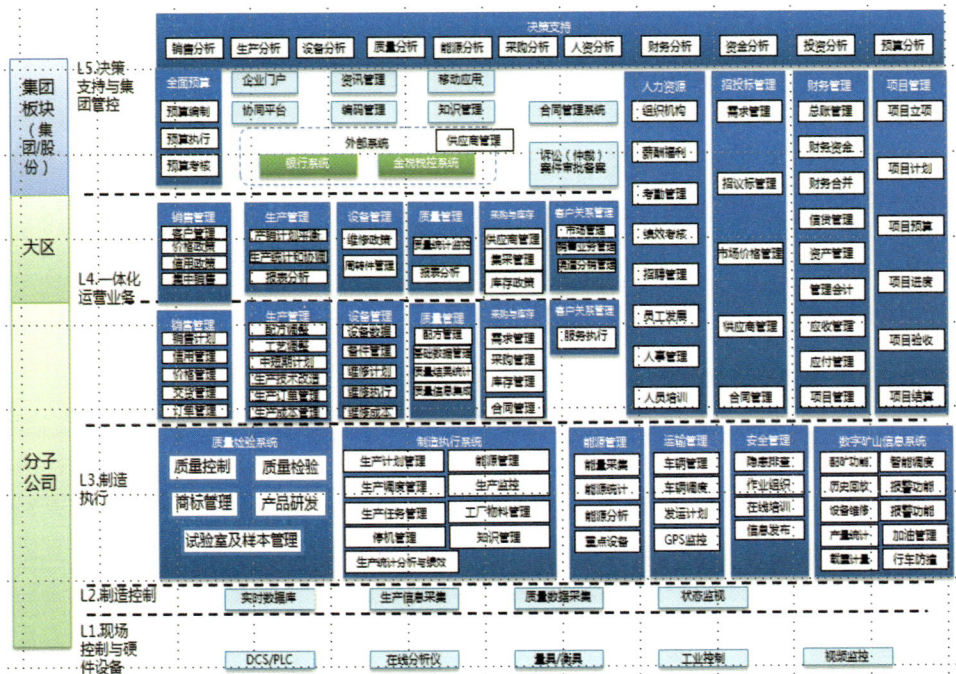

图 41-3　唐山冀东水泥股份有限公司智能制造规划

1. 生产系统信息安全及历史实时数据库系统

在原有生产数据采集系统的基础上，开展多个优化升级技术方案的实验，为全面实现智能制造体系奠定基础。

2．SAP-ERP 平台

已经有 48 家实施完成并应用该系统。同时，根据企业业务扩展需要，逐步实施 ERP 覆盖骨料、矿渣粉等新业务，是目前国内水泥行业一次性覆盖企业范围最广、应用程度最深、使用业务模块最多的 SAP-ERP 用户企业。

3．互联网+供应链拓展

在上下游智能制造生态建设方面，公司重点打造互联网+供应链平台，主要涵盖电子营销、电子采购、物流平台、电子支付等核心业务模块。

4．设备管理 EAM

为实现设备及资产管理的标准化、精细化、痕迹化，提高管理效率，有效降低成本，公司试点建设设备管理 EAM 系统。主要模块包括设备台账设备树管理、PDA 点检管理、维修工单管理、设备周期性润滑管理、中心知识库管理等。

该系统创新性的将现场手持点检仪 PDA 引进了水泥行业的点检活动之中，同时体现知识管理理念且有较高实际应用价值的"设备中心知识库"也是本系统的亮点。

作为整个水泥智能制造体系的重点和难点，金隅冀东水泥 EAM 为水泥行业设备管理信息化、智能化领域做出了众多有益尝试和管理创新。该系统已经在冀东水泥 7 家子公司上线运行。

5．能源管理 EMS

金隅冀东在多个工厂试点建设了作为工业企业智能化重要体现的能源管控平台，通过能源计划、能源监控、能源统计、能源消费分析、重点能耗设备管理、能源计量设备管理等多种手段，使企业管理者对企业的能源成本比重、发展趋势能准确地把握，并将企业的能源消费计划任务分解到各个生产部门车间，使节能工作责任明确。

6．工厂物流智能管理系统

基于物联网的工厂物流智能管理系统通过数字电子汽车衡、包装计数器等现场计量设备衔接，实现水泥产成品的定值灌装和包装计数，规避公路限载并保证运输商效益；通过智能卡进行身份识别和车辆进厂后流程管控（无法跳跃节点），将车辆信息与订单信息绑定，规避水泥发运串货行为；将车辆进出厂必经的计量汽车衡设计为"无人值守"，切实切断发运全线贯通的人为操纵可能；通过 LED 显示排队管理，实现现场车辆有序控制；增加视频监控及拍照，加强现场发运过程中监控、监管，保证发运高效；同时以管理制度的配套优化为依托使系统的使用效果达到较为理想的状态。目前二十余家子公司完成该项目建设。

7. 商务智能 BI 系统

基于企业资源管理 ERP 项目的推广，BI 系统进一步优化，按照完整的项目方案，实现了系统自动生成报表模式代替手工报表模式，大大提高了报表的准确性、及时性，同时为企业决策提供了可靠依据。组织结构方面，新增数据中心组织架构，专门负责数据的收集、整理分析。

（三）实施路径

1. 注重项目规划确立和执行

在项目建设伊始就确立了明确的建设规划和实施计划，并按照规划逐步有序实施建设。根据金隅冀东重组新形势，以全新的企业战略目标为基础，本着立足现在面向未来原则，金隅冀东正在积极优化完善中长期的智能制造规划。

2. 注重标准的建设

各项标准的建立是智能制造建设的基础，同样也是难点。金隅冀东在项目建设过程中高度重视相关标准的建立，企业生产经营领域的基础数据标准得以建立并深化应用，相关专业系统如生产数据采集、设备管理、能源管理、智能物流等领域的标准也得到建设和实验。

3. 注重员工培养及思维转变

智能制造不仅仅是技术革命，更是思维革命，各专业骨干人员的思维转变是本项目的重点之一。为此，公司努力创造、积极参与相关学习、交流、培训活动，促进员工智能制造理念的全面提升，为智能制造工作的长期推进奠定人才基础。

第四十二章 网络协同制造模式及其典型案例

第一节 网络协同制造模式的基本概况

一、网络协同制造的概念

所谓协同是协调两个及以上不同的资源或是个体，协同一致地完成某个目标的过程。在信息化飞速发展的今天，协同早已不只是人与人之间的协作，同时也包括不同系统之间、不同数据源之间、不同终端设备之间、人与设备之间、科技与传统之间等全方位的协同。网络协同制造/供应链协同制造是充分利用 Internet 技术为特征的网络技术、信息技术，实现供应链内及跨供应链的企业产品设计、制造、管理和商务等的合作，最终通过改变业务经营模式与方式达到资源最充分利用的目的。

为网络化协同制造各个环节提供的服务称为网络化协同制造服务，一般需要依托于网络化协同制造系统实现。这个系统是由多种、异构、分布式的制造资源，以一定互联方式，利用计算机网络组成的、开放式的、多平台的、相互协作的、能及时灵活地响应客户需求变化的制造系统，是一种面向群体协同工作并支持开放集成性的系统。

在网络协同制造/供应链协同制造模式下，制造业企业不再自上而下地集中控制生产，不再从事单独的设计与研发环节，或者单独的生产与制造环节，或者单独的营销与服务环节。而是从顾客需求开始，到接受产品订单、寻求合作生产、采购原材料或零部件、共同进行产品设计、生产组装，整个环节都通过互联网连接起来并进行实时通信，从而确保最终产品满足大规模客户的个性化定制需求。

网络协同制造的优势特点主要体现在协同制造是基于敏捷制造、虚拟制造、网络制造、全球制造的生产模式，它打破时间、空间的约束，通过互联网络，使整个供应链上的企业和合作伙伴共享客户、设计、生产经营信息。从传统的串行工作方式，转变成并行工作方式，从而最大限度地缩短新品上市的时间，缩短生产周期，快速响应客户需求，提高设计、生产的柔性。通过面向工艺的设计、面向生产的设计、面向成本的设计、供应商参与设计，大大提高产品设计水平和可制造性以及成本的可控性。有利于降低生产经营成本，提高质量，提高客户满意度。

二、网络协同制造的影响因素

（1）网络数据存取、交换技术。网络按集成分布框架体系存储数据信息，根据制造企业数据的地域分布，分别存储各地的数据备份信息，有关产品开发、设计、制造的集成信息存储在公共数据中心，由数据中心协调统一管理，通过数据中心对各企业的授权实现对数据的存取。

（2）CIMS技术。CIMS工程项目主要包括生产计划管理、自动化制造系统技术信息管理、工程数据库管理、办公自动化、决策支持、质量保证、库存管理等应用子系统的开发，各应用子系统间系统平台集成、数据信息交换是企业间成功实施动态联盟企业的关键技术基础。

（3）协同工作技术。在一定的时间（如产品生命周期中一个阶段）、一定的空间（如产品设计师和制造工程师并行解决问题这一集合形成的空间）内，利用计算机网络，各模具制造企业分享知识与信息，避免潜在的不相容性引起的矛盾。同时，在并行产品开发过程中，各制造企业之间、各专家之间由于各自的目的、背景和领域知识水平的差异必将导致冲突的产生，因此需要通过协同工作，解决各方的矛盾、冲突，最终达成一致。

（4）工作流管理。工作流管理是一种分布式环境中，工作任务进程间相互协调或相互协作的管理方式。其主要特征是实现人与计算机交互时间结合过程中的自动化，主要涉及的内容是工作任务的整体处理。各制造企业之间依据一组已定义的规则及已制定的共同目标交换文本文件、各种多媒体信息或任务。

三、网络协同制造模式的要素条件

网络协同制造模式的要素条件如下：

（1）建有网络化制造资源协同云平台，具有完善的体系架构和相应的运行规则。

（2）通过协同云平台，展示社会/企业/部门制造资源，实现制造资源和需求的有效对接。

（3）通过协同云平台，实现面向需求的企业之间/部门之间创新资源、设计能力的共享、互补和对接。

（4）通过协同云平台，实现面向订单的企业之间/部门之间生产资源合理调配，以及制造过程各环节和供应链的并行组织生产。

（5）建有围绕全生产链协同共享的产品溯源体系，实现企业间涵盖产品生产制造与运维服务等环节的信息溯源服务。

（6）建有工业信息安全管理制度和技术防护体系，具备网络防护、应急响应等信息安全保障能力。

网络协同制造模式所需能力包括以下几项：

（1）智能化公共信息服务平台。智能化公共信息服务平台采用网络会员机制，为企业提供智能化的公共信息服务，包括基础数据、基本的公共信息、信息自动采集、分类与匹配等服务。

（2）电子商务支撑平台：实现产品、技术、人才等方面供需信息关系数据库，研究与开发客户关系管理系统和敏捷供需链管理系统，实现基于 Internet 的物流优化调度与管理。

（3）基于 Internet 的 CSCW 支撑环境：根据敏捷制造的方法和理论，研究网络化敏捷企业支撑环境的体系结构、软件支撑技术、协同机制等，并针对分布式、网络化的产品设计，建立协同设计环境。

（4）公共数据中心：构建网上共享的制造资源信息库，包括企业生产能力、特种制造手段、人才信息、各种计算机辅助软件、标准件、通用件、图库等技术信息和产品信息。

实施网络协同制造/供应链协同制造模式的目标是在机械、航空航天、船舶、汽车、家用电器、集成电路、信息通信产品等领域，利用工业互联网网络等技术，建设网络化制造资源协同平台，集成企业之间的研发系统、信息系统、运营管理系统，推动创新资源、生产能力、市场需求的跨企业集聚与对接，实现设计、供应、制造和服务等环节的并行组织和协同优化。通过持续改进，工业互联网网络化制造资源协同云平台不断优化，企业之间、部门之间创新资源、生产能力和服务能力高度集成，生产制造与服务运维信息高度共享，资源和服务的动态分析与柔性配置水平显著增强。

四、网络协同制造模式的运作过程

协同制造系统需要封装和集成不同地域企业和团体中的设计、制造、管理、信息、技术、人力等资源，并屏蔽这些资源的异构性和分布性。用户只同资源、代理交互，而代理将任务映射和调度到不同的资源节点上，协同企业和客户通过任务管理器可以监控和协调制造过程，动态处理制造环境的变化。

运作过程的典型步骤包括在线下单、接单审核、计划排产、发运调度到签收回访等，全程可视的管控覆盖销售订单处理的全生命周期，并可与企业内部的企业资源计划（ERP）、产品数据管理（PDM）、条码等系统无缝集成，实现企业内外部数据共享、业务协同。

网络协同制造模式从集成角度分析，可以分成三个层次：

（1）纵向集成——制造业内部各个部门或系统的协同；

（2）横向集成——企业内各个工厂之间的协同制造；

（3）端到端集成——基于供应链的协同制造。

（一）纵向集成

纵向集成是指制造业内部各个部门或系统的协同。

对于一个制造业企业来说，其内部的信息是以制造为核心的，包括生产管理、物流管理、质量管理、设备管理、人员及工时管理等和生产相关的各个要素。传统的制造管理是以单个车间或工厂为管理单位，管理的重点是生产，管理的范围是制造业内部。

很多制造型企业在发展的不同时期，根据管理的不同需求，不断开发了不同的系统，并在企业内部逐步使用，如库存管理系统、生产管理系统、质量管理系统、产品生命周期管理系统、供应量管理系统等等。不同的系统来实现不同的功能，有些系统采用自主开发或不同供应商的系统所组成。随着企业的发展，要求不同的生产元素管理之间的协同性，以避免制造过程中的信息孤岛，因此对各个系统之间的接口和兼容性的需求越来越高，即各个系统之间的内部协同越来越重要。例如，对于采用两套各自独立的系统来管理生产和库存的话，库存管理系统并不能实时得到物料使用信息，致使实际库存情况和系统的结果不能保持一致。为了弥补信息的断层，不得不从库存管理系统和生产管理系统之间进行数据信息的手工导入和导出，经常进行周期性的人工盘点，才能做到使用情况与库存信息的匹配。

随着对于制造的敏捷性及精益制造的要求不断提高，靠人工导入导出信息已经不能满足制造业信息化的需求，这就要求在不同系统之间进行网络协同，做到实时的信息传递与共享。工业 4.0 的纵向集成主要体现在工厂内的科学管理上，从侧重于产品的设计和制造过程，走到了产品全生命周期的集成过程，建立有效的纵向的生产体系。

（二）横向集成

横向集成是指企业内各个工厂之间的协同制造。

未来制造业中，每个企业是独立运作的模式，每个企业都有独立运行的生产管理系统，或者采用一套生产管理系统来管理所有工厂的操作。但是，随着企业的发展，企业设置有不同的生产基地及多个工厂，工厂之间往往需要互相调度，合理地利用人力、设备、物料等资源，企业中每个工厂之间的信息的流量越来越多，实时性的要求越来越高，同时每个工厂的数据量和执行的速度的要求也越来越高。这就要求不同工厂之间能够做到网络协同，确保实时的信息传递与共享。

工业 4.0 中的横向集成代表生产系统的结合，是一个全产业链的集成。以往的工厂生产中，产品或零部件生产只是一个独立过程，没有任何联系，没有进一步的逻辑控制。外部的网络协同制造使得一个工厂根据自己的生产能力和生产档期，只生产某一个产品的一部分，外部的物流、外部工厂的生产包括销售等整个全产业链能够联系起来，从而实现了价值链上的横向产业融合。

（三）端到端集成

端到端集成是指基于供应链的协同制造。

端到端集成是指贯穿整个价值链的工程化信息系统集成，以保障大规模个性化定制的实施。端到端集成以价值链为导向，实现端到端的生产流程，实现信息世界和物理世界的有效整合。

无界限、全民化、信息化、传播速度快是互联网的特征。在全球化与互联网时代，协同不仅仅是组织内部的协作，而且往往要涉及产业链上、下游组织之间的协作。一方面，通过网络协同，消费者和制造业企业共同进行产品设计与研发，满足个性化定制需求；另一方面，通过网络协同，配置原材料、资本、设备等生产资源，组织动态的生产制造，缩短产品研发周期，满足差异化市场需求[3]。工业 4.0 中的各个环节通过应用互联网技术，将数字信息与物理现实社会之间的联系可视化，将生产工艺与管理流程全面融合，实现网络协同制造。

端到端集成就是充分利用了互联网的特性，从工艺流程和整个供应链的角度来审视智能制造，主要体现在并行制造上，即并行进行设计研发、采购原材料零部件、生产制造、市场营销等活动，从而降低运营成本，提升生产效率，缩短产品生产周期，减少能源使用。

第二节　网络协同制造典型案例

实施网络协同制造/供应链协同制造的代表企业有西飞工业、中国商飞、长安汽车、潍柴动力等。

---

3 王喜文，《"智能制造+网络协同"成大趋势》，2015 年 09 月 28 日，《人民邮电报》

【案例一】中国商飞公司"基于模型的C919飞机协同制造新模式"

（一）企业简介

中国商用飞机有限责任公司(以下简称"中国商飞公司")是我国民用飞机产业核心企业和骨干中央企业，是实施国家大型飞机重大专项中大型客机项目的主体，也是统筹干线飞机和支线飞机发展、实现我国民用飞机产业化的主要载体，主要从事民用飞机及相关产品的科研、生产、试验试飞，从事民用飞机销售及服务、租赁和运营等相关业务。

中国商飞公司通过实施《基于模型的C919飞机协同制造新模式项目》，打造产品单一数据源体系，持续开展各研制成员单位间的协同产品定义与工艺设计，打通车间现场管控的信息壁垒，建设C919飞机设计制造一体化智能制造体系，实现民用飞机研制过程的协同设计、敏捷生产与智能管理，为C919大型客机的研制成功提供必要保障。

（二）主要内容

中国商飞公司实施开展基于模型的C919飞机协同制造新模式，根据设计过程、制造过程及管理过程可分为基于模型的产品协同设计、自动化环境下的敏捷生产与面向过程的智慧管理等三部分内容。整体结构形式如图42-1所示。

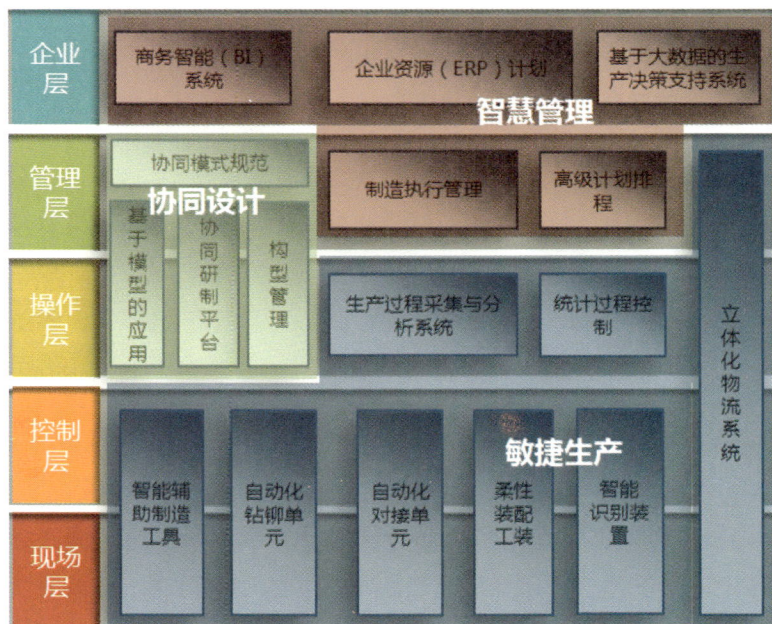

图42-1　整体结构形式

1．基于模型的产品协同设计

基于模型的产品协同设计主要通过搭建协同研制平台，并围绕平台展开大量的基于模型的应用实现。

1）协同研制平台

协同研制平台（见图 42-2）是中国商飞公司产品设计的统一协同工作平台，包含了集成产品数据管理、数字样机管理、构型管理等功能。该平台通过采用设计制造并行工程的理念，实现了成熟度管理，使设计和制造能够按照成熟度控制进行并行协同；通过为供应商提供协同设计环境，实现了设计研发中心和系统供应商之间能够基于单一飞机 DMU 展开协同设计工作；并通过异地工艺审查管理，实现了机体制造供应商对设计数据的异地工艺审查工作。

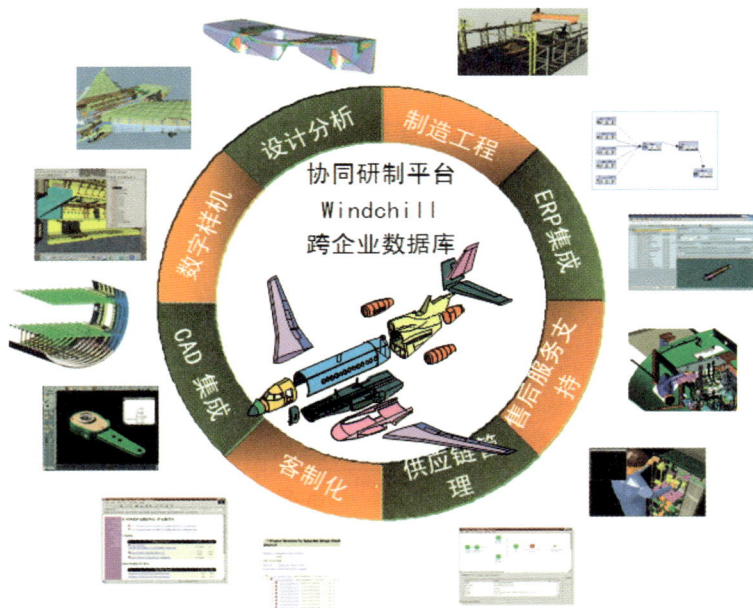

图 42-2　协同研制平台

2）基于模型的应用

在产品设计过程中，工艺、工装及早参与到设计过程中，利用 MBD 技术集中表达产品本身几何属性、工艺属性、质量检测属性及管理属性等信息，满足制造过程各阶段的数据需求，实现对 MBD 信息的结构化管理及传递，实现设计、制造一体化。目前，实现的基于模型的应用主要包括生产线建模与规范仿真、基于模型的工艺设计和生产仿真、数字化容差优化、可视化作业指导书与数字化测量检测系统等方面。面向产品生命周期的三维设计制造一体化平台如图 42-3 所示。

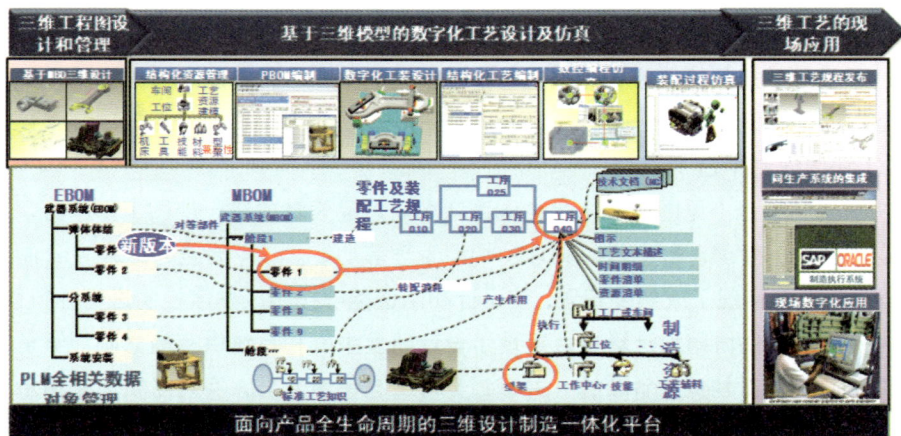

图 42-3　面向产品生命周期的三维设计制造一体化平台

2. 自动化环境下的敏捷生产

中国商飞公司通过核心智能设备研制，开展信息采集与分析系统研制，实现了自动化环境下的敏捷生产。

1）核心智能设备研制

在制造方面，中国商飞公司建立了自动化程度较高的机加车间与复合材料制造车间。在机加车间，不仅引入了大量的大型五轴加工设备、数控龙门机床等自动化机加设备，并建设 DNC 网络实现了设备的统一管理；在复材车间，实现了复合材料的自动化铺丝、铺带，基于 AGV 小车的站位间转运，自动化无损检测，车间设备的数字化远程监控等。基本实现了复材铺贴的全自动化与零件机加的全自动化。为 C919 飞机的研制提供了质量稳定的零件。

在装配方面，建成 4 条自动化部件装配生产线（智能装配子系统）与 1 条总装移动生产线，实现飞机大部件自动化对接、自动化钻铆、数字化测量和数字化质量分析、基于 AGV 的大部件自动化运输、总装移动装配、智能化集成测试等。目前，正在实施基于工业机器人和柔性轨的自动化钻孔、智能物流、智能检测等智能装配子元建设。全机对接自动化生产线如图 42-4 所示。

2）信息采集与分析系统

以生产线工位为单位，采集生产线底层数据、整合 AO 执行过程中所涉及的生产过程信息如设备、工装、产品、生产、物流信息，与公司现有系统平台集成，以多种可视化模式进行分析和展示。实现了自动化生产环境下，信息数据的采集与重用、设备监控、生产线运行状态监控等功能。生产线数据采集过程如图 42-5 所示。

图 42-4　全机对接自动化生产线

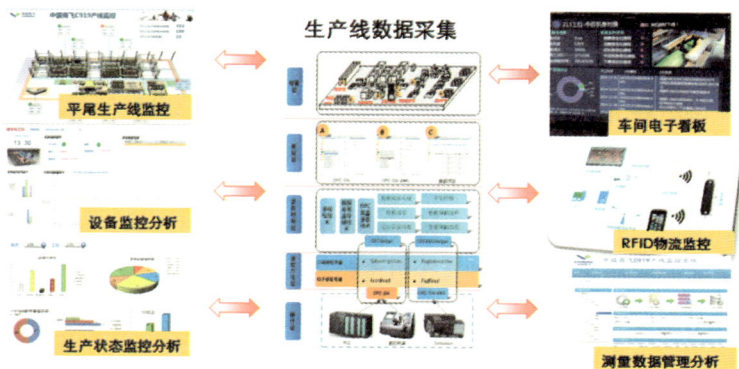

图 42-5　生产线数据采集过程

3．面向过程的智慧管理

中国商飞公司面向过程的智慧管理主要由 ERP 系统、PLM 系统、MES 系统与 BI 系统等信息化系统组成。信息系统之间的数据关系如图 42-6 所示。

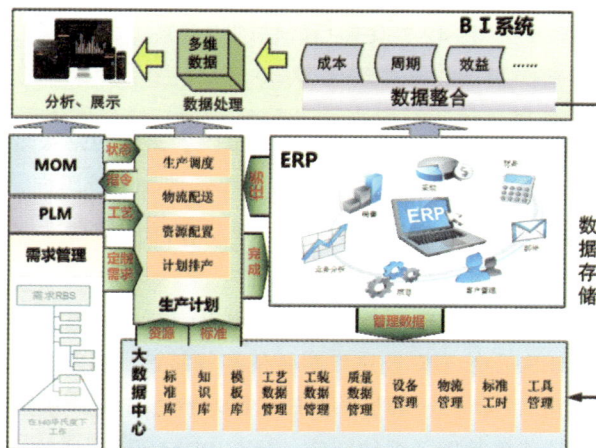

图 42-6　信息系统之间的数据关系

1）ERP 系统

中国商飞公司通过 ERP 系统的实施，建立了从产品数字化定义、制造到产品支援的全生命周期数字化管理体系，强化企业内部控制，对业务处理进行有效监控，实现信息共享，资源优化配置，提升决策支持及信息交换的能力，为企业的绩效考核和经营决策提供有力支持。实现了建立基于主数据的业务模式、统一计划管理平台、以 MPR 驱动装配工单的排产、采用 MRP 为主的物料申请模式、以工单为核心的企业运营资源管理等功能，达到了提高工艺技术管理水平、数据准确性、计划与生产准确性等目的。ERP 模块与业务关系如图 42-7 所示。

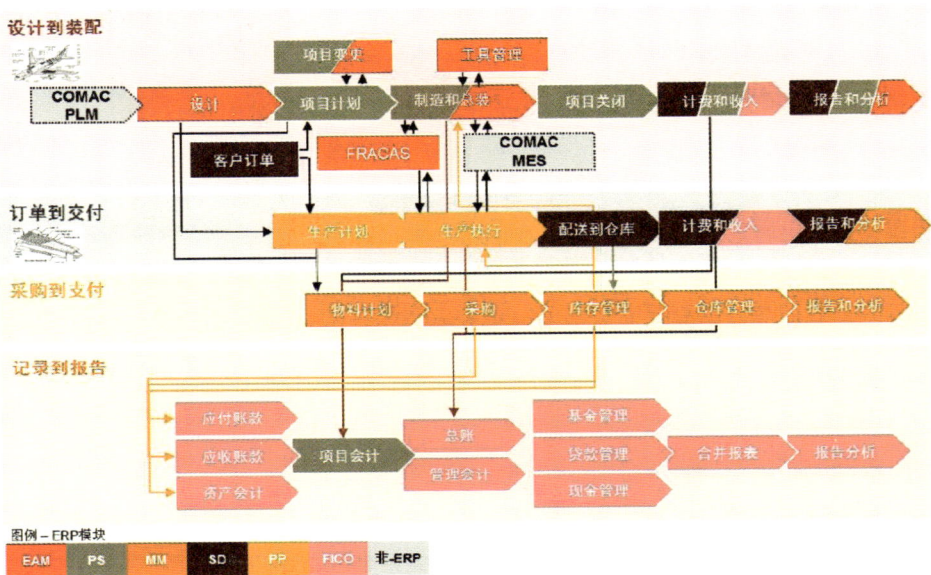

图 42-7　ERP 模块与业务关系

2）PLM 系统

C919 飞机产品数据管理系统（PLM）的实施内容主要包括集成产品数据管理、BOM 管理、构型管理、数字样机管理、基础资源库管理、系统工程管理、客户服务支持及系统集成等，实现了基于单一数据源的产品全生命周期数据管理。中国商飞公司 3/0 系统架构如图 42-8 所示。

3）MES 系统

中国商飞公司 MES 系统在对民用飞机智能车间制造业务流程分析的基础上，并结合业界 MES 功能特征，由生产管理子系统（AO、FO、TO）、质量（FRR)管理子系统、物料管理子系统及消息管理子系统组成，且与 PDM 系统、ERP 系统、门户系统、PCS 系统等系统进行交互。最终实现了作业现场无纸化、生产执行准时化、生产作业自动化、生产系统智能化。中国商飞公司 0（6 系统构架如图 42-9 所示。

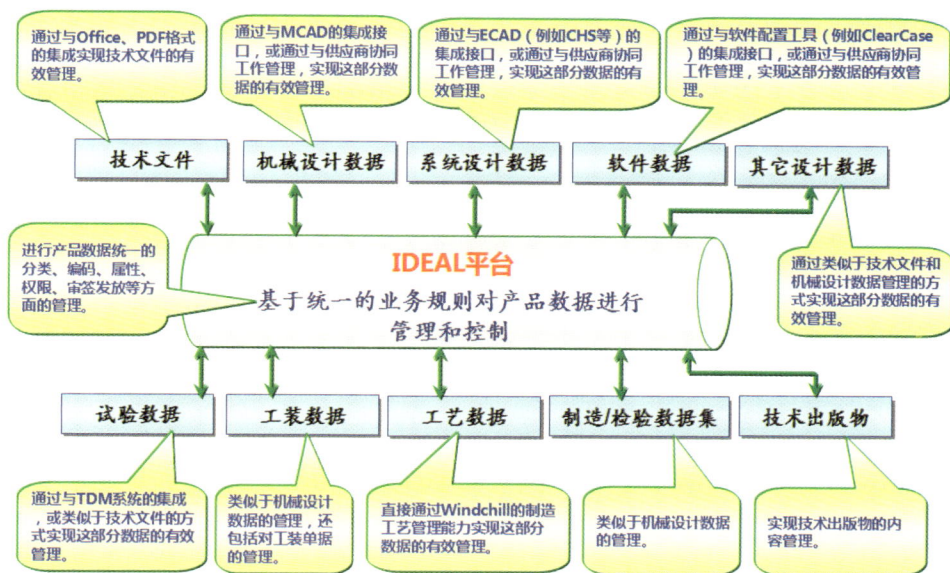

图 42-8　中国商飞公司 PLM 系统架构

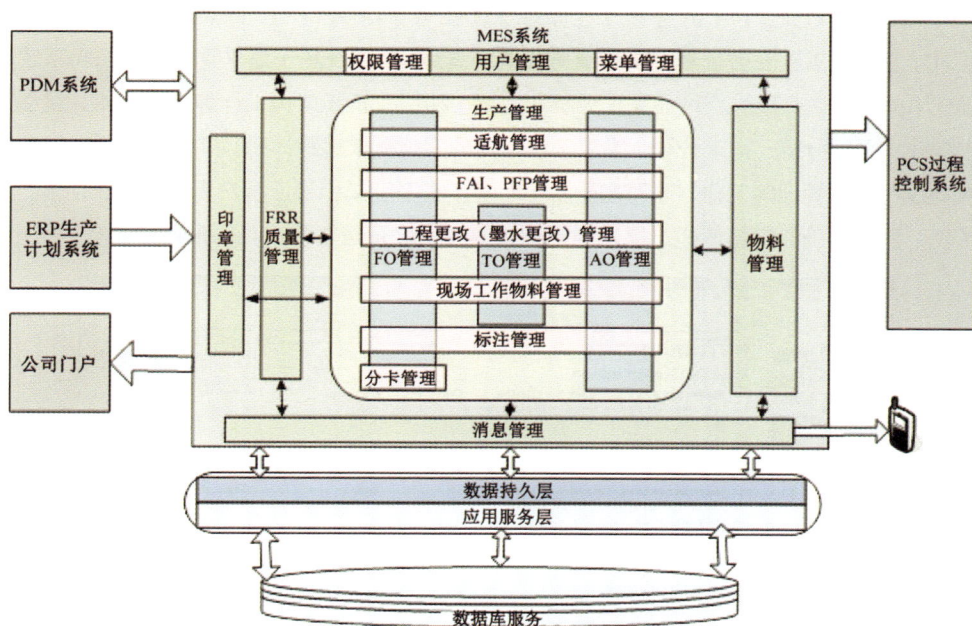

图 42-9　中国商飞公司 MES 系统构架

4）BI 系统

中国商飞公司 BI 系统包括物料及供应商数据管理、需求管理、采购管理、库房管理、自动识别等物料管理技术应用等，用于相关数据的可视化展示，如图 42-10 所示。

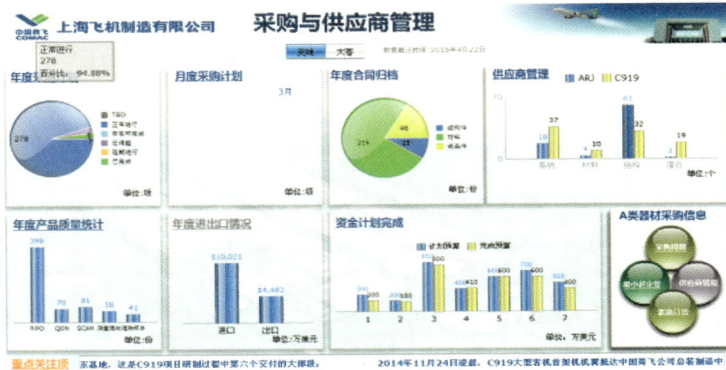

图 42-10　中国商飞公司 BI 系统

（三）实施路径

1. 基于模型的系统工程

依托 INCOSE、NASA 系统工程体系及 SAE 4754A 等标准，采用正向设计思想，开展对航空系统工程业务场景分析和业务模式仿真定义，以及基于需求管理的方法和系统建模技术的研究，突破航空产品需求分析和追踪、功能分析和架构设计等关键技术，建立需求捕获、需求分析、需求分解、需求确认在内的完整需求追踪体系，并指导需求追踪、需求基线和变更管理等工作，达到在开发早期就详实地定义和验证客户需求与系统功能，支持复杂需求准确和完整传递。需求的结构化、关联化管理如图 42-11 所示。

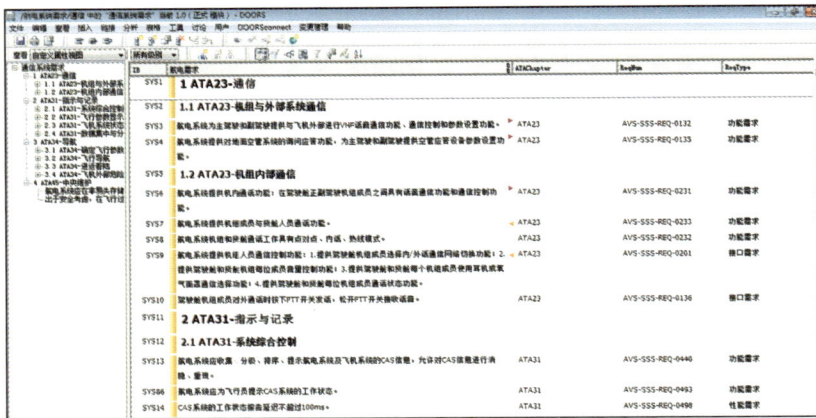

图 42-11　需求的结构化、关联化管理

2. 多物理场统一建模与联合仿真

在开展需求、功能和架构建模的前提下,引进基于 Modelica 的多物理统一建模与联合仿真平台,开发覆盖机、电、热、磁、光等的仿真模型(库),支持面向对象建模、多领域统一建模及连续-离散混合建模工作的开展。深化统一建模与联合仿真验证环境建设,在多物理场统一建模与联合仿真集成探索、集成产品开发环境深度集成、集成化电子/软件仿真验证、仿真验证环境集成应用等方面开展深入研究与应用,真正实现"建造前飞行"。统一建模和联合仿真如图 42-12 所示。

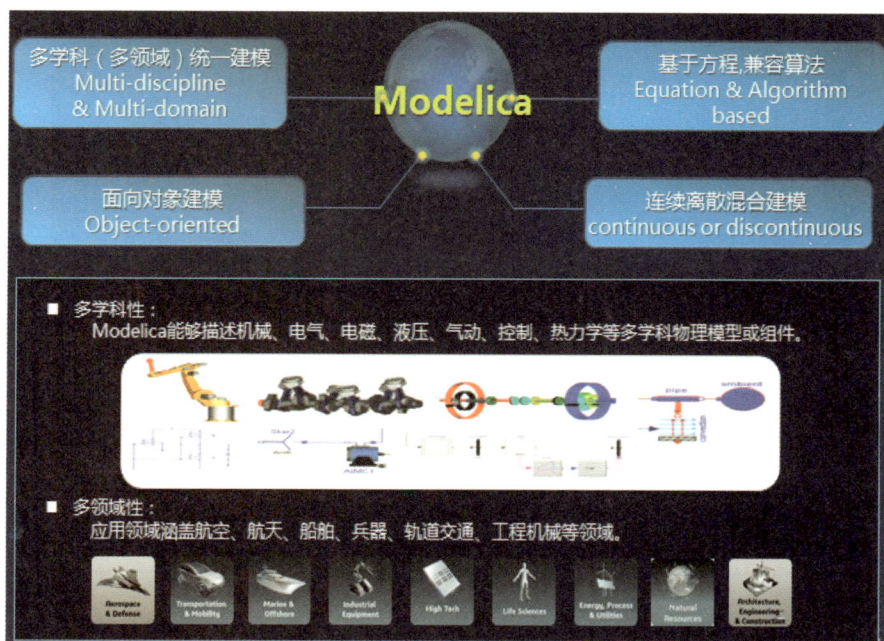

图 42-12　统一建模和联合仿真

3. 基于特征的快速概念原型设计

在基于多物理场统一建模与联合仿真验证确认的功能/性能(需求)基础上,基于特征开展飞机的快速概念原型设计,覆盖飞机研发的核心专业(如总体、控制、推进、结构、电子、光学等)设计过程及数据管理业务,支撑型号的综合设计、数字仿真、快速原型开发和性能评估,实现基于流程的规范设计和多学科协同设计。并建立数字化、敏捷化、智能化的先进研发环境,融合产品研发的流程、方法和知识,集成设计和仿真过程中的软件工具,实现产品研制的模板化、流程化、虚拟化,加快设计迭代,提升创新研发能力。集成产品研发系统如图 42-13 所示。

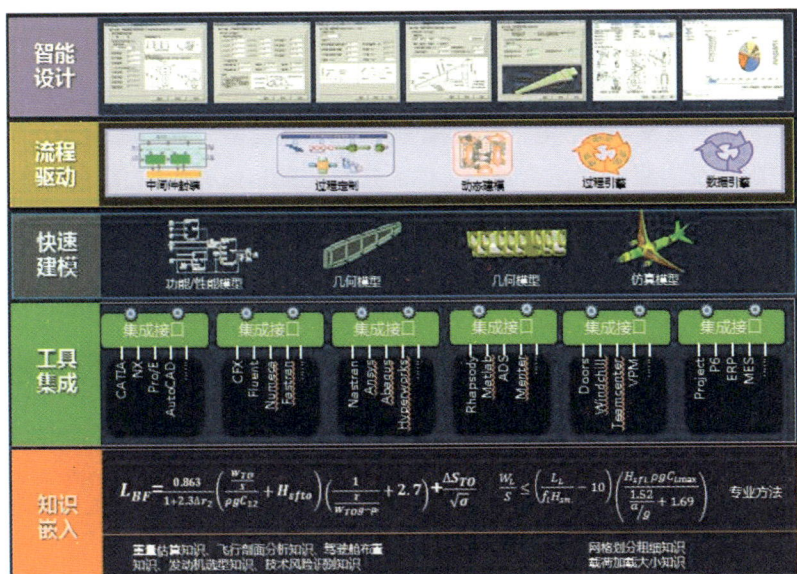

图 42-13　集成产品研发系统

4．基于全三维模型的设计制造一体化

　　构建设计制造并行一体化的系统环境，取消设计数据预发放/正式发放、向制造端 EBOM 接收、数据二次分发等冗余环节，为设计制造一体化并行提供基础技术支撑，既避免了数据冗余、系统之间的数据传递，又能降低系统管理和维护的复杂度。基于三维模型的设计制造一体化平台如图 42-14 所示。

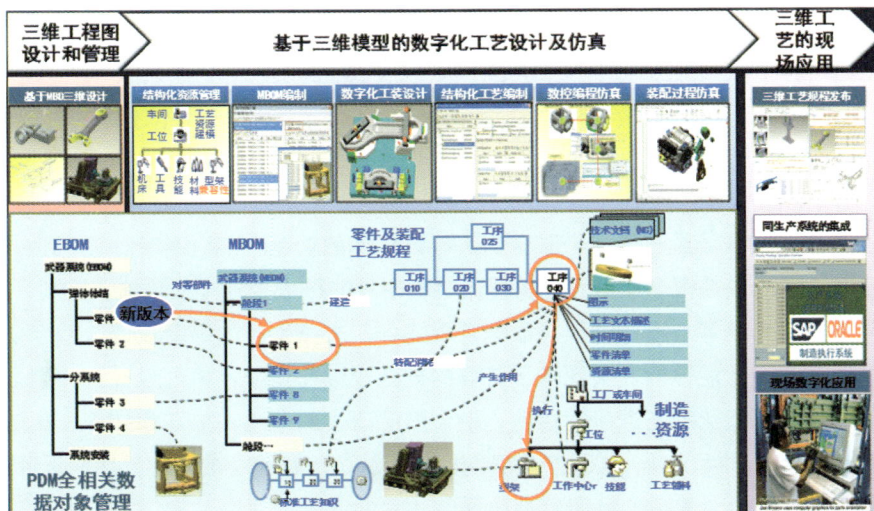

图 42-14　基于三维模型的设计制造一体化平台

建立基于模块的成熟度管理机制，明确定义各成熟度阶段的业务含义及业务流程，使工艺、工装等设计过程无缝融入到工程设计过程中，并通过基于单一上下文的设计工艺协调，及时解决后续装配、制造过程中的问题，实现真正的设计工艺/工装高度并行。

在产品设计过程中，IPT团队中的工艺、工装等及早参与到设计过程中，充分考虑工艺、工装、制造等各方面的需求，利用MBD技术，以数字化的形式完整准确地表达产品零部件本身的几何属性、工艺属性、质量检测属性以及管理属性等信息，满足制造过程各阶段对数据的需求，并通过Windcill平台实现对上述MBD信息的结构化管理以及向下流的传递，真正实现设计、工艺、生产的一体化管理。

提供面向全生命周期的模块化定义，坚持一切业务以模块为基础的原则，实现基于模块的设计、制造、客服等一体化的构型管理，保证设计与后续各阶段的统一的接口界面和沟通基础，降低构型管理的复杂度，提高沟通协作效率，确保面向飞机全寿期的构型信息的一致性、完整性和准确性。

5. 产品数据管理

1）构型管理深入应用

在现有构型管理建设环境下，深入应用构型管理建设内容，实现：工程技术文件管理、工程样机和试验件数模管理、样机数据超差偏离管理、数字样机管理、供应商协同管理等；面向详细设计阶段，实现工程更改控制、构型基线管理、cDMU管理、统一的数据发送接收管理、设计制造并行管理、制造构型管理、工艺数据管理、工装数据管理、SBOM管理等；详细设计及试制阶段，实现快速更改单更改合并管理、试验视图管理、基线管理完善、ECR/ECP流程优化、机载软件和设备管理、型号设备实例库建立、模块发放管理、报表支持等。

探索研究C919产品BOM结构：根据C919产品结构组成，探索研究其BOM结构，进行BOM结构的优化定义，最终固化出C919的产品结构，以满足产品结构的优化定义要求。

2）仿真数据管理

产品研发是一个方案设计、计算、仿真、试验、评估、修改、优选过程，产品数据随设计过程不断产生、演进，并产生最终可交付的初步设计结果。设计流程中的设计数据都统一、集中存储到产品数据库中。这些产品数据可以通过过滤和抽取，转换为设计样本库，由规范知识库统一进行管理。

设计过程中，协同平台除了包括从产品数据产生的样本库外，还通过对过程信息抽取、分析、组合、演变得到的知识，共同为设计工作提供支撑，用于提高工作效率和设计质量，促进产品创新。这是一个典型的企业知识积累、应用、演化的过程。

仿真系统是项目研制的一个重要组成部分，它通常包括前处理模块、有限元分析模块、后处理模块、基础算法模块、数据管理系统与数据库模块、用户界面模块。这些软件可以实现产品的强度分析、振动分析和热分析等，其典型分析过程为：建立/获取几何模型、前处理(网格离散、施加边界条件、设置求解控制)、求解、后处理(浏览结果、生成报告)。仿真系统需要与结构设计、电路设计等进行数据交流，从它们获取所需的信息。但是由于缺乏一个协同的平台，仿真系统往往独立运行，需要手工获取设计相关的信息，并且对仿真系统的结构也缺乏有效的管理。

通过将仿真试验系统纳入一体化平台，确保仿真系统数据的完整性、一致性和可追溯性。它主要包括仿真数据的组织与管理机制、仿真数据的共享与受控访问机制和仿真数据的过程控制机制。

3）试验数据管理

试验数据管理包括试验任务管理、数据管理、过程管理、设备台账、样品管理等，如图 42-15 所示。

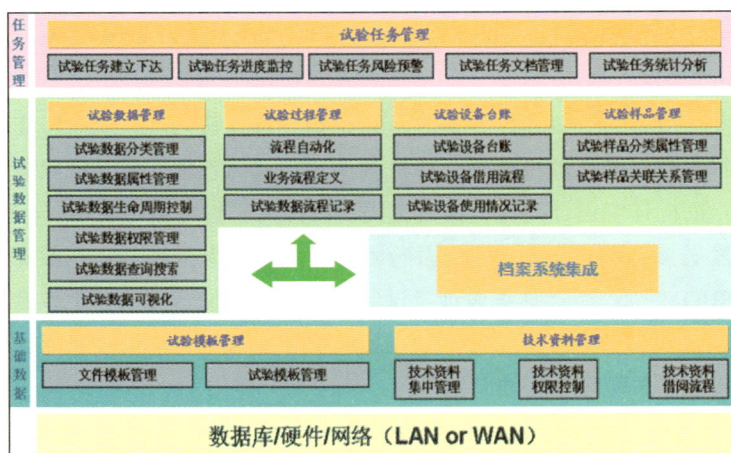

图 42-15　试验数据系统管理

试验任务管理：建立符合计划管理流程的计划管理体系，建立清晰的计划任务看板，实现对任务完成情况的准确监控，实现对任务相关文件的统一管理。

试验数据集中管理：对试验数据进行集中、统一的管理，实现数据分类管理，建立相关属性信息，实现生命周期控制，实现严格的权限控制，保证试验数据的安全性、准确性。

试验模板管理：在试验数据管理系统中将为相关文件建立文件模板，使用者在进行文件编写时可直接调用，提供文件标准化和规范化程度；将根据不同的试验类型建立试验模板，减少重复定义工作。

试验过程管理：通过电子化的文件审批流程，对审批过程进行完整记录；实现电子化的流程流转，提高流程运转效率，提高流程标准化程度。

试验设备、器具台账管理：建立设备台账，对设备进行分类管理，定义相关特征信息；建立设备借用、归还闭环控制流程，保证设备。

技术资料管理：建立完整的技术资料存贮库，将电子技术资料进行集中管理，并实现借阅流程控制，由系统对借阅进行控制，清晰的表示资料状态。

试验样品管理：建立样品信息库，当样品到达试验单位后，负责接收样品的人员需要在系统中创建样品对象，并填写相关属性信息。在试验数据管理系统中建立试验样品存贮库，对试验样品进行分类管理，并与相关试验任务进行关联，使得试验样品管理人员能够更好地了解样品使用情况。

4）基础数据管理

完善现有基础数据建设内容，包括标准件、外购件、电子元器件、材料库等，在产品研发过程中，进一步完善面向 C919 的基于 MBD 的数字化产品研发和管理规范，形成 C919 数字化产品研发最佳实践应用方法。

6. 民机智能制造集成平台

1）智能化协同供应链管理

智能化物料、工具仓储规划及使用管理：结合装配现场物料及工具的特点，从实效性、环境参数等角度建立智能化仓储模型，并以此为依据，规划各零部件的仓储位置、状态监控、出入库管理方法、时效预警等功能，从而实现仓储流程的透明化、智能化管理；通过 RFID 读写，实现工具使用过程中的核查与记录，确保所使用的生产、检测工具处于受控状态。

基于多 AGV 协同的物料智能配送技术：研究基于多 AGV 协同的配送计划优化方法，利用采集的实时生产数据信息，根据现场的物流分布及状况，智能规划 AGV 小车的行驶路线，实现多 AGV 小车的自动化协同移动。

智能化协同供应链管理系统：研制具备环境感知能力、数据分析能力、智能决策能力的物料运输 AGV 小车，结合 RFID、二维码技术建立物料智能配送系统，实现从仓库到装配站位的物料协同配送与自动运输；利用采集的数据信息，结合工艺规划设计的结果，基于 BI（商务智能）的物料监控与预警技术，提前对所需采用的物料提出使用请求，实现仓储的智能化管控。

2）多维数据融合的 ERP 系统

多源信息采集及融合技术：对用于飞机智能制造过程中不同类型的物料、工具及使用场景进行分析分类，规划不同场景下 RFID、二维码等的标识与读写器实施方案，实现关键制造过程的物料、工具状态的智能化读写。研究结合 RFID、二维码、传感器、智能设备信息采集等物联手段的数据采集网络构建技术，对商用飞机装配现场中的设备信息、人员信息、物流信息、环境信息，以及供应商信息、仓储信息等多源异构数据的实时采集方法；分析采集信息的种类及应用场景，研究海量、多源商用飞机制造数据的高效关联存储与融合方法。

多维数据分析的自动排程系统：集成 ERP 中的生产计划，并进行多维数据的智能化分析，根据订单配送状态、大件配套、库存等条件进行计划初排，形成建议版计划，待缺件信息反馈完成之后，系统综合反馈信息再进行一次排程，形成发布版计划。通过综合分析销售订单与预测、主机库存、在制与在途的零部件备货情况等数据，对主生产计划进行自动排程。根据初排范围订单物料需求与库存、在途数量进行比较，得出缺件，再根据缺件评分规则计算出得分，再根据优先级得出上线顺序。

3）智能装配工艺与装备

装配工具智能化技术：通过在现有自动化、半自动化装配的基础上，添加传感器、继电器、指示器等功能元件，结合现场装配工具的使用要求，形成智能控制闭环，实现装配工具的智能化控制等功能。

飞机智能化装配生产线一体化管控技术：在现有生产线的基础上，通过研发 AGV 小车等智能化设备，并集成改造现有设备，使其具有自主智能的特性，并通过构建基于工业以太网和现场总线的网络化数字控制系统，形成商用飞机智能化装配生产线，实现智能化设备的一体化管控。

4）基于感知与实时分析的制造执行系统

（1）智能化生产运作与现场管理系统：通过分析各装配工序中的相互关系与所需资源，并与企业资源管理（ERP）、供应商管理（SCM）、产品数据管理（PDM）等外部系统信息集成，实时获取资源动态并优化各工序的实施顺序，从而达到合理化安排工序的目的。

（2）基于多源指令发布平台的装配指令推送技术：在智能化生产运作与现场管理系统的基础上，分析业务流程所涉及的相关资源及其与各业务人员间的关系，综合运用现场 PC、手持智能终端、电子看板等终端设备，将生产信息、生产指令准确的推送至相关人员手中。

（3）智能感知决策与集成控制：建立智能感知与实时分析的制造执行系统，能够实现对生产过程中的人员、物料与设备的智能感知决策与集成控制；在梳理各工步所需制造资源的基础上，通过准确推送相关工艺信息，装配指令的智能化推送、实现自动化设备的智能生产与物料工具的核查。

5）基于 CPS 的部装生产线

（1）多源数据的融合集成技术：围绕商用飞机装配需求，实现对零部件供应商生产状态、物料、设备、工装、人员状态，以及装配过程生产和质量等多源数据的采集、融合、可视化监控与统一集成管理；建立物料主数据库，将零件相关联的工程设计信息、材料信息、加工信息、热处理信息等进行有机关联，实现物料全生命周期关键信息的管理；建立可视化智能设备集成管控系统，实现自动化设备智能生产，以及故障智能诊断和健康维护。

可视化故障快速诊断与维护：通过构建基于工业以太网和现场总线的网络化数字控制系统，建立虚拟数字化工厂，在获取智能设备关键信息的基础上，研究面向故障与效率的数据关联分析、设备实时动态故障预警、基于虚拟工厂的可视化故障快速定位、故障快速隔离与控制策略优化、基于数据预测的战略备件与智能维修等技术，为建立企业设备诊断与健康维护系统奠定基础。

7. 民机智能云服务集成平台

（1）民机智能云服务模式与规范：从资源、服务、管理等角度研究建立智能云服务相关标准规范，主要内容包括制造资源统一描述和功能抽象、制造资源云端适配接入、制造资源和制造能力服务化封装、服务注册发布与管理、服务匹配与资源选择、云服务模式下业务协同等技术规范，以及资源接入管理、服务资源管理、服务可信管理、制造服务交易规范等管理规范。

（2）云资源能力服务聚合的敏捷运行支援技术：针对云环境下制造需求分散的特殊性,研究面向不同类别制造资源定义方法和制造服务-制造能力-制造资源的映射机制等资源制造能力服务化封装技术，研究层次化服务资源组织、发布以及制造服务全生命周期管理技术，研究针对制造任务分散、不确定、多粒度等特点的制造服务智能匹配与发现技术和制造服务动态统筹与服务组合优化技术。

（3）云服务平台数据适配接入技术：研究云服务平台中数据的表达储存形式，并开发云服务平台与各具体业务间的接口形式，实现云服务平台与业务系统间的数据交换。研究 CAD/CAM/CAE 等制造软件资源虚拟化与云端适配接入技术、数控加工设备、检测设备等制造设备资源虚拟化与云端适配接入技术以及数据知识资源虚拟化与云端适配接入技术，支持各类制造资源的远程服务化使用和实现硬件设备的实时感知、信息交互、状态监控。

（4）大数据处理技术：研究云制造服务环境下大数据的组织框架和结构，建立逻辑大数据映射规则，将现有信息系统（ERP、PLM、MES 等）、制造物联网和质量管理系统等的关键数据集成为逻辑单一数据源。开发面向商用飞机装配的云存储与服务平台，在云端实现自动化装配生产线的智能运行管控、零部件供应链的生产管控、生产工具的监控与管理和仓储智能化管理，提供装配过程三维可视化等云端服务。

（四）主要成效

通过基于模型的 C919 飞机协同制造新模式试点示范项目的实施，中国商飞公司实现了制造过程的自动化、智能化，较项目实施前相比，缩短制造周期 30%，降低制造成本 20%，减少能源消耗 10%，制造质量问题发生率降低 25%；打通了各信息系统间的数据流，消除了信息孤岛，生产现场信息能够直接反馈至企业级管理与决策系统，提高了管理的精准度与实时性，实现了管理的上下打通；基于一体化协同研制平台，实现了跨企业间的统一构型管理、统一数据管理和统一协同工作流程，初步打通各信息系统间的信息流，研制周期缩短 20%，实现了各供应商之间的左右联动，初步形成了设计、制造、管理一体化的基于模型的企业。

【案例二】泉州海天"纺织服装网络协同制造"

（一）企业简介

泉州海天材料科技股份有限公司（以下简称"泉州海天"）创立于 1994 年，历经二十余年的发展，现已成为集纺织面料研发、纺织品和成衣生产、商贸及投资于一体，产业链配套完整的高科技纺织企业。公司以上海为研发中心、泉州为生产基地、厦门为对外贸易窗口，建立了完整的纺织服装产业链。

2015 年，公司立足于企业自身在行业内的影响力及企业的转型发展需要，构建纺织服装产业供应链智能制造平台，建设基于网络协同和大规模个性化定制的智能制造试点示范项目—时尚梦工厂。

（二）主要内容和实施路径

时尚梦工厂，是一个基于网络协同和大规模个性化定制的纺织服装绿色智慧制造生态系统，它依托泉州市在纺织服装产业方面的产业优势，特别是海天材料科技公司在服装制造、面料染整、面料织造、纤维开发领域的全产业链科技创新能力，以及国内外一系列纺织服装设备企业、科研咨询机构等的通力合作，打造的一个以满足个性化需求为出发点和归宿点，通过网络协同将消费者的个性化需求、各类设计师资源、产业链各环节的生产企业，以及同一环节分布在不同区域的企业产能资源进行集成对接，从而达成设计、供应、制造和服务等环节的并行组织和协同优化的纺织服装绿色智慧制造生态系统。

1. 项目建设总体建设目标

通过围绕"一产业（服装定制产业）、打造一个平台（一个纺织服装智能制造生态系统平台，包含产业公共技术服务子平台、纺织服装产能协同子平台、设计师创意创业子平台、O2O（线上/线下）电子商务子平台、纺织公共检测服务子平台、支撑服务子平台），形成三网络（产业设计研发创新网络、产业产能供应和配置网络、产业电子商务网络）和三基地（2025绿色智慧制造示范基地、设计师创业孵化基地、产业公共技术服务基地），设立一基金（纺织服装产业创新基金）"的业务生态，将时尚梦工厂打造成中国纺织服装产业互联网资源配置中心、服装新锐设计师创业孵化引擎，并最终同时将海天材料科技公司转型升级成为一个开放式的平台企业。

2. 个性化化定制和设计师创意平台

公司对现有服装车间进行数字化改造和业务重组，已完成智能打样车间和自动裁剪中心的建设；系统构建完成了定制终端、服装CAD打版系统并连接自动裁剪系统、服装JDE信息管理系统，已可以实现单件个性化定制及小批量团体定制的目标，单日可生产Polo衫300件。

时尚梦工厂项目搭建一个开放的设计师创业创意子平台，连接设计师和消费者（包括各类网络社群部落、小店业主、买手、品牌商的市场分析人员等）。线上包括面料辅料库、设计师作品成品展示平台，线下包括服装快速打样中心；在台湾成立斯麦特实业有限公司执行具体业务操作。

3. 拉式供应链系统

与专业咨询公司合作，建立贯穿原材料、纱线、织造、染整、印花、成衣、物流配送的整个产业生态圈的快速反应拉式补货体系，适应消费者个性化消费需求，帮助品牌商改变整季预测订货的大批发模式，支持其建立减少首单、加大补单、增加适销新品补充的零售模式，减少库存积压和畅销产品的缺货，改善企业现金流，提升盈利能力，并且面料企业可与下游服装企业组成战略同盟，从下游服装企业的经营改善中获取新的收益。

4. 互联工厂的实现

时尚梦工厂从公司完整的产业技术能力出发逐步汇聚公共技术能力，以现有协作工厂建立产能协同服务体系，以大数据和网络技术能力建立体系化的互联工厂，以实现产能的无限扩大。

1）织造互联工厂

织造作为产业生态中重要的一个环节，纺织产业是整合时尚梦工厂生态圈的源头，承担着面料的开发、生产和供应。公司结合自身优势以"技术开发服务+产能协同"为出发点，结合检测检验、物流等服务构建织造云平台，整合相关资源、并为之提供相应服务。纺织产业技术服务平台的运营流程如图42-16所示。

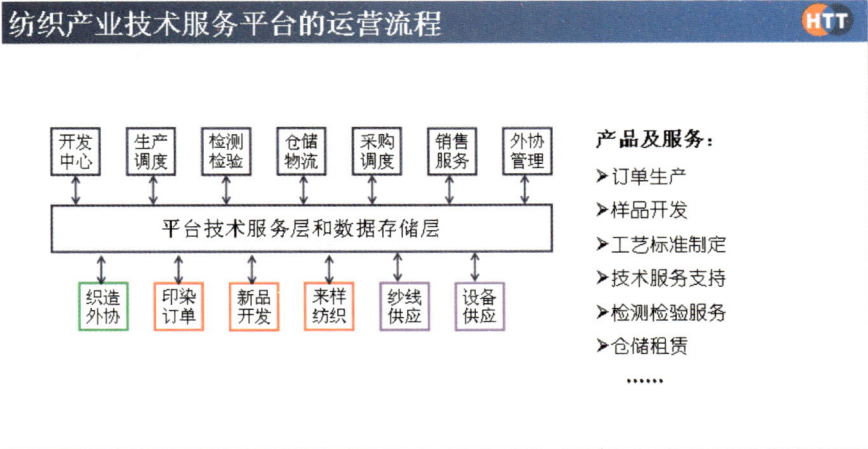

图 42-16　纺织产业技术服务平台的运营流程

2）印染互联工厂

通过全流程数字化印染工艺控制系统的实施，引进德国先进核心控制器对染机进行自动化、智能化改造，并配套先进工艺控制系统，对生产核心工序进行智能化控制；依托数字化中央控制系统，搭建全流程数字化印染管理架构，打造具备自动化生产能力的数字车间；海天 SEDO 全流程数字化印染控制系统目前已建立标样 51 955 个，转换生产配方 34 587 个，已有 85 800 条生产纪录，并且新标样数据还以每年 1.7 万条左右的速度在增长。该数据库是实现分散制造的印染互联工厂的重要基础。

另一方面，通过印染自动化控制系统的建设，建立配方、工艺控制标准数据库，通过网络与异地多个工厂生产线进行连接，对异地印染工厂的生产配方及工艺进行信息化控制，实现产品在异地及多个工厂的同品质生产；通过数据交换平台实现与 X3 面料协同平台相互对接，将 X3 系统与 SEDO 系统进行融合。

印染互联工厂的实施，彻底改变了印染行业标准不一，污染排放粗放，排污处置难等弊端，可实现统一、集中、高效的印染加工方式，是印染行业绿色生产的一场革命。

3）服装互联工厂

2015 年，海天引进了计算机自动化裁床及美国甲骨文 JDE 服装生产管理系统，实现了服装生产管理的信息化。以此为依托重点进行服装生产工艺的研发和输出，在打样中心生成生产工艺，通过自动化裁床裁好裁片，再外发给周边外协工厂进行缝制，外协工厂生产完毕后，由公司进行质量检验和包装。2017 年公司正在同海尔智能研究院合作研究外协成衣工厂的互联信息化系统，大力发展缝制环节的外协生产，通过服装互联工厂的实施，带动一批中小服装加工企业实现制成转型。

5．O2O（线上/线下）电子商务平台

1）电子商务平台

自营电子商务平台（Cooldry 天猫旗舰店、Micoface 天猫旗舰店、时尚梦工厂微官网）的已经持续平稳运营中，很好地完成了公司优势面料转化为客户终端产品的运营优势，促进海天材料的转型升级。自营电子商务平台系统架构如图 42-17 所示。

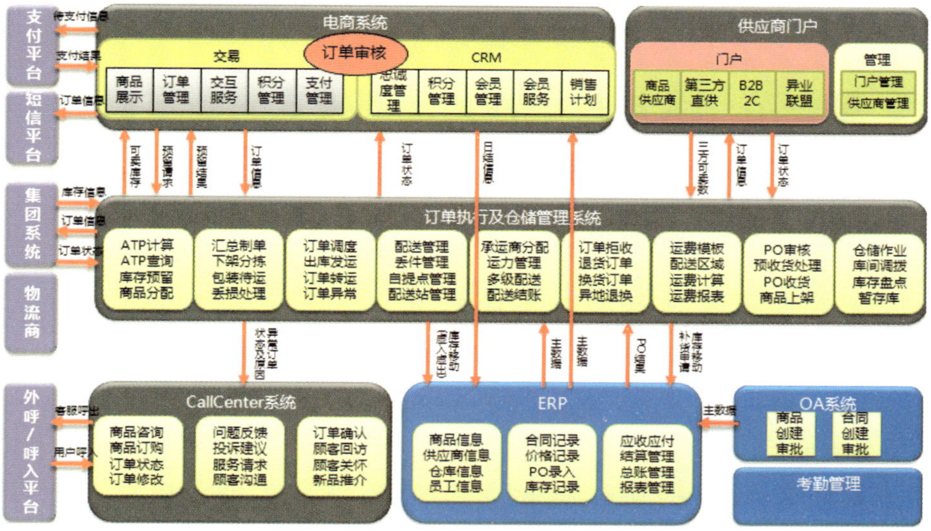

图 42-17　自营电子商务平台系统架构

2）智能终端机用户运营系统

在网店、实体店、社交媒体、手机微商城等各种销售终端上植入智能化终端系统，实现消费者的自服务功能；已经运用 X5 系统工具完成 Polo 衫定制的终端自服务系统；

3）开展在第三方电子商务平台的推广及运行

成立泉州斯麦特电子商务有限公司，设立阿里巴巴平台，实现 B2B 业务运营；通过与京东众筹平台合作，把优秀产品推荐个消费者；在亚马逊平台上实现产品跨境售卖服务；

6．纺织品检测服务中心

对进入时尚梦工厂体系的从纤维到面辅料产品，以及从"纺织服装绿色智慧制造生态系统"出去的成衣，提供高水准、有公信力的检验检测服务，保障产品质量；公司拥有的面料产品的国家实验室，检验报告可达到欧美国家的准入标准，成衣实验室逐步建设中。

第四十三章　大规模个性化定制模式及其典型案例

第一节　大规模个性化定制模式的基本概况

一、大规模个性化定制的概念

大规模定制（Mass Customization，MC）是一种集企业、客户、供应商、员工和环境于一体，在系统思想指导下，用整体优化的观点，充分利用企业已有的各种资源，在标准技术、现代设计方法、信息技术和先进制造技术的支持下，根据客户的个性化需求，以大批量生产的低成本、高质量和高效率提供定制产品和服务的生产方式。

随着现代市场竞争的加剧，企业之间的竞争开始转向基于时间的竞争和基于客户需求的竞争。为顾客提供定制化的产品，全面提高顾客的满意度，已经成为现代企业追求新竞争优势的一种必然趋势。大规模定制生产模式结合了定制生产和大规模生产两种生产方式的优势，在满足客户个性化需求的同时，保持较低的生产成本和较短的交货周期。大规模定制以其独特的优势，引起了制造业的关注，在国内外得到了迅速发展。

大规模定制的基本思想在于通过产品结构和制造流程的重构，运用现代化的信息技术、新材料技术、柔性制造技术等一系列高新技术，把产品的定制生产问题全部或者部分转化为批量生产，以大规模生产的成本和速度，为单个客户或小批量多品种市场定制任意数量的产品。

二、大规模个性化定制的要素条件

大规模个性化定制模式的要素条件包括以下几项：产品采用模块化设计，可通过组合形成个性化产品；建有个性化定制服务平台，与用户开展深度交互，形成产品定制方案；建有个性化产品数据库，挖掘和分析用户个性化需求；个性化定制服务平台与企业研发设计、计划排程、供应链管理、售后服务等数字化制造系统实现协同与集成。

大规模个性化定制模式所需能力包括以下几方面：

（1）准确获取顾客需求的能力。在科学技术尤其是信息技术高度发达的今天，企业的经营环境发生了根本性的变化。客户对企业产品和服务的满意是企业生存与发展的关键因素，客户的满意将是企业获益的源泉。准确地获取客户需求信息是满足客户需求的前提条件。大规模定制企业要提供定制的产品和服务满足每个客户个性化的需求，因而准确获取顾客需求的能力在实施大规模定制企业中就显得更加重要。

（2）面向MC的敏捷产品开发设计能力。大规模定制企业要以多样化、个性化的产品来满足多样化和个性化的客户需求，因此企业必须具备敏捷的产品开发设计能力。敏捷的产品开发设计能力是指企业以快速响应市场变化和市场机遇为目标，结合先进的管理思想和产品开发方法，采用设计产品族和统一并行的开发方式，对零件、工艺进行通用化，对产品进行模块化设计以减少重复设计，使新产品具备快速上市的能力。

（3）柔性的生产制造能力。多样化和定制化的产品对企业的生产制造能力提出了更高的要求。传统的刚性生产线是专门为一种产品而设计的，因此不能满足多样化和个性化的制造要求。MC要求企业具备柔性的生产制造能力。它主要通过企业柔性制造系统(Flexible Manufacturing System，FMS)与网络化制造的有效整合及采用柔性管理来构筑、提升其柔性的生产制造能力。FMS是自动化制造系统，是一种高效率、高精度和高柔性的加工系统，能根据加工任务或生产环境的变化迅速进行调整，以适应多品种、中小批量生产。

三、大规模个性化定制的运作过程

（一）订单获取与协同

该过程是企业获取订单的过程。在该环节当中，企业与客户进行互动，获取客户的需求并将客户需求进行可行性分析。提供一个满足客户个性化需求的产品解决方案并以订单的形式呈现。双方对企业提供的解决方案以及订单上的各类细节问题进行沟通协商，最终达成一致，企业获取订单。

（二）订单的执行管理

该过程主要是对产品价值链上各种活动进行管理，包括企业的供应链，它与订单获取协同过程相互影响。当订单执行过程能够按照一个订单上的细节控制订单执行过程中的各个活动时，表示客户的个性化需求可行。在订单获取协同过程中，企业就可以针对客户的个性化需求提供一个解决方案。

（三）订单执行实现

该过程主要是依据订单把产品生产出来并交付到客户手中的过程，主要是指产品的实现过程。同时，还包括供应链上的活动及产品交付活动。

（四）订单执行后

主要是指将定制化产品交付到客户手中后，处理客户抱怨、技术指导、客户维护等活动，以及进一步与客户互动、了解客户需求等活动。

（五）产品研发设计

产品研发设计主要是在公司生产能力范围内为客户研发设计个性化需求产品。在大规模定制下，该环节要遵循模块化产品族设计原则、客户参与的指导原则。

（六）产品的生产方案设计

产品的生产方案设计是将产品设计方案进一步转化成产品生产工艺流程，并衍生一系列的制造工艺和规则。一般情况下，该部分会生成定制产品的物料清单。

第二节　大规模个性化定制典型案例

大规模个性化定制已在服装、家电、家具等诸多消费制造领域实践，代表企业有青岛红领、海天纺织、报喜鸟服饰、海尔集团、长虹集团、维尚家具等。

与此同时，大规模个性化定制并不是家电、家具和服装等消费领域的专属，在工业生产、建筑等领域也有很好的应用和创新，比如中核利柏特、远大住工等。

【案例一】青岛红领"基于 C2M 商业生态大规模个性化定制"

(一)企业简介

青岛红领集团有限公司（以下简称"青岛红领"）创建于 1995 年，是以西服正装系列产品的量体定制、营销服务为主营业务的民营企业。中国和欧美是其主市场，客户遍及 200 多个国家和地区。青岛红领从 2003 年开始转型，专注于个性化产品定制的研究与实践。

（二）建设内容

青岛红领专注于服装规模化定制全程解决方案的研究和试验，以满足全球消费者个性化需求为导向，以"互联网+工业"为思路，依托大数据、互联网、物联网等技术支撑，构建了数据支撑下的定制平台—C2M平台，打造个性化定制大规模工业生产方式。在该平台 C（客户）端，提供了以客户为中心的业务模式，涵盖量体、下单、制造、服务全过程体验。通过建设服装版型数据库、服装工艺数据库、服装款式数据库、服装 BOM 数据库、服装管理数据库与自动匹配规则库，实现了先进的个性化产品智能研发系统。在 M（制造）端，基于三维信息化模型，以订单信息流为核心线索，在组织节点进行工艺和任务分解，以指令推送的方式将分解任务推向各部门、工位，并以基于物联网技术的数据传感器，持续不断地收集任务完成状况，反馈至中央决策系统及电子商务系统，实现了从打版、备料、裁剪、制作等各个流程的全程数据驱动。红领集团通过 C2M 商业生态全新模式的创新，实现了个人定制与规模经济的有效兼容。

1. C2M 定制直销电商平台

红领打造 C2M 平台，提供一系列的自主设计、协同设计、定制的体验场景，使用户的个性化体验和社区互动体验最终以个性化产品的形式呈现出来。平台具有工艺款式组合设计功能、在线着装顾问服务功能、产品生产状态全程跟踪功能、消费数据分析查询功能、后台支持与管理功能。

用户可以通过计算机、手机等信息终端登录网络定制平台直接设计下单，选择款式、面料等个性化元素，个性化选项确定后进行 3D 可视化展示。目前 C2M 平台可视化模型已有数百万的 3D 模型以及图片数据，为用户体验及款式研发提供支撑。

红领 C2M 平台可定制产品覆盖男士、女士正装全系列产品，包括西服、西裤、马甲、大衣、礼服、衬衣，以及童装西服、西裤、衬衣等。

可定制的产品参数，款式方面包含驳头、口袋、前门扣灯 540 种大类，11360 种设计要素；面料和辅料有 3 万多种可选择，并支持用户自己提供面料定制。通过对 PC 互联网、移动互联网、物联网的有效整合，将线上、线下链接胡同，实现信息流、数据流、资金流、物流等的一条龙服务体系。无需受时间、地点、场合的约束，用户可随时使用 C2M 平台来享受各项服务。

红领 C2M 平台，让用户成为免费的设计者，用户提出设计需求，线上设计师快速做出反应推送给用户需求的款式；或者用户通过平台自主进行款式、工艺等个性需求的组合设计等。人人都是设计师，大幅减少设计成本，成本曲线有递增式转变为直线稳定。同时建立人体尺寸信息和个性化产品的数据模型，针对用户下单时存在量体数据采集的问题，通过标准化的量体数据采集管理手段，确保采集准确的用户数据。

目前，红领形成具有千万级服装版型数据，数万种设计元素点，能满足超过百万万亿种设计组合。自主研发专利量体工具和量体方法，采集人体 19 个部位的 23 个尺寸，并采用 3D 激光量体仪，实现人体数据在 7 秒内自动采集完成，解决与生产系统自动智能化对接、转化的难题。能满足驼背、凸肚、坠臀等 113 种特殊体型特征的定制，覆盖用户个性化设计需求。

2．定制化的生产模式

1）生产全过程互联互通

大规模定制化生产要求公司能以大规模标准化生产的时间和成本，迅速向用户提供满足其个性化需求的产品。红领生产单元接收 C2M 平台系统生成的订单，CAD 计算机辅助设计系统，CAPP 计算机辅助工艺系统根据体型和工艺数据进行自动运算，生成电子版型传输到 CAM 自动剪裁设备，工艺信息同时传输到生产单元系统接收站。

生产过程环节，每件定制产品都有唯一的专属射频芯片，存储着该产品的全部订单信息，伴随产品生产的全流程。每个生产工位都有专用终端设备下载和解读射频芯片上的信息，员工使用智能化设备高质高效地完成产品制作。生产过程，以基于物联网技术的数据传感器，持续不断的接收任务完成状况，反馈至中央决策系统及电子商务系统，实现多个单元的互联互通。

2）实现一人一版定需求，排版最优化，减少工艺设计成本

红领基于用户数据的积累，自主研发版型数据库、工艺数据库，将市场需求的个性化版型和工艺进行规划、标准化，搭建符合人体结构的数据模型，用信息化手段固化、建模，实现产品生产过程的版型数据和工艺数据自动管理，及性能自动化版型-排版-校验-生产数字化可操作的版型和工艺，快速、准确地设计出能满足用户个性化需求的版型和工艺，对数据由异常的版型和工艺，系统进行预警，使异常及时得到核实及调整，满足一人一版的定制需求，制作的版型和工艺"精准快"。

过去由制版师人工打版，每天最多能打 1～2 个版型，按照每天 1 400 套产量计算，至少需要 700 个版师，每年付出上亿元人工成本，而现在大数据系统制作用户需求版型仅需 5 分／版。通过运用智能排版系统，实现排版最优化。

同时减少了工艺设计成本，用户个性化需求数据直接驱动 CAPP 系统功能完成工艺自动生产，中间不需人工转换，也不需要纸样产品，减少大量的生产工艺设计人员与纸样制作成本。

3）实现个性化订单自动化排产

人工排产效率低，容易出错，无法实现产线均衡排程，无法实现按照面料属性、款式和生产工艺的个性化要求最优化排产等。通过 APS 高级设计与排程系统，对来自全球的个性化订单进行自动排产。实现单件流、拉动式生产计划方式，根据下单的时间，运用自动排产系统，实现订单的智能处理。系统根据工艺及原材料，自动选择生产单元下单，自动将下达订单排到相应的电脑自动裁床，实现下单过程智能化，使制

造系统整体效益最大化。系统跟踪并预警订单的生产状况，进行实时的计划调整，确保生产计划的达成。

4）满足对物料品种和数量的快速准确采购

大批量定制所需原材料品种多，传统的物料采购方式操作困难，传统物料管理手段，无法满足对物料品种和数量的快速准确使用。红领利用智能物料管理系统，应用WMS 物料管理系统，基于 RFID 射频识别技术，对物资储位、货位、货架、批次、配送等实现全程跟踪管理，物料的实时数据存储在信息系统中，对整个收货、发货、补货、盘点等各个环节全程追溯管理。通过智能物料管理系统，实现物料批次的数量、幅宽、缩率、属性等智能管理，实现物料的预占用功能，避免因物料短缺造成无效订单的加大。

5）实现工序的协调同步，精益生产

对于大批量定制，每件产品的工艺要求都不同，工序的协调同步以及确保员工准确的按工艺要求作业是一大难题，须通过全价值链上的信息化系统，使整个生产过程实现数字化、智能化，实现以精益生产模式为基础的单件流、节拍化、准时化、智能化的生产模式。

红领通过两化融合，运用 RFID 技术，将信息化引入个性化的工业化流水线。用射频芯片取代传统纸质工艺信息，保证定制信息的唯一性，射频芯片内嵌物料流转、加工工艺及质量要求等相关信息。通过信息终端设备下载芯片上的个性化需求数据，满足生产现场需求，实现工业化生产模式。同时量身设计生产布局，实现部件单元式同步生产。应用智能吊挂推进系统，通过计算机设计产品工序流，将工序任务推送到指定工序，减少半成品在生产线中滞留，实现任务均衡分配。通过计算机提示管理员疏通堵塞的工序或工作站，提高生产效率，实现个性化产品和物料的单件流、高品质、高效率、有秩序的流转。此外，应用智能化、自动化设备，提高生产效率和质量。应用自动裁剪设备，根据排产计划实现定制产品（专属版型）的单件裁剪，对人工裁剪技能要求大大降低，裁剪质量零缺陷，比人工裁剪效率高 10 倍以上。应用智能整烫设备，针对不同面料属性自动识别烫熨参数的设定，满足所有个性化产品的柔性整烫。

6）实现配套入库管理"去人化"

来自不同生产单元的大批量定制产品配套入库难度大，发往各个国家的定制产品管理工作难度大，人工操作难以快速识别查找，须通过信息化系统进行产品识别与处理，数据却懂自动生产报关单及发运清淡，真正实现"去人化"。

红领运用智能仓储物流系统，对不同生产单元生产的产品，先后入库的，通过系统一对一智能配套，效率和准确率高，避免无效的物料流转和拌匀，真正实现"零搬运"。产品入库时，感应器自动扫描射频芯片，自动入库，实现产品的智能定位管理（订单数据可追溯），射频芯片与条形码、二维码结合使用，准确反映库存、库位，不需要人工记录和查找。通过系统对接与第三方物流数据交换共享。通过 WMS 系统及智能报关系统与海关系统进行数据交换，实现自动报关。

MES 系统在实现生产过程的自动化、智能化、网络化等方面发挥着巨大的作用。离散型制造业柔性生产离不开智能终端的作业指令，工厂的每一个人、每一台设备都通过 MES 的指令工作；系统管理到现场具体的作业人员、设备、物料、工艺、动作、工位、工序，用 RFID 射频识别技术将信息化融入工业化流水线。实现定制产品全生命周期的单件流管理、制造全流程零占压、计划精细化自主管理、点对点的预警驱动，对应着原店目前系统自动协同、驱动资源给予满足，实现定制产品价值链源点的最大价值管理，提高价值链条相应的时效性。

3. 柔性供应链

红领通过 C2M 平台及 APP 软件工具，集成有创业激情和拥有一定资源的社会各类人群和单位，共同进行再用户需求驱动下的创业和研发。订单获取方面，支持具备用户资源的个人、群体进行"合伙人制"的营销，合伙人进行定制市场的推广、拓展、分享收益；研发设计方面，支持设计作品的转化，设计师在平台上发布设计作品，用户选择后工厂将设计作品转化为实际产品，设计者分享收益。原料供应方面，支持供应商不断完善面辅料数据库，C2M 平台上的原料超市功能模块，运用灵活的供应商合作方式，让各相关方（用户、工厂、众创者）共享原料款式、花色、价格、数量等信息，可以直接销售给用户，也可以通过用户下单出库到工厂，实现多方共赢。

目前，红领整合 1 000 多位社会设计师、300 多家原料供应商、数百万粉丝，形成利益共同体，成为红领"在册员工"，人人作为自媒体进行病毒式良性裂变，参与市场拓展，根据对用户的贡献来分享收益，初步形成资源协同和需求满足互补体系。

红领通过物联网、互联网等技术，打通人与人之间、人与工厂之间、工厂与工厂之间及服务与服务之间的互联，实现纵向、横向和"端到端"的高度集成；通过纵向集成打通内部信息孤岛，实现企业内部所有环节无缝连接；通过横向集成使企业之间通过价值链以及信息网络所实现的资源整合，实现各个企业间的无缝合作；通过价值链上不同企业资源的整合，实现从产品设计、生产制造、物流配送全生命周期的管理和服务。

(三)建设路径

1. 推进企业的信息化

在研发设计、生产过程、企业管理、采购营销等环节组织 CAD、CAM、ERP、SCM、CRM 的单项应用，围绕装备、产品、营销、管理信息化组织集成应用，实现内部全业务流程的集团管控；建设数据分析系统，利用各方数据辅助企业战略决策、品牌打造等。

2．推进制造的个性化

进入互联网时代，零距离交互、分布式共生的互联网基因广泛渗透，构建并依托互联网平台进行集成设计、协同制造、在线营销，专注于个性化定制的思路。研发将客户需求变成产品数据模型的关键技术，使国内外的订单都变成数据进入互联网流动，为集成设计、柔性生产提供可能；研发行业数据驱动的智能工厂解决方案，对企业管理与生产控制进行全流程改造，具备智能制造的能力；将 ERP、CAD、MES、PLM 等打通，把客户、供应商、工厂、物流等连接在一起，实现订单提交、设计打样、生产制造、物料供应、物流交付一体化，做到世界各地的客户都可以在网上参与设计、提交个性化产品的需求，客户需求立即传到平台，依托平台形成数字模型，并完成生产与发货。

3．推进企业的平台化

当世界先进工业向 4.0 迈进时，CPS 平台成为政府或者领军企业争抢的重要领域。前期打造的基于互联网的个性化定制平台，作为我国服装行业的 CPS 平台，可以进一步开发并应用于其他终端消费品行业，依托该平台的大规模个性化定制模式，也可以在传统制造业推广。在原有定制平台架构的基础上，打造以消费品工业领域为主体，集合客户订单提交、产品设计、协同制造、采购供应、营销物流、售后服务等多项功能的开放性全球个性化定制互联网平台（C2M 平台）。全球的客户可通过 PC 端、手机 APP、线下实体店等，在个性化定制平台上提出产品需求，平台将零散的消费需求进行分类整合，以整体、规律、可操作的形式，将需求分别提供给平台上运作的数据驱动的工厂，完成个性化产品的大规模定制生产，产品在平台上实现直销与配送。

（四）成果效益

1．关键技术装备创新

突破的关键技术装备及其技术参数见表 43-1。

表 43-1　突破的关键技术装备及其技术参数

序号	突破的关键技术装备	技术参数
1	自动调距扎孔系统	包括操作台及安装在台面上的扎孔系统，还包括数据采集系统、MES 系统、控制系统。本设备自动扎孔，根据读取的物料信息卡信息自动调距，节省工序，提高加工精度
2	智能存取物系统	包括储物柜和控制系统，储物柜均布有多个储物格，控制系统包括控制主机和指示物 PLC 控制单元，PLC 控制单元与每个储物格上的指示物相连，控制每个指示物状的变化，物料信息实时掌握
3	线号识别系统	包括线架、线轴、执行机构和控制终端。不同线色的缝纫线存放在不同的线轴杆，控制终端查找线，并通过执行机构将线轴杆顶出，大大提高线轴的取用，提高加工效率

续表

序号	突破的关键技术装备	技术参数
4	智能吊挂匹配系统	包括控制系统、平行设置的两条吊挂加工线和过渡吊挂轨道，实现了物料自动移动到加工工位，提高加工效率，降低加工出错率
5	智能吊挂系统	包括主运输循环通道和分叉出的果条之路通道，主通道和分叉通道交接口处设置有变轨机构，每个吊挂分配不同的射频识别卡，与物料对应，射频设备技术判断物料进入哪个轨道，实现物料自动移动
6	智能标定裁剪系统	包括裁剪工作台、裁剪装置、控制系统、激光标定系统。通过激光标定裁断面料和里料的长度，省去人工测量，可提高裁断精度和效率，使用大规模个性化生产需求
7	带服装定制界面的手机	专属 APP，实现在线定制，选面料、选款式、选工艺、线上支付等
8	带量体师操作界面的手机	专属 APP，实现就近预约量体师，上门量体或到店量体

2．智能制造标准制定

主持起草服装行业第一个定制标准《服装定制通用技术规范》，已送审报批。参与《服装用人体测量的部位与方法》、《婴幼儿服装用人体测量的部位与方法》国家标准的修订。

3．工业软件开发

新开发的工业软件名称见表 43-2。

表 43-2　新开发的工业软件名称

序号	新开发的工业软件名称
1	西服净领裁剪软件
2	个性化定制移动客户端软件
3	创业 APP 软件
4	量体 APP 软件
5	智能标定断布长度接口软件
6	智能核算薪资软件

4．工业互联网建设

配置 PC2800 多台，防火墙、路由器、交换机等网络设备 300 多台，服务器 300 多台。源于 C2M 定制平台，客户定制信息存储于服务器，每一件定制产品都有其专属芯片，每一个工位都通过芯片从服务器下载个性化制作数据到本工位的专用电脑上，根据芯片指令完成制作。整个生产过程形成的信息，自动采集上传到平台，为管理和营销服务，客户与工厂可以进行实时信息交互、深度融合。客户需求提交后，就在场 C2M 定制平台上形成其数字模型，数据流贯穿设计、生产、营销、配送、管理过程，整个企业的全部业务流程，都以数据驱动，员工从云端上获取信息数据，全员在互联网端点上工作。客户需求数据在各个环节流动中，无须人工转换、纸制传递，所有信息、指令、语言等都转换成计算机语言，自动完成个性化产品的设计与制造，整个工厂类似一台 3D 打印机，可以把客户需求数据转变成个性化的产品，实现了个性化定制大规模生产的智能制造；利用平台可以进行 DIY 设计、智能设计、自动排产，颠覆了人工制版、人工排产的传统方式，原辅材料库存减少了 60%，制成品库存趋近于"零"。打破了"智能工厂=无人化"的传统思想，建立了"智能工厂=企业每个流程都是数据驱动"的概念和模式，这也是传统企业转型必然认识的逻辑。

5. 智能制造新模式培育

形成了数据驱动的智能制造模式。运用互联网思维，依托大数据、云计算、物联网、人工智能等技术与理念，以满足全球消费者个性化需求为主导，由 C2M 平台支撑的个性化产品大工业化生产、并直销客户的融合性经营方式，促成了一个传统制造企业的转型。在这个过程中，引发了企业在更多领域的广泛创新，满足了企业本身的各种内处部改革需要和价值追求，也创新和颠覆了传统制造业的价值理念和发展模式，更为传统企业转型提供了新的路径参考。依托 C2M 平台，从产品订单、设计、工艺、生产制造到营销交易、支付、物流配送等，全过程网络化运作，把需求和供应联系起来，形成以需求为导向的供应链集群，颠覆了传统消费品由工厂到渠道商再到消费者，分层级营销的陈旧商业规则，真正建立起 C 端和 M 端直线交互的商业逻辑和商业业态。

6. 智能制造成套装备创新

与设备商共同研发了重大智能制造装备——智能裁剪机床，实现对条对格自动排版智能裁剪功能，属于世界首创。裁床与工厂内 MES，CAD 版型数据库的数据对接以及对格、净领、裁衬这些个性化工艺复杂的智能排版软件对接。生产线原有的依靠人工作业的对格裁剪、裁衬、净领完全由智能化、自动化裁床替代。全自动对条对格排版面料利用率高达 79.5% 以上。解决了国内外条格面料无法智能裁剪的行业难题，目前已经由设备商规模生产和推广，2015 年一经推出就在服装行业各大企业得到应用，销量 100 台以上，年实现收入 10 000 万元以上。服装数控裁剪机床如图 43-1 所示。

图 43-1　服装数控裁剪机床

【案例二】佛山维尚家具制造有限公司"全屋家居大规模个性化定制"

（一）企业简介

　　佛山维尚家具制造有限公司成立于 2006 年，是依托科技信息创新迅速发展起来的家居企业，实现了从传统家具制造向现代家居制造服务的转型升级。

　　维尚是中国全屋家具定制行业开创者，为消费者提供整体家居空间的家具个性化设计、生产与安装一体化服务；在国内创新性地提出数码化定制概念，开创了"大规模个性化定制生产"新模式；拥有世界先进的 3D 虚拟设计、3D 虚拟生产和虚拟装配系统，基于数字条形码管理的生产流程控制系统。

（二）建设内容

　　佛山维尚家具制造有限公司的"全屋家居大规模个性化定制"主要体现在以下几个方面。

　　（1）在新建智能制造车间上：通过购置多功能数控加工中心、全自动数控板材开料锯、通过式 CNC 钻孔中心、直线封边机等国内外先进的生产设备，结合仿真和虚拟设计制造、自动化智能拆单和排产技术、二维码识别技术等信息化升级改造，实现在扩大公司定制家具生产规模的同时，进一步提升生产自动化水平及产品工艺。

　　（2）新建大型智能立体仓库、新建控制中心，对采购、生产、配送等生产流程进行整体调控和协调，打造"智慧"物流中心。

　　（3）构建面向家居消费者的家居配套产品 O2O 销售电商平台，并通过与配套品供应商合作，推出床、床垫、床品、沙发、餐桌椅、茶几、电器、五金、饰品等家居配套品的销售，逐步实现真正的全屋家具定制。

（三）实施路径

在实现大规模个性化定制上，企业抓住客户需求，以需求驱动生产和服务，发展低成本柔性化生产。同时，通过新居网互动开放式设计平台实现从线上到线下，网店一体化经营商业模式转变。智能制造实施路径如图 43-2 所示。

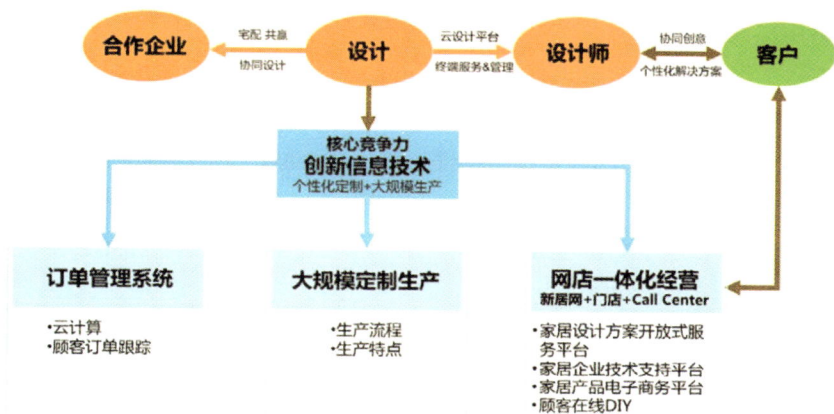

图 43-2 佛山维尚的智能制造实施路径

1）以需求端驱动生产和服务（C2B）

家居方案售前设计师利用专业的销售设计软件系统，为消费者提供免费的个性化家居设计及上门量尺服务，实现"客户需要什么，企业就设计什么、生产什么"的服务导向型发展模式，从传统的 B2C 商业模式转变为 C2B 新商业模式，即消费者需求驱动厂家，以消费者对家具的个性化需求为起点，驱动维尚提供个性化的家具产品设计、制造、安装等。

2）发展低成本柔性化生产技术（大规模定制）

通过信息技术改造，利用仿真和虚拟设计制造、参数化智能设计、网络协同设计等技术实施，实现销售设计网络化、生产排程计算机化、制造执行信息化、流程管理数码化，建立企业"大规模家具设计定制生产系统"，解决个性化定制与标准化批量生产矛盾。

3）建设新居网互动开放式设计平台（O2O）

通过整合新居网家居设计的开放式服务平台、家具企业的技术支持平台和家具产品的电子商务平台三大互动子平台，构建"新居网"家居产业服务平台，家居消费者通过 PC 互联（SEM、SEO、论坛、社群）和移动互联（移动搜索、微博、微信）登陆"新居网"，"新居网"平台通过云设计、大数据分析和 CRM 等用户体验方式，提高消费者的购买体验。消费者通过"新居网"平台预约设计师上门量尺并到尚品实体店进行参观、体验；实现从线上到线下，网店一体化经营的新商业模式的转变。

【案例三】中核利柏特"大规模定制——工厂模块化解决方案"

（一）企业简介

江苏中核利柏特股份有限公司（以下简称"中核利柏特"）成立于 2006 年，厂址位于江苏省苏州市张家港保税区，紧邻万吨级长江国际货运码头，是工厂模块化 EPC 整体解决方案提供商，85%模块设备出口。

中核利柏特拥有多项国内及国际认证，包括 ISO9001, ISO14001, OHSAS18001；石化、化工、医药行业甲级和建筑甲级设计资质；压力管道、压力容器(A2)；ASME U 钢印；ASME S 钢印；EN1090/ISO3834；CE/PED；CWB/ABSA；GOST 等。

（二）解决方案

中核利柏特提供大规模定制-工厂模块化解决方案，如图 43-3 所示。企业提供工厂模块化 EPC 解决方案，工业装置模块、撬块、压力容器、管道工厂化预制、结构预制等。根据各类工业装置工艺的功能或区域，考虑运输条件的限制，采用模块化的工程设计，在模块化制造工厂将成套设备、撬块、容器、机泵、管道、阀门、电气、仪表等建造安装在同一结构框架内，再整体运输到国内外项目建设现场进行安装的装备。

主要服务的行业包括石化/化工/精细化工、海上油气工业、陆地油气工业、能源工业、矿业、医药、电子、建筑等。

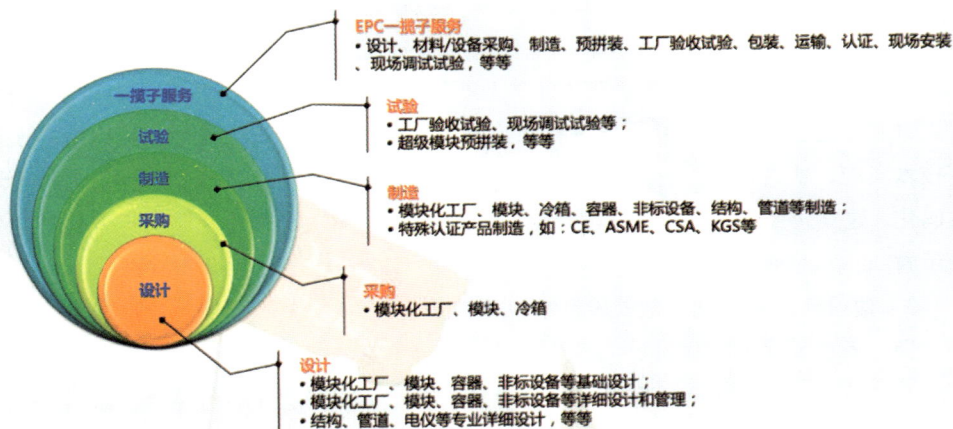

图 43-3　中核利柏特工厂模块化 EPC 解决方案

（三）优势效益

中核利柏特的模块化建造优势主要体现在以下几个方面：

（1）可持续化发展策略。

（2）解决边远地区劳动力匮乏问题。

（3）节省项目现场人工。

（4）提升项目总体进度30%以上。

（5）减少总投资成本30%以上。

（6）提供有保证的成本和进度。

（7）更高的安全和质量控制。

（8）消除恶劣环境的工作。

（9）降低对现有生产装置的中断影响。

（10）标准化可能性。

（11）可移动和重复利用等。

与此同时，模块化建造可带动国内相关行业如钢材、管材等的发展；规避原材料出口反倾销反补贴问题；输送产能到国外市场，带动产品、服务和技术出口；充分利用国内国外两个市场、两种资源，积极参与国际合作，发挥比较优势，提高企业竞争力；吸收境外资金、技术、管理经验和智力资源，推动产业结构优化升级和经济结构调整等诸多效果。

工程设计模块化、精细化的快速发展，大规模深度预制建设模式因其能有效保证工程质量、缩短建设周期的突出特点，已经得到国外行业广泛认同。模块化建造的趋势不可阻挡。目前，模块化制造已广泛应用于陆地油气开采、储运与炼化工程、海洋油气开采、处理、输送工程、火电风电核电的电力工程，各类能源工程等各个行业。这种趋势已快速延伸到可再生能源、采矿和其他基础设施建设领域。

工厂模块化EPC解决方案是大规模个性化定制发展模式在工业生产、建筑等领域的开创和应用。

第四十四章　远程运维服务模式及其典型案例

第一节　远程运维服务模式的基本概况

一、远程运维服务的概念

无论在国际还是国内,大型装备的可靠运行和高效利用问题已成为使用单位面临的基础性、关键性和迫切性的问题。解决问题的关键就在于制造企业提供更为敏捷而适宜的服务。优质服务已经成了制造企业征服市场、健康发展的核心竞争力。

从上个世纪末开始,欧美大量传统装备制造企业开始向服务型转变,如 IBM、西门子都是成功的典范。这些企业在继续强化新产品设计、制造和销售的同时,逐步提高产品安装、培训、远程监控、维护、故障修理、备品备件销售、技术咨询、设备改进、金融服务和设备租赁等产品附加服务在企业销售总额中的份额。事实证明,这些服务已经成为企业的主要利润来源。

远程运维服务主要是通过智能装备/产品的运行状态数据采集,利用数据分析挖掘、专家系统等手段,对用户提供的远程在线检测、故障预警、故障诊断与修复、预测性维护、运行优化、远程升级等服务。

国务院在《关于加快发展生产性服务业促进产业结构调整升级的指导意见》中明确指出,以产业转型升级需求为导向,进一步加快生产性服务业发展,引导企业进一步打破"大而全"、"小而全"的格局,分离和外包非核心业务,向价值链高端延伸,促进中国产业逐步由生产制造型向生产服务型转变。推广实施智能制造远程运维服务,主要目标是在石化化工、钢铁、建材、机械、航空、家用电器、家居、医疗设备、信息通信产品、数字视听产品等领域,集成应用工业大数据分析、智能化软件、工业互联网联网、工业互联网 IPv6 地址等技术,建设产品全生命周期管理平台,开展智能装备(产品)远程操控、健康状况监测、虚拟设备维护方案制定与执行、最优使用方案推送、创新应用开放等服务试点。并通过持续改进,建立高效、安全的智能服务系统,提供的服务能够与产品形成实时、有效互动,大幅度提升嵌入式系统、移动互联网、大数据分析、智能决策支持系统的集成应用水平。

二、远程运维服务的要素条件

远程运维服务的要素条件包括智能装备/产品具备数据采集、通信和远程控制等功能；建有智能装备/产品远程运维服务平台，通过数据分析和挖掘，提供在线检测、故障预警、故障诊断与修复、预测性维护、运行优化、远程升级等服务；建有相应的专家库和专家系统，为智能装备/产品的运维服务提供决策支持；实现智能装备/产品远程运维服务平台与产品全生命周期管理系统（PLM）、客户关系管理系统（CRM）、产品研发管理系统的协同与集成。

三、远程运维服务的所需能力

远程运维服务的所需能力包括以下五个方面：

（1）服务主体大众化：通过整合上下游产业链及第三方服务机构，甚至社会力量，打造联合服务航空母舰。在此种模式下，任何有服务能力的单位或个人都可以成为其中的一部分。

（2）服务内容多样化：除了传统的产品配送、安装调试、保养维修等传统售后服务，制造企业还可以积极开发金融服务、设备租赁、全套解决方案、设备远程监测、评估服务、运维服务托管、技术服务（包括咨询服务、技术改造、技术培训等）等创新服务。

（3）服务品质标准化：以制度化和常态化的服务培训、服务过程管控和服务评估为核心，建立服务团队的准入和退出机制，统一对外提供标准化优质服务。

（4）服务管理平台化：借助互联网、物联网、大数据、云计算、物联网和可穿戴设备等信息技术，建设新一代的制造企业智能服务平台，为企业服务提供可靠而高效的技术支撑手段。

（5）服务过程可视化：敏捷而优质的服务离不开对服务过程的管控。借助制造企业智能服务平台，实时记录并客观展现服务过程的所有细节，以便于对服务质量和效果进行科学分析和合理评价。

四、远程运维服务的运作过程

一是开发大数据平台，采集存储运维数据，并生成共享知识库；二是开发故障诊断算法、决策支持系统或专家系统，实现运维服务核心算法；三是连接集成智能装备/

产品远程运维服务平台与产品全生命周期管理系统（PLM）、客户关系管理系统（CRM）、产品研发管理系统；四是开发远程运维标准规范。

第二节　远程运维服务的典型案例

【案例一】陕鼓"动力装备运行维护与健康管理"

（一）企业简介

西安陕鼓动力股份有限公司（以下简称"陕鼓"）成立于1999年6月，为石油、化工、冶金、空分、电力、城建、环保、制药和国防等国民经济支柱产业提供透平机械系统问题解决方案及系统服务的制造商、集成商和服务商。

目前，陕鼓形成了"能量转换设备制造、工业服务、能源基础设施运营"三大业务板块。第一板块能量转换设备制造包括各类透平压缩机、鼓风机、通风机、工业能量回收透平、汽轮机、自动化仪表等；第二板块工业服务包括投资业务、金融服务、能量转换设备全生命周期健康管理服务、EPC等；第三板块能源基础设施运营包括分布式（可再生）能源智能一体化园区、水务一体化（污水处理）、热电联产、冷热电三联供、垃圾处理、生物质发电以及气体业务等。陕鼓动力在从单一产品制造商向系统解决方案商和系统服务商转变的过程中，已在分布式能源领域积累了相关技术和商务实力。目前，陕鼓动力已通过国际化战略整合全球研发资源，构建了超临界混合工质布雷顿循环发电技术、有机工质朗肯循环ORC技术、一体化机技术、高参数中小汽轮机以及生物质能气化技术等前沿技术研发，以及商务、金融方案的核心能力。在分布式能源领域，陕鼓动力自主创新、研发的"冶金余热余压能量回收同轴机组应用技术"已入选国际能效合作伙伴关系组织（IPEEC）国际"双十佳"最佳节能技术项目。

（二）主要内容

陕鼓将建设内容分解为大数据平台建设、陕鼓青海德林哈热电联产工程项目实施、智慧管家平台建设三个方面。

（1）大数据平台建设包括各服务专业的数据收集和分类整理，高通量设备数据的接收与实时分析技术研究与应用，透平机械运转状态数据的筛选与清洗技术研究与应用，设备健康数据汇总统计及数据探索应用技术研究与应用，大数据清洗移植、业务平台的连接，大数据信息关联技术研究与应用，大数据分析模型的建立和测试，大数据平台的部署和完善。

（2）陕鼓青海德林哈热电联产工程项目实施涵盖工程可行性研究与项目评审，工程初步设计及施工图详细设计与智能化监测系统的组建，主厂房及其他主要构筑物土建施工，燃机、锅炉、启机等辅助设备生产采购、生产制造，1#、2#机组安装、配套工艺管网安装，烟气脱硫脱硝系统安装，自控及监测系统的硬件安装、接线及相关软件系统的安装与调试，1#、2#机组单体试车、联动试车及问题消缺，监测控制系统测试、数据核对和相关系统参数设置与调试等。

（3）智慧管家平台建设包括智慧管家平台的功能需求分析，技术咨询，实施路径和技术方案的策划与评审，全面打通服务产业各业务流程，形成服务业务闭环，制定项目实施规划，收集与整理基于设备智慧管理的各系统业务的多源异构含量数据，分类与整理，划分模块并进行模块化算法设计等，基于业务需求和服务特征，开发高通设备智慧管理系统平台，对系统进行恢复测试、安全测试、压力测试、兼容性测试、协议测试、可安装性测试、性能测试。调试完成的系统以手机 APP 客户端的形式向目标用户推广，进行实际运行测试。对 APP 服务平台进行定期维护，保证平台各个功能的正常运行。目标用户过程量、振动量通过 DCS 全面采集功能，实现服务数据即时上传录入功能，形成问题感知。建立目标用户现场采集数据、服务上传数据、流程处理数据存储平台。基于各个数据录入系统、整理形成解决方案、服务过程记录、知识总结数据平台。根据项目的建设内容，按照总体规划，分步实施的原则，制定本项目工作计划。

（三）实施路径

整体实施分三期：第一期建设统一数据平台，主要完成平台建设、实现基本功能与平台可用；第二期主要为数据管理，实现业务数据的集成管理，数据质量管理；第三期主要建设目标为服务业务应用模块开发，增加各类业务开发工具与第三方应用，贴合实际需求。

（1）大数据分析平台建设的实施路径：如图 44-1 所示，设备数据通过本地传感器网络及互联网传输至中心服务器，首先进入数据接收与实时分析区，在这个区域内主要由前置机完成数据接收，校验，数据清洗，质量控制等工作。经过处理的数据同时进入数据管理区（实时流数据处理）与数据存储及批量分析区，在数据量较大时，实时数据管理可即时完成数据的查询与调用工作，该区域作为数据存储于批量分析的数据"缓冲"区域，确保数据实时可用性。数据存储与批量分析区相当于现在我们使用的数据库区域（S8000 与 IMO），但此处采用 Hadoop 集群构架，加强了海量数据管理与处理能力，并具有极高的可扩展性，避免了数据结构变化，应用软件的变化而造成的数据库淘汰。同时，本次数据平台建设包含数据汇总统计与探索分析区域，可实现对设备故障数据的管理与挖掘，提高数据的利用效率与利用度。为积累服务经验、建立故障专家知识库，打造服务核心竞争力提供必要工具基础。

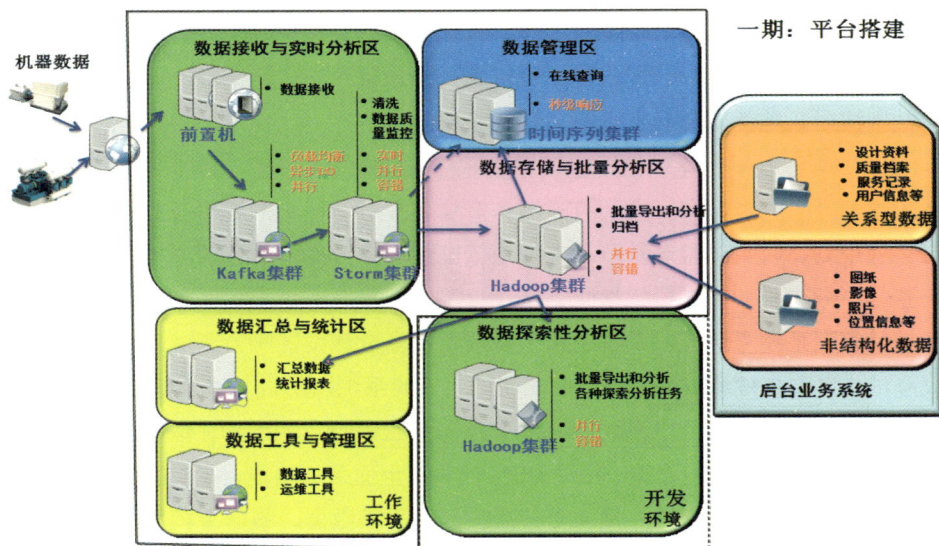

图 44-1　大数据平台整体架构

在技术研究路线上，主要采取联合开发的方式来进行，分平台构建、数据查询方案制定、批量处理分析方案制定和详细区域建设方案制定等四个步骤进行产品的开发工作。在技术研发工作实施上，分为工业大数据现状调查、工业大数据现状问题分析、大数据分析的总体方案设计几个方面。

（2）青海德林哈热电联产项目建设目标是对陕鼓集团运营的各分厂进行远程监控和管理，通过该系统的建设，不仅可以有效地管理下属各分厂生产运行业务，而且也可以为集团总部运营中心提各厂运行情况、数据对比分析等，为集团总部运营中心提供一个高效、集成、便捷的管理平台。在技术研究路线上，青海德林哈热电联产项目的生产运营远程管理系统部署在陕鼓生产运营总部，其中含有能源管理、生产管理、应急调度、设备管理、安全管理、生产分析、生产绩效管理、移动应用、远程在线服务等多个高级应用，下属各分厂部署 OPC 接口站、数据采集及厂级管理站、网络通道及网络安全、工业控制系统、工业电视控制、优化控制系统、旋转设备在线监测系统。该建设项目整体网络架构如图 44-2 所示。

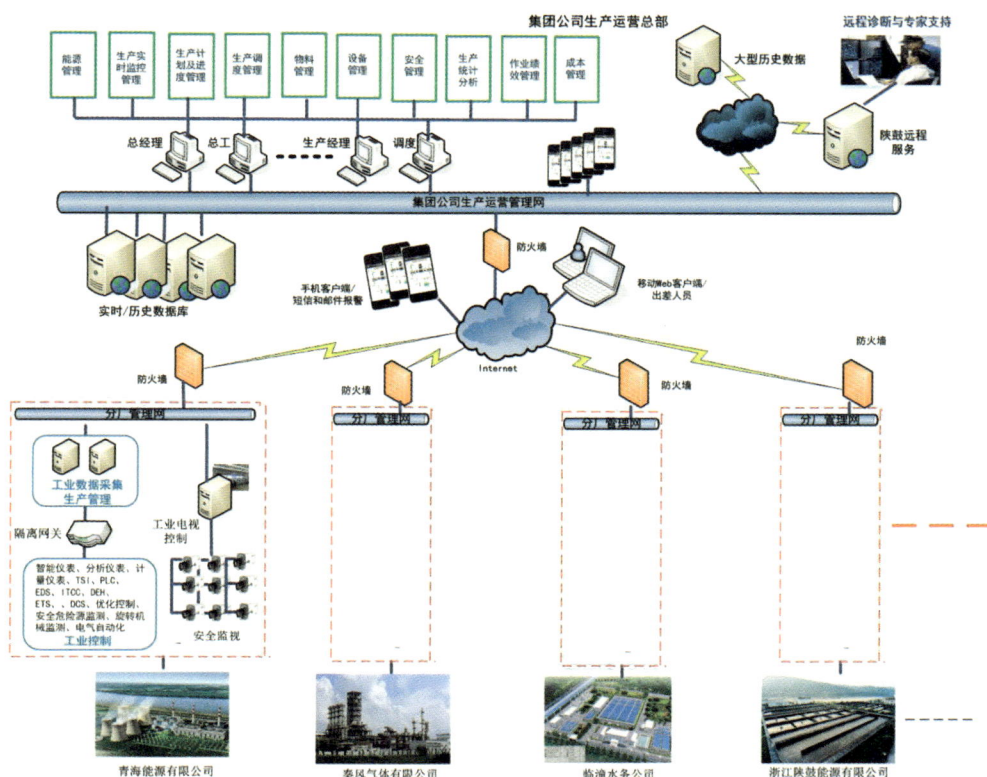

图 44-2　青海德林哈热电联产项目整体网络架构

3. 设备智慧管理平台的实施路径

设备智慧管家是以用户为中心，深度了解用户的潜在偏好与需求，通过关联海量数据，应用先进的互联网技术，通过基于结构化机器大数据的和非结构化的服务数据的智能分析，形成最终产品化的服务产品。为了实现此功能，通过搜集和分析客户数据信息，明晰用户的设备系统和运行状况。并优化组织架构、搭建信息平台、提升专业能力等，以满足用户设备管理需求，持续为客户创造价值。

设备智慧管家是软件与服务相结合的智能服务系统，为用户提供开放实时的了解设备运行方式。此系统基于数据驱动和云平台构建生态系统，将分散性的动力设备群进行集中管控，并通过大数据的分析计算，全面掌握设备的运行状态，进行预知预判的设备管理方式，提高能源供给和使用的有效性与可靠性，提高设备运行效率，降低运行成本，实现系统安全高效、绿色生产。该项目整体网络架构如图 44-3 所示。

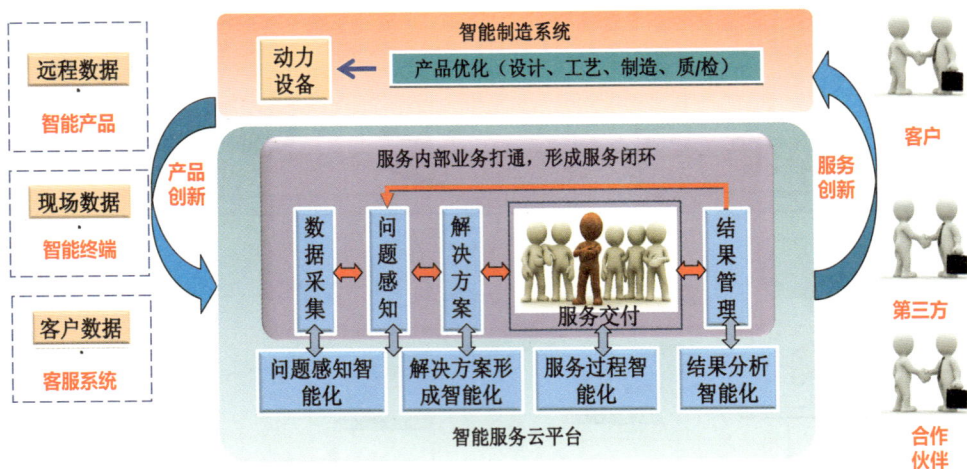

图 44-3　智慧管理平台项目整体网络架构

（四）主要成效

基于陕鼓智能监测 IMO 系统、工业服务支持系统、试车站系统、转子高速动平衡系统、监控一体化软件系统、能源能效分析系统、备件管理系统、设备检维修管理系统等与系统服务相关的数据平台，已经实现了部分数据的互联互通和数据共享功能，结合部分数据分析软件系统的研发成果，陕鼓智能制造试点示范项目的研发成果，已经成功应用于大型透平机械设备的安装、检修、维修、问题处理、振动故障诊断、振动趋势分析、备件零库存管理等业务。与去年同期相比，平均每套设备的安装周期，由 80 天缩短为 75 天；平均每套返厂检修的设备，检修周期由 28 天缩短为 26 天；现场平均每套设备的检修服务周期，由 15 天缩短为 13.5 天；透平机械及配套的旋转设备的振动故障一次诊断的准确率，由 60% 提高到 67%；透平机械设备的备件平均供货周期，由 12 周缩短为 11 周；客户的满意度，提高了 30%；新增的服务收益，在 5%以上；同时，智能服务的相关产品已经投用到陕鼓集团运营项目——青海德林哈热电联产项目。

项目取得的主要成果包括完成《自动化解决方案软件平台——ASSP3.0》和《透平机械设备转频故障智能诊断系统 1.0》软件著作两项；完成实用新型专利——旋转机械监测数据采集设备、发明专利——一种基于轴心轨迹的旋转机械二倍频故障检测方法和系统两项，完成两篇国内论文，完成《透平机械设备振动故障诊断规范》企业规范 1 项。

【案例二】哈尔滨电机厂"发电设备全寿命周期远程运维支持"

（一）企业简介

哈尔滨电机厂有限责任公司（以下简称"哈尔滨电机厂"）始建于1951年6月，是我国生产大、中型发电设备的重点骨干企业。主营业务包括：水轮机、水轮发电机、汽轮发电机、电站控制设备、滑动轴承和新能源产品的设计制造，以及技术服务、安装、调试、产品运维保养、机组升级改造等。随着国家对青藏高原等自然环境恶劣地区的电力能源开发力度的加大，用户对发电设备的智能运维提出了更高的要求和希望。"十二五"期间，哈尔滨电机厂有限责任公司积极响应国家政策并结合自身特点，率先应用互联网与传统大型发电设备相结合，基于机组运行过程中所产生的大数据，并结合公司65年来在自主研制发电设备的丰富经验和技术实力，完成了国家科技支撑计划课题"基于物联网技术的发电设备全生命周期服务支持系统"（简称"远程故障诊断系统V1.0"）的开发，搭建了设备制造厂与电厂两者之间互联互通的桥梁，将制造厂的设计制造知识、专家知识与电厂运行知识深度融合。

哈尔滨电机厂在"远程故障诊断系统V1.0"的基础上，完成"系统V2.0"构建，引领发电设备制造智能化发展；以"智能制造试点示范"和抽水蓄能机组为依托和切入点，布局"系统V3.0"，助推运维模式和备件联储社会化；构思"系统V4.0"融入"智能电网"，"能源互联网"，延伸产业链。哈尔滨电机厂远程诊断发展战略布局如图44-4所示。

图 44-4　哈尔滨电机厂远程诊断发展战略布局

（二）主要内容

发电设备远程故障诊断系统通过机组运行大数据、物联网、互联网技术的多种软件的集成应用，实现了异构数据整合、远程实时监测、在线故障诊断、趋势分析预判、离线评估分析和制造服务，为电厂机组运行及维护提供技术支撑。

系统基于 SOA 思想，利用 J2EE 技术、数据库技术、整合 SSH 等成熟开发框架，基于面向对象设计思想，运用多态、继承、反射、泛型等编程思想封装了 JDBC，开发了事务处理及数据化、图形化、推理引擎等，自主研发了实时数据库及关系数据库接口程序，并与公共基础组件结合，搭建了发电设备远程故障诊断系统，系统由采集模块、远程诊断分析模块及诊断服务模块组成，如图 44-5 所示。

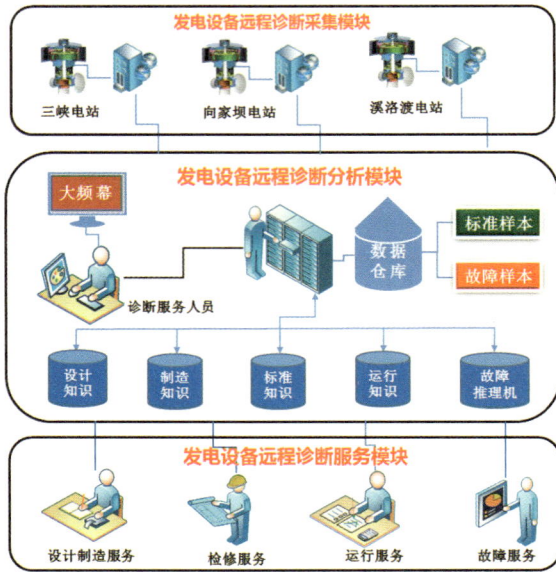

图 44-5　发电设备远程故障诊断系统架构

采集模块包括将感知器件采集到的数据，存储到本地关系数据库及实时数据库中，经网络传输到远程诊断分析模块；远程诊断分析模块集成了专家知识库及发电设备故障推理机，融合设计知识、制造知识、运行知识及相关标准，通过计算机系统进行数据整合、智能判别及挖掘分析，最后将分析结果送至诊断服务模块，为用户运维决策提供技术服务。

系统界面友好，简单易用且具有如下核心技术及创新点：

（1）数据整合及良好的数据兼容性：系统基于 TCP/IP 协议和 UDP 协议，自主开发并封装了接口程序，充分整合机组相关运行数据，通过不同电站不同类型测点的二次编码，实现对诊断机组与诊断系统的无缝衔接。

（2）多维全信息智能评价技术：系统采用多维全信息智能评价技术，将机组的振动、摆度、压力脉动、气隙、局放、温度、流量、压力等过程参数及涵盖机组所有部套的故障信息充分融合，提取出科学的控制指标，实现对发电设备的多维度智能评价。

（3）机组故障诊断专家知识库：哈电机拥有 600 余名高级技术专家、1 500 余名技术专家，具备丰富的大型、巨型水轮发电机组（约占全国水电装机总容量 1/2）和汽轮发电机组（约占全国火电装机总容量 1/3）研发、设计、制造、安装、调试、维修经验。通过对专家知识和经验进行分析、梳理、结构化，按照主题、子题及故障因子关系的方式进行建模和逻辑运算，形成具有哈电特色的机组故障诊断专家知识库。

（4）机组故障诊断模式：远程运维智能服务支持系统采用两种故障诊断模式，在两种故障模式推理交叉点上，预判潜在故障趋势或确定已发生故障原因，给出决策方案。

模式一：基于故障树（FTA）的故障诊断模式，即采用自下而上、由粗到细的归纳分析方法，进行溯源分析，比对研发设计专家知识库，排查出故障；

模式二：基于健康特征的故障诊断模式，即测定机组的初始健康特征参数，通过与运行参数的对比评定，以超过健康特征值的大小来表示故障的严重程度。这种方法充分考虑了每台机组特征参数的唯一性。

实现基于大数据的机组故障预判：通过系统所积累的与机组相关的海量数据，利用系统独有的评价指标及逻辑算法，对机组可能产生的故障进行预判。

（5）自学习功能：机组故障诊断专家知识库具备自学习功能，能够随着系统数据量和故障案例的积累，不断优化和丰富故障判断规则，为用户提供更加全面可靠的机组运维建议。

（6）完备的系统安全机制：为保证系统的安全，系统构建了完备的安全认证机制，采用前台注册，后台认证的方式对用户角色和权限进行了严格控制；同时为保证数据在传输过程中的安全性，系统在经典的加密算法 DES 和 RSA 基础上提出了混合加密算法，并提出了基于现场试验数据的比对还原加密算法。

（7）健康指数量化评定：机组远程故障诊断系统通过机组健康指数算法实现了机组状态从定性分析到定量分析的跨越。

（三）实施路径

哈尔滨电机厂采用科研课题—产品升级—市场化的路径。"远程故障诊断系统 V1.0"开发前期经过大量的走访调研，充分了解国内远程诊断的技术发展现况，结合电机公司实际情况，以企业为主体，建立产学研联合机制，发挥各自资源优势，实现优势互补，经过三年多的努力，公司完成了"十二五"国家科技支撑计划课题开发，成为国内首家从事大型发电设备远程故障诊断的发电设备制造企业。该项研究成果已成功为电机公司生产的三峡、向家坝及溪洛渡 3 座电站 18 台巨型水电机组提供远程诊断服务。哈尔滨电机厂在系统 V1.0 的基础上进行升级与完善，并持续进行系统 V2.0 的开发工作，创新地在加强现有哈电故障诊断中心系统功能的前提下，在电厂端前置了现地故障诊断系统，对现场大量数据的预先分析，可以有效提高系统的响应速度。2015 年 12 月，哈尔滨电机厂成功签订《丰满水电站全面治理（重建）工程基于大数据的丰满水电机组全寿命周期远程智能诊断服务》项目合同，该项合同的签订，实现了由科研课题到服务项目产品化的转变，丰富了企业的产业结构。

（四）主要成效

通过互联网与传统发电制造行业相结合，基于大数据云服务平台，充分发挥哈电机作为发电设备专业厂几十年的相关设计制造经验，以增强服务能力为目标，从产品设计、生产制造、远程故障诊断、智能评估及溯源分析、产品维护检修等维度，构架具有哈电特色的发电设备全生命周期运维服务新模式，如图 44-6 所示。

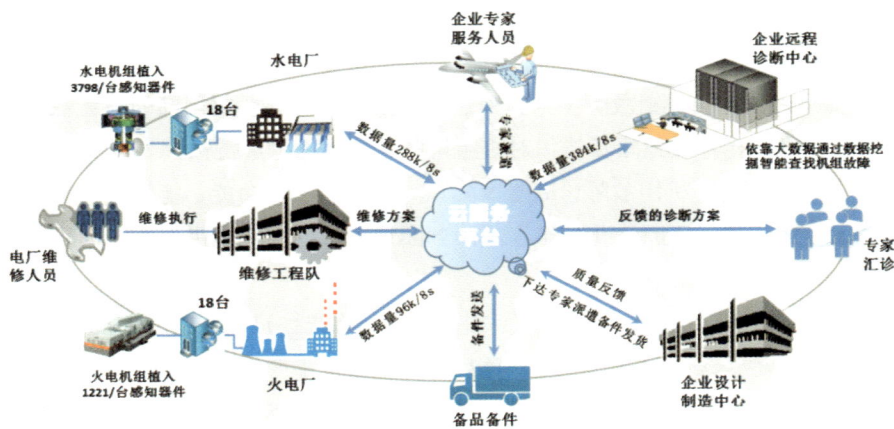

图 44-6　哈电机远程诊断服务模式

服务模式以云服务平台为中心，物联网及互联网做技术支撑，将发电设备的制造企业和电厂集聚在这个平台上，实现了发电设备运行信息的资源共享。通过感知器件对发电机组的数据采集，随时可以监测到机组的运行情况，利用远程故障诊断及智能评估系统通过对机组运行大数据的分析，可对设备运行状态和故障概率进行智能评价，及时发现发电机组潜在的隐患，实现用户和制造企业双赢的目的。

对于电厂用户，通过系统的实施，促进电厂智能化建设，使电厂由以往的计划检修向状态检修转变，大幅降低机组运维成本，提供能源利用率；当机组出现故障时，经诊断平台形成预案，哈电机发挥作为制造企业的优势，组织专家进行远程会诊，提出解决方案，为现场维护队的维修工作提供建设性的参考意见；当部件需要更换时，设备制造厂及早安排备品备件的生产，缩短机组维修周期，为用户提供及时准确的服务，提高机组运行效率；充分利用制造企业建立的虚拟中心备件库，减少电厂相关备品备件的存放成本。

对于设备制造企业，当电厂机组出现故障时，设备制造企业通过本平台了解故障的基本信息，有的放矢的派相关专家到现场进行服务，减少盲目出差的次数，降低制造企业的成本；通过预测分析对易损部件寿命进行预判，为制造企业提供备件销售信息，提前安排生产，保证及时供货，挖掘潜在市场；通过本系统可以得到产品的第一时间质量反馈，用于改进后期产品设计，降低产品的不良率；通过本系统的开发，提高了产品的附加值，并将服务转化为产品，促进了制造企业的转型升级。

在成果方面，"基于物联网技术的发电设备全生命周期服务支持系统"，获得黑龙江省科技进步二等奖。2016 年作为参报方与航天数据公司、阿里云等 5 家联合申报建立 "工业大数据应用技术国家工程实验室" 获得国家发改委批准。获取了《大型水轮发电机组振动摆度实时监测系统 V1.0》、《大型水轮发电机组故障诊断分析系统 V1.0》等共计 6 项软件注册权。获得《一种大型水力发电设备远程诊断服务平台装置》和《一种大型水力发电设备振动摆度远程监测装置》两项专利。"远程诊断系统 V1.0" 获 2016 年黑龙江省科学技术二等奖。

后 记

为全面总结和及时把握我国智能制造发展状况，在工业和信息化部、中国工程院、中国科学技术协会的指导下，中国企业联合会和中国科协智能制造学会联合体组织开展了《中国智能制造绿皮书（2017）》的研究和编写工作。本书是近 40 个参与单位、80 多名专家和研究人员半年多共同努力的成果，是所有参与人员心血和智慧的结晶。

全书分为综合篇、行业篇、地区篇和企业篇，共 44 章。其中，综合篇总结了我国智能制造发展的总体状况；行业篇总结了新一代信息技术行业、机床和工业机器人行业、航天装备行业、高技术船舶行业、汽车行业、输变电装备行业、农业装备行业、纺织行业、食品行业、石油化工行业、钢铁行业 11 个重点领域的智能制造发展状况；区域篇总结了北京市、天津市、河北省、辽宁省、上海市、江苏省、浙江省、安徽省、福建省、江西省、山东省、河南省、湖北省、湖南省、广东省、重庆市、四川省、陕西省 18 个省/直辖市推进智能制造的主要举措和发展状况；企业篇总结了我国企业推进智能制造的基本经验，并分别围绕离散型制造领域的智能制造模式、流程型制造领域的智能制造模式、网络协同制造、大规模个性化定制、远程运维服务进行了总结，列举了部分典型案例。

张文彬、田利芳负责了全书的统筹、修改和审校工作。各章作者如下。

第一章：张文彬；

第二章：杨建军、郭楠、韦莎、耿力、程雨航、王伟忠、朱敏、刘默、刘丽辉、袁林、吴文昊、肖震东；

第三章：杨钧、张旭；

第四章：田利芳、刘艳秋、杨丽、钟永刚；

第五章：田利芳、刘艳秋、杨丽、钟永刚；

第六章：陈玉涛、杨秀丽、高媛；

第七章：尚晓明；

第八章：闫长坡、张文彬；

第九章：张婵、许华磊、关伟；

第十章：邵钦作、娄晓钟、陈丹、宋晓刚、赵军平；

第十一章：丁志强、孙莹、落海伟、曹亚君；

第十二章：谢新、柳存根、许迎春、邢宏岩、王文军、黄咏文、刘蕾、赵玫佳；

第十三章：胡志强；

第十四章：张国强、李翌辉、尹天文、谢庆峰、南寅、马贺贺、胡晓静、管瑞良、秦岚；

第十五章：吕黄珍、宋正河；

第十六章：陈革、李毅、伏广伟、张洁、侯曦、李娟、刘凤坤、孙志宏、周其洪、裴泽光、陈广锋、陈振中；

第十七章：马勇、陈禹；

第十八章：胡迁林、王文新、朱连勋、张来勇、王翊民；

第十九章：高怀、金涛、王云波；

第二十至三十七章：陈玉涛、杨秀丽、高媛；

第三十八章：张文彬、杨润；

第三十九章：陈玉涛、杨秀丽、高媛；

第四十章：徐静、常杉；

第四十一章：徐静、陈玉涛、杨秀丽；

第四十二章：徐静、闫长坡；

第四十三章：徐静、陈玉涛、杨秀丽；

第四十四章：徐静、尚晓明。

在本书的研究、编写和出版过程中，工业和信息化部装备工业司提供了悉心指导和大力支持，各省（自治区、直辖市）及计划单列市工业和信息化主管部门和全国智能制造试点示范、专项项目承担单位提供了第一手资料，李培根院士、柳百成院士、朱森第教授、屈贤明研究员作为主审专家对本书提出了非常宝贵的意见，董景辰、叶大蓉、徐善继、张倩、吴进军、朱明皓等专家在研讨会中也提供了许多真知灼见，常杉、胡媛媛、徐昌华、杨秀丽、高媛、刘艳秋等同志承担了大量的联系沟通工作。此外，电子工业出版社工业技术出版分社为本书能够及时出版提供了大力帮助，在此一并表示衷心感谢！

由于编者水平有限，本书难免有欠妥和疏漏之处，恳请广大读者提出宝贵意见和建议。

编写组

2017 年 11 月

参考文献

[1] 国务院. 国务院关于印发《中国制造 2025》的通知(国发[2015] 28 号), 2015-05-08.

[2] 国务院. 《国务院关于印发"十三五"国家战略性新兴产业发展规划的通知》(国发[2016] 67 号), 2016-12-19.

[3] 新华社. 习近平:为建设世界科技强国而奋斗, 2016-05-31.

[4] 辛国斌. 智能制造探索与实践[M]. 北京: 电子工业出版社, 2016.

[5] 国家制造强国建设战略咨询委员会.智能制造[M]. 电子工业出版社, 2016.

[6] 王广宇. 2049 智能崛起: 新一代信息技术产业中长期发展战略[M]. 北京: 中信出版社, 2016.

[7] 何霞. 新一代信息技术与新产业革命[J]. 中国信息化, 2015(1):7-10.

[8] 黄群慧. 以智能制造作为新经济主攻方向[J]. 新经济导刊, 2016(12):79-82.

[9] ITIF. A Policymaker's Guide to Smart Manufacturing[R].USA, 2016.

[10] Gholamian M R, Ghomi S M T F. An Empirical Research in Intelligent Manufacturing: A Frame Based Representation of Ai Usages in Manufacturing Aspects[M]. Emerging Solutions for Future Manufacturing Systems. Springer US, 2005:161-172.

[11] 孙京, 刘金山, 赵长喜. 航天智能制造的思考与展望[J]. 航天器环境工程, 第 32 卷第 6 期: 577-582

[12] 制造强国战略研究项目组. 制造强国战略研究·智能制造专题卷[M]. 北京: 电子工业出版社, 2015.

[13] 国务院. 《中国制造 2025》船舶工业篇, 2015 年 5 月.

[14] 国务院. 船舶工业中长期发展规划(2006 年-2015 年), 2006.

[15] 《国务院关于印发船舶工业调整与振兴规划》(国发【2009】21 号).

[16] 工信部. 《智能制造装备产业"十二五"发展规划》. 2012 年 10 月.

[17] 《"十二五"国家战略性新兴产业发展规划》(国发【2012】28 号).

[18] 工信部. 《船舶工业"十二五"发展规划》. 2012 年 3 月.

[19] 工信部. 《关于推进船舶总装建造智能化转型的指导意见》(征求意见稿), 2017 年.

[20] 国务院.《船舶工业加快结构调整促进转型升级实施方案（2013-2015 年）》, 2013 年.

[21] 苏波. 深化结构调整,全面转型升级,奋力向世界造船强国目标迈进.2014.4.10.

[22] 李江波，赵莹. 中国船舶工业的研发战略.经济研究导刊, 2014 (30):52-53

[23] 金壮龙, 加快推进船舶工业战略转型.机械设计与制造工程, 2007 (20):16-16

[24] 闫广利. 中国船舶工业的可持续发展战略研究. 上海财经大学, 2007.

[25] 李世杭. 智能制造在汽车行业的应用与展望. 汽车工艺师, 2015 年第 9 期；

[26] 王新. 中国汽车制造工业 4.0 现状调查与分析. 重型汽车, 2016 年第 6 期；

[27] 张国军，黄刚. 数字化工厂技术的应用现状与趋势. 航空制造技术，2013 年第 8 期；

[28] 饶有福:《基于模型的企业(MBE)在航空业实践与展望》,《航空制造技术》2015 年第 18 期；

[29] 胡志强. 汽车产业智能制造中的信息化系统集成》,《汽车工艺师》2016 年第 7 期；

[30] 吴劲浩. 长安汽车智能制造探索与实践. 汽车工艺师, 2016 年第 3 期；

[31] 刘来超，胡志强，蔡云生. 汽车产业智能制造研究分析. 汽车工艺师, 2017 年第 5 期。

[32] 许文良，周英姿. 面向制造的低压电器仿真设计技术[J]. 电器与能效管理技术，2016(08): 36-38.

[33] 刘伟. 流水线的智能化改造[J]. 科技创新与应用，2016(30): 42-43.

[34] 胡寿松, 自动控制原理(第 4 版). 北京：科学出版社，2001.

[35] 上海电器科学研究所（集团）有限公司. 小型断路器数字化车间技术要求标准研究报告[R]., 2017.

[36] 蒋士成，俞建勇. 等. 我国纺织产业科技创新发展战略研究. 中国工程院重点咨询项目研究报告, 2015 年 5 月

[37] 中国纺织机械协会. 纺织工业智能装备问题研究. 国家发展改革委产业发展战略研究报告, 2016 年 12 月

[38] 中国纺织工业联合会. 十三五纺织行业智能制造工程实施方案. 2015 年 11 月

[39] 中国金属学. 中国钢铁企业智能制造发展状况与需求研究报告. 2017.

[40] 中国电子技术标准化研究院. 智能制造能力成熟度模型白皮书 1.0 版. 2016 年 9 月.

[41] 中国工程院. 2035 钢铁工业工程科技战略研究. 201.6

[42] 中国金属学会. 冶金工程技术学科方向预测及技术路线图（初稿）. 2017.

[43] 中国工程院制造强国战略研究项目组著. 制造强国战略研究. 智能制造专题卷》. 北京：电子工业出版社，2015.

[44] 宝钢、鞍钢、首钢、河钢及中冶赛迪、中冶京诚、中冶长天、中冶南方、北科大等提供的内部资料。

[45] 国家制造强国建设战略咨询委员会.中国制造 2025 蓝皮书（2016）[M]. 北京：电子工业出版社，2016.

[46] 国家制造强国建设战略咨询委员会.中国制造 2025 蓝皮书（2017）[M]. 北京：电子工业出版社，2017.

[47] 中国企业联合会.智能制造：中国视角与企业实践[M]. 北京：清华大学出版社，2016.